Dicionário
de
Conceitos
Históricos

Kalina Vanderlei Silva
Maciel Henrique Silva

DICIONÁRIO DE CONCEITOS HISTÓRICOS

editora**contexto**

Todos os direitos desta edição reservados à
Editora Contexto (Editora Pinsky Ltda.)

Projeto gráfico
Denis Fracalossi

Ilustração de capa
Delacroix, "La liberté"

Capa e diagramação
Gustavo S. Vilas Boas

Revisão
Lilian Aquino
Dida Bessana

Dados Internacionais de Catalogação na Publicação (CIP)
(Câmara Brasileira do Livro, SP, Brasil)

Silva, Kalina Vanderlei
Dicionário de conceitos históricos / Kalina Vanderlei Silva,
Maciel Henrique Silva. – 3.ed., 12ª reimpressão. – São Paulo :
Contexto, 2025.

Bibliografia
ISBN 978-85-7244-298-5

1. História – Dicionários 2. História – Estudo e ensino
I. Silva, Maciel Henrique. II. Título.

05-3069	CDD-903

Índices para catálogo sistemático:
1. Conceitos históricos : Dicionários   903
2. Dicionários : Conceitos históricos   903

2025

EDITORA CONTEXTO
Diretor editorial: *Jaime Pinsky*

Rua Dr. José Elias, 520 – Alto da Lapa
05083-030 – São Paulo – SP
PABX: (11) 3832 5838
contato@editoracontexto.com.br
www.editoracontexto.com.br

SUMÁRIO

Relação de verbetes

INTRODUÇÃO

Este livro foi concebido tanto para professores e professoras quanto para todos aqueles que têm interesse na História como forma de conhecimento e de explicação dos fenômenos sociais. Nossa intenção foi a de reunir e apresentar um material que pudesse auxiliar tanto na capacitação quanto no planejamento de novas situações didáticas. Nessa perspectiva, organizamos os conceitos em forma de verbetes, apresentados em ordem alfabética, para facilitar a consulta, e complementamos o trabalho com uma lista de livros para aprofundamento, relacionados no final de cada verbete.

Ao publicarmos este *Dicionário de conceitos históricos*, acreditamos necessário, antes de tudo, explicar os critérios que nortearam sua elaboração. Conceitos são dinâmicos, têm historicidade. Não podem ser utilizados indiscriminadamente. Por isso, tomamos o cuidado de especificar a natureza de cada conceito histórico. E foram esses cuidados que nos serviram de critério para a escolha de, basicamente, três tipos de conceitos: primeiro, os conceitos históricos, *stricto sensu,* aquelas noções que só podem ser utilizadas para períodos e sociedades particulares, como *Absolutismo, Candomblé, Comunismo.* Em segundo lugar, conceitos mais abrangentes, muitas vezes denominados categoria de análise, como *Escravidão, Cultura, Gênero, Imaginário,* que podem ser empregados para diferentes períodos históricos. E por último, conceitos que funcionam como ferramentas para o trabalho do historiador, como *Historiografia, Interdisciplinaridade, Teoria.*

Estamos cientes de que certos sociólogos fazem distinção entre conceitos e categorias – os primeiros dando conta de realidades particulares, como *Revolução Francesa* e *Revolução Industrial,* e as categorias tratando de noções mais amplas, como *Revolução.* Mesmo assim preferimos empregar aqui genericamente a palavra conceito, por ser esse termo mais comumente utilizado pelos historiadores, abarcando inclusive a própria ideia de categoria.

Acreditamos que, no dia a dia em sala de aula, o que precisamos não é apenas substituir todo o conteúdo programático antigo por um novo, mas conseguir construir estratégias que nos permitam mesclar diversas contribuições, objetivando sempre tornar a História não apenas mais compreensível, mas também socialmente mais relevante.

Por fim, vale lembrar que o trabalho que ora apresentamos foi elaborado com base em uma visão crítica da História e de uma abordagem comprometida com a mudança social, de acordo com o artigo de Jaime Pinsky e Carla Bassanezi Pinsky, "Por uma História prazerosa e consequente", publicado na coletânea coordenada por Leandro Karnal, *História na sala de aula* (Contexto, 2004, 2. ed.). Acreditamos que o profissional bem preparado e o cidadão consciente são instrumentos dessa mudança. Tivemos em mente introduzir o professor/historiador em importantes discussões teóricas, sem o uso desnecessário do vocabulário técnico, tão comum em tais discussões. Sempre que possível, procuramos vincular os temas trabalhados às realidades brasileira e latino-americana, às realidades com a qual trabalhamos cotidianamente.

Este livro só fará sentido se propiciar interação com os leitores. Esperamos, pois, que comentem e critiquem nossos conceitos, de tal forma a podermos aperfeiçoar a obra em futuras edições.

Os autores

Absolutismo

O Absolutismo é um conceito histórico que se refere à forma de governo em que o poder é centralizado na figura do monarca, que o transmite hereditariamente. Esse sistema foi específico da Europa nos séculos XVI a XVII. Assim, não podemos falar de um Absolutismo chinês ou africano, pois devemos ter sempre em mente que os conceitos são construídos para determinado momento e lugar na história, e não podem ser aplicados para outras realidades de forma indiscriminada.

O surgimento do Absolutismo se deu com a unificação dos Estados nacionais na Europa ocidental no início da Idade Moderna, e foi realizada com a centralização de territórios, criação de burocracias, ou seja, centralização de poder nas mãos dos soberanos. Essa centralização aconteceu, no entanto, após uma série de conflitos específicos. Durante a Idade Média, os monarcas feudais dividiam o poder com os grandes senhores de terra, mas com a formação dos Estados nacionais iniciou-se um processo de diminuição do poder desses senhores. Tal processo foi possibilitado pelo crescente poder econômico da burguesia, uma camada social nascente que, sem possuir poder político, apoiou-se no rei para combater a nobreza. O Estado centralizado surgiu, assim, interligado aos conflitos políticos entre nobreza e burguesia, característicos desse momento histórico, além das disputas políticas entre os príncipes e a Igreja Católica, visto que o Papado durante toda a Idade Média foi uma considerável força internacional.

Nesse processo, é notável a ligação entre política e religião, pois o Absolutismo tendia a conceder ao rei um caráter sacralizado. Esse aspecto foi mais enfatizado na França pela teoria do direito divino dos reis, defendida no século XVII por filósofos como o bispo Bossuet. Uma teoria que legitimava o poder absoluto da monarquia francesa, cujo principal expoente foi Luís XIV, o chamado Rei Sol, defendendo que o poder absoluto do rei e a centralização do Estado se deviam a Deus. Deus escolhera o rei e sua linhagem, e logo seu poder não deveria ser contestado por nenhum dos súditos.

Assim sendo, percebemos que o Absolutismo se liga a um determinado momento da história das nações europeias, o momento em que uma monarquia fortalecida com os conflitos políticos internos entre diferentes grupos sociais, e apoiada por justificativas filosóficas, controla e consolida o Estado nacional. Mas o Absolutismo apresentava variações regionais que o poderiam fazer mais ou menos centralizado. Há diferentes Absolutismos, cada qual com suas particularidades, como é o caso da Espanha, da Inglaterra e da Rússia. Em comum, a maior parte das monarquias absolutistas compartilhava algumas características: a concentração de poder na figura do rei, a existência de burocracias e exércitos públicos, o enfraquecimento dos vínculos feudais, a mercantilização da economia.

Hoje é comum que o Absolutismo francês seja tomado como modelo clássico, Luís XIV, como o maior soberano absolutista, e a teoria do direito divino dos reis generalizada para todas as monarquias absolutas. No entanto, essa teoria não foi aceita e defendida por todas as monarquias. Em países como a Espanha, apesar do caráter religioso dos soberanos, a legitimação do poder foi feita mais por princípios legais do que religiosos.

Na Espanha, o Absolutismo foi legitimado por teses contratuais. Ou seja, o poder centralizado do rei era explicado pela existência de um contrato entre rei e sociedade. A sociedade espanhola era então compreendida, segundo o historiador Richard Morse, como uma entidade ordenada, na qual a tarefa de organizar a estrutura social pertencia ao rei. Além disso, as vontades do rei e do povo deveriam estar em harmonia, buscando o bem-estar comum.

As teorias contratuais tiveram seu pioneiro em Maquiavel, defensor do Estado como entidade nascida do contrato entre povo e príncipe. Outro dos grandes defensores do Estado contratual foi Thomas Hobbes, que em sua obra *O Leviatã* afirmou que todo Estado nasce do contrato mútuo entre os homens. Estes, quando em estado de natureza, viveriam em constante conflito e situação de guerra. Assim sendo, para garantir a ordem, considerada a única forma de a sociedade prosperar, os indivíduos faziam um acordo em que todos abdicavam de suas liberdades em favor de um representante, o rei, que, por sua vez, se encarregaria de garantir a ordem. Nessas teses, que explicam o Estado a partir de acordos e da concordância entre reis e povo, todavia, a vontade do rei e do Estado sempre é superior à do povo e, logo, deve ser obedecida sem resistência. Somente com a Ilustração, no século XVIII, essas teorias seriam revistas para apresentar o governo como representante da vontade popular. No Absolutismo, todavia, rei e Estado se sobrepõem ao povo.

Já na Inglaterra, o Parlamento muito cedo diminuiu o poder dos monarcas. Diferentemente da França e da Espanha, antigas províncias romanas onde a continuidade do direito romano fez prevalecer, mesmo durante a Idade Média, a ideia de um príncipe comandando a sociedade com plenos poderes, a Inglaterra, província menos romanizada, sofrera influências muito maiores do direito feudal, no qual o poder era compartilhado pelos grandes senhores, sendo o príncipe incluído entre eles. Assim, o Absolutismo não prosperou na Inglaterra moderna. Pelo contrário, segundo o historiador Christopher Hill, ele surgiu no século XVII como uma tentativa da monarquia de importar o modelo francês e de se impor a todas as classes sociais inglesas. Tal tentativa, no entanto, fracassou devido à revolta das elites, que não aceitaram um soberano que se sobrepusesse de forma hegemônica a elas. Essa é a origem da Revolução Inglesa. O Absolutismo inglês, dessa maneira, teve vida curta, o que não impediu que o Estado nacional e a monarquia sobrevivessem, adaptando-se a outras realidades sociais e políticas.

Assim, vemos que o Absolutismo assumiu diferentes formas dependendo do Estado onde foi aplicado. As justificativas jurídicas ou teológicas tinham em comum o fato de que foram construídas para explicar o poder centralizado do rei. Não devemos esquecer, todavia, que esse poder não era absoluto, no sentido de que não era ilimitado. Nenhum rei absoluto reinava sozinho, ou ditava arbitrariamente a lei, sem qualquer controle por parte da sociedade. Tal poder, embora centralizado e forte, em geral era limitado pela tradição, pelos costumes, quando não pela existência de parlamentos e ministros com poder de decisão. Perry Anderson, um dos principais estudiosos do Absolutismo, diz-nos para não confundir o Absolutismo europeu com o despotismo oriental, esse sim mais abrangente. O poder do rei na Europa não chegava a dispor arbitrariamente das propriedades e de seus súditos, ao contrário das monarquias orientais.

Muitos foram os autores que trabalharam com a conceituação do Absolutismo. De Friedrich Engels a Nicolas Poulantzas, as principais teses trataram da origem do Absolutismo e de sua natureza política. Perry Anderson, por exemplo, defendia que o Estado absoluto era uma continuidade do Estado feudal. Nesse caso, o poder do soberano derivaria do poder da nobreza. Já autores como Fernand Braudel, concordando com Poulantzas, acreditavam que o poder absoluto vinha da ascensão política da burguesia; esta apoiaria o rei em troca da diminuição do poder da nobreza. A tese defendida pela historiadora brasileira Vera Lúcia Ferlini, baseada em autores como Engels, afirma que o Estado absoluto surgiu não da nobreza ou da burguesia, mas do conflito de ambas, o que teria fortalecido apenas ao rei. O Estado absoluto seria, assim, uma entidade que se alimentava e se fortalecia do conflito político-social interno em cada país.

A decadência do Absolutismo se deu no século XVIII com a ascensão política das burguesias nos Estados ocidentais, impulsionando o surgimento de novas teorias que defendiam um governo constitucional, representativo e uma economia sem a interferência do Estado, como o liberalismo. Por fim, nesse processo, a Revolução Francesa, no final do século XVIII, impulsionada por povo e burguesia, derrubou o Absolutismo francês, abrindo caminho para que, no século XIX, Espanha e Portugal também fizessem movimentos na direção do liberalismo ao imporem constituições a seus reis absolutos.

A importância histórica do Estado absoluto está principalmente no fato de ser ele responsável pela consolidação do Estado nacional europeu, que, por sua vez, teve grande influência na formação dos Estados latino-americanos, fosse pelos vínculos coloniais, fosse por servirem de modelos para as independências hispânicas no século XIX, que copiaram os padrões de Estado nacional oriundos da Europa ocidental.

Na sala de aula, o Absolutismo é tema recorrente nos conteúdos programáticos adotados no Brasil. Mas, além disso, é tema extremamente relevante para a compreensão da História do Brasil em seu processo de colonização. Entretanto, em geral sua abordagem nos livros didáticos e conteúdos programáticos dos ensinos Médio e Fundamental é bastante simplificada, não considerando que diferentes historiadores têm percebido o Absolutismo sob prismas diversos. Além disso, deve-se ter cuidado para não incorrer no erro de generalizar as características francesas para todas as monarquias absolutistas. Para evitar a visão simplista, uma boa estratégia é comparar as características dos principais Estados absolutistas, enfatizando também as diferentes teorias que justificavam o Absolutismo em cada país. Outra possibilidade interessante é a análise comparada das obras de Maquiavel, Hobbes e Bossuet, para discutir as diferentes formas de justificar o poder. Sem esquecer que relacionar política e arte, trabalhando como o Absolutismo apareceu nas telas de El Greco, em edifícios como Versalhes, por exemplo, pode ser uma forma de dinamizar a abordagem do tema.

VER TAMBÉM

Barroco; Burguesia; Colonização; Estado; Feudalismo; Iluminismo; Liberalismo; Mercantilismo; Nação; Política; Revolução Francesa.

SUGESTÕES DE LEITURA

ANDERSON, Perry. *Linhagens do Estado absolutista.* São Paulo: Brasiliense, 1985.

BRAUDEL, Fernand. *O mediterrâneo e o mundo mediterrânico na época de Filipe II.* Lisboa: Martins Fontes, 1983.

GRESPAN, Jorge. *Revolução Francesa e Iluminismo.* São Paulo: Contexto, 2003.

HOBBES, Thomas. *O Leviatã:* ou matéria, forma e poder de um estado eclesiástico e civil. São Paulo: Martin Claret, 2003.

KARNAL, Leandro (org.). *História na sala de aula*: conceitos, práticas e propostas. São Paulo: Contexto, 2003.

MAQUIAVEL, Nicolau. *O príncipe.* São Paulo: Paz e Terra, 1996.

MARQUES, Adhemar; BERUTTI, Flávio; FARIA, Ricardo. *História moderna através de textos.* São Paulo: Contexto, 1997.

MONDAINI, Marco. O respeito aos direitos dos indivíduos. In: PINSKY, Jaime; PINSKY, Carla Bassanezi (orgs.). *História da cidadania*. São Paulo: Contexto, 2003.

MORSE, Richard. *O espelho de Próspero*: cultura e ideia nas Américas. São Paulo: Companhia das Letras, 1988.

ODALIA, Nilo. A liberdade como meta coletiva. In: PINSKY, Jaime; PINSKY, Carla Bassanezi (orgs.). *História da cidadania*. São Paulo: Contexto, 2003.

ACULTURAÇÃO

O conceito de aculturação, assim como os de cultura, etnocentrismo e sincretismo, surgiu na Antropologia; no entanto, devido à crescente interdisciplinaridade, a História também se beneficia da utilização das ferramentas de disciplinas como a Antropologia.

O termo aculturação foi inicialmente cunhado por antropólogos norte-americanos, sendo o historiador francês Nathan Watchel um dos principais responsáveis por sua adaptação para a História. De acordo com ele, o conceito de aculturação é útil para o desenvolvimento de reflexões sobre as mudanças que podem acontecer em uma sociedade a partir da inclusão de elementos externos, ou seja, do contato com outras culturas. Para perceber a aplicação desse conceito na História, esse historiador estudou o caso da sociedade peruana depois da conquista espanhola, no século XVI.

Segundo Watchel, aculturação é todo fenômeno de interação social que resulta do contato entre duas culturas, e não simplesmente a sujeição de um povo por outro. Para ele, essa noção tem sua maior utilidade quando empregada para o estudo de situações coloniais. Aculturação é, assim, um *conceito* construído com o fim de explicar uma realidade social única, aplicável apenas a determinado momento e lugar específico na história.

Outros autores, todavia, discordam de Watchel. O estudioso brasileiro Alfredo Bosi, em sua obra *Dialética da colonização*, define aculturação como o ato de sujeitar um povo ou adaptá-lo tecnologicamente a um padrão tido como superior. Para Bosi, esse é um fenômeno proveniente do contato entre diferentes sociedades e pode ocorrer em períodos históricos diferentes, estando sujeito apenas à existência desse contato entre culturas diversas. Bosi defende ainda que a aculturação é necessariamente um fenômeno de controle social de um povo sobre outro.

Podemos, assim, observar que os conceitos de Bosi e Watchel diferem. De acordo com o primeiro, aculturação é uma categoria que pode ser aplicada a diferentes momentos históricos e, além disso, é um processo de sujeição social. Para o segundo, tal conceito pode ser apenas aplicado a situações coloniais e abrange muitas outras situações, além da mera sujeição cultural.

Com base na definição mais genérica de aculturação, algumas tentativas foram feitas para se empregar o conceito em pesquisas as mais diversas, como em trabalhos sobre a sociedade rural francesa no século xvi, durante as transformações resultantes da Reforma Católica. Tais pesquisas defendiam que, nesse momento, ocorreu um processo de aculturação dos camponeses pelo clero francês, processo influenciado pelo Concílio de Trento. Para Peter Burke, no entanto, dificilmente poderíamos aplicar o conceito de aculturação a esse contexto, porque os dois grupos envolvidos em tal processo – padres e camponeses – pertenciam à mesma cultura. Tendo em vista essas considerações, percebemos que, apesar dos diferentes significados atribuídos à noção de aculturação, há alguns consensos, como a ideia de que se trata de um processo envolvendo culturas distintas. Além disso, as conceituações de Watchel e de Bosi se aproximam quando o primeiro considera a aculturação uma interação entre sociedades de força desigual, dominantes e dominadas. Contudo, Watchel acredita que a aculturação não se dá apenas como transformação de sociedades indígenas em sociedades coloniais, pois também ocorreu nesse processo a incorporação pelas sociedades indígenas de elementos culturais estranhos, embora continuando a preservar suas características originais. E uma vez que para esse autor a aculturação é um conceito aplicável apenas à colonização da América, podemos tomar situações coloniais para especificar melhor essa noção.

Um primeiro ponto a observar é que o tipo de aculturação resultante entre espanhóis e indígenas a partir do século xvi dependia do tipo de dominação que os primeiros conseguiam impor aos segundos. Sobre as sociedades sedentárias, astecas e incas, por exemplo, os conquistadores impuseram a proximidade com o sistema de valores colonial, ao obrigá-los a trabalhar e residir nas propriedades dos colonos, facilitando o processo de imposição de costumes e crenças, que era uma das formas de aculturação. Já com os povos nômades se deu o contrário, pois sociedades indígenas de diferentes regiões das Américas, como os chichimecas no norte do México, os araucanos no sul do Chile, as tribos do oeste dos eua e os índios do sertão do Brasil, resistiram à dominação europeia, apesar de passarem por formas de aculturação úteis para sua sociedade, como o emprego do cavalo e das armas de fogo. Esses povos escaparam, em seu processo de resistência, da imposição de trabalho e de residência nas propriedades dos colonos, evitando, também, o processo de imposição de valores europeus. Mas isso não os impediu de optarem por assimilar elementos culturais estrangeiros, como as armas de fogo e a criação de cavalos, que em vez de destruir sua cultura, foram incorporados a ela, permitindo-lhes continuar a resistência contra a colonização. Tal incorporação, para Watchel, também foi uma forma de aculturação, realizada, todavia, não por um povo dominado, mas sim por uma sociedade independente.

Segundo essa definição, podemos classificar em dois tipos as formas de aculturação no mundo colonial americano: primeiro, quando um grupo estranho controlava diretamente a sociedade dominada, direcionando seu processo de aculturação. Caso daqueles povos nativos que por toda a América foram submetidos ao controle de missionários. Sob tal domínio, os indígenas tiveram de assimilar muitas das instituições espanholas e portuguesas, como o catolicismo, a língua, os costumes matrimoniais, os hábitos de vestimenta etc. Essa aculturação imposta destruiu grande parte das culturas originais indígenas, como os laços familiares, a religiosidade e a língua. Por sua vez, o segundo tipo de aculturação pode ser percebido quando a sociedade indígena, longe de qualquer controle externo, adotou alguns elementos da cultura colonial voluntariamente, como o uso do cavalo e de armas de fogo. Nesse caso, a aculturação foi espontânea, e a cultura nativa preservada em suas estruturas originais. Os elementos estrangeiros assimilados nesse segundo caso não eram suficientes para modificar as estruturas internas dessas sociedades, mas foram escolhidos, ao contrário, por se ajustarem a essas estruturas.

Não podemos esquecer que a aculturação constitui apenas uma das formas de interação possíveis na sociedade colonial, e nem sempre ela é predominante. O sincretismo, a miscigenação e o hibridismo cultural são exemplos de outras formas de interação social entre diferentes culturas criadas pela colonização.

Alguns autores falam ainda da situação de etnocídio. É o caso do historiador Frédéric Rognon. Para ele, enquanto o genocídio é a extinção física de um grupo, violenta e deliberada, o etnocídio seria a destruição de uma cultura, resultante do processo de aculturação. Situação que ocorreu, sobretudo, com as populações indígenas das Américas, sendo possível encontrar na Oceania processos de aculturação aos quais a população sobreviveu. De acordo com Rognon, o etnocídio apenas precede o genocídio, e todo processo de aculturação termina por ser um fenômeno de imposição de uma cultura sobre outra.

Em síntese, percebemos uma ativa discussão em torno da ideia de aculturação: enquanto Watchel considera que a aculturação pode ser espontânea e útil para uma sociedade, a maioria dos outros autores acredita que ela é um fenômeno sempre de imposição cultural. Apesar das discordâncias, podemos resumir a aculturação como um processo de imposição ou assimilação de valores socioculturais de uma sociedade por outra. Processo possível principalmente em situações de colonização. Watchel inclusive defende que, quando o conceito de aculturação for mais bem compreendido para a América colonial, ele poderá ser utilizado para outras situações históricas, tornando-se assim uma categoria de análise. Por enquanto, todavia, devido às diversas incongruências e controvérsias em torno desse conceito, a aculturação só seria útil para o momento do contato entre europeus e indígenas.

Precisamos ainda ressaltar que a situação colonial, mesmo quando estamos falando de aculturação em seu sentido de imposição cultural, é muito complexa, pois os dominados, alvo da imposição de valores europeus, como negros e índios, não eram participantes passivos do processo. Eles reagiam, terminando por influenciar a própria cultura hegemônica, transformando-a. Tal situação leva muitos autores a preferirem falar de miscigenação, de sincretismo ou de hibridismo cultural, abandonando o conceito de aculturação. Mas todos esses conceitos giram em torno da ideia de trocas e de influências culturais.

Devemos lembrar também que a aculturação, como política de colonização, foi uma prática de etnocentrismo. A não compreensão da cultura do "outro", ou mesmo a negação dessa cultura, deu lugar a práticas de "aculturação", pois esse "outro" – exatamente por ser diferente – deveria ser encaixado na cultura dita "superior".

Para a sala de aula, excelente atividade seria comparar as diferentes formas de aculturação nas sociedades indígenas coloniais. Trabalhar com os casos em que tais sociedades demonstraram capacidade de assimilação e adaptação de elementos culturais que serviram a seus interesses pode levar os alunos a perceberem que os povos indígenas, em geral retratados como facilmente derrotados pelos europeus "superiores", não necessariamente se submeteram à dominação sem contestação.

VER TAMBÉM

Candomblé; Civilização; Colonização; Cultura; Etnia; Etnocentrismo; Identidade; Índio; Interdisciplinaridade; Miscigenação.

SUGESTÕES DE LEITURA

Bosi, Alfredo. *Dialética da colonização*. São Paulo: Companhia das Letras, 1996.

Burke, Peter. *História e teoria social*. São Paulo: Ed. Unesp, 2002.

Gomes, Mércio Pereira. O caminho brasileiro para a cidadania indígena. In: Pinsky, Jaime; Pinsky, Carla Bassanezi (orgs.). *História da cidadania*. São Paulo: Contexto, 2003.

Mesgravis, Laima; Pinsky, Carla Bassanezi. *O Brasil que os europeus encontraram*. São Paulo: Contexto, 2000.

Pinsky, Jaime. *As primeiras civilizações*. São Paulo: Contexto, 2001.

Pinsky, Jaime (org.). *História da América através de textos*. 9. ed. São Paulo: Contexto, 2004.

Rognon, Frédéric. *Os primitivos, nossos contemporâneos.* Campinas: Papirus, 1991.

Watchel, Nathan. Aculturação. In: Le Goff, Jacques; Nora, Pierre. *História:* novos problemas. Rio de Janeiro: Francisco Alves, 1995.

Antiguidade

O significado da palavra *Antiguidade* faz referência a objetos do passado. Mas como conceito histórico, Antiguidade é um período da História do Ocidente bem delimitado, que se inicia com o aparecimento da escrita e a constituição das primeiras civilizações e termina com a queda do Império Romano, dando início à Idade Média. Tal conceito é de vital importância para a construção da ideia de Ocidente, da mesma forma que algumas noções correlatas, como *clássico* e *antigo*.

O próprio termo *Antiguidade* deriva de *antigo*, que, segundo Jacques Le Goff, é uma ideia extremamente atrelada ao Ocidente, quase sempre em contraste com *moderno*, também um conceito ocidental. Para esse autor, o Ocidente foi marcado, entre os séculos v e xix, por constante oposição entre as ideias de antigo e de moderno, oposição que teve seu auge com o nascimento da modernidade no século xix.

A palavra *antigo*, que parece de fácil compreensão pelo seu uso frequente em nosso cotidiano, na verdade tem vários significados: antigo pode se referir ao passado como um todo; pode se referir especificamente a um período histórico do Ocidente, que é a Antiguidade, e com esse significado ela existe desde o Renascimento; e pode ainda se opor tanto ao novo quanto ao velho, pois em muitas culturas antigo é o venerável, enquanto velho é a ruína, a decrepitude.

No Ocidente, desde a revalorização da cultura greco-romana pelo Renascimento, *antigo* se tornou sinônimo de clássico, de Idade de Ouro, sendo a Antiguidade considerada *berço da civilização*. Mas, para Le Goff, mesmo nesse contexto, *antigo* também possuía certa ambiguidade: no Cristianismo, por exemplo, *antigo* – Antigo Testamento – seria a doutrina prestigiosa dos grandes homens do passado, mas com menos valor que o *novo* – Novo Testamento. O próprio Renascimento, ao mesmo tempo em que via a Antiguidade como uma época dourada para a humanidade, também usava a palavra *antigo* para designar o gótico e o carolíngio, ou seja, elementos do medievo, considerados velhos, obscuros e obsoletos.

Durante o século xx, a historiografia tradicional observou a Antiguidade como o marco fundamental de separação da *civilização* e da *barbárie*. E nesse sentido a Antiguidade se tornou uma área de estudos etnocêntrica por excelência. Um dos principais historiadores dessa linha, que escreveu sua obra monumental sobre o mundo clássico na década de 1920, foi Rostovtzeff, ainda hoje muito lido em diversos cursos de formação de professores pelo país.

Para Rostovtzeff, a Antiguidade significava o início do desenvolvimento do *Homem*, período em que a civilização foi formada e a vida política e social se distinguiu da selvageria. Essa Idade teria tido seu início no Oriente Próximo, entendido como o Egito, a Mesopotâmia, a Ásia Central e o Egeu, e seu auge na Grécia e em Roma. A importância da História Antiga, para Rostovtzeff, estava na herança palpável deixada por ela na vida ocidental moderna, sendo os antigos os inventores da vida civilizada contemporânea. Nessa perspectiva, as ligações entre Antiguidade e mundo atual seriam muitas: comércio mundial e indústria em larga escala; as principais formas políticas ainda hoje utilizadas, como a monarquia, o sistema federal e o Estado autogovernado; além da Filosofia, da Ética e da Estética atuais.

Rostovtzeff seguiu a tradição dos historiadores que organizaram a cronologia da História Mundial em Antiguidade, Idade Média, Idade Moderna e Idade Contemporânea. Uma cronologia que apareceu pela primeira vez com os humanistas da Renascença, mas que só se consolidou nas últimas décadas do século XIX, com a ascensão do cientificismo. Para historiadores como Mar Ferro, no entanto, essa cronologia foi elaborada pelo etnocentrismo do imperialismo europeu no século XIX e está longe de representar toda a História mundial. Ela escolheu apenas temas e culturas, afirma a historiadora Christine Dabat, representativos do passado da Europa ocidental. Segundo essas críticas, a Antiguidade não seria o período do nascimento da civilização como um todo, mas só do Ocidente.

A maioria dos historiadores, no entanto, não contesta o período histórico em si, mas procura adaptá-lo às novas perspectivas da História, surgidas no final do século XX. Esse é o caso daqueles que defendem a existência de uma Antiguidade Tardia, designação que se difundiu na década de 1950, usada para definir um período histórico que muitos consideravam diferenciado tanto da Antiguidade quanto da Idade Média, e abrangeria desde a crise do Império Romano, iniciada no século III, até a queda do Império. Essa periodização foi defendida por autores como Henri-Irénée Marrou, para quem esse momento de transição entre a Idade Média e a Antiguidade tinha características próprias e deveria ser tratado de forma particular. Já outros historiadores, principalmente medievalistas, contestam a designação do período como Antiguidade Tardia. Hilário Franco Jr., por exemplo, aceita que o período seja tratado de forma particular e diferenciada, mas prefere defini-lo como Primeira Idade Média. Nos dois casos, a discussão gira em torno das fronteiras temporais entre a Antiguidade e a Idade Média, o que corrobora a opinião daqueles que acreditam que esses cortes cronológicos etnocêntricos hoje não servem mais nem mesmo para a própria Europa.

Entretanto, a historiografia sobre a Antiguidade tem se desenvolvido muito, a despeito das controvérsias, e Rostovtzeff não pode ser tomado como exemplo das perspectivas atuais da História Antiga, que tem assimilado abordagens como a História

Social e a História Cultural. No Brasil mesmo há uma atualizada produção na área, que pode muito bem ser representada pelo trabalho de Pedro Paulo Funari, arqueólogo e classicista. Para ele, os estudos da Antiguidade têm-se beneficiado da percepção de que muito do que sabemos, ou acreditamos saber sobre o período, são construções da historiografia. Essa também é a perspectiva de Mary Beard e John Henderson.

Beard e Henderson dão especial ênfase ao fato de que muito da imagem que o Ocidente tem hoje do mundo clássico foi construído pelo Romantismo do século XIX: uma visão idealizada e bucólica, o que nos leva a inquirir sobre uma ideia em íntima ligação com a Antiguidade, a noção de *clássico*.

Clássico é um termo que em História designa a cultura greco-romana da Antiguidade, sendo assim um conceito histórico delimitado no tempo e no espaço. Mas tal termo também é muito empregado em outras áreas humanistas, como a Literatura e a Arte. Outra definição do clássico muito comum no Ocidente é aquela relacionada às obras de arte: clássica é a obra que serve de modelo, que é considerada de importância fundamental para a humanidade, inovadora, fundadora, e quase sempre antiga. A obra clássica é o consenso, aquela obra sobre a qual ninguém em determinada cultura discorda. Em certa medida, o clássico se aproxima bastante da noção de tradição, visto que ambos são elementos culturais sobre os quais há consenso social.

Beard e Henderson associam o conceito de clássico à sua definição histórica, ou seja, à produção cultural greco-romana da Antiguidade. Mas não deixam de levar em consideração o outro significado, que atrela o clássico à obra de arte. Consideram, assim, "clássicas" as obras de arte greco-romanas. Para eles, a relação entre Antiguidade e contemporaneidade se exprime muito bem na visão que temos dos clássicos, pois esses são para nós, igualmente, os mesmos que para os antigos, mas também diferentes. São os mesmos porque, ao lermos ou observarmos uma obra clássica já temos um conhecimento prévio sobre ela, sendo influenciados pelo que gerações de estudiosos disseram sobre essas obras antes de nós. O exemplo que os autores dão é muito eloquente: se um ocidental observar o Partenon, em Antenas, pela primeira vez, ele inevitavelmente terá uma sensação de familiaridade, pois em sua vida provavelmente já viu prédios construídos no estilo neoclássico baseado nas formas e princípios da Antiguidade. Assim, segundo essa concepção, os clássicos, devido à sua grande influência na formação do Ocidente desde o Renascimento, nunca serão totalmente estranhos para nós.

Por outro lado, sempre leremos uma obra clássica de forma diferente, por exemplo, de um monge medieval, pois vivemos em contextos históricos diferenciados, e lemos a mesma obra em formato e circunstâncias distintas, cada um de nós fazendo perguntas que dependem muito da forma de pensar de cada período. Assim, para Beard e Henderson, os clássicos são definidos tanto pela nossa experiência e interesses quanto pelos deles mesmos.

Além disso, devemos atentar para o fato de que construímos os clássicos, assim como construímos nossa visão estilizada e idealizada da Antiguidade. Um exemplo disso, segundo Beard e Henderson, está no quadro de Edward Lear, romântico inglês do século XIX, que traz uma famosa paisagem clássica, o templo de Apolo em Bassai, na Grécia. A pintura representa a ideia de clássico construída pelo romantismo: ruínas gregas em uma paisagem bucólica. Mas, na verdade, o quadro foi pintado com base em alguns esboços do templo e de uma paisagem do próprio campo inglês. Assim, a imagem do clássico foi construída a partir do próprio cenário do Ocidente contemporâneo ao autor. Exemplo eloquente da tese de Beard e Henderson de que quase todas as imagens dos clássicos são construídas a partir do próprio contexto histórico de quem as elabora, ou seja, a partir do próprio Ocidente contemporâneo.

Antiguidade, antigo, clássico são ideias tão entranhadas no imaginário histórico ocidental que é frequente passarem por nós sem críticas. Mas para a sala de aula, é interessante tentarmos desconstruir a imagem idealizada que os alunos invariavelmente têm da Antiguidade Clássica. Uma imagem hoje bastante alimentada pela mídia e pelo cinema, em particular. Mas o próprio cinema pode servir de fonte para uma análise mais acurada, levando-nos a observar quais as imagens de civilização que o cinema associa a esse período, e a perceber em filmes como *Gladiador*, de Ridley Scott, que essas obras não estão falando apenas sobre a Antiguidade, mas usam esse período para discutir questões contemporâneas. Fica assim mais fácil entendermos a pintura de Edward Lear.

VER TAMBÉM

Arqueologia; Arte; Civilização; Democracia; Escravidão; Ética; Etnocentrismo; Helenismo; Imperialismo; Orientalismo; Renascimento; Romantismo; Tradição.

SUGESTÕES DE LEITURA

BEARD, Mary; HENDERSON, John. *Antiguidade clássica*: uma brevíssima introdução. Rio de Janeiro: Jorge Zahar, 1998.

FUNARI, Pedro Paulo. *Arqueologia*. São Paulo: Contexto, 2003.

_____. *Grécia e Roma*. São Paulo: Contexto, 2001.

_____. A cidadania entre os romanos. In: PINSKY, Jaime; PINSKY, Carla Bassanezi (orgs.). *História da cidadania*. São Paulo: Contexto, 2003.

GUARINELLO, Norberto Luiz. Cidades-estados na antiguidade clássica. In: PINSKY, Jaime; PINSKY, Carla Bassanezi (orgs.). *História da cidadania*. São Paulo: Contexto, 2003.

KARNAL, Leandro (org.). *História na sala de aula*: conceitos, práticas e propostas. São Paulo: Contexto, 2003.

Le Goff, Jacques. *História e memória*. Campinas: Ed. Unicamp, 1994.

Oliveira, Waldir Freitas. *A Antiguidade tardia*. São Paulo: Ática, 1990.

Pinsky, Jaime. *As primeiras civilizações*. São Paulo: Contexto, 2001.

_____. Os profetas sociais e o deus da cidadania. In: Pinsky, Jaime; Pinsky, Carla Bassanezi (orgs.). *História da cidadania*. São Paulo: Contexto, 2003.

Pinsky, Jaime (org.). *100 textos de história antiga*. 8. ed. São Paulo: Contexto, 2003.

Rostovtzeff, M. *História da Grécia*. Rio de Janeiro: Guanabara, 1986.

Arqueologia

A Arqueologia é hoje uma disciplina bastante conhecida no Brasil, não apenas nos círculos intelectuais mas também entre os jovens. Para isso muito contribuiu o cinema, na figura do personagem Indiana Jones, que se tornou um sinônimo de arqueólogo para a cultura urbana popular do Ocidente. Tal disciplina, no entanto, dificilmente se encaixa no parâmetro do senso comum, o que a torna, apesar de muito falada, realmente pouco conhecida.

A Arqueologia é considerada ainda hoje por muitos uma disciplina auxiliar da História, mas no século xx ganhou *status* próprio, com metodologia e teorias criadas para si, caracterizando-se como uma ciência que se torna cada dia mais independente. Para alguns, ela é a ciência que estuda os documentos materiais, ou seja, os vestígios da cultura material dos povos do passado. Dessa forma, apresenta-se como uma disciplina que pode ser utilizada para auxiliar o estudo de qualquer época da história, visto que todas as sociedades deixam vestígios materiais em forma de habitações, utensílios, arte e mesmo lixo. Porém, usualmente, o mais importante campo de atuação dos arqueólogos são as culturas que não desenvolveram a escrita, ou cuja escrita não foi preservada pelo tempo. Nesse caso, na impossibilidade de serem desenvolvidos estudos de História baseados nos documentos escritos, a Arqueologia se torna a ciência predominante na busca de explicações e conhecimento sobre o passado.

Geralmente, o campo de estudo da Arqueologia é dividido em dois grandes blocos: Arqueologia Pré-histórica e Arqueologia Histórica. Enquanto o primeiro campo se dedica a estudar povos e períodos em que a escrita não existia, o segundo diz respeito à pesquisa arqueológica realizada sobre qualquer sociedade, em qualquer período histórico, que possua escrita.

A Arqueologia surgiu como ciência, ou *disciplina auxiliar da História*, no século xix, mas alguns remetem os primeiros estudos arqueológicos à Europa da Idade

Moderna, onde o crescente interesse renascentista pela cultura grega e romana clássicas levou à formação de museus e coleções de antiguidades. Os príncipes europeus gostavam, então, de constituir coleções de curiosidades, angariando assim a fama de cultos e instruídos, ou seja, de renascentistas. Nesse contexto, as primeiras incursões arqueológicas surgiram do interesse de eruditos em reunir e coletar peças e objetos esquecidos e enterrados dessas civilizações antigas. Essa coleta de objetos, todavia, estava ligada principalmente à História da Arte e tinha preocupações apenas estéticas com relação a seus achados greco-romanos.

Foi só no século XVIII que surgiu a primeira grande contribuição metodológica à Arqueologia. Nesse momento, os achados começaram a ser primeiro estudados a partir de sua localização no solo onde estavam enterrados, antes mesmo de serem desenterrados. Os eruditos começavam, assim, a se preocupar não mais apenas em desenterrar peças bonitas, mas também em identificar os períodos aos quais elas pertenciam. Era o início do estudo da estratigrafia, até hoje um importante método da disciplina. A partir daí, não se admitia mais que os objetos fossem simplesmente escavados e coletados do solo, era importante também estudar o próprio solo onde se encontravam.

Todavia, apenas durante o século XIX a moderna Arqueologia se constituiu como disciplina. Tal desenvolvimento foi beneficiado por uma série de fatores, entre os quais um dos mais importantes foi a aceitação da teoria da evolução, de Darwin, que, defendendo o princípio de que o homem evoluiu ao longo do tempo, permitiu que os estudiosos começassem a considerar seriamente a importância do estudo dos artefatos de períodos muito antigos, até então coisa impensável devido à crença generalizada de que o mundo tinha apenas 5 mil anos.

A segunda grande contribuição para o desenvolvimento da Arqueologia no século XIX foi a classificação criada por Thomsen para datar a cultura material europeia em diferentes idades evolutivas. Tal classificação é até hoje bastante adotada, inclusive pelos livros didáticos brasileiros, e consiste em Paleolítico, Neolítico, Idade do Bronze e Idade do Ferro. Apesar de ser uma classificação amplamente empregada, possui um cunho evolucionista muito forte e atualmente bastante contestado, pois considera a existência de uma escala de desenvolvimento entre os povos, começando entre os mais primitivos, considerados *inferiores*, e terminando no que seria o ápice da evolução cultural humana, ou seja, a *sociedade ocidental*. Essa visão, acentuadamente etnocêntrica, é hoje criticada por arqueólogos, historiadores e pré-historiadores, mas no século XIX configurou um avanço, uma ferramenta para se distinguir os diferentes períodos históricos ao longo da cultura material, da tecnologia, e facilitou o desenvolvimento do trabalho arqueológico.

No início do século xx, aventureiros que foram depois considerados "*os pais*" da Arqueologia, empreenderam grandes expedições atrás de tesouros enterrados por antigas civilizações. Esse foi o período das grandes descobertas arqueológicas, como a cidade de Troia, na Turquia, a tumba de Tutancamom, no Egito, e as cidades romanas soterradas de Herculano e Pompeia. Entretanto, os aventureiros/arqueólogos que fizeram esses achados estavam mais interessados em desenterrar artefatos que tivessem valor artístico, e principalmente em desenterrar tesouros famosos, do que em realizar pesquisas sistemáticas sobre as sociedades em questão.

Foi apenas após o final da Segunda Guerra Mundial que a Arqueologia ganhou nova cara, mais científica, ao investir na estratigrafia e nas técnicas de escavação. Nesse momento, os arqueólogos começaram a utilizar recursos das ciências naturais para auxiliar suas pesquisas, principalmente empregando a física e a química para estabelecer datas precisas sobre seus achados. Surgiram, assim, as principais técnicas de datação de artefatos arqueológicos, entre elas a mais famosa de todas, a datação por carbono 14 ou radiocarbônica, que permitiu pela primeira vez estabelecer com precisão os períodos a que pertenciam os vestígios mais antigos encontrados nas escavações.

Daí em diante, a partir dessa maior precisão no estabelecimento das etapas temporais a que pertenciam seus achados, os arqueólogos começaram a ter outras preocupações de caráter metodológico, começando a refletir sobre os meios para se construir um campo de conhecimento específico para sua nova ciência. Começaram, assim, a surgir questões em torno da forma como, por exemplo, a cultura material – que é o objeto de estudo da Arqueologia – está relacionada com o processo de formação da sociedade a qual pertence. Ou seja, surgiram reflexões acerca da natureza do próprio objeto de pesquisa que levaram a Arqueologia a se tornar uma ciência cada vez mais subjetiva e interpretativa, e a se aproximar de ciências humanas como a Etnologia e a Sociologia.

Hoje, a Arqueologia é uma das disciplinas humanísticas que mais cresce no Brasil: parques nacionais foram fundados em torno de significativos sítios arqueológicos, como o Museu do Homem Americano, em São Raimundo Nonato, no Piauí; cursos de Arqueologia foram abertos nas universidades brasileiras, e cada vez mais pesquisas arqueológicas, históricas ou pré-históricas são financiadas pelo país. Todo esse interesse se reflete em mais conhecimento produzido que, no entanto, nem sempre chega até o grande público ou aos alunos do ensino Médio e Fundamental. Assim, apesar do grande interesse que a Arqueologia gera, nem sempre é fácil para o professor acompanhar as novas pesquisas e os novos resultados, pois esses estão quase sempre restritos às publicações especializadas, que trazem por sua vez textos em linguagem pouco acessível aos leigos. No entanto, há atualmente algumas obras de caráter de divulgação científica disponíveis no Brasil, permitindo a professores se debruçarem um pouco sobre essa ciência irmã da História. Os livros dos professores Funari e Prous são exemplos dessas obras, trazendo discussões e descrições acerca do método e do objeto de estudo da Arqueologia. O livro de Pedro Paulo Funari, especificamente, apresenta todo um roteiro para aqueles que querem enveredar pelo campo de estudos da Arqueologia no Brasil.

Do ponto de vista do trabalho em sala de aula, a Arqueologia e seus métodos de reconstituição das sociedades a partir de restos materiais pode inspirar a construção de projetos a serem desenvolvidos pelos alunos, nos quais esses busquem também reconstruir alguns aspectos da cultura material das sociedades estudadas. O Brasil possui ainda um vasto patrimônio de sítios arqueológicos abertos à visitação, onde não apenas o conhecimento produzido a partir das escavações, mas o próprio método de pesquisa da Arqueologia está bastante visível, e à disposição do professor e de seus estudantes.

As visitas a sítios e os projetos de trabalhos coletivos em sala de aula auxiliam o professor a construir o conhecimento com seus alunos, e não mais simplesmente a se contentar em repassar as informações retiradas dos livros. Devemos, nós professores de História, ter sempre em mente que o conhecimento construído é o mais valorizado pelo indivíduo e o mais difícil de ser esquecido ou deixado de lado.

Ver também

Antiguidade; Civilização; Cultura; Fonte Histórica; História; Iconografia; Índio; Interdisciplinaridade; Patrimônio Histórico; Pré-história; Tecnologia; Tradição; Tribo.

Sugestões de leitura

Funari, Pedro Paulo. *Grécia e Roma*. São Paulo: Contexto, 2001.

_____. *Arqueologia*. São Paulo: Contexto, 2003.

_____; Noelli, Francisco Silva. *Pré-história do Brasil*. São Paulo: Contexto, 2002.

Leroi, A. Os caminhos da História antes da escrita. In: Le Goff, Jacques; Nora, Pierre. *História*: novos problemas. Rio de Janeiro: Francisco Alves, 1976.

Martin, Gabriela. *Pré-história do Nordeste do Brasil*. Recife: Ed. ufpe, 1997.

Moniot, Henri. A arqueologia. In: Le Goff, Jacques; Nora, Pierre. *História*: novos problemas. Rio de Janeiro: Francisco Alves, 1976.

Pinsky, Jaime. *As primeiras civilizações*. São Paulo: Contexto, 2001.

Pinsky, Jaime (org.). *100 textos de história antiga*. 8. ed. São Paulo: Contexto, 2003.

Prous, André. *Arqueologia brasileira*. Brasília: Ed. UnB, 1992.

Trigger, Bruce. *Além da História*: os métodos da Pré-história. São Paulo: epu, 1973.

ARTE

A Arte é uma constante na história da humanidade. Todas as culturas possuem Arte, mas sua diversidade torna difícil sua definição. No pensamento ocidental, a Arte é a tradução material da beleza. Por sua vez, a beleza é uma noção da Filosofia Clássica que pode ser entendida como a essência invisível de tudo o que é belo. Dentro da Filosofia Clássica, a beleza é estudada pela Estética, que procura diferenciá-la do belo. Já o belo designa tudo o que, cotidianamente, é captado pela nossa subjetividade e nos provoca emoção, levando-nos a um estado diferente da normalidade. Mas essa noção de belo varia de acordo com o tempo, o espaço e a cultura, ou seja, o belo é relativo: o que é belo para nós, não é para um indivíduo de outra cultura. Entretanto, alguns pensadores consideram que há algo de universal no belo e que pode estar ligado à simetria. Nessa perspectiva, independentemente de todo relativismo cultural, o ser humano de qualquer tempo e lugar consideraria belo tudo o que fosse harmônico e simétrico. De qualquer forma, a noção de beleza deriva da noção de belo, assim como para a tradição ocidental, a Arte deriva da beleza.

Nesse sentido, para muitos pensadores, a principal tarefa da Arte é representar a beleza. Ariano Suassuna, em *Iniciação à estética*, define a Arte tanto como o dom criador quanto como o conjunto de todas as Artes, plásticas, literárias, cinema etc. Fundamentado na Filosofia Clássica, Suassuna estuda a Arte a partir da Estética e dos filósofos clássicos, como Platão, Aristóteles, Kant e Hegel. Observa assim que, enquanto para Platão a Arte é o caminho para o mundo das ideias, tendo uma função prática e mística de integração do Homem ao Divino, para Aristóteles a Arte tem simplesmente a função de criar formas e Beleza, sendo puramente imaginativa, sem nenhuma função de produção de conhecimento. Poderíamos dizer que essas duas posições representam bem as duas principais visões correntes acerca da Arte. Por outro lado, nem todas as abordagens sobre a natureza da Arte buscaram respostas na Estética como disciplina. Por exemplo, historiadores como Collingwood defendem que a beleza não aparece particularmente na Arte, e não é seu objeto específico; Rafael Agullon afirma que, do ponto de vista histórico, a reflexão estética fracassou pela sua subjetividade: as teorias da beleza no campo metafísico e as muitas doutrinas estéticas não puderam evitar o caráter intuitivo que a beleza tem para o ser humano.

Outra noção também bastante complexa é a de artista. Enquanto para alguns o artista é todo aquele que faz Arte, para outros, artista é apenas aquele que elabora uma obra de Arte com consciência estética, ou seja, aquele que tem consciência de que está construindo uma obra de Arte. Nessa segunda perspectiva, o artista existiria apenas na Grécia clássica e no Ocidente a partir do Renascimento. Em outras culturas e períodos, como no medievo europeu, por exemplo, o artista era um artesão, e a obra de Arte tinha *status* semelhante a qualquer objeto produzido pelo trabalho manual humano. Nesse sentido, e mais ainda naquelas sociedades onde a Arte tinha um fim religioso ou mágico, a maioria das obras é anônima, pois pouco importa seu autor. Só no Renascimento, retomando uma noção grega clássica, o artista se tornou um indivíduo que se definia como artista, e não como artesão: era o artista-gênio, uma celebridade valorizada justamente por produzir Arte. Mesmo em civilizações como a egípcia, onde havia uma clara distinção entre a Arte popular e a Arte para a elite – distinção inexistente nas ditas sociedades "primitivas" –, o artista era também um artesão. A grande inovação do Renascimento no campo da definição do artista foi permitir a liberdade de criação àquele responsável pela elaboração da obra de Arte. O artista, então, possuidor da "*inventio*", passou a ser capaz de produzir suas obras sem interferência. Surgiu daí o artista-gênio, o artista que muitas vezes era mais valorizado do que a própria obra, como Da Vinci, Michelangelo, Rafael. Concepção que o Ocidente possui ainda hoje.

A Arte é o grande objeto de estudo de duas disciplinas, a Estética e a História da Arte. Ambas têm forte tendência para o subjetivismo, o que não quer dizer que não sigam métodos rigorosos. No caso da História da Arte, desde o começo do século XX, a partir da obra de Heirinch Wölfflin, iniciou-se um estudo rigoroso da Arte a partir de sua forma e seus estilos. Wölfflin procurou levar os historiadores da Arte a se preocuparem com o estilo e a cultura em que foi produzida, e não apenas com o temperamento do artista. Historicizou a análise da obra de Arte, criando conceitos como estilo nacional e estilo de época, procurando basear a análise artística em aspectos objetivos, como as formas de representação da Arte ocidental, o plano, a linha, a profundidade. Até Wölfflin, os historiadores da Arte acreditavam que a tendência natural da Arte em todo o mundo era a representação da natureza, bem como que ela sempre evoluiria historicamente até conseguir fazer isso cada vez com mais perfeição. Ou seja, acreditavam que a tendência da Arte era o naturalismo. Mas Wölfflin afirmou, em 1915, que a História da Arte não poderia trabalhar com a noção, para ele desajeitada, de imitação da natureza, e que a Arte não era um processo acumulativo em busca da perfeição. Essa perspectiva influenciou estudiosos mais recentes, como Peter Burke, que, ao pesquisar os artistas da Itália renascentista, defendeu a possibilidade de algumas sociedades terem um interesse maior na representação do visível – ou seja, da natureza – do que outras, o que seria o caso da sociedade renascentista. Assim, o naturalismo seria uma questão cultural.

Harold Osborne, por sua vez, ao estudar o naturalismo grego, definiu-o como um conjunto de técnicas cuja principal motivação era reproduzir cópias das aparências visíveis das coisas, dando origem, assim, à Arte naturalista. Outras sociedades também tiveram Arte naturalista, como os mochicas no Peru, mas foi o naturalismo grego que influenciou a Europa e a formação do Ocidente. Nesse sentido, a importância do naturalismo grego é específico de um período e de uma região, e não tem valor absoluto, não sendo superior a outras formas de concepção artística. Na verdade, ainda segundo Osborne, a maioria dos estudiosos da Arte acredita que o naturalismo é uma concepção minoritária na Arte mundial, que, na maioria das sociedades, prepondera a Arte conceitual, interessada em representar as coisas não com sua aparência no mundo visível, mas com aquilo que considera sua aparência verdadeira, que está fora do tempo e do espaço. As sociedades produtoras de Arte conceitual, como diversos grupos étnicos africanos e nativos americanos, não almejam reproduzir a aparência *acidental* do objeto, ou seja, sua aparência no mundo, pois esta varia de acordo com o tempo e mesmo com o observador. Mais importante é representar a aparência eterna das coisas, perceptível apenas no mundo invisível.

Já Arnold Hauser, ao se debruçar sobre a Arte da Grécia antiga, ressaltou seu caráter de inovação no sentido de perda do aspecto religioso. Para ele, nesse momento, a Arte deixou de ter uma função religiosa. Na verdade, deixou de ter qualquer outra função que não a função de Arte: a Arte era mais um meio para se alcançar alguma coisa, e passou a ser um fim em si mesmo; deixou de servir à magia, de ser uma forma de propaganda, e se tornou uma atividade pura, desinteressada, autônoma. Essa, na verdade, é uma importante questão na Estética: será que a Arte tem como único objetivo a criação da beleza ou ela só tem validade quando engajada a uma ideia, com uma finalidade, por exemplo, educativa? Muitos artistas se identificam com uma ou outra postura, havendo ainda obras de Arte que podem ser classificadas em posições intermediárias. Nesse contexto, Suassuna dá exemplos de algumas obras de Arte produzidas no teatro que têm maior ou menor grau de preocupação com a Arte em si ou com determinadas ideologias: *Salomé*, de Oscar Wilde, seria um exemplo de obra que se preocupa fundamentalmente com a beleza e com a Arte enquanto tal; já *O mal-entendido*, de Albert Camus, seria uma peça "engajada", na qual a preocupação artística se mistura com inquietações de ordem filosófica.

Podemos assim constatar a grande complexidade que envolve o conceito de Arte, e seu intrínseco envolvimento com a noção de beleza. Hoje, a História da Arte já inclui campos de pesquisa que valorizam a Arte chamada "primitiva", mas só o fato de chamá-la assim já é um juízo de valor que interpreta a Arte ocidental como superior. Por outro lado, autores como Osborne elaboraram importantes reflexões que atribuem à Arte conceitual – à Arte das sociedades tribais, por exemplo – seu legítimo valor histórico, apontando seu alto grau de abstração. No entanto, essa visão menos etnocêntrica ainda está bastante restrita a alguns círculos acadêmicos, e é comum que os educadores brasileiros continuem a repetir fórmulas ultrapassadas, julgando a Arte a partir do naturalismo ocidental. Isso é mais grave porque a maioria desses educadores realmente não conhece a História da Arte, ocidental ou não. É muito importante que os professores de História estudem a História da Arte, conheçam os grandes artistas do Ocidente e ultrapassem essa fronteira para buscar a Arte conceitual africana ou americana. Só assim poderemos levar para a sala de aula uma discussão acurada sobre a Arte. Discussão extremamente importante para a formação humanística do indivíduo, pois a formação do cidadão não pode se restringir a conhecimentos técnicos e pragmáticos, mas precisa oferecer também uma visão universalista do mundo, que pode ser encontrada na Arte como um todo.

Como atividade para ser realizada como os alunos, a comparação entre obras de arte, africanas e renascentistas, por exemplo, frisando a opção que cada cultura faz ou não pelo naturalismo, é um excelente instrumento para derrubar visões etnocêntricas pré-concebidas, ao enfatizar o enorme grau de abstração necessário para a elaboração da Arte conceitual, e o considerável desenvolvimento filosófico requerido por tais obras. Antes de tudo, entretanto, cabe a docentes e discentes buscarem os instrumentos conceituais que lhes permitirão ler melhor a Arte, em suas diversas manifestações (pinturas, colagens, músicas, teatro, poesia, artes manuais, danças etc.), sem estabelecer uma dicotomia rígida entre a "obra-prima" e as Artes ditas "menores". Nessa empreitada, a valorização do direito de fruir a Arte deve ser um dos debates preliminares, e os museus e os artistas locais devem ser valorizados e discutidos.

VER TAMBÉM

Arqueologia; *Barroco*; *Cidade*; *Cultura*; *Etnocentrismo*; *Folclore*; *Fonte Histórica*; *Iconografia*; *Imaginário*; *Interdisciplinaridade*; *Patrimônio Histórico*; *Relativismo Cultural*; *Renascimento*.

SUGESTÕES DE LEITURA

BURKE, Peter. *O Renascimento italiano*: cultura e sociedade na Itália. São Paulo: Nova Alexandria, s. d.

EDGAR, Andrew; SEDGWICK, Peter. *Teoria cultural de A a Z*: conceitos-chave para entender o mundo contemporâneo. São Paulo: Contexto, 2003.

FUNARI, Pedro Paulo. *Grécia e Roma*. São Paulo: Contexto, 2001.

MARQUES, Adhemar; BERUTTI, Flávio; FARIA, Ricardo. *História moderna através de textos*. São Paulo: Contexto, 1997.

NAPOLITANO, Marcos. *Cultura brasileira*: utopia e massificação. 2. ed. São Paulo: Contexto, 2004.

HAUSER, Arnold. *História social da arte e da literatura*. São Paulo: Martins Fontes, 1998.

OSBORNE, Harold. *Estética e teoria da arte*. São Paulo: Cultrix, 1993.

SUASSUNA, Ariano. *Iniciação à estética*. Recife: Ed. UFPE, 1992.

WÖLFFLIN, Heinrich. *Conceitos fundamentais da História da Arte*. São Paulo: Martins Fontes, 1996.

Barroco

Barroco é um termo bastante comum nos livros didáticos de História. Em geral fazendo referência a um estilo artístico surgido na Europa ocidental nos séculos XVII e XVIII, considerado um dos primeiros estilos de Arquitetura, Artes Plásticas e Literatura do Brasil, com nomes como Gregório de Matos, Padre Antônio Vieira e Aleijadinho.

Nesse sentido, o Barroco era o estilo artístico da Reforma Católica, nascido do Concílio de Trento, no momento em que a Igreja perdia fiéis devido às Reformas Protestantes na Europa do século XVI. Entendendo a Arte como instrumento de propaganda e pregação, a Igreja passou, então, a exercer maior controle sobre a produção artística, construindo uma estratégia que também foi bastante utilizada pelo Estado absoluto como forma de glorificar o poder de seus monarcas. E uma das suas principais características era o poder que os patrocinadores tinham de ditar os temas a serem trabalhados. Um poder maior do que o dos próprios artistas.

Do ponto de vista da forma, a arquitetura barroca se caracterizou pela profusão de detalhes e pelo luxo com altares banhados a ouro e paredes decoradas com entalhes. A pintura, por sua vez, esteve marcada pela dramaticidade, predominando os temas religiosos. O estilo de pintura conhecido como *claro e escuro*, muito empregado então, transformava a tela em um palco e criava uma empatia entre o espectador e a cena retratada, quase sempre de martírio ou da vida dos santos.

Já na Literatura, o formalismo e o rebuscamento conviveram com a ambiguidade dos temas. O poeta baiano do século XVII, Gregório de Matos, foi um bom exemplo de escritor barroco. Sua obra reúne, lado a lado, poemas religiosos e versos satíricos e mundanos, representando a convivência de influências humanistas e preocupações religiosas. O imaginário barroco misturava a religiosidade moralista e rigorosa e o mundanismo perdulário e humanista.

Essa definição do Barroco como estilo artístico é bastante difundida pela historiografia, mas não é a única. Há uma definição que apresenta o barroco como um conceito social e cultural. Um dos principais representantes da corrente de pensadores que trabalha com essa definição é o historiador espanhol José Antonio Maravall. Em sua obra *A cultura do Barroco*, Maravall definiu-o como a estrutura sociocultural da Espanha nos séculos XVI e XVIII, auge do império espanhol. Essa estrutura teria atingido também outros países europeus, assim como a América ibérica, e seria marcada, entre outras características, por um Estado absolutista e pela grande influência da Reforma Católica e da Inquisição.

Muitas vezes, a sociedade barroca é apresentada por diferentes autores como a sociedade do *Antigo Regime*. Tal nomenclatura foi principalmente empregada para sua contraparte na França absolutista. O reinado de Luís XIV, por exemplo, chamado Rei Sol, considerado por muitos historiadores o auge do Absolutismo, possibilitou muitos trabalhos sobre a sociedade barroca francesa, desde os estudos sobre a etiqueta e as regras de boas maneiras até reflexões sobre a condição do burguês. Já o historiador brasileiro Eduardo D'Oliveira França, em sua obra *Portugal na época da Restauração*, esmiuçou o imaginário e a estrutura social do Barroco na península Ibérica, observando especificamente o choque da burguesia em ascensão com a nobreza, que gerou uma série de tensões sociais marcantes no período.

Autores como Maravall e Eduardo D'Oliveira França descrevem a cultura barroca como tendo seu surgimento a partir da crise econômica e dos conflitos sociais nos séculos XVI e XVII. Para superar essa crise, o Estado se tornou mais rígido e novas formas de pensamento e de moral foram criadas. Tal sociedade vivia do conflito entre burguesia e nobreza, assim como do dualismo de pensamento humanista e religioso. Sua cultura foi marcada pelo enrijecimento das diferenças sociais entre os estamentos da sociedade do Antigo Regime, pelo aumento dos privilégios da nobreza, por um intenso controle da Igreja sobre a vida cotidiana e pela criação de uma rígida etiqueta, com uma moral dos bons costumes que visava a separar o nobre educado do burguês inculto. Para Maravall, essa cultura nasceu da hispanização da Europa, que aconteceu durante a expansão do Império espanhol no século XVI, tendo assim características marcadamente hispânicas.

A sociedade barroca baseava-se nos valores de uma nobreza submetida ao poder de um rei absoluto. E entre suas principais características estava o desprezo pelo trabalho. Cultivar o ócio e ostentar o luxo tornaram-se, dessa forma, os mais marcantes aspectos sociais do Barroco. Tal imaginário criou também uma etiqueta elaborada para distinguir pelas "boas maneiras" o nobre do burguês e do "peão", como então se chamavam os membros da plebe.

O Barroco era também uma cultura teatral, em que todos os atos cotidianos se tornavam uma forma de afirmação do *status* social. Assim, a nobreza e os que aspiravam a ela deveriam se vestir com luxo, ostentando não apenas riqueza, mas bom gosto. O espaço público transformou-se, dessa forma, no palco dessa ostentação. As festas públicas, os enterros e as procissões assumiram, assim, um caráter suntuoso e teatral, fosse na França, na Espanha ou na América colonial.

No Brasil colonial, as cidades da zona canavieira e de Minas Gerais se transformaram em palco para as procissões barrocas, nas quais os santos eram reverenciados com uma profusão de luxo em carros alegóricos, com música e joias que revestiam as imagens católicas. Também o ritual fúnebre da extrema-unção e o enterramento caracterizavam-se como festividades, pois em uma cultura na qual o valor social estava na aparência, a pompa funerária indicava o prestígio do defunto na sociedade. Os testamentos transformaram-se em registros dos planos para os funerais, em que vastas quantias eram deixadas para que missas fossem rezadas, carpideiras fossem contratadas para chorar o morto e os túmulos fossem construídos dentro das igrejas, o mais perto possível do altar-mor.

Com base nessas considerações, podemos perceber que o conceito de Barroco possui significados mais amplos do que apenas sua caracterização como estilo artístico. Significados que envolvem o estudo do imaginário e das mentalidades. Tal abordagem tem grande importância para o estudo das mentalidades e da cultura popular contemporânea em diversas regiões brasileiras, pois muitos de nossos costumes atuais são herança direta do Barroco colonial: o preconceito ainda existente contra o trabalho braçal e contra quem o executa; os grandes investimentos de dinheiro público em carnavais e festividades como forma de apaziguar as inquietações populares; os gastos pessoais em roupas e aparência, muitas vezes maiores do que o possibilitado pelas rendas familiares. Todas essas práticas são heranças da mentalidade barroca vigente no período colonial. Além disso, a compreensão do Barroco é uma ferramenta para o entendimento de muitas tradições populares atuais, de festas religiosas ao carnaval, passando por tradições regionais, como o maracatu e o ritual de "beber o morto", entre outras.

Essa riqueza de significados e a intrínseca ligação entre a cultura barroca colonial e diversos elementos ainda existentes na mentalidade contemporânea de diferentes grupos sociais brasileiros pode ser levada para a sala de aula. Usar a continuidade desses elementos na contemporaneidade é uma ferramenta possível para trabalhar a importância da História Moderna e da História Colonial. Em qualquer região do Brasil, pode-se ainda encontrar elementos culturais remanescentes dos costumes barrocos: a escola de samba e o carnaval; velórios e rituais fúnebres; a importância dada às aparências; os gastos com a ostentação; o desprezo pelo trabalho, particularmente o braçal, o cultivo do ócio etc. Analisar essas características atuais a partir de suas origens coloniais é uma ferramenta para auxiliar os alunos a perceberem as permanências na História e a importância da disciplina para a compreensão de seu próprio cotidiano.

Ver também

Absolutismo; Arte; Colonização; Folclore; Humanismo; Imaginário; Inquisição; Mentalidades; Miscigenação; Renascimento; Trabalho; Tradição.

Sugestões de leitura

ÁVILA, Affonso. *O lúdico e as projeções do mundo Barroco*: uma linguagem a dos cortes, uma consciência a dos luces. São Paulo: Perspectiva, 1994.

EDGAR, Andrew; SEDGWICK, Peter. *Teoria cultural de A a Z*: conceitos-chave para entender o mundo contemporâneo. São Paulo: Contexto, 2003.

FRANÇA, Eduardo D'Oliveira. *Portugal na época da Restauração*. São Paulo: Hucitec, 1997.

MARAVALL, José Antonio. *A cultura do Barroco*: análise de uma estrutura histórica. São Paulo: Edusp/Imprensa Oficial, 1997.

TINHORÃO, José Ramos. *As festas no Brasil Colonial*. São Paulo: Ed. 34, 2000.

TRIADÓ, Juan-Ramón. *Saber ver a arte barroca*. São Paulo: Martins Fontes, 1991.

BURGUESIA

É sempre difícil definir um grupo social, ainda mais como a burguesia, cujos significados mudaram ao longo do tempo, mas que também são alvo de controvérsias. A definição mais simples de burguesia é aquela que associa o termo ao comerciante, ao burguês e ao capitalista. Uma associação que, no entanto, simplifica a heterogeneidade profissional dos membros da burguesia, anulando as diferenças que muitas vezes existem entre burgueses e capitalistas. Além disso, essa associação rígida também não dá conta das variações históricas e geográficas assumidas pelo conjunto da burguesia ao longo do tempo. Outra definição bastante empregada é aquela cunhada por Marx e Engels em meados do século XIX, segundo a qual a burguesia é a classe dos capitalistas modernos, proprietários dos meios de produção e exploradores da classe dos trabalhadores assalariados. Essa definição, apesar de correta, foi criada para delinear apenas as diferenças que antagonizavam capitalistas e proletários nos idos de 1848, quando esse conceito apareceu no *Manifesto comunista* com um sentido fortemente político e revolucionário.

Por outro lado, os significados atribuídos à burguesia variavam muito entre as diversas regiões da Europa moderna. Segundo James S. Amelang, no Noroeste europeu desse período, um burguês era quem residia em uma cidade e gozava de certos privilégios e direitos, situação baseada no direito de nascimento, no fato de o indivíduo residir há muito tempo na cidade e na posse de um mínimo de riqueza (geralmente casa ou outros bens imóveis urbanos). Até o século XVIII, Paris definia o burguês como o indivíduo que tivesse vivido na cidade por mais de um ano, que não trabalhasse como criado, que não morasse em casa alugada e pagasse os impostos regularmente. Em outros países no mesmo período, ser burguês significava ser portador de um título legal que correspondesse a um determinado estatuto e a uma categoria associada tanto a uma atividade econômica rendosa como a um estilo de vida aproximado ao da nobreza. Ainda segundo Amelang, as classes mais baixas podiam definir como burguês o patrão, seu chefe, normalmente uma pessoa rica que empregava pessoas da classe inferior; enquanto para os aristocratas, o burguês era definido como uma pessoa ridícula, de modos grosseiros, falta de gosto e inadaptado socialmente. Entre as atividades profissionais consideradas componentes da burguesia francesa do século XVIII estavam os artesãos ricos, os negociantes, os mercadores, os profissionais liberais, os banqueiros e os funcionários do governo (em geral, os de baixo escalão), o que demonstra a heterogênea composição social da burguesia, que comportava desigualdades imensas, além de tensões e conflitos entre seus membros. Apenas um ponto unificava esse vasto espectro social: o fato de que um burguês deveria ter propriedades. Assim, a definição marxista também não caracteriza a burguesia como um todo ao longo da história.

Atualmente, os estudiosos têm evitado construir definições muito simples para o conceito de burguesia. O *Dicionário das ciências históricas*, organizado por André Burguière em 1986, por exemplo, recupera o processo histórico que formou a burguesia. Para ele, os termos *burguês* e *burguesia* surgiram por volta do ano 1000 e provêm etimologicamente de *burgensis*, vocábulo derivado de *burg*, que significa "o lugar fortificado", em língua germânica. Aos poucos, entretanto, esses vocábulos se tornaram tipicamente franceses, de tal modo que a palavra francesa *bourgeoisie* (burguesia) passou a ser a forma mais usual para se referir a essa classe. Na língua inglesa, que não possui uma palavra para designar a burguesia, a tradução mais próxima acabou sendo *middle class*, um termo ainda mais vago do que o original, também empregado pelos historiadores, cuja tradução para o português equivale à "classe média".

Para Burguière, os contornos sociais da burguesia só vieram a ser delineados com mais clareza após a Revolução Francesa, normalmente considerada a revolução burguesa clássica. Foi só então que o papel histórico da burguesia passou a ser fruto de análises. Historiadores liberais franceses como Augustin Thierry e Guizot foram os primeiros a observar a ascensão da burguesia no início do século XIX. Guizot, em sua *Histoire de la civilisation en Europe*, deu ênfase ao processo histórico de formação da burguesia, localizando sua origem no contexto do Renascimento urbano do século XI. Ele foi um dos primeiros a notar que a burguesia mudou ao longo do tempo, bem como que em seu início não era o que veio a se tornar mais tarde. Profundamente liberal, contemporâneo dos avanços burgueses da década de 1830, Guizot exaltava o papel revolucionário da burguesia de seu tempo, o que era comum no século XIX.

Até mesmo no *Manifesto comunista* (obra destinada a organizar os proletários na luta contra os capitalistas, identificados como burgueses), podemos encontrar passagens exaltando a ação burguesa na transformação das forças produtivas e na condução das nações à *civilização*. A chamada História Positivista, na segunda metade do século XIX, também invocou o papel histórico da burguesia, mas não avançou na caracterização dessa classe. Na verdade, a reflexão histórica sobre a burguesia só ganhou impulso entre 1920 e 1950, com o aparecimento da chamada Escola dos *Annales*, na França. Mas mesmo em 1955, grandes historiadores ainda preferiam evitar elaborar uma definição geral do que seria um burguês, julgando ser melhor avançar primeiro nos estudos em diferentes regiões.

Seja como for, mesmo reconhecendo a dificuldade de se caracterizar o grupo, hoje se sabe bem mais acerca da burguesia, de sua formação e de seu desenvolvimento. Desde os *Annales* para cá, a historiografia vem revendo a noção de que o burguês e o capitalista são uma só pessoa. Em primeiro lugar, durante a Idade Moderna nem todo burguês obtinha seu capital de forma tipicamente capitalista, como pelo comércio e empréstimos a juros. Muitos deles, inclusive, compravam propriedades agrícolas e cargos públicos no anseio de viver de rendas como a aristocracia. Assim, no século XVIII, a burguesia não era necessariamente capitalista, nem os capitalistas eram necessariamente burgueses, dado o grande número de cidadãos ricos que compravam cargos públicos e assumiam uma posição de passividade econômica. É em parte por essa razão que certos autores questionam o caráter burguês da Revolução Francesa. Por outro lado, deve-se admitir que, em muitos casos, o burguês e o capitalista se equivaliam. Muitos burgueses, por exemplo, pouparam os lucros auferidos por meio de atividades comerciais e passaram a investir nas indústrias têxteis e de ferro, tornando-se, desse modo, os representantes autênticos da classe burguesa industrial, em particular na Inglaterra do século XIX. Nesse país, inclusive, foi possível que pessoas de origem modesta se transformassem em industriais.

Outro elemento importante na definição do burguês é a frequente associação que se faz entre burguesia e cidade. De fato, a cidade foi o lugar onde se desenvolveu a burguesia, desde o chamado Renascimento urbano na Baixa Idade Média europeia. Já durante a Idade Moderna, a burguesia começou a se distinguir tanto das classes baixas quanto da aristocracia, aos poucos construindo uma identidade própria por meio do consumo de bens culturais, conciliando as exigências práticas dos negócios com a aquisição de uma cultura que demandava ócio, requintando seus gostos e ampliando seu papel de consumidor de cultura. É preciso, ainda, ter sempre em mente que esse grupo social mudou bastante ao longo do tempo e que a burguesia moderna, associada ao comércio e às cidades, não corresponde à burguesia industrial contemporânea da Revolução Industrial, e muito menos à burguesia atual, que assumiu formas as mais diversas ligadas ao capital financeiro e à internacionalização cada vez maior dos negócios.

Mesmo com as dificuldades em se definir a burguesia, muitos autores reconhecem seu papel revolucionário no Ocidente, particularmente na transformação da Europa aristocrática em uma Europa burguesa. Esse caráter revolucionário, entretanto, para Modesto Florenzano, foi no mínimo contraditório, pois, para avançar, a burguesia precisou conciliar com a antiga ordem e, ao mesmo tempo, evitar a radicalização dos demais grupos que compunham o Terceiro Estado francês na época da Revolução. Assim, essa burguesia reformista teria avançado não porque foi revolucionária em si mesma, mas devido à conjuntura que a Revolução Industrial desencadeou e pela ação política revolucionária das classes populares. Apesar dessa tese ser controversa, os efeitos gerais da chamada *Era das Revoluções*, como Eric Hobsbawm designou o período de 1789 a 1848, apontam para a consolidação da burguesia como grupo social distinto e dominante, que teve no século XIX o seu século de ouro. Por volta de 1830, a sociedade europeia já estava se tornando verdadeiramente burguesa.

Por último, é preciso lembrar o longo processo de construção da mentalidade burguesa e da visão de mundo pautada no cálculo, na racionalidade pragmática que foi se delineando desde finais da Idade Média até o presente. Durante todo esse tempo, a burguesia se metamorfoseou e hoje já há aqueles que questionam se ela ainda existe. Como exercício para a sala de aula, o professor de História pode traçar a "evolução" da burguesia no Ocidente, tentando estabelecer a relação passado/presente, e identificar no mundo atual grupos que podem ser descritos como burgueses. Vale também ressaltar as consequências da atuação da burguesia na sociedade contemporânea, analisando as propagandas de produtos e serviços, as notícias econômicas (índices de crescimento econômico, de emprego/desemprego, as greves, as taxas de exportações/importações), além de notícias que relacionam economia e temas como ecologia, política etc., incentivando os alunos a buscar nesses dados a influência da burguesia na transformação do mundo.

VER TAMBÉM

Capitalismo; Cidadania; Classe Social; Iluminismo; Imperialismo; Liberalismo; Modernidade; Nação; Revolução Francesa; Revolução Industrial.

SUGESTÕES DE LEITURA

EDGAR, Andrew; SEDGWICK, Peter. *Teoria cultural de A a Z*: conceitos-chave para entender o mundo contemporâneo. São Paulo: Contexto, 2003.

FLORENZANO, Modesto. *As revoluções burguesas.* São Paulo: Brasiliense, 1998.

GRESPAN, Jorge. *Revolução Francesa e Iluminismo.* São Paulo: Contexto, 2003.

HOBSBAWM, Eric. *A era das revoluções*: Europa, 1789-1848. Rio de Janeiro: Paz e Terra, 1997.

_____. *A era do capital, 1848-1875*. Rio de Janeiro: Paz e Terra, 1996.

KARNAL, Leandro. *Estados Unidos*: a formação da nação. São Paulo: Contexto, 2001.

LUCA, Tania Regina de. *Indústria e trabalho na História do Brasil*. São Paulo: Contexto, 2001.

MARQUES, Adhemar; BERUTTI, Flávio; FARIA, Ricardo. *História moderna através de textos*. São Paulo: Contexto, 1997.

_____. *História contemporânea através de textos*. 10. ed. São Paulo: Contexto, 2003.

_____. *História do tempo presente*. São Paulo: Contexto, 2003.

MARX, Karl; ENGELS, Friedrich. *O manifesto comunista*. Rio de Janeiro: Paz e Terra, 1997.

PINSKY, Jaime; PINSKY, Carla Bassanezi (orgs.). *História da cidadania*. São Paulo: Contexto, 2003.

SANTIAGO, Theo (org.). *Do feudalismo ao capitalismo*: uma discussão histórica. 9. ed. São Paulo: Contexto, 2003.

VILLARI, Rosario (dir.). *O homem barroco*. Lisboa: Presença, 1995.

Candomblé

Tradicional religião afro-brasileira, o Candomblé hoje se encontra envolvido em uma situação ambígua; por um lado, tem conhecido amplo crescimento entre as classes médias e os círculos intelectuais, mas, por outro, ainda sofre com o preconceito da maior parte da sociedade brasileira.

Candomblé é a religião que cultua os orixás, divindades do povo iorubá, que chegou ao Brasil como escravo, vindo principalmente da região onde hoje se situa a Nigéria. A religião dos orixás logo se misturou com o culto aos vodus, do povo fon do Daomé, também escravizado, dando origem ao Candomblé chamado ketu-jeje ou jeje-nagô. Mas também a religião dos inkices, de origem banto, recebe o nome de Candomblé, é o Candomblé de Angola. No entanto, para autores como Rita Amaral, o candomblé é especificamente o culto iorubano aos orixás. Também autores clássicos como René Ribeiro preferem se referir aos *cultos afro-brasileiros em geral* e não utilizar a palavra *candomblé* para designar todos os cultos, como o xangô e a macumba. Apesar de designar originalmente o culto aos deuses iorubás, atualmente *candomblé* é a palavra usualmente empregada para nomear todas as religiões de origem africana no Brasil.

As origens do Candomblé estão na colonização do Brasil. Mas ao contrário da crença comum, o Candomblé não é uma religião africana, mas sim um conjunto de cultos e religiões nascidos no Brasil a partir de estruturas religiosas africanas. Mesmo os cultos mais puristas do Candomblé, ou seja, os que ainda mantêm a língua iorubá original, como é o caso de vários terreiros baianos, nasceram mesmo na América. Para antropólogos como Sidney Mintz e Richard Price, toda a cultura afro-americana se diferenciou consideravelmente de suas matrizes africanas pela própria mistura de etnias realizada pelo tráfico de escravos. Assim, teria sido impossível para a maioria dos escravos e afrodescendentes na América manter a religião original, pela simples razão de estarem constantemente em contato com diferentes povos africanos, com diferentes religiosidades. Essa convivência forçada teria gerado uma cultura nova, baseada em matrizes africanas, mas de caráter miscigenado; tal situação pode ser percebida no fato de que a religião iorubá dos orixás foi assimilada por indivíduos de diferentes etnias africanas, dando origem ao Candomblé, o que aconteceu em outros lugares das Américas, onde outras religiões se desenvolveram com base nas mesmas matrizes africanas, com semelhanças ao Candomblé, mas não exatamente idênticas a ele, como é o caso da *Santeria* cubana e do *Vodu* haitiano.

O culto aos orixás surgiu originalmente nas cidades-estados do delta do rio Níger, sendo as principais Oio e Ifé. Quando trazidos para o Brasil, os iorubás foram designados genericamente como nação ketu, termo pelo qual seus cultos ainda são conhecidos.

Também na África ocidental, próximo aos territórios iorubás, existiam na Idade Moderna o reino dos fons no Daomé e o império Axanti. Esses povos, e mais os mahins, agonis e vários outros, eram chamados de *adjeje* pelos iorubás, ou seja, *estrangeiros*. E no Brasil foram todos generalizados como jejes. O Candomblé jeje-nagô, ou seja, a mistura dos cultos iorubá e fon, é o predominante no Brasil. Outro povo que teve grande importância no Brasil escravista foi o banto, que deu origem à religião dos *inkices*. Os inkices são divindades muitas vezes associadas aos orixás, mas que possuem, no entanto, suas particularidades, e seu culto não constitui simplesmente uma variante da religião dos orixás. Traficados sobretudo para o Recife e Rio de Janeiro, enquanto os fons e iorubás foram preferencialmente para a Bahia e o Maranhão, os povos de língua banto vinham dos grandes Estados expansionistas onde hoje está o Congo e Angola, então reinos do Congo e Ndongo. Um dos principais cultos do reino do Congo era a celebração do *manicongo*, o imperador, visto como a encarnação da força vital de todo o reino. Culto que deu origem no Brasil a uma solenidade de grande influência na cultura colonial, a festa de coroação do rei do Congo, da qual surgiu o *maracatu nação*.

Enquanto os iorubás adoravam os orixás, os fons cultuavam os vodus e os bantos, os inkices. Todas são divindades animistas, que encarnam aspectos do mundo natural e da personalidade humana. Houve grande fusão de vodus e orixás, assim como de orixás e inkices, com predominância quase sempre dos orixás. No entanto, lembremos, o próprio maracatu vem de uma forma de celebração religiosa de origem africana, que pouco tinha a ver com o Candomblé como o entendemos hoje.

O Candomblé dos orixás tem por eixo principal o equilíbrio entre o ser humano e a divindade. Os ensinamentos são transmitidos, ainda hoje, por via oral e se baseiam em tradições seculares, nas quais os mitos e as lendas acerca da vida e feitos dos orixás têm grande importância. Na cosmologia do Candomblé, o universo se divide em *orun* e *ayê*, sendo o primeiro o mundo perfeito criado por Olorum, e o *ayê* o mundo terreno, onde habitam os homens, que é apenas um reflexo imperfeito do *orun*. O Candomblé enfatiza o espaço sagrado e a presença dos orixás na vida de cada um. Seus praticantes são o *povo de santo*, que vivenciam uma ética particular, em que os orixás têm características humanas, com emoções e atitudes semelhantes aos da humanidade e em que o bem e o mal são vistos de acordo com o contexto, sendo o único pecado imperdoável não cultuar os orixás. A alegria deve estar sempre presente, e o mundo deve ser vivido da melhor maneira possível. Os principais valores do Candomblé são, assim, a alegria, a beleza, a sensualidade, e devem estar sempre expressos no cotidiano. Para Rita Amaral, é essa visão de mundo que caracteriza o ritual do Candomblé como uma grande festa. Todas essas características são específicas do Candomblé dos orixás ou jeje-nago, nascido do sincretismo fon/iorubá, e diferem culto banto dos inkices – o Candomblé de Angola –, que possui suas particularidades.

Os mitos têm grande importância no Candomblé, pois para os iorubás nada é novidade, tudo já aconteceu. E todos os acontecimentos foram reunidos por Exu, o mensageiro, em 301 contos, ou seja, em incontáveis contos, para guiar os oráculos, chamados de *babalôs* ou pais do segredo, e guiar homens e mulheres em seu cotidiano. A arte da adivinhação, que contém as respostas para todos os problemas, está associada ao conhecimento dos mitos, hoje dominado pelos pais e mães de santo.

No imaginário iorubá, os orixás são os deuses que receberam de Oludumaré ou Olorum, o *Ser Supremo*, o encargo de governar o mundo. Na África, nos territórios iorubás, a maioria dos orixás têm seus cultos restritos a determinadas áreas, mas nas Américas, os cerca de vinte orixás cultuados no Brasil e em Cuba são cultuados normalmente por todo o território. Os principais orixás do Brasil são: Exu, o mensageiro, sempre presente, pois faz a ligação entre os orixás e os deuses. É o orixá do movimento, da mudança, da reprodução; Ogum, senhor dos caminhos, do ferro, da metalurgia, da guerra, da tecnologia e das oportunidades pessoais; Nanã, a senhora da terra, guardiã do saber ancestral; Xangô, o deus do trovão, senhor do poder secular e da justiça, grande patrono do candomblé no Brasil; Iansã ou Oiá, senhora dos ventos, das tempestades, da sensualidade feminina, dos espíritos dos mortos e do cotidiano feminino; Oxum, deusa do amor, da fertilidade, das águas doces e do ouro; e Iemanjá, senhora do mar, mãe dos homens e dos peixes, um dos mais influentes orixás do Brasil.

Desde a colonização, a perseguição e a intolerância da Igreja Católica para com outras religiões demonizaram o candomblé, associando-o à "coisa do diabo". Por isso, muitas das formas de Candomblé pelo país, como a *macumba* e o *xangô*, ainda hoje são consideradas pela sociedade "magia negra", feitiçaria e satanismo. Apesar disso, o estudo do Candomblé e das religiões afro-brasileiras já é bastante antigo no Brasil e está na própria origem da Antropologia brasileira. Estudiosos como Nina Rodrigues e Artur Ramos já estudavam o tema no início do século xx. Mas foi a partir da década de 1950 que surgiram antropólogos como Pierre Verger e Roger Bastide, que revolucionaram o estudo das religiões afro-brasileiras. Ambos estudaram o Candomblé baiano, mas na década de 1970 René Ribeiro pesquisou o xangô pernambucano, culto derivado da religião dos orixás, abrindo novas perspectivas de análise. Atualmente, a cultura e a religiosidade afro-brasileiras são temas reconhecidos e amplamente estudados pela História, Antropologia e Sociologia, mas o preconceito ainda não acabou. Ainda é possível vermos, inclusive, educadores que discriminam alunos adeptos do Candomblé. Devemos lembrar que o respeito ao outro começa perto de nós e que a cidadania só pode ser atingida por todos quando as minorias, sejam étnicas, sejam religiosas, forem respeitadas em sua própria identidade. E para respeitarmos, é preciso conhecer esse outro.

O Candomblé, assim, torna-se um tema obrigatório em sala de aula. Hoje, no início do século XXI, a legislação educacional brasileira tem avançado buscando colocar a História da África nos currículos escolares. Mas não basta a legislação, é preciso que os profissionais de ensino tenham consciência de que, para formar cidadãos, deve-se derrubar preconceitos arraigados no cotidiano. Primeiro que tudo, para entender os cultos afro-brasileiros é preciso estudar os povos africanos e sua capacidade de resistência e adaptação ao contexto adverso no continente americano. A seguir, como para a maior parte dos docentes e discentes, o tema aparece como novidade, como algo um tanto exótico, uma estratégia útil pode ser o estudo combinado de outras mitologias e religiosidades politeístas já mais próximas ao universo de todos. Nessa perspectiva, a Grécia pode se apresentar como uma referência, não no sentido de fazer julgamento de valor, mas para estabelecer semelhanças e diferenças na compreensão do mundo material e espiritual. Trabalhar com a perspectiva filosófica do Candomblé, com as cidades-estados de onde vieram seus primeiros elementos culturais e com os mitos e as lendas dos orixás, associados ao estudo da cultura grega clássica, pode facilitar a aproximação com a cultura africana.

Ver também

Cidadania; Colonização; Etnia; Identidade; Miscigenação; Mito; Nação; Negro; Politeísmo; Raça; Religião; Tradição.

Sugestões de leitura

AMARAL, Rita. Xirê! O modo de crer e de viver no candomblé. Rio de Janeiro/São Paulo: Pallas/Educ, 2002.

BASTIDE, Roger. O candomblé da Bahia. São Paulo: Companhia das Letras, 2001.

CACCIATORE, Olga. Dicionário de cultos afro-brasileiros. São Paulo: Forense Universitária, 1988.

KARNAL, Leandro (org.). História na sala de aula: conceitos, práticas e propostas. São Paulo: Contexto, 2003.

NEVES, Maria de Fátima Rodrigues das. Documentos sobre a escravidão no Brasil. 3. ed. São Paulo: Contexto, 2002.

PINSKY, Jaime. *A escravidão no Brasil.* São Paulo: Contexto, 1993.

PRANDI, Reginaldo. *Mitologia dos orixás.* São Paulo: Companhia das Letras, 2001.

RIBEIRO, René. *Cultos afro-brasileiros do Recife:* um estudo de ajustamento social. Recife: Boletim do Instituto Joaquim Nabuco, 1952.

CAPITALISMO

Podemos definir Capitalismo como um sistema econômico surgido no Ocidente, na Idade Moderna, que se expandiu pelo mundo contemporâneo nos séculos seguintes. Assim, pensar o Capitalismo é uma forma de compreender o presente. Hoje, é esse o sistema econômico que impera em uma escala praticamente global, rompendo fronteiras e culturas. Mas para entendermos sua hegemonia no mundo contemporâneo, precisamos refletir sobre suas origens.

Historicamente, o Capitalismo assumiu diversas fases. Surgiu como Capitalismo comercial, fase chamada de *mercantilista*, entre os séculos XVI e XVIII, e sobre a qual alguns autores discordam se constituiu de fato uma etapa propriamente capitalista ou se deve ser interpretada apenas como um período de transição entre estruturas feudais e estruturas capitalistas; a segunda fase do Capitalismo é o momento em que ele atingiu com vigor a produção industrial. Era o *Capitalismo industrial de livre concorrência*, característico dos primeiros avanços da Revolução Industrial na Inglaterra de fins do século XVIII e grande parte do século XIX. A seguir, surgiu o *Capitalismo monopolista*, típico do imperialismo dos anos 1870-1914, e caracterizado pela concentração de capitais, pela luta por mercados e pelo protecionismo das Nações em competição. Por fim, ainda no mesmo período emergiu o *Capitalismo financeiro*. Nessa fase, grandes bancos concentravam os capitais advindos do crescimento econômico, e as bolsas de valores negociavam ações das empresas. Hoje, no início do século XXI, com o fenômeno da globalização, analistas julgam que entramos em uma nova fase do Capitalismo. Cada uma dessas etapas foi caracterizada por avanços científico-tecnológicos que impulsionaram o desenvolvimento das empresas capitalistas. Atualmente, os avanços no campo da informática e da eletrônica vêm tendo imensas repercussões na produção capitalista, nas relações comerciais e nas relações sociais de trabalho.

Diversos autores teorizaram sobre o Capitalismo. Dois dos mais influentes foram os pensadores alemães Karl Marx e Max Weber, que escreveram suas obras nos séculos XIX e XX, quando o Capitalismo industrial estava no auge. Karl Marx pensou o Capitalismo, no século XIX, como um entre vários modos de produção. Por ser um materialista histórico,

Marx buscou identificar e explicar o conjunto de relações sociais, econômicas e políticas desse sistema econômico, ou seja, o que caracterizava suas relações de produção e o que tinha permitido o surgimento do Capitalismo como modo de produção dominante. Nesse sentido, ele encarou a Era Moderna como a fase em que se deu a chamada *"acumulação primitiva"* de capital, que ocorreu a partir do crescimento das relações comerciais europeias com as áreas coloniais do mundo, o que equivaleria ao fenômeno designado como Mercantilismo, fase sem a qual o Capitalismo não teria surgido.

Para Marx, o Capitalismo é um modo de produção que surgiu no interior do Feudalismo, modo anterior, uma vez que a exploração feudal se metamorfoseou em exploração capitalista. Para ele, no século XVI ainda predominavam estruturas ditas feudais na Europa, e aos poucos foi se iniciando um processo de intensificação do comércio mundial, cujo eixo central foi a Europa, e um processo de "fabricação" do que viria a ser o proletário – definido como o trabalhador livre, desprovido dos meios de produção –, típico da indústria capitalista. Um dos elementos centrais da tese de Marx é a constatação de que o sistema capitalista pressupõe uma dissociação entre os trabalhadores e a propriedade dos meios de produção. No Feudalismo não havia essa dissociação, mas no Capitalismo o antigo servo foi desprovido de todos os meios de produção, desvinculado da terra e teve de, em troca de um salário, vender sua força de trabalho, transformada em mercadoria pelo novo sistema capitalista. Assim, a base de todo o processo que forjou o trabalhador assalariado e o capitalista foi a expropriação dos camponeses de suas terras.

Marx acreditava ainda que o modo de produção capitalista criava um conflito irremediável entre as principais classes desse tipo de sociedade: o proletariado e a burguesia. Para ele, o Capitalismo, assentado nessa imensa contradição capital/trabalho, tenderia a gerar conflitos que terminariam por minar suas próprias bases, levando o proletariado a assumir o controle dos meios de produção, abolindo aos poucos o pilar básico do Capitalismo, a propriedade privada. Ou seja, o Capitalismo estava fadado a dar lugar a outro modo de produção, o Comunismo.

Outro grande teórico do Capitalismo foi Max Weber, para quem o Capitalismo não poderia ser conceituado unicamente com base em cálculos econômicos, sendo isolado de questões culturais. Criticou ainda a opinião então comum de que o Capitalismo era pura e simplesmente o espírito ou a ânsia do lucro. O *"impulso para o ganho"* ou a *"ânsia de lucro"*, afirmou Weber, não tem nada a ver com o Capitalismo em si, pois em todas as épocas e lugares os indivíduos souberam se aproveitar de alguma situação favorável ao lucro monetário. Para Weber, atitudes "capitalistas" isoladas, aventureiras, *existiram em todo o mundo em diferentes épocas da história*: financiamento de guerras, ações de pirataria, empréstimos para governos etc. Sua tese defende, no entanto, que a forma moderna ocidental era a mais aperfeiçoada de Capitalismo.

No entanto, segundo ele, o Capitalismo das primeiras décadas do século XX configurava um tipo completamente diverso e nunca antes encontrado de Capitalismo. Para Weber, a Era Moderna trouxe uma peculiaridade fundamental: a organização capitalista racional assentada no trabalho formalmente livre. Nesse sentido, a organização industrial racional orientada para um mercado real, e não para oportunidades políticas ou de especulação, foi uma criação peculiar do Capitalismo ocidental. Nesse contexto, a moderna empresa racional capitalista separou a empresa (espaço de produção, trabalho fabril, comércio) da economia doméstica (espaço de moradia da família); criou também uma contabilidade racional; estabeleceu um vínculo cada vez mais estreito entre ciência e economia (ciência como saber aplicado a técnicas produtivas, bem entendido, já que ciência havia em outras civilizações não ocidentais); e forjou um vasto conjunto de regras legais e de estruturas racionais do direito e da administração.

Em linhas gerais, portanto, o Capitalismo típico do Ocidente, segundo Max Weber, seria uma criação recente na história da humanidade, uma estrutura econômica baseada nesses princípios racionais desenvolvidos no universo cultural da Era Moderna. E é a partir desse universo cultural, marcado pela Reforma Protestante, que Weber forjou o conceito histórico de "*espírito do Capitalismo*", pois para ele esse sistema econômico foi se tornando um fenômeno histórico concreto a partir de certos valores culturais oriundos da ética protestante, em particular de sua vertente calvinista. Foi no seio do movimento reformista da Era Moderna que o pensador encontrou um *ethos* particular, ou seja, uma forma de pensar característica de determinado grupo, que enfatizava a vocação para o trabalho, a frugalidade, a honestidade nos negócios, a poupança, a valorização do tempo (tempo é dinheiro, dizem os puritanos). Esses princípios secularizantes da vida confluíram para justificar o modo de vida burguês emergente. Foi exatamente esse *ethos* particular, caracterizado pelo utilitarismo, que distinguiu o Capitalismo da Europa Ocidental e dos Estados Unidos do "Capitalismo" – Weber usa assim, entre aspas – da Antiguidade Clássica, da Índia, da China, da Babilônia e da Idade Média. Weber, no entanto, nunca afirmou que a Reforma religiosa foi a principal e única causa do Capitalismo, como acusam alguns críticos ligados ao materialismo histórico.

O que Weber construiu, na verdade, foi um *tipo ideal* de Capitalismo, ou seja, um modelo para entender a formação e o funcionamento desse sistema econômico. Para ele, o Capitalismo *típico* do Ocidente – que seria a forma mais bem definida de Capitalismo na história – se define pela existência de empresas cujo objetivo é produzir o maior lucro possível com organização racional do trabalho e da produção. O caráter típico do Capitalismo ocidental seria, assim, o resultado da combinação peculiar entre o desejo do lucro e a disciplina racional.

Tema polêmico no contexto da sala de aula, o Capitalismo suscita opiniões as mais diversas. Pode ser entendido de maneira "positiva", ou seja, como o progresso humano na produção material, no consumo, no bem-estar promovido pela tecnologia etc., ou como a causa de desigualdades sociais gritantes, do individualismo exacerbado, do consumismo desenfreado, da exploração existente entre os grupos sociais e entre as Nações, dos males ambientais do mundo, e assim por diante.

Nós, professores de História, devemos tomar cuidado para não impor dogmas. Uma visão mais aberta deve ser tanto crítica como compreensiva, sobretudo em um contexto no qual o Capitalismo virou uma cultura, um modo de vida, forjando e impondo necessidades antes inexistentes, e tomando uma face que se propõe a ser universal para toda a humanidade. O compromisso social do profissional de ensino é ser crítico e nesse sentido temos de estar atentos para não aderirmos ao caminho simplesmente mais fácil, de apoiar os discursos hegemônicos em nossa sociedade simplesmente para não sermos considerados retrógrados, ultrapassados, sobretudo após o fracasso do Socialismo real. Exatamente porque o Capitalismo se apresenta como o destino inevitável da humanidade é que o profissional de ensino deve questionar e promover concepções diferentes de mundo. Várias estratégias se prestam ao aprofundamento do tema. Como sugestão, fica a necessidade de analisar as imagens e os discursos do Capitalismo, que aparecem sob a forma de comerciais de propaganda, filmes, outdoors, revistas, imprensa falada e escrita de modo geral, que fazem parte do cotidiano dos estudantes. Analisar esses elementos da indústria cultural como frutos do Capitalismo ajuda a compreendermos como esse sistema econômico influi em nossa vida de forma abrangente, não apenas na relação de assalariamento, mas em todas as esferas da sociedade e da cultura.

VER TAMBÉM

Burguesia; *Classe Social*; *Comunismo*; *Democracia*; *Dialética*; *Feudalismo*; *Globalização*; *Ideologia*; *Imperialismo*; *Indústria Cultural*; *Industrialização*; *Latifúndio/Propriedade*; *Liberalismo*; *Marxismo*; *Mercantilismo*; *Modo de Produção*; *Modernidade*; *Oligarquia*; *Revolução Industrial*; *Trabalho*.

SUGESTÕES DE LEITURA

ARON, Raymond. *As etapas do pensamento sociológico*. São Paulo: Martins Fontes, 1999.

BARBOSA, Alexandre de Freitas. *O mundo globalizado*: política, sociedade e economia. 2. ed. São Paulo: Contexto, 2003.

CATANI, Afrânio Mendes. *O que é capitalismo*. São Paulo: Brasiliense, 1999.

FARIA, Ricardo Moura. *As revoluções do século XX*. 2. ed. São Paulo: Contexto, 2002.

_____; LIZ, Mônica Miranda. *Da Guerra Fria à nova ordem mundial*. São Paulo: Contexto, 2003.

MARQUES, Adhemar; BERUTTI, Flávio; FARIA, Ricardo. *História contemporânea através de textos*. 10. ed. São Paulo: Contexto, 2003.

_____. *História moderna através de textos*. 10. ed. São Paulo: Contexto, 2003.

_____. *História do tempo presente*. 8. ed. São Paulo: Contexto, 2005.

MARX, Karl. *O capital*. Rio de Janeiro: Civilização Brasileira, s. d., 3v.

PESTANA, Fábio. *No tempo das especiarias*. 2. ed. São Paulo: Contexto, 2004.

PINSKY, Jaime; PINSKY, Carla Bassanezi (orgs.). *História da cidadania*. São Paulo: Contexto, 2003.

SANTIAGO, Theo (org.). *Do feudalismo ao capitalismo*: uma discussão histórica. 9. ed. São Paulo: Contexto, 2003.

WEBER, Max. *A ética protestante e o espírito do capitalismo*. São Paulo: Pioneira, 1997.

CIDADANIA

O tema cidadania aparece frequentemente na mídia, nos discursos de políticos e capitalistas, na fala de intelectuais e de pessoas comuns. Mas apesar de muito comentado, o termo é pouco compreendido por aqueles a quem deveria interessar mais, os indivíduos que integram o povo.

A rigor podemos definir cidadania como um complexo de direitos e deveres atribuídos aos indivíduos que integram uma Nação, complexo que abrange direitos políticos, sociais e civis. Cidadania é um conceito histórico que varia no tempo e no espaço. Por exemplo, é bem diferente ser cidadão nos Estados Unidos, na Alemanha e no Brasil. A noção de cidadania está atrelada à participação social e política em um Estado. Além disso, a cidadania é sobretudo uma ação política construída paulatinamente por homens e mulheres para a transformação de uma realidade específica, pela ampliação de direitos e deveres comuns. Nesse sentido, negros, mulheres, imigrantes, minorias étnicas e nacionais, índios, homossexuais e excluídos de modo geral são atores que vivem fazendo a cidadania acontecer a cada embate, em seus Estados nacionais específicos. O direito ao casamento entre homossexuais, por exemplo, que recentemente virou realidade em alguns países, é uma conquista de cidadania: a conquista do direito de estabelecer uma família assentada em bases jurídicas.

Historicamente, a cidadania é, muitas vezes, confundida com democracia, ou seja, com o direito de participação política, de votar e ser votado. No entanto, nem o voto é uma garantia de cidadania, nem a cidadania pode ser resumida ao exercício do voto. De outra forma, para aqueles como Manzini Covre, que defendem o exercício pleno da democracia, os direitos políticos são a base para a conquista dos demais direitos que ajudam a definir a cidadania, que são os direitos sociais e civis.

Muitos autores se voltam para a Grécia Clássica de Péricles, no século V a.C., em busca da origem histórica da noção de cidadania. Mas o tipo de cidadania dos gregos era muito diferente da cidadania atual. Na Grécia, só os homens, gregos e livres, eram cidadãos e podiam exercer a democracia direta. Hoje, no entanto, milhões de indivíduos exercem democracia indireta, escolhendo os representantes que decidirão por eles. No contexto clássico, existia também uma íntima relação entre cidadania e cidade: para os romanos, por exemplo, a cidadania era antes de tudo a condição de quem pertencia a uma cidade e sobre ela tinha direitos. Atualmente, porém, a ligação principal é entre cidadania e Estado.

O conceito de cidadania que temos hoje é fruto das chamadas revoluções burguesas, particularmente da Revolução Francesa e da Independência dos EUA no século XVIII, mas também da Revolução Industrial. Nesse contexto, foram as Constituições francesa e norte-americana os documentos que fundamentaram os princípios da cidadania moderna. Sua influência é tão grande sobre o mundo atual que os princípios liberais trazidos por elas foram reorganizados e ratificados pela ONU, em 1948, na Declaração Universal dos Direitos do Homem. Tais marcos históricos consolidaram o princípio de que todos os homens nascem e permanecem livres e iguais e têm direito à vida, à felicidade e à liberdade, e de que um governo só será legítimo enquanto garantir esses direitos naturais. Tais direitos devem constar na lei, nas Cartas Constitucionais de cada Nação e, de certo modo, o cidadão só pode possuir esses direitos até onde não ofendam os princípios legais instituídos. Assim, a lei está acima dos direitos civis, como afirma Nilo Odalia. A partir daí, surgiu o chamado *Estado de direito*, típico da sociedade burguesa nascida no século XVIII, em oposição ao *Estado de nascimento*, típico da aristocracia e do período feudal.

Lembremos, todavia, que os direitos instituídos pela Declaração de Independência dos EUA (1776) e pela Declaração dos Direitos do Homem e do Cidadão, da França revolucionária (1789), não se estendiam a todos os membros de suas Nações. Pois, apesar do conteúdo universalista da Declaração francesa, as mulheres eram excluídas do voto. Já nos Estados Unidos, além das mulheres, a exclusão atingia escravos e brancos pobres. Esses excluídos tiveram de empreender longas lutas antes de serem contemplados pelos direitos básicos definidos pelas revoluções burguesas. Entretanto, esses documentos tinham imenso potencial revolucionário, e muitos daqueles que foram inicialmente excluídos da vida política depois usariam o mesmo discurso liberal para alcançar os direitos previstos por essas declarações. Foi assim que mulheres e negros alcançaram seus direitos civis nos EUA já no século XX, usando a mesma linguagem do século XVIII.

Hoje a cidadania é apresentada como um processo de inclusão total, em que todos são cidadãos com direitos políticos, sociais e civis. Mas a verdade é que o próprio conceito de cidadania foi criado em meio a um processo de exclusão. Para Leandro Karnal, dizer quem era ou não cidadão tornara-se uma forma de garantir os privilégios de uma minoria e evitar a possibilidade de participação da maioria. A cidadania foi excludente na Grécia Clássica e nos EUA e França do *Século das Luzes*. No século XVIII, havia a contradição da coexistência de cidadania e exclusão. Inicialmente, a burguesia revolucionária acenava com a ideia de cidadania ampla e universal, incluindo os demais membros do chamado Terceiro Estado (camponeses, artesãos e trabalhadores em geral). Mas após se assentar no poder, a concepção burguesa do Estado de Direito concedeu direitos plenos apenas ao cidadão proprietário, abrindo espaço para a dominação do capital e para a exploração dos demais "livres" não proprietários. A liberdade, formalmente garantida pela lei, surgiu como um engodo. O que não impediu que os princípios burgueses instituídos em lei (liberdade, igualdade, entre outros) fossem usados pelos próprios trabalhadores para melhorar seu *status* e sua vida.

No contexto latino-americano do século XIX, momento de formação dos Estados nacionais na região, do mesmo modo, pouquíssimos eram os cidadãos. O Estado nacional brasileiro durante o Império, por exemplo, excluiu escravos, libertos, mulheres e pobres em geral do exercício da cidadania. Na Primeira República, a realidade não mudou muito, apesar de já se intensificar a pressão de diversos grupos. A década de 1930, por sua vez, foi palco de remodelações no Estado brasileiro, levando este a forjar uma legislação previdenciária e trabalhista para os trabalhadores urbanos e um código eleitoral que incluísse o direito de voto às mulheres. Entretanto, como assinala José Murilo de Carvalho, a legislação trabalhista e previdenciária não decorreu do exercício dos direitos civis e políticos, como na Inglaterra, mas da "concessão" desses direitos por um Estado centralizador e autoritário. Por outro lado, o direito de voto alcançado pelas mulheres não significou a aquisição de direitos sociais para a grande parte das consideradas pobres, que sequer participaram da luta que resultou no sufrágio feminino.

Só a partir de 1988, os analfabetos brasileiros tiveram o direito ao voto assegurado; no Código Civil de 1916, as mulheres e os índios ainda eram considerados "relativamente incapazes", não exercendo direitos civis e políticos; e até a década de 1960, os trabalhadores rurais também não possuíam os direitos trabalhistas já concedidos aos demais trabalhadores urbanos. Todos esses grupos empreenderam lutas para assegurar seus direitos. O que nos mostra que a cidadania não é apenas um conjunto formal de direitos e deveres, mas a prática cotidiana para garantir e vivenciar esses princípios.

Em resumo, podemos entender a cidadania como toda prática que envolve reivindicação, interesse pela coletividade, organização de associações, luta pela qualidade de vida, seja na família, no bairro, no trabalho, ou na escola. Ela implica um aprendizado contínuo, uma mudança de conduta diante da sociedade de consumo que coloca o indivíduo como competidor pelos bens da produção capitalista. Mas é preciso não confundir a cidadania com as soluções individualistas estimuladas pelo próprio sistema de competição hoje vigente: ou seja, o indivíduo que prefere pagar por sua segurança em um condomínio fechado ou contratando "polícia" particular, não exigindo que o poder público forneça a segurança de ir e vir no espaço urbano, não está exercendo sua cidadania. E um dos grandes problemas para o exercício da cidadania em nossa sociedade é exatamente o individualismo incentivado pela sociedade de consumo e pelo neoliberalismo. Ao nos preocuparmos apenas com nós mesmos, ao abandonar a defesa da coletividade, estamos enfraquecendo a cidadania em nosso país, assim como nossos próprios direitos. Assim, é tarefa dos educadores apontar os limites da cidadania e da democracia em nossa sociedade. Percebendo ainda que a cidadania, como conjunto de princípios garantidores da vida e da dignidade humanas, está intrinsecamente ligada aos problemas ambientais. Cabe ao professor incentivar o exercício da cidadania nos espaços do cotidiano, explicando (e ao mesmo tempo vivenciando-a) como esta se construiu e se constrói ao longo do tempo e quais os obstáculos que encontra hoje.

Ver também

Classe Social; Democracia; Cotidiano; Estado; Ética; Fascismo; Feminismo; Globalização; Índio; Indústria Cultural; Liberalismo; Liberdade; Massa/Multidão/ Povo; Militarismo; Nação; Negro; Oligarquia; Política; Sociedade.

Sugestões de leitura

Barbosa, Alexandre de Freitas. O mundo globalizado: política, sociedade e economia. 2. ed. São Paulo: Contexto, 2003.

Carvalho, José Murilo de. Cidadania no Brasil: o longo caminho. Rio de Janeiro: Civilização Brasileira, 2001.

Edgar, Andrew; Sedgwick, Peter. Teoria cultural de A a Z: conceitos-chave para entender o mundo contemporâneo. São Paulo: Contexto, 2003.

Funari, Pedro Paulo. Grécia e Roma. São Paulo: Contexto, 2001.

JUNQUEIRA, Mary A. *Estados Unidos*: a consolidação da nação. São Paulo: Contexto, 2001.

KARNAL, Leandro. *Estados Unidos*: a formação da nação. 2. ed. São Paulo: Contexto, 2003.

KARNAL, Leandro (org.). *História na sala de aula*: conceitos, práticas e propostas. São Paulo: Contexto, 2003.

MANZINI-COVRE, Maria de Lourdes. *O que é cidadania*. São Paulo: Brasiliense, 2003.

MARQUES, Adhemar; BERUTTI, Flávio; FARIA, Ricardo. *História contemporânea através de textos*. 10. ed. São Paulo: Contexto, 2003.

_____. *História moderna através de textos*. 10. ed. São Paulo: Contexto, 2003.

_____. *História do tempo presente*. 8. ed. São Paulo: Contexto, 2005.

MARTINS, Ana Luiza. *O despertar da República*. São Paulo: Contexto, 2001.

PINSKY, Jaime; PINSKY, Carla Bassanezi. (orgs.). *História da cidadania*. São Paulo: Contexto, 2003.

PINSKY, Jaime. (org.). *Práticas de cidadania*. São Paulo: Contexto, 2004.

CIDADE

Noção considerada por muitos atrelada ao próprio conceito de civilização, a cidade constituiu um objeto privilegiado para aqueles que se preocupam com temas como as origens do Estado, das antigas civilizações e do mundo contemporâneo.

O conceito de cidade muda de acordo com o contexto histórico observado. Na América portuguesa colonial, por exemplo, a palavra *cidade* se referia especificamente a um núcleo urbano que tivesse sido fundado diretamente pela administração metropolitana, contrastando com a *vila*, que era um núcleo fundado pelos donatários. A diferença estava no *status* político de cada uma e não no tamanho, sendo que muitas vezes as vilas eram até maiores do que as cidades: caso de Olinda no século XVII, que era mais importante política e economicamente do que a cidade de Filipeia de Nossa Senhora das Neves, a atual João Pessoa, no mesmo período. Mas de forma geral, uma cidade é um aglomerado populacional organizado em um espaço geográfico específico, que possui administração própria, e onde a maioria dos habitantes não trabalha na produção de alimentos.

As formas de abordar a cidade são múltiplas. A Geografia, a Arquitetura, o Urbanismo e a Sociologia estudam o espaço urbano de diferentes ângulos. Em geral, arqueólogos e historiadores que trabalham com o surgimento das civilizações e dos

Estados estão entre os que mais se preocupam com a constituição do espaço urbano. Para muitos desses estudiosos, principalmente os especialistas em Antiguidade, como Gordon Childe e Arnold Toynbee, a cidade, que apareceu primeiro na Mesopotâmia e no Egito Antigo, constitui um pré-requisito para a existência de civilização. Em obra hoje clássica, o arqueólogo Gordon Childe, em meados do século xx, definiu a *revolução urbana*, o fenômeno a partir do qual as cidades nasceram e se desenvolveram no Oriente Próximo, como o processo que conduziu a humanidade da tribo à civilização. Para ele, esse processo foi fundamental para o desenvolvimento da história, uma vez que só na civilização há culturas complexas, diversificadas, estatais, estratificadas e normalmente possuidoras de escrita. Para esse autor, uma cidade se distinguiria das aldeias – ou seja, das aglomerações humanas mais básicas – devido a seu tamanho e população, pela cobrança de tributos, pela estratificação social visível na especialização profissional, pela construção em larga escala e pelo surgimento de uma classe governante. Já para o sociólogo Max Weber, o critério para a definição das cidades deveria considerar a existência de um mercado, de heterogeneidade social, de relações impessoais e de divisão de trabalho. Por sua vez, o historiador Ciro Flamarion Cardoso afirma que a noção de cidade varia de acordo com o ambiente, a sociedade e a época de cada uma. Isso nos impediria, por exemplo, de empregar a definição de Childe, construída para o Egito Antigo e para a Mesopotâmia, para compreender as cidades em outras culturas, como as da América pré-colombiana.

Mas apesar dessas discordâncias, a maioria dos estudiosos concorda que o surgimento da cidade foi um marco definidor na história da humanidade. Para Karl Marx, por exemplo, a cidade representou a primeira grande divisão de trabalho na história, a divisão entre cidade e campo.

A grande importância dada pela historiografia à evolução das cidades fundamenta-se na tese de que, com o aparecimento delas na história, os seres humanos teriam passado de sujeitos das leis da natureza para agentes que a dominam. Para essas abordagens, a história da cidade se confunde com a história das civilizações e com o nascimento do Estado. No entanto, é preciso ressaltar que as formas urbanas surgidas ao longo do tempo são bastante diferenciadas entre si. E apesar de ter aparecido primeiro no Crescente Fértil, o tipo de cidade surgido nessa região não deve ser tomado como o modelo definitivo, pois tanto as cidades da América pré-colombiana quanto as de diferentes regiões da África Negra, por exemplo, surgiram de forma independente e em diferentes épocas, tendo poucas semelhanças com o modelo "clássico" de cidade, ou seja, a cidade ocidental.

Todavia, em qualquer das formas que tome, desde o surgimento das cidades, a população urbana não parou de crescer, em um processo que se acelerou enormemente com a Revolução Industrial, fenômeno quase sempre associado à complexificação das estruturas sociais. Flamarion, por exemplo, defende que, para o surgimento de uma cidade, são necessários certos pré-requisitos, como a concentração populacional e a produção de excedentes agrícolas que fosse suficiente para sustentar uma população desligada da produção alimentar. Nessa perspectiva, o excedente agrícola desempenha importante papel na fundação das cidades e Estados, pois apenas quando a produção de alimentos ultrapassa o mínimo necessário para a sobrevivência do grupo é que a comunidade pode se permitir manter profissionais especializados em outras atividades, como artistas, artesãos, soldados, burocratas, sacerdotes, nobres. Ou seja, toda a diversidade de atividades que caracteriza um núcleo urbano, uma cidade, viria da produção de excedentes.

Há, entretanto, aqueles que discordam que a cidade tenha sido desde seu surgimento um processo irreversível. H. G. Wells, por exemplo, já em meados do século xx, falava da opção dos nômades pastores da Ásia central pela vida itinerante nas planícies. Também o historiador Jaime Pinsky, criticando a visão de Childe, afirma que nos vales e nas encostas férteis as pessoas não precisavam de relações sociais complexas para sobreviver, pois o cultivo era fácil. Logo, não precisavam de cidades, Estados, nem da civilização, entendida como a cultura urbana e estatal por excelência. A cidade e a civilização, assim como o próprio Estado, só teriam, dessa forma, sido necessários àquelas regiões mais inóspitas, onde a associação comunal e um governo centralizado eram prementes, entre outras coisas, para melhorar a agricultura. Para Pinsky, a tese clássica de Childe – de que o *homem* logo depois de se tornar agricultor e produzir excedente teria necessariamente de passar a se organizar em cidades – só tem serventia para o Crescente Fértil. Opinião que se fortalece quando observamos as sociedades tupis na América colonial e o trabalho do antropólogo Pierre Clastres. Pois de acordo com Clastres, quando essas sociedades organizadas em tribos, agricultoras e muitas vezes produtoras de excedente, ultrapassavam em número a população possível de ser sustentada por uma tribo, elas não se transformavam em Estados, mas, pelo contrário, subdividiam-se em várias tribos, mantendo assim sua organização social original. Ou seja, optavam por continuar sem cidades e sem Estado.

Atualmente, o estudo da cidade pela História se apresenta principalmente em áreas como a História da Arte e trabalhos interdisciplinares que unem análise histórica e arqueológica ou arquitetônica. Nesse contexto, enquanto Giulio Argan observou a cidade a partir da Arte – afirmando que ambas estão intimamente conectadas, pois na cidade tudo é feito seguindo o mesmo processo de elaboração de uma obra de Arte, ainda que a Arte seja uma atividade tipicamente urbana –, Lewis Munford elaborou ampla reflexão que aliou preocupações sociológicas, antropológicas e filosóficas para compreender a evolução das cidades na história. Para ele, a cidade foi responsável pela complexificação das relações humanas, ao gerar novos tipos sociais. Como exemplo de sua abordagem, podemos observar a associação que faz entre a vida sedentária e a figura feminina: para ele, a revolução agrícola pré-histórica teria tirado o domínio social do macho caçador e passado para a mulher, a responsável pela agricultura. Surgiram, assim, as aldeias de agricultores, um contexto dominado pela presença feminina, geradora de jardins e filhos. No entanto, a cultura caçadora não desapareceu, e continuou a interagir com as aldeias em uma convivência ao mesmo tempo de proteção e intimidação que terminou por subjugar o feminino ao masculino. A cidade seria, nessa perspectiva, o principal fruto da união do acampamento de caçadores com a aldeia de agricultores neolíticos e do domínio da mulher pelo homem.

Nós, como a maior parte dos estudiosos, estamos acostumados a considerar a cidade um cenário de vida social superior ao campo. Tal perspectiva etnocêntrica é a mesma que considera o Estado superior à tribo ou o Ocidente superior ao Oriente, acreditando que só as sociedades com organização similar à nossa podem ser consideradas *civilizadas*. Esse imaginário que perpassa a mentalidade ocidental é ainda muito forte entre os historiadores, e mais do que nunca precisamos combatê-lo, pois estamos repassando para nossos alunos esses preconceitos arraigados e etnocêntricos de que o indivíduo do campo, do "interior", é ignorante e pouco instruído, por não ter se beneficiado da vida na cidade (entendida quase sempre como grandes metrópoles). Tal preconceito é muito vívido no Brasil, onde todos elaboram sua identidade de civilizados sobre os outros que consideram inferiores: o Sudeste sobre o Nordeste, as capitais sobre as cidades interioranas e o campo. A cidade não pode mais ser entendida como uma necessidade de sobrevivência e de proteção. O próprio avanço da violência nos grandes centros urbanos contemporâneos tem contrariado a ideia que associa o "urbano" ao polido, civilizado e cortês. Uma situação que inclusive tem levado muitos habitantes de metrópoles a optarem pela vida em cidades menores, demonstrando, assim, que a evolução do urbano não é inevitável. Ao enfatizar que o viver em tribo, ou em pequenas coletividades, muitas vezes foi mesmo uma opção, e não uma limitação imposta pela história aos povos ditos "primitivos", uma abordagem possível para o tema em sala é a discussão do caráter relativo da escolha de se viver ou não em cidades, uma discussão que precisa focalizar os problemas enfrentados pela cidade em que se vive, as condições de vida no campo e a própria interdependência entre cidade e campo.

Ver também

    Arqueologia; Arte; Cidadania; Civilização; Estado; Etnocentrismo; Industrialização; Massa/Multidão/Povo; Relativismo Cultural; Tecnologia; Tribo; Violência.

SUGESTÕES DE LEITURA

ARGAN, Giulio Carlo. *História da arte como história da cidade.* São Paulo: Martins Fontes, 1998.

CARDOSO, Ciro Flamarion. *América pré-colombiana.* São Paulo: Brasiliense, 1996.

CARLOS, Ana Fani A. *A cidade.* 8. ed. São Paulo: Contexto, 2005.

CHILDE, Gordon. *A evolução cultural do homem.* Rio de Janeiro: Jorge Zahar, 1975.

CLASTRES, Pierre. *A sociedade contra o Estado*: investigações de antropologia política. Porto: Afrontamento, 1979.

FUNARI, Pedro Paulo. *Grécia e Roma.* São Paulo: Contexto, 2001.

MUNFORD, Lewis. *A cidade na história*: suas origens, transformações e perspectivas. São Paulo: Martins Fontes, 1998.

PINSKY, Jaime. *As primeiras civilizações.* São Paulo: Contexto, 2003.

PINSKY, Jaime (org.). *100 textos de história antiga.* São Paulo: Contexto, 2003.

SPÓSITO, Maria Encarnação Beltrão. *Capitalismo e urbanização.* São Paulo: Contexto, 2001.

CIÊNCIA

A ciência pode ser entendida tanto como o processo de investigação para se chegar ao conhecimento quanto como o conjunto de conhecimentos construído com base na observação empírica do meio natural e social, que tem como finalidade fornecer fundamentos que permitam à humanidade viver mais e melhor no mundo que a cerca. Nesse sentido, a ciência, em muitas de suas faces, pode trabalhar em associação com a aplicação prática desses conhecimentos, a tecnologia.

Pode-se definir a ciência também, de forma mais simples, como o esforço de resolver problemas que só o *homem* se coloca. Todas as culturas tiveram essa preocupação, desde o egípcio antigo, o grego, o mesopotâmico, o chinês, o hindu, até o índio das tribos americanas que domesticou a mandioca. Esse conceito amplo de ciência é defendido por autores como Colin A. Ronan, para quem a ciência surgiu há cerca de 10 mil anos, no Oriente Médio, quando o *homem* começou a reunir conhecimentos acerca de plantas, animais, formas de dominar e transformar a natureza. Muitos elementos do saber científico atual já estavam disseminados de forma não sistematizada pelos povos pré-históricos: a observação dos fenômenos naturais, a experimentação, a coleta de dados, certos princípios lógicos. Mas nessa ciência "primitiva" havia muito de magia, de animismo, de sobrenatural, aspectos que muito lentamente foram sendo substituídos por formas mais sistêmicas de busca do conhecimento. O conceito de ciência tal qual se conhece hoje envolve variáveis que não existiam nesses momentos iniciais. Um dos principais elementos da ciência moderna, nesse contexto, é a crença de que o mundo natural pode ser explicado sem recorrer ao sobrenatural. Crença que existiu tanto na Babilônia como na Grécia e no Egito Antigo, por exemplo. Essa visão de ciência, todavia, não é necessariamente mais lógica do que a magia, é só um modo diferente de encarar a natureza. A magia fazia sentido para os magos e as pessoas que a eles recorriam. Além disso, as tradições mágicas estão na origem da própria ciência moderna, como aponta John Henry. O Renascimento, por exemplo, deveu-se em grande medida à redescoberta de antigos escritos neoplatônicos e pitagóricos, profundamente místicos. Aos poucos, a magia natural foi fornecendo elementos importantes para a filosofia natural, até que esta suplantou aquela. Para Henry, a visão científica do mundo se desenvolveu em parte pelo casamento da filosofia natural com a tradição pragmática e empírica da magia natural, casamento que pode ser visto, por exemplo, na grande influência da alquimia sobre a química moderna. Apesar disso, o sentido geral da Revolução Científica na Idade Moderna foi a antimagia, a dessacralização do mundo a partir de sua matematização e manipulação científica.

A partir da ascensão do pensamento racional, com o Iluminismo no século XVIII, a ciência assumiu um posto de destaque no Ocidente, chegando a constituir nova mitologia. Autores como Robert Foley afirmam que, com a vitória do racionalismo a partir do século XIX, a ciência gerou novas crenças, como a teoria da evolução, que ocuparam o lugar das antigas crenças religiosas na mente de grande parte da população ocidental. Ou seja, apesar de ter surgido combatendo os mitos, a magia e o sobrenatural, a ciência também se tornou um mito, exatamente porque nos tornou dependentes dela. E ganhou um poder tal sobre os homens que até hoje continua a valer a frase do cientista inglês Francis Bacon (1561-1626): saber é poder.

Mas com a crise do Iluminismo a partir de meados do século XX, surgiram diversas críticas ao papel da ciência no mundo. Essas críticas partiram primeiro dos filósofos da chamada Escola de Frankfurt, que viram de perto o avanço do nazifascismo, os horrores do holocausto e da Segunda Guerra e a Era Nuclear, contexto no qual a ciência estava a serviço do poder e da técnica, colocando toda a humanidade em risco. Esses filósofos questionaram o caráter emancipador do Iluminismo e da ciência moderna. O Iluminismo acreditava que a ciência traria saber e paz, mas um século depois da Revolução Científica da Idade Moderna, os filósofos perceberam que isso não aconteceu. Pelo contrário, no século XX, os estudiosos passaram a notar a estreita relação entre poder e ciência.

Atualmente, pensadores como Rubem Alves defendem as relações entre a ciência e o senso comum, afirmando que ambos são expressões da mesma necessidade básica – a necessidade de compreender o mundo, a fim de viver melhor e sobreviver. Ele lembra que o senso comum não é inferior à ciência; que por milhares de anos os homens sobreviveram sem algo semelhante à ciência atual; e, paradoxalmente, após cerca de quatro séculos desde sua fundação, a ciência está apresentando sérias ameaças à sobrevivência da humanidade.

Além disso, o conceito de ciência tem muito a ver com o próprio conceito de senso comum. É o próprio Rubem Alves quem sugere que a noção de "senso comum" é uma criação daqueles que se julgam superiores, e o definem como o campo do irracional – em que o treinamento científico inexiste –, das paixões, da magia. Mas, para o autor, o senso comum não é sinônimo de comportamento pouco inteligente, ingênuo ou simplista. Para ele, na verdade, a ciência não é uma forma de conhecimento diferente do senso comum. Ela é uma metamorfose dele e, de qualquer forma, um saber que tem limites.

Na história das ciências, uma outra relação que quase sempre se apresenta como conflitante é a relação ciência/religião. Certamente, entre os séculos XVI e XIX, religião e ciência passaram por alguns conflitos, mas também conheceram momentos de convivência amistosa. Segundo John Henry, praticamente todos os filósofos naturais da Revolução Científica tinham motivações religiosas para suas pesquisas. Kepler, por exemplo, queria descobrir o *padrão que Deus impusera ao cosmo*. Já Newton, um dos principais nomes na Revolução Científica, era profundamente religioso e acreditava na hipótese criacionista para explicar a origem do universo. O caso de Galileu, com sua condenação pela Inquisição, não deve ser generalizado como exemplo de uma cruzada anticientífica da Igreja. O ateísmo não era a regra entre os pensadores modernos, e muitos eram mesmo bastante religiosos. Apenas no século XIX, quando o cientificismo se tornou dogmático, foi que o ateísmo passou a ser uma espécie de *modismo* entre os cientistas. Nesse contexto, Auguste Comte foi um dos pioneiros em colocar a ciência no topo do conhecimento humano, acima da metafísica e da religião, consideradas formas inferiores de apreensão da realidade. O século XIX foi o momento do desenvolvimento da teoria da evolução, das hipóteses de progresso, da industrialização e da especialização das ciências. Contexto no qual tomou forma o paradigma científico da modernidade, que acreditava na ciência como saber rigoroso, objetivo, pautado por leis irrefutáveis e universais. Até então, a ciência estava ligada à Filosofia, por isso a expressão *filosofia natural* para designar a atividade dos pensadores da Idade Moderna. No século XIX, por sua vez, disciplinas específicas como Física, Química, Matemática, Biologia, Geografia, História,

Sociologia, Psicologia, Psicanálise, e assim por diante, foram desligadas da Filosofia e da Teologia, dando início ao saber especializado. Desse modo, a Filosofia e a Teologia perderam terreno para as novas formas de saber, que se tornaram autônomas. Esse foi o auge do cientificismo: a especialização das ciências, o domínio do homem sobre a natureza e sobre ele mesmo. A ciência, para muitos (como os positivistas), era uma religião e iria libertar os homens de séculos de ignorância e miséria.

O cientificismo foi a ideologia da ciência como forma de saber superior, criada pelo positivismo no século XIX. Em linhas gerais, ele pensava a ciência como a busca da verdade a partir da rigorosa observação empírica, sem o uso da imaginação ou de emoções. Hoje, essa ideologia do progresso ainda existe, mas cada vez mais os pensadores começam a perceber que a racionalização e o cientificismo não libertaram o homem. Ao contrário, as forças produtivas do capitalismo, justificadas e estimuladas pelo saber científico-tecnológico, só fizeram aumentar a dominação predatória do homem sobre a natureza e do homem sobre o homem. Sabemos hoje que a técnica e a ciência não são neutras, e servem àqueles que a possuem e manipulam.

No século XX, particularmente a partir de seu final, muito se tem questionado a visão positivista da ciência. A ideia atual é a de que a ciência é uma atividade que tem muito de criação e imaginação. E um dos questionamentos centrais da atualidade é aquele que aponta os limites da ciência moderna, criticando a descrição pura e simples das causas e dos efeitos. Essas críticas remontam a Kant, já no século XVIII, e a Nietzsche, no século XIX. Com base neles, os críticos do cientificismo e da modernidade defendem que o cientista não é alguém mudo diante dos fatos e estes, sozinhos, nada dizem. Hoje já se questiona, tanto nas ciências humanas como nas ciências naturais, o lado frio e pretensamente neutro do saber científico.

Um dos problemas relativos à ciência no contexto da sala de aula é a excessiva fragmentação do conhecimento em diferentes disciplinas que não interagem umas com as outras. Um problema derivado da própria especialização do conhecimento científico em múltiplas ciências, que a interdisciplinaridade e os temas transversais tentam contornar. Mas outras questões também são fundamentais e cabe ao profissional de ensino e seus alunos se perguntarem o que a ciência tem a ver com sua vida, refletir sobre a relação entre ciência e ética, entre ciência e poder e também sobre o que podemos fazer para humanizar a ciência. Os professores precisam estar capacitados não apenas para ensinar uma *história das ciências*, mas para discutir o presente complicado em que nos encontramos, a validade das explicações científicas, temas polêmicos como clonagem e pesquisas com células-tronco, a importância da poesia, do romance, da imaginação, do desejo, e as implicações políticas de todas essas questões.

VER TAMBÉM

Cotidiano; Ética; Evolução; Ideologia; Iluminismo; Industrialização; Interdisciplinaridade; Modernidade; Pós-modernidade; Renascimento; Revolução Industrial; Tecnologia; Teoria.

SUGESTÕES DE LEITURA

ALVES, Rubem. *Filosofia da ciência*: introdução ao jogo e a suas regras. São Paulo: Loyola, 2003.

BENJAMIN, Walter; et al. *Textos escolhidos*. São Paulo: Abril Cultural, 1980. (Coleção Os Pensadores).

GRESPAN, Jorge. *Revolução Francesa e Iluminismo*. São Paulo: Contexto, 2003.

HENRY, John. *A revolução científica e as origens da ciência moderna*. Rio de Janeiro: Jorge Zahar, 1998.

KARNAL, Leandro (org.). *História na sala de aula*: conceitos, práticas e propostas. São Paulo: Contexto, 2003.

PINSKY, Jaime. *As primeiras civilizações*. São Paulo: Contexto, 2001.

RONAN, Colin A. *História ilustrada da ciência*. Rio de Janeiro: Jorge Zahar, 1987, 3v.

TARNAS, Richard. *A epopeia do pensamento ocidental*: para compreender as ideias que moldaram nossa visão de mundo. Rio de Janeiro: Bertrand Brasil, 1999.

CIVILIZAÇÃO

O termo civilização é hoje constantemente empregado, seja em trabalhos historiográficos, seja pelo senso comum do Ocidente. No entanto, se seu significado cotidiano é facilmente compreendido, isso não acontece com seu conceito histórico, que é alvo de controvérsias e mal-entendidos.

A palavra civilização surgiu na França iluminista do século XVIII com um significado moral: *ser civilizado* era ser bom, urbano, culto e educado. Para os iluministas, a civilização era uma característica cultural que se contrapunha à ideia de *barbárie*, de violência, de selvageria. Além disso, ser civilizado era um ideal que todos os povos deveriam almejar, mas que poucos tinham alcançado. Em geral, a situação de civilizado só era atribuída aos adeptos do Iluminismo. Esse primeiro significado de civilização, apesar de ser o mais antigo, ainda é o mais constante na história do Ocidente. Assim, hoje, quando qualificamos um indivíduo de *civilizado*, ainda estamos utilizando o conceito iluminista, considerando-o uma pessoa educada, pacífica e culta, que se contrapõe aos violentos, àqueles que consideramos rudes e incultos, normalmente pessoas cujos valores fogem aos padrões das elites urbanas ocidentais. Assim sendo, em seu sentido mais cotidiano, civilização distingue aqueles que se consideram culturalmente superiores.

Mas desde o século XIX, historiadores e arqueólogos foram cada vez mais empregando a palavra *civilização* no plural, falando em *civilizações*, e o termo foi, assim, aproximando-se dos conceitos de cultura, de povo, de Nação, e ganhando novos significados.

No fim do século XX, Samuel Huntington, baseado em Fernand Braudel, definiu civilização como uma área cultural e seu sistema de valores, em que todos os seus integrantes compartilhariam de um conjunto de características comuns. Nesse sentido, uma civilização não é um Estado, ela ultrapassa as fronteiras dos Estados, unindo uma região mais ampla que se identifica por uma série de características culturais compartilhadas. Para Huntington, civilização é o mais amplo nível de identidade cultural possível. As civilizações chinesa, hindu e ocidental, por exemplo, se caracterizariam por certo número de traços culturais partilhados internamente e por se distinguirem uns dos outros no plano externo.

Já Bagby, na obra de 1958, *Culture and History*, que influenciou muitos pensadores acerca da civilização no século XX, afirmava que a definição de civilização deveria partir da própria etimologia da palavra, que vem do latim *civitas*, "cidade", apesar de civilização ser um termo cunhado na França do século XVIII. Bagby definiu civilização como um tipo de cultura encontrada em cidades, considerando cidade qualquer aglomeração humana onde a maioria dos habitantes não estivesse diretamente ocupada em produzir alimentos. Também o arqueólogo Gordon Childe, em sua obra igualmente clássica *A evolução cultural do homem*, associou a ideia de civilização à de cultura urbana. Arnold Toynbee, por sua vez, discordou dessa definição no ponto em que ela necessariamente associava civilização e cidade, pois para ele existiram civilizações sem cidades. Apesar dessa discordância, sua definição concordava em muitos pontos com a de Bagby, pois ele também defendia que civilização é um tipo de sociedade em que a maioria dos habitantes não produz alimentos, mas se ocupa de outras atividades que garantam estabilidade material. Para ele, a civilização estaria em geral associada às cidades porque essas camadas sociais que não estivessem ocupadas em produzir alimento – soldados, burocratas, artesãos – em geral são urbanas. Mas tal característica não pode, a seu ver, ser considerada condição indispensável.

Essa abordagem, que considera civilização aquelas culturas que possuem camadas sociais e categorias profissionais desligadas da produção direta de alimentos, na verdade determina que uma das características da civilização é a produção de excedente alimentar. Isso porque só a produção de excedente permitiria que uma sociedade pudesse retirar alguns – ou muitos, no caso do conceito de civilização dos autores citados – de seus membros do trabalho na agricultura e permitir que se dedicassem exclusivamente à arte, à guerra, à burocracia, ou que se tornassem sacerdotes, reis e nobres. É preciso considerar, todavia, que essa produção de excedentes, também caracterizadora do surgimento do Estado, foi o início da desigualdade social, da apropriação do excedente pelo Estado, da estratificação social e da hierarquia de classes ou camadas sociais. Assim, se seguirmos essa definição, chegamos ao fato de que as civilizações são baseadas em Estados, na produção de excedentes e na estratificação social – e, logo, na desigualdade social. Sem esquecer que cada civilização pode, por sua vez, abranger diferentes *Estados, cidades, Nações*.

Toynbee considera ainda que civilização é um tipo de sociedade que busca atingir a convivência harmônica entre seus membros, considerando essa harmonia o resultado de ampla produção artística e cultural. Nesse sentido, para ele, o aspecto principal que definiria uma civilização seria sua produção intelectual. Além disso, essa abordagem é bastante eurocêntrica, porque julga que as civilizações são superiores às outras formas de organização social e política encontradas na História – como as tribos, os grupos de caçadores-coletores e os bandos – por suas características "espirituais".

Toynbee, em *Um estudo de história*, obra clássica, escrita entre 1930 e 1950, realizou também um estudo comparado entre aquelas que ele considerava as principais civilizações da história. Sua preocupação era estabelecer um modelo que pudesse ser aplicado a qualquer civilização em diferentes lugares e períodos. Tal modelo foi construído com base no estudo da história judaica, grega e chinesa. Mas esse modelo geral de civilização – que, para Toynbee, poderia ser empregado para culturas tão diferentes quanto à China antiga e a Grécia clássica – deve ser visto com cautela, pois não se pode generalizar características de certas culturas para determinar e definir se outros tipos de cultura são ou não civilização.

Apesar das ressalvas que a historiografia atual faz ao modelo de Toynbee, por suas generalizações, alguns pensadores no início do século XXI, como Samuel Huntington, procuram renovar a ideia de um modelo geral de civilização. Huntington foi além de Toynbee e elaborou uma lista das civilizações existentes ao longo da história, que seriam: mesopotâmica, egípcia, clássica, chinesa, mesoamericana, andina, cretense, islâmica, indiana, bizantina, ocidental, japonesa, latino-americana e africana. Para ele, essas duas últimas estariam em formação em pleno século XXI.

O conceito de Bagby, por sua vez, influenciou também diversos outros pensadores. Se Toynbee se voltou principalmente para a Antiguidade e o Oriente em busca de seus modelos civilizacionais, arqueólogos como Michel Coe, na década de 1960, procuraram civilizações em outro lugar: na América indígena. Estudando os maias clássicos da América Central, entre 300 e 900 d.C., Coe se perguntou o que distinguia uma "civilização" de um grupo bárbaro. Fazendo referências às teorias de Bagby, Coe afirmou que para alguns autores uma civilização teria estrita relação com as cidades. E para outros, citando Gordon Childe, a escrita seria um elemento definidor. Para a América, no entanto, essas referências não poderiam ser válidas, pois os incas possuíam civilização, mas não escrita, e os maias, segundo Coe, não possuíam cidades.

A partir dessas considerações, percebemos que a maioria dos autores, apesar das divergências, considera que um dos principais elementos definidores de uma civilização é o Estado. No entanto, alguns autores, como Toynbee e Huntington, defendem que a civilização está além do Estado, abarcando muitas vezes vários Estados, e se caracterizam mais como um princípio de identidade cultural.

Mas qualquer que seja o conceito de civilização, em geral ele é consideravelmente etnocêntrico, acreditando que culturas com Estados, alta densidade populacional e centros urbanos são superiores às outras. Essa perspectiva comumente acredita que a civilização é o último e melhor estágio cultural atingido por um povo ao longo de sua "evolução". Além disso, é preciso estar atento para a própria utilização cotidiana que fazemos do conceito iluminista de civilização, também este etnocêntrico, pois ao nos considerarmos mais *civilizados* que tal ou qual grupo de pessoas, estamos, na verdade, considerando-nos superiores a ele. A melhor forma de desconstruirmos os sentidos etnocêntricos das palavras que empregamos no cotidiano é buscarmos suas origens e suas mudanças de significado ao longo da história. E antes de trabalharmos em sala de aula temas como "civilização egípcia" ou "civilização grega", é importante apontarmos os muitos significados que a palavra civilização possui nesses contextos, e como esses significados, apesar de serem associados diretamente a essas duas culturas, foram produzidos ao longo do tempo. Outra forma de abordar o tema é partir do princípio de que o conceito de "civilizado" é uma imagem construída por um povo, e implica também a construção de uma imagem oposta para povos com os quais haja contato, imagem esta que representa o "bárbaro", de não civilizado. E nesse sentido, no caso do estudo do processo de colonização do Brasil, é fundamental discutir as imagens que os colonizadores criaram sobre os índios, apresentando-os como selvagens, preguiçosos, canibais, violentos etc.

VER TAMBÉM

Antiguidade; Cidade; Cultura; Estado; Etnocentrismo; Evolução; Identidade; Iluminismo; Índio; Islã; Orientalismo; Tribo.

SUGESTÕES DE LEITURA

BRAUDEL, Fernand. *Gramática das civilizações.* São Paulo: Martins Fontes, 1989.

CHILDE, Gordon. *A evolução cultural do homem.* Rio de Janeiro: Zahar, 1975.

COE, Michael. *Os Maias.* Lisboa: Verbo, 1971.

DEMANT, Peter. *O mundo muçulmano.* São Paulo: Contexto, 2003.

FUNARI, Pedro Paulo. *Grécia e Roma*. São Paulo: Contexto, 2001.

HUNTINGTON, Samuel P. *O choque de civilizações*: e a recomposição da ordem mundial. Rio de Janeiro: Objetiva, 2003.

KARNAL, Leandro (org.). *História na sala de aula*: conceitos, práticas e propostas. São Paulo: Contexto, 2003.

MESGRAVIS, Laima; PINSKY, Carla Bassanezi. 2. ed. *O Brasil que os europeus encontraram*. São Paulo: Contexto, 2002.

PINSKY, Jaime. *As primeiras civilizações*. São Paulo: Contexto, 2001.

PINSKY, Jaime; PINSKY, Carla Bassanezi (orgs.). *História da cidadania*. São Paulo: Contexto, 2003.

TOYNBEE, Arnold. *Um estudo da história*. Brasília/São Paulo: UnB/Martins Fontes, 1987.

CLASSE SOCIAL

Classe social é um desses conceitos fundamentais da Sociologia que, com o tempo, caíram no uso dos historiadores. Entre os principais pensadores a trabalhar com tal conceito estão Karl Marx e Max Weber. Ambos elaboraram modelos explicativos, construções teóricas que simplificam a realidade para facilitar sua compreensão. Mas Marx e Weber já percebiam, no século XIX, que estudar a sociedade a partir das classes sociais é uma tarefa complicada, pois muitos indivíduos não são classificáveis facilmente nesta ou naquela classe.

Marx definiu classe social como a posição comum de um conjunto de indivíduos no interior das relações sociais de produção. Para ele, classe era um grupo social com uma função específica no processo produtivo. Por exemplo, os proprietários de terra, os capitalistas e os trabalhadores constituem classes distintas. Cada um deles ocupa um lugar específico no processo de produção: uns possuem a terra, outros, o capital, e os trabalhadores, a habilidade de trabalho. As diferentes funções dão a cada classe interesses conflitantes, além de ideias e maneiras de agir diferentes. A História, por sua vez, seria o relato desses conflitos. Nesse sentido, a tradição marxista tende a conceituar classe com base no lugar que cada grupo ocupa na economia.

Segundo Peter Burke, as obras de Marx apresentam vários sentidos para classe, o que constitui um problema, pois às vezes ele fala de *oprimidos* e *opressores* ou *explorados* e *exploradores*; outras vezes oferece uma definição muito ampla, considerando classe desde escravos e plebeus romanos até servos medievais e artífices assalariados, opondo-os genericamente a aristocratas, senhores feudais e mestres. Há ainda situações em que Marx propõe um conceito mais limitado, excluindo, por exemplo, os camponeses franceses de meados do século XIX de seu conceito. Esses, embora vivessem na mesma situação econômica, eram desprovidos de solidariedade e consciência de classe devido a seu isolamento geográfico, que os tornava meros agregados de indivíduos ou de famílias. Assim, a partir da análise geral da obra de Marx, o exercício de atividades profissionais, a maneira de pensar e o modo de vida seriam condições necessárias para a definição de um grupo como classe, mas, além disso, para que esse grupo se torne uma classe no sentido pleno é preciso que tenha consciência de sua unidade e de distinção (possivelmente até de hostilidade) diante de outros agrupamentos sociais. Ou seja, para Marx, sem luta não há classe.

Os estudos de Marx e Engels estiveram voltados principalmente para as estruturas de classe das sociedades capitalistas, não dando muita atenção às relações de classe em outras sociedades. Por um lado, ao afirmarem que a história de todas as sociedades tinha sido até então a história da luta de classes, deram a entender que houve classes sociais em vários períodos históricos. Por outro, defenderam que *classe* era uma característica específica das sociedades capitalistas. Em *A ideologia alemã*, Marx sugeriu mesmo que classe era um produto da burguesia.

Como Marx foi um grande observador da sociedade de seu tempo, testemunhou o proletariado crescer numericamente e em organização, lado a lado (mas em oposição) com o grupo dos capitalistas. E embora reconhecesse que mesmo na Inglaterra havia ainda "camadas intermediárias ou transitórias", para ele o conflito fundamental era entre as classes proletária e capitalista, e a "classe média" tenderia a desaparecer, sendo absorvida por um dos dois polos. Todavia, no sistema capitalista, a classe média continuou a crescer. O próprio Marx já havia notado esse fenômeno. Mas tanto ele quanto Engels usavam a expressão "classe média" com diversos significados, não estabelecendo distinção entre os diferentes setores que compunham essa classe. Outra dificuldade era perceber qual a orientação política desse grupo. Em geral, Marx e Engels consideravam a pequena burguesia (a classe média) politicamente conservadora, ou uma espécie de aristocracia operária. Essa classe continuou sendo objeto de debate mesmo depois deles, e hoje ainda é difícil classificar satisfatoriamente esse grupo com expressões como "alta" e "baixa" classe média, por exemplo. As controvérsias continuam: existe uma classe média ou várias? Apesar disso, é inegável que a classe média vem crescendo, em particular no mundo europeu recente, e que a classe operária (numerosa na época de Marx) vem diminuindo comparativamente à classe média nos países de capitalismo avançado.

Na sociedade industrial do século XIX, todavia, a classe operária transmitia a imagem de uma classe revolucionária. Era assim que Marx a concebia. No seio desse grupo, composto por trabalhadores de minas, fábricas, transportes e tarefas correlatas, houve posições políticas conflitantes ao longo da história: havia partidos operários comunistas propriamente ditos ("revolucionários") e partidos operários de cunho socialista ("reformistas"). Mas sua predição não teve resultados no século XX, já que as principais revoluções socialistas se deram, sobretudo, em sociedades camponesas. Além disso, os marxistas do século XX discordavam quanto à forma de se fazer a revolução proletária: para Lenin, a consciência revolucionária deveria ser incutida na classe operária pelo partido de vanguarda, que estaria à frente dessa classe, orientando-a, enquanto Rosa Luxemburg e outros marxistas pensavam de modo diferente. Por sua vez, a Escola de Frankfurt, no nome de Marcuse, acreditava que a classe operária ocidental não era revolucionária, e optou, em fins da década de 1960, por se vincular a outras forças revolucionárias, como estudantes, jovens, grupos étnicos explorados e massas camponesas do Terceiro Mundo.

Outro importante modelo explicativo que fundamentou estudos sobre classe social foi o proposto por Max Weber, no início do século XX. Na tradição weberiana, há uma diferença entre "classes" e "estados" ou "ordens": enquanto as classes são definidas como grupos de pessoas cujas oportunidades na vida são determinadas pela situação do mercado, os *estados* seriam "grupos definidos por *status*" e cuja "honra" ou "*status*" lhes eram conferidos por outros. Para muitos autores, os modelos marxista e weberiano são antagônicos. Mas para Peter Burke, eles são complementares, pois Marx e Weber tentaram responder a questões distintas: o primeiro enfatizou o poder e o conflito, o segundo se interessou mais pelos valores e estilos de vida. Ou seja, ambos analisaram diferentes características da estrutura social. Burke chega a afirmar que o modelo de ordens weberiano é mais aplicável às sociedades pré-industriais, enquanto o modelo marxista de classes é mais aplicável ao entendimento das sociedades industriais.

Seja como for, o objetivo dos modelos explicativos é simplificar a realidade para facilitar sua compreensão. Assim, não devem ser tomados como reproduções das estruturas históricas. Nesse sentido, os estudiosos da história latino-americana têm grande dificuldade ao empregar o conceito de classe para essa região. É bastante problemático, por exemplo, definir classes e utilizar esse conceito para analisar protestos ou rebeliões de grupos sociais do Brasil do século XIX. Isso se deve, entre outras razões, pelas diferenças que existem no interior do grupo dos escravos, entre eles e os livres, e no interior desse último grupo. Além disso, temos de considerar outros elementos, como raça e etnia. Um quilombo, por exemplo, poderia ser formado por escravos, libertos e outras pessoas pobres (muitas delas mestiças) que não encontravam lugar no sistema. Os libertos, por sua vez, às vezes se comportavam como os senhores brancos, chegando a comprar escravos. Entre o final do Império e início da República, a elite brasileira chegou a se referir a esse variado espectro social nomeando-o genericamente "classes perigosas". Ora, uma expressão rica como essa não se encontra nos modelos marxista e weberiano, o que nos mostra que os modelos não fornecem respostas para todas as questões suscitadas na história.

O conceito de classe social já se incorporou ao cotidiano da disciplina histórica, apesar da emergência de abordagens culturalistas no final do século xx ter desprestigiado o trabalho com esse conceito. Mas além de ser uma noção de grande utilidade para a análise histórica, o fato de já ter se tornado comum à linguagem da História duplica sua importância. Nesse sentido é que nós, professores, não podemos nos furtar ao rico debate em torno dessa categoria. Já na sala de aula, é preciso cautela para não cometer anacronismo, julgando que todas as sociedades têm divisão de classes. E mesmo em uma sociedade dividida em classes, como a contemporânea, há numerosos grupos, fragmentados, cujo comportamento não se pauta pela classe a que "pertencem". Hoje, muitas reivindicações sociais, comportamentos políticos e ideológicos não são necessariamente específicos de uma classe social. E os atores sociais e históricos nem sempre se comportam como esperamos de "sua classe". Entretanto, isso não significa que a situação social de classe não condicione certos comportamentos do indivíduo. Devemos também sempre relacionar classe social à estratificação social, função e papel social e mobilidade social. É uma tarefa complexa, que requer estudos interdisciplinares, mas que permite aos educadores conhecer melhor as realidades estudadas. Lembramos que esses estudos sobre a complexidade do conceito de classe social precisam ser feitos para o aprofundamento do próprio professor, assim como por complexidade teórica, podem não ser apropriados para o trabalho em sala de aula com alunos mais jovens.

Ver também

Burguesia; Capitalismo; Comunismo; Feminismo; Ideologia; Indústria Cultural; Industrialização; Latifúndio/Propriedade; Massa/Multidão/Povo; Marxismo; Modo de Produção; Oligarquia; Revolução Francesa; Servidão; Sociedade.

Sugestões de leitura

Andrew, Edgar; Sedgwick, Peter. *Teoria cultural de A a Z*: conceitos-chave para entender o mundo contemporâneo. São Paulo: Contexto, 2003.

Aron, Raymond. *As etapas do pensamento sociológico*. São Paulo: Martins Fontes, 1999.

Bottomore, Tom (ed.). *Dicionário do pensamento marxista*. Rio de Janeiro: Jorge Zahar, 1988.

Burke, Peter. *História e teoria social*. São Paulo: Ed. Unesp, 2002.

CHALHOUB, Sidney. *Cidade febril*: cortiços e epidemias na corte imperial. São Paulo: Companhia das Letras, 1999.

FARIA, Ricardo Moura. *As revoluções do século xx*. 2. ed. São Paulo: Contexto, 2002.

FUNARI, Pedro Paulo. *Grécia e Roma*. São Paulo: Contexto, 2001.

MARX, Karl; ENGELS, Friedrich. *A ideologia alemã*. São Paulo: Ciências Humanas, 1982.

MESGRAVIS, Laima; PINSKY, Carla Bassanezi. 2. ed. *O Brasil que os europeus encontraram*. São Paulo: Contexto, 2002.

PINSKY, Jaime; PINSKY, Carla Bassanezi (orgs.). *História da cidadania*. São Paulo: Contexto, 2003.

REIS, João José; SILVA, Eduardo. *Negociação e conflito*: a resistência negra no Brasil escravista. São Paulo: Companhia das Letras, 1999.

COLONIZAÇÃO

O conceito de colonização está bastante presente em nossa sociedade, seja na sala de aula, nos livros didáticos, na mídia ou na produção científica. E desde as comemorações dos 500 anos de *descoberta* da América, na década de 1990, as ideias de conquista e colonização vêm cada vez mais sendo alvo dos olhares acadêmicos e do grande público.

Colonização, mais do que um conceito, é uma categoria histórica, porque diz respeito a diferentes sociedades e momentos ao longo do tempo. A ideia de colonização ultrapassa as fronteiras do Novo Mundo: é um fenômeno de expansão humana pelo planeta, que desenvolve a ocupação e o povoamento de novas regiões. Portanto, *colonizar* está intimamente associado a *cultivar* e *ocupar* uma área nova, instalando nela uma cultura preexistente em outro espaço. Assim sendo, a colonização em determinadas épocas históricas foi realizada sobre espaços vazios, como é o caso das migrações pré-históricas que trouxeram a espécie humana ao continente americano. Mas, desde que a humanidade se espalhou pelo mundo, diminuindo significativamente os vazios geográficos, o tipo de colonização mais comum tem sido mesmo aquele executado sobre áreas já habitadas, como a colonização grega do Mediterrâneo, na Antiguidade, e a colonização do Novo Mundo, na Idade Moderna.

A palavra *colônia* e suas variantes *coloniais, colonização, colonizador* vieram do verbo latino *colo*, que, segundo Alfredo Bosi, significa *"eu moro, eu ocupo a terra, eu cultivo"*. Dessa matriz, o termo *colônia* adquiriu sentido de espaço que está sendo ocupado. A mesma matriz gerou ainda as palavras e os conceitos de culto e cultura:

Cultus, o particípio passado de *colo*, e *culturus*, o particípio futuro. Assim, para Bosi, uma colonização é um projeto que engloba todas as forças envolvidas nos significados do verbo *colo*. Ou seja, colonizar significa ocupar um novo chão, trazer a memória da terra antiga (o culto) e transmitir práticas e significados às novas gerações (a cultura). Mas, se o significado de *colo* é *cuidar*, também é *mandar*, e o autor ressalta que dominar, explorar e submeter os nativos também são sentidos inerentes à colonização. Nesse contexto, *colonizar* está sempre associado a *conquistar*.

No caso do processo colonizador movido pela Europa Moderna na América, esse foi realizado em um conjunto específico de relações de dependência e controle político e econômico que as metrópoles impuseram a suas colônias. Conjunto denominado sistema colonial.

Visto a amplitude da ideia de colonização, muitos são os autores que procuraram classificá-la, como Marc Ferro e Antonio Robert Moraes. O primeiro estabeleceu o imperialismo como uma forma de colonização, sendo a principal distinção entre ambos o fato de que o imperialismo não precisa necessariamente do controle político direto sobre os territórios explorados, enquanto a colonização é um processo em que existe sempre o controle político da colônia pela metrópole. Robert Moraes, por sua vez, observou, na própria expansão europeia dos tempos modernos, que a colonização era apenas uma das formas de contato com outros espaços, coexistindo com o comércio, o escambo e a pilhagem. Moraes definiu então a colonização americana como uma exploração contínua e sistemática da terra, com a apropriação do espaço pela metrópole e com a formação de territórios coloniais. Não seria, assim, uma relação simplesmente baseada no comércio, mas no controle.

No Brasil, a historiografia desde seus primórdios sempre se preocupou com o processo colonizador do país, desde a História produzida nos institutos históricos da segunda metade do século XIX, da qual Varnhagen foi o principal expoente. E a partir da Revolução de 30, a preocupação com a modernização do Brasil e com o caráter nacional levou vários pesquisadores a buscarem na colonização a explicação para a realidade brasileira. Foi dessa preocupação que surgiram algumas das principais obras que definiram a forma como pensamos a colonização do Brasil. Dentre elas, *Casa-Grande & Senzala*, de Gilberto Freyre, foi um primeiro marco, contestando as teorias de superioridade racial branca, e vendo com olhar benevolente o processo colonizador. Também *Raízes do Brasil*, de Sérgio Buarque de Holanda, procurou estabelecer o caráter nacional, considerando a cordialidade do homem brasileiro fruto da colonização realizada por um povo, os portugueses, acostumado à miscigenação e sem preocupações racistas. Outra abordagem, entretanto, presente na obra de Caio Prado, *A formação do Brasil contemporâneo*, considerava a colonização o fundamento para explicar os problemas sociais e as desigualdades do país.

No entanto, a partir do último quartel do século XX, com a influência da Nova História francesa e do materialismo histórico inglês, mais preocupados com a cultura e as relações sociais do que com explicações de caráter nacional, a forma como a historiografia brasileira pensava a colonização ganhou novos rumos. Estudos sobre escravidão, religiosidade, história indígena, história da família e das mulheres deram novos significados ao processo de colonização do Brasil, abandonando a ambição de buscar nesse processo as explicações para um suposto caráter nacional ou para todos os males do país.

Essas considerações nos levam a perceber que o conceito de colonização tem tanto o caráter de ocupação e cultivo de novos territórios como de domínio, exploração e instalação cultural, pois a cultura do colonizador é transposta para o novo território. Na maioria dos casos, entretanto, o território colonizado já está ocupado, com habitantes que possuem cultura e estruturas sociais próprias, o que pode dar margem a diferentes formas de contato e ao nascimento de novas sociedades. Não esquecendo, ainda, que a violência e o conflito estão, em geral, presentes na maioria dos processos de colonização, pois a fixação de uma cultura em território já ocupado gera não apenas a imposição de valores culturais, mas também o controle físico sobre os dominados e a resistência por parte desses.

Para o professor brasileiro, as questões em torno da ideia de colonização estão no primeiro plano de importância, tanto pela própria relevância histórica do período, que em seus trezentos anos de duração gestou a maior parte das estruturas contemporâneas quanto pela visibilidade que esse momento histórico tem na mídia. Tendo em vista sua presença nos programas de História dos níveis Fundamental e Médio, a colonização é um tema trabalhado por todos os professores da disciplina. Usualmente, tanto os conteúdos programáticos como os livros didáticos se preocupam sobretudo em abordar o processo de estabelecimento da colonização do Brasil e suas estruturas. Mas seria interessante, antes de adentrar a especificidade desse processo no Brasil, que professores trabalhassem com seus alunos a colonização como um fenômeno geral da história da humanidade, enfatizando-a como expansão de uma sociedade que, em geral, produz conflitos culturais. Além disso, uma estratégia didática que pode ser útil é observar criticamente as visões benevolentes e pitorescas da colonização do Brasil que predominam na sociedade atual, por meio da televisão, do cinema.

VER TAMBÉM

Aculturação; Barroco; Descobrimentos; Escravidão; Etnocentrismo; Imperialismo; Índio; Inquisição; Latifúndio/Propriedade; Mercantilismo; Miscigenação; Pirataria.

SUGESTÕES DE LEITURA

ANDRADE, Manuel Correia de. *A trajetória do Brasil*: de 1500 a 2000. São Paulo: Contexto, 2000.

BOSI, Alfredo. *Dialética da colonização*. São Paulo: Companhia das Letras, 1996.

FERRO, Marc. *História das colonizações*: das conquistas às independências, séculos XIII a XX. São Paulo: Companhia das Letras, 1996.

FREYRE, Gilberto. *Casa-grande & Senzala*: formação da família brasileira sob o regime da economia patriarcal. Rio de Janeiro: Record, 1995.

HOLANDA, Sérgio Buarque de. *Raízes do Brasil*. Rio de Janeiro: José Olympio, 1994.

MAESTRI, Mário. *Uma história do Brasil colônia*. 3. ed. São Paulo: Contexto, 2002

MARQUES, Adhemar; BERUTTI, Flávio; FARIA, Ricardo. *História contemporânea através de textos*. 10. ed. São Paulo: Contexto, 2003.

_____. *História moderna através de textos*. 10. ed. São Paulo: Contexto, 2003.

MESGRAVIS, Laima; PINSKY, Carla Bassanezi. 2. ed. *O Brasil que os europeus encontraram*. São Paulo: Contexto, 2002.

MORAES, Antonio Carlos Robert. *Bases da formação territorial do Brasil*: o território colonial do Brasil no "longo" século XVI. São Paulo: Hucitec, 2000.

PESTANA, Fábio. *No tempo das especiarias*. 2. ed. São Paulo: Contexto, 2004.

PINSKY, Jaime. *A escravidão no Brasil*. São Paulo: Contexto, 1993.

PINSKY, Jaime (org.). *História da América através de textos*. São Paulo: Contexto, 1994.

COMUNISMO

O Comunismo é uma ideia que se incorporou ao imaginário do Ocidente contemporâneo, sempre colocada em oposição ao Capitalismo. Tal ideia, no entanto, tem se tornado pouco compreendida pelas novas gerações, depois da queda do bloco de países socialistas, a partir da 1989, e com a ascensão da pós-modernidade e da globalização. Embora, para muitos, o Comunismo tenha sido um projeto político que morreu com o século XX, sua importância para a História do mundo contemporâneo ainda faz dele um tema atual.

O *Dicionário do pensamento marxista* oferece duas definições para Comunismo: primeiro, ele seria o movimento político da classe operária dentro da sociedade capitalista, iniciado com a Revolução Industrial. Esse sentido do termo surgiu na década de 1830, com o crescimento da classe operária na Europa Ocidental.

Em segundo lugar, o Comunismo seria a sociedade criada pela classe trabalhadora em sua luta com as classes dominantes na sociedade capitalista. Esses dois sentidos foram propostos por Karl Marx e estão intimamente relacionados: assim, o Comunismo é ao mesmo tempo o movimento político e a sociedade que dele emerge. Podemos entendê-lo ainda como uma ideologia, um conjunto articulado de princípios teóricos que fundamentam um tipo de sociedade e uma ação política.

É importante ressaltar que o conceito de Comunismo difere do de Socialismo, este último atuante em diversos regimes políticos ao longo do século xx. Os termos *Socialismo* e *Comunismo*, durante a segunda metade do século xIx, eram usados indiscriminadamente como referência à luta da classe trabalhadora. Mesmo Marx e Engels, autores do *Manifesto comunista*, não fizeram grande distinção entre os dois nem objetaram o uso da expressão social-democrata, que designava grandes partidos socialistas, como o alemão e o austríaco. Todavia, as lutas políticas entre as numerosas organizações operárias ao longo do século xIx e começo do xx foram criando grupos separados de socialistas e comunistas. Mas foi somente em 1917, quando foi criada a Terceira Internacional Comunista, que esse afastamento se consolidou: nesse momento, os partidos definidos como comunistas se engajaram na ação revolucionária de derrubada violenta do Capitalismo, enquanto o Socialismo passou a ser entendido como um movimento constitucional e mais pacífico de reformas progressivas. Por outro lado, Lenin defendia que o Socialismo era uma fase de transição que conduziria a sociedade capitalista ao Comunismo propriamente dito. Nesse sentido, o Socialismo seria uma primeira fase de domínio das classes trabalhadoras, quando estas tomariam o poder e imporiam a Ditadura do Proletariado, mas onde ainda haveria divisão de classes. O Comunismo, por sua vez, seria a fase posterior, aperfeiçoada, em que as classes sociais deixariam de existir, e com elas, a dominação do homem sobre o homem. Foi esse esquema de Lenin que inspirou praticamente todas as revoluções socialistas do século xx. Por isso falamos de marxismo-leninismo como o conjunto de ideias e práticas da busca pelo Comunismo. O historiador Eric Hobsbawm assinala a importância de Lenin para todo o século xx, considerando-o um homem realista, um articulador e um organizador da ação política revolucionária que serviu de modelo para inúmeros revolucionários subsequentes. Foi ele quem organizou o Partido Bolchevique, fortalecendo-o de tal modo que o tornou a única força capaz de assumir os destinos do Rússia na Revolução de Outubro de 1917.

Precisamos estar atentos para o caráter histórico do Comunismo, pois como ação política revolucionária que buscava superar a sociedade capitalista ele é um fenômeno datado. Originário do século xIx, desdobrou-se nas ondas revolucionárias do século xx e entrou em decadência nas últimas décadas desse mesmo século, o que foi simbolizado pela queda do muro de Berlim e pelo fim do bloco de países socialistas após 1989. Entretanto, o Comunismo como ideal de sociedade possui alguns princípios que já são encontrados na Antiguidade e no Cristianismo primitivo. Por exemplo, Platão, na *República*, previu o fim da propriedade privada como solução para o conflito entre o interesse privado e o Estado. Mas o filósofo grego não defendia o povo, afirmando que as *classes inferiores* deveriam continuar nesse estado, dependentes das classes superiores. No caso do Cristianismo primitivo, os ideais comunistas também podem ser encontrados nas críticas dessa doutrina à riqueza, assim como em sua proposta de uma vida comunitária, de pobreza e caridade e de desapego aos bens terrenos. Também a Idade Moderna construiu utopias com princípios comunistas. Em um momento em que as classes burguesas ascendiam, intelectuais eminentes criavam locais imaginários onde a propriedade privada e o dinheiro seriam abolidos, todos os bens imóveis pertenceriam ao Estado, e os trabalhadores trabalhariam apenas o suficiente para satisfazer as necessidades coletivas. Um dos principais representantes desse pensamento foi Thomas More (1478-1535). A própria Revolução Inglesa do século XVII – que não teve caráter comunista e pode ser definida como uma revolução burguesa – foi palco da radicalização política de grupos reduzidos à miséria, conhecidos como "cavadores", pois muitos eram camponeses expropriados de suas terras. Para esse grupo, os meios de subsistência, especialmente a terra, eram um direito comum, e era preciso abolir a propriedade privada, fonte de todas as injustiças e males. Também a Revolução Francesa, apesar de ser uma revolução da burguesia, teve elementos comunistas.

Ao longo do século XIX, com o avassalador crescimento das relações capitalistas e a degeneração das condições de vida dos trabalhadores industriais, surgiram muitas escolas de pensamento que retomaram os ideais comunistas. Filósofos como Fourier, Robert Owen, Cabet e Saint-Simon, entre outros, formularam propostas para corrigir os males gerados pela Revolução Industrial. Radicais saint-simonistas chegaram a condenar explicitamente a *exploração do homem pelo homem*, algo retomado depois por Karl Marx (1818-1883). Mas foi mesmo a partir de Marx que a relação entre o pensamento teórico comunista e a prática política revolucionária começou. Para Marx, pensamento e ação deveriam se unir para transformar a realidade. O chamado "Socialismo científico" de Marx e Engels suplantou as escolas socialistas anteriores, tachadas de "socialistas utópicas", pois acreditavam na passagem pacífica do Capitalismo ao Comunismo. E a concepção marxista do Comunismo se tornou a concepção teórica adotada pelos movimentos revolucionários do século XX, o que não significa que o pensamento de Marx tenha sido plenamente compreendido e implementado pelos países que adotaram o Socialismo. É preciso lembrar que Marx discutiu a sociedade comunista apenas em termos gerais, não analisando detidamente um modo de produção que não existia de fato, que era apenas um projeto. Apesar disso, ele acreditava que o Comunismo seria o fim lógico da humanidade.

Marx é considerado o pensador que melhor investigou o Capitalismo em sua origem e em seus mecanismos. Vivendo em Londres, terra da Revolução Industrial, o autor encontrou o contexto ideal para entender o Capitalismo em sua forma mais avançada na época: o inglês. Ele aplicou os princípios do materialismo histórico e da dialética à análise de fenômenos históricos concretos, entendendo o Capitalismo como um regime resultante da expropriação de grandes grupos humanos dos meios de produção, o qual colocava em oposição os proprietários desses meios de produção (os burgueses) e os proletários, não proprietários. Para Marx, o próprio avanço do modo de produção capitalista entraria em choque com as relações produtivas, gerando uma nova forma de sociedade, a comunista. Ou seja, o avanço do Capitalismo poria em conflito a classe burguesa e o proletariado, transformando as relações produtivas e criando uma sociedade igualitária com a vitória do proletariado. Essa sociedade comunista teria como características fundamentais a abolição da propriedade privada, da alienação humana, da divisão do trabalho e das classes sociais; o restabelecimento do controle sobre as forças materiais, deixando a produção dos bens a cargo de uma sociedade de produtores associados. Marx defendia que o Comunismo seria implantado primeiro naquelas sociedades em que o Capitalismo teria chegado ao máximo desenvolvimento de suas forças produtivas. E o Comunismo só apareceria quando fossem criadas as condições materiais na ordem capitalista. Nesse sentido, as sociedades não industrializadas não teriam o grau de contradições necessárias a essa revolução.

Com base nessas considerações, podemos nos perguntar se, historicamente, houve sociedades que chegaram realmente a implantar o Comunismo em suas relações sociais. Segundo os marxistas, existiu um Comunismo primitivo na história da humanidade, quando não havia propriedade privada e os bens eram divididos coletivamente. Nesse período, não haveria desigualdade social. Esse estágio, típico de sociedades tribais, teria terminado com o surgimento da propriedade privada e da hierarquização. Porém, para muitos pensadores não marxistas, o Comunismo nunca existiu, pois era um projeto vinculado à sociedade capitalista e, como tal, não pode ser encontrado em outros contextos históricos. E a URSS não seria a primeira nação comunista da história? A maioria dos pensadores considera que a URSS foi uma construção política socialista, e não comunista. Mas para Trotski, contemporâneo e articulador da Revolução de 1917, que fundou o Socialismo soviético, a URSS era apenas uma sociedade intermediária entre o Capitalismo e o Socialismo. Para ele, as forças produtivas existentes na URSS ainda eram insuficientes para dar um caráter socialista à Revolução. Esse argumento estava fundamentado no próprio Marx, para quem o Socialismo não poderia levar um país atrasado como a Rússia à industrialização. Isso deveria ser feito já no Capitalismo, que seria a fase anterior. Para muitos autores, inclusive marxistas, o regime da URSS foi stalinista, pretensamente fundamentado no marxismo-leninismo. Por outro lado, estudos recentes sobre o declínio da URSS definem esse país como protossocialista, ou seja, havia nele um Socialismo embrionário mesclado com elementos capitalistas. Também Angelo Segrillo não pensa a URSS como o modelo do modo de produção comunista. Para ele, seu modelo econômico era híbrido, protossocialista com características fordistas tomadas de empréstimo do Capitalismo. O que isso significa? Que a URSS, desde Stalin, para alcançar e ultrapassar as economias capitalistas desenvolvidas, fez uso da racionalidade produtiva do fordismo, ou seja, da produção rígida com especialização das tarefas, controle de tempo, controle de qualidade separado da produção, ênfase nas grandes quantidades com uma qualidade apenas "suficientemente boa" etc. Muitos marxistas, inclusive Lenin, lutavam pela eclosão de revoluções socialistas em escala global, e durante muito tempo esperaram que nações como a Alemanha viessem em apoio da Rússia. O fato é que o Ocidente não quis o Socialismo, e seus focos de revolução foram malsucedidos. E, para Marx, o Comunismo só teria sucesso em escala global. De todo modo, a URSS foi comunista pelo menos quanto à abolição da propriedade privada. Em meados da década de 1980, suas estatísticas oficiais diziam inexistir a propriedade privada de empresas urbanas e agrícolas, ou mesmo produtores privados independentes. Ou seja, praticamente 100% das empresas e trabalhadores estavam "socializados".

Para muitos críticos, o modelo socialista estatista, burocrático e autoritário deve ser enterrado. Esse era o modelo do "Socialismo realmente existente", expressão que, como notou Hobsbawm, é bastante ambígua, querendo significar, por um lado, que pode haver outros e melhores tipos de Socialismo e, por outro, que esse era o único que realmente funcionava. Mas, historicamente, existiram numerosas tradições socialistas empurradas para longe pela tradição bolchevique, responsável pela implantação do Socialismo soviético, ou Socialismo real, que considerava essas outras interpretações "revisionistas". Entre elas estão Rosa Luxemburg, Kautsky, os austro-marxistas, a Escola de Frankfurt, Antonio Gramsci. Muitos foram os autores julgados "renegados" pelo bolchevismo. Hoje, as organizações de esquerda, após o fracasso da experiência do "Socialismo real", têm a oportunidade de buscar outros caminhos, outras tradições, sem necessariamente jogar fora a herança teórica marxista. Precisamos perceber que o Comunismo, como projeto e utopia, foi apenas esboçado e não chegou nem perto de sua formulação ideal. Para o professor de História que acredita que o trabalho em sala de aula deve estar a serviço da transformação humana, temas como o Comunismo não podem ser esquecidos. É possível trabalhar o Comunismo tanto em sua vertente histórica, como projeto político de crítica ao Capitalismo, quanto em seu sentido mais filosófico, como proposta de busca pela igualdade na humanidade.

VER TAMBÉM

Burguesia; Capitalismo; Dialética; Estado; Ideologia; Iluminismo; Marxismo; Modo de Produção; Revolução.

SUGESTÕES DE LEITURA

BARBOSA, Alexandre de Freitas. *O mundo globalizado*: política, sociedade e economia. 2. ed. São Paulo: Contexto, 2003.

BOBBIO, Norberto; MATTEUCCI, Nicola; PAQUINO, Gianfranco. *Dicionário de política*. Brasília: Editora UnB/Linha Gráfica, 1991.

BOTTOMORE, Tom. (ed.) *Dicionário do pensamento marxista*. Rio de Janeiro: Jorge Zahar, 1988.

COUTINHO, Carlos Nelson. *Democracia e socialismo*: questões de princípio & contexto brasileiro. São Paulo: Cortez, 1992.

FARIA, Ricardo Moura. *As revoluções do século XX*. 2. ed. São Paulo: Contexto, 2002.

_____; Liz, Mônica Miranda. *Da Guerra Fria à nova ordem mundial*. São Paulo: Contexto, 2003.

HOBSBAWM, Eric. *A era dos extremos*: o breve século XX, 1914-1991. São Paulo: Companhia das Letras, 1998.

MARQUES, Adhemar; BERUTTI, Flávio; FARIA, Ricardo. *História contemporânea através de textos*. São Paulo, Contexto, 2000.

_____. *História do tempo presente*. São Paulo: Contexto, 2000.

PINSKY, Jaime; PINSKY, Carla Bassanezi (orgs.). *História da cidadania*. São Paulo: Contexto, 2003.

_____; _____. *Faces do fanatismo*. São Paulo: Contexto, 2004.

SASSON, Donald. *Cem anos de socialismo*: a esquerda europeia ocidental no século XX. São Paulo: Contexto, 2001.

SEGRILLO, Angelo. *O declínio da URSS*: um estudo das causas. Rio de Janeiro: Record, 2000.

COTIDIANO

É comum o cotidiano ser entendido como o *dia a dia*, como algo que envolve monotonia e repetição. Entretanto, cotidiano é mais do que o dia a dia e, além disso, ele pode também ser o lugar da mudança.

Há pouco consenso na definição de cotidiano. Para Certeau, por exemplo, o cotidiano se compõe de numerosas práticas ordinárias e inventivas e não seguem necessariamente padrões impostos por autoridades políticas ou institucionais. Já para Agnes Heller, a vida cotidiana é a vida de todo homem, e todos já nascem inseridos na sua cotidianidade, na qual participam com toda sua personalidade: com todos os sentidos, capacidades intelectuais, habilidades manipulativas, sentimentos, paixões, ideias, ideologias. Heller identifica e delimita as partes que constituiriam a vida cotidiana como a organização do trabalho e da vida privada, os lazeres e o descanso, a atividade social sistematizada, o intercâmbio e a purificação.

Durante o século XIX e as primeiras décadas do XX, os historiadores entenderam como legítimos apenas os estudos de História Política e Econômica. O cotidiano não era então uma preocupação. Mas no decorrer do século XX, as renovações conceituais e metodológicas da História propiciaram abertura para os estudos do cotidiano, que começaram a ganhar espaço com a corrente historiográfica chamada Nova História. Daí em diante, intensificaram-se os estudos de temas como a família, o papel da disciplina, as mulheres e os significados dos gestos cotidianos. Para Maria Izilda Santos de Matos, a historiografia começou, então, a estudar o poder em outros espaços, não apenas nas instituições públicas e no Estado, mas também na esfera do privado e do cotidiano.

Os historiadores começaram também a redefinir os espaços políticos, não mais pensados apenas como "*política institucional*", mas valorizando a esfera do cotidiano como um espaço igualmente politizado. Se antes as preocupações dos historiadores se restringiam ao estudo da macropolítica, as resistências miúdas e quase invisíveis do cotidiano passaram, com a Nova História, a ser objeto legítimo de pesquisa, e muitos personagens antes ocultos – porque não participavam diretamente dos aspectos da vida pública – passaram a ter suas vozes e gestos reconstituídos. Mulheres, prisioneiros, loucos, marginais e muitos outros "esquecidos" podiam enfim ter sua história contada.

Apesar de hoje contarmos no Brasil com excelentes estudos relativos à dimensão da cotidianidade, tais esforços não foram seguidos pelo desenvolvimento de uma reflexão teórica acerca do tema, como afirma Silvia Regina Ferraz Petersen. Para a autora, o termo cotidiano não está sendo definido pelos autores que o empregam. Ocorre que cada autor recorta a realidade social a seu modo, fragmentando o cotidiano para sua investigação particular.

Mas então, de que se compõe o cotidiano? Como separá-lo – se isso é possível ou mesmo desejável – de outras esferas, como a política e a economia? Há alguma organização na vida cotidiana que nos permita criar um método que a compreenda? Para definir cotidiano, temos de pensar essas questões, mas sempre considerando, como Maria Odila Dias, que qualquer método que suponha estabilidade, equilíbrio e funcionalidade no cotidiano talvez seja muito rígido para explicá-lo. Apesar disso, muitos estudiosos se esforçam para entender as "regras" do cotidiano.

Michel de Certeau, por exemplo, pensa o cotidiano como o lugar da invenção. Para ele, as pessoas comuns, em seu anonimato, em sua invisibilidade, possuem imensa criatividade para elaborar práticas cotidianas que as fazem interpretar o mundo a seu modo e forjar microrresistências e microliberdades que se opõem às estruturas de dominação dos poderes e das instituições. Para Certeau, o cotidiano só pode ser pensado como um lugar prenhe de interpretações, de desvios que transformam os sentidos reais em sentidos figurados. Dessa forma, as pessoas comuns podem, no cotidiano, subverter a racionalidade do poder, agindo de forma subreptícia e engenhosa. Se, para muitos estudiosos, o cotidiano é o lugar da opressão e do controle social, em que criaturas submissas se comportam uniformemente a partir de imposições sociais, para Certeau, no entanto, os indivíduos encontram brechas no cotidiano para driblar a opressão com táticas sutis e silenciosas. Para o autor, devemos ver não só opressão e disciplina por todo lado, mas também o cotidiano como o espaço de surpresas interessantes, de resistências miúdas quase imperceptíveis, de antidisciplinas que são formas criativas de sobreviver e de inteligências acionadas nas mais diversas situações.

Já para Agnes Heller, a vida cotidiana está no centro do acontecer histórico, e ela seria a própria substância da história. Até as grandes ações não cotidianas – a proclamação da República brasileira, por exemplo – partiriam da vida cotidiana e a ela retornariam. A façanha histórica, afirma a autora, só pode ser considerada como tal devido a seu posterior efeito na cotidianidade. Podemos notar, assim, que tanto em Heller como em Certeau, apesar das diferenças, o conceito de cotidiano não é entendido isoladamente. Para esses estudiosos, aspectos cotidianos e não cotidianos se interpenetram na realidade social. Se Certeau se preocupa com a relação entre práticas cotidianas ordinárias que ressignificam os valores e as normas de instituições e autoridades, Heller, por sua vez, percebe que em nenhuma esfera da atividade humana se pode separar com rigidez o comportamento cotidiano do não cotidiano. Do mesmo modo, se Certeau identifica o caráter múltiplo e inventivo das práticas cotidianas, Heller afirma que a vida cotidiana é mesmo cheia de alternativas e supõe escolhas feitas muitas vezes de forma improvisada. E enquanto Heller postula a ideia de que há um "pensamento" próprio no cotidiano – nunca atingindo o nível da teoria, mas fundamentado basicamente no pragmatismo –, Certeau, por sua vez, imagina o cotidiano como o lugar de uma cultura peculiar, uma linguagem própria. Por fim, para Agnes Heller, algumas das características básicas da vida cotidiana seriam o pragmatismo, a espontaneidade e a imitação – pois reproduzimos muitos dos atos pelo costume. Já Certeau enfatiza a inventividade, ou seja, a resistência feita no cotidiano, com base em leituras inteligentes da vida e do mundo.

Do exposto até aqui, percebemos que ainda não existe um conceito definitivo de cotidiano. Mas é possível realizarmos algumas distinções entre o cotidiano e outras esferas da vida humana. Nele, práticas de trabalho, lazer, resistência, religiosidade, visões sobre a vida e sobre a morte, modos de morar, falar – só para mencionar alguns dos seus múltiplos aspectos – compõem um quadro rico em que a reflexão do professor/pesquisador pode ser ativada. E embora existam muitas dificuldades, pensar o cotidiano nos níveis Fundamental e Médio pode ser uma forma atraente de fazer os estudantes sentirem uma história mais humana, mais próxima de sua realidade concreta. E, para isso, as estratégias de ensino-aprendizagem são infinitas com a inventividade de cada professor e com a realidade de cada escola. Mas há algumas abordagens da História do Cotidiano que estão ao alcance de quase todos os professores: o trabalho com fontes históricas diversas que retratem o cotidiano de períodos passados, desde textos de cronistas, gravuras e fotografias até registros da cultura material expostos em museus, como móveis, roupas, utensílios domésticos etc. Todavia, não devemos estudar o cotidiano de forma isolada ou enfatizando o lado "pitoresco" do passado. É preciso abordá-lo em sua íntima relação com as questões culturais, sociais, econômicas e políticas de cada época e sociedade.

VER TAMBÉM

Cultura; História; História Oral; Historiografia; Identidade; Imaginário; Memória; Mentalidades; Política; Sociedade.

SUGESTÕES DE LEITURA

CERTEAU, Michel de. *A invenção do cotidiano.* Petrópolis: Vozes, 2002, 2v.

CHALHOUB, Sidney. *Visões da liberdade:* uma história das últimas décadas da escravidão na corte. São Paulo: Companhia das Letras, 1998.

DEL PRIORE, Mary. *Histórias do cotidiano.* São Paulo: Contexto, 2001.

_____. *Mulheres no Brasil colonial.* 2. ed. São Paulo: Contexto, 2003.

DEL PRIORE, Mary (org.). *História das mulheres no Brasil.* 6. ed. São Paulo: Contexto, 2002.

_____. *História das crianças no Brasil.* 4. ed. São Paulo: Contexto, 2004.

DIAS, Maria Odila da Silva. *Quotidiano e poder em São Paulo no século XIX:* Ana Gertrudes de Jesus. São Paulo: Brasiliense, 1984.

HELLER, Agnes. *O cotidiano e a história.* São Paulo: Paz e Terra, 1992.

MACEDO, José Rivair. *A mulher na Idade Média.* 5. ed. São Paulo: Contexto, 2002.

MARQUES, Adhemar; BERUTTI, Flávio; FARIA, Ricardo. Mentalidades e cotidiano. *História moderna através de textos.* 10. ed. São Paulo: Contexto, 2003.

Matos, Maria Izilda Santos de. *Cotidiano e cultura*: história, cidade e trabalho. Bauru: Edusc, 2002.

Mesgravis, Laima; Pinsky, Carla Bassanezi. 2. ed. *O Brasil que os europeus encontraram*. São Paulo: Contexto, 2002.

Mesquita, Zilá; Brandão, Carlos Rodrigues. (orgs.). *Territórios do cotidiano*: uma introdução a novos olhares e experiências. Porto Alegre/Santa Cruz do Sul: Ed. Universidade/UFRGS/UNISC, 1995.

Pinsky, Jaime. *O cotidiano no imaginário medieval*. São Paulo: Contexto, 1992.

_____. *A escravidão no Brasil*. São Paulo: Contexto, 1993.

Pinsky, Jaime (org.). *O ensino de História e a criação do fato*. 11. ed. São Paulo: Contexto, 2004.

CRISTIANISMO

O Cristianismo é uma religião monoteísta que apresenta numerosas ramificações surgidas das diversas misturas culturais realizadas durante seus dois mil anos de história. É além disso uma das maiores religiões do mundo contemporâneo, dominante no Ocidente, influenciando mesmo os mais céticos.

A religião cristã, como movimento cultural, é antes de tudo uma construção histórica, o que significa que ela precisa ser historicizada, sempre entendida a partir do período e da sociedade na qual está inserida. Mas de outro modo, como religião, é também um conjunto de práticas e ritos. É preciso lembrar, porém, que Cristo não elaborou claramente uma doutrina teológica propriamente dita, o que só foi realizado posteriormente pelos primeiros cristãos a organizarem sua Igreja.

O Cristianismo surgiu no Império Romano, com a pregação dos seguidores de Jesus Cristo, profeta martirizado na Jerusalém romana no século I. A palavra *cristão* foi usada pela primeira vez em Antioquia, cidade Síria, que era então um dos mais importantes núcleos urbanos do Império Romano. O termo equivalia a *povo de Cristo*. Por essa mesma época e na mesma cidade, surgiu outra expressão, por muito tempo fortemente vinculada ao *povo de Cristo*: católico. Esse termo foi utilizado pela primeira vez para se referir à "*Igreja como um todo*", opondo-se às diversas posturas divergentes que as comunidades possuíam. A partir desse ponto, *católico* foi progressivamente tornando-se sinônimo de *universal*. Essa definição permitiu à Igreja Católica apresentar-se como detentora do único ponto de vista correto que deveria ser aceito por todas as comunidades cristãs primitivas.

Desde muito cedo, entretanto, grupos divergentes apareceram, contrapondo-se a essa visão de mundo que se considerava universalista. A vasta maioria deles, todavia, foi sufocada pela Igreja, como as chamadas heresias medievais. Outros, ao longo do tempo, conseguiram resistir ao esmagamento, tornando-se igrejas independentes e criando tradições próprias, como é o caso das ramificações protestantes surgidas a partir da Idade Moderna. Nesse sentido, percebemos que não há uma unidade interna ao Cristianismo, chegando mesmo suas diferentes facções a se separarem totalmente, muitas vezes tornando-se rivais.

Mas apesar da fragmentação que o Cristianismo foi sofrendo na história, característica fundamental que a tornou uma das mais importantes religiões do mundo foi sua grande expansão. Primeira religião a cruzar os oceanos e estabelecer-se em todos os continentes: na Idade Média, igrejas cristãs floresciam desde os planaltos áridos da Etiópia até os fiordes gelados da Groelândia; missionários levaram a religião cristã para os pontos mais distantes do continente asiático, desde o Mar Cáspio e a China, até às praias indianas; padres católicos chegaram ao Japão no século XVI e acompanharam as expedições portuguesas e espanholas durante a conquista do *Novo Mundo*; importantes comunidades protestantes fundaram colônias na América do Norte, na África do Sul e na Austrália, definindo a religiosidade que até hoje marca esses países.

Praticamente todas as igrejas cristãs têm um denominador comum e reconhecem Cristo como seu fundador. Além disso, outro ponto de união é a crença monoteísta herdada da tradição judaica, mas que defende a divindade de Jesus Cristo e do Espírito Santo, ou seja, a teoria da Santíssima Trindade. Nessa teoria, o único Deus se revela em três "pessoas" independentes, o Pai, o Filho e o Espírito Santo, que são também consideradas uma unidade, por compartilharem de uma mesma "*substância*". Com algumas exceções, a maior parte das Igrejas cristãs aceita as deliberações dos três primeiros concílios ecumênicos: Niceia, em 325; Constantinopla, em 381; e Calcedônia, em 425. Entre essas deliberações está a crença na identidade da substância, ou seja, no chamado mistério da fé, segundo o qual as três *pessoas* são e não são um único Ser; também está a crença em Maria como paridoura de Deus, visto que seu filho teve duas naturezas, a divina e a humana (excetuando o pecado). Entre as Igrejas que não aceitam tais crenças, estão a Igreja Etíope, as orientais, como a caldaica, e denominações cristãs surgidas no século XIX e chamadas de "*ramos colaterais*" do Cristianismo, como as Testemunhas de Jeová, os Mórmons e a Igreja de Jesus Cristo dos Santos dos Últimos Dias.

O Cristianismo primitivo foi baseado nos ensinamentos de Cristo e na crença em sua morte e ressurreição. Para as primeiras comunidades cristãs e sua doutrina, Deus intervinha diretamente na história humana, a morte de Cristo representava o penhor pela salvação de toda a humanidade e o reino de Deus era instalado naquele momento. Até o momento em que o Apóstolo Paulo expandiu a fé cristã, a partir do século I d.C., para muitos rincões do mundo romano helenizado, o Cristianismo foi considerado apenas um movimento reformista no Judaísmo e bastante próprio de Jerusalém. As primeiras comunidades cristãs eram pequenas e dispersas e se formaram quando os Apóstolos, discípulos do próprio Cristo, ainda viviam em seu meio. Todavia, com a morte de Paulo, a hierarquia da Igreja começou a se enrijecer, o que permitiu a sobrevivência da nova religião. Por volta de 110 d.C., o bispo Inácio estabeleceu os três cargos clássicos da hierarquia eclesiástica: bispos, presbíteros e diáconos, instituindo, assim, a separação entre povo e hierarquia. Se antes predominavam nas comunidades aqueles com mais *carisma*, e a capacidade administrativa era uma qualidade irrelevante, a partir de então apenas os funcionários eclesiásticos podiam dirigir as igrejas, e o povo tornou-se audiência. A eucaristia, por exemplo, não podia mais ser celebrada sem a presença de um bispo.

O Cristianismo passou então a se identificar com a Igreja Católica, que até o cisma da Igreja Ortodoxa foi a única Igreja cristã existente. Seu fortalecimento institucional deu-se exatamente nos séculos de crise do Império Romano, quando as instituições romanas ruíam. A ausência de ordem e poder, assim como os temores advindos da situação de crise em muito contribuíram para a aceitação dos valores cristãos pela maior parte da população do Império. Assim, de religião perseguida, o catolicismo se tornou religião oficial do Estado romano decadente. A Igreja surgiu, assim, com uma face protetora, assumindo as funções das antigas autoridades políticas romanas e, ao mesmo tempo, uma face perseguidora, pois os judeus e os fiéis dos cultos pagãos passaram a ser acossados. Durante a Idade Média, com o incremento do poder institucional da Igreja, o Cristianismo se tornou instituição de caráter supranacional, e o sentimento de pertencer à cristandade, na Europa, deveria ser maior do que o sentimento de pertença a um povo em particular.

Já com o surgimento dos Estados nacionais europeus, na transição da Idade Média para a Idade Moderna, o poder secular e político da Igreja entrou em crise, criticado pelos Estados emergentes. Em alguns casos, esses Estados se associaram à Igreja, passando a ser seu braço secular, como Portugal e Espanha. Em outros, entretanto, iniciaram-se sérias disputas políticas, como na França e nos principados alemães, que culminariam na Reforma Protestante.

Mas um dos primeiro abalos às pretensões católicas de centralização política e religiosa foi o chamado Cisma do Oriente em 1054, quando a exigência feita pela linha romana do catolicismo de ter a primazia sobre toda a Igreja afastou o

Cristianismo ocidental do oriental. Tal processo foi desencadeado porque o patriarca latino sediado em Roma (posteriormente designado de papa), que era apenas um dentre os cinco patriarcas líderes da Igreja, e o único no Ocidente, exigiu para si a supremacia política, entrando em choque com a organização da Igreja Oriental. A Igreja Oriental, que era uma comunhão de Igrejas – originalmente os patriarcados de Antioquia, Alexandria, Constantinopla e Jerusalém –, não aceitou as pretensões centralistas que emanavam de Roma. Essa disputa política serviu como pano de fundo para uma série de pequenas questões teológicas que terminou por separar as duas metades da Igreja. E diferentemente da Reforma Protestante, o Cisma de 1054 não apresentou nenhuma grande questão teológica de relevo, tanto que hoje, revogadas as excomunhões mútuas entre as duas Igrejas, quaisquer dos sacramentos recebidos em uma Igreja são válidos na outra. De qualquer maneira, foram as pequenas diferenças teológicas que serviram de estopim para a separação. A Trindade, aceita por ambos os lados, por exemplo, era vista de maneira diferente: os padres gregos ortodoxos entendiam o Deus único como uma estrela que dá luz a uma segunda e a uma terceira, apresentando o Espírito Santo (a terceira "estrela") como provindo apenas do Deus Pai. A visão latina, por sua vez, a partir de Santo Agostinho, defendia que as três estrelas brilhavam simultaneamente no mesmo nível, assim como o Espírito Santo, fruto do amor entre Deus Pai e Deus Filho, era proveniente de ambos, e não apenas do primeiro – era um Deus que se autodesdobrava.

A partir de seu berço bizantino-mediterrânico, o Cristianismo oriental espalhou-se pela Europa do Leste: o bizantinólogo Charles Diehl, no final do século XIX, falou do papel de "*educador*" exercido por Bizâncio. De fato, os povos ditos *bárbaros* localizados além do Danúbio não foram atingidos pela Igreja Romana, mas pelos padres orientais. O monge oriental Cirilo, por exemplo, antes do século X, serviu junto aos morávios, incutiu-lhes a religião cristã em sua própria língua e criou para eles um alfabeto a partir do grego com sinais apropriados às suas expressões. Esse alfabeto, chamado cirílico, é ainda hoje a escrita de quase todas as línguas eslavas. Além disso, sérvios, búlgaros, russos, ucranianos, todos abraçaram a religião cristã ortodoxa.

No Ocidente, por sua vez, diante da decadência geral em que se encontrava a Igreja ao fim da Idade Média, não foram poucos os que tentaram reformá-la. Alguns agiram a partir de dentro, tentando transformar a estrutura sem abandoná-la de vez, como os franciscanos. Outros, diferentemente, não viam naquele sistema senão corrupção e perversão, e defendiam uma mudança tão profunda na estrutura que, ao fim, a Igreja não seria mais a mesma. Essa linha mais radical deu origem às diversas denominações protestantes.

Diferentemente da Igreja Católica, para quem uma única interpretação é fundamental, para o Cristianismo protestante a livre interpretação sempre foi uma das premissas básicas. Dessa maneira, com as igrejas ou denominações mais tradicionais, outras tantas surgiram com sutis variações teológicas. A partir da vertente Luterana, por exemplo, fortemente ligada ao Estado, surgiram igrejas nacionais como a sueca, a alemã, a norte-americana, entre outras, todas guardando entre si certa independência. Do Calvinismo, a mais relevante igreja a surgir foi a Presbiteriana. A partir da matriz Anglicana, evoluiu o maior número de novas denominações: a Episcopal (surgida após a independência dos Estados Unidos, pois os fiéis recém-independentes não queriam ficar atrelados a uma igreja inglesa), as Pentecostais, a Batista, a Congregacional, entre outras.

Mais ao sul, uma forte e antiga Igreja cristã resistiu: a Igreja Copta, termo que significa *egípcio* em grego, depois abreviado pelos árabes para fazer referência aos cristãos egípcios. Igreja cristã africana, com marcante presença na Etiópia, onde gerou toda uma cultura e um alfabeto próprios, a Igreja Copta se distingue das demais Igrejas cristãs, mesmo as orientais, por ser monofisista. Enquanto todas as Igrejas ocidentais sustentam que Cristo teve, ao mesmo tempo, duas naturezas, uma humana, outra divina, o monofisismo sustenta a existência de apenas uma natureza, a divina. Como o monofisismo foi condenado pela Igreja ocidental ainda unificada com o Oriente em 451, no Concílio de Calcedônia, a Igreja africana se separou do ramo maior do Cristianismo, isolando-se das outras vertentes.

Percebemos, assim, grande diversidade no Cristianismo. Embora durante sua longa história a maior parte de suas Igrejas tivesse se envolvido com questões de Estado, disputas, perseguições e violências de toda natureza, não devemos esquecer que, em seus fundamentos, o Cristianismo é uma doutrina filosófica que prega a não violência, o desapego ao mundo material, a caridade material e espiritual. Os princípios *fundamentais* do Cristianismo não são responsáveis, em si mesmos, por práticas *fundamentalistas*, violentas e intolerantes. Historicamente, todavia, essas práticas existiram.

Sendo a religião dominante no Ocidente, o Cristianismo, em suas muitas variações, termina por ser a religião da maioria dos alunos e dos professores no Brasil. Tal situação torna-se perigosa para o ensino e a conscientização social, dada a tendência a não se historicizar essa fé. No entanto, com dois mil anos de idade, diversas vertentes e uma história de relações com os Estados, o Cristianismo precisa ser estudado do ponto de vista histórico, e não entendido como uma entidade abstrata e atemporal. O pretenso universalismo das Igrejas cristãs e os vínculos estabelecidos com o poder secular permitiram por muito tempo uma série de imposições culturais combinadas com interesses de ordem econômica responsáveis pela destruição física e cultural de diversas populações. A visão crítica, todavia, não precisa obliterar o fato de que há no Cristianismo, como em outras religiões, valores importantes para a vida em sociedade. Além disso, visto que essa religião está presente nos programas do ensino Médio e Fundamental em diferentes momentos, temos de nos defrontar com a necessidade de fazer uma reflexão crítica sobre nosso nível de envolvimento com o tema, repassando essa necessidade para os alunos. O desafio com que professores de História se defrontam ao abordar esse tema é trabalhar com os *alunos mais religiosos* o caráter histórico do Cristianismo, apresentando-lhes o fato de que analisar criticamente o processo histórico que envolve essa religião não significa perder de vista sua fé.

VER TAMBÉM

> *Candomblé*; *Fundamentalismo*; *Helenismo*; *Inquisição*; *Islã*; *Judaísmo*; *Monoteísmo*; *Politeísmo*; *Religião*.

SUGESTÕES DE LEITURA

ANGOLD, Michael. *Bizâncio*: a ponte da Antiguidade para a Idade Média. Rio de Janeiro: Imago, 2002.

DEL PRIORE, Mary (org.). *História das crianças no Brasil*. 4. ed. São Paulo: Contexto, 2004.

FERNANDEZ-ARMESTO, Felipe; WILSON, Derek. *Reforma*: o Cristianismo e o mundo (1500-2000). Rio de Janeiro: Record, 1997.

HOORNAERT, Eduardo. As comunidades cristãs dos primeiros séculos. In: PINSKY, Jaime; PINSKY, Carla Bassanezi (orgs.). *História da cidadania*. São Paulo: Contexto, 2003.

HINNELS, John R. (ed.). *Dicionário das religiões*. São Paulo: Círculo do Livro, 1990.

KÜNG, Hans. *A Igreja católica*. Rio de Janeiro: Objetiva, 2002.

MARQUES, Adhemar; BERUTTI, Flávio; FARIA, Ricardo. *História moderna através de textos*. 10. ed. São Paulo: Contexto, 2003.

PANCERA, Mário. *São Pedro*: a vida, as esperanças, as lutas e as tragédias dos primeiros cristãos. Petrópolis: Vozes, 1993.

SILVA, Eliane Moura da. Estudos de religião para um novo milênio. In: KARNAL, Leandro (org.). *História na sala de aula*: conceitos, práticas e propostas. São Paulo: Contexto, 2003.

TARNAS, Richard. *A epopeia do pensamento ocidental*: para compreender as ideias que moldaram nossa visão de mundo. Rio de Janeiro: Bertrand Brasil, 1999.

Cultura

O conceito de cultura é um dos principais nas ciências humanas, a ponto de a Antropologia se constituir como ciência quase somente em torno desse conceito. Na verdade, os antropólogos, desde o século XIX, procuram definir os limites de sua ciência por meio da definição de cultura. O resultado é que os conceitos de cultura são múltiplos e, às vezes, contraditórios.

O significado mais simples desse termo afirma que cultura abrange todas as realizações materiais e os aspectos espirituais de um povo. Ou seja, em outras palavras, cultura é tudo aquilo produzido pela humanidade, seja no plano concreto ou no plano imaterial, desde artefatos e objetos até ideias e crenças. Cultura é todo complexo de conhecimentos e toda habilidade humana empregada socialmente. Além disso, é também todo comportamento aprendido, de modo independente da questão biológica.

Essa definição foi criada por Edward Tylor no século XIX e, apesar de sua atualidade, gerações e gerações de antropólogos procuraram aprofundá-la para melhor compreender o comportamento social. Entre esses pensadores, um dos mais influentes foi Franz Boas, que no começo do século XX iniciou uma crítica sistemática às teorias até então vigentes que defendiam a existência de uma hierarquia entre culturas. Tais teorias, chamadas evolucionistas pela influência da obra de Charles Darwin, defendiam que todas as culturas passavam pelas mesmas etapas, ou estágios, durante sua existência, evoluindo, progredindo das mais primitivas para as mais avançadas ao longo do tempo, sendo que o estágio mais avançado da humanidade era o atingido pelo Ocidente, visão que dava ao etnocentrismo *status* de ciência.

Boas, por sua vez, foi um dos pioneiros em criticar essa visão, afirmando que toda cultura tem uma história própria, que se desenvolve de forma particular e não pode ser julgada a partir da história de outras culturas. Assim, Boas usou, já no início do século XX, a História para explicar a diversidade cultural, a grande diferença de culturas na humanidade, fazendo pela primeira vez uma aproximação entre História e Antropologia até hoje bastante utilizada, chegando a influenciar obras como *Casa-grande & Senzala*, de Gilberto Freyre, discípulo de Franz Boas.

É exatamente essa diversidade cultural que a Antropologia procura estudar. Qual a natureza do comportamento cultural? Raça e meio ambiente influem nas definições culturais? As culturas evoluem? Essas são algumas das questões que desde o século XIX têm interessado aos antropólogos. Atualmente, na Antropologia não há um consenso sobre o que é cultura, mas existem muitos conceitos diferentes. Apesar disso, há concordância com relação a alguns pontos dessas múltiplas definições. Um desses pontos afirma que diferenças genéticas não determinam comportamentos culturais, ou seja, toda divisão de trabalho com base no sexo ou na raça, por exemplo, é cultural e não predeterminada pela natureza. A mesma premissa serve na afirmação de que o meio geográfico também não determina comportamentos culturais. Assim, quaisquer tipos de discriminações sociais feitas com base em sexo ou raça, como aqueles discursos proferidos em nossa sociedade que afirmam que determinados trabalhos não podem ser feitos por mulheres, ou que algumas atividades consideradas inferiores são exclusivamente "*trabalho de negro*", não possuem base biológica. Mas são discursos criados para justificar a posição dominante de determinados grupos sociais.

Mas nem toda definição de cultura vem da Antropologia. O estudioso brasileiro Alfredo Bosi, por exemplo, em *Dialética da colonização*, define cultura a partir da linguística e da etimologia da palavra: *cultura*, assim como *culto* e *colonização*, viria do verbo latino *colo*, que significa *eu ocupo a terra*. Cultura, dessa forma, seria o futuro de tal verbo, significando *o que se vai trabalhar, o que se quer cultivar*, e não apenas em termos de agricultura, mas também de transmissão de valores e conhecimento para as próximas gerações.

Nesse sentido, Bosi afirma que cultura é o conjunto de práticas, de técnicas, de símbolos e de valores que devem ser transmitidos às novas gerações para garantir a convivência social. Mas para haver cultura é preciso antes que exista também uma consciência coletiva que, a partir da vida cotidiana, elabore os planos para o futuro da comunidade. Tal definição dá à cultura um significado muito próximo do ato de educar. Assim sendo, nessa perspectiva, cultura seria aquilo que um povo ensina aos seus descendentes para garantir sua sobrevivência.

Em todo universo cultural, há regras que possibilitam aos indivíduos viver em sociedade; nessa perspectiva, cultura envolve todo o cotidiano dos indivíduos. Assim, os seres humanos só vivem em sociedade devido à cultura. Além disso, toda sociedade humana possui cultura. A função da cultura, dessa forma, é, entre outras coisas, permitir a adaptação do indivíduo ao meio social e natural em que vive. E é por meio da herança cultural que os indivíduos podem se comunicar uns com os outros, não apenas por meio da linguagem, mas também por formas de comportamento. Isso significa que as pessoas compreendem quais os sentimentos e as intenções das outras porque conhecem as regras culturais de comportamento em sua sociedade. Por exemplo, gestos como rir, xingar, cumprimentar, assim como os modos de vestir ou comer, indicam, para outras pessoas do grupo tanto a posição social de um indivíduo quanto seus sentimentos, mas apenas porque quem interpreta seus gestos e sua fala possui os mesmos códigos culturais. É por isso que, ao depararmos com uma pessoa de cultura diferente, podem acontecer confusões e mal-entendidos, como um cumprimento ser considerado rude ou uma roupa ser considerada imprópria. O desentendimento provém do choque cultural, do contato entre duas culturas distintas. Isso pode acontecer entre indivíduos ou entre sociedades inteiras, nesse caso provocando transformações em ambas as sociedades. É o caso do confronto entre as culturas indígenas e europeias depois da conquista da América, ou entre a cultura islâmica e a ocidental hoje.

Além dessas características, é preciso ressaltar que todas as culturas têm uma estrutura própria, todas mudam, todas são dinâmicas. Assim, não é possível falarmos de povos sem história, porque tal fenômeno significaria a existência de uma cultura que não passasse por transformações ao longo do tempo, algo que hoje tanto a História quanto a Antropologia refutam veementemente. Também a noção de culturas "atrasadas" é obsoleta, pois para considerarmos uma cultura atrasada teríamos de julgá-la segundo o parâmetro de "adiantamento" de outras sociedades, o que não é possível. Outro dado a considerar é que as culturas estão sempre em interação, pois nenhuma cultura é isolada. Há trocas culturais e influências mútuas em todas as sociedades. Nesse sentido, se todas as culturas são dinâmicas e mudam ao longo do tempo, todas as sociedades são também históricas, independentemente de serem tribos, bandos de caçadores-coletores ou grandes Estados.

A definição de cultura como o conjunto de realizações humanas, materiais ou imateriais leva-nos a caracterizá-la como um fundamento básico da História, que por sua vez pode ser definida como o estudo das realizações humanas ao longo do tempo. Tal percepção, no entanto, só se desenvolveu plenamente com a Nova História, na segunda metade do século XX. Seguindo a perspectiva interdisciplinar da Escola de *Annales*, os historiadores da Nova História começaram a fazer conexões entre História e Antropologia e História e Literatura, algo em que o antropólogo brasileiro Gilberto Freyre foi precursor. Os historiadores da Nova História passaram a escolher temas cada vez mais voltados para o cotidiano e as mentalidades, realizando, dessa forma, trabalhos de História Cultural. São exemplos dessas pesquisas os estudos de Georges Duby sobre o amor e o casamento na Idade Média francesa e os de Jacques Le Goff sobre os intelectuais medievais.

Historiadores mais recentes, no fim do século XX, como Robert Darnton, deram continuidade a essa abordagem, mesclando métodos e teorias antropológicas para esmiuçar sociedades, culturas e imaginários passados. O trabalho de Darnton, *O Grande Massacre dos Gatos*, tornou-se um marco no estudo antropológico das formas de pensar em diferentes épocas da história, nesse caso especificamente a sociedade francesa do século XVIII. No Brasil, tal linha fez escola, e a História Cultural é hoje uma das mais produtivas, com pesquisadores como Ronaldo Vainfas, Lilia Moritz Schwarcz e Luiz Mott, que trabalham seja com a História do cotidiano, o imaginário, a micro-história e da História das Mentalidades, todas elas áreas que se desenvolveram com a inserção da cultura como objeto da História.

Outro sentido muito comum atribuído à palavra cultura é aquele que a define como produção artística e intelectual. Assim, podemos falar de cultura erudita, cultura popular, cultural de massa etc., todas expressões que designam conceitos específicos para a produção intelectual de determinados grupos sociais.

Trabalhar com a rica gama de significados do conceito de cultura dá aos educadores uma importante ferramenta contra o preconceito, pois esse é derivado principalmente do etnocentrismo. Uma estratégia possível para as salas de aula é trabalhar com os alunos elementos de culturas diferentes da nossa, como as sociedades africanas ou indígenas, japonesa etc., expondo como cada uma dessas culturas corresponde a respostas a seus próprios problemas e tem significado para os seus membros. Essa estratégia tem outra vantagem, que é a possibilidade de se discutir a diversidade cultural e estimular o respeito à diferença. Assim, vale lembrar que um dos principais objetivos de trabalhar com esse conceito nos níveis Fundamental e Médio é a necessidade de se combater o etnocentrismo.

Ver também

Aculturação; Civilização; Colonização; Etnocentrismo; História; Identidade; Indústria Cultural; Interdisciplinaridade; Mentalidades; Imaginário; Relativismo Cultural; Sociedade; Tradição.

Sugestões de leitura

Bosi, Alfredo. *Dialética da colonização*. São Paulo: Companhia das Letras, 1996.

Collinson, Diané. *50 grandes filósofos*: da Grécia antiga ao século xx. 2. ed. São Paulo: Contexto, 2004.

Darnton, Robert. *O Grande Massacre de Gatos*: e outros episódios de história cultural francesa. Rio de Janeiro: Graal, 1986.

Edgar, Andrew; Sedgwick, Peter. *Teoria cultural de A a Z*: conceitos-chave para entender o mundo contemporâneo. São Paulo: Contexto, 2003.

Hughes-Warrington, Marnie. *50 grandes pensadores da História*. São Paulo: Contexto, 2002.

Laraia, Roque de Barros. *Cultura*: um conceito antropológico. Rio de Janeiro: Jorge Zahar, 2003.

Napolitano, Marcos. *Cultura brasileira*: utopia e massificação. 2. ed. São Paulo: Contexto, 2004.

Pinsky, Jaime. *As primeiras civilizações*. São Paulo: Contexto, 2001.

Santos, José Luiz dos. *O que é cultura*. São Paulo: Brasiliense, 2003.

Schwarcz, Lilia; Gomes, Nilma (orgs.). *Antropologia e história: debate em região de fronteira*. Belo Horizonte: Autêntica, 2000.

DEMOCRACIA

Democracia é uma forma de governo que tem como característica básica a escolha dos governantes pelo povo. A democracia moderna nasceu na Europa do século XVIII, em oposição ao Absolutismo então vigente. Mas não estamos tratando de um conceito estático. Nesse sentido, o Estado Moderno não tem o mesmo projeto democrático da *polis* grega do século V. a.C. Sob certos aspectos, a *polis* era amplamente mais democrática que o Estado Moderno, pela simples razão de que a democracia ateniense era *direta*, ou seja, um corpo de cidadãos reunidos em praça pública decidia diretamente acerca dos assuntos relativos ao Estado. No máximo 20 mil cidadãos, reunidos em Assembleia, constituíam a comunidade política da Atenas de Péricles, e eram eles que, por meio do diálogo e da persuasão, votavam e deliberavam os negócios públicos. Nesse momento, a ideia de *democracia* não era a de "maioria", mesmo porque os cidadãos atenienses eram, de fato, a minoria da população da *polis*. Segundo Denis L. Rosenfield, a democracia grega era sobretudo um *valor* ligado à noção de liberdade política, ao "bem viver", isto é, ao viver de acordo com uma comunidade virtuosa e justa. E nela existia um efetivo interesse e respeito pela *coisa pública*, pela troca de opiniões, pelo debate e pela ação política assentados em valores pertencentes a todos. Lembremos, entretanto, que cidadãos eram apenas os homens gregos e livres, e só eles tinham direito a essa democracia.

O Estado Moderno, por sua vez, não recriou o "espaço público", a *ágora* ateniense onde a democracia ateniense era exercida pelos cidadãos, que participavam igualmente da administração pública. A democracia das sociedades burguesas modernas e contemporâneas, desde seu início, foi apenas formal, um espaço administrativo e burocrático situado *fora do corpo de cidadãos*. Nesse modelo, ainda hoje vigente, a participação de todos os cidadãos foi substituída pela eleição de representantes da maioria, políticos profissionais que tomam decisões sobre a vida de todos os representados. Nesse contexto, o ato de votar termina sendo um mero ritual, um espaço limitado do exercício democrático. Democracia é muito mais do que votar, e esse ato em si não garante para o votante a alcunha de *cidadão*, nem para o Estado a alcunha de *democrático*. Essa é a chamada democracia *representativa*, vigente hoje na maioria das Nações soberanas do mundo.

Para a Sociologia, segundo Boudon e Bourricaud, há dois tipos de democracia moderna: a liberal e a radical. A primeira, cuja referência é o modelo inglês e norte-americano, dá prioridade à liberdade, resguardando os interesses privados da interferência da autoridade pública, e pensa a igualdade apenas como a ausência de privilégios e condição que permite ao indivíduo a independência e a realização pessoal, alcançada ou não conforme o mérito de cada um. Já a democracia radical, atribuída geralmente a Rousseau, prioriza a igualdade e tende a suspeitar da liberdade por sua origem aristocrática. Entende, assim, a fraternidade como sinônimo de civismo. Enquanto a democracia liberal depende do equilíbrio de poderes e propõe o pluricameralismo, a democracia radical tende a concentrar e simplificar o poder, reivindicando a existência de uma Assembleia única, por meio da qual o governo, que seria apenas um comitê executivo, pode ser revogado a qualquer momento. Existem, assim, entre os democratas radicais, aqueles mais favoráveis ao Socialismo e os que veem no Socialismo o "despotismo tutelar" da burocracia.

Apesar das diferenças, essas ideologias democráticas possuem uma tradição em comum: a afirmação individualista e a desconfiança em relação aos governantes. Nessa tradição, só o conjunto dos cidadãos deve julgar o que é bom para a coisa pública, e os governantes deveriam ser tão somente prepostos da coletividade. Essa desconfiança em relação aos governantes, nas atuais sociedades democráticas, aparece sob a forma das eleições, momento em que se elege ou não aqueles que se candidataram a membros do governo.

Todos os regimes contemporâneos, paradoxalmente, qualificam-se sempre como mais ou menos democráticos. Ou seja, eles precisam fazer crer que há uma legitimação coletiva para suas ações, e que, de certo modo, seus anseios representam os anseios da Nação. Assim, mesmo considerando a democracia um regime corrompido e negando ser democrata, Hitler afirmava que o nazismo era o autêntico representante da "vontade profunda" do povo alemão; Franco, por sua vez, definia seu regime como "democracia orgânica"; e o Partido Comunista soviético se considerava a "vanguarda do proletariado". Em outros termos, as sociedades contemporâneas, mesmo aquelas cujos regimes adotaram caminhos diferentes da democracia, possuem em geral uma "sensibilidade democrática".

Hoje a democracia se apresenta como a legitimação dos Estados e seus regimes de governo. E apesar de, na maioria das vezes, esses regimes democráticos não representarem a vontade da maioria da população, o ideal da democracia ultrapassou as fronteiras do Ocidente e é buscado por grandes parcelas da população mundial. Esse projeto democrático ideal seria o regime em que a sociedade civil organizada fizesse ouvir seus múltiplos discursos (liberdade de expressão); em que os indivíduos não confundissem a *coisa pública* com a *coisa privada*; em que os valores morais e políticos não estivessem voltados para a satisfação das necessidades puramente materiais, mas que se preocupassem com a melhor forma de governo; em que a administração do que é público não estivesse nas mãos de "cientistas" e "técnicos", controlando de fora o que diz respeito aos cidadãos; em que o exercício da palavra e o exercício da ação não se contradissessem; em que as leis pudessem coincidir com os anseios dos destinatários; uma sociedade, enfim, em que as pessoas tivessem o sentido de comunidade a inspirar suas ações.

Assim, tomando a democracia como se apresenta hoje e o projeto ideal que ela inspira, vemos que é sobretudo um regime aberto, incompleto e imperfeito, mas que sobre ele é possível construir novas formas de sociabilidade mais efetivamente democráticas. Por outro lado, não podemos esquecer que o Estado democrático é criticado por ser o promotor da exclusão social e um mecanismo a serviço dos poderosos. Isso porque, desde que o Estado Moderno fez reaparecer a democracia como projeto, exacerbou-se o individualismo e a busca extremada das satisfações materiais. Raros foram os momentos em que ações autenticamente democráticas se deram. Lembremos a comuna, os sovietes e os conselhos operários húngaros, que foram diferentes tentativas de estabelecer formas autônomas e diretas de produção das leis. Todavia, tais tentativas foram, no mais das vezes, sufocadas pelo próprio processo revolucionário que as engendrou, como o caso dos sovietes, anulados pela estrutura rigidamente partidária e estatal que a Revolução Russa construiu.

Os projetos contemporâneos de democracia sofreram grande influência do pensamento iluminista do século XVIII, principalmente de pensadores como Rousseau. Para ele, a democracia era uma forma de governo perfeita demais para os homens, e chegou mesmo a dizer que se houvesse um povo de deuses, ele seria governado democraticamente. Em outros termos, a democracia demandaria um corpo de virtudes que os homens não possuem, e por isso Rousseau concluiu que nunca houve nem jamais existirá uma verdadeira democracia. Precisamos ressaltar, no entanto, que Rousseau se referia à democracia direta, pois a democracia indireta, que ele já criticava, ainda estava emergindo em seu tempo. Apesar de apontar as dificuldades inerentes à democracia direta, ele exaltava a necessidade de algo que está longe de existir em nosso tempo: a participação dos cidadãos no serviço público. Nada mais atual: ele lamentava que os cidadãos preferissem pagar tropas para irem à guerra e nomear deputados para irem aos conselhos unicamente para ficarem em casa. Discordava, assim, que os cidadãos escolhessem a vida privada em detrimento de seus deveres públicos, relegando-os a representantes que lhes impunham leis. Em uma frase emblemática e ainda muito atual, afirmou que, quando um cidadão se refere aos negócios do Estado dizendo "Que me importa?", pode-se ter certeza de que o Estado está perdido.

Do que foi dito, vemos que a democracia implica numerosas dificuldades. Além da força muitas vezes sufocante do Estado, a apatia política reinante nas sociedades contemporâneas também a põe em risco. As instituições democráticas são frágeis e carecem de cidadãos vigilantes para que elas possam se aprimorar, evitando assim os riscos de aventuras autoritárias. Para que o Estado não se apodere da nossa autonomia, precisamos criar instâncias que configurem espaços políticos públicos: escolas, comunidades rurais, bairros etc. Do contrário, vamos continuar isolados, atomizados sob a força de um Estado que é democrático apenas na forma. Devemos evitar a conduta pretensamente neutra do educador, pois essa não se coaduna com o aperfeiçoamento das formas sociais e políticas, nem com a formação de cidadãos, uma função a qual o educador não deve se furtar.

A maioria dos professores de História considera difícil trabalhar com o conceito de democracia em sala de aula, devido à sua complexidade. Mas, na verdade, a própria escola possibilita espaços mais ou menos democráticos em que os temas os mais diversos devem ser tratados pelos membros da comunidade escolar: são os grêmios estudantis, as associações de pais e mestres etc. Tendo esses e outros canais de participação política como ponto de partida para a reflexão sobre o processo democrático, o educador pode discutir com os estudantes e pais a importância desses canais e o papel que eles exercem ou deveriam exercer na construção da instituição escolar. Só eleger grupos restrito de pais ou de estudantes, por exemplo, como forma de se isentar de responsabilidades, seria a melhor opção? Se no nível de um estabelecimento de ensino não se consegue uma efetiva participação da maioria, então fica difícil falar de democracia em termos de Nação.

Ver também

Cidadania; Comunismo; Ditadura; Estado; Ética; Fascismo; Liberalismo; Política.

Sugestões de leitura

Boudon, Raymond; Bourricaud, François. *Dicionário crítico de sociologia.* São Paulo: Ática, 1993.

Funari, Pedro Paulo. *Grécia e Roma.* São Paulo: Contexto, 2001.

Grespan, Jorge. *Revolução Francesa e Iluminismo.* São Paulo: Contexto, 2003.

Junqueira, Mary A. *Estados Unidos*: a consolidação da nação. São Paulo: Contexto, 2001.

Karnal, Leandro. *Estados Unidos*: a formação da nação. 2. ed. São Paulo: Contexto, 2003.

Kucinsky, Bernardo. *O fim da ditadura militar.* São Paulo: Contexto, 2001.

Martins, Ana Luiza. *O despertar da República.* São Paulo: Contexto, 2001.

Pinsky, Jaime (org.). *100 textos de história antiga.* São Paulo: Contexto, 2003.

_____. *Práticas de cidadania.* São Paulo: Contexto, 2004.

Pinsky, Jaime; Pinsky, Carla Bassanezi (orgs.). *História da cidadania.* São Paulo: Contexto, 2003.

Rosenfield, Denis L. *O que é democracia.* São Paulo: Brasiliense, 1994.

Rousseau, Jean-Jacques. *O contrato social.* São Paulo: Martins Fontes, 1996.

Descobrimentos

Com o surgimento da Análise do Discurso e da Linguística na pesquisa histórica, cada vez mais os historiadores têm se preocupado com as palavras que usam, com o correto emprego dos conceitos, com os significados dos termos comuns em História. No caso do estudo da colonização da América, isso é bastante visível com relação à utilização da palavra *descobrimento*.

Descobrimento é um termo tradicionalmente empregado pela historiografia latino-americana e ibérica, desde o século XIX, para se referir à chegada dos primeiros europeus à América e ao início da colonização desde continente. Designa, principalmente, as jornadas de Cristóvão Colombo, de Pedro Alvarez Cabral e dos muitos conquistadores espanhóis, como Balboa e Cabeza de Vaca, que devassaram o continente, da Flórida à Patagônia. Podemos observar o sentido clássico de "descobrimento", por exemplo, na obra de Capistrano de Abreu, historiador do final do século XIX e um dos grandes inovadores da historiografia brasileira. Em seu livro *Capítulos de História Colonial,* ele faz as primeiras críticas ao movimento predatório das bandeiras contra os índios e inaugura a historiografia dos sertões brasileiros. Capistrano utiliza, de acordo com o uso então comum, a expressão "*descobrimento do Brasil*" para falar das primeiras expedições ao que viria a ser o território brasileiro. Mas o termo parece ter caído em desuso no fim do século XX. A crítica ao processo predatório de colonização rendeu frutos e atualmente a maioria dos historiadores latino-americanos prefere nem mesmo falar de descobrimento, mas de conquista e de colonização. A razão para isso está no seu forte cunho ideológico.

Tal termo foi primeiro empregado para encobrir uma situação histórica. Durante o século XVI, a Coroa espanhola pregava que a conquista da América era um projeto cristão de conversão dos gentios – os índios – à "verdadeira fé", entendida como o Catolicismo. Mas em 1552, Frei Bartolomeu de Las Casas publicou a *Brevíssima relação da destruição da Índia,* descrevendo as atrocidades cometidas pelos espanhóis contra os povos americanos. Sua obra teve tal impacto na Espanha que colonizadores e escritores de História deixaram de utilizar a palavra *conquista* para se referir à colonização da América, e passaram a empregar *descobrimento*, palavra que, esperavam, não fosse tão carregada com os significados de destruição e genocídio que Las Casas impôs ao vocábulo *conquista*. Desde então, *descobrimento* se tornou o termo clássico para designar o "achamento" da América.

Mas o século xx viu uma crítica cada vez mais crescente a esse termo. A organização dos movimentos políticos indígenas, dos movimentos pela terra e movimentos negros por toda a América Latina, além da própria crítica ao imperialismo contemporâneo, incentivou cada vez mais os historiadores sociais a evitarem o termo. Por outro lado, o desenvolvimento cada vez maior da importância da Semiótica e da Linguística na História, com a emergência da Análise do Discurso, trouxe para a historiografia instrumentos de análise detalhada dos textos e da produção dos documentos, além de seu conteúdo. Tudo isso contribuindo para que o termo *descobrimento* fosse compreendido como uma construção política e evitado por muitos.

Mas o conceito não sumiu. Alguns historiadores continuam a utilizá-lo, embora não no sentido tradicionalmente empregado. Janice Theodoro, por exemplo, em sua obra *América barroca*, ao analisar a fundação da América por uma perspectiva culturalista, emprega o conceito como referência às narrativas coloniais sobre a fundação da América, narrativas essas que são os objetos principais de sua obra. Outro importante autor que utiliza a expressão *descoberta da América* é Tzvetan Todorov. Mas ele a emprega em um sentido inovador: o da descoberta do Outro, do choque que é entrar em contato com uma cultura totalmente diferente. Para Todorov, a descoberta e a conquista da América representaram a descoberta dos americanos pelos europeus e vice-versa. E nesse contexto, o mais importante para o estudioso é observar as reações em face da descoberta de culturas diferentes. Para ele, somos todos descendentes de Colombo, ou seja, nossa identidade atual se formou a partir da descoberta da América, quando o mundo se "globalizou" pela primeira vez.

Apesar desses casos, a maioria dos historiadores hoje prefere usar a palavra conquista. *Descoberta* e *descobrimento*, para autores como Vicente Romano, têm cunho eurocêntrico muito forte. Isso porque o sentido etimológico da palavra *descobrimento* refere-se àquilo que está sendo encontrado pela primeira vez, que ninguém nunca encontrou antes. O que, ao ser empregado com relação às conquistas territoriais empreendidas pelos europeus, dá a entender que esses tinham direito de estar nesses lugares – a América, a Oceania, a África, a Ásia –, já que teriam sido os primeiros a chegar. Dessa forma, o conceito de *descobrimento*, tal como empregado tradicionalmente, desconsidera por completo a existência de povos nativos nesses territórios.

A partir de 1992, com a comemoração do v Centenário do Descobrimento da América, principalmente na Espanha, a discussão em torno da utilização das palavras *descobrimento* e *conquista* aumentou. Muitos prefeririam mesmo falar de *encontro de culturas*, procurando, assim, afastar qualquer ideia de superioridade expressa pelos outros termos. No entanto, visto a patente desigualdade gerada por esse "*encontro*", diversos são os historiadores que optam por um termo que traduz a violência dos primeiros contatos. A palavra *conquista*, assim, vem ganhado espaço, principalmente na obra daqueles que trabalham a partir da perspectiva indígena, como o mexicano Miguel Léon-Portilla. A própria comemoração dos quinhentos anos de descobrimento/conquista gerou muita discussão entre os especialistas e na mídia. Enquanto a Espanha realizou um evento de porte internacional, comemorando os descobrimentos com a Exposição Universal de Sevilha, na América Latina a maioria dos países preferiu não se manifestar, tendo em vista a hostilidade popular com relação às comemorações espanholas. Por outro lado, a própria controvérsia em torno das comemorações na América Latina fez que movimentos políticos que contestavam a comemoração, sobretudo os movimentos indígenas, tivessem visibilidade nunca vista. A polêmica, assim, ajudou a própria contestação dos "descobrimentos".

No Brasil, o emprego da palavra *descobrimento* pelo grande público ainda é frequente, apesar de bastante contestado pelos especialistas. E mesmo na acepção mais amena do termo, usada pelos historiadores que defendem que o *descobrimento* da América significa um encontro de civilizações, ainda se emprega largamente os símbolos do conquistador. Por outro lado, o uso de expressões como *contato de cultura* ou *encontro de culturas* continua a favorecer uma visão idílica da conquista, visão que defende que as diferentes culturas envolvidas contribuíram harmonicamente para a formação da sociedade colonial, esquecendo que muitas dessas contribuições foram feitas à força. Essa visão dos descobrimentos como encontro se beneficia muito do trabalho de Todorov, que via a colonização da América como um momento único na história da humanidade, momento em que se teria dado início a um processo mundial de integração entre as culturas. No entanto, Todorov não omite a violência desse encontro. Pelo contrário, para ele, essa violência terminou sendo um elemento fundador da História Contemporânea. Também Eni Orlandi, seguindo Todorov, afirma que o discurso do descobrimento do Brasil é um elemento fundamental na construção de nossa atual identidade como brasileiros.

Assim, se hoje a maioria dos historiadores já aceita a existência dessas implicações e evita utilizar a palavra descobrimento, isso não acontece com o termo *ocupação*. Essa palavra, e seu sinônimo *povoamento*, carrega um peso ideológico equivalente ao de *descobrimento*. Também significa o estabelecimento em uma terra até então desabitada. Mas se o conceito de descobrimento está sendo contestado, ainda há todo um setor da historiografia (muito reproduzido em vários livros didáticos) que, ao tratar da conquista dos sertões brasileiros no período colonial, emprega quase sempre a expressão *ocupação do sertão* ou *povoamento do sertão*. O resultado disso é a construção do mito de que os sertões brasileiros foram ocupados pela primeira vez somente com o estabelecimento dos colonos e da pecuária, no século XVII, escamoteando assim o grande contingente populacional indígena que habitava a região e estava sendo deslocado para a formação de latifúndios e currais.

Assim, o discurso da *descoberta das Américas* é ele próprio um mito fundador das identidades latino-americanas, mito muito forte no Brasil. A tendência atual da historiografia é observar o processo de construção da América a partir de um enfoque que ressalta o sentido de conquista e de violência impregnados na colonização ou de um enfoque que privilegie a noção de *encontro de culturas*. Nesse último caso, o encontro pode ser visto a partir da violência da dominação ou de uma forma mais amena. E é essa perspectiva mais amena que acredita em um descobrimento e uma colonização baseados na cordialidade e na sensualidade, que fundamenta a visão do grande público brasileiro, por quem conquista e colonização são entendidos como acontecimentos amenos. Tal visão é incentivada pela mídia e baseada na popularidade da tese da democracia racial e da miscigenação, ainda forte em nosso imaginário.

Nesse contexto, a partir dessas polêmicas, e considerando que os significados das palavras são construções políticas, acreditamos que os termos *conquista* e *colonização* são mais precisos para explicar a complexa realidade histórica a que se destinam. Além disso, a crítica à palavra *descobrimento* deve ser levada para a sala de aula, no sentido de desconstruir mitos e construir uma leitura mais complexa de Brasil. E analisar a origem do termo e seus significados ao longo da história é um excelente exercício, além de ajudar a desconstruí-lo. O mesmo pode ser feito para os termos *povoamento* e *ocupação*, ainda largamente empregados nos livros didáticos. Descobrir os significados dessas palavras e compará-las aos fatos históricos aos quais se remetem é um bom treinamento para a construção da capacidade dos alunos de criticarem os discursos e os mitos que nos são transmitidos.

VER TAMBÉM

Aculturação; Colonização; Discurso; Globalização; Identidade; Ideologia; Índio; Memória; Miscigenação; Mito; Negro.

SUGESTÕES DE LEITURA

AZEVEDO, Francisca Nogueira; MONTEIRO, Jonh Manuel (orgs.). *Confronto de culturas*: conquista, resistência, transformação – América 500 anos. Rio de Janeiro/São Paulo: Expressão e Cultura/Edusp, 1997.

LEÓN-PORTILLA, Miguel. *A conquista da América vista pelos índios*: relatos astecas, maias e incas. Petrópolis: Vozes, 1991.

MAESTRI, Mário. *Uma história do Brasil colônia*. 3. ed. São Paulo: Contexto, 2002.

MARQUES, Adhemar; BERUTTI, Flávio; FARIA, Ricardo. *História moderna através de textos*. 10. ed. São Paulo: Contexto, 2003.

MESGRAVIS, Laima; PINSKY, Carla Bassanezi. 2. ed. *O Brasil que os europeus encontraram*. São Paulo: Contexto, 2002.

ORLANDI, Eni Pulcinelli. *Terra à vista*: discurso do confronto – Velho e Novo Mundo. São Paulo/Campinas: Cortez/Ed. Unicamp, 1990.

PESTANA, Fábio. *No tempo das especiarias*. 2. ed. São Paulo: Contexto, 2004.

PINSKY, Jaime (org.). *História da América através de textos*. São Paulo: Contexto, 1994.

THEODORO, Janice. *América barroca*: tema e variações. Rio de Janeiro/São Paulo: Nova Fronteira/Edusp, 1992.

TODOROV, Tzvetan. *A conquista da América*: a questão do outro. São Paulo: Martins Fontes, 1999.

DIALÉTICA

A dialética é um método de análise, fundamentado na contradição, que organiza o raciocínio para a busca da *verdade*, analisando uma situação contraditória de dada realidade: para comprovar uma *tese*, o investigador usa uma *antítese*, ou seja, a negação da própria tese original. Mas a negação não é suficiente para a compreensão do fenômeno investigado, pois toda negação, em si mesma, contém alguma *positividade* (não se pode negar sem afirmar alguma coisa). É preciso então aproveitar as contribuições *positivas* que existem na tese e na antítese para se chegar a uma *síntese* dos dados conseguidos. De forma simples, a síntese seria o conjunto de conclusões às quais o investigador chega por meio da análise dialética, mas que não se apresenta como definitivo, visto que toda realidade está sujeita ao princípio da contradição, e começa-se então uma nova situação em que o movimento tese–antítese–síntese ressurge, dando possibilidade a outra situação, que pode ser observada pelo movimento tese/antítese/síntese.

A origem do pensamento dialético está entre os gregos. Os *Diálogos* de Platão já continham a forma argumentativa da dialética. A própria definição grega do termo *dialektike* (*tekhne*) é discussão, arte de argumentar e discutir. Nos *Diálogos* platônicos, dois debatedores estabeleciam um raciocínio acerca de determinado tema, e cada um argumentava de modo a sair da mera opinião (*imaginação* e *crença*) para ascender ao verdadeiro conhecimento (*episteme*) da realidade. Esse conceito platônico de dialética, que quase se confunde com discussão, é um método, um caminho para se chegar às Ideias ou Formas perfeitas, a verdadeira realidade para Platão. Aristóteles também conhecia todos os artifícios do debate dialético. Entretanto, ele substituiu a dialética pela lógica formal, que acreditava ser um instrumento mais eficaz para se chegar ao conhecimento universal.

Mas o sentido do termo dialética mudou com o passar do tempo. O pensamento dialético, depois de séculos de desuso, foi recuperado pela filosofia alemã do final do século XVIII e começo do século XIX. Pensadores como Kant, Fichte e Hegel deram ao termo novo significado. Fichte foi quem primeiro caracterizou a estrutura da argumentação dialética como *tese, antítese* e *síntese*. Hegel, por sua vez, aprofundou o método. Filósofo do idealismo, Hegel acreditava que o pensamento fundamentado nos princípios da *tese, antítese* e *síntese* era a forma máxima de se chegar ao *Absoluto*. Para ele, toda a estrutura cósmica era dialética, ou seja, envolvia o princípio da contradição. Embora acreditasse que a realidade era racional, essa racionalidade não era estática, e sim dinâmica. Portanto, a visão hegeliana é a de que o método dialético é o único capaz de favorecer a compreensão de uma realidade em constante mudança. Daí a preferência hegeliana pela dialética diante da lógica formal de origem aristotélica.

Entre os numerosos pensadores que se opuseram ao idealismo hegeliano, estão Marx e Engels. Marx, particularmente, é um discípulo de Hegel, de quem recebeu conceitos fundamentais, entre os quais o de dialética. Todavia, Marx propôs uma nova forma de pensar o destino humano, não se limitando apenas a parafrasear seu mestre. Enquanto para Hegel, a mente era o que determinava o desdobramento da liberdade das pessoas, para Marx o determinante era a vida material. Marx construiu, desse modo, uma dialética em torno da matéria, formulando o *materialismo dialético* em oposição à dialética dos idealistas Hegel e Fichte. Para o materialismo dialético, sendo as condições materiais de existência (a economia) o verdadeiro móvel das ações humanas, a dialética seria o método para se perceber e superar as contradições sociais e históricas frequentes nas diversas sociedades humanas ao longo da história. O pensamento de Marx consiste em partir do real (*dos homens reais* e de suas contradições), e não das ideias ou da *mente*, como Hegel. De acordo com o materialismo dialético, o desenvolvimento histórico da humanidade não se dá pela sucessão de fatos isolados, mas por um processo que envolve movimento e mudança (movimento e mudança que, por sua vez, implicam contradições).

Se Hegel construiu uma história do pensamento, Marx, ao usar o modelo hegeliano para explicar o desenvolvimento da história humana, construiu uma explicação histórica das mudanças ocorridas na vida concreta dos indivíduos. Foi então que ele propôs uma sequência de épocas ou de *modos de produção* que se sucediam conforme as contradições inerentes a cada um deles. Do mesmo modo que, para Hegel, a cada síntese, o conhecimento humano avançava rumo ao Absoluto, Marx entrevia sempre uma forma de produção da vida material mais avançada do que a primeira, até se chegar ao Comunismo, quando o indivíduo se encontraria consigo mesmo (ou seja, não seria mais alienado) e teria a autoconsciência de ser um ser social, que faz a história e a sociedade a partir de escolhas conscientes. Ressalte-se que Hegel concebe a alienação apenas no plano metafísico ou filosófico, enquanto Marx via a alienação na própria sociedade produzida pelos homens, particularmente na de tipo capitalista.

Mas antes de Marx, Engels definiu e classificou as três leis do materialismo dialético: lei de unidade e luta dos contrários; lei de conversão da quantidade em qualidade e vice-versa; e lei de negação da negação. A primeira considera que tudo, na natureza, está composto por pares de opostos em contínua luta, o que ocasiona os movimentos e as mudanças; a segunda postula que o aumento ou a diminuição da quantidade de matéria transforma e muda a qualidade das coisas (e vice-versa); a última afirma que todas as mudanças implicam a negação, ou seja, nega-se em primeiro lugar a tese a partir da antítese, e depois se nega a própria negação para o estabelecimento da síntese.

Ao longo do século xx, interpretações de Hegel assinalaram sua presunção em conhecer a "verdade absoluta". Pensadores como Theodor Adorno e Jacques Lacan rejeitaram o autoritarismo do sistema hegeliano. Para Adorno, não era possível compreender o terceiro estágio da dialética (a *síntese*). Assim, ele propôs uma "dialética negativa", ou seja, uma dialética que terminava no segundo estágio (a antítese) e nas contradições aí percebidas. Para ele, não seria possível escapar dessas contradições.

A dialética (particularmente na forma materialista), ao enfatizar as contradições e as mudanças, constitui uma interpretação da realidade que serve mais para se visualizar os conflitos e as relações antagônicas existentes na história (senhores *versus* escravos, capitalistas *versus* proletários, por exemplo) do que os momentos de permanências e de solidariedades. Entretanto, na realidade histórica não há só conflito o tempo inteiro, não há só antagonismos. Ao se analisar uma dada revolução (a Francesa, por exemplo), o pensamento dialético procura identificar quais os elementos que, no modo de produção anterior, estavam em contradição, em conflito, e como essas contradições foram superadas pelo confronto entre os grupos envolvidos. Por essa análise um tanto determinista, haveria contradições inevitáveis no modo de produção anterior, que *necessariamente* descambariam em um processo revolucionário. Critica-se, assim, o método do materialismo dialético exatamente nesse ponto: de antemão, antes da investigação da realidade social, ele acredita que há um determinismo histórico que impele os agentes de agirem de formas específicas e necessárias. Desse modo, a sociedade capitalista, em uma dada interpretação do materialismo dialético, estaria fadada a gerar contradições insolúveis que terminariam por impor a destruição necessária dessa sociedade e a instituição de uma nova solução, uma nova e definitiva síntese, o Comunismo. Todavia, nem toda interpretação do materialismo dialético apresenta esse determinismo. Jean-Paul Sartre e Merleau-Ponty, apesar de concordarem com as noções de *alienação* e de *ação predominante das forças produtivas* e das *relações de produção*, discordavam da formulação de leis históricas pelo materialismo dialético. Para eles, esses conceitos são instrumentos necessários à análise da situação dos homens no regime capitalista, mas não são leis deterministas dos destinos da humanidade. Nesse ponto, as divergências de interpretação são numerosas.

Tanto o sistema metafísico de Hegel quanto o sistema materialista proposto pelo marxismo foram bastante criticados, já no século XIX, e sobretudo no século XX. Mas não se pode negar o mérito desses pensadores que se esforçaram para compreender a realidade e acreditaram que se podia alcançar o conhecimento da realidade, otimismo que hoje está cada vez mais raro, com o ceticismo e o excesso de relativismo predominantes. Hoje vivemos a crise dessas grandes linhas interpretativas, que incluem o materialismo dialético. Mas algumas de suas formulações ainda estão presentes na elaboração de muitos livros didáticos. E o professor, sem cair nas armadilhas de uma interpretação meramente determinista da História, deve se aproximar desses conceitos. De todo modo, o debate em sala de aula sobre temas controversos pode ser mais bem fundamentado sob a forma de uma argumentação dialética. Assim, o professor pode apresentar temas polêmicos ao grupo-classe (aborto, propriedade privada, legalização das drogas, armamentismo, a Questão Palestina, a desigualdade social etc.), iniciando um debate a partir da defesa e da negação, deixando em aberto a possibilidade de se chegar ou não à síntese. Todavia, sem uma pesquisa prévia orientada pelo professor, essa discussão não vai muito longe. Situações didáticas dessa natureza podem ser bastante enriquecidas com um trabalho interdisciplinar entre História, Filosofia e Sociologia.

Discutir, *afirmar, negar, negar a própria negação* é, no mínimo, valorizar o pensamento, algo que professores e alunos não podem dispensar sob o risco da repetição de fórmulas prontas e da ausência de interpretação da realidade.

VER TAMBÉM

Capitalismo; Comunismo; Ideologia; Marxismo; Modo de Produção; Teoria.

SUGESTÕES DE LEITURA

ANDREW, Edgar; SEDGWICK, Peter. *Teoria cultural de A a Z*: conceitos-chave para entender o mundo contemporâneo. São Paulo: Contexto, 2003.

ARON, Raymond. *As etapas do pensamento sociológico*. São Paulo: Martins Fontes, 1999.

CHARAUDEAU, Patrick; MAINGUENEAU, Dominique. *Dicionário de análise do discurso.* São Paulo: Contexto, 2004.

COLLINSON, Diané. *50 grandes filósofos:* da Grécia antiga ao século XX. 2. ed. São Paulo: Contexto, 2004.

HUGHES-WARRINGTON, Marnie. *50 grandes pensadores da História.* São Paulo: Contexto, 2002.

MALAGODI, Edgard. *O que é materialismo dialético.* São Paulo: Brasiliense, 1988.

MONDIN, Battista. *Curso de filosofia:* os filósofos do Ocidente. São Paulo: Paulinas, 1987.

DISCURSO

Com a pós-modernidade e o crescimento da interdisciplinaridade na História, a Análise do Discurso se tornou um método de pesquisa dos mais difundidos no Brasil do início do século XXI. Tal análise é uma metodologia derivada de disciplinas como a Semiótica e a Linguística que tem como objetivo interpretar o discurso, este definido como a forma por meio da qual os indivíduos proferem e apreendem a linguagem como uma atividade produzida historicamente determinada. Segundo Eni Orlandi, uma das principais estudiosas da Análise do Discurso no Brasil, o discurso é a prática da linguagem, isto é, uma narrativa construída a partir de condições históricas e sociais específicas. Para ela, todo discurso materializa determinada ideologia na fala a partir de um idioma específico. Desse modo, todo discurso possui uma ideologia, e é a língua que permite aos indivíduos compreenderem e assimilarem tal ideologia.

Um dos principais componentes do discurso como fala ou narrativa são os significados históricos presentes no imaginário de quem o elabora. Cada discurso é, assim, uma representação do imaginário no qual seu autor está inserido. Mas, embora todo discurso seja proferido por alguém – um indivíduo (ou vários) –, esse sujeito (que pode ser o autor de um texto, por exemplo) não é responsável pelos significados que existem em seu discurso, uma vez que nenhum discurso é de autoria exclusiva de seu autor, já que todos os indivíduos fazem parte da mesma memória coletiva. Ou seja, um discurso não é fruto de opiniões e visões particulares, mas uma partícula do imaginário dominante que abarca cada indivíduo e, segundo Orlandi, pode ser usado para reformular as relações sociais.

Esses elementos básicos do discurso tornam-no onipresente no cotidiano, pois viver em sociedade exige a produção de muitos discursos. Assim, a Análise do

Discurso constitui uma metodologia que tem como objetivo explicar como o discurso funciona historicamente e como transmite uma ideologia. Nessa disciplina, a ideologia é definida como o direcionamento político dado aos sentidos do discurso. Ou seja, ideologia é a tendência que temos de atribuir uma única interpretação aos diversos significados de um discurso. Para entender melhor como a ideologia funciona nos discursos, alguns analistas elaboraram o conceito de formação discursiva, que designa um conjunto de discursos pertencentes a determinado contexto histórico e determinada ideologia: o discurso comunista, por exemplo, o discurso dos ruralistas no Brasil etc.

Os analistas do discurso buscam ainda entender como os símbolos e a língua produzem os significados. Em outros termos, analisar um discurso não é ler um texto buscando as informações trazidas por ele. Esse é o método da *análise de conteúdo*, amplamente empregado em História e nas ciências humanas em geral. Para a Análise do Discurso, o importante não é saber *o que* um texto quer dizer, mas *como* ele diz o que diz, ou seja, como os elementos linguísticos, históricos e sociais que o compõem fazem sentido juntos. Esse questionamento vem do fato de que a língua não é autônoma, e tanto ela quanto os indivíduos são muito afetados pelas condições sociais e pelo imaginário que os cerca. Além disso, o indivíduo não tem controle sobre como essas coisas o afetam, o que o isenta de responsabilidade pelos sentidos produzidos no discurso, já que esses são diretamente influenciados pelo meio social e pelo contexto histórico, que fogem ao seu controle.

Outros conceitos fundamentais para a compreensão do discurso são imaginário e memória. A memória coletiva guarda tudo o que já foi dito, tornando possível que possamos dizer tudo de novo, ou entender quando algo for dito por outros. Ou seja, como não somos responsáveis pelos sentidos do discurso, só o entendemos porque esses sentidos já existem antes de nós, em nossa sociedade, na memória coletiva e no imaginário. As palavras, além disso, não possuem sentidos fixos: seus significados são dados a partir da posição ideológica de cada um, ou seja, da interpretação. Assim sendo, as palavras, mesmo as mais simples, já chegam até nós carregadas de significados que nós não construímos, que não sabemos como foram construídos, mas que entendemos, que fazem sentido para nós.

O princípio fundamental da Análise do Discurso é a interpretação que vai além do conteúdo do texto. Outros campos de conhecimento, como a Hermenêutica, também se preocupam com a interpretação dos textos, mas dão maior ênfase ao conteúdo, considerando muitas vezes que eles transmitem sentidos fixos, verdades predeterminadas. Nesse ponto está a diferença da Análise do Discurso, que relativiza e historiciza os significados impregnados nos textos ou nas falas, ressaltando ainda que toda interpretação é histórica, ou seja, é parcial e feita sob condições sociais específicas. E, no entanto, nenhuma interpretação se vê como histórica, mas se considera a única verdade. E isso se deve à ideologia que existe em cada interpretação.

Disciplinas como a Semiótica e a Linguística, desde sua fundação, trabalham analisando a composição formal da língua, o entendimento dos símbolos e a transmissão de mensagens. Construíram, assim, um esquema clássico para representar a transmissão de mensagens em falas e textos: primeiro um indivíduo, o emissor, transmite uma mensagem a outro indivíduo, o receptor. Essa mensagem, por sua vez, está formulada em um código conhecido por ambos, que os especialistas chamam de referente. Então, o emissor transmite a mensagem, e o receptor a interpreta, decifrando o código simbólico ou linguístico no qual ela está elaborada. Mas para Eni Orlandi, esse esquema tradicional apresenta a mensagem como se ela resultasse de um processo de etapas, quando na verdade a informação e seus sentidos são elaborados no mesmo momento de sua transmissão, e não antes ou depois.

Mas, como é possível aplicar essas considerações teóricas à análise prática de documentos? É ainda Eni Orlandi quem nos oferece um dos melhores exemplos de análise de documentos históricos pela Análise do Discurso no Brasil. Na obra *Terra à vista*, a autora interpreta os sentidos existentes nos textos de capuchinhos e viajantes franceses dos séculos XVI a XVIII, buscando entender como os argumentos que aparecem nesses textos influenciaram a formação de certa forma de ver o Brasil.

Em outro texto, a mesma autora oferece também um exemplo prático de como um discurso pode ser analisado: durante uma eleição universitária, os organizadores do evento colocaram uma grande faixa preta com os dizeres "*vote sem medo!*", informando que os votos não seriam identificados. Para Orlandi, o texto da mensagem e os sentidos transmitidos por ele não são iguais, mas contraditórios, devido à forma como a mensagem foi transmitida. Pois ao optarem por uma faixa negra, e por usarem a palavra *medo*, os organizadores fizeram referência, inconscientemente, à tradição de eleições fraudulentas e de ditadura no país. Para ela, isso fica claro se produzirmos uma faixa diferente, com o mesmo propósito, dizendo "*vote com coragem!*" em letras vermelhas sobre fundo branco. Nesse caso, os sentidos da mensagem simbólica são diferentes, com símbolos (a palavra *coragem*, a cor vermelha) que remetem a um passado de lutas revolucionárias. Ela lembra ainda que os sentidos transmitidos na primeira faixa são inconscientes, e os emissores da mensagem não poderiam fugir deles devido à sua inserção no contexto histórico que produziu aqueles sentidos.

É também possível percebermos, pelo discurso, as múltiplas relações construídas entre o sujeito e o objeto que ele representa. Podemos tomar como exemplo os discursos proferidos pelos cronistas e administradores portugueses sobre o sertão brasileiro entre os séculos XVII e XVIII. Quando analisamos esses textos a partir do contexto de sua produção, de suas origens, das condições sociais de seus autores e do imaginário então dominante, notamos que representam não apenas o que se pensava do sertão daquela época, mas o modo pelo qual a sociedade colonial se relacionava com o sertão, por meio, por exemplo, de projetos de colonização. Nesse sentido, o imaginário dominante da sociedade açucareira caracterizava o sertão como um espaço selvagem; os discursos de padres e administradores sobre os habitantes sertanejos sempre os apresentavam como pessoas rudes e violentas. Isso influenciava as políticas de colonização. Assim, como os índios do sertão eram considerados e retratados por esse imaginário como "bárbaros", as práticas que transparecem nos discursos eram sempre de intolerância e violência para com eles.

Todas essas considerações só confirmam o quanto é importante entendermos os significados impregnados em termos e expressões utilizados pela História. Uma vez que as palavras carregam sentidos que são definidos historicamente, conhecer os significados por trás dos conceitos é conhecer a historicidade das palavras, a forma pela qual foram entendidas ao longo do tempo por diferentes sociedades; é aprofundar o conhecimento da própria História, entendendo como ela age sobre os indivíduos pela produção, na maioria das vezes imperceptível, de significados. A título de conclusão, poderíamos dizer que os sentidos buscados nos discursos têm a ver não somente com o que foi dito, mas também com o que não foi dito e com o que poderia ser dito. Deve-se então perguntar por que essas palavras e não outras, por que essa forma de apresentar a mensagem e não outra. Perguntas que nos levam a pensar para além do conteúdo.

Apesar de sua posição recente na historiografia, a Análise do Discurso, em um sentido mais amplo, já é empregada por todo bom profissional de História, quando esse se coloca as seguintes perguntas diante de um documento ou de uma obra histórica: Quem o produziu? Quando foi produzido? Por que foi produzido? Para quem foi produzido? Essas são perguntas simples, mas básicas para entendermos os sentidos que estão além do conteúdo do texto. Assim, não é preciso ser especialista em Linguística ou Semiótica para poder empregar os conceitos básicos da Análise do Discurso na História. O que é preciso sempre é questionar as condições de produção de cada documento ou obra bibliográfica que utilizamos, procurando compreender os sentidos e as ideologias que ele pretende transmitir. Os professores de História precisam, aos poucos, treinar os estudantes para ler o mundo, e para isso algumas ferramentas da Análise do Discurso podem ser muito úteis na interpretação de textos (documentos históricos, artigos de jornal, matérias de revista). Cabe ainda experimentar um trabalho interdisciplinar com os colegas que ensinam Língua Portuguesa.

VER TAMBÉM

Cotidiano; História; Ideologia; Imaginário; Interdisciplinaridade; Memória; Mentalidades; Pós-modernidade; Política; Relativismo Cultural; Teoria.

SUGESTÕES DE LEITURA

CHARAUDEAU, Patrick; MAINGUENEAU, Dominique. *Dicionário de análise do discurso.* São Paulo: Contexto, 2004.

COLLINSON, Diané. *50 grandes filósofos:* da Grécia antiga ao século XX. 2. ed. São Paulo: Contexto, 2004.

EDGAR, Andrew; SEDGWICK, Peter. *Teoria cultural de A a Z:* conceitos-chave para entender o mundo contemporâneo. São Paulo: Contexto, 2003.

HUGHES-WARRINGTON, Marnie. *50 grandes pensadores da História.* São Paulo: Contexto, 2002.

MAINGUENEAU, Dominique. *Termos-chave da análise do discurso.* Belo Horizonte: Ed. UFMG, 2000.

ORLANDI, Eni Pulcinelli. *Terra à vista:* discurso do confronto – Velho e Novo Mundo. São Paulo/Campinas: Cortez/Ed. Unicamp, 1990.

_____. *Interpretação:* autoria, leitura e efeitos do trabalho simbólico. Petrópolis: Vozes, 1996.

_____. *Análise de discurso:* princípios e procedimentos. Campinas: Pontes, 1999.

TRASK, R. L. *Dicionário de linguagem e linguística.* Trad. e adap. Rodolfo Ilari. São Paulo: Contexto, 2004.

DITADURA

A América Latina, desde sua formação como conjunto de Estados independentes no século XIX, passou por diferentes momentos em que um ou mais desses Estados estiveram envolvidos em algum tipo de ditadura. A ideia de ditadura, portanto, é uma constante na formação dos historiadores latino-americanos.

Antes de tudo, podemos definir ditadura como um regime político, uma forma de governo. Como tal, é sempre um conceito relacionado à própria ideia de Estado. Além disso, a noção mais comum de ditadura no Ocidente está, paradoxalmente, bastante relacionada à ideia de democracia. Nessa perspectiva, a ditadura existe por oposição à democracia. Desde o século XIX, com a ascensão da sociedade burguesa e dos Estados liberais no Ocidente, a democracia passou a ser considerada a melhor forma de governo, principalmente por ser oriunda do projeto político vencedor, o projeto político burguês. Daí em diante, o termo ditadura passou a designar todos os governos não democráticos, assumindo, para a sociedade ocidental, um significado negativo, visto que, para os valores burgueses, um regime positivo seria a democracia, o regime de governo da maioria.

Essa relação entre ditadura e democracia, assim como o constante aparecimento das ditaduras nas sociedades democráticas do Ocidente, foi cuidadosamente analisada por vários cientistas políticos e historiadores ao longo do século XX. Esses pensadores, preocupados com o paradoxo que é o aparecimento de ditaduras em Estados que se apresentam como democráticos, procuraram classificar os diferentes tipos de ditaduras ao longo da história. Para Norberto Bobbio e Nicos Poulantzas, por exemplo, a ditadura é uma forma de relação entre os poderes executivos e legislativos de um Estado. Já Franz Neumann definiu ditadura como o governo de uma pessoa, ou grupo de pessoas, que se arroga o direito de exercer o poder, monopolizando-o e exercendo-o sem restrições. Partindo dessas considerações, podemos classificar as ditaduras em três tipos: a ditadura simples, na qual o poder é exercido por um ditador que se baseia nos meios tradicionais de coerção da sociedade pelo Estado, que são a política, a burocracia, o exército e o judiciário. Nessa categoria estão os ditadores do Terceiro Mundo no século XX, como Idi Amin em Uganda, Papa Doc no Haiti e Pol Pot no Cambodja. Tais ditadores, por controlarem países pobres, precisaram basear seu poder sobretudo na coerção policial, e não criaram meios de manipulação de opinião muito sofisticados. A segunda categoria de ditadura é a chamada "cesarista" ou "bonapartista", na qual o poder do ditador vem principalmente do apoio popular. Tal poder depende do carisma do político e pode ser exemplificado nas ditaduras latino-americanas do século XX, como a de Getúlio Vargas no Brasil e a de Perón na Argentina. O último tipo de ditadura é o totalitário, em que um partido controla o Estado, utilizando também o apoio popular. Esse é o caso das ditaduras da Europa no século XX, o fascismo italiano, o nazismo alemão e o stalinismo soviético.

A ideia de ditadura, todavia, é bastante antiga, e já pode ser encontrada na Antiguidade Clássica. No entanto, como todas as ideias, esta também sofreu transformações ao longo de tempo, de modo que as ideias de ditadura no século XX tornaram-se bastante diferentes daquelas existentes no Império Romano, por exemplo. Na Roma antiga, ditadura era um termo positivo que significava o governo de um magistrado, o *dictator*, nomeado excepcionalmente em casos de guerras ou revoltas, para organizar o governo e o Estado em períodos de caos administrativo. Para isso, eram-lhe atribuídos poderes extraordinários. Mas o *dictator* tinha função temporária, e logo terminado o trabalho para o qual fora nomeado, seus poderes eram revogados pelo

Senado e pelos cônsules. Assim, originalmente, a ditadura era uma instituição legal, uma vez que estava prevista em lei para casos de extrema necessidade do Estado.

Já durante a Idade Moderna surgiu, na Europa, um outro tipo de ditadura. Este, diferente da ditadura romana, não era legalista e tentava modificar totalmente o contexto político existente. Em comum com o modelo romano, a ditadura moderna tinha o fato de também procurar remediar uma situação de necessidade do Estado, mas não de forma parcial, dependente de um Senado e com tempo determinado para existir, e sim instaurando um novo poder, no qual normalmente o ditador era autoproclamado, ao contrário do ditador romano, que recebia seus poderes temporários do Estado. Essa ditadura moderna pode ser vista, por exemplo, no governo jacobino de Robespierre na França da Revolução Francesa. Nesse caso, em 1793, foi instaurada a ditadura do Comitê de Salvação Pública, comandado por Robespierre, que suspendeu a Constituição e estabeleceu um governo provisório. Esse governo foi considerado pelos estudiosos modelo de ditadura "clássica", caracterizada pela suspensão dos direitos constitucionais e pelo comando do Estado por um grupo, e não por um único indivíduo.

Foi ainda nessa mesma fase de transformação da sociedade do Antigo Regime em sociedade burguesa, durante as reviravoltas da Revolução Francesa, que no final do século XVIII surgiu na França um outro conceito de ditadura, a ditadura revolucionária, teorizada por conspiradores como Buonarroti. Para ele, uma sociedade pós-revolucionária, com suas estruturas transformadas (o que seria o objetivo de qualquer revolução), só poderia ser instaurada depois do governo de uma ditadura revolucionária, colocada no poder pela própria revolução. Ela teria como função eliminar os vestígios do passado, acabar com a antiga ordem e instaurar a nova sociedade. Tal ditadura revolucionária seria um governo de "sábios", que teria como função principal preparar uma nova Constituição. Buonarroti dava, assim, à ditadura revolucionária o significado positivo que a ditadura romana antiga possuía.

Com relação a esse tipo de ditadura de caráter revolucionário, é bastante conhecida a expressão de Karl Marx, elaborada na segunda metade do século XIX, sobre "a ditadura do proletariado". Mas, para ele, tal expressão não significava o domínio de um partido sobre a sociedade, como seria efetivamente aplicado depois na União Soviética pós-revolução socialista, mas sim o controle de uma classe sobre a sociedade. Ou seja, sua ditadura do proletariado não tinha o sentido atribuído até então às ditaduras revolucionárias, o sentido de controle do governo por um grupo político, defendido por Buonarroti. Marx postulava que o Estado deveria ser regido, ao menos no período revolucionário, por uma determinada classe social, até então fora do poder. Acreditava, na verdade, que todos os governos eram ditaduras, pois todos seriam domínios de uma classe sobre outras.

Apesar de existirem diferentes formas de ditadura no mundo contemporâneo, algumas características básicas são compartilhadas por todas: o cerceamento de direitos políticos e individuais, a ampla utilização da força pelo Estado contra sua própria sociedade e o fortalecimento do poder executivo em detrimento dos outros poderes.

Em suma, ditadura é uma categoria de análise política que pode ser aplicada a diferentes sociedades e períodos históricos. Apesar disso, não podemos generalizar: cada momento histórico tem sua particularidade, e assim não devemos considerar iguais a ditadura de Stalin na União Soviética em meados do século xx e a ditadura de Fujimori no Peru nas últimas décadas do século xx. Dessa forma, para uma compreensão desse fenômeno, precisamos nos debruçar não apenas sobre a definição geral de ditadura, mas sobre as especificidades de cada ditadura.

Como a América Latina é um terreno fértil para diferentes tipos de governos ditatoriais, tal discussão conceitual se torna imprescindível para se compreender a realidade vivida no continente. Observando o caso específico do Brasil, não devemos esquecer que hoje, mesmo com o regime democrático brasileiro, a herança cultural, social e econômica da última fase de ditaduras latino-americanas ainda é bastante visível em nossa sociedade. Os professores de Ensino Médio e Fundamental, ao trabalharem com ditaduras em sala de aula, estão tocando em um tema bastante sensível para determinados grupos sociais, pois os atores sociais que participaram contra ou a favor do governo militar no Brasil são pessoas que, em muitos casos, ainda estão atuantes no cenário político. Além disso, muitas famílias das vítimas da repressão ainda permanecem sem explicações sobre o destino de seus parentes mortos nas malhas da ditadura, fato que nos leva a uma das questões mais importantes no trabalho com esse tema: a repressão é característica muito forte dessa forma de governo.

O trabalho em sala de aula com tal tema não é fácil, pois ele ainda está muito próximo de nós. Justamente por isso, faz-se necessário um cuidado redobrado ao abordar as ditaduras ao longo da história. Mas tal cuidado não inclui omitir dados. É preciso tentar abordar as ditaduras contemporâneas de forma objetiva, observando como influíram nas estruturas econômicas e sociais e as consequências da atuação de suas máquinas repressivas sobre a cultura e o cotidiano. Assim, no caso específico das ditaduras militares latino-americanas, o trabalho em sala de aula pode utilizar artigos de revista para a analisar a economia, por exemplo, além de músicas e filmes para analisar a produção cultural e sua relação com a censura. Outra abordagem possível é observar como as ditaduras surgem em diferentes momentos da história, enfatizando as diferenças entre elas. Dessa maneira, comparar a ditadura romana, bastante legalista, com as ditaduras bonapartistas latino-americanas no século xx permite que o professor e os alunos reflitam sobre as modificações que o tempo e o contexto exercem sobre os conceitos e as ideias políticas.

VER TAMBÉM

Antiguidade; Cidadania; Democracia; Estado; Fascismo; Golpe de Estado; Liberdade; Marxismo; Militarismo; Nação; Violência.

SUGESTÕES DE LEITURA

BOBBIO, Norberto. *A teoria das formas de governo.* Brasília: UnB, 1997.

CASALECCHI, José Ênio. *O Brasil de 1945 ao golpe militar.* São Paulo: Contexto, 2002.

COGGIOLA, Osvaldo. *Governos militares na América Latina.* São Paulo: Contexto, 2001.

EDGAR, Andrew; SEDGWICK, Peter. *Teoria cultural de A a Z:* conceitos-chave para entender o mundo contemporâneo. São Paulo: Contexto, 2003.

FARIA, Ricardo Moura. *As revoluções do século XX.* 2. ed. São Paulo: Contexto, 2002.

HERMET, Guy. *Totalitarismos.* México: Fondo de Cultura Económica, 1991.

KUCINSKY, Bernardo. *O fim da ditadura militar.* São Paulo: Contexto, 2001.

MARQUES, Adhemar; BERUTTI, Flávio; FARIA, Ricardo. *História contemporânea através de textos.* 10. ed. São Paulo: Contexto, 2003.

NAPOLITANO, Marcos. *Cultura brasileira:* utopia e massificação. 2. ed. São Paulo: Contexto, 2004.

NETO, Lira. *Castelo:* a marcha para a ditadura. São Paulo: Contexto, 2004.

PINSKY, Jaime (org.). *História da América através de textos.* São Paulo: Contexto, 1994.

PINSKY, Jaime; PINSKY, Carla Bassanezi (orgs.). *Faces do fanatismo.* São Paulo: Contexto, 2004.

SILVA, Francisco Carlos Teixeira da; MEDEIROS, Sabrina Evangelista; VIANNA, Alexander Martins (orgs.). *Dicionário crítico do pensamento da direita:* instituições e personagens. Rio de Janeiro: FAPERJ/Mauad, 2000.

Escravidão

Não é simples oferecer uma conceituação para a escravidão. Em primeiro lugar, a dificuldade inicial está em diferenciar os indivíduos submetidos à escravidão daqueles submetidos a outras formas de subordinação e exploração. Em muitas sociedades tradicionais, por exemplo, filhas púberes, filhos caçulas e esposas estiveram tão submetidos aos chefes de famílias patriarcais que suas condições sociais não eram tão superiores às dos escravos. Porém, qualquer definição de escravidão deve ser suficientemente flexível para conter os significados diversos que os agentes históricos de uma dada época lhe conferiram. Ou seja, por mais que a escravidão ao longo da história humana tenha assumido alguns traços mais ou menos universais, seus significados variaram em larga medida ao longo do tempo. Daí decorre que o conceito de escravidão precisa se fundamentar em sua própria historicidade, ou seja, nas diferentes formas que assumiu e nos significados que cada sociedade e época lhe atribuíram.

De qualquer modo, uma definição de escravidão que nos parece bastante aplicável a seus diversos contextos históricos é a proposta por Claude Meillassoux. Segundo ele, a escravidão é um *modo de exploração* que toma forma quando uma *classe distinta de indivíduos* se renova continuamente a partir da exploração de outra classe. Ou seja, a escravidão aparece quando todo um sistema social se estrutura com base na exploração e na perpetuação de escravos continuamente reintroduzidos seja por comércio ou reprodução natural. O autor ainda afirma que para a escravidão existir é preciso uma rede de relações entre diferentes sociedades: há aquelas nas quais os escravos são capturados, aquelas que dispõem de uma estrutura militar para capturar os cativos das primeiras, aquelas sociedades ditas mercantis que controlam o escoamento dos escravos e, por fim, há sociedades mercantis consumidoras de escravos. Essa definição demonstra o quanto a escravidão mobiliza um conjunto econômico e social geograficamente extenso.

O senso comum, em nossa sociedade, faz uso da expressão *escravo* para diversos tipos de situações relativas a formas degradantes de trabalho, ou a um tipo de sujeição considerado humilhante. Isso se dá porque as condições de sobrevivência da maioria da humanidade ao longo da história e os diversos modos de subordinação e exploração adquiriram formas tão humilhantes e grotescas que os indivíduos tendem, vulgarmente, a atribuir o termo *escravo* para qualquer situação em que essas condições se apresentem. Mas é fundamental distinguir a escravidão de outras formas de opressão. A escravidão, antes de mais nada, define o escravo a partir de seu *status* jurídico. A principal distinção entre o escravo e o servo, e entre o escravo e outras pessoas submetidas a trabalhos compulsórios, nesse sentido, está no fato jurídico de o escravo ser propriedade do senhor, não sendo, portanto, definido como pessoa. Mas esse aspecto jurídico que regulamenta e define o escravo foi sempre problemático, segundo David Brion Davis, uma vez que o escravo definido como propriedade (coisa) não deixava de ser também uma pessoa, *um homem*.

Pensadores, filósofos, juristas e teólogos, ao longo do tempo, em diferentes sociedades escravistas, debateram arduamente se o escravo era ou não um homem e se a escravidão estava ou não conforme a lei natural. Aristóteles, por exemplo, julgava que não se podia falar em interesses *do escravo*, pois este não tinha nenhuma faculdade deliberativa, sendo apenas um instrumento ou posse, uma extensão da natureza física do seu senhor; quem de fato tinha interesses era este. Assim, os interesses *do escravo* estavam restritos aos interesses do senhor. Aristóteles, desse modo, desumanizou totalmente o escravo. Em toda sociedade em que a escravidão foi o motor das relações sociais, o objetivo dos escravagistas (fossem mercadores ou proprietários) era exatamente esse, eliminar do escravo qualquer vestígio de sua humanidade. Assim, o escravo seria uma não pessoa e, portanto, não teria sonhos, projetos, valores próprios. Todavia, se o escravo ideal era aparentemente aquele mais desumanizado, mais coisificado, é preciso reconhecer, como fez Claude Meillassoux, que, na prática, os escravos não eram utilizados como objetos ou animais, pois em todas as tarefas em que eram empregados era preciso apelar para sua inteligência humana. Além disso, o discurso do escravo-coisa, que fazia parte da ideologia dos senhores, resvalava na resistência dos próprios escravizados, que davam a todo o momento provas de sua humanidade. Para Meillassoux, a definição jurídica segundo a qual o escravo é descrito como um objeto submetido a seu proprietário era uma ficção que mascarava as relações sociais da escravidão, uma vez que a relação pretensamente individual entre o senhor e o escravo (*coisa, propriedade*) contida na lei dissimula e neutraliza a relação de classe.

Desde o Egito antigo, passando pela Babilônia, Assíria, Grécia, Roma, Índia, China e em parte da Europa medieval, as sociedades escravagistas elaboraram arcabouços jurídicos para definir o escravo como coisa. Apesar disso, a escravidão e a identidade do escravo não podem ser definidas pelo aspecto meramente jurídico. Os próprios sistemas legais que definiram o escravo como coisa, como o sistema romano, admitiram a face humana do escravo ao puni-lo por delitos e ao reconhecer um mínimo de proteção contra o assassinato e danos corporais graves por parte do poder arbitrário de seus senhores. Os juristas romanos, portanto, reconheceram abertamente que o escravo era tanto uma coisa quanto uma pessoa. Para David Brion Davis, a escravidão ultrapassa a definição jurídica e deve ser encarada como *uma instituição real que envolve funções econômicas e relações interpessoais*. Ou seja, essa instituição apresenta uma face cotidiana e tensa, com diferentes formas de negociações e conflitos entre senhores e escravos. Nesse sentido, a escravidão é um sistema social dinâmico, sujeito a mudanças e lutas entre os grupos envolvidos.

Para as sociedades que mantinham a escravidão, um problema fundamental era o de delimitar as diferenças entre o grupo dos livres e o dos escravos. Em sociedades mais notadamente etnocêntricas, como a dos hebreus e gregos antigos, normalmente se buscava capturar e escravizar apenas os estrangeiros. Isso não quer dizer que não havia escravidão de indivíduos do mesmo grupo étnico, mas que havia diferenciação no tratamento entre estrangeiros e não estrangeiros escravizados. Para um hebreu, por exemplo, os cativos de sua mesma religião não eram considerados verdadeiros escravos. No esforço de diferenciar escravos de não escravos, as sociedades antigas em geral não usavam a cor da pele como critério, mas impunham tatuagens ou estigmas que caracterizassem o baixo *status* do escravo. Foi apenas na Idade Moderna que as sociedades promotoras da escravidão consideraram a escuridão da pele marca natural de inferioridade.

Os gregos antigos foram os primeiros a atribuir um conceito mais racional e jurídico à escravidão, e em vez de usarem estigmas físicos e tatuagens, definiram o escravo, ou *doulos*, com maior precisão legal. O *doulo* pertenceria, desse modo, a um grupo à parte, e seria um *"tipo de propriedade com alma"*. Os romanos seguiram a mesma trilha. Mas os egípcios e os árabes percebiam mais as distinções raciais. Aos poucos, a palavra árabe para designar escravos, *abid*, foi sendo cada vez mais atribuída aos negros. Também os chineses da dinastia Tang pensavam a escravidão a partir de preconceitos raciais. A pele escura, para os chineses dessa dinastia, era associada à inferioridade. Entretanto, todos os estrangeiros de modo geral eram escravizados: os persas eram considerados negros pelos chineses, e estes escravizavam ainda turcos, indonésios e coreanos. A escravidão moderna, retomada pelas Nações ibéricas em seus impérios coloniais na América, teve certamente uma base racial bem mais nítida, e a cor negra foi cada vez mais associada à escravidão.

Mas desde a expansão da fé cristã, a escravidão foi associada também ao pecado. Embora tendo pregado a necessidade de um tratamento mais humano para os escravos, o Cristianismo, até o século XIX, não chegou a defender o abolicionismo ou destruir a base ética da escravidão construída na Antiguidade. A Igreja medieval acreditava que a escravidão teve origem na queda do homem. Assim sendo, a escravidão se tornara uma peça fundamental na ordenação do mundo, e constava no projeto divino de salvação dos homens. A ideia de pecado original, desse modo, surgiu como um elemento ordenador do mundo, e os homens deveriam ser resignados diante do poder das autoridades. Pensava-se que o escravo era um pecador. Para Santo Agostinho, a escravidão era tão somente uma punição para o pecado, mas o escravo poderia se salvar. Na verdade, para o Cristianismo, a escravidão física pouco importava, pois sua ideologia pregava uma libertação no plano espiritual. Havia uma dualidade no pensamento cristão: de um lado, Deus era o senhor dos senhores terrenos e também dos escravos, o que significava a existência de uma igualdade no plano divino; de outro, os escravos, na terra, não deveriam lutar por sua liberdade, pois o que importava era a sua alma e sua obediência a Deus, e não a posição social ocupada no mundo. Essa combinação de liberdade espiritual e cativeiro corporal assinalava o forte dualismo do pensamento cristão, adaptado de ideias dos filósofos gregos da escola estóica, que também preconizavam um conceito filosófico e transcendental de liberdade, em nada compatível com as necessidades físicas dos escravos. O conceito estoico e o cristão, embora com certas diferenças, postulavam que a verdadeira escravidão era a da alma e, nesse sentido, mesmo ricos mercadores ou senhores de escravos poderiam ser escravos de sua ganância, dos prazeres mundanos. Por sua vez, o homem fisicamente escravo poderia ter uma alma livre.

Na Idade Moderna, com o advento de um pensamento mais secular, cada vez menos se pensava na escravidão como tendo sua origem no pecado. A definição moral da escravidão saía de cena para dar lugar ao pragmatismo dos interesses dos Estados europeus escravistas, que julgavam bastante natural o uso de escravos nas zonas colonizadas, enquanto o mundo europeu caminhava cada dia mais para práticas de liberdade. Nessa época, alguns pensadores modernos chegaram ao dualismo extremo de rechaçar a escravidão em sua nação de origem enquanto a defendiam nas terras colonizadas. O inglês Thomas More, por exemplo, criticava veementemente muitas injustiças em seu próprio país, como os *cercamentos* e o código penal *bárbaro*, mas admitia a escravidão.

Entretanto, já no século XVII, e sobretudo no século XVIII, surgiu um discurso antiescravocrata, que defendia a liberdade natural do homem. No século XVIII, mesmo pensadores conservadores como Montesquieu criticavam a legitimidade da escravidão, considerando-a contrária às leis naturais. Segundo Brion Davis, o século XVIII assistiu a um conjunto amplo de discursos sobre a felicidade dos indivíduos e de seu direito de dispor de sua vontade. A reflexão racional do Iluminismo abria, assim, uma fenda que desembocaria no abolicionismo do século XIX.

Na prática, como se percebe, o estudo da escravidão deve enveredar pelas relações sociais, notando as resistências e acomodações, os conflitos e as negociações que podiam existir entre senhores e escravos. Ou seja, para entendermos essa instituição, deve-se ter como referencial as multifacetadas relações interpessoais entre senhores e escravos.

Do ponto de vista da utilização em sala de aula, professores dos níveis Fundamental e Médio podem encontrar um bom instrumento de análise na comparação de diferentes sistemas escravistas ao longo da história, trabalhando com diferenças e similaridades, percebendo as aproximações e os distanciamentos entre o que afirmavam as legislações escravistas e as práticas cotidianas dos escravos. Mas talvez o interessante seria partir do próprio presente e questionar com os alunos as relações de trabalho no mundo contemporâneo, comparando-as à situação jurídica da escravidão antiga e moderna, além de desenvolver pesquisas sobre a permanência da escravidão em pleno século XXI, mesmo após a proibição legal por parte das Nações. Casos de escravidão, infelizmente, ainda persistem no mundo globalizado, inclusive no Brasil. E uma forma de contribuir para sua extinção é não deixar que os estudos sobre o tema percam intensidade, sempre instigando as novas gerações a pensar criticamente essa forma de exploração de trabalho. Nesse sentido, é urgente que tomemos conhecimento da existência de uma vasta rede de escravidão no Brasil contemporâneo, em particular no Pará. E para isso se torna necessário lermos o livro do padre Ricardo Rezende Figueira, *Pisando fora da própria sombra*, que não apenas realizou um exaustivo estudo sobre a escravidão atual, como luta contra a permanência dessa instituição na sociedade brasileira.

VER TAMBÉM

Aculturação; Cidadania; Colonização; Cristianismo; Etnocentrismo; Iluminismo; Latifúndio/Propriedade; Liberdade; Negro; Servidão; Trabalho; Violência.

SUGESTÕES DE LEITURA

DAVIS, David Brion. O *problema da escravidão na cultura ocidental*. Rio de Janeiro: Civilização Brasileira, 2001.

DEL PRIORE, Mary (org.). *História das mulheres no Brasil*. 6. ed. São Paulo: Contexto, 2002.

_____. *História das crianças no Brasil*. 4. ed. São Paulo: Contexto, 2004.

FIGUEIRA, Ricardo Rezende. *Pisando fora da própria sombra*: a escravidão por dívida no Brasil contemporâneo. Rio de Janeiro: Civilização Brasileira, 2004.

FUNARI, Pedro Paulo. *Grécia e Roma*. São Paulo: Contexto, 2001.

GOMES, Flávio dos Santos. Quilombos: sonhando com a terra, construindo a cidadania. In: PINSKY, Jaime; PINSKY, Carla Bassanezi (orgs.). *História da cidadania*. São Paulo: Contexto, 2003.

MAESTRI, Mário. *Uma história do Brasil colônia*. 3. ed. São Paulo: Contexto, 2002.

_____. *Uma história do Brasil império*. 3. ed. São Paulo: Contexto, 2002.

MEILLASSOUX, Claude. *Antropologia da escravidão*: o ventre de ferro e dinheiro. Rio de Janeiro: Jorge Zahar, 1995.

NEVES, Maria de Fátima Rodrigues das. *Documentos sobre a escravidão no Brasil.* São Paulo: Contexto, 1996.

PESTANA, Fábio. *No tempo das especiarias.* 2. ed. São Paulo: Contexto, 2004.

PINSKY, Jaime. *A escravidão no Brasil.* São Paulo: Contexto, 1993.

PINSKY, Jaime (org.). *100 textos de história antiga.* São Paulo: Contexto, 2003.

SLENES, Robert W. *Na senzala, uma flor:* esperanças e recordações na formação da família escrava, Brasil, Sudeste, século XIX. Rio de Janeiro: Nova Fronteira, 1999.

ESTADO

Pairando sobre muitos dos conceitos de grande relevância para a vida política atual, como cidadania, democracia, liberalismo, está o Estado, entidade abstrata que comanda e organiza a vida em sociedade. O Estado é, poderíamos assim sintetizar, entidade composta por diversas instituições, de caráter político, que comanda um tipo complexo de organização social. Muitas vezes associamos Estado e Nação, tratando-os como sinônimos, mas enquanto o Estado é uma realidade jurídica, a Nação é uma realidade sociológica e, para estudiosos como Miguel Reale, o Estado seria a Nação politicamente organizada.

A palavra *estado* vem do latim "*status*", verbo *stare, manter-se em pé, sustentar-se.* Mas na Antiguidade Clássica, a expressão para designar o complexo político-administrativo que organizava a sociedade era "*status rei pubblicae*", ou seja, *situação de coisa pública,* em Roma, e *polis,* na Grécia. Foi na Europa Moderna que surgiu a realidade política do Estado nacional. E com Maquiavel, o termo *estado* começou a substituir *civitas, polis* e *res publica,* passando a designar o conjunto de instituições políticas de uma sociedade de organização complexa. O sociólogo Max Weber afirmou, no início do século XX, que o Estado Moderno se definiu a partir de duas características: a existência de um aparato administrativo cuja função seria prestar serviços públicos, e o monopólio legítimo da força. Weber defendia, dessa forma, que o Estado era o único que poderia empregar a violência legalmente, esta passando a ser um instrumento de controle da sociedade. Ele afirmou ainda que o processo histórico que constituiu o Estado conviveu com a expropriação dos meios de produção dos artesãos pelos possuidores do capital. Desse modo, o Estado seria então contemporâneo do Capitalismo.

A partir do surgimento do Estado nacional na Europa Moderna, a historiografia começou a se questionar se o conceito de *Estado* deveria ser aplicado apenas a esse contexto histórico ou também aos períodos anteriores. Levantou-se, então, a seguinte questão: o Estado sempre existiu? Uma primeira corrente defende que *Estado* é um conceito que deve ser aplicado só a partir do surgimento do Estado-nação, e não antes disso. Para os autores que pensam assim, o Estado é uma forma histórica recente, oriunda da concentração do poder de mando sobre determinado território por meio do monopólio da lei e de serviços essenciais. Nessa abordagem, que segue a tese de Weber, autores como Denis Rosenfield afirmam que o Estado Moderno é tanto a organização da sociedade em um governo autônomo quanto o aparelho que governa essa sociedade. No entanto, outros autores, como Miguel Reale, acreditam que a caracterização do Estado como governo que organiza a sociedade equipara-o à Nação e, apesar de Estado e Nação estarem em conexão, são conceitos distintos. Esses autores definem o Estado como um aparato administrativo que executa funções só visíveis a partir da Idade Moderna. Assim, nem a *polis* nem o Estado feudal – isso só para ficarmos nos Estados ocidentais – seriam realmente Estados. Por outro lado, uma segunda visão é aquela que discorda da tese de Weber. Para esses pensadores, que criticam a definição restritiva de Estado, se a *polis* grega, por exemplo, tivesse um aparato administrativo que não se encaixasse nesse conceito, então os tratados políticos de Aristóteles não teriam serventia para o Ocidente moderno e contemporâneo. Mas pelo contrário, a tipologia que Aristóteles criou para as formas de governo, assim como suas ideias sobre Constituição etc., tiveram e têm grande influência sobre os Estados ocidentais. Essa é a corrente que predomina atualmente, e hoje a maioria dos historiadores aceita que o Estado é uma categoria presente em diferentes épocas e sociedades. Mas discordam bastante quanto à origem dessa instituição.

Desde o Renascimento, pensadores como Thomas Hobbes, Maquiavel e Rousseau já se preocupavam em explicar o surgimento do Estado. Uma dessas teorias propostas teve grande influência sobre os Estados absolutistas da Europa ocidental no século XVII: a teoria de Hobbes, que defendia o Estado como uma criação dos indivíduos para controlar os impulsos naturais e egoístas de cada um e possibilitar a vida em sociedade. Nessa perspectiva, o Estado de Hobbes seria uma ferramenta de controle social, no qual para obter os benefícios da sociedade, o indivíduo abdicava de seus direitos e se submetia ao controle de um soberano. Tal teoria teve a função de legitimar o Estado absolutista.

Outra teoria de influência, mas que, ao contrário da de Hobbes, foi elaborada para criticar o Absolutismo, foi a proposta por Rousseau. Nela, o Estado surgiria de um compromisso entre os indivíduos, da vontade do povo, e como tal deveria ser governado por representantes dessa vontade. Essa teoria influenciou a formação dos Estados-nacionais latino-americanos no século XIX, como repúblicas que afirmavam obter seu poder da vontade popular, apesar de na realidade isso raramente acontecer. Outra teoria clássica acerca do surgimento do Estado, elaborada no século XIX, afirmava que ele surgiu da dissolução da sociedade primitiva baseada em vínculos de parentesco e da formação de comunidades não familiares. O Estado estaria, assim, na origem da civilização. Friedrich Engels, em obra clássica do materialismo histórico, *A origem da família, da propriedade privada e do Estado*, foi um dos autores que defenderam essa hipótese, enfatizando o fator de expropriação econômica na constituição do Estado.

A definição de Engels influenciou certa abordagem historiográfica que defende a relação entre Estado, cidade e civilização, principalmente na História antiga. O Estado seria, nesse sentido, o principal fator na constituição das civilizações e o principal diferencial entre estas e as sociedades menos complexas, como as tribos. Sanders e Marino, por exemplo, classificaram as sociedades americanas em *bandos*, *tribos*, *chefias* e *Estados*, sendo que essa última categoria corresponderia às "altas culturas", ou seja, às culturas "superiores" (astecas, incas e maias), tese que demonstra o caráter etnocêntrico do conceito de Estado empregado por esses autores, que seguiram a tradição de Gordon Childe de considerar que sociedades urbanas e Estados (logo, civilizações) possuíam cultura mais refinada e superior que as outras formas de organização social. Tal visão, evolucionista e progressista, apesar de amplamente criticada por diferentes setores científicos, ainda tem um peso muito grande no imaginário ocidental, que continua a acreditar que o Estado é a forma superior de organização política humana.

No entanto, antropólogos como Pierre Clastres criticam veementemente essa visão. Para ele, o Estado não é algo inevitável na história da humanidade. Ele afirma que as sociedades tribais tupi se negaram a ter Estado. Isso porque o Estado, para existir, precisa da produção de excedente alimentar que garanta a subsistência de grupos sociais desligados da agricultura, como burocratas, governantes e soldados. Uma situação que leva à estratificação social e, logo, à desigualdade social. E, segundo Clastres, as tribos tupis se recusavam a constituir uma organização política baseada na desigualdade. Além disso, o Estado só existe onde a chefia é um espaço político, um espaço de coerção social, e, para Clastres, essas tribos submetiam o chefe, e não o contrário.

Do ponto de vista histórico, é preciso considerar ainda a grande diversidade de formas de Estado, a maioria das quais não se encaixa nos parâmetros do Estado Moderno: os Estados africanos da Idade Média e Moderna, por exemplo, como o Reino do Congo, possuíam governos centralizados, mas não se baseavam em definições territoriais, e tinham por base a organização de aldeias clânicas. Parecem, assim, muito pouco com o Estado-nacional europeu. Por sua vez, é comum os historiadores falarem de Estado feudal, Estado absoluto, Estado representativo, conceitos históricos construídos para momentos específicos da história da Europa. A complicação aumenta quando tentamos empregar esses conceitos para outros contextos e falar em Estado feudal japonês ou Estado absoluto persa. O emprego do conceito de Estado, dessa forma, deve ser feito levando-se em consideração as conjunturas diversas e peculiares de cada sociedade. Assim, o Estado asteca é tão diferente do banto quanto do japonês, e apesar de continuarem a ser Estados, dificilmente podem se encaixar em uma única tipologia construída com base na história europeia.

Nesse contexto, é bastante controverso tentarmos estabelecer uma definição geral para o Estado. Mas podemos, pelo menos, definir algumas das funções do Estado nacional fixadas historicamente no Ocidente: cabe ao Estado o domínio da força e da repressão, a proteção do território e do povo, o estabelecimento da lei, a manutenção da infraestrutura da sociedade. É claro que essas funções variaram ao longo do tempo e dependendo da sociedade: em momentos em que a religião e o Estado estiveram intimamente conectados, por exemplo, esse tinha funções também de caráter religioso. É interessante observarmos ainda que, apesar de considerarmos a repressão estatal algo negativo para a sociedade, o controle social é tarefa fundamental do Estado, tarefa legitimada pela própria sociedade. Ou seja, sem o apoio da maioria da população, o Estado não tem legitimidade para reprimir a sociedade. É função estatal impor limites à sociedade, limites com os quais a maioria da sociedade concorda. Essa característica levou muitos pensadores a verem o Estado como um mecanismo de opressão da sociedade civil. É o caso dos anarquistas, que rejeitaram o Estado tanto social quanto politicamente. Também alguns defensores do liberalismo, em defesa do individualismo, criticaram severamente a intervenção do Estado na vida social.

Hoje a maior parte da população mundial se organiza em Estados. E mesmo que consideremos que todo Estado sobrevive da apropriação do excedente produzido pela maioria da população, e usa esse excedente para a manutenção das elites, atualmente o volume da população mundial não cabe em nenhuma outra forma de organização política-social conhecida. Todavia, outras formas estão surgindo, com a formação de blocos regionais supraestatais, o que leva alguns estudiosos a acreditarem no fim do Estado em um futuro próximo. No entanto, o Estado ainda é a forma hegemônica de organização política no mundo contemporâneo. Mas temos de ter cuidado para não considerá-lo o ápice da evolução humana, pois ele não é o estágio mais elevado de organização das sociedades; é simplesmente uma forma de organização político-social entre outras. Precisamos, nessa perspectiva, trazer para a sala de aula a percepção de que o Estado não é inevitável, e muito menos perfeito, analisando as diversas formas e papéis que tomou ao longo da história.

Ver também

Cidadania; Cidade; Civilização; Ditadura; Fascismo; Golpe de Estado; Massa/ Multidão/Povo; Nação; Política; Sociedade; Tribo.

Sugestões de leitura

BARBOSA, Alexandre de Freitas. *O mundo globalizado*: política, sociedade e economia. 2. ed. São Paulo: Contexto, 2003.

BOBBIO, Norberto. *A teoria das formas de governo*. Brasília: UnB, 1997.

CLASTRES, Pierre. *A sociedade contra o Estado*: investigações de antropologia política. Porto: Afrontamento, 1979.

EDGAR, Andrew; SEDGWICK, Peter. *Teoria cultural de A a Z*: conceitos-chave para entender o mundo contemporâneo. São Paulo: Contexto, 2003.

FUNARI, Pedro Paulo. *Grécia e Roma*. São Paulo: Contexto, 2001.

MALUF, Said. *Teoria geral do Estado*. São Paulo: Saraiva, 1998.

MARQUES, Adhemar; BERUTTI, Flávio; FARIA, Ricardo. *História moderna através de textos*. 10. ed. São Paulo: Contexto, 2003.

_____. *História contemporânea através de textos*. 10. ed. São Paulo: Contexto, 2003

MARTINS, Ana Luiza. *O despertar da República*. São Paulo: Contexto, 2001.

PINSKY, Jaime. *As primeiras civilizações*. São Paulo: Contexto, 2001.

PINSKY, Jaime; PINSKY, Carla Bassanezi (orgs.). *História da cidadania*. São Paulo: Contexto, 2003.

SANTIAGO, Theo (org.). *Do feudalismo ao capitalismo*: uma discussão histórica. 9. ed. São Paulo: Contexto, 2003.

WEBER, Max. *Estudos de sociologia*. Rio de Janeiro: Jorge Zahar, 1974.

ÉTICA

Tema complexo, a ética envolve ao mesmo tempo reflexões metafísicas e reflexões sobre os problemas concretos da vida cotidiana.

O *Dicionário de filosofia*, de Nicola Abbagnano, define ética como a *ciência da moral*, ou *ciência da conduta*, que possui duas concepções fundamentais: uma que considera a ética uma ciência do *fim* para o qual a conduta dos homens deve ser orientada; e outra que se preocupa menos com o *fim* e mais com a investigação das questões que impulsionam a conduta humana. A primeira concepção busca entender qual a finalidade da vida, afirmando que o ideal para o qual o *homem* se dirige é a felicidade. Nessa perspectiva, Aristóteles defendeu que os atos do homem racional devem ser virtuosos para que ele alcance a felicidade. Em sua obra *Ética a Nicômaco*, Aristóteles propôs que a alma moderada e racional deve evitar os extremos (o excesso e a deficiência) se quiser evitar o comportamento vicioso. Sua lista de virtudes inclui *coragem, temperança, liberalidade, magnanimidade, mansidão, franqueza* e *justiça*, sendo esta última considerada a maior de todas. Essa concepção foi desenvolvida por numerosos outros pensadores ocidentais. A Idade Média, por exemplo, permaneceu fiel a ela com São Tomás de Aquino, que imaginou Deus como o *fim último do homem*, princípio esse do qual deriva sua doutrina da felicidade e da virtude. Já para Hegel, que segue a mesma concepção, o Estado era o objetivo da conduta humana. Esse Estado é a *totalidade ética*, o ápice do que ele designa como *eticidade*. Mesmo criticando a moral vigente no século XIX, também Nietzsche propôs uma doutrina que, estruturalmente, mantinha a noção de ética como ciência do *fim*. Mas para ele, novas virtudes eram necessárias para substituir as antigas e assim formar o *super-homem*, virtudes que diriam sim à vida e ao mundo: *altivez, alegria, saúde, amor sexual, inimizade, guerra, vontade forte, disciplina intelectual*, entre outras. Como esse filósofo inverteu toda a moralidade então vigente, fruto da religião e da tradição, costuma-se dizer que Nietzsche é imoralista. Certamente, a postura nietzschiana quanto à ética é profundamente distinta da ocidental-cristã.

Já a segunda concepção da ética investiga as *motivações* das ações humanas, e não essas ações propriamente. Alguns filósofos chegaram a dizer que o móvel da conduta dos homens (o que os faz seguirem regras) era o desejo de sobreviver; outros que a motivação humana era o prazer; outros, ainda, que era a autoconservação.

Mas a definição de ética como ciência da moral não é aceita por todos. Nelson Saldanha, em seu livro *Ética e História*, pensa ser um equívoco definir ética como ciência. O autor recusa-se a aceitar a ética como um modelo abstrato de normas categóricas e prescritivas e dá a entender que não há apenas *uma* ética, mas éticas diferentes conforme os distintos agrupamentos humanos. Segundo essa definição, ética é um conceito histórico e relativo, isto é, *histórica e socialmente situado*. Mas o autor distingue a moral e a ética universais, inerentes ao ser humano, das experiências éticas específicas de cada contexto histórico. De forma mais abrangente, Saldanha define ética como o conjunto de todas as formas de normatividade vigentes nos agrupamentos humanos. Conceito que concilia, assim, a postura mais universal de que todos os seres humanos têm ética e a postura histórica, que diferencia as múltiplas experiências éticas de diferentes culturas.

Segundo o filósofo Manfredo Araújo de Oliveira, são três os pressupostos fundamentais para o conhecimento da ética: o primeiro diz que o *homem* é o único ser que precisa constituir-se como ser, justificando seus atos e decisões, e como o homem é o *ser da decisão*, a ética é uma questão eminentemente humana. Segundo, a ética diz respeito não apenas ao *homem* em sua transcendência e universalidade, mas ao *homem* em sua historicidade e particularidade, tornando-se um tema tanto da Filosofia quanto da História. Por último, a ética, sobretudo a chamada ética prática, diz respeito à vida de todos nós, quando deparamos com situações em que temos de tomar decisões para resolver problemas como o aborto, a eutanásia, o tratamento dispensado aos animais a responsabilidade de ajudar os pobres, entre outras situações.

O conceito de ética se relaciona aos conceitos afins de *problema ético* e de *ação ética*. Peter Singer define um problema ético como aquele que exige do indivíduo um confrontamento, uma escolha séria e *racional* a ser tomada. Para o autor, os juízos éticos são universalizáveis, e além disso a ação verdadeiramente ética é aquela que pode ser justificada não apenas pelos interesses do indivíduo que a executa, mas também pelos interesses dos outros sobre quem essa ação recai. Ou seja, *não estamos agindo eticamente quando só nossos interesses estão envolvidos*. Isso é fundamental para se pensar as nossas responsabilidades para com os outros, sejam eles parentes, amigos, membros de nossa própria comunidade ou pessoas distantes. A dimensão *racional* da ética, entretanto, não significa que há correspondência perfeita entre razão e ética. Se a ação ética envolve uma racionalidade que lhe fundamenta, a ação racional não envolve necessariamente a ética. Uma pessoa egoísta pode fundamentar racionalmente ações não éticas. Um investidor da bolsa de valores, por exemplo, pode praticar uma ação racional com respeito aos fins que almeja, mas as considerações de cunho ético podem passar bem longe dessa ação.

Para Singer, as pessoas costumam confundir ética com moralismo proibitivo, sobretudo em questões relativas à sexualidade e ao prazer; outras a encaram como um sistema ideal, nobre na teoria, mas inaplicável na realidade; há ainda quem pense que a ética só tem sentido do ponto de vista religioso (agir corretamente é seguir os mandamentos divinos); por fim, há aqueles que adotam o relativismo e o subjetivismo em questões éticas, negando a possibilidade concreta de princípios éticos de validade universal. O autor refuta todas essas visões: primeiro, a ética não é moralismo sexual, pois mesmo na era da aids o ato sexual em si não envolve nenhuma questão moral específica, embora envolva considerações gerais, como honestidade, prudência, preocupação com os outros; segundo, a ética não é uma cartilha, um sistema de normas simples e práticas do tipo *Não minta, Não roube, Não mate* (normas simples como essas não resolvem a complexidade da vida); terceiro, ética e religião não são termos necessariamente sinônimos, e o comportamento ético, em si, não precisa do respaldo da autoridade divina ou da religião para se efetivar. Platão já argumentava: se os deuses aprovam algumas ações, isso ocorre porque elas já são boas em si mesmas, e não porque os deuses as aprovaram. A ética, do ponto de vista da Filosofia e da

História, apela para a liberdade e a autonomia do ser racional, e não para a autoridade divina ou religiosa. Quarto, dizer que a ética é relativa a uma sociedade específica é certo, por um lado, e falso, por outro, pois princípios mais gerais podem ter validade universal; por fim, a ética não é subjetiva porque os juízos éticos estão sujeitos à crítica e à razão, não sendo ações puramente individuais de um sujeito isolado.

Singer acredita que a razão exerce importante papel nas decisões éticas, e a ética é universal. Esses argumentos são interessantes e polêmicos, sobretudo em uma época como a que vivemos, em que a razão e a ideia de uma ética universalizante vêm sendo desacreditadas. A própria Filosofia ocidental pós-moderna, como indica Manfredo Araújo de Oliveira, vem falando do fim da Razão, que estaria dando lugar a uma pluralidade de razões fragmentárias, situadas historicamente. Os teóricos pós-modernos encaram a pluralidade não apenas como um fato, mas como um valor que liberta o homem do totalitarismo de uma ética universal etnocêntrica. Por fim, alertam para o risco de determinados valores de uma cultura específica se tornarem universais de modo arbitrário e postulam a necessidade de éticas particulares. Ou seja, a negação da Razão, pela pós-modernidade, implica a negação da Ética como conjunto de princípios universais da conduta humana. A pós-modernidade está ligada a um profundo senso histórico, pensando o Homem (e a ética) em sua particularidade.

Se, por um lado, tal conduta ajuda a desconstruir o etnocentrismo da ciência, que considera os valores ocidentais oriundos do Iluminismo universais, por outro, o relativismo pós-moderno levado a extremos não responde aos principais problemas éticos do mundo contemporâneo. Se todos os governos e povos julgarem que sua ética particular está correta em si mesma, e não tem relação com a ética de outros povos e governos, jamais haverá consensos estáveis sobre temas como a preservação do meio ambiente, a ajuda humanitária aos países pobres, as ações de violência contra os direitos humanos, relações comerciais mais justas, entre outros temas da agenda política mundial. Não há como negar o pluralismo cultural que existe no mundo e mesmo nos países, assim como não é possível negar as raízes históricas da ética de cada povo, mas isso não significa que devemos renunciar ao princípio do *homem* em sua universalidade.

O grande projeto que a humanidade precisa colocar no Terceiro Milênio, segundo sugere Sergio Paulo Rouanet, é o de reconquistar a universalidade perdida do homem. Esse projeto não deve resultar na imposição de valores ocidentais a outros povos. A humanidade precisa encontrar nas particularidades de cada cultura o elemento universal para a construção de uma ética para toda a humanidade. Nesse sentido, os professores de História do ensino Fundamental e Médio devem se preocupar com a ética nas escolas, estimulando ações éticas quanto aos problemas do mundo contemporâneo e discutindo o tema no dia a dia. As escolas também precisam estar envolvidas com projetos educativos sobre questões éticas, pois as instituições de ensino interessadas apenas em cumprir programas curriculares podem perder de vista a dimensão formativa do *homem* como ser ético e político. A ética, já dizia Aristóteles, é uma reflexão que tem como ponto de partida a vida histórica dos homens e busca melhorar a práxis, que é a prática social consciente. Ou seja, a ética não é uma reflexão estritamente metafísica, uma vez que busca efetivar-se historicamente como ações virtuosas. Esse sentido da ética relacionada à práxis humana implica o estabelecimento de relação entre os homens, no sentido de que as nossas escolhas diante de problemas éticos afetam os outros, e não dizem respeito unicamente ao agente da decisão. Esse sentido comunitário, engendrado no conceito aristotélico, precisa ser retomado e discutido na contemporaneidade.

A precariedade da formação filosófica da maioria dos historiadores brasileiros é responsável pelo desconhecimento de obras fundamentais de autores como Aristóteles e Nietzsche. Mas muitas ferramentas didáticas e paradidáticas estão à disposição dos profissionais de ensino. Uma boa sugestão para o trabalho em sala de aula é desenvolver a discussão da ética em linguagem acessível aos alunos. Um caminho pode ser o debate filosófico em torno da série de TV norte-americana, bastante conhecida no Brasil, *Os Simpsons*. Por meio de uma perspectiva bem-humorada sobre um programa de TV popular, os professores e estudantes do Ensino Médio podem começar a conhecer o pensamento filosófico de pensadores como Aristóteles e Nietzsche, assim como adentrar discussões sobre ética, moral e virtude. O trabalho interdisciplinar entre História, Filosofia e Sociologia deve ser tentado, adotando temas importantes da atualidade, como aids, terrorismo, guerras, fundamentalismo, religião, ciência, entre outros.

VER TAMBÉM

Cidadania; Ciência; Cotidiano; Etnocentrismo; Interdisciplinaridade; Política; Pós-modernidade; Relativismo Cultural; Religião.

SUGESTÕES DE LEITURA

ABBAGNANO, Nicola. *Dicionário de filosofia*. São Paulo: Martins Fontes, 1998.

ARISTÓTELES. *Ética a Nicômaco*. São Paulo: Abril Cultural, 1973.

COLLINSON, Diané. *50 grandes filósofos*: da Grécia antiga ao século XX. 2. ed. São Paulo: Contexto, 2004.

GRESPAN, Jorge. *Revolução Francesa e Iluminismo*. São Paulo: Contexto, 2003.

NIETZSCHE, Friedrich. *Para além do bem e do mal*: prelúdio a uma filosofia do futuro. São Paulo: Martin Claret, 2002.

OLIVEIRA, Manfredo Araújo de. *Ética e práxis histórica*. São Paulo: Ática, 1995.

PINSKY, Jaime. *As primeiras civilizações.* São Paulo: Contexto, 2001.

PINSKY, Jaime; PINSKY, Carla Bassanezi (orgs.). *História da cidadania.* São Paulo: Contexto, 2003.

SALDANHA, Nelson. *Ética e história.* Rio de Janeiro: Renovar, 1998.

SINGER, Peter. *Ética prática.* São Paulo: Martins Fontes, 1998.

SKOBLE, Aeon; CONARD; Mark; IRWIN, William (orgs.). *Os Simpsons e a filosofia.* São Paulo: Madras, 2004.

ETNIA

O conceito de etnia vem ganhando espaço cada vez maior nas ciências sociais a partir das crescentes críticas ao conceito de *raça* e, em alguns casos, ao conceito de *tribo*. Apesar disso, é ainda considerado por muitos uma noção pouco definida.

O termo etnia surgiu no início do século XIX para designar as características culturais próprias de um grupo, como a língua e os costumes. Foi criado por Vancher de Lapouge, antropólogo que acreditava que a raça era o fator determinante na história. Para ele, a raça era entendida como as características hereditárias comuns a um grupo de indivíduos. Elaborou então o conceito de etnia para se referir às características não abarcadas pela raça, definindo etnia como um agrupamento humano baseado em laços culturais compartilhados, de modo a diferenciar esse conceito do de raça (que estava associado a características físicas). Já Max Weber, por sua vez, fez uma distinção não apenas entre raça e etnia, mas também entre etnia e Nação. Para ele, pertencer a uma raça era ter a mesma origem (biológica ou cultural), ao passo que pertencer a uma etnia era *acreditar* em uma origem cultural comum. A Nação também possuía tal crença, mas acrescentava uma reivindicação de poder político.

A etnia é um objeto de estudo da Antropologia, e se caracterizou desde cedo como tema principal da Etnologia, ciência que se propõe a estudar diferentes grupos étnicos, constituindo-se em torno da própria noção de etnia. Durante o século XX, essas duas disciplinas multiplicaram as conceituações sobre o termo. Autores como Nadel e Meyers Fontes afirmam que uma etnia é um grupo cuja coesão vem de seus membros acreditarem possuir um antepassado comum, além de compartilharem uma mesma linguagem. Para essa definição, baseada em Weber, uma etnia seria um conjunto de indivíduos que afirma ter traços culturais comuns, distinguindo-se, assim, de outros grupos culturais.

Nesse sentido, não importa se o grupo realmente descende de uma mesma comunidade original: o que importa é que os indivíduos compartilhem essa crença em uma origem comum. Uma crença confirmada, a seu ver, pelos costumes semelhantes.

Assim, uma etnia se sente parte de uma mesma comunidade que possui religião, língua, costumes – logo, uma cultura – em comum. Notemos que nesse conceito não importa somente o fato de as pessoas que compõem uma etnia compartilharem os mesmos costumes, mas sobretudo o fato de elas acreditarem fazer parte de um mesmo grupo. Nesse sentido, a etnia é uma construção artificial do grupo, e sua existência depende de seus integrantes quererem e acreditarem fazer parte dela.

Toda etnia se identifica como um grupo distinto, considerando-se diferente de outros grupos, e baseia sua identidade em uma religião e rituais específicos. Assim, os judeus e muçulmanos dentro das atuais Nações europeias são, cada um por seu lado, etnias, por se identificarem como grupos distintos e reivindicarem identidades próprias baseadas em religiões e costumes diferentes das sociedades em que estão inseridos. No caso dos muçulmanos, a construção artificial desse conceito é mais nítida, pois quase sempre oriundos de migrações recentes para a Europa, seus integrantes são originários de diferentes países e culturas distintas, mas ao se instalarem em lugares como a França e a Inglaterra em geral se identificam como uma mesma etnia, independentemente do país de origem. Tal situação pode ser percebida sobretudo com relação aos descendentes dos primeiros imigrantes, e a construção de uma identidade comum "árabe" ou "muçulmana" vem tanto do fato de possuírem uma mesma religião quanto do fato de a sociedade os tratar em geral como um grupo homogêneo.

Alguns sociólogos diferenciam etnia e grupo étnico, pois para eles um grupo precisa de uma interação entre todos os seus membros, enquanto a etnia abrange um número grande demais de pessoas para que haja relação direta entre todas elas. O grupo étnico seria, então, um conjunto de indivíduos que apresenta uma interação entre todos os seus membros, além das características gerais da etnia. Por essa distinção, os membros de uma vizinhança judaica em uma cidade do Ocidente, por exemplo, onde todos os indivíduos frequentam a mesma sinagoga, constituem um grupo étnico, ao passo que os judeus como um todo compõem uma etnia.

Atualmente, os debates em torno da ideia de etnia continuam acirrados. Primeiro porque a Antropologia não considera mais raça um conceito determinado biologicamente. Hoje, raça significa a percepção das diferenças físicas pelos grupos sociais, e como essa percepção afeta as relações sociais, aproxima-se bastante da própria definição de etnia. Por outro lado, alguns antropólogos franceses, no fim da década de 1980, afirmaram que o conceito de etnia estava sendo pregado para as sociedades ditas primitivas com a intenção de apagar a historicidade delas. Para Amselle, por exemplo, o conceito de etnia, bem como o de tribo, era usado em substituição ao de Nação, para as "sociedades primitivas", passando a ideia de Nação a pertencer exclusivamente aos "Estados civilizados". Dessa forma, o conceito de etnia teria um sentido etnocêntrico bastante acentuado. Mas, apesar dessas controvérsias, a Antropologia trabalha também com a noção de *etnicidade*, que é um sentimento de pertencer exclusivamente a um determinado grupo étnico. Um conceito próximo ao de identidade.

Podemos perceber, dessa forma, os intensos debates em torno do conceito de etnia, e o quanto esse conceito ainda precisa ser mais bem caracterizado. Não obstante, os estudos etnológicos têm crescido, principalmente porque, desde a década de 1960, muitas reivindicações políticas no mundo se apresentam como étnicas, baseadas em crenças em uma identidade comum, contexto esse que motiva os cientistas sociais a continuarem refletindo sobre o conceito.

É preciso ressaltar que se, por um lado, muitas comunidades se auto-afirmam positivamente a partir de seus costumes, por outro, a identidade étnica (a etnicidade) é um elemento que contribui para a construção do etnocentrismo. Ao se identificarem como membros de uma cultura em comum, diferente dos que o cercam, um determinado grupo reage às culturas diferentes muitas vezes com repulsa. O sentimento de superioridade diante de diferentes culturas é, assim, criado na identidade étnica. Dessa forma, os franceses se sentem superiores aos "*árabes*" (como classificam todos os que professam a fé muçulmana, sejam árabes ou não) por acreditarem possuir uma origem diferente e uma cultura que os outros não compartilham. Isso acontece com os norte-americanos diante dos hispânicos, e já aconteceu em outras épocas da história, como entre os alemães e os judeus durante a Segunda Guerra Mundial.

Em suma, a discussão sobre etnia nos leva a repensar o próprio conceito de etnocentrismo. Para o professor de História, conhecer o conceito de etnia é uma exigência fundamental, pois os programas curriculares discutem cada vez mais as minorias no Brasil. Essas minorias são estudadas pela Antropologia como etnias, mas algumas delas ainda se identificam muitas vezes como raças. É o caso dos negros brasileiros. Enquanto os antropólogos discutem a validade de termos como *raça* e *etnia*, o que precisamos apreender de todo esse debate e discutir com os alunos é que, seja na raça ou na etnia, o fato de um indivíduo pertencer a um desses grupos é mais uma questão de sentimento, de identidade, do que de determinação física ou mesmo cultural. Vale lembrar ainda que tanto a concepção atual de raça quanto a de etnia são conceitos que buscam dar conta da multiplicidade de culturas, de hábitos e crenças que a humanidade apresenta, e das implicações políticas dessas diferenças.

VER TAMBÉM

> Cultura; Etnocentrismo; Identidade; Índio; Interdisciplinaridade; Nação; Negro; Raça; Relativismo Cultural; Tradição; Tribo.

Sugestões de leitura

Bernardo, B. *Introdução aos estudos etnoantropológicos*. Lisboa: Edições 70, 1974.

Demant, Peter. *O mundo muçulmano*. São Paulo: Contexto, 2003.

_____. Minorias: direitos para os excluídos. In: Pinsky, Jaime; Pinsky, Carla Bassanezi (orgs.). *História da cidadania*. São Paulo: Contexto, 2003.

Funari, Pedro Paulo. *Arqueologia*. São Paulo: Contexto, 2003.

_____; Noelli, Francisco Silva. *Pré-história do Brasil*. São Paulo: Contexto, 2002.

Gomes, Mércio Pereira. Índios: o caminho brasileiro para a cidadania indígena. In: Pinsky, Jaime; Pinsky, Carla Bassanezi (orgs.). *História da cidadania*. São Paulo: Contexto, 2003.

Mesgravis, Laima; Pinsky, Carla Bassanezi. 2. ed. *O Brasil que os europeus encontraram*. São Paulo: Contexto, 2002.

Pinsky, Jaime. *As primeiras civilizações*. São Paulo: Contexto, 2001.

Pinsky, Jaime; Pinsky, Carla Bassanezi (orgs.). *Faces do fanatismo*. São Paulo: Contexto, 2004.

Poutignat, Phillippe; Streiff-Fenart, Jocelyne. *Teorias da etnicidade*: seguido de grupos étnicos e suas fronteiras de Fredrik Barth. São Paulo: Ed. Unesp, 1998.

Rognon, Frédéric. *Os primitivos, nossos contemporâneos*. Campinas: Papirus, 1991.

Shapiro, H. *Homem, cultura e sociedade*. São Paulo: Martins Fontes, 1982.

Etnocentrismo

Os estudiosos da cultura compreendem que os povos forjam visões de mundo peculiares, que marcam a sua identidade de povo. Mas quando um determinado grupo, com traços culturais característicos e uma visão de mundo própria entra em contato com outro grupo que apresenta práticas culturais distintas, o estranhamento e o medo são as reações mais comuns. O etnocentrismo nasce exatamente desse contato, quando a diferença é compreendida em termos de ameaça à identidade cultural.

De modo simples, o etnocentrismo pode ser definido como uma visão de mundo fundamentada rigidamente nos valores e modelos de uma dada cultura; por ele, o indivíduo julga e atribui valor à cultura do outro a partir de sua própria cultura. Tal situação dá margem a vários equívocos, preconceitos e hierarquias, que levam o indivíduo a considerar sua cultura a melhor ou superior. Nesse sentido, a diferença cultural percebida rapidamente se transforma em hierarquia. O outro, só compreendido de maneira superficial, é então usualmente designado como "selvagem", "bárbaro" ou não humano. Em linhas gerais, é difícil para qualquer indivíduo se despojar dos preconceitos arraigados em sua cultura e tentar compreender a cultura do outro em seus próprios termos. Essa seria uma atitude não etnocêntrica, pois faria uso da relativização, que é o oposto do etnocentrismo. No entanto, o mais comum é o indivíduo tomar suas representações, sua linguagem, seus valores, para falar sobre o que é esse "outro". Não dá a palavra para o outro, porque considera sua cultura a detentora da palavra.

Ao contrário das teorias propriamente racistas, que surgiram há apenas três séculos, o etnocentrismo é um comportamento universal e antiquíssimo. Sociedades antigas como a romana, a grega, a chinesa, a suméria e a judaica, por exemplo, eram mais propensas a escravizarem os estrangeiros, *os outros*, cuja cultura era considerada inferior, do que membros de sua própria sociedade. Na China Tang, os estrangeiros eram considerados menos que humanos, e por isso coreanos, turcos, persas e indonésios eram escravizados. Para gregos e romanos da Antiguidade, que se julgavam civilizados, os demais povos que os cercavam eram todos *bárbaros*, palavra de caráter etnocêntrico que designa o estrangeiro como inferior e selvagem.

Entretanto, o ápice do etnocentrismo talvez se situe entre os séculos XV e XIX, quando os europeus entraram em contato com vários povos na América, Ásia e África. Nesses processos de colonização, incompreensões de ambos os lados foram dando lugar a guerras, genocídios e etnocídios. Essa é a face crua do etnocentrismo, quando um povo diz ao outro: se despoje de sua cultura ou morra física e culturalmente. A esse extermínio físico se dá o nome de genocídio; ao extermínio da cultura, etnocídio. Espanhóis, portugueses, ingleses, entre outros, dizimaram populações nativas dos territórios conquistados, impondo uma dominação cultural assentada em bases políticas e interesses econômicos. O outro, o indígena no caso da América, era visto pelo colonizador como um antropófago preguiçoso, sem fé, sem rei, sem lei, e exatamente por isso devia mudar seu comportamento e adotar o trabalho, a religiosidade e o sistema político vigentes na cultura do colonizador. Os europeus, durante esse processo de colonização, não compreendiam as culturas dos outros como visões de mundo a serem levadas em consideração, não conseguiam assimilar a diferença cultural e usavam essas diferenças como pretexto para a dominação efetiva. O etnocentrismo, dessa forma, servia a interesses de ordem econômica.

Por mais que o etnocentrismo tenha se intensificado nas Nações europeias em suas ondas colonizadoras dos séculos XVI e XIX, ele não é um fenômeno restrito apenas à cultura do colonizador branco europeu. Muitas sociedades indígenas americanas também eram etnocêntricas, como percebeu Roque de Barros Laraia. De acordo com ele, os índios cheyene, das planícies norte-americanas, se autodenominavam *"os entes humanos"*, enquanto os akuáwa, tupis do sul do Pará e os esquimós se denominam *"os homens"*, expressões que negam, assim, aos demais povos, a característica (entendida como positiva) de pertencer à espécie humana. Entretanto, como os europeus foram responsáveis por diversas ondas conquistadoras, impondo seus valores em diferentes lugares, a imagem do etnocentrismo quase sempre está associada ao eurocentrismo, ou seja, à atitude das diversas Nações europeias de impor seus valores e de se considerarem superiores aos povos autóctones da África, da Ásia e da América.

Povos etnocêntricos, em geral, apresentam um comportamento caracterizado por formas extremas de xenofobia e de nacionalismo: o esforço de russificação implementado pela déspota esclarecida Catarina II, na Rússia de fins do século XVIII, é um exemplo de etnocentrismo, visto que tal processo exigiu que numerosas nacionalidades perdessem sua identidade cultural para adotar a cultura e a língua russas; no mesmo caso, o genocídio de armênios, levado a cabo pelo governo nacionalista turco em 1915, durante a Primeira Guerra Mundial, também foi um ato etnocêntrico; mas o caso mais famoso de etnocentrismo, no mundo contemporâneo, foi o protagonizado pelo regime nazi-fascista dos anos 1930 e 1940, na Alemanha hitlerista, responsável pelo extermínio em massa de judeus, ciganos, além do menosprezo à cultura dos eslavos. Os exemplos históricos, entretanto, são incontáveis, e os anos iniciais do século XXI ainda assistem a muitos conflitos culturais, indicando que as práticas etnocêntricas estão longe de desaparecer. Sob o discurso de uma "aldeia global", onde a comunicação acabaria com as diferenças culturais, a chamada civilização ocidental capitalista vem, na verdade, acirrando conflitos e radicalismos no mundo. Os valores da civilização ocidental, ao se pretenderem globais, desrespeitam identidades culturais tradicionais. Por sua vez, entrincheirados na defesa de tradições, alguns grupos se tornam radicais e, por sua vez, também etnocêntricos, como forma de responder à imposição da cultura ocidental globalizada.

Nesse sentido, se nacionalismos e particularismos geram práticas etnocêntricas, o universalismo quando se propõe a eliminar identidades também pode dar lugar a comportamentos etnocêntricos, pois, ao exigir a fervorosa adoção de princípios que se pretendem universais, o efeito pode ser a resistência cultural, os conflitos étnicos e a morte das pessoas a quem se tenta impor tais princípios. Na verdade, algumas das práticas etnocêntricas mais dolorosas da humanidade surgiram no seio de religiões universalistas, como a judaica, a cristã e a muçulmana. O etnocentrismo, dessa forma, é o resultado de uma mescla de elementos racionais e intelectuais com elementos emocionais e afetivos, e por isso mesmo torna-se tão difícil entender por que as pessoas não toleram as diferenças.

O discurso etnocêntrico, exatamente por ser calcado em valores de nossa própria cultura, ganha aura de verdade absoluta, tendo também poder de convencimento entre os integrantes de um mesmo universo cultural. Líderes religiosos e políticos, quando defendem guerras contra outros povos, invasões e alterações na cultura do outro, contam exatamente com a concordância de seu próprio povo para vencer o "infiel", o "pagão", o "eixo do mal", o "bárbaro", o "ocidental", entre outras expressões que essa liderança possa dispor em sua cultura. As atitudes fundamentalistas dos grupos de direita norte-americanos e de alguns grupos islâmicos atuais são, em grande medida, baseadas no etnocentrismo. Lembremos ainda que entre membros de uma mesma sociedade, o estranhamento também pode ocorrer. Como nota Everardo Rocha, no Brasil, homossexuais, mulheres, negros, "paraíbas de obra", entre outros, são alvos de atitudes etnocêntricas, que muitas vezes tomam a forma de piadas de mau gosto, aparentemente inofensivas.

Enfim, o etnocentrismo é uma expressão ao mesmo tempo racional e emocional pela qual um grupo, fechado em sua própria visão de mundo, julga entender o outro por meio de seus próprios valores. Assim sendo, o etnocentrismo é a dificuldade – que fica patente no espanto diante do "estranho" – que as pessoas têm de compreender os outros e a irresistível necessidade de transformar esses outros em algo que lhes seja conhecido.

Discutir o conceito de etnocentrismo é, antes de tudo, uma forma de pensar sobre nossas próprias atitudes diante das demais pessoas e sobre as situações concretas de vida em que práticas etnocêntricas são ainda comuns. Por meio dessa discussão, podemos também questionar se o chamado mundo civilizado, na atualidade, realmente rompeu com as práticas etnocêntricas.

O profissional do ensino pode propor diversas estratégias para estudar os conflitos culturais do mundo. Seria interessante, por exemplo, estimular a imaginação dos alunos, incentivando-os a escrever a história do contato entre europeus e indígenas na conquista da América, considerando as visões distintas dos povos envolvidos, enfatizando como as sociedades indígenas entenderam o processo de colonização. É preciso cuidado, todavia, para não reduzir os conflitos humanos somente às diferenças culturais. O conceito de etnocentrismo deve ser associado ao estudo do contexto histórico mais amplo, o que permite que se compreenda por que o contato entre culturas distintas foi possível. Em muitos casos, questões de ordem econômica e política favorecem o próprio contato entre culturas.

VER TAMBÉM

Aculturação; Civilização; Cultura; Descobrimentos; Etnia; Fundamentalismo; Gênero; Globalização; Identidade; Imaginário; Índio; Nação; Relativismo Cultural; Violência.

SUGESTÕES DE LEITURA

DAVIS, David Brion. *O problema da escravidão na cultura ocidental*. Rio de Janeiro: Civilização Brasileira, 2001.

EDGAR, Andrew; SEDGWICK, Peter. *Teoria cultural de A a Z*: conceitos-chave para entender o mundo contemporâneo. São Paulo: Contexto, 2003.

FUNARI, Pedro Paulo. *Arqueologia*. São Paulo: Contexto, 2003.

KARNAL, Leandro (org.). *História na sala de aula*: conceitos, práticas e propostas. São Paulo: Contexto, 2003.

LARAIA, Roque de Barros. *Cultura*: um conceito antropológico. Rio de Janeiro: Jorge Zahar, 2003.

MESGRAVIS, Laima; PINSKY, Carla Bassanezi. 2. ed. *O Brasil que os europeus encontraram*. São Paulo: Contexto, 2002.

PINSKY, Jaime. *A escravidão no Brasil*. São Paulo: Contexto, 1993.

PINSKY, Jaime; PINSKY, Carla Bassanezi (orgs.). *Faces do fanatismo*. São Paulo: Contexto, 2004.

ROCHA, Everardo. *O que é etnocentrismo*. São Paulo: Brasiliense, 1994.

ROGNON, Frédéric. *Os primitivos, nossos contemporâneos*. Campinas: Papirus, 1991.

EVOLUÇÃO

Para definirmos evolução, precisamos inevitavelmente definir também outro conceito influente na História: progresso. Uma vez que evolução significa mudança ao longo do tempo, progresso é o direcionamento para essas mudanças, considerando que elas são sempre qualitativas, ou seja, são sempre para melhor.

É muito comum associarmos os dois conceitos. Para o imaginário ocidental, herdeiro da influência dupla do Iluminismo e da Revolução Industrial, o tempo é linear, e toda evolução é necessariamente um progresso. Tal perspectiva, muitas vezes chamada de "evolucionista", originou-se da visão de mundo judaico-cristã, pela qual o mundo foi criado em determinado momento da história e deverá chegar a um fim também determinado no tempo. Tal processo considera que a história se desenvolve visando esse final, que seria a chegada da humanidade ao Paraíso. O Iluminismo adaptou esse imaginário à ciência, tirando-lhe o caráter religioso. Mas foi no século XIX que a abordagem evolucionista teve seu auge no pensamento científico, com o surgimento do positivismo e do evolucionismo. E, ainda hoje, autores como Celso Piedemonte defendem que o sentido mais amplo do termo evolução é desenvolvimento e progresso.

Os principais responsáveis pela difusão inicial da noção de evolução cultural associada ao conceito de progresso foram iluministas como Turgot e Condorcet, no século XVII. Para eles, a história da humanidade poderia ser descrita em termos de melhoria contínua, desde o início, entre os *"primitivos"*, até nossa *"civilização complexa"*. Nesse sentido, a história poderia ser classificada em estágios culturais pelos quais todas as sociedades deveriam passar, desde caçadores-coletores até a civilização moderna. Foi Condorcet quem levou a ideia de progresso a sua formulação final: o progresso seria o desenvolvimento contínuo e necessário, que atingiria seu apogeu quando toda a espécie humana, dirigida pelas mesmas leis, alcançasse a felicidade. Nessa crença, o progresso social, responsável por igualdade e liberdade, seria atingido somente com progresso no campo do conhecimento, da ciência e da Razão.

Mas a palavra evolução ganhou destaque ainda no século XVIII, com o naturalista francês Lamarck, popularizando-se com Charles Darwin e sua teoria da seleção natural, na segunda metade do século XIX. Nesse contexto, o conceito de evolução esteve, desde sua origem, intrinsecamente associado às ciências biológicas e à teoria evolucionista. Para essa teoria, toda a matéria do Universo está ligada por uma origem comum e sofre mudanças ao longo do tempo. Desde o início, a teoria da evolução esteve em constante conflito com as interpretações religiosas, sobretudo com a interpretação cristã fundamentalista, defensora ferrenha do criacionismo, que explica o surgimento do mundo a partir de uma interpretação literal do livro do Gênesis. Apesar disso, a partir do século XVII, com a chamada Revolução Científica, promovida por figuras como Newton e Descartes, os cientistas começaram a se preocupar com as origens físicas do universo, ainda tentando conciliar explicações científicas e religiosas. No século XVIII, surgiu a primeira versão da teoria da evolução, elaborada por Lamarck, que teve o grande mérito de perceber que os organismos vivos mudam ao longo do tempo e se adaptam ao meio ambiente. Apesar disso, nem ele nem os outros naturalistas do século XVIII entenderam quais eram os mecanismos dessas mudanças. Esse mérito coube a Charles Darwin, que, com sua obra *A origem das espécies*, deu forma final à teoria da evolução, elaborando a teoria da seleção natural, na qual afirmou que o meio ambiente seleciona os indivíduos mais aptos a sobreviver. Nessa teoria, a evolução acontece quando uma mutação – que parece ser obra do puro acaso – torna um indivíduo mais apto ao meio ambiente do que os outros. Essa mutação não apenas faz que ele sobreviva, como também é transmitida hereditariamente, o que termina por criar uma nova espécie ao longo do tempo. Mas essas mutações são aleatórias, nem sempre são benéficas e, além de tudo, não podem ser controladas. Assim, a teoria da seleção natural de Darwin não se encaixa necessariamente à ideia de progresso.

Muitos, no entanto, foram os que associaram ambas as noções, interpretando a teoria da evolução de Darwin como progressista, dando surgimento assim ao chamado evolucionismo cultural, que passou a dominar a Antropologia e as demais ciências sociais de então. Foi Herbert Spencer que, em 1857, criou o *darwinismo social*, teoria progressista que pregava a superioridade de algumas raças humanas sobre outras, que estariam fadadas a fracassar socialmente. Para essa abordagem racista, a evolução era um progresso tanto biológico quanto social. A Antropologia, no entanto, a partir de Franz Boas e da criação do relativismo cultural no século XX, começou a contestar essa teoria e o próprio conceito de progresso. Como a ideia de evolução estava então associada a esse conceito, também começou a cair em descrédito.

Hoje, o neodarwinista Robert Foley critica o fato de as ciências sociais terem abandonado o conceito de evolução, associado à definição de Spencer, e por associarem também o darwinismo social à teoria da evolução de Darwin. Para ele, a teoria evolucionista atual tem muito pouco em comum com a de antes de 1850, e hoje está muito mais envolvida com ecologia, desenvolvimento e comportamento. Foley é o responsável por nos trazer talvez o melhor e mais simples conceito de evolução aplicável às ciências sociais: a ideia de que a evolução é a mudança no decorrer do tempo, rejeitando totalmente a noção de progresso na evolução. Tratando dos primeiros seres humanos, ele argumenta que cada espécie de hominídeos teve sua existência própria, que não pode ser reduzida simplesmente a um degrau na escala evolutiva para o *Homo sapiens* atual. Além disso, o progresso é descartado pelo fato de que não existiu uma única linhagem de hominídeos desde o *Australopitecus* até nós, mas várias espécies surgiram, coexistiram e muitas desapareceram sem levar a um progresso evolutivo. Os hominídeos se ramificaram e divergiram para numerosas espécies, não evoluindo progressivamente em linha direta até o homem atual. Assim, não é porque uma espécie substitui a outra no tempo, como os mamíferos em relação aos dinossauros, que uma é resultado do progresso da outra. Na verdade, o mais comum durante o processo evolutivo é que muitas espécies apareçam e desapareçam sem deixar descendentes aperfeiçoados.

Se a biologia contemporânea não aceita mais a ideia de progresso, também a historiografia, que defendia essa ideia abertamente (caso de autores como Gordon Childe), parece ter desaparecido. No entanto, muitos continuam a reproduzir implicitamente essa noção, por exemplo, quando falam de superioridade de culturas, de "altas culturas" e de culturas atrasadas. O fato de ainda reproduzirmos de maneira implícita esse conceito, apesar das críticas constantes, se explica porque tal noção está na base do pensamento ocidental.

A ideologia do progresso teve seu apogeu no século XIX, em decorrência da ascensão da economia industrial do Ocidente. Nesse período, o contexto social da Revolução Industrial ajudou o desenvolvimento das ideias de progresso como algo necessário, inevitável e benéfico para a sociedade, e da civilização europeia como o auge da civilização mundial. O progresso esteve, assim, associado à ideologia política do liberalismo e ao imperialismo, dando sustentação à política de "civilizar" as regiões "atrasadas" do mundo levada a cabo por uma Europa que se autoproclamava "mais adiantada". A crise do liberalismo, primeiro com a quebra da bolsa de Nova York em 1929 e a seguir com a Segunda Guerra Mundial, levou a uma crise da noção de progresso. Esta, no entanto, renasceu na teoria desenvolvimentista, que defendia o pretenso crescimento econômico do Terceiro Mundo. Nessa teoria, a Europa (mas agora também os Estados Unidos) era o modelo a ser seguido, e os países não industrializados deveriam se sentir "atrasados" diante do estágio alcançado pelo Capitalismo norte-americano e europeu.

Após a Segunda Guerra Mundial, com a chamada crise da modernidade, muitos pensadores começaram a questionar os valores advindos do Iluminismo e do cientificismo dos séculos XVIII e XIX. Termos como *razão*, *progresso* e *evolução* passaram a ser discutidos amplamente. Mais recentemente, emergiram as teses pós-modernas também criticando esses conceitos, que, segundo Jacques Le Goff, são absolutamente ocidentais.

Com base nessas observações, podemos perceber que a principal crítica a ser dirigida não é contra a ideia de evolução, mas contra a de progresso. Pois, se aceitarmos que a evolução é a mudança no transcurso do tempo, não existe história sem evolução. Hoje, a crítica ao progresso está presente em todas as ciências sociais e humanas, apesar de, como já dissemos, muitas vezes não corresponder à prática. Mas da mesma forma que Foley revitalizou a ideia de evolução, o historiador francês Jacques Le Goff tenta revitalizar a de progresso. Para ele, o progresso pelos direitos humanos deveria ser uma ideia defendida por todos em nossos dias, entendendo essa forma de progresso como a melhoria das condições de vida da humanidade em todas as sociedades. Além disso, ele lembra Lévi-Strauss, que acreditava que o progresso existe em uma diversidade de processos diferentes. Para Lévi-Strauss, a história não é um processo linear de acumulação de conquistas, e nela diversas formas de civilização podem coexistir, representando cada uma um processo diferente de progresso. Em sala de aula, evolução e progresso são discussões importantes e cabem nos programas curriculares, principalmente no trabalho com a Pré-história, a Revolução Industrial e o Imperialismo. Além disso, são temas que podem ser bastante enriquecidos se pensados em conjunto com os conceitos de etnocentrismo e civilização.

VER TAMBÉM

Ciência; Civilização; Etnocentrismo; História; Iluminismo; Imperialismo; Interdisciplinaridade; Modernidade; Pós-modernidade; Pré-história; Relativismo Cultural; Revolução; Revolução Industrial; Tecnologia; Tempo; Tribo.

SUGESTÕES DE LEITURA

EDGAR, Andrew; SEDGWICK, Peter. *Teoria cultural de A a Z*: conceitos-chave para entender o mundo contemporâneo. São Paulo: Contexto, 2003.

FOLEY, Robert. *Humanos antes da humanidade*. Lisboa: Teorema, 2001.

FUNARI, Pedro Paulo. *Arqueologia*. São Paulo: Contexto, 2003.

_____; NOELLI, Francisco Silva. *Pré-história do Brasil*. São Paulo: Contexto, 2002.

LE GOFF, Jacques. *Memória e história*. Campinas: Ed. Unicamp, 1994.

LIMA, Celso Piedemonte. *Evolução biológica*: controvérsias. São Paulo: Ática, 1988.

PELTO, Pertti. *Iniciação ao estudo da antropologia*. Rio de Janeiro: Jorge Zahar, 1967.

PINSKY, Jaime. *As primeiras civilizações*. São Paulo: Contexto, 2001.

Família

O conceito de família, à primeira vista, parece dispensar qualquer comentário. A família é uma instituição que todos consideram óbvia e ninguém se pergunta o que é. Entretanto, definir família é mais complicado do que o senso comum faz acreditar. Essa dificuldade tem muito a ver com seu caráter dinâmico e histórico e com a diversidade dos padrões familiares encontrados em diferentes sociedades e modelos culturais. É preciso reconhecer, em primeiro lugar, que existem múltiplos modelos de família.

Os estudiosos costumam discutir se a família é um fenômeno natural/biológico ou uma instituição cultural e social. Mas as ciências sociais preferem assumir a postura que compreende a família como um fenômeno que ultrapassa a esfera biológica e ganha significados culturais, sociais e históricos. Além disso, qualquer definição de família deve se precaver para não tomar o modelo de família vigente na sua própria sociedade como o "normal" e considerar os outros tipos "patológicos" ou de menor importância. Assim, na definição podem estar embutidas visões preconceituosas e ideológicas acerca do que "deve ser uma família". Por outro lado, não se pode estabelecer dicotomia rígida entre a família – como campo supostamente isolado, "privado" – e as questões macrossociais, como a interferência do Estado, os processos migratórios, a urbanização e a industrialização. Hoje, as ciências sociais contestam essa dicotomia público/privado ao perceberem, por exemplo, que o Estado, por meio de políticas sociais e normatizações, intervém na formação familiar e nos papéis de seus membros. Também em tempos de guerra o Estado interfere fortemente no cotidiano das famílias. Assim, há uma interpenetração tão marcante entre a esfera dita pública e a esfera dita privada que se torna complicado separá-las na análise. Por último, é fundamental compreender que uma mesma família pode tomar diversas formas ao longo de sua existência, dependendo de muitos fatores, como morte de seus membros, migrações, novos matrimônios, separações, filhos anteriores a um segundo casamento e uma infinidade de situações relativas à história pessoal de seus membros.

As ciências sociais reconhecem que, não obstante a variedade de tipos de famílias, todas as sociedades construíram alguma forma de família. Atualmente, o conceito de família valorizado e difundido no mundo Ocidental é o de família nuclear, composta por pai, mãe e filhos. Isso não implica afirmar que, mesmo nesse ambiente cultural amplo, o comportamento de todos os membros das sociedades ditas modernas tenda para a composição de famílias nucleares. A família nuclear não é a única forma familiar na América Latina, por exemplo. Elizabeth Jelín percebeu uma diversidade de situações familiares nos países de colonização espanhola: apesar de a família nuclear ser a norma nesse continente – ensinada, inclusive, por instituições educacionais e de saúde –, ela se encontra associada a uma forte ideologia familista na qual a consanguinidade e o parentesco (que inclui diversos tipos de parentes, como primos, cunhados etc., além dos membros da família nuclear) surgem como critérios essenciais para estabelecer responsabilidades e obrigações entre os indivíduos. Assim, em situações de crises, os grupos pobres latino-americanos recorrem a redes de ajuda mútua baseadas no parentesco amplo, que atua na minoração dos problemas. Eunice Ribeiro Durham também notou que, no Brasil, qualquer recenseamento mostra exceções numerosas diante do modelo de família nuclear.

Aqui surge uma questão fundamental para o entendimento do assunto: quais as características do conceito de família que o distinguem dos conceitos de sistema de parentesco, grupo doméstico e unidade residencial? Segundo Eunice Ribeiro Durham, famílias são grupos sociais estruturados por meio de relações de afinidade, descendência e consanguinidade e se constituem em unidades de reprodução humana. Já o parentesco, que determina as formas de sucessão e herança, é definido como o modo mais amplo de ordenar as relações de afinidade, descendência e consanguinidade, regulando as relações entre famílias. Por sua vez, os grupos domésticos e residenciais podem ou não agregar uma família. Na verdade, esses grupos tanto podem constituir famílias, tornando-se unidades de reprodução, como podem agregar membros não ligados por laços consanguíneos: é o caso de amigos e colegas que coabitam em um apartamento. Segundo essas diferenciações, as famílias, para sua existência, mantêm relações de parentesco; e por outro lado, existem nas sociedades de hoje cada vez mais unidades residenciais onde pessoas vivem sozinhas ou com pessoas não aparentadas, não constituindo, segundo a legislação, uma família.

Os estudos relativos ao tema da família no período colonial do Brasil enfatizaram a existência do modelo de família patriarcal, que normalmente é compreendido como sinônimo de família extensa. Gilberto Freyre foi quem reconhecidamente melhor estudou e divulgou o conceito de família patriarcal, erigida nas casas-grandes dos engenhos coloniais. No entanto, essa visão de família patriarcal vem sofrendo várias críticas desde a década de 1980. Por um lado, os estudiosos compreendem que a sociedade colonial era bem mais complexa do que antes se imaginava, compondo-se de variados grupos sociais e raciais não diretamente influenciados pela vida dos engenhos nordestinos. Tais grupos não seguiam necessariamente o modelo de família patriarcal dos senhores e senhoras de engenho, seja porque não tinham vínculos estreitos com o universo social das fazendas de cana, seja porque suas condições materiais de existência não permitiam compor esse tipo de família. Além disso, outras regiões do Brasil colonial tinham outras formas de família, que não se encaixam no conceito de família patriarcal. A crítica que se fez a Freyre foi a de ele generalizou o modelo de família da casa-grande dos engenhos de açúcar para todo o Brasil colonial, algo que ele não fez. Sua análise não nega outros tipos de organização familiar; ele simplesmente escolheu um tipo entre outros que admite ter existido, por julgar esse modelo como o mais representativo da identidade brasileira.

Mas a família patriarcal teve grande influência não só na historiografia, como na formação da elite brasileira. Segundo Eni de Mesquita Samara, a família patriarcal era composta por uma estrutura dupla: o núcleo central, composto pelo casal, filhos legítimos (genros e noras) e descendentes; e uma camada periférica composta por inúmeros membros, como parentes mais distantes, agregados, afilhados, escravos, concubinas, filhos ilegítimos, amigos, além de elementos indiretamente relacionados à casa: trabalhadores livres e migrantes, vizinhos (roceiros, sitiantes e lavradores). Entendida dessa forma vasta, a família patriarcal incluía parentesco consanguíneo e fictício (apadrinhados, compadres, comadres) e alianças diversas. Uma questão problemática nessa visão é que ela nega ou dilui a existência de possíveis núcleos familiares entre os grupos de livres pobres que viviam nos engenhos ou entre os escravos. Respondendo a esse problema, a historiografia da escravidão vem mostrando a importância, para escravos e escravas, da constituição de famílias estáveis. Algo inovador, visto que, enquanto a historiografia anterior julgava ser impossível ou, no máximo, bastante raro, a formação de família por parte dos escravizados hoje está demonstrando que, apesar da opressão do cativeiro, as resistências e as negociações dos escravos permitiram muitos casos de sobrevivência de padrões culturais e formas familiais das etnias africanas escravizadas, amenizando, assim, a vida de cativeiro.

Os estudos sobre período colonial, no Brasil, mostram que o conceito de família tem muito a ver com a economia. Era no grupo familiar, sobretudo no meio agrário, que muitas atividades produtivas de subsistência eram desempenhadas. Nessa época, mais do que hoje, o indivíduo era reconhecido e identificado por sua ligação a uma família, o que lhe conferia *status* e estabilidade. Assim, observar a importância (tanto econômica como de *status*) de vínculos familiares estáveis, na Colônia, ajuda a entender por que os grupos familiais muitas vezes iam além dos limites da consanguinidade, forjando parentescos fictícios, como o compadrio.

Já com relação à diversidade da composição familiar no Brasil contemporâneo, Danda Prado notou que, ao longo do tempo de vida, uma pessoa pode compor diversos tipos de família: pode ter nascido numa família extensa (com mais de duas gerações morando na mesma residência); mas, por morte dos membros mais velhos, ela pode voltar a compor uma família nuclear; ao contrair matrimônio, formará uma família conjugal (somente um casal); após ter filhos, pertencerá a uma família nuclear, que pode se tornar extensa novamente caso seus filhos tenham filhos residentes na mesma habitação. A autora descreve ainda a existência da família natural, composta usualmente por mulheres solteiras com filhos. Desde o Brasil colonial até nossos dias, inúmeras mulheres cujos parceiros não reconhecem a paternidade formam famílias naturais e são obrigadas a trabalhar para a manutenção dos filhos, além de conduzirem consigo o estigma de terem filhos não legitimados socialmente. Esse tipo de família, formada por mãe e filhos unicamente, e cujo cônjuge-pai tem presença instável ou apenas temporária, é designada como família matrifocal, normalmente caracterizada pela pobreza.

A família, como toda instituição, tem aspectos conservadores, assim como indicadores de mudança. Para Elizabeth Jelín, a família é uma instituição formadora de futuras gerações e mediadora entre a estrutura social e o futuro dessa estrutura. Nesse caso, sem intervenção externa, a família termina por transmitir e reforçar padrões de hierarquia e desigualdade já existentes na sociedade. Pela família, por exemplo, podem passar preconceitos raciais, ideias arcaicas sobre o papel dos gêneros, entre outros valores. Assim, a família é um espaço paradoxal, como pensa Jelín: tanto pode ser o lugar do afeto e da intimidade, como o lugar da violência muda e silenciosa. No quadro familiar, a violência de gênero ganha relevo, pois são as mulheres as principais vítimas. Na classificação de Jelín, a violência familiar atinge sobretudo as mulheres, na relação conjugal, depois as meninas e, em menor escala, os meninos, na relação filial. Os anciãos também compõem o número das vítimas.

Essas considerações nos levam a observar que o estudo da organização familiar deve, primeiro, respeitar a diversidade de padrões familiares existentes, além de relacionar essa instituição a outros assuntos correlatos, como cotidiano, gênero, violência, o papel do Estado etc. Os educadores e educadoras podem utilizar várias abordagens para a compreensão do tema: questionar como a família organiza as atividades domésticas, indispensáveis à reprodução do grupo, e se ela usa critérios de idade, sexo e graus de parentesco para dividir essas tarefas; perguntar se essa organização da economia doméstica é a mesma no meio rural e no urbano; se existe ou não desigualdade de gênero na família; investigar como se dá a socialização dos membros masculinos e femininos do grupo; discutir os conflitos de geração etc. Tal trabalho pode ser proposto como um projeto interdisciplinar, que não apenas envolva diferentes áreas do conhecimento (Geografia, Biologia, Sociologia), mas que aproxime também a escola de projetos de ajuda comunitária. Que tipo de ajuda? Saúde reprodutiva, orientação sexual, combate à violência doméstica, entre outros. Por fim, o tema família está em evidência nos noticiários, e é possível discutir com os alunos o conceito de família relacionando-o, por exemplo, ao casamento entre pessoas do mesmo sexo. Família é apenas algo biológico e, portanto, o resultado da união entre um homem e uma mulher? Ou a família é uma unidade social, cujos laços de afinidade e afeto, construídos socialmente, podem ser fortes o suficiente para justificar o casamento homossexual? Trata-se de assunto instigante no qual o Direito, a afetividade, a cidadania e o respeito à diferença devem estar presentes.

VER TAMBÉM

Cidadania; Cotidiano; Feminismo; Gênero; Interdisciplinaridade; Política; Sociedade; Tradição; Violência.

SUGESTÕES DE LEITURA

DEL PRIORE, Mary. Mulheres no Brasil colonial. 2. ed. São Paulo: Contexto, 2003.

DEL PRIORE, Mary (org.). História das mulheres no Brasil. 6. ed. São Paulo: Contexto, 2002.

_____. História das crianças no Brasil. 4. ed. São Paulo: Contexto, 2004.

FARIA, Sheila de Castro. A colônia em movimento: fortuna e família no cotidiano colonial. Rio de Janeiro: Nova Fronteira, 1998.

MACEDO, José Rivair. A mulher na Idade Média. 5. ed. São Paulo: Contexto, 2002.

MORAES, Maria Lygia Quartim de. Brasileiras: cidadania no feminismo. In: PINSKY, Jaime; PINSKY, Carla Bassanezi (orgs.). História da cidadania. São Paulo: Contexto, 2003.

PINSKY, Carla Bassanezi; PEDRO, Joana Maria. Mulheres: igualdade e especificidade. In: PINSKY, Jaime; PINSKY, Carla Bassanezi (orgs.). História da cidadania. São Paulo: Contexto, 2003.

PRADO, Danda. O que é família. São Paulo: Brasiliense, 1981.

SAMARA, Eni Mesquita. A família brasileira. São Paulo: Brasiliense, 1998.

SILVIA, Maria Beatriz Nizza da. História da família no Brasil colonial. Rio de Janeiro: Nova Fronteira, 1998.

SLENES, Robert W. Na senzala, uma flor: esperanças e recordações na formação da família escrava, Brasil, Sudeste, século XIX. Rio de Janeiro: Nova Fronteira, 1999.

FASCISMO

O fascismo, às vezes apresentado como nazi-fascismo, é objeto de estudo de historiadores, sociólogos, psicólogos e cientistas políticos desde o momento mesmo em que os regimes nazi-fascistas começaram a ascender no mundo europeu. E, embora se possa distinguir o nazismo do fascismo, a rigor, para efeitos de análise, os dois regimes costumam ser pensados juntos como integrantes de um mesmo processo de crítica profunda ao liberalismo que havia, em todo o século XIX, regido o mundo ocidental.

Dá-se o nome de fascismo, ou nazi-fascismo, ao fenômeno histórico específico ocorrido no mundo europeu entre 1922 e 1945, o chamado período entre-guerras, caracterizado pela ascensão de regimes políticos totalitários que se opuseram, ao mesmo tempo, às democracias liberais e ao regime comunista soviético (também este de caráter totalitário) e cuja repercussão atingiu numerosas Nações que adotaram regimes semelhantes. Há certo consenso entre os pesquisadores de que este fenômeno tem muito a ver com a chamada sociedade de massas e de que ele deve ser situado espacialmente na Alemanha e na Itália. Essa definição espacial tem a vantagem de evitar que regimes apenas autoritários e ditatoriais situados em outras Nações sejam nomeados erroneamente de fascistas. Assim, a Espanha franquista, o peronismo argentino, a extrema-esquerda no contexto da Guerra Fria e regimes autoritários da América Latina, da Ásia e da África foram definidos erroneamente como fascistas por seus opositores. E tais regimes não são fascistas porque apresentam características específicas ligadas ao contexto histórico em que emergiram.

Quem melhor reconheceu que o conceito de fascismo foi aos poucos sendo usado politicamente como adjetivo para qualquer ditadura do século XX foi o pensador Juan Linz, que, em 1975, elaborou uma classificação dos Estados propriamente fascistas, distinguindo-os daqueles meramente autoritários. Essa classificação, adotada por Eric Hobsbawm no livro *A era dos extremos*, exclui todas as formas não europeias do fenômeno, como o caudilhismo latino-americano. Mesmo na própria Europa, Linz e Hobsbawm identificaram três tipos de autoritarismo de direita: primeiro, os direitistas que seriam puramente autoritários ou conservadores, mas sem um programa ideológico definido, a não ser o sentimento anticomunista e preconceitos tradicionais de classe. Um segundo grupo, mais bem estruturado, que buscava resistir ao individualismo liberal e à ameaça do trabalhismo e do Socialismo por meio de diversas formas de corporativismo, visando superar a luta de classes e gerar cooperação interclasses. Para Hobsbawm, a origem desse grupo era anterior ao próprio fascismo, remontando ao primeiro Concílio Vaticano (1870), e tinha como principal representante o regime de Salazar em Portugal (1927-74). No terceiro grupo, finalmente, estariam os fascismos propriamente ditos, nas formas italiana e alemã, cujas características essenciais seriam a mobilização das massas de baixo para cima, sua utilização como rastro de poder, seu papel de contrarrevolucionários, a ênfase em valores tradicionais em contraposição à modernidade e a recriação do passado e invenção de tradições.

Uma das principais características do Estado fascista seria, assim, sua associação com a sociedade de massas. Essa sociedade, desencantada com o Estado e as instituições democráticas, que passavam no entre-guerras por séria depressão econômica, humilhada após o desfecho da Primeira Guerra Mundial e carente de lideranças fortes, era o ambiente fértil para a ascensão de regimes salvacionistas que canalizassem as frustrações pessoais e coletivas por meio de uma propaganda bem elaborada. Nesse sentido, muitos estudiosos enfatizam também a importância da propaganda como um dos aspectos fundamentais dos regimes fascistas.

O autor Renzo de Felice considera a existência de três interpretações clássicas sobre o fenômeno fascista, surgidas imediatamente após a guerra: a abordagem liberal, que considerava o fascismo "doença moral da Europa"; a abordagem radical, que via o fascismo como "produto lógico e inevitável" de certos países; e, finalmente, o fascismo como "reação antiproletária", fruto da sociedade capitalista, em uma análise marxista e materialista-histórica. Cronologicamente, a interpretação materialista-histórica antecede as duas primeiras, e foi Maurice Dobb seu principal representante. Para ele, o fascismo teve dupla função histórica: destruir as organizações livres da classe trabalhadora – tendo em vista o interesse da classe média – e organizar moral e materialmente a Nação, por meio da propaganda e da militarização, visando à expansão territorial.

Já a interpretação liberal, que percebia o fascismo como "doença moral" da Europa, surgiu antes mesmo da Segunda Guerra Mundial terminar e influenciou os estudos do tema na década de 1960. Teve em Benedetto Croce seu principal representante, que interpretou o fascismo como perda de consciência, embriaguez produzida pela guerra, conjuntura que irrompera quase do nada. Os argumentos de Croce, todavia, eram mais ideológicos do que científicos. Continuador dessa visão, Friederich Meinecke abordou o nazi-fascismo como um "desvio" no curso "normal" da vida política e institucional europeia. Para ele, o tecnicismo da sociedade moderna, com sua frieza e seu caráter calculista, foi o que originou esse "desvio social". O problema desse argumento é que se o tecnicismo anda lado a lado com o Capitalismo (algo que a maioria dos estudiosos concorda), então o Capitalismo já traz em si mesmo os germes do "desvio" (o individualismo, a luta de classes etc.), sendo um sistema sempre sujeito à ascensão de regimes totalitários.

A terceira interpretação, que entendia o fascismo como um "produto lógico e inevitável", foi defendida por autores como William McGovern e Peter Vierek. Para eles, o curso histórico da Alemanha e da Itália já prenunciava a ascensão do nazi-fascismo, pois o "atraso" dessas sociedades, a demora e a subsequente pressa de sua unificação nacional, e os saltos de suas economias, não produziram sociedades saudáveis. Logo, o fascismo seria resultante de uma secular formação histórica eivada de vícios e perversidades. No caso da Alemanha: autoritarismo, militarismo, pan-germanismo, antissemitismo, tudo isso caracterizava a doença sócio-histórica do povo alemão que, naturalmente, teria de descambar no Nacional-Socialismo. Essa interpretação, excessivamente determinista, não levou em consideração que, se havia germes do nazi-fascismo já no século XIX, eles só puderam se concretizar após problemas gerados pela conjuntura do entre-guerras. Esqueceu ainda que os fenômenos históricos não são inevitáveis, assim como houve opositores à ascensão do fascismo dentro mesmo da Alemanha e da Itália. De qualquer modo, essa última interpretação tinha a vantagem de tentar explicar o fascismo historicamente, buscando suas origens sociais e políticas.

Outra abordagem do fenômeno, original e controversa, uniu Psicologia, Sociologia e Antropologia. Seu precursor foi Wilhelm Reich, que em 1933 publicou o seu *A psicologia de massas do fascismo*, uma abordagem freudiana que definia o fascismo como uma psicologia política internacional das massas frustradas. Para essa interpretação, o masoquismo e a milenar repressão às leis naturais da vida e do amor fizeram que as massas se submetessem a um regime assentado amplamente na força. O homem reprimido de modo autoritário canalizava seu impulso de liberdade para a imagem de um homem forte, de uma liderança. Desse modo, o regime fascista não chegava ao poder por suas qualidades políticas, mas pelo apelo que fazia aos instintos psicossociais das massas. A inovação do pensamento de Reich estava no fato de ele não interpretar o fascismo unicamente por suas características específicas ou por sua plataforma política reacionária. Ao contrário, ele define o fascismo pela importância das massas, que, estimuladas por sentimentos profundos de rejeição e neurose e com enorme desejo de revolta e libertação de uma sociedade que as oprimia, ao mesmo tempo que ansiavam pela liberdade, procuraram por um líder forte para realizar seu desejo.

Um conjunto de intérpretes muito conceituados atualmente inclui estudiosos que focalizaram o fascismo em sua associação estreita com o contexto mais amplo do totalitarismo, o regime político vigente em algumas sociedades industriais modernas que se opunha aos regimes democráticos ou pluralistas. Como as outras interpretações, esta também é alvo de críticas, mas seu rigor metodológico é inegável. Além disso, tais intérpretes assentaram alguns consensos fundamentais para o estudo do fascismo, como a preocupação em compreender essas manifestações como produto de uma sociedade de massas e a distinção dos regimes fascistas/totalitários daqueles "simplesmente" autoritários. O principal nome dessa abordagem é Hannah Arendt. Em seu esforço de encontrar a gênese do totalitarismo, a autora concebeu o imperialismo e o antissemitismo como a antessala da destruição totalitária do século xx. Para ela, o imperialismo corrompeu o Estado-nação europeu, que se enrijeceu politicamente, assumindo soluções cada vez mais autoritárias. E, ao corroer as estruturas políticas europeias, o imperialismo terminou por engendrar o próprio totalitarismo. Mas, segundo Arendt, apenas a Alemanha hitlerista e a União Soviética stalinista podiam ser considerados Estados totalitários. Mesmo a Itália de Mussolini foi excluída dessa designação, embora se saiba que o *duce* reivindicava com orgulho a alcunha de totalitário para seu Estado fascista.

Por último, devemos mencionar a abordagem do psicólogo russo Serge Tchakhotine, que nas décadas de 1940 e 1950 afirmou que, no interesse de legitimar sua posição, os ditadores sustentavam que ascendiam ao poder pacificamente, sem emprego de violência física. Isso não é verdade, já que, para além do emprego da violência física, esses regimes souberam fazer uso da violência psicológica. E, com base nesse pressuposto, o autor procurou compreender as artimanhas e as estratégias de convencimento que os ditadores utilizaram para ganhar a mente de seu povo, considerando que uma propaganda benfeita seria a chave de todo sucesso fascista.

Os trabalhos de Tchakhotine e de Hannah Arendt exercem hoje grande influência sobre as novas interpretações do fascismo, tanto considerando as razões históricas do imperialismo na formação desse fenômeno quanto o poder (assentando nas máquinas de propagada de massa) que os ditadores fascistas tinham de convencer as massas.

Diante de tanta complexidade, não basta aos professores de História listar o conjunto de fatos que desembocaram no fascismo nas décadas de 1920 e 1930 para compreender esse fenômeno. Por outro lado, como muitos temas contemporâneos, o fascismo ainda desperta fortes sentimentos em vários segmentos da população no Ocidente, e no Brasil não é diferente. Assim, é preciso sensibilidade para discutir tal tema em sala de aula, sem que, no entanto, o educador se ache na obrigação de censurar o conteúdo. A relação do fascismo com o mundo atual é palpável, pois muitos jovens em diversas partes do mundo se apresentam como neonazistas, na maioria das vezes sem consciência do que foi realmente o nazismo. Assim, temos de trabalhar essa relação passado/presente em sala de aula e tentar despertar nos alunos opiniões críticas sobre o tema. Pode-se começar definindo democracia e liberalismo, visto que foi contra as democracias liberais que os regimes autoritários e totalitários se ergueram. Outro caminho para a compreensão do tema é ter como ponto de partida o avanço da propaganda no século xx e sua influência política e ideológica nas sociedades de massa.

Ver também

Capitalismo; Cidadania; Comunismo; Democracia; Ditadura; Estado; Golpe de Estado; Ideologia; Indústria Cultural; Imperialismo; Liberalismo; Massa/Multidão/ Povo; Militarismo; Violência.

Sugestões de leitura

Arendt, Hannah. *Origens do totalitarismo:* antissemitismo, imperialismo, totalitarismo. São Paulo: Companhia das Letras, 1989.

De Felice, Renzo. *Explicar o fascismo.* Lisboa: Edições 70, 1978.

Edgar, Andrew; Sedgwick, Peter. *Teoria cultural de A a Z:* conceitos-chave para entender o mundo contemporâneo. São Paulo: Contexto, 2003.

Hobsbawm, Eric J. *A era dos extremos:* o breve século xx (1914 – 1991). São Paulo: Companhia das Letras, 1995.

Marcuse, Herbert. *Tecnologia, guerra e fascismo.* São Paulo: Fundação Ed. Unesp, 1999.

Marques, Adhemar; Berutti, Flávio; Faria, Ricardo. *História contemporânea através de textos.* 10. ed. São Paulo: Contexto, 2003.

Pinsky, Jaime; Pinsky, Carla Bassanezi (orgs.). *Faces do fanatismo.* São Paulo: Contexto, 2004.

Reich, Wilhelm. *A psicologia de massas do fascismo.* São Paulo: Martins Fontes, 1972.

Feminismo

De maneira ampla, o feminismo pode ser definido como um longo processo não terminado de transformação da relação entre os gêneros. Um processo com raízes que se estendem desde o passado remoto até o presente. Por outro lado, o feminismo também pode ser apresentado como o discurso de busca de igualdade entre os sexos, e como tal já podia ser encontrado, por exemplo, na obra *A cidade das mulheres*, de Christine de Pisan, escritora francesa do século xiv que apresentava um discurso articulado e consciente em defesa dos direitos da mulher e da igualdade entre os sexos.

Todavia, se queremos definir o feminismo como movimento de massas, ele é um fenômeno bastante contemporâneo, que pode ser datado em torno das décadas de 1960-70, no mundo ocidental. Esse feminismo contemporâneo surgiu em um contexto no qual emergiram diversos movimentos de libertação denunciando a existência de vários tipos de opressão. Movimentos pelos Direitos Civis, pela igualdade racial, ecologistas, movimentos de homossexuais e de mulheres surgiram, então, como forma de pensar a opressão de modo mais amplo do que a partir da ideia de luta de classes, até então o fundamento das principais críticas à desigualdade social. Cada vez mais esses grupos foram percebendo que suas vidas estavam carregadas de estigmas e preconceitos, bem como que seus objetivos políticos nem sempre se confundiam com os objetivos do operariado, então considerado a classe social que seria a vanguarda de uma nova forma de organização social, o Socialismo. Foi nesse contexto que as mulheres começaram a perceber que o sexo é político, ou seja, que é permeado por relações de poder e de hierarquia, e essa situação (marcada pela desigualdade) continuaria a existir mesmo em um regime no qual inexistisse a luta de classes. Com o afloramento dessa consciência a partir dos anos 1960, nos Estados Unidos, surgiu o movimento feminista, que assumiu e criou uma identidade coletiva de mulheres como indivíduos do sexo feminino, possuidoras de interesses compartilhados: o fim da subordinação aos homens, da invisibilidade e da impotência, a defesa do direito de igualdade e de controle sobre seu corpo e sobre sua vida.

O principal objetivo das feministas era superar o autoritarismo e a desigualdade entre homens e mulheres nas relações pessoais, mas se preocuparam também com o entrelaçamento das relações pessoais com a organização política pública. Ou seja, a opressão de poder que se dava no âmbito privado não podia ser isolada de uma ação política pública mais abrangente: a luta por direitos de cidadania para todos, por exemplo. Assim, foram sendo organizados grupos de reflexão nos quais as mulheres compartilhavam suas agruras, e o que antes parecia um problema individual tornava-se coletivo.

O fato é que, desde a Independência dos EUA e a Revolução Francesa, no final do século XVIII, as ideias de igualdade natural e de direitos inalienáveis do homem e do cidadão constituíram o arcabouço dos Estados liberais modernos. Princípios supostamente universais e racionais deveriam reger a criação das leis, no sentido de se dividir o poder e evitar a tirania. Mas os códigos de leis emanados desses dois movimentos revolucionários, ao mencionarem a igualdade supostamente universal de "todos os homens", não incluíram as mulheres, negando-lhes, assim, a cidadania política. A França e os Estados Unidos após o século XVIII, apesar de entrarem para a história ocidental como baluartes da liberdade, mantiveram as mulheres distantes dos direitos que tanto orgulhavam seus líderes. Não eram sequer cidadãs de segunda categoria, simplesmente não eram cidadãs. Vale lembrar que a França foi o último país da Europa a introduzir o voto feminino, e isso apenas em 1944. Essas contradições não passaram despercebidas pelas mulheres que viveram esses movimentos. Muitas delas, como Olympe de Gouges, exigiram, já na Revolução Francesa, que os direitos "naturais" fossem estendidos à parte feminina da humanidade.

Assim, uma das principais demandas feministas foi o direito de votar e ser votada. As mulheres pleiteavam, dessa forma, os direitos políticos e a cidadania. Por essa razão, o movimento feminista, durante muito tempo, se confundiu com o movimento sufragista, este um movimento de mulheres que reivindicava especificamente o direito das mulheres ao voto. Como indicam Branca Moreira Alves e Jacqueline Pitanguy, o sufragismo teve início nos Estados Unidos por volta de 1848, logo se estabelecendo também na Inglaterra. Tanto nos EUA quanto na Inglaterra, o sufragismo foi um movimento de massas. As chamadas *suffragettes*, feministas inglesas radicais, ficaram famosas por fazerem uso da violência como forma de alcançar seus objetivos, tendo lutado por mais de seis décadas até conseguirem, em 1928, o direito ao voto.

Uma das principais marcas do feminismo era a resistência ao ridículo com que foi tratado. Muitas mulheres foram consideradas "masculinas demais" apenas por defenderem igualdade de direitos e atuarem na esfera dita "masculina", ou seja, a política. Outras, como Virginia Woolf, tiveram de defender vigorosamente o *status* intelectual da mulher diante de homens que insistiam em reforçar a tese da inferioridade intelectual da mulher na década de 1920.

No Brasil, somente no final do século XIX, as pioneiras do feminismo pleitearam o direito ao voto. As primeiras reivindicações foram feitas por meio de jornais, entre as décadas de 1860-90; em linguagem moderada, exigiam educação de qualidade para as mulheres, para que pudessem ser "boas mães" e "companheiras". No final do século XIX, entretanto, o voto já era uma demanda das brasileiras de classe alta e média alta. Mas, no Brasil, o feminismo não chegou a ser um movimento de massas, pelo menos até 1940, e nesse período não incluía mulheres pobres e trabalhadoras. O movimento sufragista brasileiro teve, assim, um perfil elitista. Além disso, seu caráter moderado contrastou com o inglês. Em geral de classe média alta, e com vínculos com os grupos dominantes, as feministas brasileiras optaram por um feminismo relativamente inexpressivo ideologicamente. Por outro lado, foi suficientemente organizado para convencer os extratos dominantes. Nesse sentido, sobressaiu-se Bertha Lutz, uma das fundadoras da Federação Brasileira pelo Progresso Feminino. Em 1932, a Federação e outras organizações feministas brasileiras alcançaram seu objetivo, e a Constituição de 1934 referendou o direito da mulher ao voto.

Atualmente, o feminismo não pode mais ser definido apenas pelo sufragismo, pois o voto já configura uma conquista. Mas muitos outros problemas ainda precisam ser discutidos, sobretudo os ligados aos hábitos arraigados na cultura machista: sexualidade e violência, saúde e reprodução e divisão de papéis no próprio lar (responsabilidades domésticas), entre outros. Pesquisas recentes sobre o mercado de trabalho no Brasil e sobre a violência contra a mulher, por exemplo, indicam que, apesar de algumas conquistas, velhas demandas ainda persistem. A socióloga Cristina

Bruschini demonstrou que, apesar do aumento da presença feminina no mercado de trabalho, as mulheres em geral ocupam empregos tradicionalmente "femininos" (setores de serviços e setores informais), sofrem com a desigualdade salarial em relação aos homens, e precisam fazer grande esforço para articular os papéis familiar e profissional, uma vez que sobre elas continuam a recair as responsabilidades domésticas. Do mesmo modo, apesar de muitas mulheres estarem inseridas no mercado de trabalho (uma conquista feminina), as relações de gênero não mudaram muito, uma vez que homens (muitas vezes maridos desempregados) costumam usar da violência contra suas mulheres, demonstrando assim sua frustração por não exercer o antigo papel de provedor do lar. Ou seja, o feminismo ainda tem muito pelo que lutar, e isso fica mais evidente quando vemos muitos países implantando ações afirmativas para garantir a presença feminina, seja em postos de trabalho bastante masculinizados, seja para garantir seu espaço nos cargos do poder político formal.

Uma amostra de como o feminismo é um processo permanente de lutas e tensões é o fato de as mulheres, nas décadas de 1960 e 1970, mesmo após o reconhecimento legal de seu ingresso nas universidades, ainda terem de lutar por espaços nessas instituições – espaços até então masculinos por excelência. Homens de mentalidade tradicional acusavam a produção intelectual feminina de ser "política" e não "profissional". Os historiadores norte-americanos, por exemplo, ressentidos por terem de dividir os espaços da academia com as mulheres, entrincheiravam-se na defesa de uma suposta neutralidade do saber histórico em oposição ao caráter "ideológico" da produção de historiadoras feministas. Durante muito tempo, mulheres, negros, judeus, católicos e "não cavalheiros", como diz Joan Scott, foram sistematicamente sub-representados na Associação Histórica Americana (AHA). O mesmo aconteceu na França, como apontou a historiadora francesa Michelle Perrot, país onde a História é uma disciplina muito prestigiada e, exatamente por isso, muito masculina.

Aqui entramos em outra discussão: a relação entre o feminismo e a História das mulheres. Em primeiro lugar, a História das mulheres emergiu atrelada à explosão do feminismo, como indica Mary Del Priore. Foram as feministas, antes dos historiadores, que perceberam o esquecimento que a História até então produzida devotava às mulheres. Elas eram ideologicamente identificadas com o objeto de estudo. As feministas fizeram da produção histórica outra arena de luta para resgatar seu passado e identificar o porquê da dominação masculina. A memória coletiva havia "esquecido" as mulheres como agentes da história, e era preciso, particularmente nos anos 1970, mostrar suas lutas, suas resistências, vitórias desconhecidas, humilhações. Esse resgate inspirou a prática política. Mas, aos poucos, a História das mulheres foi se afastando da política, ampliando seus questionamentos, ganhando legitimidade e rigor teórico. Finalmente, já na década de 1980, rompeu definitivamente com a política a partir da emergência da categoria de análise Gênero. Joan Scott descreve o percurso: do feminismo à História das mulheres, e desta para o gênero; ou da política para a História especializada, e desta para a análise. Mas, segundo Scott, o feminismo continua presente até hoje, seja na academia, seja na sociedade, e muitas pessoas que usam o termo gênero se definem como feministas. Além disso, a História das mulheres carrega de seu passado feminista a herança, positiva, em nosso entender, de ser um campo inevitavelmente político. Joan Scott, por exemplo, uma das principais defensoras da aplicação da categoria gênero, busca demonstrar que essa categoria guarda estreita ligação com as relações de poder entre os sexos.

Na sala de aula, a relação entre os gêneros é um tema pouco abordado. É preciso sensibilidade e coragem para lidar com o feminismo com alunos e alunas cujas famílias, muitas vezes, ainda adotam comportamentos tradicionais, sobretudo no que se refere à divisão de tarefas no lar, como a responsabilidade com os filhos e os serviços domésticos. Além disso, muitos livros didáticos ainda abordam superficialmente a História das mulheres e a relação entre os gêneros na história, e é preciso que o profissional busque outros recursos para empreender uma discussão satisfatória. Uma estratégia é fazermos a relação passado/presente. Mas precisamos nos precaver ao estudarmos o feminismo e suas lutas, mostrando quais os direitos hoje consolidados foram conquistas do movimento feminista. Por outro lado, precisamos sempre tentar incluir as mulheres como objeto de estudo em todos os períodos históricos trabalhados com os alunos: quais as condições das mulheres no Egito Antigo? No Brasil Colonial? Na Idade Média? Essa abordagem evita que releguemos às mulheres a uma História marginal, como se elas não fizessem parte do processo histórico como um todo. Para tal abordagem, professores e professoras podem encontrar uma diversidade de recursos, desde livros didáticos até longas-metragens e documentários sobre as mulheres em diferentes períodos históricos. Tais recursos podem incluir desde músicas até filmes. Mas é preciso também não transmitir a sensação de "progresso" na condição feminina. Ou seja, não dar a entender que estamos vivendo no melhor dos mundos e que, por isso, não precisamos fazer nada mais para mudar a relação entre mulheres e homens em nosso cotidiano.

VER TAMBÉM

Cidadania; Cotidiano; Democracia; Família; Gênero; Historiografia; Liberdade; Liberalismo; Política.

SUGESTÕES DE LEITURA

ALVES, Branca Moreira; PITANGUY, Jacqueline. *O que é feminismo*. São Paulo: Brasiliense, 1991.

DEL PRIORE, Mary (org.). *História das mulheres no Brasil*. 6. ed. São Paulo: Contexto, 2002.

EDGAR, Andrew; SEDGWICK, Peter. *Teoria cultural de A a Z*: conceitos-chave para entender o mundo contemporâneo. São Paulo: Contexto, 2003.

HAHNER, June E. *Emancipação do sexo feminino:* a luta pelos direitos da mulher no Brasil, 1850-1940. Florianópolis/Santa Cruz do Sul: Editora Mulheres/ Edunisc, 2003.

HUGHES-WARRINGTON, Marnie. *50 grandes pensadores da História*. São Paulo: Contexto, 2002.

MARQUES, Adhemar; BERUTTI, Flávio; FARIA, Ricardo. *História do tempo presente*. São Paulo: Contexto, 2000.

MORAES, Maria Lygia Quartim de. Brasileiras: cidadania no feminismo. In: PINSKY, Jaime; PINSKY, Carla Bassanezi (orgs.). *História da cidadania*. São Paulo: Contexto, 2003.

PINSKY, Carla Bassanezi; PEDRO, Joana Maria. Mulheres: igualdade e especificidade. In: PINSKY, Jaime; PINSKY, Carla Bassanezi (orgs.). *História da cidadania*. São Paulo: Contexto, 2003.

PERROT, Michelle. *Os excluídos da História*: operários, mulheres, prisioneiros. São Paulo: Paz e Terra. 1988.

WOOLF, Virginia. *Kew gardens*: O status intelectual da mulher; Um toque feminino na ficção; Profissões para mulheres. São Paulo: Paz e Terra, 1997.

FEUDALISMO

Feudalismo é um conceito histórico construído com o intuito de servir de ferramenta teórica para o estudo de determinado período na formação do Ocidente. Ou seja, refere-se especificamente ao sistema político, econômico e social da Europa medieval. Mas esse conceito pode se tornar também uma categoria de análise ao ser aplicado a realidades tão diversas como o Japão medieval e o Islã. No entanto, o modelo de Feudalismo clássico foi construído a partir da Europa ocidental, principalmente da França. O termo em si não é contemporâneo ao período que representa, pois só foi elaborado no século XVII. Mas o mundo medieval conhecia a palavra feudo, usada para nomear a posse e usufruto de uma parcela do patrimônio fundiário do rei.

Escrita nas proximidades da Segunda Guerra Mundial, a obra *A sociedade feudal*, de Marc Bloch, é um dos maiores clássicos sobre o assunto. Nela, Bloch criticou a visão generalizante que considerava todas estruturas feudais de diferentes lugares uma única "civilização feudal". Para ele, as diferenças regionais e as mudanças temporais criaram Feudalismos diferentes. Mas apesar disso, o modelo clássico normalmente se limita ao conjunto de estruturas sociopolíticas e econômicas vigentes no norte da França entre os séculos XI e XIII. Todavia, tanto a Inglaterra, a Alemanha, a Itália quanto a península Ibérica, apresentaram estruturas feudais próprias, que não eram apenas "variantes" do modelo francês.

O Feudalismo tem sido bastante discutido pela historiografia, alimentando controvérsias. Entre essas, está a polêmica em torno da existência de um modo de produção feudal. A tese que defende a existência de um modo de produção feudal afirma que esse período possuía uma "economia natural", ou seja, agrícola, e desconhecia a utilização de moedas. Tal tese foi elaborada pelo materialista histórico Perry Anderson, que discordou dos estudos socioeconômicos de Marc Bloch. Bloch, por sua vez, negou a existência de uma economia natural, afirmando que no Feudalismo a economia nunca se tornou totalmente agrícola nem abandonou transações monetárias ou comércio. Havia apenas escassez de moeda.

De forma geral, as estruturas feudais nasceram da ruína do Império Romano, e suas principais características estruturais já existiam no seio da economia romana do Baixo Império. As estruturas socioeconômicas romanas entraram em decadência devido à sua própria expansão imperial, pois uma vez que a economia escravista necessitava de contínuas importações de mão de obra servil para funcionar, e para que a produção dos latifúndios se mantivesse estável, as fontes de trabalho escravo deveriam ser inesgotáveis. Como a principal fonte de trabalho escravo era a guerra de conquista, o Império precisaria estar em contínua expansão para abastecer os latifúndios. No entanto, no século III d.C., ele chegou a seus limites máximos. Com a escassez cada vez maior de mão de obra escrava, os latifúndios puseram-se a pensar em maneiras de garantir a reprodução da mão de obra e o aumento da produtividade, em face do menor número de trabalhadores. Assim, passaram a distribuir lotes de terras aos escravos, onde estes deveriam se assentar e constituir família, responsabilizando-se por uma produção da qual apenas pequena parcela ficaria para sua manutenção, revertendo o restante em benefício do senhor. Estava iniciado assim o regime de colonato.

Também as invasões germânicas às fronteiras do Império, a partir do século V, contribuíram para a decadência política romana e para a consolidação do *status* dependente do camponês, na medida em que a destruição das cidades e das propriedades agrícolas levava cada vez mais agricultores livres a se estabelecerem sob a "proteção" de um senhor. Assim, surgiu um dos aspectos principais da relação feudal, a servidão, por meio da qual o camponês se torna dependente e preso às terras de um senhor por obrigações jurídicas. Porém, a chegada dos germânicos contribuiu para a formação das elites feudais, quando a elite de guerreiros germânicos se sobrepôs ao restante da sociedade. Foi essa fusão gradual de instituições germânicas e romanas que deu origem à sociedade feudal. O Feudalismo se caracterizou, assim, por ser uma rede de relações de dependência jurídica, da servidão à vassalagem, que se entrelaçavam com a estrutura econômica fundiária.

Por sua vez, a mais marcante de suas características políticas era a decadência da autoridade real. Com a queda do Império, formaram-se, nas antigas províncias, diversos reinos de origem germânica. E apesar da grande absorção da cultura romana, essas monarquias foram constituídas com base na antiga organização tribal: ao lado do rei – posição inicialmente eletiva, mas que logo adquiriu caráter hereditário – estavam os guerreiros, que logo se tornaram nobres, pois a função militar passou a definir a nobreza. Com a fragmentação do antigo poder central romano e com a influência crescente dos nobres guerreiros (que tinham, inclusive, o poder de eleger reis), gradativamente os potentados locais foram assumindo as funções da realeza.

Ao mesmo tempo, a Igreja Católica em franca expansão começou a se inserir na cena política. Com as invasões e a ausência de autoridades estatais nas províncias, foram os bispos que primeiro assumiram as funções administrativas. Um exemplo desse poder estava na Península Ibérica, onde os bispos controlaram as cidades no lugar dos governadores romanos ausentes, e depois passaram a influir e definir a eleição dos reis visigodos. O espanhol Isidoro de Sevilha foi um dos bispos mais poderosos da Alta Idade Média, pois, além de exercer um poder político de governador, também controlou a educação na província, monopolizando a transmissão da cultura erudita.

Já do ponto de vista social, o Feudalismo se caracterizou pelas relações de vassalagem e servidão. Ou seja, independentemente de sua condição jurídica, o homem medieval, cavaleiro ou camponês, estava submetido à dependência pessoal, à subordinação a outro indivíduo. A vassalagem era o laço de dependência que ligava todo nobre a seu senhor, e a servidão o laço de dependência do camponês, o servo, para com o nobre. A vassalagem funcionava como a prestação de homenagem que um nobre fazia a outro mais poderoso, passando este a ser seu suserano. O vassalo devia a seu senhor lealdade e serviços, em geral militares. Em troca o suserano fornecia proteção e meios materiais para sua manutenção. Meios que poderiam ou não ser um feudo.

No caso da servidão, eram duas as principais formas de sujeição: a sujeição do indivíduo e a sujeição da terra. Na primeira forma, o servo pertencia ao senhor, que em geral se apropriava apenas de seu trabalho, apesar de ter direitos sobre seu corpo. Na segunda forma, os senhores arrendavam parcelas de sua terra a camponeses livres em troca de porcentagem na produção e pagamentos de serviços, as chamadas corveias.

Nesse contexto, em que a dependência dos indivíduos era a regra, a propriedade fundiária possuiu diferentes definições e configurações jurídicas. Ela era em si o senhorio, e não o feudo. E nem todo senhorio era feudo. De início, o feudo era a terra doada como remuneração por algum serviço, inclusive o de artesão. Mas gradativamente, o termo foi se tornando algo a ser aplicado somente às doações mais importantes, para designar o senhorio dado como benefício à vassalagem, ou seja, uma doação do suserano para seu vassalo. Nesse sentido, feudo era uma propriedade fundiária dependente de laços políticos, enquanto senhorio poderia ser qualquer forma de propriedade da terra.

Podemos, com base nessas considerações, observar que no Feudalismo existiram diferentes formas de relações sociais, de relações de trabalho e de economia, todas em geral baseadas na terra. A condição jurídica e os laços políticos dos indivíduos eram fatores que entrelaçavam as relações econômicas nessa sociedade, mas nem os camponeses livres, nem a escravidão desapareceram totalmente do Ocidente durante a Idade Média. No caso da Península Ibérica, por exemplo, a estrutura feudal comportava alguma mobilidade social, o que significava a possibilidade de um indivíduo poder mudar de estamento, deixando de ser um servo ou um homem livre peão e passando a ser um fidalgo, um nobre. Tal situação é uma particularidade ibérica, que influenciou inclusive a sociedade colonial da América, séculos mais tarde. A especificidade dessa estrutura levou historiadores como Raymundo Faoro a afirmarem que o Feudalismo nunca existiu na Península. Essa tese, entretanto, é hoje contestada, pois os historiadores acreditam atualmente que o fato de haver diferenças nas estruturas sociais, políticas e econômicas entre a sociedade ibérica e a francesa não determinava que o Feudalismo fosse uma exclusividade da última.

A influência medieval sobre a colonização do Brasil foi principalmente ibérica, razão pela qual cabe a nós, professores, procurar trabalhar mais a Idade Média sob a ótica de portugueses e espanhóis. Perspectiva que nos ajuda a abandonar aos poucos a excessiva dependência que temos da história francesa e inglesa. O Feudalismo é tema que suscita questões bastante atuais, que podem ser levadas para o cotidiano da sala de aula: a existência de latifúndios e de pessoas sem terra, a permanência de relações servis no campo, a intolerância religiosa etc. Podemos relacionar essas questões contemporâneas com as estruturas feudais que as precederam. Tal tema, assim, pode ganhar muito se trabalhado a partir de uma relação com o presente. Um estudo atento do Feudalismo e da Idade Média como um todo não deve também cair na visão preconceituosa de que estamos lidando com uma "Idade das Trevas", com um momento de obscurantismo na História. No seio da sociedade feudal surgiram muitos elementos que a Idade Moderna adotou.

VER TAMBÉM

Escravidão; Latifúndio/Propriedade; Massa/Multidão/Povo; Modo de Produção; Oligarquia; Revolução Francesa; Servidão.

SUGESTÕES DE LEITURA

ANDERSON, Perry. *Passagens da Antiguidade ao Feudalismo*. Porto: Afrontamento, 1989.

BLOCH, Marc. *A sociedade feudal*. Lisboa: Edições 70, s. d.

DUBY, Georges. *Guerreiros e camponeses*. Lisboa: Estampa, 1980.

FAORO, Raymundo. *Os donos do poder*: formação do patronato político brasileiro. Porto Alegre: Globo, 1996, v. 1.

KARNAL, Leandro (org.). *História na sala de aula*: conceitos, práticas e propostas. São Paulo: Contexto, 2003.

MACEDO, José Rivair. *A mulher na Idade Média*. 5. ed. São Paulo: Contexto, 2002

RUCQUOI, Adeline. *História medieval da Península Ibérica*. Lisboa: Estampa, 1998.

SANTIAGO, Theo (org.). *Do feudalismo ao capitalismo*: uma discussão histórica. 9. ed. São Paulo: Contexto, 2003.

FOLCLORE

É amplamente conhecida no Brasil a origem da palavra folclore: termo cunhado em inglês a partir das palavras *folk*, povo, e *lore*, saber. Uma área do conhecimento muito prezada pelo turismo cultural e pela Antropologia. Definido inicialmente no século XIX, pelo arqueólogo inglês William Thorns, o folclore designava então uma ciência cujo objeto de estudo eram as antiguidades literárias, as cerimônias, as crenças, as superstições e as manifestações do saber popular de sociedades com escrita, mais especificamente as europeias. Já no século XX, os estudiosos procuraram estabelecer melhor o termo e sua área de estudos.

No Brasil, em 1951, foi realizado o I Congresso Brasileiro de Folclore, que elaborou a Carta do Folclore Brasileiro, documento que definiu folclore como o conjunto de maneiras de pensar, sentir e agir de um povo, preservadas pela tradição popular e pela imitação. Hoje os estudos de folclore foram assimilados pela Antropologia, que o redefiniu como o campo de investigação da cultura espontânea, rural ou urbana. Ou seja, da cultura material e imaterial, que se origina espontaneamente no seio do povo.

O conceito de folclore está intimamente ligado às noções de povo, de tradição e, como não podia ser diferente, de cultura, pois de forma simples, folclore é a cultura popular tradicional. Diferentes regiões, diferentes grupos sociais e étnicos possuem tradições folclóricas diversas, e o estudo dessas tradições diz muito sobre como vive e pensa o povo, sobre sua história e a história do país e região que o abriga. Assim, o folclore significa o conjunto de todas as tradições, costumes, lendas e crenças populares de uma região. Para alguns autores, folclore é o estudo da cultura espontânea coletiva de um povo "civilizado", ou seja, de uma sociedade com escrita. Essa é a perspectiva defendida, entre outros, por Rossini Tavares. Nesse sentido, os estudos que seguem essa perspectiva podem ser bastante etnocêntricos, por considerar o folclore a manifestação "menor" de um povo "avançado", desprezando ao mesmo tempo as sociedades ágrafas e o próprio povo analfabeto das sociedades com escrita, e apresentando o folclore como uma elaboração rústica e primitiva de cultura, inferior à cultura erudita, à cultura das elites.

Mas o folclore pode também remeter à perspectiva contrária, ou seja, à valorização do saber popular, do conhecimento daquelas camadas sociais que, mesmo em uma sociedade que mantém o conhecimento erudito restrito às elites e sendo excluídas deste conhecimento, elaboram sua própria forma de conhecimento, democrática, criativa e dinâmica.

A cultura popular é composta pelas mais diversas manifestações folclóricas, desde danças e brincadeiras, à literatura oral constituída por provérbios, contos, cordéis, canções e à cultura material, com seus utensílios artesanais de utilidade cotidiana, e com a alimentação. Inclui ainda a chamada sabedoria popular, ou seja, conhecimentos comunais sobre o universo, aplicáveis à vida cotidiana, como a medicina popular.

É comum que algumas abordagens ressaltem apenas a característica da superstição nas narrativas folclóricas. Mas é preciso observar, como fez Robert Darnton para o folclore francês do século XVIII, que os contos populares e as narrativas supersticiosas muitas vezes têm caráter pedagógico e moralista, pois almejam transmitir lições para o cotidiano. Além disso, ao observarmos as lendas folclóricas brasileiras, percebemos que esses relatos populares têm também acentuado caráter lúdico. Também é comum considerar manifestação ou fato folclórico apenas aquelas manifestações transmitidas oralmente (o que lhe conferia um caráter popular em uma sociedade onde as elites dominavam a escrita) e fossem coletivas, anônimas (sem autor conhecido) e espontâneas. Mas essa definição de fato folclórico como fenômeno cultural antigo, oral e anônimo é, em si mesma, bastante etnocêntrica, e no Brasil já foi criticada inclusive os trabalhos de Luís da Câmara Cascudo, na década de 1940. Assim, atualmente os estudiosos preferem conceituar folclore como a tradição constantemente readaptada, que tem como características a funcionalidade, o dinamismo, a aceitação coletiva, a espontaneidade. Por outro lado, hoje, com a valorização da cultura popular por amplos setores letrados, é cada vez mais frequente o registro de manifestações consideradas folclóricas, não apenas em texto escrito, mas em vídeos e músicas. No Nordeste, por exemplo, gêneros musicais tradicionais, como o coco e a ciranda de roda, têm ganhado, a partir das últimas décadas do século XX, espaço nas gravadoras e lojas de músicas, alcançando um público diferenciado e se readaptando a um novo contexto.

O antropólogo Renato Almeida, em obra clássica escrita na década de 1950, estudou o folclore a partir de uma visão funcionalista. Para ele, todo fato folclórico tinha uma função na cultura popular, e nela nada era gratuito ou arbitrário. O folclore, assim, estaria ligado ao passado, mas sempre readaptando-o para as necessidades do presente por meio da religião, das artes, das atividades lúdicas. Também pesquisas atuais na área de Etnomusicologia afirmam o caráter dinâmico da cultura popular. Etnomusicólogos contemporâneos têm dado continuidade ao trabalho de registro de tradições musicais populares, iniciado por Mário de Andrade, em 1938, com a Missão de Pesquisas Folclóricas. Andrade também procurou registrar manifestações folclóricas consideradas inacessíveis, por se desenvolverem em lugares distantes dos grandes centros urbanos. Considerando, então, que uma das características do folclore era a oralidade, a Missão de 1938 procurou registrar o maior número de manifestações culturais populares possíveis, com o intuito de preservá-las para as gerações futuras. Assim, percorreram diversas cidades em cinco estados brasileiros (Pernambuco, Paraíba, Ceará, Pará e Maranhão), registrando em fotos, filmes e gravações diversas manifestações da cultura popular, como o bumba meu boi, os reisados, os caboclinhos e o tambor de mina.

A versão atual da Missão, por sua vez, realizada por etnomusicólogos de universidades da Paraíba e de Pernambuco, segue novas perspectivas: considera que a cultura popular é dinâmica e vive em constante reelaboração, e não que vai desaparecer. Percebeu, por exemplo, que as manifestações gravadas pela Missão em 1938 continuam a existir, mas produzindo novas músicas com novas roupagens, como é o caso dos cocos e do carimbó. Esses pesquisadores preferem falar de música tradicional, e não de música folclórica, já indicando a existência de uma crítica a esse termo. Se o termo folclore está aos poucos sendo rejeitado por artistas e estudiosos, isso se deve ao sentido "pitoresco" com que a cultura popular era encarada. O adjetivo folclórico, dessa forma, expressaria certo desprezo por manifestações que, na verdade, não eram bem compreendidas, e só eram vistas pelo aspecto de "exótico" e de "pitoresco".

Não podemos abordar folclore no Brasil sem mencionar a obra daquele que se tornou referência fundamental sobre o tema, Luís da Câmara Cascudo, autor de mais de uma centena de trabalhos sobre cultura popular. Sua obra abrange desde os jangadeiros, vaqueiros, cantadores até a alimentação e as heranças judaica e moura no sertão. Cascudo pesquisou principalmente o Nordeste, mas em diversas obras foi além do regional. A riqueza de informações recolhidas faz dele um autor indispensável para o conhecimento da cultura popular brasileira.

É importante que professores tenham acesso a essa riqueza de dados sobre as tradições populares no Brasil, pois o estudo das manifestações culturais populares nos permite entrar em contato com a diversidade cultural em nossa própria sociedade e observar que o povo cria arte e cultura de forma tão ou mais dinâmica que as elites intelectuais e a cultura erudita. Não podemos esquecer também que as trocas entre a cultura popular e a cultura erudita são constantes e ativas. Não apenas a literatura brasileira sempre se alimentou de temas populares – desde Iracema, de José de Alencar, passando pelo Macunaíma, de Mário de Andrade, até a obra de Guimarães Rosa e Ariano Suassuna –, como a música pop brasileira tem sido um dos principais divulgadores da música popular: desde Alceu Valença, passando por Chico Science e grupos atuais como o Cordel do Fogo Encantado. Mas também o contrário acontece: a cultura popular se alimenta da erudita. O cordel é um dos mais fortes exemplos dessa corrente em que o popular adaptou e reconstruiu um veículo erudito – a literatura escrita –, além de temas como a obra de Camões e a história de Carlos Magno.

Ainda, o folclore (termo hoje que está sendo substituído por cultura popular) está presente em todo o nosso cotidiano, e não apenas em manifestações culturais distantes. O carnaval, as festas juninas, o forró, as comidas típicas, são elementos que existem nas grandes cidades brasileiras. Além disso, muito do saber popular, antes desprezado pela ciência, tem sido visto com maior interesse por pesquisadores de diversas áreas. Exemplo disso é a medicina popular, que emprega ervas e remédios homeopáticos hoje valorizados pela ciência médica como um todo. Podemos, dessa forma, trabalhar nossa proximidade com a cultura popular, relacionando também folclore e identidade, estimulando o contato entre o universo escolar e a comunidade local onde ele está inserido, procurando observar quais manifestações e saberes são desenvolvidos por essa comunidade. A escola pode implantar projetos inter-disciplinares sobre cultura popular, envolvendo disciplinas como Música, História, Ciências (medicina popular), Sociologia etc., e mostrar como a cultura popular e a educação formal não são incompatíveis e podem caminhar juntas na formação dos educandos.

VER TAMBÉM

Arte; Cotidiano; Cultura; Fonte Histórica; História Oral; Identidade; Imaginário; Interdisciplinaridade; Massa/Multidão/Povo; Memória; Patrimônio Histórico; Tradição.

SUGESTÕES DE LEITURA

ANDRADE, Mário de. *Música do Brasil*. Curitiba: Guairá. 1941.

ARAÚJO, Alceu Maynard. *Folclore nacional I*. São Paulo: Martins Fontes, 2004.

CASCUDO, Luís da Câmara. *Mouros, franceses e judeus*: três presenças no Brasil. São Paulo: Global, 2001.

_____. *Dicionário do folclore brasileiro*. São Paulo: Global, 2001.

SILVA, Alberto da Costa e (org.). *Lendas do índio brasileiro*. Rio de Janeiro: Ediouro, 2001.

SOLER, Luis. *Origens do folclore árabe no sertão nordestino*. Florianópolis: Ed. UFSC, 1995.

FONTE HISTÓRICA

Fonte histórica, documento, registro, vestígio são todos termos correlatos para definir tudo aquilo produzido pela humanidade no tempo e no espaço; a herança material e imaterial deixada pelos antepassados que serve de base para a construção do conhecimento histórico. O termo mais clássico para conceituar a fonte histórica é documento. Palavra, no entanto, que, devido às concepções da escola metódica, ou positivista, está atrelada a uma gama de ideias preconcebidas, significando não apenas o registro escrito, mas principalmente o registro oficial. Vestígio é a palavra atualmente preferida pelos historiadores que defendem que a fonte histórica é mais do que o documento oficial: que os mitos, a fala, o cinema, a literatura, tudo isso, como produtos humanos, torna-se fonte para o conhecimento da história.

No mundo ocidental, as primeiras ideias sistematizadas acerca da natureza das fontes históricas surgiram entre o século XVIII e o início do XIX, com os eruditos franceses que começaram a sistematizar a História escrita e, logo, a valorizar o documento. Foi sobre essa herança que se apoiaram os historiadores da escola metódica no século XIX, para construir sua concepção de fonte histórica em que o documento era considerado prova na qual reside a verdade. Tal premissa fundamentou todas as posteriores correntes históricas do Ocidente. Para os metódicos – ou positivistas, como hoje são mais conhecidos – a História era feita de documentos escritos, sendo a principal tarefa do historiador recolhê-los e submetê-los à crítica externa e à crítica interna para comprovar sua autenticidade. Nessa concepção, os documentos transmitiam o conhecimento histórico por si, e ao historiador só cabia coletá-los e agrupá-los, não questioná-los. Assim, segundo essa corrente teórica, o documento era a prova concreta e verídica de um passado imutável que não precisava ser interpretado.

Mas, a partir da década de 1930, um grupo de historiadores franceses associados à revista francesa *Anais de História Econômica e Social* (ou simplesmente *Annales*, como ficaram conhecidos no Brasil), impulsionaram a crítica a essa concepção de documento, influenciados por Karl Marx, um dos precursores da contestação à pretensa objetividade imparcial na História, ainda no século XIX. Para Marx, todo historiador estava ligado a sua classe social, não podendo ser imparcial, premissa que guiou a pesquisa dos materialistas históricos e dos Annales para o campo da interpretação e da análise, mudando o conceito de documento.

Os *Annales* e os materialistas históricos abriram possibilidades para renovações no pensamento e na pesquisa histórica. A partir de então, o fato histórico deixou de ser entendido como dado de forma verídica e real pelo documento; ele precisaria ser construído pelo historiador a partir de uma conjunção de fatores presentes e passados. Ou seja, o documento não era mais o portador da verdade irrefutável sobre o passado. Nesse sentido, também a ideia do que era fonte histórica se ampliou e o documento deixou de ser apenas o registro político e administrativo, uma exclusividade de povos com escrita. Para a história interpretativa não importava a veracidade do documento, mas as questões que o historiador lhe remetia. Desde então, a fonte histórica passou a ser construção do historiador e de suas perguntas, sem deixar de lado a crítica documental, pois questionar o documento não era apenas construir interpretações sobre ele, mas também conhecer sua origem, sua ligação com a sociedade que o produziu.

Depois dos Annales, principalmente com seus seguidores da "Nova História" na segunda metade do século XX, o conceito de documento foi modificado qualitativamente abarcando a imagem, a literatura e a cultura material. Os termos registro e vestígio passaram, nas últimas décadas do século, a ser mais e mais adotados, demonstrando a nova concepção histórica dominante em pesquisa sobre a cultura e o cotidiano, a alimentação e a saúde, as mentalidades coletivas. Múltiplas pesquisas, que utilizavam como fontes receitas culinárias, relicários e ex-votos, cordéis e vestimentas, todo tipo de registro de imagens, além da literatura em suas várias formas, começaram a ter grande desenvolvimento. Entretanto, o documento escrito não perdeu seu valor, mas passou a ser reinterpretado a partir de técnicas interdisciplinares emprestadas da Linguística e da Psicologia.

Ao mesmo tempo, uma emergente metodologia histórica, a História Oral, trouxe ideias inovadoras para a noção de fonte histórica, principalmente por criar seus próprios documentos: as entrevistas. O registro oral é o documento construído pelo pesquisador, tomando como base a memória do entrevistado. Visto que essas fontes, mais visivelmente do que ocorre em outras metodologias históricas, são contemporâneas do pesquisador, elas são intensamente influenciadas pelos dilemas do historiador, tanto como indivíduo quanto como membro de determinado grupo social.

Na mesma perspectiva se insere a corrente de estudo do filme como documento histórico. Baseados na obra pioneira de Marc Ferro, os historiadores que trabalham com cinema definiram dois campos de abordagem: o filme como documento do presente em que foi construído e o filme como representação do passado, como "bibliografia" e documento secundário. Toda uma concepção, tanto de pesquisa quanto de ensino, se constrói, então, a partir dessas perspectivas.

Essa crescente diversidade de fontes históricas motiva atualmente uma preocupação com o empobrecimento nas abordagens dos documentos escritos. Preocupação que foi vivenciada, por exemplo, na recente abertura dos arquivos do governo e da polícia secreta da antiga Alemanha Oriental, pois muitas questões feitas a esses registros pelos pesquisadores não foram respondidas satisfatoriamente porque muitos dos historiadores contemporâneos (por modismo e por outras razões) demonstram desconhecer os métodos básicos de tratamento das fontes. Por outro lado, a crescente proximidade da História com ciências como a Psicanálise e a Antropologia tem trazido novos documentos como símbolos, sonhos, medos e mitos, utilizados como fontes particularmente por historiadores que lidam com História das Mentalidades e do Imaginário. O mesmo ocorre entre a História e a Literatura: desde a década de 1950 que os romances e os discursos literários em geral passaram ao *status* de fonte histórica, embora nem todos os historiadores se sintam confortáveis na leitura e na interpretação dessas fontes. Aqui, também quem se interessa pela História Social, pelos costumes, pode obter na Literatura excelentes registros. Ao lado do "surgimento" de novas fontes está sempre a necessidade de uma formação mais ampla do historiador, que lhe permita abordá-las com habilidade.

Outro ponto que deve ser considerado tanto na escolha quanto no tratamento das fontes históricas é a questão regional. A África Negra, por exemplo, atualmente constrói sua história baseada em fontes arqueológicas e na elaboração de registros de História Oral das tribos. A história da América Latina, por sua vez, embora também tenha se voltado para a História Oral, caminha pela valorização de seu passado colonial e, portanto, preocupa-se mais detidamente com o tratamento e o questionamento de fontes coloniais, como processos inquisitoriais, registros religiosos e documentos administrativos. Ou seja, diferentes preocupações regionais geram diferentes formas de perceber e trabalhar as fontes históricas.

A preocupação com o documento é uma das primeiras e principais questões postas ao historiador, e trabalhá-lo em sala de aula ajuda a formar novas gerações capacitadas a pensar, refletir e construir novas fontes para a interpretação das sociedades. Cabe a professores e professoras conhecerem a diversidade de fontes históricas, e suas linguagens, e traduzi-las em recursos para o trabalho com os alunos. Trabalhar diretamente com o documento permite que o estudante possa se sentir mais próximo do passado, e, se bem orientado, criar suas próprias interpretações acerca do fato ou do contexto estudados. Por outro lado, é necessário cuidado com os perigos do trabalho direto com o registro histórico: todo documento é uma versão de determinado fato ou momento, dependente da visão de seu autor. Para realizar um bom trabalho com o documento, é preciso conhecer o contexto no qual ele foi produzido, quem foi seu autor e quais suas aspirações e visões de mundo. Um trabalho que leva o aluno não apenas a elaborar conhecimento como a adquirir conteúdo. Os documentos (manuscritos, jornais, músicas, filmes, artefatos, texto literário etc.), em virtude mesmo de sua especificidade e de seu contexto histórico, podem parecer confusos a uma primeira leitura, e o professor deve aos poucos treinar o grupo a fazer perguntas. Pois são as perguntas que fazem os documentos falarem, e então as interpretações são criadas.

VER TAMBÉM

Arte; Arqueologia; Cotidiano; História; História Oral; Historiografia; Iconografia; Interdisciplinaridade; Memória; Mito; Tecnologia.

SUGESTÕES DE LEITURA

BOURDÉ, Guy; MARTIN, Hervé. As escolas históricas. Lisboa: Europa-América, 1990.

BOUTIER, Jean; JULIA, Dominique (orgs.). Passados recompostos: campos e canteiros da História. Rio de Janeiro: Editora UFRJ/Ed. FGV, 1998.

CARDOSO, Ciro Flamarion; VAINFAS, Ronaldo. Domínios da história: ensaios sobre teoria e metodologia. Rio de Janeiro: Campus, 1997.

FREITAS, Marcos Cezar (org.). Historiografia brasileira em perspectiva. 5. ed. São Paulo: Contexto, 2003.

FUNARI, Pedro Paulo. Arqueologia. São Paulo: Contexto, 2003.

HUGHES-WARRINGTON, Marnie. 50 grandes pensadores da História. São Paulo: Contexto, 2002.

MONTENEGRO, Antonio Torres. História oral e memória: a cultura popular revisitada. São Paulo: Contexto, 2001.

PINSKY, Jaime (org.). O ensino de História e a criação do fato. 11. ed. São Paulo: Contexto, 2004.

PINSKY, Carla Bassanezi (org.). Fontes históricas. São Paulo: Contexto, 2005.

VIEIRA, Maria do Pilar de Araújo; PEIXOTO, Maria do Rosário da Cunha; KHOURY, Yara Maria Aun. A pesquisa em História. São Paulo: Ática, 1989.

FUNDAMENTALISMO

Desde o fim da União Soviética, no último quartel do século xx, e o consequente desmantelo da divisão ideológica que repartia o mundo em duas esferas, o fundamentalismo religioso tem sido apontado como o principal perigo à nova ordem mundial. Trata-se de tema que vem suscitando intensos debates e, por isso mesmo, não possui um quadro interpretativo único. O termo fundamentalismo se refere a um determinado tipo de interpretação religiosa que procura seguir à risca os preceitos fundamentais e mais tradicionais de dada religião. Há três tipos de básicos de fundamentalismos, todos ligados às grandes religiões monoteístas e imbricados entre si: o fundamentalismo islâmico, o cristão e o judaico. Em que esses tipos de fundamentalismos se aproximam ou se afastam é uma questão interessantíssima, que ajuda a elucidar o próprio conceito.

O conjunto político-ideológico do pensamento fundamentalista é bem mais complexo do que a simplificação que se vê na mídia atualmente. Mas, em geral, todas as formas de fundamentalismo contêm um caráter profundamente reacionário, que se apresenta como a busca por um retorno às origens primitivas e puras de um tempo não corrompido e uma rejeição a inúmeros aspectos da modernidade. Algo, por exemplo, como o que os Talibãs fizeram no Afeganistão, que a família real saudita tenta manter na Arábia, ou que diversos grupos cristãos mantêm nos Estados Unidos e na Europa.

Cronologicamente, o primeiro fundamentalismo a surgir foi o cristão, que inclusive deu nome a esse tipo de pensamento e ação. Segundo Sergio Paulo Rouanet, o fundamentalismo cristão tem uma vertente católica, chamada de integrismo, caracterizada pelo conteúdo antiliberal e antimoderno do Syllabus, do papa Pio IX, encíclica datada de 1864. Mas foi no protestantismo americano que o fundamentalismo cristão floresceu. A origem do termo fundamentalista está na publicação nos EUA dos doze fascículos da obra *The Fundamentals* (1909-1915), que postulava a virgindade de Maria, a infalibilidade da Bíblia e cujo texto afirmava a literal verdade divina, a divindade de Cristo, sua morte e ressurreição e a salvação da alma pela fé. O movimento, de caráter eminentemente conservador, ainda é bastante atuante e se opõe ao intelectualismo, chegando até mesmo a proibir, em certos Estados americanos, o ensino da teoria científica da evolução. De modo aparentemente contraditório, o movimento se expandiu com o auxílio de avançados meios tecnológicos de comunicação de massa, aumentando sua influência política. Além disso, durante a Guerra Fria, por exemplo, sobretudo a partir de 1960, esse movimento protestante combateu o Comunismo, e hoje combate o aborto e o homossexualismo. De grande força eleitoral nos EUA, compõe as forças de direita que defendem um patriotismo messiânico, acreditando que a "América" (como os norte-americanos denominam os EUA) é a nação eleita, e influenciando enormemente o presidente George W. Bush, que transmitiu aos seus discursos e atos contra o terrorismo um sentido cruzadístico de uma "guerra monumental do bem contra o mal", além de internamente defender valores tradicionais quanto à sexualidade e à família.

O fundamentalismo islâmico, por sua vez, surgiu em oposição à influência modernizante e ocidentalizante implementada a partir do imperialismo europeu do século XIX, tomando, assim, a forma de resistência cultural. Atualmente há várias tendências desse fundamentalismo, e entre elas há algumas mais radicais que pregam a luta armada para atingir seus objetivos. Mas, em geral, o fundamentalismo islâmico postula um retorno pacífico às origens religiosas do Islã e uma reforma dos costumes e da sociedade a partir da "sharia", da lei do Corão. Foi no contato com o Ocidente que se originou a opção islâmica pelo retorno mítico ao passado, pela opção antimoderna e tradicional, que prega o retorno às glórias passadas de sua sofisticada civilização. Assim, o pensamento fundamentalista ganhou apoio entre vastas camadas populares, em diferentes países onde o Islã é a religião predominante, por prometer para o futuro a mesma glória do passado, por meio do reavivamento da *turath* – termo traduzido livremente como tradição. Esse reavivamento, no entanto, chocou-se primeiro contra o próprio pensamento árabe modernizante, que via a Europa como um desafio, e arquitetava maneiras de, sem abandonar a cultura islâmica, vencer no jogo dos europeus, desenvolvendo um processo de modernização das sociedades muçulmanas. Em seu início, o fundamentalismo islâmico teve, em sua vertente mais radical, um caráter nacionalista, como o movimento Al-Jihad, que assassinou o presidente egípcio Anwar Sadat em 1981, e o GIA (Grupo Islâmico Armado, atuante na Argélia na década de 1990). Mas, em um segundo momento, o fundamentalismo extremista tomou um caráter internacional, com ramificações em diferentes Nações, como ocorre atualmente com o grupo terrorista Al Qaeda.

Já o fundamentalismo judaico configura uma ultraortodoxia que se opõe aos demais judeus liberais. Para os ultraortodoxos judeus, a lei de Deus tem valor absoluto e deve ser seguida tanto na vida pública quanto na vida privada. Eles pregam também uma visão arcaizante, que defende o retorno às glórias do passado judeu, pleiteando inclusive que o moderno Estado de Israel adote as características dos reinos hebreus da época do Antigo Testamento. O filósofo brasileiro Sergio Paulo Rouanet afirma que a tendência ao isolamento é tão forte entre os judeus ultraortodoxos que isso separa o grupo até de outras tendências do próprio Judaísmo. Essa tendência defende que se devem evitar contatos com pessoas de outras comunidades.

No Oriente Médio da segunda metade do século XX e início do XXI, os fundamentalistas judeus e muçulmanos entraram em conflito aberto, dificultando enormemente qualquer processo de paz na região, que vive assolada por disputas políticas e territoriais. Como os partidos ultraortodoxos têm peso eleitoral, as forças de direita tendem a imperar em Israel, que luta pela restauração das fronteiras bíblicas de um Estado que existiu apenas na Antiguidade, em detrimento do povo palestino, de religião muçulmana. Por outro lado, os fundamentalistas islâmicos, que têm enorme influência em países como a Arábia Saudita, fazem também ferrenha oposição a quaisquer diálogos com o Estado de Israel. Tudo isso contribui para que uma disputa, que em sua origem nada tinha de religiosa, hoje gere inimizades entre duas das mais significativas religiões do mundo, que no passado já vivenciaram, em diferentes momentos, relações pacíficas e de cooperação.

Entre os três fundamentalismos, há um conjunto de semelhanças. Apesar da pregação antimoderna em seus discursos, os fundamentalistas não abrem mão dos recursos da ciência moderna quando lhes convêm: há décadas que os aiatolás do Irã, por exemplo, mantêm programas atômicos, tanto energéticos quanto militares; nos anos 1980, o exército iraniano, em guerra contra o Iraque, mostrou-se muito bem armado. O fundamentalismo cristão nos EUA, por sua vez, faz uso de numerosos canais de TV e emissoras de rádio para expor suas ideias contrárias à teoria da evolução e em defesa de uma leitura literal do livro bíblico do Gênesis na discussão sobre a origem do homem e do universo. Sem falar na influência que a direita religiosa exerce na vida política norte-americana e no uso do monumental aparato militar do Estado norte-americano para atender à defesa da chamada "nação eleita". A tendência fundamentalista judaica, por outro lado, entende muito bem dos circuitos financeiros do Capitalismo moderno. Logo, como argumenta Rouanet, todos os fundamentalismos aceitam a modernidade técnico-científica. Outra semelhança profunda entre eles é a rejeição da modernidade política e cultural, chocando-se com o pluralismo político e o respeito aos direitos humanos. Do ponto de vista cultural, repudiam a visão secular do mundo – fruto do avanço da modernidade –, e buscam uma ressacralização da sociedade a partir de um sentido teocrático. Em comum, os três fundamentalismos defendem também pontos de vista tradicionais em questões morais e uma posição misógina em relação à mulher.

Há algumas divergências entre os estudiosos do tema quanto ao caráter e ao sentido histórico do fundamentalismo. Para alguns autores, como Michael Hardt e Antonio Negri, as diferentes correntes fundamentalistas estão ligadas pelo fato de serem vistas interna e externamente como movimentos antimodernos, como ressurreições de identidades e valores primordiais que antecedem e se opõem à modernidade e à modernização. Para esses autores, o fundamentalismo é um tipo paradoxal de teoria pós-moderna, tendo surgido cronologicamente após a modernidade. Já Rouanet considera que apenas alguns aspectos da modernidade são repudiados pelos fundamentalismos, enquanto a modernidade técnico-científica é utilizada por eles para fins antimodernos. Robert Kurz, por sua vez, apresenta uma visão semelhante à de Rouanet ao afirmar que tanto os grupos terroristas quanto a sociedade ocidental e seu totalitarismo econômico são adeptos da chamada "razão instrumental", típica da modernidade técnica e científica. Para Rouanet e Kurz, ao que parece, o fundamentalismo é um sintoma da própria modernidade, não um fenômeno constitutivo da pós-modernidade, e muito menos (como querem os fundamentalistas) uma volta ao passado.

Tema bastante polêmico, o fundamentalismo religioso deve ser objeto de pesquisas entre estudantes dos níveis Fundamental e Médio. O material a ser analisado é fértil: jornais, revistas, programas de televisão, sites etc. Incentiva-se, assim, que, no cotidiano, eles passem a ver com um olhar mais crítico as informações que a mídia transmite. Além disso, é preciso abordar os efeitos políticos, sociais e culturais que o radicalismo e o irracionalismo cego, inerentes aos fundamentalismos, exercem sobre o mundo atual, escapando de generalizações enganosas do tipo "todo fundamentalista é muçulmano e terrorista". Essa afirmação é um preconceito etnocêntrico, repassado pela mídia ocidental, baseada na atual política norte-americana. Atentando para esses cuidados, o fundamentalismo é um tema que traz grandes contribuições para uma compreensão mais ampla de assuntos como ética, liberdade, resistência cultural, respeito à diversidade cultural e globalização.

VER TAMBÉM

Cristianismo; Etnocentrismo; Evolução; Globalização; Imperialismo; Islã; Judaísmo; Liberdade; Mito; Modernidade; Monoteísmo; Pós-modernidade; Orientalismo; Religião; Terrorismo; Tradição.

SUGESTÕES DE LEITURA

AL-JABRI, Mohammed Abed. *Introdução à crítica da razão árabe.* São Paulo: Ed. Unesp, 1999.

BERLIN, Isaiah. *O sentido de realidade:* estudo das ideias e de sua história. Rio de Janeiro: Civilização Brasileira, 1999.

DEMANT, Peter. *O mundo muçulmano.* São Paulo: Contexto, 2003.

HARDT, Michael; NEGRI, Antonio. *Império.* Rio de Janeiro: Record, 2001.

HOURANI, Albert. *Uma história dos povos árabes.* São Paulo: Companhia das Letras, 1994.

MARQUES, Adhemar; BERUTTI, Flávio; FARIA, Ricardo. *História do tempo presente.* São Paulo: Contexto, 2000.

PINSKY, Jaime; PINSKY, Carla Bassanezi (orgs.). *Faces do fanatismo.* São Paulo: Contexto, 2004.

SILVA, Francisco Carlos Teixeira da; MEDEIROS, Sabrina Evangelista; VIANNA, Alexander Martins (orgs.). *Dicionário crítico do pensamento da direita:* instituições e personagens. Rio de Janeiro: Faperj/Mauad, 2000.

Gênero

Conceituar gênero é caminhar por uma trilha que ainda se está construindo e tem muito a ver com política e teoria. Nesse sentido, o próprio conceito de gênero foi fruto tanto de discussões políticas quanto teóricas. Normalmente associado ao estudo das relações entre homens e mulheres pelas ciências humanas, ele ajudou a despertar o interesse da historiografia em compreender a multiplicidade de identidades femininas ao longo da história.

A definição mais corrente de gênero é a que o considera uma categoria relacional, ou seja, gênero é entendido como o estudo das relações sociais entre homens e mulheres, e como essas relações são organizadas em diferentes sociedades, épocas e culturas. Os pesquisadores que utilizam essa categoria de análise fazem questão de frisar que no campo das relações entre homens e mulheres há uma distinção entre a esfera biológica, que é o sexo propriamente dito e suas características físicas, e a esfera social e cultural, que é a identidade de gênero. Assim, não há uma essência masculina ou uma essência feminina imutáveis e determinadas por características biológicas. O que há são construções sociais e culturais que fazem que homens e mulheres sejam educados e socializados para ocupar posições políticas e sociais distintas, normalmente cabendo aos homens as posições hierárquicas mais elevadas, enquanto às mulheres são reservadas as posições menos privilegiadas. Desse modo, o conceito de gênero tem muito a ver com a forma como são percebidas as relações de poder entre homens e mulheres. Segundo ele, as identidades masculina e feminina são construções sociais e culturais que impõem aos sexos condutas, práticas, espaços de poder e anseios diferentes. Tudo isso baseado nas distinções que a própria sociedade constrói para o feminino e o masculino, e não em diferenças naturalmente predeterminadas entre homens e mulheres.

Historicamente, o conceito de gênero surgiu para se contrapor a uma visão que enfatizava as diferenças biológicas, ou sexuais, entre homens e mulheres, que acabava *naturalizando* a dominação masculina. A nova categoria veio enfatizar que a natureza não explica, e muito menos determina, a relação entre os sexos. São os componentes sociais e culturais que interferem mais decisivamente na maneira pela qual os gêneros se relacionam, não havendo papéis fixos para homens e mulheres em nenhuma esfera social.

A categoria de gênero tem uma história que se inicia com o movimento feminista, nas décadas de 1960 e 1970. Este, em sua luta política, percebeu que tinha de construir uma *História das mulheres*, pois só assim explicaria a subordinação feminina e seus mecanismos e divulgaria a resistência e a luta de muitas mulheres no decorrer da história. Construir esse passado era, assim, um ato político fundamental para a afirmação do movimento no presente. Logo, foram as próprias mulheres que levantaram o véu do silêncio na história, pois, até então, o preconceito da historiografia produzida por homens não reconhecia que elas faziam parte da história. Havia, nesse período, uma conexão estreita entre o fazer político e o fazer intelectual. Assim, até os anos 1970, *História das mulheres* foi um campo majoritariamente feminino, já que os homens marginalizavam seus escritos. Dessa forma, as historiadoras e demais estudiosas, ligadas ao movimento feminista, construíram uma "*história feminina*" paralela à "*história dos homens*". No entanto, com as mudanças que ocorreram no próprio movimento feminista e na concepção de História a partir dos últimos anos da década de 1970, a produção historiográfica ocidental se afastou da política. Esse rompimento conferiu maior legitimidade acadêmica ao saber histórico produzido pelas (e sobre) as mulheres, e agora também por homens. Foi nesse momento que surgiu, na década de 1980, a categoria *gênero*, elaborada como um termo aparentemente neutro e desvinculado da ideologia feminista que usava a "perigosa" ideia de *História das mulheres*.

A polêmica, no entanto, continua: fazer uma *História das mulheres* ou uma *História de gênero*? Historiadores e historiadoras que defendem o uso da categoria gênero afirmam que não há uma identidade única para o que se chama genericamente *mulheres*, por isso a ideia de gênero auxilia na compreensão da diversidade das condições femininas ao longo da história, sobretudo quando relacionadas aos homens. Ou seja, há muitos tipos de mulheres diferentes ao longo da história, que possuem condições sociais distintas dependendo de numerosos fatores, como a cor da pele, a etnia, a classe, a idade etc., e elas devem ser estudadas em relação aos homens, e não de forma isolada. Os defensores de uma *História das mulheres* ressaltam, por seu turno, que *gênero* não explica tudo e não se pode ir logo fazendo uma história das relações sociais entre homens e mulheres quando ainda se ignora muito da história das próprias mulheres. Há, contudo, posições menos ortodoxas que fazem uso da categoria gênero associada a outras categorias, como raça e classe, pois a desigualdade não se dá apenas entre homens e mulheres, como um bloco homogêneo. Entre as mulheres, há negras, brancas, índias, judias, árabes, mulatas, ricas e pobres, entre muitas outras diferenciações que precisam ser pensadas.

O termo *gênero* não deve ser entendido como sinônimo de mulher/mulheres ou de sexo, uma vez que essa categoria de análise não combina com determinações biológicas. Mas isso não quer dizer que, na prática, as pessoas não acreditem em determinações biológicas. Para essas pessoas, a própria diferenciação física entre homem e mulher já justifica a dominação masculina ou as diferenças sociais entre homens e mulheres. Uma coisa é o conceito, que visa à superação de visões estreitas e estereotipadas em relação às condutas das pessoas, e outra é a forma como, no cotidiano, essas pessoas percebem o corpo. No cotidiano, o comum é as pessoas tomarem as diferenças biológicas como justificativa das diferenças sociais. Ou seja, elas naturalizam as práticas de dominação que sequer são percebidas, exatamente porque aparecem como "evidentes" demais. No entanto, a História não deve ficar restrita aos papéis de gênero, à diferenciação entre a identidade masculina e a feminina, mas perceber que a opressão de gênero pode estar associada a outros tipos de opressão social. Por último, é preciso lembrar que os papéis sociais de gênero são mutáveis, e homens e mulheres podem, ao longo do tempo e dependendo da sociedade em que estão inseridos, apresentar práticas e comportamentos diferenciados.

Enfatizando ou não a categoria gênero, atualmente dispomos de vasta produção historiográfica relativa à História das mulheres no Brasil. Marco na ampliação das publicações sobre o tema foi a coletânea organizada em 1997 por Mary Del Priore, intitulada *História das mulheres no Brasil*. Sexualidade, honra feminina, prostituição, família, trabalho e cotidiano são apenas algumas das faces de instigantes estudos realizados por especialistas nessa área, que compõem a coletânea. Escravas, índias, senhoras, mulheres forras, imigrantes, operárias, escritoras, entre tantas outras, tiveram suas histórias contadas por historiadoras e historiadores que ousaram levantar a poeira dos documentos para abordar essa temática que ajuda a compor um quadro bem mais completo e rico da história do Brasil.

Na sala de aula, devemos estar sempre atentos para mostrar que a dominação masculina e a violência de gênero estão baseadas em percepções de gênero desenvolvidas e alimentadas por diversos mecanismos do meio social: pela escola, pela própria família, na vida profissional e assim por diante. Em suma, a dominação de gênero (que pode ter uma face bem sutil e invisível), quase sempre, é incorporada pelas mulheres dominadas, devido à forma como as instituições sociais são constituídas e as imagens que elas transmitem. No meio escolar, devemos nos acautelar para não reproduzirmos preconceitos arraigados em livros didáticos, filmes, músicas e em outras linguagens. É fundamental estimular nas alunas e nos alunos uma conduta de suspeita perante os discursos produzidos nos mais diversos meios de comunicação, analisando, por exemplo, como os filmes e as novelas apresentam as ideias de feminilidade e masculinidade.

Ver também

Cidadania; Classe Social; Cotidiano; Discurso; Família; Feminismo; Identidade; Ideologia; Imaginário; Política; Raça; Teoria; Violência.

Sugestões de leitura

Bourdieu, Pierre. *A dominação masculina*. Rio de Janeiro: Bertrand Brasil, 1999.

Caulfield, Sueann. *Em defesa da honra*: moralidade, modernidade e nação no Rio de Janeiro (1918-1940). Campinas: Ed. Unicamp/Centro de Pesquisa em História Social da Cultura, 2000.

Del Priore, Mary (org.). *História das mulheres no Brasil*. São Paulo: Contexto, 1997.

Edgar, Andrew; Sedgwick, Peter. *Teoria cultural de A a Z*: conceitos-chave para entender o mundo contemporâneo. São Paulo: Contexto, 2003.

Freitas, Marcos Cezar (org.). *Historiografia brasileira em perspectiva*. 5. ed. São Paulo: Contexto, 2003.

Hughes-Warrington, Marnie. *50 grandes pensadores da História*. São Paulo: Contexto, 2002.

Pinsky, Carla Bassanezi; Pedro, Joana Maria. Mulheres: igualdade e especificidade. In: Pinsky, Jaime; Pinsky, Carla Bassanezi (orgs.). *História da cidadania*. São Paulo: Contexto, 2003.

Samara, Eni de Mesquita; Soihet, Rachel; Matos, Maria Izilda S. de (orgs.). *Gênero em debate*: trajetórias e perspectivas na historiografia contemporânea. São Paulo: Educ, 1997.

Globalização

O termo globalização surgiu na década de 1980, nas escolas de administração dos EUA, para designar a expansão transnacional de diversas empresas. O conceito logo se ampliou para definir o que para Manuel Castells é um momento histórico do porte da Revolução Industrial.

A globalização é principalmente um processo de integração global, definindo-se como a expansão, em escala internacional, da informação, das transações econômicas e de determinados valores políticos e morais. Em geral, valores do Ocidente. Herdeira do imperialismo financeiro dos séculos XIX e XX, a globalização ultrapassa as fases anteriores de internacionalização da economia para abranger praticamente todos os países do mundo. É uma nova fase do Capitalismo, surgida com o fim do bloco socialista e a queda do muro de Berlim em 1989; eventos que levaram à grande expansão de mercados, alcançando áreas antes vetadas ao Capitalismo.

Apesar da globalização atingir a cultura e as mentalidades, seu principal fator é a economia, criando mercados e integrando regiões, a partir de uma nova distribuição internacional de trabalho entre os países globalizadores e globalizados. Ou seja, entre aqueles Estados que controlam a dinâmica produtiva e comercial e aqueles que precisam se submeter a essa dinâmica.

Essa nova distribuição internacional de trabalho é mais complexa que a tradicional por duas razões: primeira, um país pode ao mesmo tempo globalizar e ser globalizado, como é o caso da Espanha – globalizada pela Europa e globalizadora da América do Sul. Segunda, os países periféricos passam a produzir peças e componentes de produtos montados nos países centrais do Capitalismo, criando, assim, uma desigualdade de tarefas e lucros em um mesmo sistema de produção.

Cientistas políticos e economistas que defendem a globalização como um processo benéfico para a humanidade, afirmam que ela gera riqueza e desenvolvimento para as Nações envolvidas. No entanto, apesar do crescimento da globalização econômica, por um lado, levar ao enriquecimento de determinados setores capitalistas, como as multinacionais e os investidores nacionais em cada país, por outro, gera camadas cada vez maiores de marginalizados, desempregados e subempregados, estando assim longe de integrar toda a população mundial nas benesses da sociedade de consumo.

Apesar de ter surgido como um fenômeno da economia, no início do século XXI a globalização se apresenta também como um processo de transformações sociais e culturais. É a chamada *nova ordem mundial*, que aparece tanto na globalização econômica e cultural quanto no neoliberalismo político e em certas vertentes da pós-modernidade intelectual.

Existe um conjunto de teorias econômicas, sociais e culturais que visa legitimar a globalização. Do ponto de vista cultural, a hegemonia de setores que dominam as comunicações no mundo globalizado produz um discurso que defende a globalização das informações, mediante, por exemplo, a internet, não apenas democratizando o conhecimento, como aproximando pessoas de diferentes culturas. No entanto, longe de integrar totalmente a humanidade, a globalização da informação – de fato monopolizada por pequenos grupos – deixa de lado amplos setores sociais em todos os países, setores sem educação formal ou acesso aos meios para participar desse intercâmbio. A própria natureza desigual e excludente da globalização não permite, assim, que sua vertente cultural vá muito mais longe. Por outro lado, a indústria cultural funciona como um mecanismo de imposição de valores de determinadas regiões a todo o mundo sob a mesma justificativa da integração total da humanidade. Desse modo, longe de haver um intercâmbio cultural, a globalização em geral promove os valores do Ocidente.

A política neoliberal também se apresenta como um aspecto da *nova ordem mundial*, caracterizando-se como a própria ideologia da globalização. Nascido na década de 1980 com os governos de Ronald Reagan nos EUA e de Margaret Thatcher na Inglaterra, o neoliberalismo se baseia na abertura de mercados, no fim do incentivo à indústria nacional, na redução do papel do Estado e nas privatizações. Justificando a expansão do mercado globalizado, a política neoliberal tem crescido em todo o mundo, sendo barrada apenas no leste pelos chamados *tigres asiáticos*, como Cingapura, que não abrem mão de um Estado forte.

O neoliberalismo é a retomada do liberalismo do século XIX, que defende sobretudo a tese do *Estado mínimo*, ou seja, a menor intromissão do Estado no mercado e na economia. Os neoliberais acreditam na hegemonia do setor privado e na desigualdade social como algo positivo para desenvolver a concorrência, selecionando os competitivamente mais aptos. Dessa forma, o neoliberalismo prega o darwinismo social, ou seja, a lei do mais forte, como na política de governo inspirada na filosofia de Frederick von Hayek, em obra de 1944, *The Road to Serfdom*, que pregava a exclusão de amplos setores da população das decisões políticas.

Tanto a globalização quanto o neoliberalismo encontraram importante campo de atuação na América Latina. Mas a inserção dessa região na globalização não se dá de forma homogênea e varia desde os países exportadores de produtos tradicionais, como a Bolívia, a Colômbia e a Venezuela, até aqueles com setores industriais importantes, como o Brasil e o México.

Apesar de o neoliberalismo ter sido projetado internacionalmente com os governos de Reagan e Thatcher na década de 1980, na América Latina a reestruturação econômica teve seu início já na década de 1970 com a chegada ao poder dos governos militares. O Chile foi o precursor do neoliberalismo latino-americano com a ditadura de Pinochet, que aliava autoritarismo, repressão e livre mercado. No fim dos anos de 1980, com a redemocratização, o movimento de capital na América Latina cresceu vertiginosamente devido à expansão capitalista com o fim do Socialismo. A transnacionalização da economia e a internacionalização do capital engoliram a América Latina, que passou a ser pressionada para implementar a liberalização do comércio e a redução do Estado, aderindo, assim, ao neoliberalismo. Ao mesmo tempo, a importância dos blocos regionais cresceu no cenário internacional, tornando a regionalização uma tendência da globalização. Também a América Latina aderiu a essa tendência, sendo o Mercosul o mais importante de seus blocos. Tendo como países-membros o Brasil, a Argentina, o Uruguai e o Paraguai, seu objetivo é criar um mercado comum que integre essas Nações. No entanto, a integração regional depara com dois grandes obstáculos, a disparidade econômica entre os associados e a dependência externa. Apesar disso, o Mercosul tem sido bem-sucedido em promover o comércio regional e realizar acordos de livre-comércio com a União Europeia.

No entanto, ainda que a globalização traga sucessos limitados para a América Latina, expressos sobretudo no comércio, suas características intrínsecas promovem a desigualdade social, devido à política neoliberal. Assim, têm aumentado consideravelmente os abismos de pobreza no continente. Uma das razões para isso está no fato de que, ao contrário do neoliberalismo europeu, que mantém as funções sociais do Estado, a América Latina adotou a ideia do *Estado mínimo*, privatizando setores básicos para o bem-estar social, como a saúde, a educação e a previdência social. Além disso, o livre mercado amplia o número de desempregados, de trabalhadores informais e de subempregados sem garantias sociais. Soma-se a isso o fato de que uma das principais propostas sociais do neoliberalismo é a desregulamentação do trabalho, implantada com modificações na legislação trabalhista de cada país. Se tomarmos o México como exemplo dessa situação, que se generaliza no continente, observaremos que desde a implantação da abertura comercial, da venda de setores estatais e do incentivo ao capital privado, as relações de trabalho passaram a girar em torno de conceitos como produtividade e flexibilidade, criando novas formas de contratação: mão de obra temporária, salário por produção que não cobre as horas de descanso e salário diferenciado para as mesmas funções. Os resultados sociais dessas novas relações de trabalho podem ser vistos tanto no México como em outros países de mesmo direcionamento político, como a Argentina e o Brasil: a anulação de benefícios salariais, a instabilidade salarial, os empregos temporários e a deterioração generalizada da qualidade de vida.

Tal situação leva a uma crescente crítica à globalização e a suas contrapartes, o neoliberalismo e a pós-modernidade, acusada esta última de irracionalista e excessivamente relativista. Seja como for, a sociedade brasileira está intensamente envolvida nesse processo cada vez mais rápido de mundialização. Se, de um lado, cresce a influência política e econômica do Brasil sobre os países da América do Sul e perante toda a América Latina, por outro, a enorme discrepância na distribuição de renda nacional também cresce. O empresariado é beneficiado, enquanto os trabalhadores tornam-se cada vez mais pobres. Mais grave, talvez, é a contínua perda de direitos salariais, como o 13º salário, a licença maternidade, férias, situação cada vez mais visível no mercado de trabalho brasileiro.

Essa é uma realidade vivenciada hoje tanto por estudantes como por professores, e aliada a ela está a convivência cotidiana com o crescimento da marginalização dos jovens de baixa renda, pois, enquanto adolescentes e crianças de classe média alta têm acesso à internet e à cultura globalizada, crianças e adolescentes de baixa renda estão excluídos desse meio. Por outro lado, o acesso cotidiano que os jovens de classe média e alta têm à cultura mundial traz outros problemas, como a generalização da sociedade de consumo. Em ambos os casos, os profissionais em sala de aula precisam se adaptar ao tipo de realidade que encontram e procurar contornar uma exclusão social crescente, tentando evitar o preconceito social que se desenvolve no Brasil e gira em torno da posse ou não do acesso aos bens econômicos e culturais da globalização.

Ver também

Capitalismo; *Cidadania*; *Imperialismo*; *Indústria Cultural*; *Liberalismo*; *Pós-modernidade*; *Trabalho*.

Sugestões de leitura

Barbosa, Alexandre de Freitas. *O mundo globalizado*: política, sociedade e economia. São Paulo: Contexto, 2001.

Castells, Manuel. *A era da informação*. São Paulo: Paz e Terra, 1999, 3v.

Faria, Ricardo Moura; Liz, Mônica Miranda. *Da Guerra Fria à nova ordem mundial*. São Paulo: Contexto, 2003.

Hobsbawm, Eric. *O novo século*. São Paulo: Companhia das Letras, 2000.

Lima, Marcos Costa (org.). *O lugar da América do Sul na nova ordem mundial*. São Paulo: Cortez, 2001.

Marques, Adhemar; Berutti, Flávio; Faria, Ricardo. *História do tempo presente*. São Paulo: Contexto, 2000.

Pinsky, Jaime; Pinsky, Carla Bassanezi (orgs.). *História da cidadania*. São Paulo: Contexto, 2003.

Santos, Milton. *Por uma outra globalização*: do pensamento único à consciência universal. Rio de Janeiro: Record, 2003.

Singer, Paul. *O Brasil na crise*: perigos e oportunidades. São Paulo: Contexto, 1999.

Golpe de Estado

Na história da América Latina, o cenário político desde a independência sempre foi tumultuado por insurreições e movimentos armados. Durante os séculos XIX e XX, tornou-se comum uma forma específica de insurreição política, o golpe de Estado. A expressão golpe de Estado vem do francês *coup d'Etat*, fórmula empregada para designar a tomada de poder por Napoleão no 18 Brumário, quando este, em 1799, assumiu o poder da França pós-Revolução Francesa, substituindo o governo do Diretório por um consulado com três nomes, o seu incluído, e logo pelo seu governo individual e ditatorial. Golpe de Estado passou então a denominar todo movimento de subversão da ordem constitucional, toda derrubada de um regime político, em geral por elementos de dentro do Estado, principalmente as Forças Armadas. Nesse sentido, golpe de Estado é um movimento realizado contra uma Constituição, e como tal está bastante atrelado ao Ocidente contemporâneo, visto ser nesse contexto histórico que predominam os regimes constitucionais. De forma geral, o golpe de Estado é um fenômeno político quase sempre de caráter violento, uma ação radical contra a ordem vigente.

No caso do golpe de Napoleão, além de inaugurar o golpe de Estado como conceito, iniciou também a tradição da ditadura de tipo bonapartista, na qual um governante assume caráter supremo, enfraquecendo todas as formas de organização política de sua sociedade e governando em relação direta com o povo. Esse caso define ainda uma outra importante característica do golpe de Estado, o fato de que ele está frequentemente associado ao estabelecimento de uma ditadura. O objetivo de todo golpe de Estado é tomar o poder, derrubando o governo em exercício. Mas o golpe não é um *regime de governo*, não é *governo*. Ele é um movimento político de contestação da ordem que prepara o caminho para outra forma de governo, em geral uma ditadura.

Existem várias expressões utilizadas como sinônimos de golpe de Estado na História: na América Latina e Espanha é o *"pronunciamiento"* ou quartelada, o golpe militar clássico. Na Alemanha, é o *putsch*. Termos correlatos para o golpe de Estado de tipo militar, com finalidades políticas. E, no entanto, não devemos generalizar, pois nem todos os golpes de Estado são militares.

Apesar do *pronunciamiento* ou quartelada ser o mais conhecido e o mais difundido não é de forma nenhuma o único tipo de golpe de Estado. Primeiro, na própria classificação de golpe militar, temos de diferenciar o golpe de Estado bem-sucedido, o *pronunciamiento*, das outras formas: as intentonas, por exemplo, são revoltas militares também com fins políticos, mas que ao fracassarem são consideradas golpes insensatos, sendo este o significado da palavra intentona. Os motins, por sua vez, são revoltas militares contra a hierarquia, normalmente sem objetivos políticos, nem finalidade de derrubar a ordem vigente. Temos ainda as insurreições, levantes muitas vezes populares e civis. Lembrando que a maioria das intentonas, insurreições e motins não chega a abalar gravemente a ordem social a que pertencem. Os golpes de Estado, pelo contrário, por sua organização, mesmo que não sejam bem-sucedidos, causam graves abalos à ordem política.

Por outro lado, existem os golpes não militares. Por exemplo, o chamado *golpe branco*, que acontece quando grupos políticos e sociais usam de pressão – e não de força – para forçar uma decisão governamental ou impor um governante. Um caso de golpe branco aconteceu após a renúncia do presidente brasileiro Jânio Quadros, em 1961, quando os militares e as elites se recusaram a aceitar a posse do vice-presidente, o esquerdista João Goulart, e pressionaram politicamente, conseguindo transformar o regime de governo de presidencialismo em parlamentarismo. No entanto, a crise gerada pelo governo de João Goulart, que conseguiu a volta do presidencialismo um ano depois, terminou por levar ao golpe de 1964, desfechado por militares de direita. Enquanto o golpe do parlamentarismo foi um golpe branco, realizado pelo Congresso, o movimento de 1964, por sua vez, foi um *pronunciamiento* típico, ou seja, um exemplo de golpe de Estado militar clássico.

Um terceiro modelo de golpe de Estado é o autogolpe, em que um governante legítimo, eleito, cancela os direitos constitucionais, revoga ilegalmente o poder do Legislativo e do Judiciário, impondo-se de forma autoritária sobre a sociedade e se configurando como uma ditadura. Exemplo desse tipo de golpe também pode ser encontrado na América Latina, como é o caso do governo de Fujimori no Peru, que, apesar de eleito democraticamente em 1992, apoiou-se nas Forças Armadas para empreender um governo autoritário, fechando o Congresso e suspendendo a Constituição.

O golpe de Estado como conceito se aproxima de outros, como revolução: em comum, ambos se apresentam como rupturas bruscas da ordem institucional. Além disso, o objetivo dos dois é derrubar um governo e instituir outro, mas enquanto a revolução é uma modificação radical das estruturas econômicas e sociais, o golpe, em geral, é apenas a substituição pura e simples das elites no poder, quase sempre levado a cabo pelas chamadas *elites orgânicas*, ou seja, as elites inseridas no próprio Estado, como os burocratas e os militares. Normalmente é comum o golpe de Estado ser apresentado como movimento conservador e a revolução, como progressista. Mas isso não pode ser um critério definido, pois, por um lado, existem revoluções consideradas conservadoras, como a iraniana de 1979, e, por outro, o próprio conceito de progresso e conservadorismo é relativo.

Para alguns autores, o golpe de Estado é uma característica de sociedades politicamente instáveis e subdesenvolvidas, sobretudo no século xx, raríssimas vezes sendo visível na Europa e na América do Norte anglo-saxã. Nessa abordagem, a maior ou menor ocorrência de golpes de Estado está atrelada à existência ou ausência de uma cultura política democrática instituída na sociedade. Assim, países com sólidas instituições democráticas e representativas em geral têm pequena ou nenhuma incidência de golpes de Estado. No entanto, se tais instituições são mais comuns na Europa ocidental, não podemos esquecer exemplos como o da Índia, que durante o século xx não conheceu golpes militares, sendo sua única experiência golpista um golpe branco proferido por Indira Ghandi em 1970, que desmantelou a oposição no Congresso. Isso se explica porque a Índia, apesar de ser Terceiro Mundo, possui sólida tradição de representatividade legislativa, com uma cultura popular muito voltada para a discussão política.

Quanto à historicidade do golpe de Estado, ou seja, sua delimitação temporal, alguns pensadores defendem que esse movimento político é uma característica específica do Estado nacional com Constituição, e logo existe apenas na Idade Contemporânea. Outros afirmam que o golpe de Estado pode ser definido, de forma mais ampla, como um meio político para derrotar inimigos dentro do Estado, pela utilização da força, e nesse caso pode ser visto desde as mais antigas civilizações.

De qualquer forma, um golpe de Estado é por natureza subversivo, construído na clandestinidade, preparado com considerável antecedência e planejamento. Não podemos, assim, estudar o golpe simplesmente a partir da tomada do poder. Sua preparação talvez diga mais sobre seus objetivos e componentes do que o golpe em si. Além disso, é comum que antes mesmo da tomada de poder, os golpistas iniciem um processo de destruição da legitimidade do governo junto ao povo, atacando politicamente e por meio da mídia. Esse foi o caso, por exemplo, do golpe conservador contra o presidente socialista eleito democraticamente no Chile, Salvador Allende, em 1970-73. Antes mesmo da quartelada ser desfechada, a oposição conservadora tentou um golpe branco no Congresso, sem sucesso, e iniciou um intenso processo de sabotagem do governo, por meio de boicotes e campanhas negativas. Não é incomum também que no período de preparação os golpistas invistam na cooptação de aliados, de lideranças políticas e sociais. O golpe de 1964, no Brasil, pode ser tomado como exemplo em que os militares golpistas se preocuparam de antemão em constituir alianças e conseguir apoio social antes do golpe, nesse caso, o apoio da Igreja e do empresariado.

Durante o século XX, uma importante característica do golpe de Estado foi a ligação entre os golpistas e uma ideologia internacional. Caso dos golpes do Terceiro Mundo durante a Guerra Fria, quando tanto os EUA quanto a União Soviética foram grandes incentivadores de golpes de direita e de esquerda, respectivamente.

Se definirmos o golpe de Estado como um fenômeno da História contemporânea, ligado à existência do Estado nacional constitucional, podemos entender melhor a razão da grande incidência de golpes na América Latina entre os séculos XIX e XX, pois nessa região e nesse momento o próprio Estado nacional era não só recente como importado de modelos externos europeus, e como tal tinha pouca ou nenhuma base na sociedade. Além disso, também as Constituições, elaboradas por elites dominantes, não tinham sido construídas em cooperação com a sociedade. Logo, a mudança brusca de elites governantes pouco interessava às massas, que, de qualquer forma, não participavam nem do processo de construção do Estado nem de seu governo.

Seja como for, o golpe de Estado é uma realidade na América Latina até hoje, como bem demonstra o golpe branco de Fujimori no Peru da década de 1990. O Brasil, a exemplo de muitos outros países na região, teve sua vida política e social no século xx grandemente influenciada por diversos golpes de Estado, o último dos quais, em 1964, levou um governo militar ao poder por vinte anos, com consequências visíveis até hoje na vida do país. Nessa perspectiva, o tema tem grande importância para o ensino da História. Estudar os golpes de Estado ao longo da história é uma importante ferramenta para a compreensão do mundo contemporâneo e da América Latina, além de possibilitar diversas discussões em sala de aula, como a falta de consciência social, de cidadania e de participação política no Brasil e na América Latina. Uma carência que permite a existência de golpes de Estado e de outras mazelas políticas da região.

VER TAMBÉM

Cidadania; Democracia; Ditadura; Estado; Fascismo; Liberdade; Massa/Multidão/ Povo; Militarismo; Nação; Política; Revolução; Terrorismo; Violência.

SUGESTÕES DE LEITURA

CASALECCHI, José Ênio. *O Brasil de 1945 ao golpe militar.* São Paulo: Contexto, 2002.

COGGIOLA, Osvaldo. *Governos militares na América Latina.* São Paulo: Contexto, 2001.

FERREIRA, Mário; NUMERIANO, Roberto. *O que é golpe de Estado.* São Paulo: Brasiliense, 1993.

GOODSPEED, Donald. *Conspiração e golpes de Estado.* Rio de Janeiro: Saga, 1966.

LUTTWAK, Edward. *Golpe de Estado*: um manual prático. Rio de Janeiro: Paz e Terra, 1991.

MALAPARTE, Curzio. *Técnica do golpe de Estado.* Lisboa: Europa-América, 1983.

PINSKY, Jaime (org.). *História da América através de textos.* São Paulo: Contexto, 1994.

Helenismo

Ao falarmos de helenismo, estamos normalmente nos referindo à civilização desenvolvida na Antiguidade a partir da Grécia Clássica e de sua cultura. Tal período, iniciado, para alguns autores, com o Império de Alexandre Magno no século IV a.C., marcou a transição da civilização grega para a romana. Nesse sentido, o helenismo foi a expansão da cultura grega a partir do intercâmbio que o Império de Alexandre Magno promoveu entre essa cultura e diversas civilizações orientais, como os egípcios e os persas. No entanto, autores como Arnold Toynbee designam como helenismo toda a civilização grega antiga, desde o segundo milênio a.C. Tal perspectiva se baseia na etimologia da palavra *helenismo*, derivada de *Hélade*, termo que os próprios gregos utilizavam para designar sua terra. Toynbee acrescenta que a palavra helenismo é a mais correta para designar a civilização da Grécia Antiga, pois *grego* e *Grécia* são termos anacrônicos que ultrapassam o período estudado. A maioria dos historiadores, todavia, delimita o helenismo apenas a partir da expansão da cultura grega com o Império de Alexandre Magno. Esse é o caso de Rostovtzeff, que considera helenísticos os reinos criados após a dissolução do Império de Alexandre e o período entre a morte deste e a conquista do Oriente por Roma.

Foi nesse contexto que, admirador da cultura das *polis* e discípulo de Aristóteles, Alexandre procurou levar a cultura grega para a Ásia à medida que seu Império se expandia. Com sua morte, o Império foi dividido em três unidades, cada uma governada por um general heleno, que constituiu dinastia na região: no Egito, o general Ptolomeu fundou um reino e a dinastia Lágida; Seleuco fundou a dinastia Selêucida na Síria; e Antígono dominou a Macedônia. Mas o helenismo ultrapassou essas fronteiras, chegando até a Índia. A expansão da cultura grega realizada ainda em vida de Alexandre incentivou a helenização do Império, e o processo de fusão cultural das matrizes helênicas, egípcias, persas e mesopotâmicas continuou nos grandes centros urbanos, após a fragmentação do Império.

Nesse sentido, podemos considerar o helenismo um conjunto cultural de base grega, mas com influências asiáticas diversas. Uma das principais marcas desse conjunto foi seu forte caráter urbano, oriundo da interação da política de Alexandre, que privilegiava as cidades como ponto estratégico defensivo, com as sociedades conquistadas, muitas das quais também eram marcadamente citadinas.

Nesse contexto, um dos mais importantes centros do helenismo foi Alexandria, no Egito. Fundada por Alexandre, Alexandria se transformou na capital do Egito ptolomaico, sendo considerada pela maioria dos estudiosos a principal metrópole do helenismo com seus 500 mil habitantes. O que fez de Alexandria a cidade por excelência do helenismo foi principalmente seu caráter cosmopolita: governada por uma dinastia grega – da qual Cleópatra foi a última representante – e fundada na interseção entre o Egito e o Mediterrâneo, Alexandria abrigou instituições culturais cujo objetivo era reunir o conhecimento produzido no mundo conhecido, ou seja, no mundo helênico. A mais famosa de suas instituições foi a Biblioteca, paradigma para todas as bibliotecas posteriores, que chegou a ter 200 mil volumes. Mas a cidade abrigava ainda museu, zoológico, jardim botânico e observatório, além de ser o lar de uma multiplicidade de estudiosos.

Outro grande centro urbano do helenismo foi Antioquia, capital do reino da Síria. E mesmo depois de incorporada ao Império Romano no século I d.C., continuou a ser um importante centro cultural, exercendo grande influência no Império, até mesmo depois da ascensão do Cristianismo.

A importância do urbanismo para o helenismo pode ser vista no próprio Alexandre, um fundador de cidades por excelência: só sob a designação de Alexandria, fundou setenta cidades entre o Nilo e o Indo. A *polis* grega clássica foi o modelo seguido, passando a ser considerada paradigma de civilização, e mesmo a conservadora elite judaica de Jerusalém foi influenciada por essa expansão da cidade grega, sendo que uma das características mais marcantes da *polis* instituída por Alexandre foi a democracia. Para uma cidade ser definida como *polis* precisava ter organismos políticos sociais herdados dos modelos jônicos, dórios e atenienses, entre os quais estava a democracia e os costumes, as tradições e os princípios educacionais, como a *Paideia*. Mas as cidades helenísticas, mesmo as da Hélade, ainda que possuíssem essas instituições, estavam inseridas em reinos e impérios de tradição despótica e não eram independentes. Logo, a democracia da *polis* helenística foi desde seu início equilibrada com a permanência de guarnições militares nas cidades.

Um dos principais veículos de transmissão do modo de vida grego nessas cidades foi a língua, o grego "comum", ou *koiné*, imposto sobre os diversos dialetos gregos depois da conquista de Alexandre. Essa língua, que rapidamente incorporou elementos de outras culturas, foi indispensável à formação do helenismo, pois possibilitou a comunicação na diversidade étnica de cada reino. Só o reino da Síria, por exemplo, chegou a abranger todo o antigo Império persa, que ocupava a maior parte da Ásia Menor até a Índia, com uma multiplicidade de grupos étnicos.

A língua grega, *koiné*, difundiu-se assim por meio da assimilação dos costumes gregos por diferentes povos dentro do helenismo: com os jogos de tipo olímpico, patrocinados por diversas cidades e santuários por toda a parte, que atraíam peregrinos; com a implantação da *Paideia*, a tradição educacional clássica, que incluía a construção de ginásios, o culto aos esportes, a filosofia e a *efebia*, instituição que misturava o serviço militar obrigatório com a iniciação dos jovens nos costumes gregos, em geral patrocinada por um tutor mais velho. De Atenas, a *efebia* e a *Paideia* se espalharam pelo mundo helênico, onde as elites de diversas origens étnicas iniciavam seus filhos nas tradições gregas, helenizando-os para inseri-los no que era considerado, por aqueles que viviam nas antigas fronteiras de Alexandre, o único modo de vida civilizado.

Hoje, a cultura helenística nos parece distante, apenas um tópico a mais no currículo de História do ensino Fundamental e Médio. Encarada dessa forma, realmente ela pouco tem a contribuir para nosso cotidiano. Mas cada geração relê a História a partir de suas próprias vivências e problemas. E nós também precisamos rever esse período à luz de nossa perspectiva atual: o helenismo representa um momento de intensa fusão cultural entre o clássico grego, a cultura egípcia, a mesopotâmica, a persa e mesmo a hindu. A própria Roma imperial foi um centro helenístico onde, ao lado dos deuses romanos e dos imperadores, a Isis egípcia e o Mitra persa eram amplamente cultuados. Sem esquecer que a difusão do Cristianismo em Roma – religião do mundo helênico, difundida por um judeu helenizado, o apóstolo Paulo – foi só o último movimento helenístico do Império.

Assim, o helenismo, mais do que o triunfo da cultura grega no mundo, foi um momento de fusão de muitas matrizes culturais advindas daquelas regiões que seriam bem mais tarde identificadas como Ocidente e Oriente. A expansão de Alexandre gerou um intercâmbio cultural e comercial pela transplantação de soldados, administradores e comerciantes, mesclando culturas e gerando cosmopolitanismo. A fundação de cidades levou o modelo grego para todo o Império, junto com os homens de negócio e letrados que usavam o *koiné*, língua na qual, inclusive, o Novo Testamento foi escrito. Já da Ásia Menor vinham as religiões dos mistérios e o culto a Mitra, que assim como o culto egípcio a Isis e a Osíris se propagaram na Grécia e em Roma.

Se considerarmos que toda experiência humana ao longo do tempo e em qualquer lugar é nossa herança comum, podemos entender melhor a relação entre nós e o helenismo. Além disso, ao observá-lo, logo percebemos a fragilidade dos conceitos de Ocidente e Oriente: pois a mais famosa das rainhas egípcias era grega, Cleópatra; e a Roma imperial, *berço do Ocidente*, era o palco de intensa mistura de culturas e religiões asiáticas, das quais o Cristianismo foi o exemplo vencedor.

Por outro lado, como quer a historiografia tradicional, temos muito a *dever* ao mundo grego – o que não queremos contestar –, o helenismo, no entanto, pode hoje se aproximar mais de nossa realidade: o cosmopolitanismo, a miscigenação, tudo isso já podia ser visto no helenismo. Além disso, temos de analisar os períodos "clássicos" da História com cuidado redobrado, pois toda escolha de mitos esconde um interesse ideológico: nesse caso, a Grécia Antiga foi escolhida pela historiografia tradicional como gênese da civilização, pois muitas de suas instituições foram herdadas pela Europa ocidental, região responsável pela definição de quem é ou não civilizado na História. Já o helenismo, uma vez que *orientalizava* os gregos, não sobressaindo os modelos civilizacionais que o Ocidente escolheu para definir uma cultura como superior, logo foi considerado um período histórico menor.

Essas considerações nos levam a perceber que cabe a nós, professores de História, fazer a necessária crítica não apenas ao conteúdo de nossos programas e livros didáticos, mas também às razões que levam determinados temas a terem mais espaço que outros em nossos currículos. Pois essas escolhas não correspondem a um consenso absoluto sobre quais as sociedades mais importantes da história, mas simplesmente a uma escolha política sobre o passado que nossa sociedade acha por bem lembrar.

VER TAMBÉM

Antiguidade; Cidade; Civilização; Colonização; Cristianismo; Democracia; Miscigenação; Mito; Orientalismo.

SUGESTÕES DE LEITURA

FUNARI, Pedro Paulo. *Grécia e Roma.* São Paulo: Contexto, 2001.

GUARINELLO, Norberto Luiz. *Grécia: cidades-estados na Antiguidade Clássica.* In: PINSKY, Jaime; PINSKY, Carla Bassanezi (orgs.). *História da cidadania.* São Paulo: Contexto, 2003.

LÉVÊQUE, P. *O mundo helenístico.* Lisboa: Edições 70, 1987.

MOMIGLIANO, Arnaldo. *Os limites da helenização*: a interação cultural das civilizações grega, romana, céltica, judaica e persa. Rio de Janeiro: Jorge Zahar, 1991.

PEREIRA, Maria Helena R. *Estudos de História da cultura clássica.* Lisboa: Calouste Gulbenkian, 1993, v. I – Cultura grega.

ROSTOVTZEFF, M. *História da Grécia.* Rio de Janeiro: Guanabara, 1986.

TOYNBEE, Arnold. *Helenismo*: história de uma civilização. Rio de Janeiro: Jorge Zahar, 1975.

História

Qual a validade de tratarmos aqui do conceito de História quando aparentemente essa é a primeira coisa que o professor aprende durante seus anos na universidade? Na verdade, os significados da História estão em constante mutação e é preciso que o professor leve a reflexão em torno dessa constante mudança para a sala de aula, fornecendo instrumentos para que seus estudantes possam compreender a complexidade da História e a dificuldade de se responder à pergunta "O que é História?". Essa pergunta não é nova, e cada corrente de pensamento procura dar sua própria resposta. Por isso, não é possível oferecer uma definição fechada para esse conceito. O mais importante é estabelecer as linhas gerais do debate em torno da natureza da História.

Desde os iluministas, com sua visão da História como progresso da humanidade, passando pelos "positivistas", ou historiadores da escola metódica, que viam a História como a tradução objetiva da verdade, do fato, até a Nova História, que prefere não oferecer uma explicação única para a questão, todo historiador se defronta com o problema inicial de definir seu próprio ofício. Essa questão passa muitas vezes pela definição ou não da História como ciência, o que oferece dificuldades, pois desde o século XIX, até hoje, a própria definição de ciência está em constante mutação.

Nesse debate, existem aqueles, como o historiador brasileiro Ciro Flamarion Cardoso, que defendem a cientificidade da História. Segundo ele, os principais argumentos contra essa cientificidade vêm da crença de que a História se ocupa de acontecimentos únicos, que não são passíveis de lei, ao contrário da ciência. Mas para Flamarion, desde o materialismo histórico e *Annales*, a História deixou de estar voltada para fatos singulares e passou a abranger estruturas globais sujeitas a regularidades, como a vida econômica e as estruturas sociais e culturais.

Por outro lado, historiadores adeptos da Nova História Cultural, abordagem criada no final do século XX a partir da perspectiva cultural da Nova História francesa, defendem a proximidade da História com a Arte, com a ficção, e não com a ciência. Entre esses, talvez o mais polêmico seja Hayden White. Para ele, a História é um gênero da literatura. Ele valoriza a escrita e a narrativa historiográfica e deita por terra a cientificidade da História.

No entanto, não basta discutirmos o caráter científico da História para construirmos nossa concepção da disciplina. Um dos trabalhos clássicos sobre a questão é o do historiador inglês E. H. Carr, *Que é História?*. Carr não oferece uma resposta absoluta, pois para ele a definição da História depende da visão que cada um tem de sua própria sociedade e do tempo em que vive. Uma de suas maiores preocupações gira em torno do fato histórico, inclusive diferenciando *fato* e *fato histórico*: para ele, o que separa um acontecimento qualquer (qualquer pessoa atravessando o riacho italiano Rubicão) de um fato histórico (Júlio César atravessando o riacho Rubicão) é a importância que o historiador dá a um fato e não a outro. Ou seja, um fato só se torna fato histórico mediante a interpretação do historiador. Assim, o ditado de que o fato fala por si, para Carr é incorreto: os fatos só falam quando questionados pelo historiador. Nesse sentido, o sangue vivo da História seria a interpretação e não o fato. E a interpretação, por sua vez, seria oriunda da relação entre o historiador e os fatos. Apesar de ter escrito sua obra em 1961, as concepções de Carr sobre a História são ainda bastante atuais.

Também Paul Veyne, em sua obra *Como se escreve a História*, escrita na década de 1970 e de grande circularidade no Brasil, se coloca a mesma pergunta: O que é História?. Não chega também a oferecer uma definição para a História, mas afirma o que, para ele, ela não é: a História não é uma ciência, não tem método e não explica. Para Veyne, História é narrativa, só que com personagens reais. E mesmo que baseada em fatos e documentos, não pode alcançar o realmente acontecido devido à natureza parcial dos documentos e dos fatos.

Mas Veyne não chega a dizer que História e ficção são a mesma coisa. Para ele, a diferença é que a História se preocupa com a verdade, enquanto o romance se preocupa com a beleza. Nesse sentido, a História teria como assunto só o que realmente aconteceu. Mas, com exceção desse ponto, a visão de Veyne da História é bastante relativista: tudo é história, então, para definir os fatos a serem trabalhados, a escolha e o critério do historiador são indispensáveis. A História é subjetiva porque, como tudo é história, a História termina sendo o que foi escolhido pelo historiador.

Além de procurarem definir História, os historiadores se preocupam também com conceitos atrelados a ela, como fato histórico, tempo e historicidade. Podemos observar algumas dessas preocupações presentes na Nova História, em pensadores como Jacques Le Goff. Ele questiona, por exemplo, a historicidade, termo que diz respeito a uma qualidade que os homens de determinado período compartilham uns com os outros, uma função comum a todos que pertencem ao mesmo tempo. O conceito de historicidade indica o próprio pertencer de cada indivíduo a seu tempo, e existe para toda a espécie humana. Logo, não há sociedades sem história e a própria história tem uma História, visto que o ato de contar, descrever e analisar o passado depende da sociedade e do período de cada contador. Tudo na História deve ser pensado em seu tempo, isto é, a historicidade. O que nos leva à questão do tempo na História. Antes de tudo, concordarmos com Vavy Pacheco quando ela afirma que a função da História é fornecer explicações para as sociedades humanas, sobre suas origens e as transformações pelas quais estas passam. Essas explicações, por mais diversas que sejam, são feitas sempre sobre uma base comum, o tempo, a temporalidade. Essa definição está atrelada ao pensamento de Marc Bloch, para quem a História é a ciência dos Homens no tempo. E se tal definição de Marc Bloch não é consenso (visto que muitos discordam da cientificidade da História), pelo menos tem o mérito de incluir o tempo, esse sim, indispensável a qualquer definição de História.

A concepção de História de Marc Bloch é uma das mais influentes do século xx. Ele foi fundador da Escola de *Annales* e valorizava intensamente a interdisciplinaridade e a aproximação da História das outras ciências humanas, como a Economia e a Sociologia. Acreditava que a História não era uma ciência qualquer, pois tratava de narração e descrição, enquanto a maioria das ciências tratava de classificação e análise. Mas isso não o impediu de defender a validade científica da História e de defini-la como a ciência do Homem no tempo. Para ele, a *verdade* era um dos princípios fundamentais da História, algo que o historiador deveria sempre procurar identificar. Caberia, assim, ao historiador a tarefa de julgar os fatos, tentando alcançar a verdade. Fica mais fácil compreendermos sua postura quando observamos um exemplo famoso dado por ele: se o vizinho da esquerda afirma que duas vezes dois são quatro e o vizinho da direita afirma que duas vezes dois são cinco, não podemos concluir que são quatro e meio. Em outras palavras, não devemos buscar meio-termo com a verdade.

Peguemos também a visão daquele que é considerado hoje um dos maiores historiadores vivos, Eric Hobsbawm. Materialista histórico em um momento em que as tendências da História parecem se voltar cada vez mais para a Linguística e a Teoria Literária, a importância de Hobsbawm no cenário historiográfico mundial demonstra o alcance de sua visão, por meio da qual a História tem sentido e função políticas. Para ele, o passado e a História podem e são usados para legitimar ações do presente, ações políticas de diferentes cunhos, nacionalistas, étnicos etc. E nesse caso o historiador não pode se furtar a criticar seus maus usos. Para isso, é fundamental a percepção da diferença entre fato e ficção.

De Ranke, com sua História objetiva, até Hayden White, que considera a História um gênero literário, vai uma grande distância: a distância histórica propriamente dita, visto que Ranke escreveu sua obra no final do século xix e White, no final do século xx. Assim, o próprio conceito de História é histórico, algo que muda com o passar do tempo, e como tal precisa ser constantemente revisto. Isso não quer dizer que temos necessariamente de concordar com White porque somos seus contemporâneos. A obra de Hobsbawm nos mostra isso, que há algo talvez de mais imutável na natureza da História, ainda que as interpretações mudem constantemente.

Para a pergunta "o que é História?" não existe uma resposta fechada ou simples, e muitos são os historiadores que têm contribuições a dar. E todos os professores e historiadores devem procurar responder a essa pergunta. Se concordarmos com Bloch sobre o fato de que a História situa a Humanidade no tempo, dando referências às ações dos indivíduos, e com Hobsbawm, que defende o papel político do historiador, iremos entender que o professor de História tem papel político dos mais importantes em nossa sociedade, papel ao qual não pode se furtar, mas que muitas vezes não percebe, o de formador de consciências. Segundo Jaime Pinsky e Carla Bassanezi Pinsky, em *História na sala de aula*, um dos papéis do professor é servir de intermediário entre o patrimônio histórico da humanidade e o universo cultural do aluno, que integra esse patrimônio. Tal percepção corrobora a afirmação de Leandro Karnal, na mesma obra, acerca dos métodos didáticos em uma sala de aula de História: uma aula pode ser ultrapassada mesmo contando com os mais modernos recursos didáticos. Mas também pode ser inovadora só com professor, giz e quadro negro. Pois o que conta é a concepção de História possuída pelo professor. Assim, o primeiro passo para a reciclagem, a capacitação, a renovação do profissional de História é a definição por ele de sua concepção da história.

VER TAMBÉM

Arqueologia; Ciência; Discurso; Fonte Histórica; História Oral; Historiografia; Iconografia; Iluminismo; Interdisciplinaridade; Memória; Mentalidades; Pós-modernidade; Pré-história; Relativismo Cultural; Tempo.

SUGESTÕES DE LEITURA

BITTENCOURT, Circe. *O saber histórico na sala de aula.* 6. ed. São Paulo: Contexto, 2004.

BORGES, Vavy Pacheco. *O que é História.* São Paulo: Brasiliense. 1981.

CARDOSO, Ciro Flamarion. *Uma introdução à História.* São Paulo: Brasiliense, 1992.

CARR, E. H. *Que é História?* Rio de Janeiro: Paz e Terra, 1982.

FREITAS, Marcos Cezar (org.). *Historiografia brasileira em perspectiva.* 5. ed. São Paulo: Contexto, 2003.

HOBSBAWM, Eric. *Sobre História.* São Paulo: Companhia das Letras, 1998.

HUGHES-WARRINGTON, Marnie. *50 grandes pensadores da História.* São Paulo: Contexto, 2002.

KARNAL, Leandro (org.). *História na sala de aula*: conceitos, práticas e propostas. São Paulo: Contexto, 2003.

LE GOFF, Jacques. *História e memória.* Campinas: Ed. Unicamp, 1994.

PINSKY, Jaime (org.). *O ensino de História e a criação do fato.* 11. ed. São Paulo: Contexto, 2004.

VEYNE, Paul. *Como se escreve a História e Foucault revoluciona a História.* Brasília: Ed. UnB, 1998.

História Oral

O século XX viu florescer um período de grandes e rápidas mudanças mundiais. O desenvolvimento da tecnologia transformou a História, acelerando os eventos. Da mesma forma, a tecnologia modificou a própria produção historiográfica, trazendo à cena o gravador como instrumento e produzindo a História Oral, uma metodologia histórica que trabalha com depoimentos orais, realizando entrevistas a partir das quais o historiador constrói suas análises.

Estabelecer o exato momento do nascimento de uma disciplina traz suas dificuldades, mas alguns segmentos da História Oral localizam sua gênese na Universidade de Columbia, EUA, em fins da década de 1940, com um projeto para registro da memória de pessoas consideradas importantes na história dos Estados Unidos. Mas o desenvolvimento dessa metodologia, a despeito desse nascimento como instrumento de registro de memória de personagens "importantes", voltou-se cada vez mais para a História Social, buscando recuperar a memória e a experiência de grupos à margem da história escrita. Exemplo dessa mudança, ainda nos anos 1960 na Grã-Bretanha, foi o desenvolvimento de uma vertente da História Oral que buscava registrar recordações de idosos, contribuindo tanto para novas perspectivas historiográficas quanto para a elaboração de trabalhos de assistência social.

Assim, desde seus princípios, a História Oral esteve marcadamente envolvida com as questões da memória humana, tanto coletiva quanto individual. E, nesse sentido, passou a ser um relevante meio de valorização das identidades de grupos sem escrita, por meio da coleta de seus depoimentos e da análise de sua memória, de sua versão do mundo e dos acontecimentos. Nos anos 1970, trabalhos de pesquisadores, como Alessandro Portelli e Michael Frisch, passaram a valorizar a memória como principal objeto de estudo da História Oral. Até então, essa disciplina era criticada por se basear em algo tão pouco confiável como a memória. Mas com esses pesquisadores, a aparente pouca confiabilidade da memória também passou a ser fonte de questionamentos sociais. Para eles, os próprios lapsos de memória são importantes para a compreensão dos significados que determinado evento assume para o indivíduo e seu grupo social. A memória se transformou, então, para muitos, no verdadeiro objeto da História Oral. E os historiadores começaram a considerar que, a partir do entendimento do processo de formação da memória histórica, poderiam compreender como os indivíduos vinculam passado e presente.

Essa abordagem da memória como chave da História se difundiu na comunidade científica, tornando-se hegemônica e levando a que as décadas de 1980 e 1990 desenvolvessem suas pesquisas sobretudo seguindo o modelo de entrevista a partir da história de vida do depoente. Até então, a entrevista preferia se ater a um tema específico, procurando ser o mais linear possível e buscando descartar divagações e fugas do tema feitas pelo depoente. Acreditava-se que assim o depoimento seria fidedigno, ou seja, confiável. Mas as pesquisas da memória não apenas indicaram que a abordagem completa e pouco direcionada do depoimento oral criava a possibilidade de utilizar a psicologia da memória como recurso da análise histórica, como também questionava a confiabilidade de qualquer documento, principalmente o escrito. No entanto, o desenvolvimento dessas teorias em torno da memória começou a suscitar críticas de que a História Oral estava se afastando de seu objetivo inicial, ou seja, do registro de experiências não documentadas de grupos ocultos pela História.

Assim, as tendências historiográficas mais recentes têm buscado a interligação da História Oral com projetos sociais, em especial no Terceiro Mundo. Desde o *Projeto Santuário* nos anos 1980, no qual refugiados políticos da América Central registraram seus depoimentos, trazendo-os a público no intuito de conseguir apoio político nos EUA, até projetos indianos que utilizam depoimentos orais contra a proliferação da lepra, a História Oral tem saído do meio acadêmico para alcançar a comunidade.

A História Oral no Brasil, apesar do pioneirismo da Fundação Getúlio Vargas – RJ, que já realizava projetos na área na década de 1970, apenas com o fim do governo militar começou a se desenvolver livremente. O interesse que o método oral tinha até então, como registro de evidência, começou a dar lugar à pesquisa com histórias de vida de pessoas comuns. Por isso, devemos atentar para as diferenças existentes entre a História Oral e o método de registro oral. Este último é mais antigo, está na base do surgimento da disciplina, mas restringe-se a gravar, registrar e reproduzir depoimentos sobre determinado tema, em geral com finalidade política. A História Oral, por outro lado, é uma disciplina que ultrapassa o registro de depoimentos e se volta para a reflexão teórica e metodológica em torno da construção do conhecimento.

Apesar do tratamento isolado que muitas vezes recebe, a História Oral não é uma disciplina autônoma, constituindo-se em um conjunto de técnicas, um método, para a pesquisa histórica e o tratamento documental. E como conjunto de técnicas, ela pode ser adotada por diferentes abordagens históricas. Pelo seu interesse no resgate da memória de grupos à margem da História escrita, por exemplo, tem grandes afinidades com a História Social. No Brasil, importantes trabalhos de História Oral foram construídos em torno de temáticas como cultura popular e crianças de rua, seringueiros, pescadores e sem-tetos. Também o registro da memória de grupos intermediários da elite constitui campo relevante, como os registros de memórias militares, realizados pela Fundação Getúlio Vargas.

Por outro lado, nas últimas décadas do século XX, a História Oral começou a estreitar laços com a Literatura. Daí em diante, a abordagem interdisciplinar tem se constituído em um dos principais caminhos para a História Oral, não apenas no diálogo História/Literatura, mas também no diálogo entre História e iconografia. Desde a formação de um acervo misto de documentos orais, escritos e imagéticos no Museu da Imagem e do Som – SP, até pesquisas desenvolvidas sobre literatura de cordel no Nordeste, que analisam depoimentos, documentos escritos e imagens, passando por estudos que utilizam a música como fonte documental, a História Oral tem se desenvolvido no Brasil em consonância com a História Cultural e com a interdisciplinaridade.

Apesar desses novos encaminhamentos, a memória não saiu de cena, assim como também não morreu o interesse pela chamada História dos esquecidos. Trabalhos desenvolvidos na década de 1990 trouxeram novos elementos para a discussão da memória. É o caso de pesquisas realizadas sobre biografias de sobreviventes judeus do holocausto nazista, que trouxeram de volta a preocupação com a confiabilidade da memória como fonte histórica. Nesses trabalhos, a confiabilidade da memória está entre as mais importantes questões para o entendimento da construção das identidades. Discute-se que, aceitar que a memória não é confiável seria o primeiro passo para entender as causas dos esquecimentos, das diferenças nas narrativas e das modificações que os episódios sofrem quando contados. As diferenças em cada história narrada podem sugerir, assim, os traumas sofridos pelos indivíduos, que preferem inconscientemente transformar os acontecimentos ao contá-los.

Sintetizando esses diferentes direcionamentos, percebemos que a História Oral aparece hoje como um campo de grandes possibilidades para o professor de História. Primeiro, do ponto de vista metodológico, ao trabalhar com diferentes tipos de fontes e ao levantar novas questões sobre a memória e a produção de fontes tradicionais. E, segundo, pelo seu conteúdo, tão voltado para o social e para os grupos marginalizados que, por não terem escrita, tendem a ser considerados sem história. As perspectivas da História Oral permitem ainda melhor compreensão das sociedades sem escrita, como os indígenas brasileiros. Ela incentiva que pensemos a oralidade em toda a sua funcionalidade como ferramenta de transmissão de valores, sentimentos, visões de mundo. Enfim, como instrumento de transmissão de cultura.

A partir da História Oral, os profissionais em sala de aula podem construir com os alunos novas percepções da História, em que a escrita deixe de ser um requisito fundamental para o reconhecimento das experiências de vida de um povo ou de um grupo social. Além disso, em uma sociedade como a nossa, em que o hábito de ler é considerado cultura erudita, o analfabetismo domina extensas regiões e os jovens constroem suas formas de expressão cada vez mais na oralidade e na imagem, desconhecendo a linguagem escrita. Assim, os métodos e as reflexões da História Oral permitem que o professor possa se aproximar mais de seus alunos, incitando diálogos por meio de linguagens mais familiares a eles.

Ver também

Fonte Histórica; História; Historiografia; Iconografia; Identidade; Interdisciplinaridade; Memória; Teoria.

Sugestões de leitura

Boutier, Jean; Julia, Dominique (orgs.). *Passados recompostos:* campos e canteiros da História. Rio de Janeiro: Ed. ufrj/Ed. fgv, 1998.

De Decca, Edgar Salvadori; Lemaire, Ria (orgs.). *Pelas margens:* outros caminhos da História e da Literatura. Campinas/Porto Alegre: Ed. Unicamp/Ed. ufrgs, 2000.

Ferreira, Marieta de Moraes; Fernandes, Tânia Maria; Alberti, Verena (orgs.). *História oral:* desafios para o século xxi. Rio de Janeiro: Fiocruz/Casa de Oswaldo Cruz/cpdoc– Fundação Getúlio Vargas, 2000.

Meihy, José Carlos Sebe. *Canto de morte kaiowa:* História oral de vida. São Paulo: Loyola, 1991.

Montenegro, Antonio Torres. *História oral e memória:* a cultura popular revisitada. São Paulo: Contexto, 2001.

HISTORIOGRAFIA

A historiografia é um campo de estudo ao qual nenhum historiador pode se furtar. É a reflexão sobre a produção e a escrita da História. Para Guy Bourdé e Hervé Martin, é o exame dos discursos de diferentes historiadores, também de como estes pensam o método histórico. Segundo esses autores, a perspectiva historiográfica é uma ferramenta para o ofício do historiador, ao descrever "escolas" históricas, e como produziram conhecimento ao longo do tempo. Uma "escola" histórica, por sua vez, é uma corrente historiográfica que agrega diversos historiadores com perspectivas em comum. Por outro lado, a historiografia também nos permite, por meio do estudo daqueles que escreveram a História antes de nós e do processo de como escreveram essas histórias, entender os elementos comuns aos intelectuais de um mesmo período. E, nesse sentido, a historiografia é uma forma de se estudar a História das ideias. Mas para Bourdé e Martin, a maior utilidade dessa disciplina é demonstrar, pela observação dos historiadores passados, que todo historiador sofre pressões ideológicas, políticas e institucionais, comete erros e tem preconceitos. Além disso, a única forma de um historiador ser objetivo e isento é conhecendo o trabalho e os erros dos que vieram antes. A historiografia seria assim a melhor vacina contra a ingenuidade.

Nesse contexto, a historiografia, mais do que a descrição da sucessão das escolas históricas, é uma forma de analisar os mecanismos que envolvem a produção do discurso dos historiadores, percebendo esses discursos em relação ao tempo e à sociedade em que cada historiador está inserido.

A documentação básica da historiografia são os livros de História, razão pela qual todo professor de História é um produtor de historiografia em potencial. Para Rogério Forastieri da Silva, um estudo historiográfico é uma reflexão sobre os historiadores e suas obras. A *preocupação* historiográfica já pode ser percebida na produção clássica greco-romana, pois desde a Antiguidade, e durante a Idade Média, diversos cronistas, historiadores e escritores de História em geral tinham a preocupação de situar sua obra entre outras produções do gênero e compará-la com a produção de seu tempo. Ou seja, já possuíam uma preocupação de cunho historiográfico. Entretanto, se os estudos historiográficos são o estudo dos escritos, dos métodos e das interpretações produzidas pela História, então tal disciplina só existe mesmo a partir do século XX. O pioneiro nesses estudos foi o historiador suíço Eduard Fueter em 1911. Desde então a disciplina tem evoluído bastante, deixando de ser simplesmente uma lista bibliográfica e incorporando análises e interpretações próprias.

Nesse campo de estudos, deparamos com a enorme importância da historiografia francesa, cuja História, como sugere Forastiere, se confunde com a própria História da historiografia ocidental. Também Peter Burke, em seu estudo sobre a escola dos *Annales*, define essa corrente como a *revolução francesa da historiografia*. Tal "revolução", no início do século XX, transformou a forma de se escrever História no Ocidente, sendo sua principal crítica voltada para a historiografia chamada positivista. É muito comum, inclusive, confundirmos o positivismo, a escola histórica seguidora de Auguste Comte, com a escola metódica: o que se convencionou chamar de positivismo é, na realidade, a escola metódica, influenciada pelo pensamento do filósofo alemão Leopold von Ranke, que supervalorizava o documento e defendia a objetividade na História. A escola metódica teve seu auge no final do século XIX, defendida sobretudo pelos historiadores franceses Langlois e Seignobos, que pregavam uma História narrativa, política, com forte caráter nacionalista. O positivismo propriamente dito, por outro lado, buscava estudar a História a partir do estabelecimento de leis que regulassem o desenvolvimento humano, seguindo assim a proposta de Comte para a elaboração de leis nas ciências sociais. A influência da escola metódica foi bastante relevante, inclusive no pensamento político de sua época, mas seu domínio nunca foi absoluto. No século XIX, historiadores como Michelet e Burkhardt já se preocupavam sobretudo com a cultura, sem falar da enorme contestação instituída por Marx e pelo materialismo histórico.

E foi a partir da influência da Sociologia e do materialismo histórico que *Annales* pôde se firmar como a perspectiva dominante na historiografia francesa, ampliando logo sua influência para fora da França e praticamente dominando a produção historiográfica do Ocidente no século XX. Talvez a única outra grande perspectiva teórico-metodológica de sucesso a concorrer com os *Annales* tenha sido o materialismo histórico que, principalmente na figura de autores ingleses como Eric Hobsbawm, E. P. Thompson e Christopher Hill, continuou a produzir durante o século XX, a se renovar e, não raro, a se mesclar com *Annales* e seus continuadores da Nova História.

A razão para a grande influência francesa na historiografia ocidental talvez esteja na importância que ela tem na sua própria sociedade. Extremamente valorizada não só pelos especialistas, mas também pelo grande público, essa produção intelectual tem importante papel social e político na França, constituindo um campo de estudos bastante respeitado. Situação que, agregada a outros fatores, pode explicar o surgimento de tantos autores relevantes. Atualmente as novas linhas da historiografia ocidental vêm, em especial da Antropologia, da Linguística e da Teoria Literária, que exercem sua influência sobre a História Cultural, hoje um dos campos de trabalho mais prolíficos. Nessa nova perspectiva, está havendo uma descentralização das influências, e a França não domina mais o campo teórico. Pensadores de língua inglesa, como o antropólogo Marshall Sahlins e o teórico da literatura Hayden White, têm tido cada vez mais espaço no cenário historiográfico mundial. Mas os pensadores franceses continuam a se renovar, como Roger Chartier, uma das principais influências da nova História Cultural. Os caminhos da produção historiográfica no início do século XXI, no entanto, não parecem se restringir a uma única linha teórica. Muitos pesquisadores hoje se preocupam em retomar a busca por uma História que não seja totalmente fruto de discursos e de subjetividade. Criticam, assim, o excessivo relativismo cultural da pós-modernidade e voltam a algumas questões de tratamento da documentação e a busca da objetividade, revisitando a escola metódica.

A historiografia brasileira, por sua vez, está inserida nesse contexto da produção ocidental, sendo, inclusive, sua vertente acadêmica, baseada no modelo francês, constituindo-se a partir da *missão* de Fernand Braudel à USP em meados do século XX. A preocupação historiográfica brasileira, todavia, é consideravelmente mais antiga. José Honório Rodrigues, em sua obra clássica *História da História do Brasil*, apontou que havia uma preocupação com a produção dessa História desde os cronistas coloniais, que ainda não faziam pesquisa histórica, e da primeira História do Brasil, escrita por Frei Vicente de Salvador, ainda no século XVI. Já no século XIX, muitos pesquisadores começaram a se interessar pela História do Brasil. Ligados aos Institutos Históricos e Geográficos fundados em diferentes províncias e patrocinados pelo Segundo Império, autores como Varnhagen e Capistrano de Abreu desenvolveram intensivo trabalho nos arquivos nacionais.

A maioria dos estudiosos concorda que a historiografia é uma disciplina imprescindível para o historiador. Sem ela, sem conhecer o que já se produziu em sua área de estudos, dificilmente ele poderá elaborar uma reflexão crítica. Além disso, a maior parte dos historiadores inicia seu trabalho por uma bibliografia específica, ou seja, fazendo uma seleção historiográfica, ainda que não esteja preocupado em determinar os fundamentos filosóficos e políticos que impulsionaram aquelas obras. Assim, todo historiador trabalha necessariamente com a reflexão historiográfica, mesmo que seja apenas para situar seu próprio trabalho no contexto geral da produção sobre o tema estudado. Mas, além disso, o pesquisador precisa interrogar as obras que consulta não apenas do ponto de vista do conteúdo, sobre o que elas dizem, mas também sobre quem as escreveu e por que foram escritas. Para aprender como pesquisar, a melhor forma é se perguntar como os outros pesquisaram, o que constitui uma preocupação historiográfica.

O professor também não pode evitar trabalhar com historiografia em seu dia a dia: o ato de escolher livros de apoio é em si uma tarefa da historiografia. Mas esta não deve ser apenas o listar de bibliografia, ela precisa ser a reflexão sobre as "escolas" históricas e o fazer histórico ao longo do tempo. Afinal, historiografia significa *escrita da História*, e a compreensão da disciplina não pode ser feita sem o acesso a esse campo de estudos.

A historiografia, na verdade, é uma ferramenta de aperfeiçoamento do professor. Trabalhar com a historiografia brasileira, a historiografia cultural, ou a historiografia sobre o ensino da História, por exemplo, pode auxiliar o profissional a desenvolver seus conhecimentos sobre determinado campo de estudos que ele considere útil. Lembremos sempre que o historiador precisa ter, além de consciência crítica, conteúdo. Esse último item, inclusive, é a chave da profissão.

VER TAMBÉM

> *Fonte Histórica*; *História*; *História Oral*; *Iconografia*; *Interdisciplinaridade*; *Mito*; *Teoria*.

SUGESTÕES DE LEITURA

BITTENCOURT, Circe. *O saber histórico na sala de aula*. 6. ed. São Paulo: Contexto, 2004.

BOURDÉ, Guy; MARTIN, Hervé. *As escolas históricas*. Lisboa: Publicações Europa-América, 1990.

BOUTIER, Jean; JULIA, Dominique (orgs). *Passados recompostos*: campos e canteiros da História. Rio de Janeiro: Ed. UFRJ/Ed. FGV, 1998.

BURKE, Peter. *A Escola dos Annales – 1929-1989*: a Revolução Francesa na historiografia. São Paulo: Ed. Unesp, 1991.

FREITAS, Marcos Cezar (org.). *Historiografia brasileira em perspectiva*. São Paulo: Contexto, 1998.

HUGHES-WARRINGTON, Marnie. *50 grandes pensadores da História*. São Paulo: Contexto, 2002.

JENKINS, Keith. *A história repensada*. 2. ed. São Paulo: Contexto, 2004.

KARNAL, Leandro (org.). *História na sala de aula*: conceitos, práticas e propostas. São Paulo: Contexto, 2003.

PINSKY, Jaime (org.). *O ensino de História e a criação do fato*. 11. ed. São Paulo: Contexto, 2004.

RODRIGUES, José Honório. *História da História do Brasil*. São Paulo: Companhia Editora Nacional, 1979.

SILVA, Rogério Forastieri da. *História da historiografia*. Bauru: Edusc, 2001.

HUMANISMO

O termo Humanismo surgiu no século XVI para designar as atitudes renascentistas que enfatizavam o *homem* e sua posição privilegiada na Terra. O próprio conceito de Renascimento também só começou a ser empregado a partir do século XVI, para designar a retomada do pensamento e das formas de expressão da Antiguidade Clássica. O Humanismo é comumente definido como um empreendimento moral e intelectual que colocava o *homem* no centro dos estudos e das preocupações espirituais, buscando construir o mais alto tipo de humanidade possível. É preciso ressaltar, no entanto, que os humanistas não seguiam uma única filosofia, ou seja, não formavam um grupo homogêneo. Em comum, compartilhavam apenas o entusiasmo pelo estudo dos clássicos gregos e latinos.

Esse movimento intelectual se desenvolveu na Europa Ocidental a partir da Itália, entre os séculos XV e XVI, sendo seu precursor o poeta Petrarca, ainda no século XIV, que iniciou o trabalho de busca a antigos manuscritos romanos – depois seguido por outros latinistas. Gerado no contexto das grandes transformações culturais do fim da Idade Média, o Humanismo possuiu estreitos laços com o Renascimento.

Alguns autores consideram o Humanismo um fenômeno dialético, pois, de um lado, valorizava o humano, contrariando a mentalidade teocêntrica da Filosofia medieval, mas, ao mesmo tempo, possuía fortes preocupações religiosas, sendo o movimento incompreensível sem suas preocupações espirituais e o anseio por uma reforma da Igreja Católica. Ou seja, o contexto humanista apesar de seu antropocentrismo, foi intensamente influenciado pelo Cristianismo e pelos dilemas da Igreja Católica no início da Idade Moderna.

O estudo do Humanismo em geral faz parte da História das ideias e não da História das Mentalidades, devido ao fato de ser um movimento de elite, que pouco influenciou o cotidiano das massas de seu tempo. Entre os mais importantes trabalhos sobre o tema está o de Agnes Heller, *O homem do Renascimento*, que apresenta o Humanismo como uma corrente de pensamento renascentista, principalmente ética e acadêmica. Já Paul Kristeller rejeita o Humanismo como sistema filosófico, defendendo seu caráter de programa cultural e educativo que priorizava o campo literário; enquanto Jean Delumeau defende, por outro lado, que o Humanismo surgiu como uma nova filosofia oposta à escolástica. Mas alguns historiadores revisitaram o Humanismo por meio de uma perspectiva mais abrangente, inserindo-o no contexto das transformações sociais, econômicas e culturais da Idade Moderna. Lucien Febvre, por exemplo, abordou as ideias humanistas a partir da relação com os grandes movimentos políticos e culturais modernos, na obra *Martinho Lutero: um destino*, na qual fez uma genealogia da reforma protestante, chegando aos confrontos de Lutero com os humanistas.

Existe, assim, discordância entre os historiadores acerca da natureza do movimento humanista, se filosófica ou acadêmica, se uma filosofia coesa ou um movimento sem direcionamento homogêneo. Mas quase todos concordam com suas características principais e seu surgimento. A razão para que o Humanismo tenha surgido primeiro na Itália está na urbanização intensa dessa região, no desenvolvimento da burguesia e de sua riqueza. As mudanças aconteceram, então, primeiro na vida material dessa classe: as casas tornavam-se mais confortáveis, desenvolveu-se o gosto pelo ócio e pela ornamentação. Como a burguesia atingiu esses patamares inicialmente na Itália, foi lá que primeiro ela foi buscar legitimidade cultural com novas formas de expressão, como o Renascimento e o Humanismo.

Esse Humanismo italiano, iniciado com Petrarca, foi sobretudo um Humanismo linguístico, em que o mais importante era a crítica interna e externa dos textos antigos da Grécia Clássica e do Império Romano. Incentivados pelos mecenas, os humanistas italianos proliferaram, como Lorenza Valla, "pai" da Linguística. Mas a difusão do Humanismo no Ocidente esteve associada a dois fatores principais: a decadência da escolástica e a invenção do livro impresso.

A escolástica foi a filosofia na qual se baseou todo o pensamento erudito medieval, ditado pela Igreja Católica. Fundamentada sobre as proposições de Aristóteles, buscava principalmente estudar a revelação divina. No entanto, desde o século XIV essa filosofia vinha sofrendo críticas devido ao fato de ter se tornado um fim em si mesmo. E um dos elementos da escolástica que então eram mais passíveis de crítica era a Hermenêutica, a leitura e a interpretação dos textos sagrados. Inicialmente, para melhor interpretação da Bíblia, os pensadores liam também os comentários já elaborados sobre as Escrituras cristãs. No entanto, após a instituição das universidades no século XII, o número de comentários aumentou a tal ponto que complicou a interpretação das Escrituras. O resultado foi que a escolástica do século XIV se transformou em um exercício de lógica quase totalmente afastado dos textos originais, em que seus praticantes apenas liam e filosofavam sobre os comentários já produzidos.

Dessa forma, a escolástica paralisou a si própria ao se tornar inacessível para todos que não se dedicavam exclusivamente à Teologia. O Humanismo surgiu dessa paralisação, pois a "classe média" gerada pelo fortalecimento do Estado e do Capitalismo, que cada vez mais tinha acesso à educação, ficava excluída dos debates hermenêuticos, procurando, assim, novos campos de estudo. Os letrados oriundos desse grupo social dedicavam-se, então, aos estudos das humanidades, refutando a Teologia escolástica e passando a ser chamados de humanistas.

O impulso a esses estudos foi dado por Lorenzo Valla, pensador italiano que, do interesse pelos manuscritos antigos despertado por Petrarca, desenvolveu a Linguística e a crítica histórica, abandonando a até então muito valorizada metafísica e aplicando seus conhecimentos linguísticos à História e à Política. O trabalho de Valla influenciou muitos pensadores fora da Itália, em particular nos Países Baixos. Mas o que conferiu maior desenvolvimento ao Humanismo foi mesmo a massificação do livro impresso, mais barato que o manuscrito, permitindo a difusão de autores antigos e dos modernos humanistas para um público maior de leitores.

Enquanto no século XV o Humanismo esteve principalmente na Itália, o início do século XVI viu a difusão do Humanismo crítico de Lorenzo Valla na Alemanha, na Inglaterra, na França e nos Países Baixos. Mas, ao contrário dos italianos, mais preocupados com a forma e a expressão (questões típicas do Renascimento artístico), os humanistas ocidentais debruçavam-se sobre questões políticas e religiosas, vindo a ter intensa participação nas reformas religiosas que estavam acontecendo por toda a Europa. O despreparo religioso e cultural do clero, as disputas entre o Papado e os Estados, o formalismo supersticioso da religiosidade popular, todos esses fatores se juntaram para criar, no século XV, uma insatisfação crescente do povo e dos intelectuais com a Igreja Católica. Os humanistas franceses e germânicos dedicaram, dessa forma, suas reflexões sobretudo a propor a reforma dessa Igreja.

Nos Países Baixos, no século XIV, já se manifestava essa crítica, que daria origem a um Renascimento cristão chamado de "*devotio moderna*". A principal filosofia da *devotio moderna* era a comunhão entre a doutrina cristã, em seu estado puro, e a erudição. Os adeptos da *devotio* fundaram escolas para formar pensadores segundo seus princípios. Entre seus alunos estava Erasmo de Rotterdam, considerado a figura máxima do Humanismo. Holandês de nascimento, em sua formação de estudante perambulou por diversas universidades europeias, o que lhe deu oportunidade de contatar diferentes formas de pensar. Foi intensamente influenciado pelos estudos linguísticos de Lorenzo Valla e pela *devotio*. Foi graças a essa formação, apesar das pesadas críticas feitas ao clero em sua obra máxima, *O elogio da loucura*, que Erasmo permaneceu católico, pois a *devotio* não pregava o rompimento com a Igreja.

Erasmo foi um ardoroso defensor do ideal do *cavaleiro cristão*, que pretendia unir o Cristianismo puro, a erudição e o Humanismo para melhorar a Igreja e a religião. Para ele, a bondade, a caridade e a fé deveriam vir do estudo criterioso da Bíblia, e não dos comentários dos teólogos. Além disso, a verdadeira fé precisava ser acompanhada de erudição, de cultura, o que possibilitaria melhor interpretação pessoal dos textos sagrados. Erasmo, dessa forma, pregava um Humanismo pedagógico, no qual o ensino era fator fundamental para a transformação do conhecimento e da religião. Sua obra teve grande difusão na Europa, principalmente por seu caráter universalista, que ultrapassava as pregações de caráter apenas nacional, muito comuns na época. Ele influenciou desde a reforma católica e as reformas protestantes, como a realizada por Lutero, até a instituição das universidades espanholas.

Em resumo, dependendo do historiador que o defina, o Humanismo foi uma filosofia ou uma reforma acadêmica, que consolidou novas ideias acerca do *homem* e do conhecimento. Apesar de seu caráter religioso inserir esse movimento no contexto das reformas religiosas da Idade Moderna, a preocupação com a erudição levou os humanistas a desenvolverem um cuidado tanto com a crítica histórica e linguística de documentos quanto com a expansão da educação. Essa talvez seja uma de suas maiores contribuições: a sugestão de que o pensamento crítico pode ser alcançado pela instrução.

Para professores e professoras brasileiros de hoje, o Humanismo muitas vezes se apresenta apenas como um ponto a mais no programa de História Moderna. Só mais uma lista de nomes, hoje quase totalmente desconhecidos. No entanto, a valorização que os humanistas propunham do pensamento crítico a partir do conhecimento e do ensino, aliado a uma religiosidade militante, encaixa-se bem em muitas das atuais propostas pedagógicas e pós-modernas que defendem uma ciência que não seja cética e respeite também o desenvolvimento pessoal e religioso de cada indivíduo. Estudar o Humanismo e suas propostas pode ser uma ferramenta interessante, por exemplo, para aqueles profissionais que precisam lidar em sala de aula com o questionamento religioso que muitos alunos fazem do conhecimento histórico.

Ver também

Absolutismo; Burguesia; Capitalismo; Cristianismo; Iluminismo; Renascimento.

Sugestões de leitura

Chaunnu, Pierre. *O tempo das reformas (1250-1550)*. Lisboa: Edições 70, s. d., 2v.

Collinson, Diané. *50 grandes filósofos*: da Grécia antiga ao século xx. 2. ed. São Paulo: Contexto, 2004.

Delumeau, Jean. *A civilização do Renascimento*. Lisboa: Estampa, 1984, 2v.

Febvre, Lucien. *Martinho Lutero*: um destino. Lisboa: Bertrand, 1976.

Heller, Agnes. *O homem do Renascimento*. Lisboa: Presença, 1982.

Marques, Adhemar; Berutti, Flávio; Faria, Ricardo. *História moderna através de textos*. 10. ed. São Paulo: Contexto, 2003.

Rotterdam, Erasmo de. *O elogio da loucura*. Rio de Janeiro: Ediouro, s. d.

ICONOGRAFIA

A palavra iconografia define qualquer imagem registrada e as representações por trás da imagem. Como conceito, abarca desde desenhos, pinturas e esculturas, até fotografias, cinema, propaganda, *outdoors*; tanto a imagem fixa quanto a imagem em movimento. Para pensadores como Carlo Ginzburg, há uma diferença entre iconografia e iconologia, sendo a primeira o conjunto de aspectos formais e estéticos de uma obra de arte e a iconologia a série de significados sociais e mentais apresentados por toda obra. No entanto, atualmente o significado historiográfico mais comum de iconografia abarca todos os aspectos envolvidos não apenas em uma obra de arte, mas em qualquer tipo de imagem ou material visual. Aspectos que incluem as questões puramente artísticas e o imaginário por trás de cada obra.

As imagens são representações de ideais, sonhos, medos e crenças de uma época. Logo, são elas próprias fontes históricas e, sendo assim, material para a análise e a interpretação histórica. Durante muito tempo, serviram apenas de ilustração, tornando os textos historiográficos atraentes. Mas com o desenvolvimento da ideia de imagem como documento, essa percepção foi transformada e a iconografia se tornou importante fonte para o estudo das mentalidades e das relações sociais.

Desde que a Escola historiográfica dos *Annales* propôs a ampliação do campo de trabalho do historiador, a concepção de documento se ampliou para abarcar materiais antes impensados como fontes documentais. Mas *Annales* trabalhou principalmente a Sociologia e a Economia e, desse ponto de vista, as fontes estavam ainda bem longe da iconografia. Só no decorrer dos anos 1960 e 1970, a chamada "terceira geração de *Annales*", também conhecida como Nova História, começou a transformar seus objetos de pesquisa, voltando-se para a cultura. Um dos precursores dessa História Cultural, Philippe Ariès, apontou a direção que seria seguida por essa abordagem: em seu estudo sobre a infância na Idade Média, Ariès utilizou tanto cartas e diários quanto a iconografia, em particular as artes plásticas. Assim foi o desenvolvimento da História das Mentalidades e da Antropologia histórica, em sua busca pela descrição e análise de gestos, crenças, ideias, que trouxe de forma mais sistemática a noção da imagem como documento.

A História Cultural passou, desde então, a englobar no conceito de imagem tanto a Arte, definida a partir de padrões estéticos, quanto utensílios domésticos, e todo um conjunto iconográfico que as artes plásticas costumavam classificar de "popular", como ícones religiosos e xilogravuras, além da imagem fotográfica e cinematográfica, definindo metodologias próprias para cada um desses objetos.

Entre esses novos objetos, as artes plásticas são o mais "tradicional". Na verdade, não exatamente um objeto novo, visto que a História da Arte já era uma disciplina independente no século XIX. Mas esse campo do conhecimento estava mais preocupado com a definição das normas estéticas e o estudo das biografias dos grandes artistas, pouco se envolvendo com a compreensão da sociedade ou mesmo da cultura. No entanto, desde os caminhos abertos pela Nova História, a Arte passou a ser entendida sob novo ângulo, como fonte histórica. As peças deixaram de ser vistas apenas como obras de arte e ganharam *status* de documentos representativos dos contextos históricos de seus autores. O uso da obra de arte sob esse prisma permitiu a comparação com outros tipos de documentos, diversificando suas possibilidades de análise. A iconografia, dessa forma, tornou-se fonte privilegiada para o estudo das mentalidades e dos costumes. Não apenas as artes plásticas, mas as vestimentas, o mobiliário, os ícones populares, a arquitetura e toda a gama de imagens concretas ou abstratas produzidas pela humanidade. Toda sorte de imagens manualmente elaboradas se tornou fonte para a compreensão das sociedades pré-Revolução Industrial, enquanto a fotografia e o cinema se transformaram em importantes registros das sociedades contemporâneas.

A utilização da fotografia como fonte primária tem despertado bastante interesse entre os historiadores nas últimas décadas. E por ser uma linguagem histórica nova, também tem suscitado discussões sobre a melhor forma de interpretação. E talvez nenhuma outra forma de documento tenha uma aura de verdade maior do que a fotografia. A linguagem fotográfica assume a aparência de verdade: a foto "mostra" a realidade. Essa concepção, que faz parte do senso comum contemporâneo, tem preocupado os historiadores que se debruçam sobre a fotografia como fonte, levando-os a teorizar sobre a relação imagem e interpretação. Alguns, como Boris Kossoy, defendem uma concepção da imagem fotográfica muito próxima daquela que a Escola Metódica construiu sobre o documento escrito: que a autenticidade da fotografia deve ser testada por uma crítica interna e externa desta; a melhor forma de analisá-la é descrever seus elementos e conteúdos; e quanto maior o número de fotografias analisadas, maior a possibilidade de comprovar os dados escritos.

Essa abordagem "positivista", no entanto, não é hegemônica, pois muitos outros historiadores discordam dela. É o caso de Ana Maria Mauad, que considera a fotografia uma construção que remete às formas de ser e de agir de determinado contexto social. Ela afirma que, para que o pesquisador possa alcançar o que não foi revelado pela imagem, a fotografia deve ser inserida em seu contexto social e analisada em um estudo comparativo com outros tipos de registro, como o documento escrito. É ainda essa historiadora que, com Ciro Flamarion Cardoso, defende a tese de que toda fotografia revela uma *imagem-monumento*, em que a imagem fotografada não é exatamente a representação de uma realidade, mas a representação do que a sociedade que a elaborou queria preservar como sua identidade.

Já no caso da imagem cinematográfica, a utilização do filme como linguagem da História é extremamente recente. O nascimento de sua definição como fonte e representação do passado remonta a Marc Ferro, na década de 1970.

A base da teoria da relação cinema–história está na concepção de que todo filme histórico é um discurso sobre o passado, no qual o cineasta assume o papel de historiador. Esses filmes são, ao mesmo tempo, tanto documentos primários pertencentes e referentes ao período de sua produção quanto "bibliografia" sobre o tema de seu enredo. O filme, no entanto, não pode ser tratado da mesma forma que a documentação escrita. E, ao contrário de outros tipos de fonte, a autenticidade é uma questão pouco debatida no que se refere à imagem cinematográfica, pois domina a concepção de que todo filme é presentista, ou seja, de que todo filme retoma o passado apenas para questionar o presente. Essa questão e o próprio fato de que, sendo obra de arte, o filme põe o emocional antes do racional, faz que este tenha suas limitações de discurso sobre o passado. Apesar disso, sua relevância como documento do período em que foi produzido não diminui.

Seja como for, o potencial do cinema na renovação do ensino da História é uma das características mais exploradas e mais valorizadas dessa nova linguagem. Por ser uma linguagem bastante familiar a jovens e adolescentes do meio urbano contemporâneo (muito mais familiar, às vezes, do que a linguagem escrita), os educadores têm cada vez mais se voltado para o cinema como recurso de comunicação com seus alunos. Já no caso da fotografia, um dos maiores problemas de sua utilização em trabalhos historiográficos é a falta de abordagens metodológicas bem realizadas. Pois, da mesma forma como ocorre com a pintura, a fotografia ainda é amplamente usada apenas como ilustração do texto, sem nenhuma referência maior a seu conteúdo.

A renovação histórica que traz a imagem, em todos os seus aspectos, como fonte privilegiada é importante ferramenta para a própria renovação do ensino. Primeiro, devido ao apelo que a imagem exerce sobre o ser humano, mais profundo e mais antigo que o texto escrito. Segundo, por revalorizar culturas e sociedades sem escrita, permitindo que o professor possa construir, com as novas gerações, uma visão sem preconceitos acerca da história, em que povos sem escrita não sejam considerados sem cultura. E por último porque no século XXI, nas sociedades cada vez mais globalizadas, em que as mídias têm importante influência sobre a formação cultural das crianças e em que a linguagem de crianças e adolescentes é muito mais imagética que escrita, o trabalho com a iconografia em sala de aula, com a imagem em suas diversas formas, inclusive animada, permite que o professor possa traduzir para a realidade dos jovens o conteúdo histórico.

A grande versatilidade das fontes iconográficas esconde, porém, um grande perigo: muitas vezes são interpretadas como representações fiéis da realidade. E visto que, como toda fonte histórica, a imagem precisa passar por uma crítica interna e externa que estabeleça seu contexto de produção, cabe aos professores procurar aprofundar o conhecimento sobre o meio social gerador das imagens trabalhadas, para que a iconografia não se transforme, em sala de aula, em mais uma forma de ilustração sem conteúdo.

Ver também

Arqueologia; Arte; Fonte Histórica; História; História Oral; Imaginário; Indústria Cultural; Interdisciplinaridade; Mentalidades; Patrimônio Histórico.

Sugestões de leitura

Cardoso, Ciro Flamarion; Vainfas, Ronaldo. *Domínios da História*: ensaios sobre teoria e metodologia. Rio de Janeiro: Campus, 1997.

Edgar, Andrew; Sedgwick, Peter. *Teoria cultural de A a Z*: conceitos-chave para entender o mundo contemporâneo. São Paulo: Contexto, 2003.

Ferro, Marc. *Cinema e História*. São Paulo: Paz e Terra, 1992.

Freitas, Marcos Cezar de (org.). *Historiografia brasileira em perspectiva*. São Paulo: Contexto, 1998.

Kossoy, Boris. *A fotografia como fonte histórica*: uma introdução à pesquisa e interpretação das imagens do passado. São Paulo: Museu da Indústria, Comércio e Tecnologia de São Paulo, 1980.

Napolitano, Marcos. *Como usar televisão na sala de aula*. 5. ed. São Paulo: Contexto, 2003.

_____. *Como usar o cinema na sala de aula*. 2. ed. São Paulo: Contexto, 2004.

Paiva, Eduardo França. *História & imagem*. Belo Horizonte: Autêntica, 2002.

Rama, Angela; Vergueiro, Waldomiro. *Como usar as histórias em quadrinhos na sala de aula*. São Paulo: Contexto, 2004.

IDENTIDADE

Com o surgimento dos debates em torno da pós-modernidade e do multiculturalismo, no final do século XX, o tema das identidades veio à tona na História. Na verdade, a noção de identidade não é nova nas ciências humanas, já sendo bem conhecida da Psicologia e da Antropologia, mas é uma preocupação recente para os historiadores, desenvolvida principalmente por aqueles que trabalham com a interdisciplinaridade. Esse conceito tem atingido relevância tal para a compreensão do mundo de hoje que alcançou já as salas de aula, o que é visível, por exemplo, na inquietação dos educadores em promover a conscientização sobre a diversidade cultural brasileira: o conhecimento dessa diversidade passa pela definição das identidades étnicas, regionais, entre outras. A noção de identidade tornou-se, assim, um dos conceitos mais importantes de nossa época.

O conceito de identidade vem levantando muitas questões em diversos campos das ciências humanas. Sua origem remete à Filosofia e à Psicologia, mas hoje a Antropologia tem sido uma das ciências mais prolíficas em seu estudo. Além disso, a área interdisciplinar conhecida como Estudos Culturais – um dos principais frutos da pós-modernidade nas ciências humanas e sociais – também tem questionado a construção de identidades sob os prismas mais diversos: sociológicos, linguísticos e por meio da teoria da comunicação. Nesse contexto, a noção de identidade gerou muitos conceitos diferentes: identidade nacional, identidade étnica, identidade social, cada um deles com uma gama de significados e métodos de análise próprios.

Partindo de uma definição filosófica, a qual agrega conceituações antropológicas e psicológicas, Dominique Wolton define identidade como o caráter do que permanece idêntico a si próprio; como uma característica de continuidade que o Ser mantém consigo mesmo. Partindo dessa ideia, podemos compreender a identidade pessoal como a característica de um indivíduo de se perceber como o mesmo ao longo do tempo. Tanto para a Antropologia quanto para a Psicologia, a identidade é um sistema de representações que permite a construção do "eu", ou seja, que permite que o indivíduo se torne semelhante a si mesmo e diferente dos outros. Tal sistema possui representações do passado, de condutas atuais e de projetos para o futuro. Da identidade pessoal, passamos para a identidade cultural, que seria a partilha de uma mesma essência entre diferentes indivíduos.

Todos temos identidade, a palavra inclusive está em nosso dia a dia: no Brasil, somos registrados em um documento, *a carteira de identidade*. Tal documento é a representação oficial do indivíduo como cidadão. Ele é uma representação, entre várias, de nossa identidade social. Para a Psicologia Social, a identidade social é o que caracteriza cada indivíduo como pessoa e define o comportamento humano influenciado socialmente. Nesse sentido, a identidade social é o conjunto de papéis desempenhados pelo sujeito *per si*. Papéis que, além de atenderem a determinadas funções e relações sociais, têm profunda representação psicológica por se referirem sempre às expectativas da sociedade. A Psicologia Social assume, assim, que a personalidade, a história de vida de cada um, é bastante influenciada pelo meio social, pelos papéis que o indivíduo assume socialmente. Nesse sentido, a identidade social é construída para permitir a manutenção das relações sociais de dominação. Além disso, tomar consciência da própria identidade, tomar consciência de si é um primeiro passo para alterar, se necessário, a identidade social, como dominado.

Já na Antropologia, o conceito de identidade serve para uma infinidade de abordagens diferentes. O antropólogo social Roberto DaMatta, por exemplo, usa a noção de identidade social para discutir a construção de uma identidade nacional brasileira. Em sua obra *O que faz o Brasil Brasil*, DaMatta se preocupa em responder como se constrói uma identidade social e, mais especificamente, como um povo se transforma em Brasil. Para ele, a construção da identidade social é feita de afirmativas e negativas, a partir dos posicionamentos dos indivíduos diante das situações do cotidiano. De acordo com DaMatta, uma pessoa cria sua identidade ao se posicionar diante das instituições, ao responder às situações sociais mais importantes da sociedade: como um indivíduo entende o casamento, a Igreja, a moralidade, a Arte, as leis etc., é o que define sua identidade social. Esses perfis seriam construídos a partir das fórmulas dadas pela sociedade, e não criados simplesmente pela escolha individual.

Um ponto de vista muito controverso no trabalho de DaMatta, entretanto, é sua definição de uma identidade brasileira única. Para ele, o Brasil se define qualitativamente a partir do futebol, do carnaval, do sincretismo, da sensualidade etc. E muitos são os pensadores que criticam essa visão, considerando-a muito simplista, por escamotear todas as diferenças regionais, étnicas e sociais existentes *no* Brasil e considerar apenas os estereótipos criados *sobre* o Brasil.

A questão das identidades tem gerado, ainda na Antropologia, muitas outras vertentes de trabalho. Na América Latina, diversos têm sido os autores preocupados com a ligação entre identidade, nação e etnia, que refletem sobre a construção das identidades étnicas, regionais e nacionais, conceitos muitas vezes interligados. Para autores como George Zarur e Parry Scott, o conceito de identidade é muito importante para a compreensão do mundo globalizado, em que o enfraquecimento dos Estados nacionais tem gerado a fragmentação das identidades nacionais e o ressurgimento de outras identidades, de gênero, étnicas, justamente dessa fragmentação. Nesse sentido, é possível estudarmos as identidades com base em muitas premissas, como, a partir do hibridismo, ou seja, da sobreposição de identidades diferentes, o que é cada vez mais comum nos países que recebem grandes levas de imigração. Nesses lugares, os imigrantes de diferentes origens se mesclam, assim como suas culturas, criando culturas híbridas. Essa Antropologia estuda a identidade em seu caráter relacional, ou seja, uma identidade se constrói a partir do encontro com os outros.

Recentemente, a História, dentro dos novos interesses gerados pela interdisciplinaridade e pela pós-modernidade, tem tentado trabalhar com o conceito de identidade. Talvez um dos principais campos da historiografia a refletir sobre essa noção seja o dos estudos da memória. Para David Lowenthal, identidade e memória estão indissociavelmente ligadas, pois sem recordar o passado não é possível saber quem somos. E nossa identidade surge quando evocamos uma série de lembranças. Isso serve tanto para o indivíduo quanto para os grupos sociais.

Mas, talvez o campo de estudos que mais tem-se preocupado com a questão da identidade seja o dos Estudos Culturais. Tal campo, surgido na Inglaterra no final do século XX com autores como Stuart Hall, tem como objetivo criticar o estabelecimento de hierarquias culturais, nas quais algumas culturas são consideradas superiores a outras. Esses estudos têm grande interesse em discutir conceitos como raça, etnia e nação do ponto de vista da produção cultural, trabalhando com temas como indústria cultural, cultura popular, colonialismo e pós-colonialismo. Temas para os quais a compreensão da construção das identidades é fundamental. É dessa perspectiva que Tomaz Silva afirma que a compreensão da identidade deve levar em consideração sua relação intrínseca com a diferença, pois a identidade não existe sem a diferença: ao dizer que somos brasileiros, estamos automaticamente dizendo que não somos alemães, nem chineses, por exemplo. Kathryn Woodward concorda com essa perspectiva, determinando a identidade como uma construção relacional, ou seja, para existir ela depende de algo fora dela, que é outra identidade. Além disso, precisamos considerar que toda identidade é uma construção histórica: ela não existe sozinha, nem de forma absoluta, e é sempre construída em comparação com outras identidades, pois sempre nos identificamos como o que somos para nos distinguir de outras pessoas. A identidade feminina, por exemplo, se constrói ante a identidade masculina, a identidade dos negros ante a identidade dos brancos etc.

Para Ana Carolina Escosteguy, a construção das identidades culturais no novo milênio é a temática central dos Estudos Culturais. Vemos, assim, que os interesses se aproximam muito dos da Antropologia, e não é à toa, pois os Estudos Culturais são um campo de estudos nitidamente interdisciplinar, ou transdisciplinar como querem alguns.

Mas por que o conceito de identidade é algo tão frisado pelas ciências humanas do século XXI? Antropólogos e culturalistas acreditam que a globalização aproximou culturas e costumes e, logo, identidades diferentes. Assim, a convivência com o diferente faz com que as identidades aflorem. Por outro lado, a crise do Estado nacional e dos valores instituídos pelo Iluminismo e pela Revolução Industrial tem trazido a necessidade de construção de novos valores, buscados sobretudo nas identidades de grupos, de gênero, étnicas, regionais. Vemos, assim, a complexidade da noção de identidade e sua enorme importância para a construção da cidadania. Ao levantarmos em sala de aula a bandeira do respeito à diversidade cultural, às minorias, estamos nos inserindo na discussão sobre a identidade. Nesse sentido, não podemos apenas receber as conclusões oferecidas pelos livros didáticos, é preciso aprofundamento nos debates sobre as várias faces da construção das identidades no mundo globalizado.

Ver também

Cidadania; Etnia; Etnocentrismo; Gênero; Globalização; Índio; Indústria Cultural; Interdisciplinaridade; Memória; Miscigenação; Negro; Pós-modernidade.

Sugestões de leitura

Barbosa, Alexandre de Freitas. *O mundo globalizado*: política, sociedade e economia. 2. ed. São Paulo: Contexto, 2003.

Edgar, Andrew; Sedgwick, Peter. *Teoria cultural de A a Z*: conceitos-chave para entender o mundo contemporâneo. São Paulo: Contexto, 2003.

Escosteguy, Ana Carolina. *Cartografias dos estudos culturais*: uma versão latino-americana. Belo Horizonte: Autêntica, 2001.

Lane, Silvia T. Maurer. *O que é psicologia social*. São Paulo: Brasiliense, 1991.

Napolitano, Marcos. *Cultura brasileira*: utopia e massificação. 2. ed. São Paulo: Contexto, 2004.

Pinsky, Jaime; Pinsky, Carla Bassanezi (orgs.). *História da cidadania*. São Paulo: Contexto, 2003.

Scott, Parry; Zarur, George (orgs.). *Identidade, fragmentação e diversidade na América Latina*. Recife: Ed. Universitária – ufpe, 2003.

Silva, Tomaz Tadeu; Hall, Stuart; Woodward, Kathryn. *Identidade e diferença*: a perspectiva dos estudos culturais. Petrópolis: Vozes, 2004.

Ideologia

Há vários significados para o termo. Um dos mais abrangentes apresenta a ideologia como um sistema de "ideias" ou, mais exatamente, de crenças mais ou menos coerente. Considera ainda que as ideologias são formas de se entender o mundo e de se posicionar nele. Essa definição, porém, não é a única. Para muitos intérpretes, a ideologia, ao invés de esclarecer a realidade concreta, prejudica o seu entendimento.

De qualquer modo, existe o consenso de que nenhuma sociedade é desprovida de crenças ou valores e a ideologia é parte desse sistema de valores mais amplos.

Em uma dada sociedade, não há uma "verdadeira" ideologia, mas várias. Os estudos culturais consideram que, mesmo na indústria cultural, os meios de comunicação de massa não expressam um único universo ideológico, mas sim uma pluralidade de ideologias e discursos. Muitos estudiosos defendem que não apenas classes sociais diferentes possuem ideologias específicas, mas que também frações de classe, etnias, grupos profissionais são portadores de ideologias particulares. Não negam a existência de uma ideologia dominante ou hegemônica, mas cada vez acreditam que, se não há ideologias que se opõem à ideologia hegemônica, existem pelo menos formas adaptativas e criativas elaboradas pelos diferentes grupos sociais para interpretar e se relacionar com tal ideologia dominante.

A noção de ideologia surgiu no final do século XVIII, mas foi só no século XIX que se desenvolveu em um número enorme de doutrinas sociais. Nesse momento começaram a se definir o *liberalismo*, o *anarquismo*, o *Socialismo*, o *marxismo*, o *libertarianismo*, o *igualitarismo*, entre outras ideologias que orientaram atitudes individuais e coletivas de explicação e intervenção na realidade. Ao longo do século XIX, entretanto, o termo ideologia ganhou conotações pejorativas, em particular na visão marxista. Para Marx, a classe social economicamente dominante em uma época é também dominante em termos de ideologia, ou seja, domina a produção de ideias que permeiam o tecido social, justificando sua dominação. Assim sendo, na época de predomínio da nobreza dominava a ideologia aristocrática, e na época do domínio da burguesia capitalista, a ideologia dominante era a burguesa. Como resultado do domínio econômico da burguesia, e ajudando a consolidá-lo, surgiram novas formas de se pensar o Estado, a família, o trabalho, a liberdade, a democracia, a ciência, a técnica, a história etc. Marx, e muitos de seus seguidores, defendiam que o discurso burguês era ideológico, apenas aparentemente verdadeiro, mas que de fato ocultava a real exploração e os reais interesses dos grupos dominantes. Nesse sentido, o conceito marxista de ideologia tende a vê-la como forma de ocultamento da realidade, como algo que permite a exploração de classe e facilita a alienação das classes exploradas. E para escapar da ideologia dominante, seria necessário um uso combinado e revolucionário de teoria e prática. Sintetizando, Marx compreendeu a ideologia não como um conjunto solto de ideias, resultante unicamente do pensamento abstrato, mas como um instrumento da dominação de classe e como uma forma de luta de classes, que só poderia ser compreendida e criticada a partir do *terreno histórico e econômico que lhe dá origem*.

Adotando o conceito marxista de ideologia, Marilena Chaui apresenta pontos fundamentais dessa definição: a ideologia é um sistema ordenado de ideias ou representações, normas e regras, que aparece como algo separado e independente das condições materiais. Mas aí está o engano promovido pela ideologia, pois nenhuma ideia existe de fato sem relação com as condições materiais de existência. Ou seja, as ideias de alguém são ideias localizadas em determinada classe social, em determinada condição econômica e social. Assim, a ideologia aparece intimamente relacionada à alienação, no sentido de que os homens, iludidos pelas ideias dominantes, deixam de se reconhecer como agentes históricos. Chaui acredita, como Engels e Marx, que não basta tão só que haja uma mudança subjetiva na consciência dos homens para que se mude a realidade objetiva, a mudança deve partir da realidade objetiva, da ação não alienada que transforme as relações sociais reais. E nessa ação, a crítica à ideologia deve ter lugar, sendo relacionada com a prática política.

A autora demonstra assim a necessidade de "desmascarar" a ideologia burguesa, pois primeiro tal ideologia afirma que a educação é um direito de todos, mas, na realidade, as contradições do Capitalismo não permitem a realização dessa "ideia" ao separar o trabalho intelectual do manual. Segundo, a ideia burguesa afirma que o Estado é um consenso da comunidade, da sociedade civil para garantir unidade e harmonia entre as classes sociais, enquanto se oculta que ele é um instrumento de uma classe em particular (a dominante), uma forma de manutenção da divisão e das contradições de classe. A terceira ideia burguesa de trabalho afirma que este dignifica o homem, escondendo que as condições reais de trabalho, na sociedade capitalista, desumanizam, brutalizam, entorpecem o homem. Além disso, a ideia de que os homens são livres por natureza para escolher entre coisas ou situações dadas também é um engodo, pois as "condições dadas" não permitem que as pessoas escolham livremente, mas sob pressão da pobreza e miséria em que vivem. Por último, faz parte da ideologia burguesa a apologia do progresso, do avanço técnico e da "evolução" histórica que ele traz de modo contínuo, ocultando-se que progresso é apenas a realização do burguês enriquecido e nem sempre é "positivo" por si mesmo. Haveria ainda numerosas outras "máscaras" (a democracia, por exemplo) a encobrir a realidade, e seria necessário desmantelar a ideologia por uma prática política nascida dos próprios explorados. E em uma prática desse tipo seria fundamental a crítica da ideologia, preenchendo os silêncios e as lacunas do discurso ideológico.

No século XIX, quando o sentido pejorativo do termo predominou, a ideologia era tida como uma forma de enganar, e muitas vezes uma ideologia atribuía a uma outra a alcunha de "ideológica", esquecendo-se do paradoxo de que essa afirmação também é ideológica. Ao longo do século XX, entretanto, alguns pontos positivos também foram percebidos no conceito. A concepção marxista de ideologia foi cedendo lugar a outras concepções, mas o pressuposto marxista básico, de que se deve tomar cuidado com as aparências de uma ideia, e sempre perguntar quais são as "forças" que estão por trás dela, não foi abandonado. O que se questionou em

Marx foi a separação que ele fez, excessivamente esquemática, entre o plano econômico/material (a *base* ou *estrutura*) e o plano das ideias políticas, jurídicas etc. (a *superestrutura*), considerando esta última determinada pela primeira.

Os estudos culturais, a partir da década de 1970, têm mostrado que uma mesma sociedade possui numerosos discursos e ideologias que se embatem, embora os meios de comunicação tendam a reproduzir a ideologia hegemônica. Esses mesmos estudos consideram ainda que a emissão de mensagens com conteúdos ideológicos pela mídia não garante uma única interpretação, podendo haver uma "autonomia relativa" por parte dos consumidores. Inspirados em autores como Antonio Gramsci, estudiosos estão definindo o sujeito não como alienado, mas como portador de experiências que lhe permitem, senão adotar uma ideologia própria, ao menos interpretar a seu modo a ideologia hegemônica. Dessa forma, rejeitando o marxismo, quando este afirma que as estruturas econômicas determinam a forma de pensar de uma dada sociedade, os autores culturalistas afirmam que na sociedade existem várias forças determinantes (inclusive a cultura) bem como que o ideológico não é mero reflexo das condições econômicas. Buscam demonstrar ainda os aspectos "positivos" da ideologia, como o fato de que ela assegura a coesão entre os membros de uma classe ou de uma Nação. Esclarecem também que a maioria dos textos de Marx trata das ideologias das classes dominantes, sem enveredar pelas ideologias dos grupos populares.

É relevante lembrar que foram autores de tradição marxista como Gramsci e Althusser que contribuíram para muitas das concepções dos estudos culturais, à medida que valorizaram mais os aspectos culturais e ideológicos das sociedades. Para Gramsci, além da dominação e reprodução social, a ideologia é um campo também de resistências, em que não necessariamente os dominados aderem à ideologia hegemônica, pois também entram no jogo do dominador a partir de seus próprios interesses. Já Althusser, compreendeu a cultura na sua "autonomia relativa" diante dos demais aspectos da sociedade, dando a entender que não havia uma única e decisiva "força determinante" na sociedade. Tanto no marxismo quanto nos Estudos Culturais há uma relação inevitável entre ideologia e poder.

A acusação de ser ideológico, frequente no século XIX e século XX, dá a entender que certos movimentos sociais e políticos não têm uma fundamentação real e teoricamente sólida. Acusar o feminismo, por exemplo, de ser ideológico foi uma forma comum de diminuir sua influência na emancipação das mulheres, desacreditando, inclusive, os estudos e as pesquisas que muitas mulheres desenvolveram para mostrar a opressão feminina e as formas de superação. Durante muito tempo, as instituições universitárias opuseram rigidamente a "*sua ciência*" ao universo "*ideológico*" (portanto, político) do feminismo, fechando as portas às obras produzidas pelo feminismo.

A oposição entre ciência e ideologia, entretanto, é só aparente: uma feminista da década de 1960 também poderia, com razão, acusar as universidades de serem um instrumento ideológico da dominação masculina, uma vez que o adjetivo ideológico se presta a muitos usos. Podemos nos questionar se a História, a Sociologia, a Antropologia e demais ciências sociais são formas *neutras* de compreensão da realidade e se os pesquisadores também não são ideológicos mesmo que digam que não o são. O próprio marxismo se tornou mais do que uma teoria explicativa da realidade, transformando-se em uma ideologia em vários sentidos.

Quando o papa faz um discurso fundamentado na religião condenando o aborto, e uma pesquisadora de formação feminista afirma que o aborto deve ser um direito de todas as mulheres, quem está sendo ideológico e quem não está? Esse é só um exemplo de como é difícil *não ser* ideológico quando os temas discutidos dizem respeito à política, à religião, à sexualidade, à economia etc. Falar em fim das ideologias, desse modo, soa também como ideológico. O professor de História deve compreender os sentidos do termo na cultura, por meio dos discursos e das representações sociais em quadros, fotografias, textos jornalísticos, programas de TV, propagandas etc. Tendo a ideologia sentidos positivos e negativos, podemos discutir frases cotidianas como "aquele político não tem ideologia" ou "esta é uma greve política", usando esses elementos como ponto de partida simples para a compreensão de um conceito difícil como é o caso de ideologia.

VER TAMBÉM

Discurso; Feminismo; Imaginário; Marxismo; Mentalidades; Política; Teoria.

SUGESTÕES DE LEITURA

BOTTOMORE, Tom; OUTHWAITE, William (eds.). *Dicionário do pensamento social do século XX*. Rio de Janeiro: Jorge Zahar, 1996.

BOUDON, Raymond; BOURRICAUD, François. *Dicionário crítico de Sociologia*. São Paulo: Ática, 1993.

CHAUI, Marilena. *O que é ideologia?*. São Paulo: Brasiliense, 2001.

COLLINSON, Diané. *50 grandes filósofos*: da Grécia antiga ao século XX. 2. ed. São Paulo: Contexto, 2004.

EDGAR, Andrew; SEDGWICK, Peter. *Teoria cultural de A a Z*: conceitos-chave para entender o mundo contemporâneo. São Paulo: Contexto, 2003.

ESCOSTEGUY, Ana Carolina D. *Cartografia dos estudos culturais*: uma versão latino-americana. Belo Horizonte: Autêntica, 2001.

HUGHES-WARRINGTON, Marnie. *50 grandes pensadores da História*. São Paulo: Contexto, 2002.

ILUMINISMO

O Iluminismo é um dos temas mais importantes na História das ideias, influenciando toda a estrutura mental do Ocidente contemporâneo. Como conceito, foi criado pelo filósofo alemão Imannuel Kant, em 1784, para definir a filosofia dominante na Europa ocidental no século XVIII. A palavra Iluminismo vem de *Esclarecimento* (*Aufklärung* no original alemão), usada para designar a condição para que o *homem*, a humanidade, fosse autônomo. Isso só seria possível, afirmava o Iluminismo, se cada indivíduo pensasse por si próprio, utilizando a razão.

O Iluminismo abarcou tanto a Filosofia quanto as ciências sociais e naturais, a educação e a tecnologia, desde a França até a Itália, a Escócia e mesmo a Polônia e a América do Norte. Os pensadores e escritores de diversas áreas que aderiram a esse movimento de crítica às ideias estabelecidas pelo Antigo Regime eram chamados comumente de *philosophes*, filósofos em francês, mas entre eles havia também economistas, como Adam Smith, e historiadores, como Vico e Gibbons.

Esses filósofos do século XVIII, que chamados hoje de iluministas, definiam a si mesmos como homens do "século das luzes". Para eles o século XVIII foi o ápice da maturidade intelectual e racional do *homem*. Mas tais filósofos não seguiam uma única e coerente corrente de pensamento, pelo contrário, possuíam múltiplos discursos, não tinham nenhum manifesto ou programa de ideias, e muitos, inclusive, se contestavam mutuamente. Essas divergências dificultam a definição do Iluminismo como um movimento, pois não havia coerência de pensamento. Todavia, a maioria desses pensadores compartilhava algumas ideias em comum: a defesa do pensamento racional, a crítica à autoridade religiosa e ao autoritarismo de qualquer tipo e a oposição ao fanatismo. Influenciados pela revolução científica do século XVII, principalmente pelo racionalismo e pelo cientificismo de Descartes, a maioria dos iluministas pregava o papel crítico da razão, considerando essa a única ferramenta capaz de esclarecer a humanidade. Em geral, combatiam a Igreja Católica e sua enorme influência social e política na Europa do *Antigo Regime*.

Entre os principais filósofos do Iluminismo estão pensadores como Diderot, Montesquieu, Voltaire e Rousseau. Cada um deles abordando a razão de uma perspectiva particular. Diderot, por exemplo, foi um dos responsáveis pela elaboração da *Enciclopédia*, primeira obra a reunir diversos ramos de conhecimento científico para tentar explicar o mundo. Sua obra foi precursora das atuais enciclopédias, que têm a mesma intenção, sem, no entanto, enveredarem por discussões éticas e morais como as promovidas por Diderot. Rousseau, por sua vez, discordou da maioria dos iluministas, pois era contrário ao progresso e pregava a volta à liberdade primitiva, construindo, assim, o mito do "bom selvagem".

Defendia também que todo governo deveria emanar da soberania popular e ser constituído a partir de um pacto social entre povo e governantes. Rousseau foi um pessimista, pois acreditava que o progresso não traria benefícios para todos assim como que a civilização degradava o homem, mas sua filosofia política influenciou sobremaneira a elite da América Hispânica no início do século XIX, dando o direcionamento republicano das independências latino-americanas.

Já Voltaire, além de filósofo, foi um importante escritor. Satírico e moderado, apesar de se opor ao Absolutismo, defendia uma monarquia "esclarecida". Chegou mesmo a inspirar os déspotas esclarecidos de seu tempo, como o rei Frederico II, da Prússia, cuja corte integrou. A obra de Voltaire prima pela sátira à sociedade da época, em que as crenças religiosas e o fanatismo tinham importante papel. Teve uma longa carreira como escritor, dedicando seus trabalhos a "esclarecer" a humanidade, ou seja, a combater o fanatismo e a ignorância. Voltaire foi um intelectualista que, ao contrário de Rousseau, defendeu o progresso como impulsionador da civilização.

Em linhas gerais, o pensamento iluminista foi elitista e intensamente progressista. No primeiro caso, voltados para um público instruído, os filósofos queriam educar os "bons burgueses" e pouco tinham a dizer ao povo e aos trabalhadores. No segundo, a maioria dos iluministas acreditava que a história em sua constante mudança estaria sempre tendendo a mudar para melhor. Essa visão otimista da história foi mais bem esboçada por Condorcet, um dos últimos iluministas. Para ele, o homem tinha uma capacidade infinita de se aperfeiçoar, o que permitia às sociedades se tornarem cada vez mais avançadas, sempre baseadas na razão.

A razão e o progresso, dessa forma, foram elementos básicos do pensamento iluminista e influenciaram as transformações políticas e sociais entre o fim do século XVIII e o início do século XIX. Tal pensamento, em sua crítica ao Absolutismo, à Igreja Católica e à estrutura do Antigo Regime como um todo, encaixava-se nas aspirações e desilusões da burguesia em ascensão na Europa do século XVIII. Essa classe social se inspirou no iluminismo para construir a retórica e as bandeiras de suas revoltas naquele momento. Foi o caso da independência dos Estados Unidos, planejada e realizada por seguidores do Iluminismo, como Thomas Jefferson, assim como da Revolução Francesa e da independência da América Latina. O resultado foi que, com essas revoltas tornando-se vitoriosas, o Iluminismo se transformou na base dos novos Estados e da mentalidade emergida desses movimentos.

A presença do pensamento iluminista nesses movimentos de definição do mundo contemporâneo fundamentou as sociedades ocidentais nas aspirações e nos projetos da burguesia, que tinham a razão e o progresso como pensamento básico. Para isso contribuiu também a Revolução Industrial, que teve como lema o progresso. A junção desses elementos impulsionou o crescimento do cientificismo e do desejo da ordem como aspiração fundamental para a civilização. As sociedades ocidentais dos séculos XIX e XX constituíram-se, dessa forma, sobre esse fundamento iluminista, defendendo como naturais conceitos elaborados pelo *Esclarecimento*: a razão acima da fé, o progresso, o governo representativo da vontade popular, as liberdades individuais, o culto à ciência. Desse contexto, iluminista e industrial, nasceu o pensamento moderno das sociedades contemporâneas.

O Iluminismo, dessa forma, é entendido como um momento fundador da modernidade e do mundo contemporâneo, em que predominam os valores burgueses. E como tal, passou, desde meados do século XX, a sofrer diversas críticas dos opositores da modernidade e do imperialismo.

As primeiras críticas vieram da Escola de Frankfurt. O filósofo alemão Theodor Adorno, com sua geração de exilados pela Segunda Guerra Mundial, começou a indagar, em meados do século XX, sobre a validade do progresso e da técnica para a história da humanidade. Ao lado de Horkheimer, Adorno afirmou o fracasso do Iluminismo, pois, para os frankfurtianos, o Iluminismo não libertou o homem do medo e do mito, nem o tornou autônomo, por meio do domínio da ciência e da técnica. Em vez disso, uma vez derrotado o fanatismo religioso, o homem passou a ser vítima de um novo fanatismo, criando outro dogma, o da ciência e da tecnologia, para a sociedade contemporânea.

Nas últimas décadas do século XX surgiu outra corrente filosófica contrária ao Iluminismo, a pós-modernidade. Criticando o predomínio das sociedades ocidentais sobre o mundo e a imposição de seus valores a todas as culturas em contato com os ocidentais, os pós-modernos passaram a criticar a supremacia do cientificismo e do progresso. O culto ao progresso entrou em decadência nos meios intelectuais e os limites entre razão, senso comum e religiosidade começaram a ser repensados. Apesar disso, a estrutura de pensamento predominante no Ocidente continua a ser a derivada do Iluminismo, e alguns autores atuais, inclusive, pregam a revalorização dos princípios iluministas. Entre eles está o filósofo brasileiro Sergio Paulo Rouanet, que critica o excessivo relativismo de algumas visões pós-modernas e defende a volta da razão como parâmetro para o pensamento científico.

Para o professor e a professora de História, conhecer o sentido do Iluminismo é um desafio atual. Uma proposta que pode dar bons frutos em sala de aula é começar trabalhando com o Iluminismo a partir da atualidade, observando como algumas variantes sobrevivem e ainda atuam na sociedade brasileira presente. Por exemplo, refletindo sobre a extrema importância dada à ciência, sobre a crença de que o pensamento científico é superior ao religiosos, sobre o pensamento progressista etc. Contemporaneizar o tema, fazendo a ligação entre passado e presente torna mais interessante buscar suas raízes históricas, retornando, assim, para o século XVIII.

Devemos evitar abordar o Iluminismo tão somente como a filosofia de uma elite intelectual morta há trezentos anos, pois ao fazermos isso perdemos o sentido de por que realmente estamos estudando o tema, o sentido de sua grande influência na formação das sociedades contemporâneas.

Imaginário

Ver também

Absolutismo; Burguesia; Liberdade; Modernidade; Nação; Pós-modernidade; Relativismo Cultural; Revolução Francesa; Revolução Industrial.

Sugestões de leitura

ADORNO, Theodor. *Textos escolhidos*. São Paulo: Nova Cultural, 1999. (Coleção Os Pensadores).

EDGAR, Andrew; SEDGWICK, Peter. *Teoria cultural de A a Z*: conceitos-chave para entender o mundo contemporâneo. São Paulo: Contexto, 2003.

FORTES, L. R. Salinas. *O Iluminismo e os reis filósofos*. São Paulo: Brasiliense, 1981.

GRAY, John. *Voltaire*: Voltaire e o Iluminismo. São Paulo: Ed. Unesp, 1999.

GRESPAN, Jorge. *Revolução Francesa e Iluminismo*. São Paulo: Contexto, 2003.

HUGHES-WARRINGTON, Marnie. *50 grandes pensadores da História*. São Paulo: Contexto, 2002.

ROUANET, Sergio Paulo. *As razões do Iluminismo*. São Paulo: Companhia das Letras, 1987.

STRATHERN, Paul. *Rousseau em 90 minutos*. Rio de Janeiro: Jorge Zahar, 2004.

VENTURI, Franco. *Utopia e Reforma no Iluminismo*. Bauru: Edusc, 2003.

VOLTAIRE. *Dicionário filosófico*. São Paulo: Martin Claret, 2003.

Imaginário

Imaginário é uma palavra que desde as últimas décadas do século xx invadiu a produção da História no mundo ocidental. Intrinsecamente envolvido com a chamada Nova História francesa e com a produção de uma História das Mentalidades, seu estudo, no entanto, ultrapassa as fronteiras da História, atingindo a Antropologia e a Filosofia. Imaginário significa o conjunto de imagens guardadas no inconsciente coletivo de uma sociedade ou de um grupo social; é o depósito de imagens de memória e imaginação. Ele abarca todas as representações de uma sociedade, toda a experiência humana, coletiva ou individual: as ideias sobre a morte, sobre o futuro, sobre o corpo. Para Gilbert Durant, é um *museu* mental no qual estão todas as imagens passadas, presentes e as que ainda serão produzidas por dada sociedade. O imaginário é parte do mundo real, do cotidiano, não é algo independente. Na verdade, ele diz respeito diretamente às formas de viver e de pensar de uma sociedade. As imagens que o constituem não são iconográficas, ou seja, não são fotos, filmes, imagens concretas, mas sim figuras de memória, imagens mentais que representam as coisas que temos em nosso cotidiano.

Cada imaginário possui uma ou mais imagens ideais de mulher, possui uma ou várias imagens da morte, da vida, de Deus, do governo, da Nação, do trabalho etc. Essas imagens são construídas na memória coletiva a partir da forma como as pessoas, em seus grupos sociais, entendem o cotidiano ao seu redor, ou seja, da noção de representação. O conceito de representação, por sua vez, está em íntima conexão com o de imaginário e diz respeito à forma pela qual um indivíduo ou um grupo vê determinada imagem, determinado elemento de sua cultura ou sociedade. Por exemplo, a elite açucareira na sociedade escravista via as mulheres negras de forma bem específica: como pessoas libidinosas, que não gostavam de trabalhar, precisavam de disciplina. Assim, essa elite *representava* as mulheres negras de uma maneira que tinha tudo a ver com sua posição na estrutura social. Nesse sentido, a representação é a forma como um grupo social vê e explica um elemento de sua sociedade. E no caso da representação que a elite construiu sobre as mulheres negras, ela logo passou a constituir o imaginário da sociedade escravista, criando *uma* imagem da mulher negra, estereotipada e indiferente às singularidades de cada indivíduo. Por outro lado, a forma como lemos uma imagem muda constantemente e depende de nossa posição na estrutura social. Desse modo, é possível estudarmos a evolução das representações de uma imagem ao longo do tempo. Foi isso, por exemplo, que fez Maurice Agulhon com a imagem da República na França, entre a Revolução e o fim do século XIX, acompanhando as mudanças na forma pela qual a sociedade francesa representou a República ao longo desse período e percebendo que com as mudanças políticas e sociais mudavam também as representações da República. Assim, podemos perceber que as imagens não são fixas nem imóveis, bem como que as representações que constituem o imaginário mudam também de acordo com o período.

O estudo das representações e do imaginário pode ser feito tanto sobre imagens iconográficas quanto sobre discursos, pois ambos reproduzem figuras de memória, e cada imagem é um traço da mentalidade coletiva de sua época. Nesse sentido, uma obra de arte está repleta de imagens da memória e da imaginação, e nunca expressa somente as ideias de seu autor, mas remete sempre ao contexto histórico que o envolve. Assim, um autor, por mais que tente ser original, não pode fugir ao imaginário ao qual pertence e compartilha com muitos outros.

O estudo do imaginário chegou à História com a Psicologia e a Antropologia, aparecendo de forma sistemática pela primeira vez nos trabalhos dos fundadores de *Annales*, Marc Bloch e Lucien Febvre. Mas foi a terceira geração de *Annales*, a Nova História, que deu ênfase especial ao imaginário, com seus estudos sobre mentalidades e cultura, derrubando a ideia de que o que era *concreto* era mais importante do que o que era *invisível*. Para historiadores como Georges Duby, o mundo invisível, imaginado, é tão importante para a vivência cotidiana quanto o mundo visível. O mundo imaginado, de sonhos, angústias, inquietações, se projeta no mundo "real", na sociedade. E isso pode ser visto, por exemplo, na Arte. Duby, como outros historiadores do imaginário, foi bastante influenciado pelo trabalho do holandês Johannes Huizinga, que já em 1919 afirmava que o sentido de uma sociedade estava em seu sistema de representações, seu imaginário e na forma como ele se relacionava com as estruturas sociais, com a "realidade".

Mas não é fácil estudar o imaginário, pois este não é independente. Para conhecermos as representações de um grupo ou de uma sociedade temos de conhecer todo seu sistema social, a religião, as relações de classe, as formas de comunicação etc., pois o imaginário perpassa todos esses elementos e só pode ser estudado em interação com a observação da totalidade da estrutura social. É por isso que um dos métodos mais bem-sucedidos para o estudo do imaginário é a Etno-história, conjunto de técnicas baseado na Etnografia, a descrição de sociedades ditas primitivas. Na Etno-história, a comunidade que se quer estudar é isolada, e todos os seus elementos sociais, econômicos e culturais são observados e descritos sem que o pesquisador se preocupe com a origem dessa sociedade, com suas ramificações futuras, nem com suas ligações com outras comunidades. Assim, é possível estudar a totalidade da sociedade, conhecendo-a a fundo e chegando até seu imaginário. Obra clássica que exemplifica o emprego da Etno-história é *Montaillou*, de Le Roy Ladurie, que por meio de processos inquisitoriais reconstitui o cotidiano e o imaginário de uma vila francesa medieval.

Mas o imaginário não é estudado apenas na História, e um dos maiores especialistas é o filósofo francês Gilbert Durant. Para ele, enquanto as civilizações não ocidentais, asiáticas, pré-colombianas ou africanas nunca separaram as verdades fornecidas pelas imagens das fornecidas pela escrita, o Ocidente foi criando, ao longo do tempo, uma antipatia pela imagem e uma supervalorização da escrita, que o empobreceu. Esse desprezo pela imagem teve um de seus mais fortes precursores no Antigo Testamento, que proibia a adoração de imagens, proibição herdada pelo Cristianismo e pelo Islã. Essa imagem contestada era a iconografia dos ídolos, ícones, imagens concretas. Mas o pensamento clássico grego também contribuiu para a queda do valor das imagens no Ocidente, pois Sócrates, Platão e Aristóteles, por exemplo, acreditavam que a única forma de acesso à verdade era por meio do raciocínio promovido pela experiência dos fatos, e as imagens, consideradas figuras da imaginação, não se encaixavam nessa definição. Na Idade Moderna, com a Revolução Científica de Descartes e Newton, a imagem foi mais uma vez desvalorizada. A imaginação, os questionamentos metafísicos, a poética, tudo isso caiu em descrédito perante o pensamento racional, científico, dedutivo, que teve seu auge no cientificismo do século XIX. Dessa forma, tornou-se dominante no Ocidente o pensamento sem imagens. Mas Durant ressalva que em todos os tempos sempre existiu resistência a essa tendência no próprio Ocidente, começando pelo próprio Platão e seu mundo das ideias, passando por São Francisco e Santo Inácio de Loyola, com seus exercícios espirituais, e muitos outros. Apesar disso, o discurso dominante ocidental tornou-se aquele em que a experiência racional supera a experiência espiritual ou sensitiva. Assim é que, para Durant, a atual supremacia da imagem e da mídia no Ocidente é um paradoxo, pois essa imagem é fruto do próprio cientificismo, do progresso, e por ser "enlatada" tem o efeito inverso que as imagens normalmente têm: diminuem a capacidade imaginativa, impondo uma ditadura da propaganda e da imagem sem sentido.

Mas a pós-modernidade trouxe grandes críticas a esse pensamento sem imagem. A partir dela, na História e nas ciências humanas, o imaginário ganhou seu lugar como realidade concreta. A obra de Cornelius Castoriadis é um exemplo dessa revalorização da imagem promovida pela pós-modernidade. Para ele, o que mantém uma sociedade unida é seu complexo de normas, valores, linguagem, costumes etc., complexo unificado por uma instituição maior, a instituição imaginária da sociedade. Para ele, toda sociedade cria seu próprio mundo, definindo o que é real e o que não é. A sociedade, nesse sentido, é apenas um sistema de interpretação do mundo, criado por ela mesma.

No entanto, os críticos da pós-modernidade censuram essa importância excessiva dada ao imaginário. Para Michel Zaidan, por exemplo, a afirmação de que a sociedade é construída pelo seu próprio imaginário deixa de lado a realidade objetiva, as estruturas econômicas, sociais, a política. De acordo com ele, essa supervalorização da representação, do discurso, é feita em detrimento da realidade e leva à crença de que a História é apenas uma experiência pessoal do historiador e não pode nunca chegar à verdade.

Mas nem todos os trabalhos sobre imaginário descreem totalmente do real. Roger Chartier, por exemplo, afirma que toda representação do mundo social é construída pelos interesses do grupo que a elaborou, sendo necessário observar as representações e discursos a partir da posição social de quem os utiliza, segundo ele, assim como existe luta econômica pela hegemonia da sociedade, também existe luta de representações, cada grupo tentando impor seus próprios valores aos outros. Além disso, Chartier acredita que não existe distinção entre a objetividade das estruturas e a subjetividade das representações.

De todas essas considerações, vemos que o imaginário é um campo fértil para debates nas ciências humanas. É igualmente um campo de estudos em constante crescimento, interligado à História das Mentalidades e à História cultural. Para o professor de História, é também um conceito com grandes possibilidades didáticas: trabalhar com o imaginário de sociedades passadas é se aproximar mais do cotidiano das pessoas em outros tempos, é torná-las mais reais, mais próximas de nós, ao percebermos, por exemplo, que eram indivíduos com medos, angústias, anseios, desejos, sonhos etc. Cabe ao professor dosar o estudo do imaginário em sala de aula, trabalhando com o cotidiano, os mitos, a imaginação em períodos diversos, assim como com a abordagem da sociedade, da economia, do contexto histórico em questão. Não devemos cair na superficialidade de trabalhar apenas os aspectos mais pitorescos, esquecendo as estruturas econômicas ou as mudanças políticas. Esse é o perigo das abordagens culturais: a perda de profundidade. Para fugir dele, podemos mesclar textos culturais, sobre o imaginário e as mentalidades, com trabalhos sobre a estrutura econômica e social. As experiências didáticas podem também ser mescladas: para trabalhar a totalidade de uma sociedade, podemos empregar ao mesmo tempo aulas expositivas, pesquisas, seminários, excursões; cada prática abordando um aspecto diferente da sociedade em foco.

VER TAMBÉM

Arte; *Cotidiano*; *Discurso*; *Historiografia*; *Iconografia*; *Ideologia*; *Indústria Cultural*; *Memória*; *Mentalidades*; *Pós-modernidade*; *Sociedade*; *Teoria*.

SUGESTÕES DE LEITURA

CASTORIADIS, Cornelius. *As encruzilhadas do labirinto*: os domínios do homem. Rio de Janeiro: Paz e Terra, 1987.

CHARTIER, Roger. *A história cultural*: entre práticas e representações. Rio de Janeiro: Difel/Bertrand Brasil, 1988.

DURANT, Gilbert. *O imaginário*: ensaio acerca das ciências e da filosofia da imagem. Rio de Janeiro: Difel, 2001.

FREITAS, Marcos Cezar (org.). *Historiografia brasileira em perspectiva*. 5. ed. São Paulo: Contexto, 2003.

HUGHES-WARRINGTON, Marnie. *50 grandes pensadores da História*. São Paulo: Contexto, 2002.

LAPLANTINE, François; TRINDADE, Liana. *O que é imaginário*. São Paulo: Brasiliense, 2003.

LE GOFF, Jacques (org.). *A história nova*. São Paulo; Martins Fontes, 2001.

ZAIDAN FILHO, Michel. *A crise da razão histórica*. Campinas: Papirus, 1989.

IMPERIALISMO

Uma primeira questão na definição de imperialismo é seu caráter múltiplo: Não há um imperialismo, mas imperialismos. Cada um com suas práticas e estratégias de controle específicas, possuindo também diferentes definições. A ideia de *império* surgiu já na Antiguidade. Para Roma, império era a extensão do próprio Estado, construído com base na colonização. Mas a palavra "imperialismo" apareceu apenas em 1870, sendo bastante utilizada entre 1890 e 1914, e servindo ainda hoje para designar práticas militares e culturais desenvolvidas por potências para exercer domínio sobre outros Estados, politicamente independentes.

As múltiplas definições de imperialismo podem ser buscadas em uma historiografia tão vasta quanto heterogênea: de Lenin, que primeiro sistematizou o imperialismo como objeto das ciências sociais, até Edward Said, que no fim do século XX estudou o imperialismo na literatura ocidental. Desse amplo debate, o imperialismo se define como um período histórico específico, que abrange de 1875 a 1914, quando a Europa Ocidental passou a exercer intensa influência sobre o restante do mundo. O conceito designa também o conjunto de práticas e teorias que um centro metropolitano elabora para controlar um território distante.

O conjunto de práticas que constitui o imperialismo começou a ganhar coerência a partir do fim do século XIX na Europa ocidental, com a concorrência entre as economias capitalistas, o abandono da política liberal, o nascimento dos oligopólios e a participação dos Estados na economia. Foi o momento do surgimento do Capitalismo monopolista, em que a livre concorrência entre diferentes empresas gerou concentração da produção nas mãos das mais bem-sucedidas, levando à formação de monopólio. Rapidamente, os bancos passaram a dominar o mercado financeiro, exportando capital, influenciando as decisões de seus Estados e impelindo-os para a busca de novos mercados.

Nascido, assim, da formação dos monopólios, o imperialismo promoveu disputas por fontes de matérias-primas entre trustes e cartéis que, já tendo dominado o mercado interno em seus países de origem, precisavam se expandir para além de suas fronteiras, defrontando-se com cartéis e trustes de países concorrentes. Nesse momento, a classe detentora da produção capitalista passou a rejeitar as fronteiras nacionais como barreira à expansão econômica, transformando o crescimento econômico em expansão territorial.

O período entre 1870 e 1914 esteve, dessa forma, associado à expansão do Capitalismo monopolista, à conquista política e militar de territórios e ao auge do imperialismo sobre o mundo, com a partilha da África. Quase todo o mundo, com exceção da Europa e da América, foi dividido em territórios dominados por potências como a Grã-Bretanha, a França e a Alemanha e, mais tarde, os EUA e o Japão. Essa divisão respondeu à busca por novos mercados empreendida simultaneamente pelo capital monopolista de diferentes economias, que se confundiam com os próprios governos nacionais, gerando assim rivalidade entre as potências. O próprio *status* de potência estava associado à posse do maior número possível de territórios dominados e se tornou por si só razão política para a expansão. Porém, apesar de ter como pano de fundo a expansão mundial das relações capitalistas de produção, o imperialismo teve também raízes políticas e culturais, entre as quais se sobressaía a crença na superioridade cultural e racial dos europeus. Além disso, gerou diversos discursos cujo objetivo era o controle do proletariado nas próprias metrópoles. Um dos discursos de maior influência defendia que a migração do excedente populacional da metrópole para as colônias serviria como válvula de escape para países superpovoados, melhorando as condições dos trabalhadores metropolitanos e diminuindo a tensão social. Assim, a colonização de territórios conquistados geraria mais empregos e mais riqueza para a sociedade conquistadora. Esse discurso permitiu que a burguesia dominante – a única classe a realmente lucrar com a colonização – convencesse toda a sociedade metropolitana dos benefícios da expansão colonial. Esse processo, segundo Hannah Arendt, deu origem à transformação do imperialismo em nacionalismo (já que todas as classes se identificavam com os interesses do Estado-nação que, por sua vez, se identificava com os interesses do capital monopolista), e à posterior transformação do nacionalismo em fascismo. Assim, o imperialismo seria a origem do fascismo europeu pós-Primeira Guerra Mundial.

Também teorias racistas, como o darwinismo social, tiveram importante papel na justificação da dominação imperialista, ao defenderem a superioridade dos povos brancos sobre os povos de cor. A "*raça branca*", que se atribuiu o *status* de raça superior, assumiu, a partir dessas teorias, a missão civilizadora de levar *progresso*, *desenvolvimento* e *civilização* àqueles povos que considerava incivilizados e racialmente inferiores.

Essas justificativas ideológicas tiveram a função principal de convencer as massas das metrópoles de seu papel civilizador no mundo, mas também atingiram as elites de regiões dominadas, sobretudo na América Latina, que por sua situação de território construído a partir da Europa tinha muito mais pontos em comum com os imperialistas do que o restante do mundo. Para entendermos a situação diferenciada da América Latina diante do imperialismo, precisamos retroceder para a própria constituição histórica desse território. Segundo Marc Ferro, de todas as independências do mundo, apenas as realizadas na América Latina não foram levadas a cabo pelos nativos, mas pelos próprios conquistadores. E como foram os descendentes desses conquistadores que dominaram os Estados nacionais latino-americanos no século XIX, as afinidades com as ideologias europeias, inclusive imperialistas, não são assim de espantar.

Na América Latina, o imperialismo do fim dos séculos XIX e XX foi principalmente financeiro e comercial, ou seja, em geral não houve dominação política, mas sim dependência econômica. Em sua primeira fase, esse imperialismo foi em especial inglês, sendo a Inglaterra a principal potência a emprestar dinheiro aos Estados americanos e controlar seus investimentos. Mas no século XX, esse imperialismo britânico foi gradativamente substituído pelo imperialismo norte-americano, bem mais intervencionista. O controle dos investimentos e dívidas dos Estados americanos passou então a ser feito pelos EUA, que também realizavam invasões e intervenções militares diretas, sobretudo sobre o Caribe e a América Central. Tal domínio criou, além disso, durante o decorrer do século XX, um crescente imperialismo cultural norte-americano sobre a América Latina.

Já o imperialismo inglês, durante o final dos séculos XIX e XX, tornou-se intervencionista na África e na Ásia, dividindo essas regiões com outras Nações europeias, como a França e a Alemanha. Nesse caso, a dominação foi também política, com a transformação dos territórios e povos dominados em colônias.

Visto que o imperialismo também teve seu momento de colonialismo, qual a diferença entre o imperialismo dos séculos XIX e XX e a expansão colonial europeia dos séculos XVI e XVII? As diferenças estão nas ligações do imperialismo com o capital financeiro e no fato de a conquista política não ter sido sua única forma de expressão, podendo a dominação imperialista também se acomodar à independência política dos povos submetidos. O colonialismo da Idade Moderna, por sua vez, era nitidamente mercantil e baseado no controle total, político, cultural e social da região dominada.

Hoje, no início do século XXI, assistimos, em plena era da globalização, a uma nova fase do imperialismo, visível na intervenção militar norte-americana sobre o Iraque. Nesse caso, tanto o termo imperialismo quanto colônia foram deixados de lado por terem se tornado sinônimos de dominação, e os dominadores falam agora em *protetorado*, termo que designa um país submetido a uma potência intervencionista que se define como democrática e pacífica e tem suas intenções de dominação disfarçadas sob um discurso de defesa dos direitos humanos e dos interesses internos da população submetida.

O imperialismo, dessa forma, está vivo e é um dos mais importantes aspectos das relações internacionais atuais. Mas é um tema de análise difícil, pois se trata da História do tempo presente, da qual nós, seus participantes, estamos incapacitados de ver o todo. Apesar disso, podemos fazer uma leitura crítica do tema, trabalhando com as notícias que todo dia nos bombardeiam, relacionando-as com o processo histórico que gerou o imperialismo. Dessa forma, conhecendo as causas e os fatores históricos que criaram esses cenários, o professor se capacita a destrinchar seus significados atuais, utilizando a mídia como fonte e analisando suas informações criticamente.

VER TAMBÉM

Capitalismo; Colonização; Etnocentrismo; Fascismo; Globalização; Ideologia; Industrialização; Liberalismo; Nação; Raça.

SUGESTÕES DE LEITURA

ANDRADE, Manuel Correia. *Imperialismo e fragmentação do espaço.* 6. ed. São Paulo: Contexto, 2002.

ARENDT, Hannah. *Origens do totalitarismo:* imperialismo, a expansão do poder. Rio de Janeiro: Documentário, 1976.

CATANI, Afrânio Mendes. *O que é imperialismo.* São Paulo: Brasiliense, 1981.

FERRO, Marc. *História das colonizações:* das conquistas às independências, séculos XIII a XX. São Paulo: Companhia das Letras, 1996.

HOBSBAWM, Eric. *A era dos impérios:* 1875-1914. São Paulo: Paz e Terra, 1988.

MARQUES, Adhemar; BERUTTI, Flávio; FARIA, Ricardo. *História contemporânea através de textos.* 10. ed. São Paulo: Contexto, 2003.

PESTANA, Fábio. *No tempo das especiarias.* 2. ed. São Paulo: Contexto, 2004.

PINSKY, Jaime (org.). *História da América através de textos.* São Paulo: Contexto, 1994.

PRADO, Maria Lígia. *Formação das nações latino-americanas.* São Paulo: Atual, 1994.

SAID, Edward. *Cultura e imperialismo.* São Paulo: Companhia das Letras, 1995.

ÍNDIO

O termo *índio* é uma construção conceitual histórica, datada dos primeiros contatos entre europeus e americanos. O nascimento desse termo, aplicado às populações americanas, originou-se em um erro do navegador Cristóvão Colombo. Projetando chegar à Índia navegando pelo Atlântico em direção à oeste, ao desembarcar na América, Colombo acreditou ter alcançado sua meta inicial e chegado à Ásia. Passou então a chamar todos os habitantes das ilhas caribenhas nas quais aportou de índios. Apesar desse equívoco ter sido logo percebido pelos europeus, o termo continuou a ser utilizado indiscriminadamente em referência a todos os povos americanos.

Nesse sentido, *índio* é um conceito construído no processo de conquista da América pelos europeus. Desinteressados pela diversidade cultural, imbuídos de forte preconceito para com o *outro*, o indivíduo de outras culturas, espanhóis, portugueses, franceses e anglo-saxões terminaram por denominar da mesma forma povos tão díspares quanto os tupinambás e os astecas. Atualmente, todavia, a palavra *índio* assumiu um significado mais complexo, pois os próprios povos que antes eram discriminados por esse termo hoje se identificam como tal, construindo sua identidade cultural a partir dele.

Voltando ao período pré-colonial, observamos que a vasta parcela terrestre que hoje chamamos de América não possuía então nenhuma homogeneidade, fosse geográfica, cultural, linguística ou étnica. Fora o fato de que toda a população do vasto continente descendia das mesmas levas de migrações asiáticas e polinésias, acontecidas em vários momentos entre 70 mil e 5 mil anos atrás, esses diversos povos não possuíam mais nada em comum, nem mesmo o tipo físico. A visão preconceituosa e simplista dos conquistadores europeus reduziu, assim, todo um mundo em sua multiplicidade ao termo índio. A palavra continuou vigorando nas sociedades contemporâneas e, se antes da conquista não havia homogeneidade entre as populações americanas, tal homogeneidade também não passou a existir depois da colonização.

A historiografia brasileira, condizente com essas preocupações, tentou e vem tentando desconstruir o preconceito em torno das populações americanas nativas, principalmente procurando substituir o termo índio por expressões como *populações autóctones*, por exemplo. No entanto, essas expressões também não escapam de uma generalização, apesar de evitarem a carga principal de preconceito existente na palavra *índio*. Assim, falando em populações autóctones, nativos americanos, sociedades indígenas, ou mesmo de índios, é preciso definir exatamente de quem se fala.

Ao longo do tempo, diferentes critérios foram utilizados para estabelecer quem era índio e quem não era. O mais antigo desses critérios foi o racial, construído com base nas teorias racialistas predominantes desde o fim do século XIX, que se baseavam nas diferenças físicas percebidas entre índios, negros e brancos. Esse critério, no entanto, é passível hoje de muitas críticas, primeiro pela própria problemática em torno do conceito de raça, segundo pelo fato de que as populações americanas possuem profundas diferenças quanto à cor e à estatura. Além disso, atualmente as populações indígenas são alvo de grande miscigenação, o que desqualifica o critério racial como definidor da identidade indígena.

Um segundo critério era o cultural, sendo o índio caracterizado a partir de um conjunto de elementos, como língua, costumes, crenças e hábitos. Apesar desse critério parecer menos etnocêntrico que o racial, hoje também é alvo das críticas de especialistas como o antropólogo Júlio César Melatti. Para esse autor, o critério cultural não é muito útil porque exige que o pesquisador, antes de tudo, estabeleça um conjunto de elementos culturais próprio dos índios e, como já vimos, a grande diversidade de sociedades ao longo da história impede tal fato. Além disso, esse critério é problemático se utilizado com as populações indígenas atuais, pois no Nordeste, por exemplo, essas populações adotaram em grande parte a cultura brasileira.

Apesar dessa aculturação, todavia, as populações indígenas do Nordeste brasileiro no século XXI, das quais os xucuru são exemplo, continuam a se identificar como índios, ao mesmo tempo que a sociedade nacional (o conjunto de aspectos culturais que formam a cultura oficial do Brasil, que Darcy Ribeiro chamou de "civilização nacional") também não os reconhece como seus membros. Dessas considerações foi estabelecido o critério atualmente mais aceito de definição do índio, o critério de autodefinição étnica, elaborado pelo II Congresso Indigenista Interamericano, realizado em Cuzco em 1949. Segundo esse critério, índio é todo descendente dos povos pré-colombianos, consciente de seus costumes, língua e tradições, mesmo que modificados ao longo do processo de contato, que seja considerado a partir dessa condição por si próprio e por outros. Essa definição também leva em conta a identificação do índio com seu sistema de trabalho e com sua economia tradicional.

Darcy Ribeiro, antropólogo brasileiro autor de estudos clássicos acerca da identidade indígena, desde a década de 1950 usou o Congresso Indigenista como base para sua definição de índio brasileiro. Para ele, índio é o integrante de uma parcela da população inadaptada à sociedade brasileira, devido à conservação de costumes oriundos de uma tradição pré-colombiana. Por outro lado, índio é também todo o indivíduo reconhecido como membro por uma comunidade pré-colombiana que se identifica e é identificado diversamente da população nacional a partir de sua etnia. Assim sendo, desde o Congresso Interamericano e a obra de Darcy Ribeiro, o critério de autodefinição étnica passou a ser adotado para designar as populações indígenas no Brasil, inclusive pelo Estado, que elaborou o Estatuto do Índio (Lei de 19/12/1973), norteando as relações entre Estado brasileiro e populações indígenas até a promulgação da Constituição da República Federativa do Brasil, em 1988.

Dessa forma, o termo *índio* pode ser definido como um conceito étnico, já que para ser índio é preciso tanto se reconhecer quanto ser reconhecido como tal. Todavia, esse conceito só foi construído na segunda metade do século XX para a realidade contemporânea da América Latina e, portanto, não pode ser aplicado indiscriminadamente a outros períodos como o pré-colombiano. Se hoje o conceito de índio é usado pelas próprias populações indígenas como forma de manter sua identidade, de se distinguir da *civilização nacional* e de continuar a empreender a luta por seus direitos, unindo-se a outras populações indígenas e promovendo reivindicações ao Estado, tal termo não tem a mesma função quando aplicada a outros períodos históricos, servindo apenas para confundir.

Nessa perspectiva, a melhor forma de denominarmos um povo indígena ao longo da história é utilizando o próprio nome pelo qual eles se identificavam: chamando os tupinambá de tupinambá, os funiô de funiô, os aymará de aymará, os maias de maias etc., estamos quebrando o círculo vicioso de generalizações e estabelecendo as nítidas características, assim como a identidade de cada povo. Mas ainda hoje as imagens acerca dos índios veiculadas pelos livros didáticos brasileiros estão carregadas de etnocentrismo. Quando abordam o período colonial, particularmente o *descobrimento*, apresentam o índio como "selvagem", "primitivo", "antropófago"; tratando do processo de catequese, o índio recebe uma imagem não menos etnocêntrica: ele é "criança", "inocente", "alma virgem", enfim, alguém que precisa da mão protetora da Igreja. Já com relação ao século XIX, de outra forma, no processo de construção da nacionalidade, o índio é considerado "altivo" e "corajoso", amante da "liberdade", pois não fazia sentido dizer que a pátria era formada por brancos, negros e "selvagens". Todos esses discursos devem ser tomados de forma crítica, entendidos como construções carregadas de interesses ideológicos. Mas, comum também é a omissão. Muitos são os livros didáticos que simplesmente omitem os povos indígenas na História, falando da colonização como povoamento sem conflito.

Outra questão problemática diz respeito às relações entre os grupos tribais e o Estado brasileiro, em que este considera o índio alguém a ser tutorado, e não um indivíduo plenamente capaz de gerir sua própria sociedade.

Para professores de História, a história indígena é um tema emergente e premente, devido não só à importância da contribuição de diferentes povos para a construção do que hoje chamamos de cultura brasileira, mas também à situação atual de crescentes conflitos com garimpeiros, madeireiros e latifundiários. É preciso, no entanto, sempre particularizar cada grupo tribal, suas histórias e sua relação com a sociedade brasileira. Uma boa ferramenta para que possamos combater o preconceito contra os índios é observar em sala de aula o processo de conquista da América pela visão indígena, sempre pensando as populações indígenas a partir de suas próprias denominações étnicas. Precisamos também trabalhar mais com a História das sociedades pré-colombinas – este um termo também preconceituoso – para trazer para os alunos a própria dinâmica histórica desses povos. Pensar e trabalhar em torno da História tupinambá, mundurucu, xucuru, yanomami, asteca e guarani é mais estimulante e cria uma empatia e um entendimento muito maior entre alunos, professores e o tema, do que simplesmente fazer uma referência geral a todos como índios. O que, além disso, incorre no erro do anacronismo, por considerar que os índios são todos iguais hoje e no passado.

VER TAMBÉM

Aculturação; Cidadania; Colonização; Etnia; Etnocentrismo; Identidade; Interdisciplinaridade; Latifúndio/Propriedade; Memória; Miscigenação; Raça; Tradição; Tribo.

SUGESTÕES DE LEITURA

CUNHA, Manuela Carneiro da (org.). *História dos índios no Brasil.* São Paulo: Companhia das Letras, 2003.

FUNARI, Pedro Paulo; NOELLI, Francisco Silva. *Pré-história do Brasil.* São Paulo: Contexto, 2002.

LEÓN-PORTILLA, Miguel. *A conquista da América vista pelos índios.* Petrópolis: Vozes, 1987.

MELATTI, Julio Cezar. *Índios do Brasil.* São Paulo: Hucitec, 1993.

MESGRAVIS, Laima; PINSKY, Carla Bassanezi. 2. ed. *O Brasil que os europeus encontraram.* São Paulo: Contexto, 2002.

MUNDURUKU, Daniel. *As serpentes que roubaram a noite e outros mitos.* São Paulo: Peirópolis, 2003.

_____. *Coisas de índios.* São Paulo: Callis, 2003.

RAMINELLI, Ronald. Eva Tupinambá. In: DEL PRIORE, Mary (org.). *História das mulheres no Brasil.* 6. ed. São Paulo: Contexto, 2002.

RIBEIRO, Darcy. *Os índios e a civilização*: a integração das populações indígenas no Brasil moderno. São Paulo: Companhia das Letras, 1996.

INDÚSTRIA CULTURAL

Indústria cultural é a produção e disseminação de produtos culturais para o consumo em massa, ou seja, o consumo de um grande número de pessoas em diferentes lugares, independentemente das particularidades culturais. Tal produção é realizada em geral pelos meios de comunicação e está interligada à atividade industrial propriamente dita. Jornais, revistas periódicas, programas de TV, livros, revistas em quadrinhos, músicas, filmes são exemplos de produtos culturais que passaram a fazer parte da sociedade de consumo, surgida nas primeiras décadas do século. Nesse momento, os Estados Unidos apareceram como principal produtor e divulgador do que ficou conhecido como *cultura de massa*. A cultura de massa, por sua vez, é o *produto* da indústria cultural, e não pode existir sem os meios de comunicação de massa. De início essa cultura era constituída por produtos feitos especificamente pelos meios de comunicação para o grande público, como o romance de folhetim, o teatro de revista, a opereta, o cartaz. A indústria cultural surgiu com a industrialização, com os primeiros jornais de grande tiragem, e logo gerou a cultura de massa, que se instalou apenas quando já existia a sociedade de consumo.

Foi na segunda metade do século XIX, com o avanço do Capitalismo liberal, que se consolidaram as duas condições fundamentais para a existência da indústria cultural: a economia de mercado e a sociedade de consumo. Os bens culturais, que antes tinham apenas valor de uso, passaram a ser produzidos para uma sociedade de mercado, adquirindo um novo caráter, o valor de troca, como qualquer outro objeto. Essa nova concepção de cultura como coisa a ser trocada no mercado denomina-se *reificação* (coisificação). Mas foi só no século XX que se consolidou a cultura de massa, a produção de bens culturais para consumo de um grande público.

Segundo Teixeira Coelho, a "fabricação" do novo *produto* cultural adquiriu características similares à atividade econômica industrial: divisão do trabalho, uso de maquinaria moderna, exploração do trabalhador e submissão deste ao ritmo da máquina. Bens culturais passaram a ser produzidos em larga escala, visando a atender virtualmente a todas as pessoas que compunham a sociedade. A pretensão da indústria cultural, desde seu início, foi a universalização do consumo. Mas isso implicou um rebaixamento da qualidade dos bens culturais para atender ao "gosto médio" das pessoas. Se antes a cultura era vista como instrumento de livre expressão, crítica e conhecimento (embora restrita a determinados grupos), daí em diante ela passou a ser um produto a ser vendido (que deveria ser revertido em lucro para o produtor), tornando-se barata o suficiente para ser consumida por um público mais amplo. O barateamento e a democratização do acesso a certos bens culturais resultou na fabricação de *produtos* elaborados sob normas padronizadas, adaptadas ao mercado. Criaram-se então bens culturais simplificados, de consumo rápido, para um público que não tem tempo para "pensar" sobre tais produtos ou se debruçar lentamente sobre outros bens culturais. Daí surgiu a briga, ainda intensa, entre os intelectuais que criticam a massificação da cultura (considerando-a *cultura inferior*, alienante e de pouco ou nenhum valor cultural, subprodutos) e aqueles que defendem a democratização da cultura pelos meios de comunicação de massa.

Entre os primeiros críticos da cultura de massa estão os teóricos da Escola de Frankfurt. Adorno e Horkheimer foram os primeiros a utilizar a expressão *indústria cultural*, na década de 1940. Para alguns intérpretes, a obra desses autores tem unicamente o lado *condenatório* da indústria cultural, afirmando que, para Adorno e Horkheimer, a indústria cultural desempenhava as mesmas funções de um Estado fascista, uma vez que promovia a alienação do homem. Essa alienação seria o processo no qual o indivíduo não pensa sobre si mesmo ou sobre a sociedade como um todo, tornando-se mero joguete do sistema, consumindo acriticamente o que a propaganda pede. Por outro lado, intérpretes como Andrew Edgar pensam a Escola de Frankfurt de outro modo. Para ele, Adorno e Horkheimer perceberam que o consumo dos produtos da indústria cultural era diversificado, assim como os próprios produtos dessa indústria. Desse modo, haveria margem para autonomia e individualismo tanto na produção como no consumo desses bens. Apesar dessa divergência, a primeira interpretação tende a ser mais difundida.

Edgar Morin, por sua vez, no início da década de 1960, criticou a postura dos intelectuais que atiravam a cultura de massa nos "infernos infraculturais". Para ele, esses intelectuais mantinham três atitudes com relação à cultura de massa: a atitude "humanista", que deplora a invasão dos subprodutos culturais da indústria moderna; a atitude de direita, que a entende como um divertimento bárbaro e plebeu; e a atitude de "esquerda", que percebe a cultura de massa como o *ópio do povo* ou como mistificação deliberada. Todas essas atitudes consideram a mercadoria cultural ordinária, feia, *kitsch*. Morin não exalta a cultura de massa, mas critica abertamente os intelectuais que a condenam em defesa da chamada "cultura cultivada". Ele percebeu os problemas da cultura de massa, como a padronização, a alienação do autor (que vende a sua criação, e esta se torna um produto que não é mais seu) e a exaltação de valores individuais transitórios. Todavia, identificou também vantagens na cultura de massa: certa zona marginal que favorece a criação de um "terreno de comunicação entre as classes sociais", na medida em que as diversas classes teriam consumido bens culturais comuns; a tendência à homogeneização dos costumes das classes sociais e mesmo das Nações. Esse último ponto seria o cosmopolitismo da cultura de massa. Para ele, o principal problema da cultura de massa não é a falta de valor artístico ou a alienação, mas o fato de prometer mais do que pode cumprir, criando mitos que só confirmam o vazio que é a vida real dos próprios consumidores.

Teixeira Coelho é outro autor que sintetiza os argumentos pró e contra a indústria cultural: a favor, estão os que acreditam que a indústria cultural não é fator de alienação, pois, em seu dinamismo, propicia produções que beneficiam o desenvolvimento do homem; tende a unificar as nacionalidades e as próprias classes sociais; que em vez de ocupar o lugar das culturas erudita ou popular, apenas cria uma terceira faixa complementar. Os argumentos contrários também são fortes: a indústria cultural inibe o pensamento, gerando alienação, por meio da ênfase no entretenimento; promove o conformismo social; degrada e deturpa o gosto popular. Para Teixeira Coelho, por sua vez, a indústria cultural contém tanto um potencial de alienação quanto de revelação.

Nessa discussão, quais seriam os produtos típicos da *cultura superior*, da *cultura média (midcult)* e da *cultura de massa (masscult)*? A rigor, as fronteiras entre esses produtos terminam por se diluir devido ao dinamismo da própria cultura de massa, havendo um intercâmbio entre essas categorias. Por exemplo, o *jazz* saiu dos bordéis e favelas negras dos EUA no início do século XX para atingir as plateias brancas; Mozart e Vivaldi, ambos da "cultura superior", tornaram-se *midcult* e, depois de vulgarizados pela TV, também *masscult*. A própria História do cinema serve de exemplo: no início olhado pejorativamente pelas elites letradas, aos poucos ganhou *status* próprio entre as produções culturais da Era moderna. O mesmo processo aconteceu com as histórias em quadrinhos, desvalorizadas nos anos 1920 e 1930, então consideradas *masscult*, e hoje, dado o nível de sofisticação a que chegaram, passaram a ser cultura média. Existe, além disso, uma dificuldade na classificação rígida dos produtos culturais. Vale a pena lembrar a polêmica recente desencadeada pela compra, por uma corporação do bilionário norte-americano *Bill Gates*, dos direitos de reprodução fotográfica da *Monalisa*, de Da Vinci, levando, assim, a *Monalisa* a se tornar um produto da cultura de massa. Por um lado, as pessoas terão acesso a uma reprodução fotográfica de excelente qualidade, disponível na internet, sem precisar visitar o *Louvre*, algo impossível para milhões de pessoas. Por outro, de obra de arte considerada patrimônio da cultura mundial e, portanto, sem preço, a Monalisa se torna vulgarizada como qualquer outro produto trocado por moeda, a enriquecer o produtor da imagem fotográfica, e não o criador da pintura.

Essa discussão nos mostra que, para muitos, a indústria cultural imbeciliza as massas, corrompe os costumes. Para outros, como Edgar Morin, ela contribui para a evolução do mundo. Alguns acreditam que ela tem um poder *mágico* de manipulação das massas, a ponto de levar os indivíduos a se submeterem às situações mais absurdas, se ordenados por um programa de TV. Outros defendem que o consumidor não é um joguete nas mãos da mídia, mas um indivíduo capaz de dar significados muito diferentes daqueles imaginados pelos produtores dos programas televisivos, por exemplo. É assim que pensa Michel de Certeau, que acredita na capacidade intelectual dos consumidores.

A indústria cultural é uma realidade presente em nossas vidas: em maior ou menor grau, consumimos numerosos bens da chamada cultura de massa. Negar todos os seus produtos não parece ser uma saída viável. Forma e conteúdo devem ser avaliados e criticados. A TV, um dos principais símbolos da cultura de massa, é fonte de debates intermináveis: deveríamos aboli-la? Ela seria só um meio de transmissão alienante, em que o telespectador não "cria" nada com as "informações" fragmentadas que lhe são fornecidas? Ou reformar seu conteúdo já basta? Jogos de futebol, telenovelas, "programas de auditório" deviam ser extintos ou ainda têm lugar como entretenimento? Pensar a indústria cultural é pensar não só o conteúdo dos produtos culturais, mas a forma de transmissão da mensagem e o próprio modelo de sociedade vigente, uma vez que é inegável que a cultura de massa se desenvolve particularmente nas sociedades capitalistas ocidentais. O que não significa que chineses e soviéticos não tenham feito uso da indústria cultural e da cultura de massa para controlar os indivíduos.

O tema da indústria cultural tem um inevitável caráter ideológico e é ponto de partida interessante para se discutir a sociedade brasileira e a globalização. O consumidor, muitas vezes sem perceber, "pensa" e age conforme os modelos culturais propostos pela mídia. Na impossibilidade, e talvez mesmo na falta de necessidade de se acabar com a indústria cultural, cabe a professores de História usar os elementos positivos dessa indústria: uma banal e fragmentada informação do Jornal Nacional pode ser interpretada a partir dos conteúdos ideológicos que possa conter. Uma música produzida pela indústria cultural, mesmo que fora dos padrões estéticos eruditos, pode contribuir enormemente para a compreensão da cultura brasileira. A indústria cultural, a partir de filmes, documentários, músicas e outros produtos, já adentrou a sala de aula há muito tempo. Mas ainda falta a visão crítica do professor. Não podemos nos prender a interpretações dogmáticas e preconceituosas a respeito da cultura de massa, aceitando facilmente a interpretação dessa cultura como inferior e alienante. Pois, enquanto fazemos isso, continuamos a consumir os produtos dessa indústria sem perceber nossa incongruência. Não precisamos escolher entre cultura de *massa* e cultura *superior,* ou popular e erudito, como se esses polos fossem totalmente antagônicos. O que precisamos, na verdade, é aguçar nosso senso crítico, para ver além das mensagens fáceis da mídia e das informações pré-construídas.

VER TAMBÉM

Classe Social; Cultura; Democracia; Discurso; Globalização; Ideologia; Imaginário; Industrialização; Marxismo.

SUGESTÕES DE LEITURA

ANDREW, Edgar; SEDGWICK, Peter. *Teoria cultural de A a Z*: conceitos-chave para entender o mundo contemporâneo. São Paulo: Contexto, 2003.

CERTEAU, Michel de. *A invenção do cotidiano*. Petrópolis: Vozes, 2002, v. 1 – Artes de Fazer.

COELHO, Teixeira. *O que é indústria cultural*. São Paulo: Brasiliense, 2003.

Morin, Edgar. *Cultura de massas no século xx*: neurose. Rio de Janeiro: Forense Universitária, 2002.

Napolitano, Marcos. História contemporânea: pensando a estranha história sem fim. In: Karnal, Leandro (org.). *História na sala de aula*: conceitos, práticas e propostas. São Paulo: Contexto, 2003.

_____. *Como usar a televisão na sala de aula*. 5. ed. São Paulo: Contexto, 2003.

_____. *Como usar o cinema na sala de aula*. 2. ed. São Paulo: Contexto, 2004.

_____. *Cultura brasileira*: utopia e massificação. 2. ed. São Paulo: Contexto, 2004.

Rama, Angela; Vergueiro, Waldomiro. *Como usar as histórias em quadrinhos na sala de aula*. São Paulo: Contexto, 2004.

Industrialização

Ao longo da história brasileira, a palavra *indústria* foi muitas vezes usada para se referir ao trabalho em geral. Ter uma indústria significava possuir uma ocupação útil; as lavouras de café e de cana-de-açúcar, por exemplo, eram consideradas *indústrias* importantes do país. Ou seja, a agricultura era designada como a *indústria* na colônia e Império.

Mas a industrialização, no sentido construído a partir da segunda metade do século xviii, significa a produção em larga escala, localizada em estabelecimentos fabris, com uso de maquinaria e grande quantidade de mão de obra, com o objetivo de atingir um mercado consumidor. Em todas as etapas desse processo, que envolve não apenas a produção, mas também o comércio, o princípio da racionalidade deve estar presente. Para alguns autores, a industrialização se confunde com o próprio Capitalismo. Para outros, é preciso separar a forma capitalista de industrialização de formas não capitalistas.

O conceito de industrialização está intimamente relacionado à noção de *sociedade industrial*. Ambos os conceitos apresentam, muitas vezes, um sentido evolucionista, sendo interpretados como *estágios* da capacidade humana de produzir, de transformar a natureza. Uma das abordagens mais difundidas sobre esse tema é a classificação, organizada pelo materialismo histórico, das sociedades em pré-industriais, industriais e pós-industriais. Nesse sentido, a industrialização estaria ligada às etapas anteriores, o *artesanato* e a *manufatura*. Em linhas gerais, no artesanato, o produtor (artesão ou corporação), produz, com ferramentas simples, peças e objetos com os quais se identifica, sendo na maioria dos casos o proprietário dos meios de produção, inclusive da matéria-prima. A manufatura, por sua vez, é o estágio em que a técnica ainda é artesanal, mas no qual a organização e divisão do trabalho se tornaram mais complexas. Em geral, se considera que ela prepara o advento da produção industrial propriamente dita. Já era possível notar, nas manufaturas dos séculos XV, XVI e XVII, algumas das características das fábricas da Revolução Industrial, como o tamanho da unidade produtiva e a divisão do trabalho em etapas, por exemplo. A indústria moderna surgiu nas décadas finais do século XVIII, no princípio da Revolução Industrial.

Essa classificação, apesar do teor evolucionista, tem a vantagem de tornar mais fácil o entendimento das atividades produtivas na história, na medida em que sugere que as diversas sociedades, ao longo do tempo, apresentam diferentes capacidades técnicas e produtivas. Por essa classificação, podemos identificar as Nações pioneiras no processo de industrialização, aquelas que instalaram seus parques industriais modernos já nos séculos XVIII e XIX, assim como aquelas que tiveram um desenvolvimento industrial "*atrasado*". Desde o século XIX, e sobretudo nas primeiras décadas do século XX, consolidou-se a crença de que industrialização era sinônimo de modernização. Assim, sociedades ditas tradicionais, por exemplo, as da América Latina das primeiras décadas do século XX, começaram a se esforçar por assentar suas economias em bases industriais sólidas.

Apesar da polêmica, parece haver consenso que tais sociedades (no caso da América Latina) não podiam seguir os mesmos passos que as potências capitalistas plenamente industrializadas, devido a seu contexto histórico, em que a economia se encontrava dependente do capital monopolista já estabelecido nos países *avançados*. Mas mesmo as Nações que desenvolveram suas capacidades industriais após a Inglaterra, tiveram de atuar diferentemente dessa última Nação. Países como os Estados Unidos, o Japão e a Alemanha, entre outros, não adotaram o liberalismo econômico de modo tão pleno quanto a Inglaterra pelo simples fato de que, se abrissem seus mercados totalmente, só a Inglaterra se beneficiaria. Em grande medida, esses Estados tiveram de adotar medidas protecionistas, intervindo para consolidar suas indústrias nacionais. No caso latino-americano, os chamados países de *industrialização retardatária* ou de *Capitalismo tardio* tiveram de enfrentar entraves internos e externos ao processo de industrialização. Externamente, sua dependência com relação às economias de Capitalismo avançado dificultou o estabelecimento de uma indústria competitiva, pois as Nações já industrializadas detinham o monopólio do capital e da tecnologia e produziam artigos industriais com menor custo. Internamente, havia setores da elite, ligados à economia de exportação de bens primários, que propagavam a ideia de que seus países tinham uma natural *vocação agrícola*, justificando, assim, uma divisão de trabalho internacional em que cabia a algumas Nações a produção de bens industriais, e a outras, a produção de matérias-primas. Outro problema enfrentado pelas Nações latino-americanas foi, dada a pouca capitalização de suas economias, criar um mercado consumidor interno para bens industriais. Particularmente em países como o Brasil, as ações econômicas em prol da industrialização dependeram de medidas políticas advindas do Estado para organizar a produção, favorecer os industriais privados, criar empresas estatais, "harmonizar" as classes sociais (impedindo os conflitos), disciplinar a força de trabalho pela violência e/ou persuasão de sindicatos controlados pelo Estado etc. Seja como for, a especificidade histórica da América Latina dificultou o processo de "transição" de suas economias. E nesse processo o nacionalismo e o populismo caminharam junto às políticas de industrialização e consolidação do mercado interno. A pouca acumulação de capitais também constituiu um dos entraves, e a industrialização terminou vindo acompanhada de dívidas externas gigantescas. A presença do Estado e dos investimentos externos são características da industrialização de países latino-americanos.

A industrialização é fenômeno tão marcante da história mundial a partir do século XVIII que muitos estudiosos confundem industrialização com modernização. Sem dúvida, o Ocidente é responsável por essa relação entre industrialização e modernização. Entretanto, esta é um conjunto mais amplo e complexo de modificações de uma sociedade, não necessariamente restrito ao aspecto técnico e econômico, que permite a um país industrializado como o Japão manter aspectos tradicionais de sua cultura. Porém, se o conceito de indústria for amplo o suficiente para englobar qualquer processo de transformação dos elementos naturais e minerais em artefatos, em produtos consumidos por determinado grupo (mesmo produtos alimentares), então até mesmo comunidades tradicionais possuem algo de industrialização, dessa capacidade humana de usar a técnica para fabricar e produzir. No entanto, o conceito de industrialização cunhado a partir da Revolução Industrial é mais restrito e implica uma série de elementos específicos: o emprego de certo número de descobertas científicas nas atividades produtivas, afetando a produtividade do trabalho; uma combinação entre as atividades de produção e de consumo (o que acarreta a ideia de mercado consumidor, de redução de custos de produção etc.); o mercado, o contrato, a moeda como instituições que norteiam a troca entre produtores e consumidores (isso na industrialização de tipo capitalista).

Há ainda outras questões relacionadas ao conceito de industrialização: só existe um tipo de sociedade industrial, a capitalista? Ou pode-se falar de duas *variantes* da industrialização, uma capitalista e outra socialista? Entendendo o industrialismo como um projeto de expansão da atividade industrial, percebemos que ele existiu tanto nas sociedades capitalistas como nas socialistas. O Socialismo não era anti-industrialista.

Ao contrário, segundo Marx e Engels, para a gestação do Comunismo, as forças industriais e capitalistas deveriam continuar a crescer, exacerbando a contradição entre industriais e operários. Além disso, o Comunismo não seria o fim da atividade industrial, mas o fim da sociedade de classes. Entretanto, a industrialização de tipo planificado, no modelo stalinista iniciado na década de 1930 na URSS, não foi idêntica ao modelo capitalista. Para o Capitalismo, a intervenção estatal em um ramo específico da indústria pode até ser uma boa estratégia para alavancar o setor, mas a intervenção em todos os ramos industriais é encarada como ineficaz. Apesar disso, o dirigismo estatal stalinista fez uso de técnicas e da racionalidade ocidental em sua industrialização, acreditando que se poderia ultrapassar o Ocidente em poucos anos. De qualquer forma, os processos de industrialização apresentam tonalidades distintas mesmo no interior de economias ditas capitalistas, pois nenhuma Nação é industrializada do mesmo modo.

Hoje, pode-se afirmar que o Brasil tem economia bastante industrializada. Entretanto, como mostram os noticiários econômicos, os índices de superávit na balança comercial dependem sobretudo de produtos da agroindústria, devido ao peso ainda muito grande da produção agrícola nas exportações. Além disso, as atividades artesanais não desapareceram totalmente e, com incentivos ao turismo cultural, o artesanato se tornou mesmo uma atividade produtiva vinculada ao mercado externo. A industrialização é tema de grande importância para a compreensão do mundo atual, desde a economia e a política até a sociedade de consumo. E para estudá-lo muitas estratégias podem ser levadas adiante pelos professores de História: visitas a museus, mercados de artesanato, fábricas, indústrias domésticas; elaboração de projetos interdisciplinares com a Geografia e a Biologia, a fim de compreender a relação entre industrialização, paisagem e meio ambiente, são algumas propostas.

VER TAMBÉM

Capitalismo; Comunismo; Imperialismo; Indústria Cultural; Liberalismo; Marxismo; Modo de Produção; Oligarquia; Revolução Industrial; Tecnologia; Trabalho.

SUGESTÕES DE LEITURA

BARBOSA, Alexandre de Freitas. *O mundo globalizado*: política, sociedade e economia. 2. ed. São Paulo: Contexto, 2003.

BOUDON, Raymond; BOURRICAUD, François. *Dicionário crítico de sociologia*. São Paulo: Ática, 1993.

CATANI, Afrânio Mendes. *O que é capitalismo*. São Paulo: Brasiliense, 1999.

Dean, Warren; Cajado, Octávio. *A industrialização de São Paulo*: 1880–1945. Rio de Janeiro: Bertrand Brasil, 1991.

Iglesias, Francisco. *A industrialização brasileira*. São Paulo: Brasiliense, 1994.

Luca, Tania Regina de. *Indústria e trabalho na História do Brasil*. São Paulo: Contexto, 2001.

Marques, Adhemar; Berutti, Flávio; Faria, Ricardo. *História contemporânea através de textos*. 10. ed. São Paulo: Contexto, 2003.

Inquisição

O Brasil tem conhecido um grande desenvolvimento em sua produção historiográfica, como o crescimento do número de autores que publicam trabalhos especializados em História e do interesse de um público mais amplo pela produção historiográfica. Essa popularidade nasceu com a influência da Nova História francesa, interessada, sobretudo, na cultura e no cotidiano, e cujas abordagens se aproximam bastante da ficção. Foram essas abordagens mais culturais que geraram no Brasil um mercado editorial para publicações de História, tendo alguns temas um importante papel nesse processo. Um desses é a Inquisição.

A Inquisição é menos um conceito que uma instituição. Inquisição é o termo pelo qual é mais comumente conhecido o Tribunal do Santo Ofício, órgão de investigação e repressão instituído pela Igreja Católica na Idade Média que teve seu apogeu depois da Reforma Católica, a partir do século xvi. Os estudiosos dividem sua história normalmente em dois grandes períodos quase independentes, a Idade Média e a Idade Moderna. Na Idade Média, o Tribunal do Santo Ofício foi criado pelo Vaticano para investigar a existência de heresias em qualquer bispado, e era subordinando diretamente ao Papado. Não tinha, assim, ligação política com as regiões que investigava, obedecendo diretamente ao Vaticano. Nesse período, a preocupação maior da Igreja era com os hereges, pessoas ou grupos de católicos que se desviavam da conduta regulamentada pelo Papado e criavam novos dogmas. A Inquisição medieval agiu em diversas partes da Europa ocidental, mas teve sua maior atuação repressiva na França, perseguindo dissidentes religiosos, como os cátaros.

Já na Idade Moderna, a Inquisição se desligou do Vaticano e se submeteu aos Estados nacionais em ascensão. Nesse caso, os interesses mudaram. O Tribunal agora tinha muito mais objetivos em comum com as monarquias às quais estava ligado do que com o Vaticano, e as perseguições variaram suas vítimas por toda a Europa. A mais famosa das inquisições modernas foi a espanhola, devido a sua grande influência social e política e sua massiva perseguição aos judeus e cristãos novos, ou seja, judeus convertidos ao Cristianismo na Península Ibérica e nas Américas.

O caráter repressivo da Inquisição esteve presente, desde seus primórdios, atrelado a seu caráter investigativo. Na Idade Média seu objetivo era extirpar toda heresia da Igreja, ou seja, toda crença que discordasse dos dogmas do catolicismo. Nesse sentido, a Inquisição só poderia perseguir e "investigar" católicos, pois era fundamentalmente uma instituição de controle das dissidências internas. Perseguiu os hereges – os discordantes – na França, na Itália e as bruxas por toda a Europa. A Inquisição espanhola, todavia, durante a Idade Moderna, mudou seu alvo consideravelmente. Na Península Ibérica, a Inquisição virou uma instituição de proteção tanto da Igreja quanto do Estado centralizado. O Estado espanhol se unificou com base em alguns princípios, dos quais o Catolicismo e a unidade da fé eram os mais fortes. Nesse caso, a manutenção da unidade religiosa deveria ser feita a todo custo, pois o Catolicismo era um dos alicerces sobre o qual estava fundamentado o novo Estado unificado. E o Tribunal do Santo Ofício foi instituído com esse intuito. As principais "ameaças" a essa unidade nacional eram os judeus e os mouros, que habitavam a Península há séculos. Foi contra eles que se voltou o Tribunal do Santo Ofício espanhol, e depois o português, sobretudo contra os judeus e seus descendentes católicos convertidos, pela influência econômica que possuíam em suas sociedades.

A Inquisição na Península Ibérica se tornou uma das mais importantes instituições de apoio ao estabelecimento e ao fortalecimento do Estado nacional e da monarquia centralizada. O controle exercido sobre a sociedade era imenso, censurando livros e pensamentos. O controle do Tribunal não se resumia aos cristãos-novos, mas abarcava a todos, impondo formas de comportamento, principalmente sexual. A misoginia era uma das características mais fortes dessa instituição, que desde a Idade Média alimentava discursos de medo e desconfiança contra as mulheres.

O Tribunal do Santo Ofício, como já diz o nome, era um órgão judiciário, e a Espanha estabeleceu diversos tribunais em seu Império, inclusive três na América. Portugal, por sua vez, não tinha os mesmos interesses religiosos e nacionalistas que a Espanha. A direção política de Portugal na Idade Moderna era muito mais comercial e menos preocupada com a conquista de territórios que a Espanha. Sua Inquisição, por exemplo, não foi estabelecida na América portuguesa. Aqui, a Coroa portuguesa se limitou a enviar visitações, ou seja, inquisidores de tempos em tempos para realizar vistorias gerais na colônia. Temos notícia de três visitações: uma no século XVI, dirigida para a Bahia e Pernambuco, outra no XVII, restrita à Bahia, e uma terceira no século XVIII, ao Grão-Pará. Comparada à Inquisição espanhola, que funcionava diariamente no México, em Lima e em Cartagena de Las Índias, na Colômbia, a repressão inquisitorial no Brasil foi muito pequena. No entanto, existiu e, enquanto os visitadores realizavam suas investigações nas cidades coloniais, desencadeavam uma série de conflitos sociais, em que vizinhos denunciavam vizinhos, por exemplo.

Não devemos esquecer o caráter de extrema violência desse tribunal. Para alcançar confissões de hereges, judeus, feiticeiras, entre outros indivíduos tidos como perigosos para a Igreja, a tortura era considerada um instrumento apropriado de investigação. Acreditavam então que uma confissão obtida sob tortura era uma confissão legítima. E, assim, o Tribunal se especializou em técnicas de tortura, inclusive elaborando manuais até hoje famosos, como o *Martelo das feiticeiras*. Sob tortura, a maioria dos réus, pessoas denunciadas muitas vezes pela inveja ou paranoia de seus conhecidos, confessava todos os "crimes" que os inquisidores lhes imputavam. A grande violência da ação do Tribunal, no entanto, não deve obscurecer outros caracteres importantes desse órgão, como a grande influência política e econômica que exerceu na Península Ibérica.

No Brasil, a Inquisição se tornou um importante tema de pesquisa, principalmente pelo fato de que são os registros de suas investigações minuciosas, das perseguições que impôs às minorias, que nos permitem hoje conhecer tanto essas minorias quanto o cotidiano da sociedade colonial. A Inquisição perseguiu, no mundo ibérico, cristãos-novos, feiticeiras, formas de sincretismo religioso, homossexuais, entre outros. Assim, a documentação inquisitorial, os chamados *autos*, são importantes registros da vida desses personagens. Além disso, os estudos sobre cultura e cotidiano na colônia se desenvolveram em grande parte sobre a documentação da Inquisição: desde as pesquisas de Ronaldo Vainfas e Luis Mott sobre a sexualidade na sociedade colonial até recentes abordagens sobre os degredados, passando por um importante setor de estudos dedicado à História dos cristãos-novos e judeus na América portuguesa.

A documentação das visitações do Santo Ofício se encontra hoje impressa e de fácil acesso para qualquer interessado. Constitui rica fonte de informações sobre o cotidiano colonial e, utilizada com uma boa bibliografia de apoio, pode fornecer aos professores de História um inesgotável material de pesquisa e trabalho em sala de aula. O educador estará assim incitando os alunos a produzir conhecimento. Mas é preciso cuidado com essa documentação, devido à diferença linguística trazida pelos documentos, pois a língua portuguesa mudou desde os séculos XVI e XVII até hoje. O professor precisa dedicar certo tempo à leitura de uma bibliografia que analise tal documentação, à leitura da própria documentação e à preparação do material adequado a ser apresentado a sua sala de aula. Vai ser de enorme ajuda o grande número de textos de divulgação científica publicados sobre a Inquisição e suas vítimas em periódicos especializados, assim como o grande número de títulos que os profissionais de ensino encontrarão nas livrarias. Além disso, muitos são os filmes que abordam temáticas diversas associadas à Inquisição medieval e à Inquisição moderna. Esse tema riquíssimo está aberto à criatividade do professor e atende, como poucos, às exigências das novas abordagens da história, que pregam o trabalho com a História das minorias e com a construção das identidades.

VER TAMBÉM

Absolutismo; Colonização; Cristianismo; Historiografia; Judaísmo; Religião; Violência.

SUGESTÕES DE LEITURA

BETHENCOURT, Francisco. *História das inquisições.* São Paulo: Companhia das Letras, 2000.

DEL PRIORE, Mary (org.). *História das mulheres no Brasil.* 6. ed. São Paulo: Contexto, 2002.

MARQUES, Adhemar; BERUTTI, Flávio; FARIA, Ricardo. *História moderna através de textos.* 10. ed. São Paulo: Contexto, 2003.

MELLO, José Antônio Gonçalves de. *Gente da nação*: cristãos novos e judeus em Pernambuco, 1542-1654. Recife: Massangana, 1990.

MOTT, Luis. *O sexo proibido*: virgens, gays e lésbicas nas garras da Inquisição. Campinas: Papirus, 1988.

PINSKY, Jaime; PINSKY, Carla Bassanezi (orgs.). *Faces do fanatismo.* São Paulo: Contexto, 2004.

RICHARDS, Jeffrey. *Sexo, desvio e danação*: as minorias na Idade Média. Rio de Janeiro: Jorge Zahar, 1993.

VAINFAS, Ronaldo (org.). *Confissões da Bahia*: Santo Ofício da Inquisição de Lisboa. São Paulo: Companhia das Letras, 1997.

_____. *O trópico dos pecados*: moral, sexualidade e inquisição no Brasil colonial. Rio de Janeiro: Nova Fronteira, 1997.

INTERDISCIPLINARIDADE

Os métodos e as técnicas da pesquisa científica se renovam constantemente. As mudanças sociais e culturais trazem consigo novos interesses historiográficos e, logo, é preciso criar novas técnicas para responder aos questionamentos que esses interesses trazem. Assim, com a pós-modernidade, diversas abordagens tomaram fôlego nas ciências humanas. Entre elas, a interdisciplinaridade, geralmente entendida como troca de conteúdos e métodos entre diferentes disciplinas, ultrapassando a segmentação do conhecimento promovida pela multidisciplinaridade tradicional.

Atualmente, a interdisciplinaridade é uma proposta defendida por vários campos do conhecimento. Mas no Brasil, a Educação e a Pedagogia têm dado ênfase especial a esse método. Os educadores definem a interdisciplinaridade como a síntese de duas ou mais disciplinas. Segundo Maria Cândida Moraes, uma atividade é interdisciplinar quando os conteúdos e os métodos de diferentes disciplinas são associados para produzir um novo saber. A interdisciplinaridade pode ser confundida com a transdisciplinaridade e com a multidisciplinaridade. A transdisciplinaridade é a consequência de uma síntese interdisciplinar, é um saber novo que se origina da interdependência de vários aspectos da realidade. Ou seja, é o resultado da interdisciplinaridade. Já a multidisciplinaridade, também chamada de pluridisciplinaridade, é a divisão do conhecimento em diferentes áreas, em diferentes disciplinas que apenas se sobrepõem. É o saber em seu estado tradicional.

Para autores como Maria Cândida de Moraes, essas definições fazem parte de uma abordagem pós-moderna do saber, uma abordagem definida como holística. Ou seja, uma visão de mundo em que todas as áreas de conhecimento estejam conectadas, e o conhecimento seja entendido como um único conjunto de saberes. Essa concepção foi difundida no último quartel do século xx pela obra de Fritjof Capra, *Ponto de mutação*, de grande influência sobre o pensamento pós-moderno, que defende que o universo deve ser visto em sua totalidade, e o próprio sujeito deve ser percebido como parte do universo. Sobre o saber científico, a visão holística afirma que não há hierarquias entre as disciplinas, bem como que a própria separação do conhecimento em diferentes disciplinas científicas é falsa, sendo tarefa da interdisciplinaridade conectá-las para produzir um saber transdisciplinar, ou seja, um conhecimento que ultrapasse todas as barreiras entre as ciências, e mesmo entre a ciência e outras formas de saber, como a Religião e o senso comum.

A visão holística apresenta-se como derivada do desenvolvimento da física quântica e da teoria da relatividade. É uma abordagem relativista, que se insere na visão pós-moderna da ciência, rejeitando os paradigmas científicos da modernidade. Para ela, seria tarefa da ciência promover a integração do conhecimento, reconhecendo a interdependência entre os problemas, os conteúdos disciplinares e as relações culturais, o que possibilitaria aplicar a interdisciplinaridade aos currículos.

Ivani Fazenda, por outro lado, afirma que apesar de pedagogos e educadores falarem bastante de interdisciplinaridade, ainda não sabem como aplicá-la nos níveis Fundamental e Médio. Na obra coletiva *Práticas interdisciplinares na escola*, Fazenda apresenta a interdisciplinaridade como um retorno à visão grega clássica do conhecimento, pois para os filósofos gregos do século vi a.C. o conhecimento, definido então apenas como "Filosofia", abrangia a totalidade da investigação do mundo, integrando os aspectos que hoje consideramos ciência, religião, arte, sem fazer distinção ou hierarquizar essas diferentes áreas. Essa forma de pensar o conhecimento como único teria originado a visão holística de mundo, que, por sua vez, gerou a interdisciplinaridade.

Para os pedagogos que defendem a interdisciplinaridade, a divisão tradicional de disciplinas apenas favorece o acúmulo de informações no ensino, e os currículos assim montados não auxiliam a vida profissional futura dos estudantes. A interdisciplinaridade, por outro lado, estimularia a competência do educador, apresentando possibilidades de reorganização da produção de conhecimento. Para Ivani Fazenda, uma forma prática de aplicar essa proposta é desenvolver uma pesquisa coletiva, que abarque várias disciplinas e ao mesmo tempo tente superar a dicotomia ensino/pesquisa.

Outras áreas de conhecimento também têm trabalhado bastante com a interdisciplinaridade. Algumas delas, como os Estudos Culturais, na verdade se construíram em torno da noção de interdisciplinaridade. Nascidos na pós-modernidade, com a crise dos paradigmas e conceitos da modernidade, os Estudos Culturais têm como objetivo questionar a hierarquia entre culturas, apresentando-se como um campo de conhecimento fragmentado e amplo, mas cuja base é uma abordagem interdisciplinar de temas, como migrações, colonialismo, meios de comunicação, com métodos oriundos de disciplinas como a Linguística, a Sociologia, a Teoria da Comunicação.

Na História, por sua vez, a interdisciplinaridade não é nova, mas data da própria renovação do início do século XX, e não do nascimento da pós-modernidade, como os projetos interdisciplinares holísticos ou os Estudos Culturais. Desde as décadas de 1910 e 1920 que os fundadores da escola historiográfica dos *Annales*, Marc Bloch e Lucien Febvre, já incentivavam o desenvolvimento de pesquisas interdisciplinares. Tentavam, então, fazer uma História totalizante, que abrangesse o homem em sua complexidade de pensar, agir e sentir. Para tanto, utilizaram instrumentos de disciplinas como a Economia, a Sociologia e a Psicologia. A fundação dos *Annales*, uma revista interdisciplinar por excelência, em 1929, teve como objetivo promover a aproximação da História com as demais ciências sociais. Desde então, a Escola de *Annales* e sua sucessora, a Nova História, têm realizado intenso trabalho interdisciplinar, gerando inclusive novas abordagens históricas, como a História Social, a História do Imaginário, das Mentalidades, a Geo-história. Todas elas promovendo uma síntese entre disciplinas e um saber que, apesar de histórico, também não deixa de ser sociológico, ou psicológico, ou geográfico. A História do Imaginário e das Mentalidades trabalha com a Psicologia Social e a Antropologia; a História Social, com a Economia, a Demografia, a Sociologia, entre outras; a Análise do Discurso traz a Linguística e a Semiótica para a História. No Brasil, os professores de História podem dispor de diversas obras que trazem os resultados de pesquisas históricas baseadas na interdisciplinaridade. Um ótimo exemplo da aplicação dessa abordagem é o trabalho de Lilia Moritz Schwarcz, *As barbas do imperador*, livro que une Antropologia e História para desenvolver uma síntese das mentalidades e dos projetos políticos no Brasil do Segundo Reinado.

Os professores dos níveis Fundamental e Médio também podem entrar em contato com a interdisciplinaridade por meio dos Parâmetros Curriculares Nacionais, os PCNS, a partir da proposta de temas transversais. Para trabalhar com os temas transversais (Ética, Pluralidade Cultural, Saúde, Orientação Sexual e Meio Ambiente), os professores devem realizar um trabalho interdisciplinar, unindo algumas disciplinas afins para a realização de determinado projeto. No entanto, José Alves de Freitas Neto, em artigo sobre a transversalidade na obra *História em sala de aula*, adverte sobre o perigo de se trabalhar os temas transversais sem que haja real interdisciplinaridade, mas apenas sobreposição e colagem de dados de diferentes disciplinas. Esse, na verdade, é o grande risco de qualquer trabalho interdisciplinar, seja em sala de aula ou no meio acadêmico, em sua ambição de construir um conhecimento transdisciplinar, uma verdadeira síntese. Mas a síntese é possível. Podemos, com os professores de Literatura, por exemplo, elaborar uma pesquisa sobre a construção da nação brasileira no século XIX, por meio da obra de José de Alencar e Machado de Assis, entre outros escritores; ou trabalhar com os professores de Geografia e Sociologia a questão da terra hoje, observando as formas de ocupação da terra no Brasil e suas origens coloniais. Muitas outras propostas podem surgir da própria conversa com os profissionais de ensino de outras áreas.

Para uma aplicação efetiva de um trabalho interdisciplinar, numerosas barreiras precisam ser transpostas: a inexistência de um projeto político pedagógico em várias escolas; a pouca comunicação entre os professores (que, em geral, se comportam como ilhas em suas especialidades); as dificuldades de interação escola/comunidade, que gera um saber desvinculado dos interesses locais etc. As escolas precisam perceber que os melhores trabalhos apresentados por alunos e alunas em *Feiras de Conhecimentos* e *Feiras de Ciências* são os que aplicam a interdisciplinaridade com competência, o que depende de uma efetiva participação da instituição e de seu quadro docente.

VER TAMBÉM

Arqueologia; Arte; Ciência; Cultura; Discurso; Ética; Etnia; Evolução; Folclore; História Oral; Historiografia; Iconografia; Imaginário; Indústria Cultural; Mentalidades; Pós-modernidade; Teoria.

Sugestões de leitura

BITTENCOURT, Circe. *O saber histórico na sala de aula.* 6. ed. São Paulo: Contexto, 2004.

ESCOSTEGUY, Ana Carolina. *Cartografias dos estudos culturais:* uma versão latino-americana. Belo Horizonte: Autêntica, 2001.

FAZENDA, Ivani (org.). *Práticas interdisciplinares na escola.* São Paulo: Cortez, 2001.

FUNARI, Pedro Paulo. *Arqueologia.* São Paulo: Contexto, 2003.

KARNAL, Leandro (org.). *História na sala de aula:* conceitos, práticas e propostas. São Paulo: Contexto, 2003.

MORAES, Maria Cândida. *O paradigma educacional emergente.* Campinas: Papirus, 1997.

SCHWARCZ, Lilia Moritz. *As barbas do imperador:* D. Pedro II, um monarca nos trópicos. São Paulo: Companhia das Letras, 1999.

ISLÃ

Religião que mais cresce no mundo, o Islã foi durante séculos o contraponto do Ocidente, considerado desde muito cedo o "outro" por excelência. Oposição antiga que voltou a ter destaque no início do século XXI.

A principal definição do Islã é religiosa: o Islamismo é uma religião monoteísta surgida na Idade Média na Península Arábica. Dessa definição surgiu outra, ligada a sua expansão histórica, que teria transformado a religião no que muitos autores consideram civilização. Nascido das tribos da Península Arábica, o Islã foi sempre associado pelo Ocidente aos árabes. Apesar disso, não pode ser entendido apenas como a religião desse povo. O termo árabe é uma construção étnica, e nem todos os árabes são muçulmanos, devotos do Islã, caso dos grupos cristãos do Líbano. Porém, a devoção ao Islã ultrapassa as barreiras étnicas, e nem todo muçulmano é árabe, como prova o mais populoso país muçulmano do mundo, a Indonésia.

Outra fórmula muita associada ao Islã é a expressão *cultura islâmica.* Desde o início de sua expansão na Idade Média e do surgimento do Império Islâmico como unidade política a partir da Península Arábica no século VI d. C., diversos povos foram alcançados e influenciados pelo Islã como religião e pelos árabes como povo, desde os persas e os visigodos, aos berberes e chineses. Em algumas das regiões conquistadas, as culturas nativas foram influenciadas pela língua árabe (a língua sagrada do Islã, na qual o Corão, o livro sagrado, foi escrito), pelos costumes e tradições, sem necessariamente serem convertidas à religião islâmica. Foi o que aconteceu com a região conhecida como Al Andaluz, a Espanha islâmica, que do século VIII ao XV possuiu uma estrutura social e cultural intensamente influenciada por árabes e outros povos muçulmanos, como os berberes, mas também por judeus e cristãos arabizados. Nesse contexto, a expansão islâmica teve diversas vezes um significado muito mais cultural que religioso.

Apesar da distinção entre árabes e muçulmanos, o Ocidente continua a criar generalizações. O Irã, por exemplo, que nas últimas décadas do século XX foi associado a um pretenso extremismo político árabe muçulmano, apesar de muçulmano, não é árabe, mas persa, e nega qualquer "arabidade". Falar também em um "mundo árabe", supostamente restrito às regiões em torno do Mediterrâneo, no norte da África e no Oriente Médio, onde vivem importantes populações de etnia ou língua árabe, é problemático. Nessa região, a Arábia, o Egito, o Marrocos, o Iraque, a Síria, o Líbano e a Palestina seriam exemplos de Estados árabes. No entanto, desde a década de 1970, povos de língua árabe passaram a se identificar etnicamente por uma identidade própria, como o Egito, que negou origens árabes, apesar de reafirmar sua cultura islâmica. Hoje, o termo árabe não pode mais ser utilizado para definir povos de língua árabe, como o Egito, mas apenas para os grupos étnicos que se identificam como árabes.

A definição do Islã como religião, dessa forma, abarca grande diversidade étnica. Além disso, em uma religião que se expandiu tanto ao longo da história, as divisões internas seriam inevitáveis. A mais importante delas é a distinção entre sunitas e xiitas, diferentes concepções teológicas do Islã. Os sunitas, ou "tradicionais", compõem a linha de interpretação religiosa predominante. Além do Corão, seguem também a compilação de leis escritas pela tradição ao longo do tempo, as *Sunas*. Os xiitas, por sua vez, reconhecem apenas os descendentes do Califa Ali, genro do Profeta Maomé, como Imãs, ou seja, líderes religiosos e, diferentemente dos sunitas, pregam a obediência somente ao Corão, deixando de lado as *Sunas*. Além disso, enquanto no pensamento sunita predomina o racionalismo, entre os xiitas o misticismo, ou sufismo, tem grande prestígio. Apesar de minoria, os xiitas assumiram algumas importantes posições no século XX, principalmente com sua vitória na Revolução Iraniana, na década de 1970. Lembremos, todavia, que nenhuma dessas concepções chegou a criar igrejas separadas no Islã, ao contrário do Cristianismo.

Nessa grande diversidade, a afirmação de estudiosos ocidentais acerca da existência de uma civilização islâmica é motivo de controvérsias entre os pensadores no próprio Islã. Primeiro, não se pode caracterizar tal civilização, se é que ela existe e tem alguma coesão, como árabe, pois a maioria de sua população não é árabe, como mostra o caso do Egito e do Irã, sem falar dos países muçulmanos orientais, com a Indonésia, dos muçulmanos hindus e chineses e dos países muçulmanos da

África negra, como o Senegal e o Mali. Segundo, também não se pode definir a civilização islâmica a partir de um sentido apenas religioso, pois isso seria obliterar as minorias cristãs, judaicas e zoroastrianas em seu seio. Por último, para definirmos o Islã como civilização, teríamos de remontar sua história desde a Idade Média, e não reduzi-la a sua configuração atual.

Autores "arabistas" como Bernard Lewis, baseados nas concepções do líder político cristão sírio Michel Aflaq, que na década de 1960 procurou incluir seu movimento no mundo árabe-muçulmano, definem a civilização islâmica como o conjunto que integra todos os indivíduos, muçulmanos ou não, inseridos na experiência histórica iniciada pelo Profeta Mohammed, ou Maomé, fundador do Islã. Para Miguel Attie Filho, por sua vez, o termo *islâmico* tem significação mais ampla, que faz referência às ideias e aos ideais do Islã, ao passo que *muçulmano* seria aplicado apenas ao fiel seguidor dos preceitos do Islã. Assim, para esses autores, a expressão *civilização islâmica*, ainda que seja uma generalização nem sempre aceita pelos próprios islâmicos, é o conceito que melhor se adapta para abranger toda a diversidade de povos e culturas que o Ocidente considera rival desde a Idade Média.

A partir dessa premissa, podemos definir o Islã como o conjunto de ideias, atitudes, costumes, pensamentos e tradições que compõem a experiência histórica iniciada por Maomé no século VII d.C., ou seja, a partir da Hégira, e ao qual o Ocidente se refere comumente como uma civilização. Assim, além de designar a religião, o termo Islã também define um complexo cultural nascido da expansão da religião, mas não restrito a ela, e muito menos ao grupo étnico árabe.

Historicamente, a data inicial do calendário islâmico, correspondente ao ano 622 no calendário ocidental, simboliza a Hégira, a fuga do Profeta Maomé de Meca para Medina. Segundo os preceitos do Islã, Maomé (Mohammed) teve sua revelação na cidade de Meca, no início do século VII. Cidade comercial da Península Arábica, Meca era dominada por uma elite politeísta que vivia das peregrinações para a cidade e logo se mostrou um local de resistência à pregação de Maomé. Pressionado, Maomé fugiu para a cidade de Yatrib, em 622, que logo passou a ser chamada de Madinat al-Rasul, a "*cidade do Profeta*", Medina. Dividida em diversas tribos, a Península Arábica não formava até então uma unidade política. Sob Maomé foi unificada, e seus sucessores, os califas, ou seja, os "*delegados do Profeta*", expandiram essa unidade transformando-a em um império, que no século VIII dominava a maior parte do Mediterrâneo, da Espanha à Pérsia, pelo norte da África, e chegava até mesmo ao Himalaia. A rápida expansão imperial conquistou não poucos territórios na Europa, incluindo a Espanha, mas levou o Império à cisão interna, criando várias unidades políticas diferentes, vários califados.

A rápida expansão do Islã nas proximidades do mundo cristão criou conflitos territoriais inevitáveis, como na Espanha e no Império Bizantino, e gerou um discurso por parte do Cristianismo medieval de medo e ódio contra o islamismo. Esse Cristianismo medieval, intolerante com outras crenças, via o Islã como um rival e uma ameaça devido a seu preceito básico de expansão da fé. Do lado do Islã medieval, todavia, apesar dos choques ocasionais, cristãos e judeus foram em geral bem acolhidos. A própria Al Andaluz, a Espanha islâmica, é até hoje referência de convivência pacífica e tolerância religiosa. Nela, judeus e cristãos assumiam importantes cargos e tinham suas religiões respeitadas desde que não atacassem o Islã. Eventuais grupos cristãos radicais, ao denegrirem a imagem do Profeta foram perseguidos e mortos. No entanto, tal processo foi esporádico e nem de longe se aproximou das perseguições que os cristãos realizaram na Europa no mesmo período contra judeus, bruxas e hereges.

O grande choque entre cristãos e muçulmanos começou principalmente com as Cruzadas. Até então as relações diplomáticas entre os Estados islâmicos e cristãos podiam ser consideradas pacíficas. A partir dos séculos XI e XII, no entanto, os reinos cristãos europeus começaram um movimento de expansão e conquista de novos territórios que inevitavelmente se chocou com o Islã, seu vizinho. Desde então o Ocidente começou a construir uma imagem que perdura até hoje, na qual o Islã é o *outro*, considerado um Cristianismo fracassado e primitivo e, além disso, violento. A ignorância da história e dos costumes, assim como da diversidade cultural, levou a esses estereótipos. Até o fim da Idade Média, o Islã, visto sempre de forma genérica, era o lugar dos hereges, dos "infiéis". Na Idade Moderna, mesmo com o crescente respeito a figuras de filósofos como Averrois e Avicena, o desconhecimento e o preconceito contra os "infiéis" continuou, ainda mais porque, no século XVI, o grande rival político dos Estados ocidentais voltou a ser um Estado islâmico. Dessa vez o império turco-otomano.

Mas foi no século XIX, com a expansão territorial e política da Europa ocidental sobre o restante do mundo, com o imperialismo britânico e francês principalmente, que a visão atual de Islã se consolidou. Os conquistadores imperialistas, ao se apropriarem das terras do Oriente Médio, retrataram os "*árabes*" como uma população grotesca, primitiva, atrasada, que só tinha a ganhar com a conquista de suas terras pela "*civilização*". Por outro lado, criou-se também o mito do Oriente exótico, dos haréns, do mistério, do misticismo, das histórias fantásticas das *Mil e uma noites*. E assim o Ocidente construiu o Oriente, assunto amplamente abordado por um dos principais pensadores palestinos do século XX, Edward Said.

A crise do imperialismo, a partir de meados do século XX, que levou à independência das antigas colônias da Ásia, da África e do Oriente Médio, e contribuiu para a formação dos Estados nacionais islâmicos, não apagou a antiga imagem de Oriente exótico e atrasado que o Ocidente construiu. Mas foi com a ascensão do fundamentalismo islâmico e dos grupos radicais terroristas, no início do século XXI, que a velha dicotomia medieval e bélica entre Islã e Ocidente foi retomada. A "*cruzada*" contra o "*mal*" – representado pelo Islã como um todo, e não só pelos grupos terroristas minoritários – empreendida pelos EUA da era Bush retomou o conflito medieval, iniciando uma nova era de intolerância e incompreensão mútua.

Lembremos que o Islã é uma *civilização* de 1.400 anos, cuja diversidade étnica, cultural e social, além de histórica, não pode ser limitada a Estados específicos, muito menos a grupos políticos como os terroristas. Além disso, o Islã não é o *outro*, o oposto do Ocidente. Pelo contrário, na Idade Média mesmo, monges cristãos buscavam as grandes mesquitas do Islã para estudar. A Espanha se construiu sobre o fundamento do Islã, cuja influência se estendeu até a própria América Latina. Pensadores, poetas, artistas e filósofos islâmicos influenciaram o Renascimento europeu e escritores, como Dante e Voltaire. Os princípios religiosos do Islã reverenciam Abraão, Davi, Salomão, Maria e inclusive Jesus Cristo. A lista de proximidades e influências poderia se estender indefinidamente. Mas ela só serve para nos lembrar que o Islã não é o *outro* estranho, é um antepassado e um parente, pois a influência do Ocidente sobre ele é igualmente grande.

A nós, historiadores e educadores, cabe o papel social e político de incentivar o fim dos preconceitos e pregar a tolerância e o entendimento. E não há preconceito mais antigo no Ocidente do que aquele esboçado contra o Islã. A crescente intolerância promovida pela política norte-americana fez retomar ódios seculares. Mas se pretendemos enfrentar a intolerância e pregar o respeito mútuo, precisamos antes conhecer as culturas que pretendemos respeitar. Sem conhecimento não há respeito, não há tolerância. Trabalhar com a rica diversidade islâmica em sala de aula é uma ferramenta perfeita para esse fim. Mas não devemos nos prender apenas às glórias passadas de Al Andaluz ou de Bagdá, no século X. Esse é o erro de alguns historiadores ocidentais que glorificam o passado do Islã e desprezam seu presente. Pois ao trabalharmos com a cultura islâmica hoje estaremos começando a compreendê-la em sua dinâmica histórica, com incongruências e belezas como qualquer outra. Do ponto de vista prático, uma sugestão: além de trabalhar com a arte e a literatura islâmica medievais, conhecer e analisar em sala obras atuais produzidas dentro das fronteiras do Islã: literatura, arte e, talvez sobretudo, o cinema, uma das formas de expressão que mais eloquentemente traz os dilemas e as diversidades do Islã em sua vastidão para o Ocidente.

VER TAMBÉM

Civilização; *Cristianismo*; *Etnia*; *Etnocentrismo*; *Fundamentalismo*; *Identidade*; *Imperialismo*; *Judaísmo*; *Monoteísmo*; *Orientalismo*; *Relativismo Cultural*; *Religião*; *Terrorismo*.

Sugestões de leitura

ARMSTRONG, Karen. *Maomé*: uma biografia do profeta. São Paulo: Companhia das Letras, 2002.

ATTIE FILHO, Miguel. *Falsafa*: a filosofia entre os árabes. São Paulo: Palas Athena, 2002.

DEMANT, Peter. *O mundo muçulmano*. São Paulo: Contexto, 2003.

GALLAND, Antoine (versão). *As mil e uma noites*. Rio de Janeiro: Ediouro, 2001, 2v.

HOURANI, Albert. *Uma história dos povos árabes*. São Paulo: Companhia das Letras, 1994.

PINSKY, Jaime; PINSKY, Carla Bassanezi (orgs.). *Faces do fanatismo*. São Paulo: Contexto, 2004.

RASHID, Ahmed. Jihad: a ascensão do islamismo militante na Ásia Central. São Paulo: Cosac & Naify, 2003.

JUDAÍSMO

O Judaísmo, tal qual o Islã e o Cristianismo, é uma religião assentada no monoteísmo. As origens dessas religiões estão entrelaçadas e sua convivência ao longo da história foi marcada ora por conflitos e intolerância, ora por momentos de maior integração – ou ao menos tolerância recíproca. Mas o que é o Judaísmo e quem são os judeus?

Os judeus são os seguidores do Judaísmo, que se declaram semitas, ou seja, descendentes de Sem, um dos filhos de Noé, o patriarca que protagonizou o dilúvio, conforme o relato bíblico. São considerados um dos primeiros povos declaradamente monoteístas da história. Em um ambiente cultural como o da Ásia Menor na Antiguidade, marcado pelo politeísmo, os judeus definiram sua identidade cultural, em oposição aos povos da região, como seguidores de Javé (*Yahweh,* em hebraico). Consideravam-se *o povo eleito* e adquiriam forças para manter sua unidade cultural e suportar o peso dos poderosos impérios que lutavam então pelo domínio da Mesopotâmia.

Os praticantes do Judaísmo se definem como *o povo dos livros,* uma vez que sua fé se assenta em três grupos de textos canônicos básicos: a Bíblia judaica, ou *lei escrita*, cujo nome é *Torá*, também conhecida entre os católicos pelo nome grego Pentateuco; a chamada lei oral, os *Midrashim,* e, por fim, o *Talmude,* escritos de interpretação do texto bíblico. O Judaísmo desconsidera a parte da Bíblia nomeada Novo Testamento, tal como não considera Cristo o Messias anunciado pelos seus profetas. Apenas o Antigo Testamento é o cerne da religião judaica, originalmente escrito em hebraico e aramaico.

A Bíblia hebraica foi organizada em 90 d.C. por um sínodo de rabinos que selecionou 24 livros organizados em três grupos: a Torá, ou Lei, os Profetas e os Escritos. O primeiro é o momento de fundação do Judaísmo, quando a aliança foi selada entre Deus e seu povo escolhido. O segundo relata a história do povo judeu desde a conquista de Canaã até o Exílio em Babilônia. Finalmente, os Escritos são livros de oração e sabedoria. Além da Bíblia, outros escritos foram surgindo a partir de comentários e interpretações do texto bíblico, indo constituir o Talmude, que se divide em duas principais escolas de interpretação da lei bíblica: a escola talmúdica de Jerusalém e a da Babilônia. Destacam-se ainda os *Midrashim*, que, por meio de sermões e paráfrases, também pretendem interpretar a Lei bíblica. Juntos, *Torá*, *Talmude* e *Midrash* são o código principal da vida judaica.

Mas o Judaísmo, no que se refere à religião, é mais que um conjunto de escritos e sua interpretação. Trata-se, antes de tudo, de um conjunto de valores que influem diretamente na vida cotidiana de seus membros: cerimônia de circuncisão dos meninos aos oito dias de nascido; o ritual que inicia os meninos na leitura da Torá, conhecido como *Bar Mitzvá* e, ainda, em comunidades mais modernas, uma cerimônia equivalente para as meninas, a *Bat Mitzvá*; outra cerimônia para nomear as meninas, chamada *Zéved habat*, ou "a dádiva da filha"; o uso pelos crentes judaicos de símbolos como o solidéu, chamado *Kippá*, que cobre a cabeça em reconhecimento da presença divina. Além dessas manifestações concretas da cultura judaica, existe ainda um conjunto rígido de regras alimentares, muitas delas baseadas na análise bíblica do livro Levítico. Por fim, os judeus costumam relembrar os marcos de sua história com celebração de festas que envolvem orações, interdições de certos alimentos, purificação e outros rituais que ajudam a manter a memória e a tradição cultural.

Por outro lado, o Judaísmo tem ultrapassado a definição religiosa, tomando conotação étnica ao longo do tempo. Nesse sentido, os judeus se identificam como grupo a partir de sua origem comum, baseada na religião e na história, sem necessariamente a prática dos princípios religiosos. Nesse contexto, são dois os momentos que definem a identidade judaica: o exílio e a diáspora. Fenômenos históricos concretos, o exílio e a diáspora são elementos constitutivos do próprio modo de vida judeu. Historicamente, o exílio dos hebreus na Babilônia, depois de conquistados por Nabucodonosor e desterrados da Judeia, influenciou muito o modo de vida judaico. A convivência com os babilônicos trouxe frutos para os judeus, e muitos deles preferiram não voltar para a Palestina, mantendo casas comerciais abertas em Babilônia.

Já a diáspora hebraica se deu em 70 d.C., após a destruição do Templo de Jerusalém pelos romanos. Tal acontecimento esteve relacionado à resistência cultural dos judeus, que dificultava o domínio romano e promovia rebeliões. Em 135 d.C. explodiu mais uma revolta em Jerusalém, sufocada pelo imperador Adriano. Para reprimir essa revolta, os romanos desterraram os judeus, espalhando-os pelo Império. Daí em diante, os judeus se disseminaram por todo o mundo mediterrânico, para as terras da antiga Mesopotâmia, para a Pérsia e para a Península Árabe, criando importantes comunidades judaicas por todo o mundo antigo.

Durante a Idade Média, habitando áreas sob domínio cristão, como o Império Bizantino e o Reino Visigodo da Espanha, os judeus sofreram frequentes perseguições e, por isso, de maneira geral, receberam com satisfação a invasão muçulmana do século VII. Chegaram inclusive a ajudar os conquistadores na Península Ibérica e em Alexandria, no Egito. A partir daí, iniciou-se uma convivência cultural, na maioria das vezes pacífica, entre muçulmanos e judeus, muito celebrada pelos historiadores. Certamente as relações entre as duas comunidades eram muito melhores que aquelas experimentadas com os cristãos, mas isso não significa que não houve conflitos. No culto islâmico, os judeus são reprovados por terem rechaçado Cristo, um profeta mandado por Alá para guiar os homens, e por terem denegrido Maria, negando a imaculada concepção, um dogma islâmico. Tais sentimentos causaram algumas perseguições localizadas aos judeus, como se verificou durante o reinado do califa Al Hakim, no Egito do século XI. Por outro lado, nada disso nega o fato de que as comunidades judaicas prosperaram no Império Islâmico, dominando, inclusive, algumas profissões de destaque nos Estados islâmicos medievais, como as de médico e tradutor. Além disso, o tratamento que os judeus recebiam no Império Islâmico era geralmente melhor que aquele recebido dos governos cristãos.

Ao longo do tempo, com as invasões constantes à Mesopotâmia, aos poucos a comunidade judaica babilônica foi decaindo. O mesmo se deu com a Península Arábica, a partir do domínio muçulmano. Assim, a Europa veio a se tornar o principal reduto dos judeus, então divididos em duas populações, os sefaradins e os ashkenazims. Sefarad é o nome hebraico da Espanha, e o termo *sefardim* representa os judeus mediterrânicos, do sul da Europa e do Norte da África, que se expressavam em uma língua que misturava o hebraico ao latim, chamada *ladino*. Durante a Idade Moderna, a comunidade sefardita sofreu grandes baixas, em particular com as numerosas expulsões da Espanha e da Sicília, em 1492. Nesse momento, cerca de 80 mil refugiados seguiram tanto para o Marrocos, onde já residiam comunidades judaicas fortes entre os muçulmanos, quanto para os países do norte, Inglaterra e Holanda. Os ashkenazims, por sua vez, são originários dos judeus que, por volta do século VIII, seguiram pela Itália em direção ao norte, à Aschkenaz, na Alemanha. Essa comunidade falante da língua *iídiche*, mistura de hebraico com alemão, passou a ser uma presença constante nas cidades do norte europeu, desde a Idade Média.

Os judeus na Europa, de ambas as comunidades, foram vítimas de intensas perseguições das sociedades cristãs ao longo da história. Seguidamente impedidos de possuir terras, exercer práticas artesanais ou educacionais, foram obrigados a restringir sua atuação ao comércio, à medicina e ao mercado financeiro, em que o empréstimo a juros tinha destaque. Tal fato causou debates no seio da comunidade judaica, já que a cobrança de juros era um pecado previsto na Bíblia. Como resultado da discussão, os estudiosos da Lei e da tradição decidiram que tal cobrança só seria pecado quando realizada na comunidade; para os *goyin*, ou seja, os não judeus, essa prática seria liberada.

As perseguições durante a Idade Média chegaram ao ponto de criar estigmas que assinalavam e distinguiam os judeus das comunidades cristãs. Além de marcas nas roupas, os judeus eram também obrigados a habitar áreas específicas das cidades, separadas dos cristãos. Surgiu, assim, a noção de *gueto*, os bairros habitados unicamente por judeus submetidos a toque de recolher, sem contato com os cristãos, noção que na atualidade se ampliou para qualquer minoria marginalizada e obrigada a habitar áreas separadas nos centros urbanos.

Mas qual a razão das intensas perseguições que os cristãos moviam aos judeus? Na origem, o Cristianismo foi, inclusive, considerado uma subdivisão do Judaísmo. O próprio Jesus Cristo e seus apóstolos eram todos judeus. Mas com a ascensão do Cristianismo ao poder no Ocidente, com a identificação da Igreja Católica com o Império Romano, gradativamente o Cristianismo foi se afastando do Judaísmo. A identificação com o poder levou a Igreja a se tornar cada vez mais intransigente com a diversidade, a não tolerar discordâncias nem de outras formas de pensamento cristão, nem dos "infiéis", ou seja, os muçulmanos, e os judeus. Somou-se a isso o fato de que alguns teóricos mais extremistas do Cristianismo criaram a tese de que os judeus seriam os responsáveis pela condenação de Jesus Cristo ao Calvário e, logo, os "assassinos" de Deus, visto Cristo e Deus formarem uma unidade. Tal tese, que considerava os judeus deicidas (assassinos de Deus), teve especial repercussão na Espanha visigoda. Com o passar do tempo, o medievo cristão, assolado por pestes e fomes esporádicas, transformou os judeus em bodes expiatórios para tudo que não se podia explicar ou controlar, e os massacres às comunidades judaicas se tornaram frequentes em épocas de secas ou epidemias. Além disso, muitos soberanos, interessados no confisco dos bens das comunidades judaicas, incentivavam as perseguições, situação que tomou vulto com a Inquisição espanhola na Idade Moderna, que tinha como alvo principal os cristãos-novos, os judeus convertidos à força ao catolicismo.

Aos poucos, devido à própria necessidade financeira dos Estados nacionais europeus, estes foram concedendo aos judeus igualdade de direitos, abolindo legalmente as diferenças entre judeus e não judeus. Segundo a filósofa alemã Hannah Arendt, esse apoio do Estado-nação aos judeus deveu-se também ao fato de que, sendo absolutamente não territoriais e encontrando-se em todo continente, os judeus passaram a agir como coringas diplomáticos da Europa, chegando a exercer importante papel na diplomacia europeia até a Primeira Guerra Mundial: como não possuíam país, exerciam funções de consultores financeiros e assistentes em tratados de paz, mensageiros e intermediários.

Todavia, apesar da igualdade jurídica entre judeus e não judeus, diversas Nações europeias desencadearam crescente movimento antissemita no século XIX, que se estendeu até o século XX. Transformaram, assim, um preconceito étnico em política de Estado. Foi nesse momento, no final do século XIX, que, como reação às perseguições nasceu o *Movimento Sionista* (de Sion, nome de um dos montes de Jerusalém), que reivindicava a fundação de um Estado próprio para o povo judeu. Enquanto isso, o antissemitismo chegou ao auge com o regime nazi-fascista alemão das décadas de 1930 e 1940, que desencadeou uma política de eliminação em massa, ceifando a vida de um terço da população judia mundial, algo em torno de 6 milhões de pessoas. A tragédia do holocausto, *shoah* em hebraico, como ficou conhecido pela História tal genocídio, foi uma industrialização da morte. Os prisioneiros dos campos de concentração deixaram de ser humanos para se tornarem elementos de contagem: o regime nazista contabilizava quantas pessoas entravam nas câmaras de gás, quanto gás seria necessário para a execução, quantas mulheres teriam seus cabelos cortados para se fazerem sandálias, quantos dentes de ouro seriam arrancados etc.

Com o holocausto, a luta judaica por um Estado se fortaleceu. E já desde o fim do século XIX, grupos judeus migravam para se instalarem na Palestina, onde compravam terras e erigiam fazendas comunais chamadas *kibbutz*. A Palestina, no entanto, já era habitada por uma população árabe, e quando o Estado de Israel foi fundado, em 1948, a reação do mundo árabe foi de oposição. A partir de então, conflitos intermináveis vem marcando a história recente da região, o que não impediu o Estado de Israel de se desenvolver, tornando-se próspero e independente.

No entanto, a política do Estado de Israel com relação aos palestinos, desde o final do século XX, tem sido muito criticada pela comunidade internacional, que, apesar disso, pouco tem feito para ajudar a sanar os problemas da região. O professor de História tem em mãos um tema delicado: por um lado, percebemos que as ações militares de um Estado insensível ao diálogo e à negociação causam milhares de mortes de palestinos armados muitas vezes apenas com pedras. Por outro, devemos nos precaver para não transferir para todas as pessoas judias a responsabilidade pelas ações de um governo autoritário e expansionista. Tal generalização apenas incentiva a volta ao antissemitismo de épocas anteriores. Devemos separar o que é responsabilidade de um governo, respeitando as pessoas que compõem a sociedade civil, uma vez que muitos israelitas não compactuam com as ações do governo instituído. Mas o Judaísmo não pode ser limitado apenas ao Estado de Israel. A influência da cultura judaica na história do Ocidente é imensa, desde sua presença na instalação dos engenhos canavieiros no Brasil colonial até os numerosos pensadores judeus dos séculos XIX e XX, que em muitos pontos definiram a forma de pensar na modernidade. Entre esses estão nomes como Marx, Freud, Einstein, entre outros.

Ver também

Cidadania; Cristianismo; Etnia; Etnocentrismo; Fascismo; Fundamentalismo; Islã; Memória; Monoteísmo; Nação; Religião; Terrorismo.

Sugestões de leitura

ARENDT, Hannah. *Origens do totalitarismo*: antissemitismo, imperialismo, totalitarismo. São Paulo: Companhia das Letras, 1989.

BAHBOUT, Scialom. *Judaísmo*: história, cultura, preceitos e festas. Rio de Janeiro: Globo, 2002.

BURRIN, Philippe. *Hitler e os judeus*: gênese de um genocídio. Porto Alegre: L&PM, 1990.

FARIA, Jacir de Freitas (org.). *História de Israel e as pesquisas mais recentes*. Petrópolis: Vozes, 2003.

PINSKY, Carla Bassanezi. *Pássaros da liberdade*. São Paulo: Contexto, 2000.

PINSKY, Jaime. *As primeiras civilizações*. São Paulo: Contexto, 2001.

_____. Hebreus: os profetas sociais e o deus da cidadania. In: PINSKY, Jaime; PINSKY, Carla Bassanezi (orgs.). *História da cidadania*. São Paulo: Contexto, 2003.

PINSKY, Jaime (org.). *100 textos de história antiga*. 8. ed. São Paulo: Contexto, 2003.

PINSKY, Jaime; PINSKY, Carla Bassanezi. O que e como ensinar: por uma História prazerosa e consequente. In: KARNAL, Leandro (org.). *História na sala de aula*: conceitos, práticas e propostas. São Paulo: Contexto, 2003.

PINSKY, Jaime; PINSKY, Carla Bassanezi (orgs.). *Faces do fanatismo*. São Paulo: Contexto, 2004.

ROGERSON, John. *Bíblia*: os caminhos de Deus. Madri: Del Prado, 1996.

SIAT, Jeannine. *Religiões monoteístas*: uma brevíssima introdução. Rio de Janeiro: Jorge Zahar, 2000.

SILVA, Eliane Moura da. Religião: estudos de religião para um novo milênio. In: KARNAL, Leandro (org.). *História na sala de aula*: conceitos, práticas e propostas. São Paulo: Contexto, 2003.

Latifúndio/Propriedade

A formação histórica e econômica do Brasil, assim como a realidade social atual de crescentes contingentes de sem-terras e desempregados, remetem o professor de História à reflexão sobre o latifúndio e a propriedade privada da terra.

Latifúndio é uma palavra de origem latina que designa um grande domínio agrícola explorado extensivamente, sem aprimoramento técnico ou racionalidade. Ao longo da história, esse tipo de propriedade existiu em diversas partes do mundo. Como exemplos podemos observar as *vilas romanas*, imensas propriedades de produção de alimentos da Roma Imperial, cultivadas com trabalho escravo; e as *plantations* e *haciendas*, formas de latifúndio na América colonial.

O latifúndio é uma forma de propriedade privada da terra. Nesse sentido, os romanos foram um dos primeiros povos a organizar um corpo jurídico, a *lex agrária*, que legitimava plenamente a propriedade privada da terra. Ao lado das grandes fazendas pertencentes ao Império e administradas por funcionários públicos, havia fazendas privadas autônomas cultivadas por escravos e colonos (estes últimos mais característicos do fim do Império, dando origem à servidão medieval), que viviam em situações precárias.

Haciendas e *plantations*, por sua vez, foram conceitos criados no século XX como ferramentas para a análise dos vastos complexos agrícolas existentes nas colônias europeias a partir do final do século XV. Nas *plantations*, a Era Moderna fez renascer a escravidão dos grandes domínios rurais romanos antigos. A *hacienda* é normalmente definida como grande propriedade voltada para o mercado interno da própria colônia, produzindo bens de consumo como milho, trigo, fava e animais de carga e de corte, utilizando mão de obra indígena local, compelida a uma forma especial de assalariamento, a escravidão por dívida. As *haciendas* existiam principalmente em colônias espanholas, como o Chile e o México, e produziam para alimentar os trabalhadores das minas e a população das grandes cidades coloniais. A *plantation*, por sua vez, designa em geral uma forma de propriedade, localizada em zonas tropicais ou subtropicais, especializada na produção de um único artigo, cuja força de trabalho era constituída por escravos africanos advindos do tráfico negreiro. Além disso, a *plantation* tinha um sentido exportador evidente, produzindo um gênero agrícola primário não existente no mercado europeu. Ou seja, enquanto a *plantation* era o latifúndio monocultor escravista que produzia para a exportação, a *hacienda* era o latifúndio, nem sempre monocultor, que produzia para o mercado interno e utilizava mão de obra servil ou assalariada. Ambas coexistiram na América colonial em regiões diferentes. As *haciendas* foram típicas do Chile e de determinadas regiões mexicanas, ao passo que as *plantations* predominaram no Caribe, na Colômbia, na Venezuela e no Brasil. O modelo de *plantation* é o engenho brasileiro de produção de açúcar, do século XVII, instalado inicialmente no nordeste colonial. Segundo Stanley e Barbara Stein, apesar das diferenças, a *hacienda* e a *plantation* foram formas de latifúndio de produção extensiva, e muitas vezes predatória, e ambas resultantes da expropriação da população autóctone. No caso das *haciendas*, o indígena se tornou o principal trabalhador da terra cujo dono agora era o espanhol. O antropólogo Sidney Mintz foi um dos principais responsáveis pela distinção desses dois conceitos de grandes unidades agrícolas.

Apesar dos conceitos de *plantation* e *hacienda* serem muito utilizados para a América colonial, estudos recentes estão encontrando outras formas de propriedade agrícola com características distintas para esse período, sobretudo produtores de farinha de mandioca, de pequeno e médio porte que existiam ao lado da grande agricultura de exportação. Esses novos estudos, dos quais o trabalho do brasilianista Bert Berickmam é exemplo, mostram que a grande plantação não foi a única forma de propriedade agrícola no Brasil colonial; que o *sentido da colonização* não era unicamente o mercado externo; e, por último, que havia economias e vidas que se desenvolviam entre comunidades camponesas compostas por negros quilombolas, negros livres, mestiços e brancos pobres de forma independente da *plantation*.

O conceito de propriedade, em seu aspecto jurídico, mudou muito ao longo da história. Hoje, com a família e o contrato, ela forma um dos pilares do Direito Civil. Já no Direito Romano, a propriedade era um direito *absoluto* e *exclusivo*, ao passo que na Idade Média, com o sistema de vassalagens e os laços de fidelidade ligando os senhores ao rei, o direito de propriedade era mais frágil e relativo. Para os juristas, foi com o liberalismo da Era Moderna que esse direito retomou a ideia de propriedade absoluta, com a ascensão da burguesia, que teve seu ápice no século XIX. Mas no século XX, com as políticas intervencionistas do Estado, o Direito passou a entender a propriedade de acordo com sua *função social*, negando juridicamente a ideia de propriedade absoluta.

Atualmente, o direito de propriedade está condicionado ao exercício de sua *função social*, o que significa que, pela Constituição Federativa do Brasil, o Estado só garante o direito de propriedade se seu proprietário cumprir com a função social desta. Mas qual seria essa função social? No caso dos latifúndios, os proprietários têm liberdade de possuí-los desde que o aproveitem racionalmente, utilizando os recursos naturais de modo a não prejudicar o meio ambiente, cumprindo a legislação trabalhista, favorecendo o bem-estar dele mesmo e dos trabalhadores. A lei só prevê a desapropriação para fins de reforma agrária no caso das grandes propriedades, e mesmo assim se essas não cumprirem a função social. A Constituição garante ainda ao proprietário cumpridor da "função social" o direito de portar armas e defender pela força (desde que compatível com a "agressão" sofrida) seu direito de propriedade. Na prática, entretanto, é muito difícil saber se tais proprietários cumprem ou não essa função, e a maioria deles tem seus pedidos de reintegração de posse atendidos por magistrados que apenas "presumem" que a função social está sendo atendida. Além disso, o Poder Judiciário não age para descobrir aqueles que não cumprem a função social das propriedades, o que possibilitaria a realização da reforma agrária. O princípio da *função social*, na prática, tornou-se mais uma ideologia para justificar o direito de propriedade, e não uma restrição a esse direito. Isso pode ser observado no discurso do magistrado José Neure Bertan, que aconselha seus colegas a investigarem as razões subjetivas dos envolvidos em casos de pedidos de desapropriação de latifúndios. Segundo ele, é preciso investigar a *alma do proprietário* para saber se ele pode ou quer fazer a propriedade se tornar produtiva, se as violações ecológicas foram ou não de má-fé, se os tratamentos injustos para com os trabalhadores foram maldosos e irreparáveis ou não. Por sua vez, essa "pesquisa subjetiva" deve também ouvir a "alma e o sentimento do invasor" para saber se sua motivação é política ou ideológica, se ele sabe cultivar a terra, onde trabalhou, se seus antepassados ou descendentes foram, em algum momento, trabalhadores rurais, se ele vive da produção ou dos fundos apresentados pelas *classes políticas*, se ele conhece outros ofícios que lhes sustentem e possa exercer nas cidades. Ou seja, essa *pesquisa subjetiva* é uma forma de justificar a manutenção do direito de propriedade aos latifundiários, dificultando o acesso à terra por parte dos despossuídos.

Essa situação não é exclusiva do Brasil. Na verdade, a propriedade vem sendo ponto de discussão e conflitos ao longo da história. Muitos estudos de tradição marxista afirmam que o nascimento da propriedade privada se deu com o advento da *Civilização*. Seguindo a tradição de Engels, esses autores entendem que a divisão de trabalho, a troca entre os indivíduos e a produção mercantil minaram as estruturas sociais anteriores, da *Selvageria* e da *Barbárie*, baseadas na produção coletiva e no regime de distribuição direta dos produtos, características das coletividades comunistas. Para Engels, o estabelecimento de maior divisão de trabalho, extinguiu a produção e a apropriação comuns, instaurando a apropriação individual. Com o surgimento da Civilização, o Estado, a família patriarcal monogâmica e a propriedade privada teriam surgido como instituições geradoras da exploração da mulher pelo homem, do escravo pelo senhor e dos dominados em geral pelo grupo dominante. Nessa visão marxista, a propriedade privada dos meios de produção e dos lucros devia ser abolida em nome da implantação do Socialismo, que coletivizaria a propriedade. Nesse sentido, abolir a propriedade privada seria privar o Capitalismo de sua própria essência, pensavam Marx e Engels. As sociedades capitalistas contemporâneas, por sua vez, estão ancoradas nos princípios liberais formulados por John Locke, no século XVII, em que o direito de propriedade é legítimo porque está vinculado à natureza humana e ao *interesse* privado. O Estado, para Locke, só cumpria sua função quando permitia que os interesses privados fossem livres de qualquer intervenção. Essa é a visão do liberalismo clássico do *laissez-faire, laissez-passer*, um tanto podada ao longo do século XX pelo Estado que passou a intervir mais diretamente nas sociedades capitalistas. Ao lado da crítica marxista, o século XIX assistiu ao crescimento da crítica anarquista, sobretudo do anarquismo de linha proudhoniana. E, para Proudhon, a propriedade, no sistema capitalista, nada mais é que um roubo legalmente sancionado. Também Rousseau, no século XVIII, afirmava que a propriedade privada era um elemento de corrupção da humanidade.

A posse de bens privados (terra, riquezas e até mesmo ideias) é característica da maior parte das sociedades contemporâneas. Seus sistemas jurídicos regulam as formas de propriedade e seus usos, mas de modo algum eliminam o direito de propriedade em si mesmo. Eliminá-lo equivaleria a abalar um dos pilares centrais do Capitalismo. Há entraves jurídicos e pressões sociais imensas para que o direito de propriedade permaneça. Mas o latifúndio é um elemento de empobrecimento da sociedade e forte gerador de conflitos. Tais conflitos entre despossuídos (sem-terras ou sem-tetos, por exemplo) e proprietários afloram no Brasil. A emergência de movimentos como o MST, que contestam enfaticamente a existência dos latifúndios, é tema de grande relevância para a sala de aula. No entanto, precisamos ter cuidado ao analisar tais conflitos, pois a mídia exerce um papel fundamental sobre eles. Professores e alunos devem educar o olhar para interpretar discursos e imagens e perceber que, por trás de cada "fato" apontado pelos jornais e telejornais, há uma seleção do que deve ou não ser dito, há uma fabricação da notícia. Discutir o tema *propriedade* constitui tarefa delicada, uma vez que mexe com noções muito próximas a cada um de nós, mexe com o que "é meu", com o que "é teu", mexe com o fundamento da vida contemporânea. É um desafio a cada passo. E por isso mesmo os conceitos de latifúndio e propriedade têm enorme relevância social para o Brasil do século XXI, pela relação com o crescente número de camponeses despossuídos no campo e com os conflitos agrários por que passa a sociedade brasileira.

Ver também

Burguesia; Capitalismo; Cidadania; Civilização; Colonização; Comunismo; Escravidão; Estado; Marxismo.

Sugestões de leitura

Andrew, Edgar; Sedgwick, Peter. *Teoria cultural de A a Z*: conceitos-chave para entender o mundo contemporâneo. São Paulo: Contexto, 2003.

Bancal, Jean. *Proudhon*: pluralismo e autogestão. Brasília: Novos Tempos, 1984.

Barickman, Bert. *Um contraponto baiano*: açúcar, fumo, mandioca e escravidão no Recôncavo, 1780-1860. Rio de Janeiro: Civilização Brasileira, 2003.

Bertan, José Neure. *Propriedade privada & função social*. Curitiba: Juruá, 2004.

Costa, Wanderley Messias. *O estado e as políticas territoriais no Brasil*. 10. ed. São Paulo: Contexto, 2001.

Engels, Friedrich. *A origem da família, da propriedade privada e do Estado*. Rio de Janeiro: Bertrand Brasil, 2000.

Gomes, Flávio dos Santos. *Histórias de quilombolas*: mocambos e comunidades de senzalas no Rio de Janeiro – século XIX. Rio de Janeiro: Arquivo Nacional, 1995.

Maestri, Mário. *Uma história do Brasil colônia*. 3. ed. São Paulo: Contexto, 2002.

Oliveira, Ariovaldo Umbelino. *A geografia das lutas no campo*. 12. ed. São Paulo: Contexto, 2002.

Pestana, Fábio. *No tempo das especiarias*. 2. ed. São Paulo: Contexto, 2004.

Pinsky, Jaime. *A escravidão no Brasil*. São Paulo: Contexto, 1993.

Liberalismo

Em pleno século XXI, pensar a relação entre os indivíduos e o Estado, e a própria noção de Estado e de indivíduo como cidadão, é um exercício necessário à constituição de práticas políticas mais humanas. Exercício que implica o estabelecimento da relação passado-presente no que concerne, por exemplo, aos princípios liberais que norteiam hoje a maioria dos Estados do Ocidente. Assim, para a prática da cidadania em nossa sociedade, precisamos responder a perguntas como o que é o liberalismo, quando ele se constituiu e quais formas assumiu ao longo do tempo.

O liberalismo, que surgiu no século XVIII a partir do Iluminismo, teve seu auge no século XIX e pode ser dividido em liberalismo econômico e liberalismo político. Vigorou principalmente na Europa ocidental e na América Latina até o período do entre-guerras, quando sofreu severa crise com os regimes fascistas, ressurgindo no último quartel do século XX, revitalizado na teoria política-econômica do neoliberalismo. A base social do pensamento liberal era a burguesia, que, ascendendo economicamente durante a Idade Moderna, almejava tomar o poder político. Economicamente, o liberalismo é uma teoria capitalista, que defende a livre-iniciativa e a ausência de interferências do Estado no mercado. O liberalismo político, por sua vez, emergiu como uma nova forma de organizar o poder, contrária ao Absolutismo.

A Sociologia define liberalismo como um complexo de teorias e práticas construído no processo histórico de laicização e de especialização do poder político. Enquanto a laicização significa a separação do Estado e da religião, a especialização do poder político implica a divisão e independência dos poderes que constituem o Estado, ou seja, o Legislativo, Judiciário e Executivo, limitando o poder do soberano, retirando de suas mãos as funções de governar, criar leis e executar justiça ao mesmo tempo. O contexto em que esse complexo emergiu foi o do Absolutismo da Europa Moderna, sendo os primeiros liberais os opositores desse regime. Logo de início, segundo Raymond Boudon e François Bourricaud, os liberais reivindicavam direitos diante das pretensões de todas as Igrejas estabelecidas. Ou seja, reivindicavam que o Estado se abstivesse de se colocar a serviço de qualquer ortodoxia e seguisse uma tradição leiga no tocante às relações com a Igreja. Além desse anticlericalismo, ou laicismo, o antiabsolutismo também constituiu uma tradição bastante forte do liberalismo.

Desde seu início, no Iluminismo, o liberalismo assumiu faces variadas, mais ou menos radicais. Um dos principais teóricos e fundadores do liberalismo em sua vertente política foi Montesquieu, opositor do Estado absoluto, para quem o liberalismo tinha a função primordial de equilibrar o poder a partir da necessidade de separar os poderes, impedindo a tirania que resultaria de um poder desmedido concedido a um único soberano. Assim, tomando a Inglaterra monárquica como exemplo (uma vez que ele não contesta o regime monárquico em si mesmo, pois para ele uma monarquia podia ser tão livre quanto uma república), Montesquieu defendeu que o Parlamentarismo impedia o rei de impor arbitrariamente taxações excessivas a seus súditos sem a autorização dos representantes destes. Além de Montesquieu, muitos liberais na França dos séculos XVIII e XIX não se sentiam particularmente incomodados com a forma monárquica de governo, e acomodavam o liberalismo à monarquia desde que uma constituição limitasse o poder do soberano e garantisse as liberdades fundamentais dos súditos. A ideia básica de Montesquieu pode ser assim resumida: um único homem, ou mesmo um grupo de nobres ou do povo, não pode exercer ao mesmo tempo o poder de legislar, executar e punir; do contrário, tudo estaria perdido.

O liberalismo de inspiração rousseauniana, no entanto, teve cunho mais democrático, na medida em que afirmava que a soberania deveria obedecer a um contrato social e estar submetida à *vontade geral*, algo próximo ao bem comum, sob pena de se autodestruir. Esse liberalismo inspirou movimentos revoltosos por diversas áreas de influência europeia, como as independências da América Latina no século XIX. Outro conjunto de ideias liberais de grande influência na época, por sua vez, excluía a vontade geral. Voltaire é exemplo dessa vertente. Seu discurso defendia a liberdade de pensamento e opinião, o anticlericalismo militante e a crítica ao regime absolutista. Todavia, para Voltaire, o povo não devia participar do processo de mudanças liberais. Um restrito grupo de ilustrados bastaria para governar racionalmente um Estado.

O liberalismo político, como se percebe, podia ser antidemocrático. E mesmo as ideias rousseaunianas relativas à participação de cada indivíduo no contrato social, que inspiraram grupos democráticos e radicais, permaneceram apenas na retórica na América Latina de língua hispânica independente, em que os grupos liberais que assumiram o poder nas novas Nações defenderam o liberalismo econômico e o anticlericalismo, mas não a participação do povo na política. No caso do Brasil oitocentista, a elite, mesmo dividida entre os partidos políticos Conservador e Liberal, concordava quando se tratava da manutenção de seus privilégios, restringindo os direitos políticos das camadas populares e mantendo a escravidão como instituição. A Constituição de 1824, apesar de se afirmar como liberal, foi paradoxalmente outorgada de modo despótico por D. Pedro I. Além disso, apesar de o Estado monárquico brasileiro ser liberal, manteve o vínculo Igreja-Estado, com o clero sendo funcionário da monarquia. Nesse contexto, no discurso da elite que protagonizou os movimentos de independência na América Latina, liberdade e liberalismo eram compreendidos como sinônimo de anticolonialismo, de luta contra a metrópole, e não como portadores de um conteúdo libertário para todos os habitantes dessas novas Nações. Também o movimento de independência dos Estados Unidos, em 1776, com sua fundamentação amplamente liberal e democrática, foi conservador dos interesses escravocratas e da posição de índios e mulheres.

Desde então, o liberalismo foi compreendido e praticado como o regime que garantia a liberdade inalienável de o indivíduo possuir propriedade privada. Um de seus fundamentos era a afirmação de que o Estado não deveria intervir nos interesses individuais. Nesse sentido, os princípios que nortearam a luta norte-americana contra a sujeição ao governo britânico eram, de fato, liberais: considerando a sujeição ilegítima, os norte-americanos ansiavam pela igualdade natural, pela liberdade de empresa, pelo direito de usufruir livremente de suas propriedades e dos frutos do seu trabalho, pelo direito de escolher as instituições e os magistrados que os representariam. Mas o cidadão norte-americano, branco e proprietário, não estava inclinado a considerar os negros, os índios e as mulheres partícipes desse pacto político em torno do novo Estado que surgia.

O liberalismo pode ser entendido como uma ideologia que concede espaços à iniciativa e à autonomia individuais. Nessa filosofia, as ações dos indivíduos, desde que respaldadas por normas legais (e nesse caso o Direito é fundamental para a instituição de uma sociedade liberal), podem manter uma autonomia relativa ante o Estado. Este, por sua vez, deve exercer algumas funções específicas, limitadas, mas essenciais à ação livre dos cidadãos proprietários. Desse modo, há estreita relação entre o liberalismo político e o liberalismo econômico, na medida em que o Estado se estrutura para garantir os contratos, não interferir nos lucros de seus membros, permitir a manutenção da propriedade privada, regular o jogo de interesses, manter a ordem social. Em termos de política econômica, o liberalismo emergiu como uma ideologia contrária ao Mercantilismo e suas práticas intervencionistas na economia. A partir do século XVIII, ao mesmo tempo em que teorias políticas liberais questionavam o poder absoluto dos monarcas europeus, surgiu uma nova ciência chamada de Economia Política (ou liberalismo econômico), que, a partir de autores como Adam Smith e David Ricardo, forjava um mundo de leis e cálculos econômicos cujo fim último era a riqueza das nações. Smith é inclusive considerado o "pai" da nova ciência. O princípio básico de sua teoria rezava que o Estado deveria deixar o mercado se autorregular por suas próprias leis. Para ele, o mercado encontraria por si mesmo os níveis naturais de preços, de salários, de lucros e de produção. O liberalismo econômico e seus princípios clássicos de total liberdade para os negócios capitalistas sem intervenção estatal (*laissez-faire* e *laissez-passer*) incentivaram o avanço avassalador da burguesia expansionista dos séculos XVIII e XIX.

Apesar disso, os fundadores desse saber econômico, chamado de clássico, fossem fisiocratas (pensadores que insistiam que a riqueza de uma nação consistia na produção, sobretudo a proveniente da agricultura, minimizando o comércio e a indústria, o que era contestado por Adam Smith) como Quesnay ou liberais como Adam Smith, não dispensavam a ação do Estado em pontos estratégicos. Acreditavam que o Estado deveria garantir a segurança da propriedade e a liberdade empresarial. Como afirmam Châtelet, Duhamel e Pisier-Kouchner, o governo não deveria intervir nas questões econômicas, mas tinha de ser despótico na defesa dos bens e da livre circulação das mercadorias e na vigilância e punição dos que pretendiam entravar o curso *natural* do mercado.

Desde cedo os liberais tiveram uma relação tensa com o Estado nacional. Por um lado, precisavam dele para garantir as liberdades individuais dos cidadãos. Por outro, temiam o crescimento da burocracia e da opressão do Estado. O ideal para os liberais seria um Estado limitado, que assegurasse aos cidadãos o gozo tranquilo de seus interesses particulares. Esse ideal apresentava certas dificuldades: em primeiro lugar, a obrigação clássica do Estado de se defender contra Estados rivais aumentava o poder do Estado; em segundo, os conflitos de interesses no próprio Estado liberal também aumentam o poder estatal na medida em que esse se tornava árbitro desses conflitos; por fim, a própria necessidade de o Estado atender à demanda por "bens públicos" (saúde, educação etc.) complicava a fronteira entre público e privado. Sociólogos do fim do século XX distinguiram numerosas correntes liberais e neoliberais: dentre essas, aquela que mais tem crescido no mundo, principalmente na América Latina desde o final do século XX, é a corrente neoliberal, que defende uma concepção mínima do Estado, ou seja, que o Estado deveria se encarregar exclusivamente das atividades que só ele pode cumprir, como a defesa e a segurança pública, não intervindo em aspectos como a saúde e a educação, considerados campos para o investimento privado. Pregam, assim, a privatização de escolas, hospitais, previdência social etc.

O liberalismo, em sua forma atual rebatizada como neoliberalismo, é a ideologia política do mundo globalizado. É ele que advoga a abertura de mercados, o livre fluxo de capitais e os investimentos privados, a redução das responsabilidades sociais do Estado e a própria diminuição deste como mecanismo administrativo (tido em geral como dispendioso e antieconômico), em nome da privatização. O neoliberalismo é a reafirmação dos valores liberais originados do liberalismo econômico do século XIX.

Visto esse cenário, o professor de História precisa estar atento aos temas da agenda política e econômica nacional e internacional, cuja linguagem quase sempre remete ao neoliberalismo. Assim, para o trabalho em sala de aula, a mídia é um recurso fundamental para a observação das práticas neoliberais. Mas é preciso considerar que o ponto de vista jornalístico, apesar de se apresentar como imparcial, é sempre eivado de interesses políticos e ideológicos, e deve ser tomado como fonte e, como tal, analisado com cuidado. Precisamos ainda ficar alertas, pois os discursos, incorporados pelo senso comum, tendem a associar o liberalismo/neoliberalismo à democracia, à prosperidade econômica e à igualdade, o que configura uma postura a-histórica e muitas vezes inverossímil, porque liberalismo, democracia e igualdade social não são sinônimos nem sempre andaram juntos. Na verdade, o neoliberalismo chega mesmo a pregar a desigualdade social.

Por último, precisamos observar a realidade concreta e cotidiana em que nossos alunos estão inseridos, pois hoje um número cada vez maior de pessoas trabalha no mercado informal ou temporário, sem os benefícios mais básicos, como salário mínimo, 13º, férias etc. Além disso, as privatizações levam cada vez mais a saúde e a educação para longe do alcance da maioria. Como essas são práticas neoliberais, é possível atrelar a discussão do tema a problemas básicos enfrentados pelas famílias de alunos e professores.

VER TAMBÉM

Absolutismo; Burguesia; Capitalismo; Democracia; Estado; Fascismo; Globalização; Iluminismo; Imperialismo; Latifúndio/Propriedade; Mercantilismo; Nação; Política.

SUGESTÕES DE LEITURA

BARBOSA, Alexandre. *O mundo globalizado*. São Paulo: Contexto, 2001.

BELLAMY, Richard. *Liberalismo e sociedade moderna*. São Paulo: Ed. Unesp, 1994.

BOBBIO, Norberto. *Liberalismo e democracia*. São Paulo: Brasiliense, 1995.

CHÂTELET, François; DUHAMEL, Olivier; PISIER-KOUCHNER, Évelyne. *História das ideias políticas*. Rio de Janeiro: Jorge Zahar, 2000.

EDGAR, Andrew; SEDGWICK, Peter. *Teoria cultural de A a Z*: conceitos-chave para entender o mundo contemporâneo. São Paulo: Contexto, 2003.

HEILBRONE, Robert L. *História do pensamento econômico*. São Paulo: Nova Cultural, 1996.

LIMA, Marcos Costa (org.). *O lugar da América do Sul na Nova Ordem Mundial*. São Paulo: Cortez, 2001.

MARQUES, Adhemar; BERUTTI, Flávio; FARIA, Ricardo. *História contemporânea através de textos*. 10. ed. São Paulo: Contexto, 2003.

PINSKY, Jaime; PINSKY, Carla Bassanezi (orgs.). *História da cidadania*. São Paulo: Contexto, 2003.

LIBERDADE

A definição de liberdade está em íntima relação com própria noção de escravidão. Além disso, a liberdade possui significados específicos para diferentes povos e contextos históricos, nem sempre tendo sido evocada como algo fundamental para a vida humana. No entanto, a ideia de liberdade, além de apresentar uma face inegavelmente abstrata e filosófica, pode ser pensada também ligada a situações concretas de vida.

O conceito mais difundido de liberdade, que vigora principalmente na sociedade contemporânea ocidental, surgiu do imaginário da burguesia da Europa moderna. Essa definição defende a liberdade como o individualismo, como a autonomia individual, que se materializa nas clássicas liberdades de ir e vir, de se expressar, de comprar e vender, de dispor de sua força de trabalho como melhor lhe convier. Tudo isso em um contexto de igualdade perante a lei. Na prática, tais liberdades são cerceadas por uma série de fatores: a pobreza, a desigualdade social, os aparelhos repressivos do Estado, entre outros.

A Revolução Francesa foi a principal responsável pela vulgarização dessa noção de *liberdade*. No final do século XVIII, essa palavra, surgida do pensamento iluminista, estava carregada de energia revolucionária. Parecia que o chamado Antigo Regime, marcado pelo despotismo e pela servidão, finalmente daria lugar a um mundo de liberdade, igualdade e fraternidade, regido por princípios universais e racionais. O documento símbolo desse anseio de liberdade é a *Declaração Universal dos Direitos do Homem*. Mas os ideais da Revolução Francesa ao mesmo tempo em que se difundiram pelo mundo, encontraram limites. E, mesmo na França, o conservadorismo da burguesia (classe revolucionária no século XVIII) assumiu o lugar do ímpeto revolucionário inicial, pois existia o medo de se radicalizar a ideia de liberdade. Radicalização que permitiria aos grupos populares também reivindicar liberdade.

No século XX, a Antropologia começou a perceber que existem outros conceitos de liberdade em sociedades fora do Ocidente. Por exemplo, em sociedades cuja organização comunitária da vida é fundamental para a sobrevivência dos seus membros, o indivíduo só se sente livre quando atrelado à comunidade maior. Estudando casos como esse, Claude Meillassoux, em *Antropologia da escravidão*, afirma que algumas sociedades tribais africanas percebem a liberdade como a situação de uma pessoa pertencer a um grupo. Assim, o indivíduo que nasce e cresce em sua comunidade é livre, ao passo que o estrangeiro é passível de escravização. Entre os Giriamas, um povo do Quênia, ser livre é ser um Giriama, é pertencer ao grupo. Esse conceito se opõe ao conceito de liberdade do Ocidente, em que liberdade tem a ver com autonomia pessoal. Sozinho, o Giriama não sobrevive; ele precisa ser livre *no grupo*, e não *sozinho*. Mas a ideia de liberdade mudou também ao longo do tempo. Seu caráter relativo fica patente quando observamos, por exemplo, que o documento símbolo da liberdade alcançada pelos escravos no Brasil no século XIX, a Carta de Alforria, não significava a transformação do escravo em cidadão plenamente livre, pois restrições de toda ordem, preconceitos, estigmas da escravidão ainda perseguiam o ex-escravo e podiam inclusive revogar o documento que lhe concedia a liberdade.

As primeiras definições para liberdade, no Ocidente, surgiram já na Antiguidade clássica, como a ideia de *liberdade interior* defendida pelos filósofos estoicos. Os estoicos defendiam uma filosofia que se pretendia tão virtuosa que visava libertar o homem da escravidão do mundo. Mas seu conceito de liberdade era demasiado intimista e estava ligado ao esforço de autotranscendência, ou seja, de desligamento de tudo o que pudesse aproximar o ser humano dos vícios. O homem, diziam os estoicos, podia se julgar livre e, no entanto, ser escravo das paixões, dos desejos, das facções políticas e de outras tantas expectativas mundanas. Esse conceito não fazia uma crítica à escravidão praticada pelos gregos e romanos, pois ao mesmo tempo supunha que um escravo poderia ser livre e um senhor poderia ser escravo dos seus vícios. O filósofo Epicteto, que havia sido escravo no início de sua vida, sentia-se mais livre que os proprietários de escravos, que exatamente por os possuírem se tornavam, segundo Epicteto, eles mesmos escravos e incapazes de alcançar a verdadeira liberdade e a virtude. Esse conceito de liberdade interior defendida pelos estoicos concordava com a estrutura social da época, em que toda a economia e a sociedade estavam fundamentadas no trabalho escravo. Dessa forma, o surgimento desse sentido específico de liberdade tinha estreita relação com a continuidade da ordem escravista grega, e não com a crítica a essa ordem, visto que não possuía a preocupação com a liberdade física.

O Cristianismo, durante muito tempo, manteve essa dualidade que combinava liberdade de alma e escravidão do corpo. Essa última era considerada de menor importância, dado que a verdadeira liberdade só se daria na outra vida. Assim sendo, semelhante aos estoicos, os teólogos cristãos medievais também julgavam que os homens bons eram livres – independentemente de sua posição na vida – e os homens maus eram escravos, espiritualmente falando. Essa noção de liberdade espiritual foi muito defendida na América colonial pela Igreja Católica e, assim como na Grécia clássica, também apoiava a escravidão.

O conceito de liberdade sofreu, então, muitas mudanças ao longo da história. Foram os revolucionários franceses do século XVIII que entenderam o problema da liberdade a partir de um sentido mais físico. Não se tratava mais, como percebeu Ubiratan Borges de Macedo, da liberdade no seio do cosmos – como na Antiguidade –, ou da liberdade medieval da criatura em face do Deus criador e onisciente, ou mesmo da liberdade renascentista do homem em face da natureza. A liberdade, para os franceses da época iluminista, deveria se materializar em princípios jurídicos e práticos, por isso pregavam a elaboração de uma Constituinte, o fim da servidão, o fim do caráter hereditário na transferência de poder e dos privilégios de nascimento. Surgiu então um vocabulário político em que a liberdade era a palavra principal. Jean-Jacques Rousseau, por exemplo, um dos pensadores franceses que radicalizaram o discurso contra o despotismo, entendia que renunciar à liberdade era renunciar à qualidade de homem, aos direitos da humanidade e até aos próprios deveres. Nesse momento, a questão da liberdade inspirou a ideia de direitos e deveres do ser humano.

Liberdade se tornou uma palavra incendiária no Ocidente a partir da Revolução Francesa, gerando várias interpretações conflitantes. Por um lado, Nações colonizadas da América Latina, como o Brasil, começaram a se sentir tolhidas pelo monopólio metropolitano e a se julgar *escravas* das metrópoles. Por outro, no seio do próprio Brasil do século XIX, milhões de homens e mulheres escravizados tanto física quanto juridicamente entendiam a liberdade por um prisma bem diferente: ou seja, como o fim da sujeição que os vinculava a senhores e senhoras. A elite brasileira falava em liberdade nacional no tocante à metrópole portuguesa, mas não para seus próprios escravos.

Mesmo que a liberdade possa ser entendida ora de modo mais prático (liberdade política), ora de modo mais filosófico e intimista (liberdade interior), esses significados não são totalmente distintos, pois, na prática, uma forma de liberdade depende da outra. Essa afirmação vale, sobretudo, para os séculos XIX e XX quando ação política concreta e liberdade intelectual tornaram-se práticas usualmente associadas. Segundo Borges de Macedo, no século XIX a liberdade interior era o fundamento necessário para o exercício das outras formas de liberdade. Isso já pode ser percebido no debate criado por Voltaire acerca da liberdade de pensamento. Em seu verbete "Liberdade de Pensamento", na obra *Dicionário filosófico*, Voltaire apresenta as ideias opostas de dois personagens, um inglês nomeado Boldmind – que significa espírito forte, audaz – e um conde espanhol chamado Medroso. Boldmind a todo o momento tentava convencer o conde Medroso a expressar seus pensamentos e deixar de ser um fiel sargento da Inquisição. Mas o conde respondia que não lhe era permitido falar, escrever ou pensar, e se mostrava um homem sossegado com o fato de não poder expor sua opinião. Ao que Boldmind retrucava: sossegado como os prisioneiros forçados das galés que remavam em cadência e silêncio, mas não feliz. Quando incitado a examinar por conta própria os dogmas das numerosas religiões do mundo, o conde se afirmou incapaz, argumentando que não era um dominicano. Boldmind insistiu: "*Sois homem e isso basta*". Vemos, assim, que a ideia defendida por Voltaire, ainda no século XVIII, era de que a liberdade de pensamento deveria constituir um princípio humano básico.

Já durante o século XX, frequentemente a liberdade foi pensada também em oposição ao Estado, visto como injusto, repressor, inimigo do indivíduo. Essa foi a visão dos anarquistas, que influenciou Gandhi e muitos outros ativistas políticos do século XX, a partir da obra do escritor norte-americano Henry David Thoreau. Em livro emblemático, *A desobediência civil*, Thoreau defendeu a convergência entre pensamento e ação para a efetiva liberdade do indivíduo em face do Estado. No século XIX, quando a liberdade já tinha seu lugar garantido no vocabulário político, as correntes anarquistas tomaram impulso, pregando a rejeição às formas de poder instituídas que mantinham as classes sociais e a dominação do homem pelo homem, acreditando que o Estado impedia a liberdade e a iniciativa dos indivíduos.

Em suma, conceito de muitas faces, liberdade é um tema ao mesmo tempo histórico, filosófico e político, e implica vários significados que precisam ser buscados nos próprios discursos dos atores sociais. Devemos, assim, antes de qualquer coisa, pensar liberdade como uma construção histórica, ou seja, uma noção que mudou e continua mudando ao longo do tempo. Atualmente, nosso conceito de liberdade passa tanto pela ausência de dominação jurídica, de controle externo sobre o indivíduo, quanto pela premissa filosófica da "liberdade espiritual". Para discutir esse tema com os alunos é interessante comparar os diferentes momentos históricos e suas múltiplas percepções de liberdade. Nesse contexto, o Brasil do século XIX, quando a sociedade brasileira discutia intensamente temas como a formação política do Estado nacional e a escravidão é um cenário bastante rico para se compreender os inúmeros significados que o conceito de liberdade implica. As contradições, os medos, os limites, as imensas distâncias sociais do Brasil oitocentista e contemporâneo, tudo faz pensar que a liberdade ainda deve constituir tema indispensável no contexto de sala de aula.

VER TAMBÉM

Absolutismo; Cidadania; Democracia; Ditadura; Escravidão; Estado; Iluminismo; Imperialismo; Militarismo; Nação; Revolução Francesa; Romantismo; Servidão.

SUGESTÕES DE LEITURA

CARVALHO, Marcus J. M. de. *Liberdade*: rotinas e rupturas do escravismo no Recife, 1822-1850. Recife: Universitária UFPE, 1998.

CHIAVENATO, Júlio José. *Inconfidência mineira: as várias faces.* 9. ed. São Paulo: Contexto, 2000.

EDGAR, Andrew; SEDGWICK, Peter. *Teoria cultural de A a Z*: conceitos-chave para entender o mundo contemporâneo. São Paulo: Contexto, 2003.

GRESPAN, Jorge. *Revolução Francesa e Iluminismo.* São Paulo: Contexto, 2003.

KARNAL, Leandro. *Estados Unidos*: a formação da nação. 2. ed. São Paulo: Contexto, 2003.

MACEDO, Ubiratan Borges de. *A ideia de liberdade no século XIX*: o caso brasileiro. Rio de Janeiro: Expressão e Cultura, 1997.

MARQUES, Adhemar; BERUTTI, Flávio; FARIA, Ricardo. *História contemporânea através de textos.* 10. ed. São Paulo: Contexto, 2003.

MEILLASSOUX, Claude. *Antropologia da escravidão*: o ventre de ferro e dinheiro. Rio de Janeiro: Jorge Zahar, 1995.

PINSKY, Jaime; PINSKY, Carla Bassanezi (orgs.). *História da cidadania.* São Paulo: Contexto, 2003.

ROUSSEAU, J.-J. *O contrato social.* São Paulo: Martins Fontes, 1996.

THOREAU, Henry David. *A desobediência civil.* Porto Alegre: L&PM, 1999.

VOLTAIRE. *Dicionário filosófico.* São Paulo: Abril, 1973.(Col. Os Pensadores, XXIII).

Marxismo

Quando se fala em marxismo, não se está tratando de um tema fácil. Entretanto, ele está tão arraigado na História do século XX que praticamente toda pessoa com alguma proximidade com o saber histórico e sociológico tem alguma coisa a dizer sobre ele. O marxismo pode ser definido inicialmente como um sistema racionalista de interpretação da realidade, por meio de uma análise histórica, originado no século XIX, a partir dos trabalhos de Karl Marx e Friedrich Engels, e de imensa repercussão teórica e política no século seguinte. Esse sistema interpretativo, em sua formulação final, foi marcado pelo determinismo econômico na explicação das diversas sociedades humanas.

A teoria marxista, de profunda inspiração filosófica, trouxe inovações para se pensar o homem e o mundo no século XIX. Marx foi o primeiro a mostrar que o significado de uma teoria só pode ser compreendido em relação à prática histórica correspondente. Uma teoria não pode ser pensada e entendida sem correspondência com o contexto histórico. Toda teoria deve, portanto, estar enraizada na realidade histórica e dizer alguma coisa que possa transformá-la. Dessa forma, Marx buscou conciliar reflexão filosófica e prática política, teoria e práxis (entendida como a ação humana que transforma o mundo e transforma a si mesma). Em direção a uma sociedade sem exploradores ou explorados, o projeto marxista incluía a união da Filosofia, da Política e do movimento social da classe explorada para se construir uma *síntese verdadeira*, uma sociedade superior em que cada um desses elementos seria transformado. A teoria marxista aborda a realidade sob vários prismas: o filosófico, o histórico, o social e o econômico. Essa realidade é pensada não de forma fixa, mas em movimento, em sua mudança. Daí que a grande preocupação filosófica de Marx era o devir histórico, ou seja, a transformação.

O pensamento marxista se consolidou em torno do materialismo dialético e do materialismo histórico, este último sendo, em geral, a terminologia mais empregada para designar a teoria marxista da História. E, mesmo antes da morte de Marx, surgiram tantas e tão diversas interpretações de suas ideias que o próprio autor declarou ter certeza, pelo menos, de que ele não era marxista. As suas reflexões inspiraram, de fato, inúmeras interpretações e práticas políticas, em particular ao longo do século xx. Isso porque os textos de Marx são muitas vezes ambíguos, e sua obra é demasiado ampla, o que deu margem a compreensões particulares, em que cada intérprete lia algumas partes da obra e "esquecia" outras. A doutrina de Marx não é, de modo algum, clara e simplista como muitos autores deram a entender. Houve ainda a cristalização de algumas interpretações dogmáticas, que vulgarizaram versões adulteradas do marxismo. Quando falamos de marxismo no século xx, já não falamos de Marx, mas de versões e interpretações de sua obra: ou seja, falamos de leninismo, de trotskismo, de stalinismo, de maoísmo, da interpretação de Rosa Luxemburgo, de Che Guevara etc. Todos pensadores e líderes políticos que estabeleceram determinada versão doutrinária do marxismo denominada "marxismo ortodoxo". Estamos falando ainda dos chamados "marxistas ocidentais", que contestaram o "marxismo ortodoxo", como George Lukács, Karl Korsch, a Escola de Frankfurt, Louis Althusser, entre outros. A revisão da Escola de Frankfurt e a interpretação proposta pelo francês Althusser anteciparam inclusive o chamado pensamento pós-moderno.

Depois de tantas reflexões, muitos teóricos perceberam que o marxismo não era a última palavra em questão de Filosofia e de Política. No campo da História propriamente dita, o próprio Marx, apesar de ter se debruçado sobre leituras históricas para construir sua obra-prima, *O capital*, nunca foi historiador no sentido próprio do termo. Não se deveria, portanto, buscar em seus trabalhos uma *ciência da História* definitivamente construída, cujos princípios e leis poderiam ser aplicados para a compreensão de toda e qualquer sociedade humana. Mas a força dos textos de Marx, a sua riqueza e fecundidade na análise da sociedade capitalista e o seu apelo a uma análise científica e objetiva da realidade, entre outros fatores, fizeram de sua obra uma das principais referências metodológicas e teóricas do pensamento social do século xx. Ou seja, o marxismo (ou o que foi entendido dele) fez escolas de pensamento no campo da Sociologia, da História, da Economia, da Filosofia, da Geografia, entre outros ramos do conhecimento. Sob o rótulo de interpretações "marxistas", muitos trabalhos (alguns excelentes, e outros de qualidade duvidosa) foram produzidos ao longo do tempo.

Mas além da imensa repercussão acadêmica do marxismo, há ainda a evidente repercussão no cenário político dos séculos xix e xx. Ele inspirou tanto práticas políticas efetivamente revolucionárias quanto práticas reacionárias, que impunham dogmas oficiais e perseguições ao pensamento livre. A conclusão a que chegou Castoriadis, um crítico do marxismo, é a de que este se tornou uma ideologia exatamente na forma como Marx entendia esse termo: um conjunto de ideias que se refere a uma realidade não para esclarecê-la e transformá-la, mas para mascará-la e justificá-la. Tornou-se ideologia em três sentidos: ideologia oficial dos países ditos "socialistas", que ensinavam aos estudantes versões simplistas e mesmo pouco confiáveis do marxismo; ideologia das várias *seitas* derivadas do marxismo oficial, que sustentavam possuir a "verdade absoluta" do pensamento marxista; e, finalmente, tornou-se ideologia no sentido de uma teoria social e histórica para a explicação do real. O fato, entretanto, para Castoriadis, é que o marxismo referente à ideologia de Estados ou de partidos deixou de funcionar como "teoria viva" para a explicação da realidade. Se, para esse autor, não há mais o que se possa fazer à teoria marxista para torná-la de novo fecunda na análise, muitos outros pensadores ainda sustentam a riqueza do pensamento marxista. Aquilo que o marxismo se tornou, reconhece Castoriadis, não deve ser imputado a Marx, pois este sempre denunciou de modo implacável as frases vazias, as ideologias, exigindo a autocrítica permanente.

O marxismo como teoria da História apontou rumos não pensados e valorizados até então. Vivendo um período de efervescente transformação econômica, de avanço do Capitalismo pelo mundo, Marx cunhou uma teoria fundamentada no princípio de que toda sociedade deve assegurar a produção das condições materiais de sua existência. Depois de Marx, nenhum pensador pode pensar a história deixando de lado esses aspectos fundamentais: a economia (as condições materiais de existência), a divisão do trabalho e a organização social que a ela estão ligadas. Sendo a produção uma das tarefas essenciais na história, é sobre ela que Marx constrói sua teoria. Marx de fato elaborou uma teoria histórica que privilegiava as *forças produtivas* (ou a técnica), cujo desenvolvimento se daria de modo autônomo em relação ao restante das relações sociais. Assim, explicações da realidade que tomem como ponto de partida não a base material da sociedade, mas a construção das representações sociais, a cultura, o imaginário, a memória, sem dúvida constituem abordagens cujo eixo de análise não é o marxismo. Essas abordagens não marxistas acreditam que nem todo gesto humano, ao longo da história, possui significado econômico, nem pode ser explicado unicamente em termos econômicos. As forças produtivas, portanto, não poderiam ser uma categoria de análise universal, para uso em todas as sociedades que se constituíram historicamente.

Uma controvérsia discutida pelos críticos e defensores do marxismo é a existência ou não de um determinismo social no materialismo histórico. Alguns autores apontam que o materialismo histórico parece postular um determinismo social, ou seja, que os indivíduos, independentemente de suas vontades, estabelecem relações sociais e produzem sua existência sob condições determinadas e "necessárias". Para Castoriadis, na visão marxista, as classes sociais só são atores históricos ao mesmo tempo em que os atores de teatro o são: recitam um texto previamente dado e executam gestos predeterminados, cujo sentido final e inexorável ninguém consegue impedir. Para esse crítico do marxismo, a luta de classes e o determinismo econômico são maneiras de explicação contraditórias, não havendo, assim, no marxismo uma verdadeira "síntese" (produto final, positivo, superior à condição anterior, resultante da contradição existente na sociedade), mas só o esmagamento da luta de classes em benefício do determinismo econômico. De fato, como dizem Bourdé e Martin, é forte a tentação de pensar que, sob o marxismo, o curso dos acontecimentos ocorre fora das decisões humanas. Mas Marx evitou cair no determinismo ao criar o conceito de práxis (prática social). De acordo com esse conceito, ação e consciência estão intimamente ligadas, e os homens, apesar de viverem em estruturas sociais já estabelecidas, não são objetos passivos dessas estruturas, mas sujeitos ativos de sua própria história. Assim, o marxismo postula a ideia de um *sentido da história*, isto é, de uma direção para a qual a humanidade caminha. Os atos humanos (conscientes ou não), desse modo, estariam na base de um final feliz, e o movimento da história desde a origem até o século xix (qualificado por Marx como a *Pré-história da humanidade*) constituiria a gestação do Comunismo, ou seja, da verdadeira *história da humanidade*, na qual haveria paz e abundância.

Nas últimas décadas do século xx, o marxismo entrou em crise como de resto todo o pensamento científico da modernidade. Sendo o marxismo um projeto de explicação racional, herdeiro do Iluminismo e da modernidade, foi um dos principais alvos da crítica aos chamados grandes sistemas explicativos da realidade. A crise do marxismo é a crise da própria Razão. Hoje, a maioria dos pesquisadores evita tentar explicar toda uma realidade histórica, como faziam aqueles vinculados ao marxismo e ao materialismo histórico. Existe, atualmente, uma produção historiográfica bastante ampla sobre temas fragmentários (amor, sexo, feitiçaria, homossexuais, moda, imaginário etc.), que não se preocupa em fornecer explicações para a sociedade como um todo. Enquanto essa nova produção, eclética em termos de objetos e metodologias, encontra seus defensores, há teóricos que julgam de modo mais severo, como o avanço do irracionalismo e do relativismo exacerbado na História, como modismo. Como projeto político, o marxismo também se encontra em crise. Hoje, como afirma Michel Zaidan, a revolução como atividade política espetacular, macroscópica (multidões marchando pelas ruas), foi substituída por uma multiplicidade de lutas particulares, descentralizadas e fragmentadas, sem estratégia central unificada. O colapso da União Soviética, o surgimento de movimentos sociais e políticos organizados em torno de questões ligadas ao gênero, à raça, ao nacionalismo e ao ambientalismo, foram responsáveis por uma profunda revisão no projeto revolucionário marxista.

Não podemos nos furtar a discutir o tema na escola, visto a enorme influência que ele teve na formação do mundo contemporâneo, assim como na própria historiografia. Devemos analisar com cuidado os livros didáticos que abordam apenas as questões culturais, esquecendo os temas "antigos", como luta de classes, revoluções, política, economia, Estados etc. Contribuições novas são importantes, sem dúvida, mas nem tudo que é novo é bom porque é novo. O profissional de ensino precisa ter uma postura crítica, sem cair, por um lado, no marxismo dogmático, nem, por outro, no modismo pós-moderno. Além disso, o marxismo está tão enraizado na História Contemporânea que seu estudo crítico se torna obrigatório para a compreensão daquilo que o mundo se tornou e daquilo que ele poderia ter se tornado, pois o que não aconteceu na história também faz parte da História.

VER TAMBÉM

Capitalismo; Classe Social; Comunismo; Dialética; Historiografia; Ideologia; Modernidade; Modo de Produção; Política; Pós-modernidade; Teoria.

SUGESTÕES DE LEITURA

ANDREW, Edgar; SEDGWICK, Peter. *Teoria cultural de A a Z*: conceitos-chave para entender o mundo contemporâneo. São Paulo: Contexto, 2003.

BOTTOMORE, Tom (ed.). *Dicionário do pensamento marxista*. Rio de Janeiro: Jorge Zahar, 1998.

BOURDÉ, Guy; MARTIN, Hervé. *As escolas históricas*. Lisboa: Publicações Europa-América, s. d.

CASTORIADIS, Cornelius. *A instituição imaginária da sociedade*. Rio de Janeiro: Paz e Terra, 1982.

FARIA, Ricardo Moura. *As revoluções do século XX*. 2. ed. São Paulo: Contexto, 2002.

_____; LIZ, Mônica Miranda. *Da Guerra Fria à nova ordem mundial*. São Paulo: Contexto, 2003.

HUGHES-WARRINGTON, Marnie. *50 grandes pensadores da História*. São Paulo: Contexto, 2002.

KARNAL, Leandro (org.). *História na sala de aula*: conceitos, práticas e propostas. São Paulo: Contexto, 2003.

MARQUES, Adhemar; BERUTTI, Flávio; FARIA, Ricardo. *História do tempo presente*. São Paulo: Contexto, 2000.

PINSKY, Jaime; PINSKY, Carla Bassanezi (orgs.). *Faces do fanatismo*. São Paulo: Contexto, 2004.

ZAIDAN FILHO, Michel. *A crise da razão histórica*. Campinas: Papirus, 1989.

Massa/Multidão/Povo

A História Social, a História Cultural e a História das Mentalidades, ou seja, as principais abordagens metodológicas da historiografia atual, em geral têm o povo como um de seus principais objetos de estudo, aparecendo normalmente na forma de grupos sociais específicos. Apesar disso, a definição de povo utilizada pela História pouco difere das definições linguísticas tradicionais reproduzidas nos dicionários, o que nos mostra que há pouco interesse dos historiadores em definir o termo. Assim, povo é em geral definido, primeiro, como um conjunto de pessoas que vivem em sociedade; segundo, como um conjunto de indivíduos que integram uma nação específica ou têm uma origem étnica comum, como o povo judeu. E não é raro o termo significar ainda o conjunto dos indivíduos mais pobres de uma sociedade, daí derivando o adjetivo "popular". Tais sentidos são empregados pelos historiadores desde o século XIX, tendo sido o escritor francês Michelet um dos pioneiros a trabalhar com esse tema na História. Apesar de seu uso amplamente difundido, as definições para essa categoria ainda foram pouco elaboradas pela historiografia, que preferiu construir novas noções, como os conceitos de massa e multidão.

Massa e multidão são categorias bem delimitadas e, em geral, consideradas distintas por historiadores e sociólogos. O teórico russo Tchakhotine, por exemplo, definiu massa como a população difusa de uma cidade ou Estado, e multidão como a massa organizada em um espaço e momento específico, como um comício, um evento ou uma greve.

Atualmente, as noções de massa e multidão são muito trabalhadas pelas ciências sociais, despertando a atenção de psicólogos (como o próprio Tchakhotine), sociólogos e filósofos. O conceito de massa, por exemplo, é amplamente empregado pela nova historiografia política, que estuda, entre outras coisas, como os políticos de determinados contextos históricos usavam a propaganda para mobilizar a massa em benefício próprio. Nessa abordagem estão inseridos diversos trabalhos sobre o fascismo europeu e sobre o populismo na América Latina. Esse é o caso da obra de Maria Helena Capelato sobre o controle das massas exercido pelos governos de Getúlio Vargas, no Brasil, e de Juan Perón, na Argentina de meados do século XX. Controle exercido por meio do emprego da propaganda. A mesma noção é ainda bastante utilizada pelos pensadores que refletem sobre a mídia no século XX e seu papel na formação de uma indústria cultural, como é o caso do filósofo Edgar Morin, que, além da categoria de massa, emprega outros conceitos correlatos, como cultura de massa e meios de comunicação de massa. Os trabalhos de Morin e Capelato são exemplos do uso corrente da noção de massa para o estudo da política e das mentalidades em períodos específicos.

Com esse sentido, o conceito de massa tomou o lugar, nas ciências humanas e sociais, da ideia mais genérica e bem menos delimitada de povo. Um exemplo desse emprego é o estudo sobre a pós-modernidade elaborado pelo antropólogo Jair Ferreira dos Santos. Este faz distinção entre a massa moderna da era industrial, que para ele era proletária, tinha ideais, lutava por melhores condições de vida e acreditava que a história tinha um sentido, e a massa pós-moderna hoje existente no Ocidente, caracterizada como consumista, classe média, conformista e sem ideais. Assim, ao usar o termo massa, Ferreira dos Santos faz referência à totalidade dos indivíduos que compõem os contextos históricos estudados, substituindo a noção mais comum de povo.

A ideia de multidão, por sua vez, também foi criada a partir de diálogos interdisciplinares entre História, Sociologia e Psicologia, que buscavam compreender as manifestações do inconsciente coletivo na ação dos aglomerados sociais. Nessa perspectiva, um dos estudos históricos mais abrangentes é a obra do historiador George Rudé, *A multidão na História*. Importante trabalho sobre os movimentos populares na França e na Inglaterra pré-Revolução Francesa, que parte da categoria multidão para entender determinadas manifestações populares do período.

Rudé se preocupou principalmente em estudar a multidão e não a massa, ou seja, preferiu não observar a totalidade dos indivíduos, o povo como um todo, mas sim grupos específicos nessa população, os chamados grupos de contato direto, os aglomerados populares que reúnem indivíduos apenas em determinadas ocasiões. O autor, apesar de se basear em trabalhos de psicologia das multidões e em estudos sociológicos, preocupou-se sobretudo em construir uma interpretação de caráter histórico sobre as multidões. Para ele, os estudos sobre as multidões e seus movimentos populares por mais que se beneficiem de uma visão genérica do fenômeno em diferentes sociedades e épocas, precisa também considerar as particularidades de cada multidão em cada contexto histórico. Assim, é preciso, antes de tudo, classificar os diversos tipos de multidão: há multidões que são aglomerados casuais, como é o caso de cerimônias públicas como desfiles; há as chamadas multidões de audiência, vistas em shows e eventos esportivos, por exemplo; e, por último, as multidões escapistas ou "em pânico", que são as manifestações populares que o autor considera "agressivas" ou "hostis", como greves, motins, insurreições, revoluções etc. É esse último tipo que Rudé escolheu estudar, e parece interessar mais intensamente os historiadores.

A partir da observação dos contextos históricos de diferentes multidões, Rudé afirmou que as sociedades industriais produzem multidões bem diferentes daquelas das sociedades pré-industriais e cada uma deve ser estudada em suas características particulares. Ressaltou ainda que as multidões que promovem movimentos populares com objetivos políticos e sociais são abordadas quase sempre de duas formas: ou como grupos revolucionários com caráter quase messiânico, ou como turbas violentas e irracionais. Para ele, no entanto, ambas as perspectivas são generalizações simplistas, sendo preciso fazer, para cada movimento, perguntas sobre as características particulares da multidão em foco. Perguntas como que tipo de indivíduo forma a multidão estudada, qual o objetivo da mobilização da multidão, entre outras. Por meio dessa metodologia, Rudé concluiu que a natureza do distúrbio, ou seja, o objetivo da multidão, está intimamente associado ao tipo de pessoas que a formam e aos tipos de mudanças sociais que reivindicam. Como exemplos, apresentou os grevistas do século XVIII na França e Inglaterra, que se mobilizavam para destruir as máquinas das fábricas reivindicando melhores condições de trabalho, e as multidões famintas que invadiam padarias, nesse mesmo período.

Portanto, as multidões podem ser estudadas a partir de seus componentes sociais, de seus objetivos, de suas ações e da mentalidade que envolve essas ações. E nesse contexto, o principal objetivo em se estudar uma multidão é compreender o movimento social, a manifestação popular, que ela gera. Já no caso da massa, o principal objetivo dos estudos que empregam tal categoria é a compreensão das mentalidades, do inconsciente coletivo de determinada população e de como esta é afetada pela política ou pela cultura.

A compreensão de tais conceitos é extremamente importante para os profissionais da educação do século XXI, visto a atualidade dos estudos sobre mentalidade e sobre inconsciente coletivo. Para a sala de aula, é possível estudar a multidão a partir da análise de movimentos populares como a Cabanagem, a Balaiada, entre outros, buscando compreender os motivos que levavam tantos indivíduos, de forma quase espontânea, a participar de insurreições populares desse tipo. Também a observação da manipulação política das massas por líderes como Hitler, Mussolini, Perón e Vargas, por meio da propaganda, pode ser feita em sala de aula. Em ambos os casos é possível trabalharmos com as abordagens da História das Mentalidades e da História Social. Além disso, ao reconhecermos que muitos episódios na história foram protagonizados por *multidões* (a tomada da Bastilha, a Abdicação de Pedro I, a tomada de poder pelos bolcheviques etc.), não podemos nos ater à "História dos Grandes Personagens", esquecendo os milhares de anônimos essenciais no desenrolar dos acontecimentos. A Revolução Francesa, ainda abordada por muitos livros didáticos a partir do olhar de líderes como Robespierre e Danton, serve de exemplo para o fato de que, muitas vezes, as multidões trilham caminhos independentes, surpreendendo mesmo seus pretensos líderes.

Ver também

Classe Social; *Fascismo*; *Imaginário*; *Indústria Cultural*; *Interdisciplinaridade*; *Mentalidades*; *Nação*; *Política*.

Sugestões de leitura

Capelato, Maria Helena. *Multidões em cena*: propaganda política no varguismo e no peronismo. São Paulo/Campinas: Fapesp/Papirus, 1998.

Morin, Edgar. *Cultura de massas no século xx*. Rio de Janeiro: Forense Universitária, 1997, 2v.

Pinsky, Jaime; Pinsky, Carla Bassanezi (orgs.). *História da cidadania*. São Paulo: Contexto, 2003.

_____; _____(orgs.). *Faces do fanatismo*. São Paulo: Contexto, 2004.

Rudé, George. *A multidão na História*: estudo dos movimentos populares na França e Inglaterra, 1730-1848. Rio de Janeiro: Campus, 1991.

Santos, Jair Ferreira dos. *O que é pós-moderno*. São Paulo: Brasiliense, 2000.

Tchakhotine, Serge. *A mistificação das massas pela propaganda política*. Rio de Janeiro: Civilização Brasileira, 1967.

Memória

Segundo Jacques Le Goff, a memória é a propriedade de conservar certas informações, propriedade que se refere a um conjunto de funções psíquicas que permite ao indivíduo atualizar impressões ou informações passadas, ou reinterpretadas como passadas. O estudo da memória passa da Psicologia à Neurofisiologia, com cada aspecto seu interessando a uma ciência diferente, sendo a memória social um dos meios fundamentais para se abordar os problemas do tempo e da História.

A memória está nos próprios alicerces da História, confundindo-se com o documento, com o monumento e com a oralidade. Mas só muito recentemente se tornou objeto de reflexão da historiografia. Só no fim da década de 1970 que os historiadores da Nova História começaram a trabalhar com a memória. Na Filosofia, na Sociologia, na Antropologia e principalmente na Psicanálise, no entanto, os estudos sobre a memória individual e coletiva já estavam avançados. Foi o fundador da Psicanálise, e um dos ícones da modernidade, Sigmund Freud, quem no século xix iniciou amplos debates em torno da memória humana, trazendo à tona seu caráter seletivo: ou seja, o fato de que nos lembramos das coisas de forma parcial, a partir de estímulos externos, e escolhemos lembranças. Freud distinguiu a memória de um simples repositório de lembranças: para ele, nossa mente não é um museu. Nesse aspecto, ele remete a Platão, que já na Antiguidade apresentava a memória como um bloco de cera, onde nossas lembranças são impressas.

Quando os historiadores começaram a se apossar da memória como objeto da História, o principal campo a trabalhá-la foi a História Oral. Nessa área, muitos estudiosos têm-se preocupado em perceber as formas da memória e como esta age sobre nossa compreensão do passado e do presente. Para teóricos como Maurice Halbawchs, há inclusive uma nítida distinção entre memória coletiva e memória histórica: pois enquanto existe, segundo ele, uma História, existem muitas memórias. E enquanto a História representa fatos distantes, a memória age sobre o que foi vivido. Nesse sentido, não seria possível trabalharmos a memória como documento histórico. Essa posição hoje é muito contestada. Antonio Montenegro, por exemplo, considera que apesar de haver uma distinção entre memória e História, essas são inseparáveis, pois se a História é uma construção que resgata o passado do ponto de vista social, é também um processo que encontra paralelos em cada indivíduo por meio da memória.

Mas a memória não é apenas individual. Na verdade, a forma de maior interesse para o historiador é a memória coletiva, composta pelas lembranças vividas pelo indivíduo ou que lhe foram repassadas, mas que não lhe pertencem somente, e são entendidas como propriedade de uma comunidade, um grupo. O estudo histórico da memória coletiva começou a se desenvolver com a investigação oral. Esse tipo de memória tem algumas características bem específicas: primeiro, gira em torno quase sempre de lembranças do cotidiano do grupo, como enchentes, boas safras ou safras ruins, quase nunca fazendo referências a acontecimentos históricos valorizados pela historiografia, e tende a idealizar o passado. Em segundo lugar, a memória coletiva fundamenta a própria identidade do grupo ou comunidade, mas normalmente tende a se apegar a um acontecimento considerado fundador, simplificando todo o restante do passado. Por outro lado, ela também simplifica a noção de tempo, fazendo apenas grandes diferenciações entre o presente ("nossos dias") e o passado ("antigamente", por exemplo). Além disso, mais do que em datas, a memória coletiva se baseia em imagens e paisagens. O próprio esquecimento é também um aspecto relevante para a compreensão da memória de grupos e comunidades, pois muitas vezes é voluntário, indicando a vontade do grupo de ocultar determinados fatos. Assim, a memória coletiva reelabora constantemente os fatos.

Outra distinção entre História e memória está no fato de a História trabalhar com o acontecimento colocado para e pela sociedade, enquanto para a memória o principal é a reação que o fato causa no indivíduo. A memória recupera o que está submerso, seja do indivíduo, seja do grupo, e a História trabalha com o que a sociedade trouxe a público. Autores como Paul Veyne, por exemplo, afirmam que se acreditarmos que alguns fatos são mais importantes do que outros, teremos de considerar que essa importância é relativa e segue critérios pessoais de cada historiador. Para Montenegro, por sua vez, a dificuldade de se utilizar os depoimentos orais como fonte da História é que o fato de que eles são fontes construídas pela memória, e esta reelabora a realidade vivida pela imaginação.

Para Jacques Le Goff é preciso diferenciar as sociedades de memória oral e as de memória escrita. Mas enquanto estudiosos como Leroi-Gourhan consideram que a memória coletiva, ou *étnica*, é uma característica intrínseca de todas as sociedades, Le Goff defende que ela é uma forma característica dos povos sem escrita.

Seja como for, nas sociedades sem escrita a atitude de lembrar é constante, e a memória coletiva confunde História e mito. Tais sociedades possuem especialistas em memória que têm o importante papel de manter a coesão do grupo. Um exemplo pode ser visto nos *griots* da África Ocidental, cidadãos de países como Gâmbia, por exemplo. Os griots são especialistas responsáveis pela memória coletiva de suas tribos e comunidades. Eles conhecem as crônicas de seu passado, sendo capazes de narrar fatos por até três dias sem se repetir. Quando os griots recitam a história ancestral de seu clã, a comunidade escuta com formalidade. Para datar os casamentos, o nascimento de filhos etc., os griots interligam esses fatos a acontecimentos como uma enchente. Tais mestres da narrativa são exemplos de como a tradição oral e a memória podem ser enriquecedoras para a História: ambas são vivas, emotivas e, segundo o africanista Ki-Zerbo, um museu vivo.

Esses especialistas em memória das sociedades sem escrita, todavia, não decoram palavra por palavra. Pelo contrário, nessas sociedades a memória tem liberdade e possibilidades criativas, e é sempre reconstruída. A escrita por sua vez, transforma fundamentalmente a memória coletiva. No Ocidente, seu surgimento possibilitou o registro da História por meio de documentos. Para Leroi-Gourhan, a memória escrita ganhou tal volume no século XIX que era impossível pedir que a memória individual recebesse esse conteúdo das bibliotecas. O que levou, no século XX, a uma revolução da memória, da qual fez parte a criação da memória eletrônica.

O século XX vivenciou também a expansão dos estudos sobre a memória na Arte e na Literatura. O Surrealismo nas artes plásticas, estilo de pintores como Salvador Dali, por exemplo, preocupado com o mundo dos sonhos, passou a se questionar sobre a memória. Já a obra de Marcel Proust, por outro lado, é o melhor exemplo de uma exploração literária da memória. Outro é o conto de Jorge Luis Borges, "Funes, o memorioso", que explora a possibilidade de um indivíduo que nunca se esquece de nada, e de como isso o faria perder a própria capacidade de pensar, visto que esta se baseia na seleção e associação de memórias.

A interdisciplinaridade nas ciências sociais também modificou a percepção da memória coletiva. Já a partir de Halbawchs, em 1950, o estudo da memória coletiva passou a interligar Psicologia Social, Antropologia e Etno-história. Além disso, a partir desse período, a Nova História buscou criar uma História científica com base na memória coletiva, considerando também a importância da memória para a definição das identidades.

Na década de 1970, o escritor afro-americano Alex Haley empreendeu uma monumental pesquisa em três continentes em busca do passado de sua família a partir das memórias repassadas geração após geração, desde o primeiro membro da família a chegar na América como escravo. Essa pesquisa, que deu origem ao livro *Negras raízes*, impulsionou um processo de valorização da memória como fonte para a construção das identidades. Haley trabalhou com griots em Gâmbia e difundiu no Ocidente um exemplo de como as sociedades sem escrita pensam sua memória: as comunidades tradicionais de Gâmbia, os "homens sábios", afirmavam que a ancestralidade de todas as pessoas remontava necessariamente a um tempo em que a escrita não existia. E aí então a memória humana tornava-se a única forma de conseguir informações sobre o passado. Para eles, a cultura ocidental estava tão condicionada ao esmagamento da escrita, que poucos poderiam compreender do que uma memória treinada era capaz.

Nesse ponto, cabe fazermos referência a outro grande africanista, Jan Vansina, que defende que a oralidade é uma atitude diante da realidade e não a ausência de uma habilidade, no caso a habilidade de escrever. E são justamente as sociedades orais as que melhor preservam a capacidade de compreensão de seu passado por meio da memória coletiva. Assim, a reflexão sobre a memória tornou-se, para professores de História, uma oportunidade para refletir sobre a capacidade de produzir conhecimento sobre o passado, e sobre como essa capacidade difere de povo para povo. Estudar em sala de aula os griots, por exemplo, é trabalhar de forma prática com a diversidade cultural da humanidade, não se atendo somente a um discurso de igualdade entre todas as culturas. E o verdadeiro entendimento da diversidade cultural passa pela compreensão de que não há superioridade cultural e, logo, de que a escrita não é um marco entre os povos desenvolvidos e os subdesenvolvidos.

VER TAMBÉM

Cultura; Discurso; Etnia; Etnocentrismo; Folclore; Fonte Histórica; História; História Oral; Identidade; Imaginário; Interdisciplinaridade; Mentalidades; Mito; Patrimônio Histórico; Relativismo Cultural; Tempo; Tradição.

SUGESTÕES DE LEITURA

BURGUIÈRE, André (org.). *Dicionário das ciências históricas*. Rio de Janeiro: Imago, 1993.

HALEY, Alex. *Negras raízes*. São Paulo: Círculo do Livro, s. d.

Ki-Zerbo, J. (coord.). *História geral da África*. São Paulo: Ática, 1982, v. i: Metodologia e Pré-história da África.

Le Goff, Jacques. *História e memória*. Campinas: Ed. Unicamp, 1994.

Montenegro, Antonio Torres. *História oral e memória*: a cultura popular revisitada. São Paulo: Contexto, 2001.

Mentalidades

A palavra *mentalidade* ganhou espaço no Ocidente a partir do início do século xx, significando os comportamentos e as atitudes coletivas. Essa definição já podia ser vista na obra do escritor francês Marcel Proust, *Em busca do tempo perdido*. Ao mesmo tempo, o conceito apareceu também nas ciências humanas e sociais, primeiro na Antropologia, designando pejorativamente comportamentos considerados primitivos, sendo inclusive comum então a comparação da mentalidade do homem primitivo com a mentalidade da criança.

Na historiografia, o conceito de mentalidades passou a designar as atitudes mentais de uma sociedade, os valores, o sentimento, o imaginário, os medos, o que se considera verdade, ou seja, todas as atividades inconscientes de determinada época. As mentalidades são aqueles elementos culturais e de pensamento inseridos no cotidiano, que os indivíduos não percebem. Ela é a estrutura que está por trás tanto dos fatos quanto das ideologias ou dos imaginários de uma sociedade. Tal conceito está muito ligado à questão temporal, pois a mentalidade é considerada uma estrutura de longa duração. Além disso, ao contrário dos fatos, que acontecem muito rapidamente, a mentalidade permanece durante muito tempo sem modificações, e suas mudanças são tão lentas a ponto de nem serem percebidas.

Foi a corrente historiográfica de *Annales*, entre as décadas de 1920 e 1930 na França, que valorizou o tema. Daí em diante, as grandes transformações da história passaram a ser vistas também em termos de evolução psicológica, de comportamentos e atitudes mentais coletivas. Lucien Febvre, um dos fundadores de *Annales*, foi dos primeiros historiadores a trabalhar as mentalidades na História. Outros contemporâneos de Febvre, alguns filiados a *Annales*, como Marc Bloch, outros independentes, como Huizinga ou Nobert Elias, também deram atenção aos fenômenos mentais. Mas com a ascensão da demografia nas décadas de 1940 e 1950, a historiografia deixou de lado as investidas pioneiras no campo das mentalidades. Foi só depois de 1960 que a História das Mentalidades tomou seu grande impulso com a Nova História. Com nomes como Philippe Ariès, Jacques Le Goff e Georges

Duby, a produção de obras sobre as mentalidades, principalmente sobre o medievo francês, ganhou espaço editorial, alcançando o grande público e formando um significativo mercado para trabalhos históricos.

A História das Mentalidades marcou uma grande mudança historiográfica, pois ampliou de modo considerável não apenas o mercado de consumidores de História, mas as fontes e os temas trabalhados pelos historiadores. Desde então, tudo se transformou em fonte: diários, lendas, sonhos. Também os temas mudaram, trazendo preocupações com as diferentes formas de pensar e sentir ao longo do tempo. Essa abordagem pode ser vista, por exemplo, em trabalhos de Georges Duby, que, estudando o sistema de impostos da França do século XII, concluiu que, nesse período, a realidade econômica era menos perceptível e concreta para os contemporâneos do que a realidade espiritual.

Do ponto de vista do método, a História das Mentalidades combina abordagem antropológica e abordagem psicológica. A Antropologia fornece as técnicas para a descrição da comunidade estudada: isolando-a e não se preocupando nem com sua origem, nem com sua evolução (ou seja, não se preocupando com sua historicidade). Essa é a técnica da Etnologia para descrever sociedades ditas primitivas, que a História transformou em Etno-história. Nela, o historiador escolhe determinado contexto histórico e procura descrevê-lo em todos os seus aspectos, desde a economia até as formas de sentir. Esse método deu origem também ao que ficou conhecido como História Total. Por sua vez, a abordagem psicológica se preocupa principalmente com o inconsciente coletivo, com tudo o que está por trás da consciência de uma sociedade, com a totalidade psíquica ou, como é mais comum em História, com uma estrutura mental. Esta pode ser definida como todos os traços mentais que os contemporâneos têm em comum sem que se deem conta disso. A preocupação da História das Mentalidades, assim, é com o conjunto dos fatos culturais de uma época que, nas palavras de Febvre, compõem uma rede maior de fatos sociais. Nesse sentido, para Febvre, as mentalidades seriam um elemento a mais na compreensão da sociedade.

Lucien Febvre foi o primeiro a propor conceitos para a melhor interpretação das fontes em uma abordagem de mentalidades. Criou o conceito de *aparelhagem mental*, que abrangia todas as formas de percepção, expressão, ação, as técnicas e a língua de uma sociedade, abarcando, dessa forma, o conjunto de elementos usados pelos indivíduos para se expressarem e interagirem em sociedade. Marc Bloch, por sua vez, pensava em termos de *representações coletivas*, que significava basicamente um estudo das formas de sentir e pensar de determinado período – conceito influenciado pela Sociologia de Emile Durkheim. Já Jacques Le Goff defende a estreita ligação da História das Mentalidades com a Etno-história e a Psicologia Social. Para Le Goff, o historiador das mentalidades busca os processos culturais mais gerais, coletivos e psicológicos. Como o etnólogo, ele deve buscar os níveis mais imóveis e mais estáveis da sociedade, a estrutura que muda mais lentamente, não se preocupando com suas origens ou mudanças.

A História das Mentalidades tem muito parentesco com outras abordagens históricas, algumas que se contrapõem a ela, outras que se confundem com ela: a História das Ideias e a História do Imaginário são os principais exemplos. A História das Ideias se distingue das mentalidades por abordar as inovações e ideias revolucionárias no campo da política, da ciência ou da religião, pouco se preocupando com o que o povo pensa. Já a História do Imaginário, por sua vez, se confunde frequentemente com a História das Mentalidades. O imaginário estuda as representações e imagens ideais que uma sociedade constrói, a forma como as pessoas veem o mundo ao seu redor, imagens construídas nos mitos, nos sonhos, nos medos coletivos, na religiosidade. A História da Mentalidade abarca a História do Imaginário, e nem sempre é fácil distinguir uma da outra. Para aqueles que criticam a Nova História isso se deve ao fato de que a própria História das Mentalidades é pouco definida, com concepções teóricas pobres. O próprio Philippe Ariès, um dos principais nomes das mentalidades, admite que a grande plasticidade dessa abordagem termina por mesclá-la com outros campos, tornando às vezes difícil defini-la. No caso da relação entre mentalidade e ideologia, a ideologia sugere uma dependência das formas de pensamento para com a realidade concreta econômica, assim como pode ser também uma forma de representar as condições de vida de determinada classe, ao passo que a mentalidade é um conceito mais amplo, que abrange formas de pensamento independentemente da classe social. O conceito de mentalidade, assim, se nega a ser dependente da condição econômica.

No Brasil, as décadas de 1980 e 1990 viram o crescimento da História das Mentalidades. Como na França, tal História foi responsável pelo aumento de obras de História voltadas para o grande público. E apesar de Sérgio Buarque de Holanda já ter excursionado no gênero com sua obra *Visão do paraíso*, de 1959, estudando o imaginário da colonização, os mitos e as crenças sobre o Brasil trazidos pelos colonizadores, foi Laura de Mello e Souza, na década de 1980, que inaugurou a corrente das mentalidades no Brasil com seu livro *O diabo e a terra de Santa Cruz*. Nessa obra, a autora reconstitui o cotidiano e as angústias das pessoas que participaram da colonização do Brasil, buscando também as representações de Paraíso e Inferno elaboradas então sobre a Colônia. A obra de Mello e Souza foi influenciada por importantes pensadores da História das Mentalidades, como Carlo Ginzburg e Le Roy Ladurie, além, é claro, de Sérgio Buarque de Holanda. Desde então, muitos foram os historiadores brasileiros a trabalhar com abordagens de mentalidades. Uma das obras mais celebradas sobre o assunto são *As barbas do imperador*, de Lilia Moritz Schwarcz, que reúne História e Antropologia para explorar a simbologia social e política em torno das barbas de D. Pedro II.

A História das Mentalidades é uma excelente oportunidade para os professores que querem tornar suas aulas mais interessantes, sem relegar o conteúdo. A grande variedade de obras sobre as mentalidades permite acesso a conteúdos facilmente utilizáveis em sala de aula. Mas como em tudo o mais, é preciso também cuidado com a História das Mentalidades. Primeiro porque ela tem alguns temas e períodos preferidos: sexualidade, moralidade, religiosidade; Idade Média francesa e colonização brasileira, respectivamente. Assim, nem todos os assuntos e nem todos os períodos são contemplados. Além disso, visto que sua proposta é abordar a estrutura mental, muitas obras não trabalham as condições econômicas e sociais. Isso não é um problema em si, a não ser que o professor se limite apenas às mentalidades. Devemos, nesse sentido, lembrar que uma sociedade é composta por vários elementos. O trabalho com as mentalidades em sala de aula é não apenas interessante, mas prolífico, desde que acompanhado de abordagens dos aspectos políticos, econômicos e sociais da História.

Ver também

Cotidiano; Discurso; História; Historiografia; Iconografia; Identidade; Ideologia; Imaginário; Memória; Mito; Teoria.

Sugestões de leitura

Del Priore, Mary (org.). *História das mulheres no Brasil*. 6. ed. São Paulo: Contexto, 2002.

_____. *História das crianças no Brasil*. 4. ed. São Paulo: Contexto, 2004.

Hughes-Warrington, Marnie. *50 grandes pensadores da História*. São Paulo: Contexto, 2002.

Le Goff, Jacques (org.). *A História Nova*. São Paulo: Martins Fontes, 2001.

Marotta, Cláudia Otoni de Almeida. *O que é História das Mentalidades*. São Paulo: Brasiliense, 1991.

Mesgravis, Laima; Pinsky, Carla Bassanezi. 2. ed. *O Brasil que os europeus encontraram*. São Paulo: Contexto, 2002.

Napolitano, Marcos. *Cultura brasileira*: utopia e massificação. 2. ed. São Paulo: Contexto, 2004.

Pestana, Fábio. *No tempo das especiarias*. 2. ed. São Paulo: Contexto, 2004.

PINSKY, Jaime; PINSKY, Carla Bassanezi (orgs.). *História da cidadania*. São Paulo: Contexto, 2003.

SCHWARCZ, Lilia Moritz. *As barbas do imperador*: D. Pedro II, um monarca nos trópicos. São Paulo: Companhia das Letras, 1998.

_____; GOMES, Nilma (orgs.). *Antropologia e História*: debate em região de fronteira. Belo Horizonte: Autêntica, 2000.

SOUZA, Laura de Mello e. *O diabo e a terra de Santa Cruz*. São Paulo: Companhia das Letras, 1986.

MERCANTILISMO

A definição mais aceita de mercantilismo informa que esse termo compreende um conjunto de ideias e práticas econômicas dos Estados da Europa ocidental entre os séculos XV, XVI e XVIII voltadas para o comércio, principalmente, e baseadas no controle da economia pelo Estado. Mercantilismo dá nome, nesse sentido, às diferentes práticas e teorias econômicas do período do Absolutismo europeu.

Mas tal conceito não existiu no período mesmo que chamamos de mercantilista. Na verdade, a palavra mercantilismo só começou a ser usada pelos economistas clássicos do final do século XVIII para se referir às rígidas práticas de intervenção do Estado na economia, práticas que eles consideravam danosas e às quais faziam severa oposição. Assim, o mercantilismo não existiu como um conjunto coeso de ideias e práticas econômicas, nem como grupo de pensadores da economia com uma filosofia comum. De fato, sob a definição de mercantilismo foram reunidos pelos críticos diferentes autores e diferentes políticas econômicas, com pouco em comum, a não ser o fato de pertencerem a países absolutistas.

As teorias e práticas mercantilistas estão inseridas no contexto da transição do Feudalismo para o Capitalismo, possuindo ainda características marcantes das estruturas econômicas feudais e já diversos fatores que serão mais tarde identificados com características capitalistas, não sendo nenhum dos dois sistemas, no entanto.

O termo *mercantilismo* define os aspectos econômicos desse processo de transição. Se o mercantilismo tem sua contraparte política no Estado absoluto, no campo social tem relação com a estrutura social comumente conhecida como *sociedade do Antigo Regime*. Ou seja, a estrutura social estamental, ainda baseada na sociedade de ordens do medievo, porém com novos elementos, dos quais a burguesia é o principal fator de diferenciação. Também a expressão *Antigo Regime* é anacrônica: elaborada pela Revolução Francesa para se referir ao período de domínio do Estado absolutista, ele não pertenceu à sociedade que quer representar. Além disso, tende a generalizar características do período de transição francês para toda a Europa absolutista.

O historiador Francisco Falcon distingue três fases mercantilistas diferentes na história da Europa: a primeira diz respeito ao século XVI e à criação do sistema mundial moderno com a expansão ultramarina e a fundação de colônias na América. Nesse período, a Europa passou a comandar uma rede de comércio mundial. A segunda fase, no século XVII, representou uma crise, a crise do século XVII, caracterizada pela redução das atividades produtivas e comerciais. Autores como Eric Hobsbawm se dedicaram a estudar essa crise, que significou a diminuição da capacidade de exportar de alguns países, provocou períodos de escassez e, ainda, definiu a partir da maior concorrência comercial entre as Nações os países que seriam os centros econômicos da Europa. A terceira fase, do século XVIII, foi marcada pela retomada da prosperidade do século XVI, ao lado da ascensão da burguesia, que deu novos rumos à economia europeia, a partir da reivindicação de menor intervenção do Estado na economia, que finalizou as práticas mercantilistas e originou o liberalismo.

Muitas vezes, a definição de mercantilismo vem acompanhada de um esboço das principais práticas do período, como o metalismo, a balança comercial favorável e o protecionismo. Mas devemos ter cuidado com o anacronismo ao abordar essas práticas.O metalismo, por exemplo, é definido frequentemente como uma concepção que atrelava a riqueza de um Estado à quantidade de metais preciosos por ele acumulado. Mas o metalismo, que como prática econômica predominou sobretudo na França e na Espanha do século XVI, dificilmente queria dizer que riqueza era igual à moeda acumulada. As concepções metalistas de autores como Jean Bodin e Azpilcueta Navarro interpretavam a moeda como um meio para obter riqueza em terras e em títulos, não a riqueza financeira em si. Para a mentalidade capitalista, moeda e riqueza são sinônimos, mas não para a mentalidade barroca do Antigo Regime. Essa diferença pode parecer sutil, mas é a distinção entre interpretar as práticas em seu significado original, ou atribuir-lhes significados que elas nunca tiveram, e estão mais em consonância com nossa realidade atual.

O estudo das práticas mercantilistas deve, assim, considerar que são práticas e teorias econômicas elaboradas em um momento em que o Capitalismo ainda não existia, logo não é possível interpretá-las à luz de concepções capitalistas. Tal distinção pode ser mais bem entendida se professores trabalharem o mercantilismo ao lado não apenas do estudo do Estado absolutista, mas também da cultura barroca, na qual é possível visualizar os diferentes significados que a riqueza tinha para essa sociedade, facilitando, assim, a compreensão do pensamento econômico.

Outra importante questão a considerarmos ao estudar o mercantilismo é termos o cuidado de não generalizar as práticas de um único país, a França, por exemplo, para toda a Europa do período. A Holanda é um bom exemplo de um particularismo que precisa ser observado. A organização política e econômica da Holanda, que na Idade Moderna integrava as Províncias Unidas, foi um caso à parte, e hoje é motivo de controvérsias entre historiadores. Alguns consideram que sua economia era mercantilista, apesar de suas características peculiares, pois não havia Estado absoluto nem intervenção do Estado da economia. Mas o direcionamento dessa economia para o comércio se aproximaria do modelo mercantilista. Outros estudiosos, por sua vez, afirmam que a economia holandesa no século XVII já dava indícios de liberalismo.

Mas, deixando de lado a controvérsia, qual a importância de estudarmos o mercantilismo hoje? Como conjunto de práticas econômicas, ele está na origem mesma da colonização promovida pelos países ibéricos, direcionando as economias desses países para a formação de colônias e a exploração comercial. Precisamos levar sempre em conta as dificuldades inerentes a esse conceito, tanto por se tratar de uma abordagem que requer um bom entendimento dos princípios da economia (para se trabalhar com os alunos a balança comercial favorável e o protecionismo, por exemplo) quanto pelas sutilezas distintas entre a mentalidade barroca da época e a mentalidade burguesa a qual nós pertencemos. Por outro lado, o professor deve ainda ter bastante cuidado para não considerar o mercantilismo uma corrente filosófica, pois tal armadilha é comum nos livros didáticos.

VER TAMBÉM

Absolutismo; *Barroco*; *Capitalismo*; *Colonização*; *Feudalismo*; *Imperialismo*; *Liberalismo*.

SUGESTÕES DE LEITURA

DEYON, Pierre. *O mercantilismo*. São Paulo: Perspectiva, 1973.

FALCON, Francisco. *Mercantilismo e transição*. São Paulo: Brasiliense, 1990.

MAESTRI, Mário. *Uma história do Brasil colônia*. 3. ed. São Paulo: Contexto, 2002.

MARQUES, Adhemar; BERUTTI, Flávio; FARIA, Ricardo. *História moderna através de textos*. São Paulo: Contexto, 1997.

MESGRAVIS, Laima; PINSKY, Carla Bassanezi. 2. ed. *O Brasil que os europeus encontraram*. São Paulo: Contexto, 2002.

PESTANA, Fábio. *No tempo das especiarias*. 2. ed. São Paulo: Contexto, 2004.

MILITARISMO

Podemos definir de forma simples o militarismo como a doutrina política que defende o governo de uma Nação pelas Forças Armadas. Nesse sentido, militarismo é a transformação das Forças Armadas em partido político. Em História, tal noção está intimamente relacionada com temas como guerra e abordagens como a História Militar.

O militarismo é a aplicação prática de doutrinas políticas de caráter militar ao governo de um Estado. Com esse significado, é um conceito próprio do Ocidente contemporâneo, pois está ligado às noções de Nação e de separação de poderes, surgidas na Europa das Idades Moderna e Contemporânea. Apesar disso, o pensamento militar clássico do Ocidente deve muito às influências recebidas da China antiga, mais precisamente da obra de Sun Tzu, *A arte da guerra*, escrita no século VI a.C., que considerava a guerra um dos ramos da arte de governar. Foi durante a Idade Moderna que a Europa começou a pensar a guerra dessa forma, ou seja, do ponto de vista político, mas só a partir do século XIX e das conquistas napoleônicas, o militarismo ocidental se sistematizou, principalmente na figura do prussiano Clausewitz, autor de uma das obras mais clássicas do pensamento militar do ocidente, *Da guerra*. Desde então a guerra passou a ser interpretada como importante instrumento da política. Atualmente, a História Militar contesta a afirmação de Clausewitz de que a guerra é a continuação da política. Para John Keegan, um dos mais importantes historiadores militares da atualidade, a guerra não pode ser a continuação da política porque precede o Estado em milênios. Para historiadores como ele, a função política e histórica da guerra é o elemento básico da historiografia militar.

A História Militar foi um dos primeiros ramos da História. Na Antiguidade, historiadores como Heródoto e Tucídides, considerados os "pais" da disciplina histórica, deram grande ênfase à guerra, às conquistas, enfim, à história militar. Posteriormente, com a política, da qual é muitas vezes indissociável, a guerra e as conquistas militares foram os carros-chefe da História "positivista" no século XIX. E, com a crítica da Escola de *Annales* a essa História tradicional no início do século XX, a historiografia que abordava os grandes feitos militares entrou em decadência. Mas nem a guerra como objeto da História nem a História Militar desapareceram. Atualmente ambas constituem até mesmo abordagens particulares: os estudos sobre a guerra ao longo da história ganharam uma perspectiva social, além de uma vertente interessada em sua evolução tecnológica. Nesse campo, atuam historiadores como John Keegan e Michael Howard. Já a História Militar no sentido pleno, além de sua ligação com a História política, constitui-se hoje em um campo de estudos específico sobre estratégia e teorias militares. Nessa perspectiva, depois da Segunda Guerra Mundial, desenvolveu-se nos Estados Unidos a chamada "Nova História Militar", cujo objetivo era estudar as relações sociais e políticas das Forças Armadas com as sociedades que integravam. No Brasil, a História Militar como abordagem independente tem ficado bastante restrita aos historiadores que são militares profissionais, ao passo que a guerra, observada a inserção das Forças Armadas na sociedade, se incorporou à História Social.

No caso do militarismo, um dos contextos históricos privilegiados para sua observação é a América Latina, palco de ações militares na política traduzidas em intervenções armadas e governos militares, presentes na história do subcontinente desde as independências no século XIX. As ditaduras militares da segunda metade do século XX, principalmente na América do Sul, geraram amplo leque de reflexões acerca do militarismo latino-americano, de suas origens e de suas principais características. Tal militarismo latino-americano surgiu ainda no século XIX do próprio processo de independência, pois com a guerra de quase vinte anos em algumas regiões, os Estados recém-formados se viram com exércitos volumosos, fortes e fora de controle, dominados muitas vezes por líderes políticos que eram também proprietários rurais. O caos social gerado por esses vinte anos de guerra incentivou parcelas significativas da população a se voltar para os líderes militares como mantenedores da ordem. Os proprietários rurais formavam exércitos particulares, quando não controlavam os exércitos nacionais. Dessa forma, coagiam os grupos populares e disputavam poder com outros líderes regionais, igualmente senhores de forças militares. O militarismo latino-americano esteve, assim, desde seu início associado à debilidade da sociedade civil, que não possuía então outras instituições ou modelos políticos capazes de se opor às intervenções militares. A instituição militar, uma das poucas organizadas nesse período, terminou por monopolizar o poder de decisão na Nação. Já no século XX, a própria instituição começou a se sentir como a "salvaguarda" de interesses supostamente nacionais e a combater outros modelos de Nação, Estado e sociedade como "antipatriotas", como perigosos à segurança nacional.

Podemos, assim, caracterizar o militarismo como um conceito ligado à formação dos Estados nacionais no Ocidente, principalmente na Idade Contemporânea. De outra maneira, apesar das doutrinas políticas militares existentes na Europa do século XIX, em particular na Prússia que então se constituía como Estado-nação, podemos observar o militarismo em seu modelo mais bem acabado na América Latina dos séculos XIX e XX, onde chegou a ser implementado com mais sucesso e a controlar o Estado por longos períodos. Nesse momento, o militarismo funcionou basicamente a partir de intervenções militares. Para autores como Clóvis Brigagão, os golpes de Estado e as intervenções na política promovidas pelos militares na história do Brasil, por exemplo, constituem o que ficou conhecido como papel moderador das Forças Armadas, quando decidem ser as intermediárias das instituições nacionais. Tal papel leva invariavelmente à militarização da sociedade.

Essa militarização acontece quando os militares ocupam o poder do Estado e definem um projeto político para o governo da Nação. Assumem, dessa forma, a gerência da totalidade de aspectos civis da sociedade: a política, a economia e até mesmo a cultura. A ditadura militar no Brasil pós-1964 é um exemplo clássico desse militarismo, quando as Forças Armadas assumiram funções e papel de partido político. No caso brasileiro, os militares dominaram o governo federal baseados na Doutrina de Segurança Nacional, que preconizava a defesa da soberania do país com base na intervenção militar em todos os âmbitos da vida social e permitia a perseguição daqueles que "ameaçassem" essa soberania.

Como vimos, o militarismo na América Latina está bastante associado à própria história independente do continente. A História política dessa região, a partir do século XIX, foi feita por golpes de Estado e ditaduras dosadas pela militarização da política e da sociedade. Apesar disso, para Clóvis Rossi, foi apenas a partir de 1964 que o intervencionismo militar sofreu drástica alteração para exercer uma influência muito maior na sociedade com a implantação da Doutrina de Segurança Nacional, que, por sua vez, gerou forte repressão social. Essa doutrina foi construída pelo principal órgão do pensamento militar na América do Sul na década de 1960, a Escola Superior de Guerra – ESG – no Brasil, e expressava a necessidade de o Estado garantir por quaisquer meios, inclusive psicológicos e culturais, a segurança da Nação contra aqueles considerados inimigos, externos e internos. No momento da implantação dessa doutrina, a América do Sul estava tomando o partido dos EUA na Guerra Fria, e logo os *inimigos* eram os comunistas. Mas os regimes militares, como os que foram implantados no Brasil, na Argentina, no Chile e no Uruguai depois de 1964, viam como *inimigos da Nação* qualquer antagonista da corporação militar, e logo a censura e a repressão política e social militarizavam totalmente a sociedade.

Por sua vez, o militarismo que dominava a sociedade pelos valores militares, no entanto, não é característica só das sociedades ocidentais. Os mais diversos povos, desde os japoneses medievais, passando pelos zulus da África do Sul no século XIX, até os tupis e os astecas da América pré-colonial, possuíam seus próprios equivalentes ao militarismo.

No caso dos zulus, descendentes de um povo de pastores razoavelmente pacífico, a militarização de sua sociedade no século XIX se caracterizou por impor uma formação extremamente rígida a seus guerreiros e por transformar o que até então eram guerras nas quais os perdedores em geral só precisavam mudar de território, em guerras de conquista agressivas e destrutivas. As mudanças empreendidas na sociedade zulu para que o objetivo da expansão imperialista fosse alcançado foram drásticas. Toda a estrutura social precisou mudar para acomodar os novos objetivos militares da sociedade, desde as relações familiares, pois os homens só poderiam se casar depois dos quarenta anos, até as relações culturais. Os zulus são um bom exemplo de como uma sociedade tribal pode se militarizar. Mas outro bom exemplo são os tupis da costa brasileira pré-colonial: nas sociedades tupis a guerra era o elemento principal de toda a cultura e dos valores tribais, tanto que não era realizada com o objetivo de conquistar territórios, mas basicamente para a apreensão de prisioneiros e a valorização do *status* dos guerreiros.

O outro exemplo de uma cultura extremamente militarizada fora do Ocidente é o Japão feudal, onde a rígida hierarquia social tinha como um de seus grupos mais influentes os samurais, guerreiros vassalos dos senhores de terra que monopolizavam o exercício da força. Os valores da casta samurai, baseados em uma cultura voltada para a formação ética e física do guerreiro, tiveram grande influência sobre o Japão feudal.

De forma geral, a organização militar é uma instituição presente na maioria das sociedades humanas, sem que necessariamente passe a dominá-las. Assim, para a compreensão do processo de militarização de algumas sociedades ao longo da história, e não de outras, temos de nos debruçar sobre o contexto histórico específico de cada uma, buscando as razões para a supervalorização das organizações militares em cada caso.

Precisamos lembrar, ainda, que, apesar de demonizado por alguns como algo fora da normalidade, um golpe militar, quando se perpetua no poder e constitui um governo militar, precisa do apoio de parte significativa da sociedade. Ou seja, o militarismo como doutrina de governo, para se perpetuar no poder, precisa ser aceito também pelas camadas civis, o que significa que um dos pré-requisitos básicos para que as doutrinas militares dominem determinada Nação é sua boa aceitação pela população civil. Nesse sentido, ao trabalharmos com a militarização da sociedade em sala de aula, devemos ficar atentos para o fato de que as Forças Armadas são parte integrante da sociedade e representam interesses inseridos na população, não sendo instituições nem à parte nem acima da sociedade.

VER TAMBÉM

Cidadania; *Democracia*; *Ditadura*; *Estado*; *Fascismo*; *Golpe de Estado*; *Nação*; *Política*; *Revolução*; *Sociedade*.

SUGESTÕES DE LEITURA

BRIGAGÃO, Clóvis. *A militarização da sociedade*. Rio de Janeiro: Jorge Zahar, 1985.

COGGIOLA, Osvaldo. *Governos militares na América Latina*. São Paulo: Contexto, 2001.

KEEGAN, John. *Uma história da guerra*. São Paulo: Companhia das Letras, 1995.

KUCINSKY, Bernardo. *O fim da ditadura militar*. São Paulo: Contexto, 2001.

MARQUES, Adhemar; BERUTTI, Flávio; FARIA, Ricardo. *História contemporânea através de textos.* 10. ed. São Paulo: Contexto, 2003.

PINSKY, Jaime (org.). *História da América através de textos.* São Paulo: Contexto, 1994.

ROSSI, Clóvis. *O militarismo na América Latina.* São Paulo: Brasiliense. 1987.

SUN TZU. *A arte da guerra.* Rio de Janeiro: Record, 1993.

TREVISAN, Leonardo. *O pensamento militar brasileiro.* São Paulo: Global, 1985.

MISCIGENAÇÃO

Podemos definir miscigenação, ou mestiçagem, como a mistura de seres humanos e de imaginários. Tal conceito é amplo e pode abranger tanto a chamada mestiçagem biológica, a mistura de raças, quanto a mestiçagem cultural, e suscita atualmente debates e controvérsias.

No Brasil, a mestiçagem como fato social só começou a ser percebida no século XIX. Mas, em uma sociedade dominada pela noção da superioridade branca, a miscigenação racial foi então entendida como um fenômeno negativo, que degradava o povo brasileiro. Apenas na década de 1930, com a publicação de *Casa-grande & Senzala*, de Gilberto Freyre, a mistura de raças passou a ser vista como fenômeno único, original e favorável à sociedade brasileira. Também em *Raízes do Brasil*, publicada no mesmo período, Sérgio Buarque de Holanda abordava a miscigenação de um ponto de vista benevolente. Nas duas obras, os portugueses eram percebidos como um povo aberto à miscigenação e sem preconceitos raciais.

Mas apesar da visão freyriana de uma democracia racial e de uma escravidão paternalista ainda influenciar a sociedade brasileira hoje, sua obra passou a ser alvo de críticas justamente por minimizar o preconceito racial e a violência da escravidão no Brasil. Seu pioneirismo, no entanto, inspirou uma História sociocultural brasileira a estudar a miscigenação, o que levou, a partir do final do século XX, a uma revisão da ideia de mestiçagem. Visto que o conceito de raça sofria cada vez mais críticas severas, a ideia de miscigenação biológica também começou a perder sentido. A mestiçagem cultural, no entanto, sobreviveu, apesar das dificuldades teóricas que apresenta para muitos autores.

Para estudiosos como Serge Gruzinski, o conceito de mestiçagem é bastante complexo. Primeiro porque termos como mestiçagem e miscigenação, e mesmo hibridismo, não especificam bem quais os fenômenos que englobam. Além disso, essas palavras pressupõem uma mistura de coisas heterogêneas e bem definidas, o que exigiria que todas as culturas fossem sistemas fechados e estáveis. E tendo Gruzinski considerado que toda cultura é aberta, maleável e ela própria fruto de misturas, toda cultura já seria por si só o produto de uma mestiçagem.

Em vista dessas dificuldades conceituais em torno da miscigenação, seja a tese que afirma a inexistência de raças humanas, seja a própria amplitude do conceito de cultura, cada vez mais os estudiosos têm se voltado para a ideia de hibridismo como um conceito substituto. A ideia de hibridismo cultural surgiu com pensadores da pós-modernidade, como Homi Bhabha. Para ele, o hibridismo cultural é fruto da interação entre diferentes identidades, em que as identidades envolvidas não possuem hierarquia e não necessariamente se misturam ou se sobrepõem. O hibridismo seria, assim, a convivência de elementos culturais de diferentes origens étnicas em sociedades multiculturalistas, como as atuais sociedades europeias para onde se dirigem migrantes de todas as partes do mundo. Nessas sociedades, segundo Bhabha, as diferentes identidades e tradições culturais se reinventam.

Eduardo França Paiva, por sua vez, trouxe o conceito de hibridismo para a sociedade colonial brasileira. Estudando a sociedade mineira do século XVIII, ele defende a coexistência de um movimento de hibridismo, em que as diferentes culturas convivem com a mistura de etnias e práticas culturais, ou seja, com a mestiçagem. Para ele, a miscigenação convive lado a lado com universos culturais que não se misturam, criando uma pluralidade cultural nessa sociedade. Ressaltemos, nesse contexto, que, em geral, o hibridismo e a sobrevivência de identidades culturais originais significam resistência cultural, vontade de perpetuar antigas tradições em face do nascimento de uma nova sociedade.

Com base nesses autores podemos distinguir miscigenação e hibridismo: a primeira significa um novo conjunto de elementos culturais que surge da mistura de tradições diferentes. Já o hibridismo não é uma cultura nova que nasce da mistura de elementos diversos, mas a convivência de culturas diversas em uma mesma sociedade.

Nessa perspectiva, o universo cultural na colônia aparece como um todo dinâmico em que os diferentes grupos sociais influenciavam uns aos outros. A mestiçagem, o hibridismo e a dominação colonial misturavam diversas identidades, e um mesmo indivíduo na América colonial poderia possuir uma identidade fornecida pelo colonizador, uma identidade mestiça e uma identidade própria, como indígena ou africana, por exemplo. Mas proliferavam as identidades mestiças, frutos da absorção parcial de diferentes elementos culturais, moldadas por indivíduos que buscavam a sobrevivência em meios sociais adversos.

Se hoje a mestiçagem divide lugar com o hibridismo nos estudos sobre a cultura colonial, a historiografia brasileira tem dado ênfase também a um campo específico da interpretação da miscigenação: o sincretismo religioso, uma forma de mistura que diz respeito principalmente ao amálgama de crenças e religiosidade de diferentes origens culturais.

Tanto a miscigenação e o hibridismo quanto o sincretismo são conceitos diferentes mas interligados, relevantes para a compreensão das dinâmicas relações interculturais desenvolvidas, seja no universo colonial americano, seja na atual sociedade globalizada. A ideia de mestiçagem, no entanto, em geral se contrapõe ao conceito de identidade, que significa a manutenção das tradições culturais originais, em oposição às misturas que tendem a diluir as culturas e identidades. Mas Gruzinski discorda da ideia de uma oposição entre miscigenação e identidade, visto que defende a tese de que todas as culturas são misturas, não havendo assim identidades puras. Nesse sentido, identidades e mestiçagem não seriam termos opostos, mas complementares.

Esses diferentes conceitos, e os debates em torno deles, são todos aplicáveis à História, em vista da grande diversidade de realidades humanas, cabendo ainda acrescentar que a miscigenação cultural pode ser feita sob a influência de uma cultura dominante que se impõe sobre outras. Nesse caso, do qual a sociedade colonial é exemplo, a nova cultura, fruto desse processo de imposição, constrói sua base sobre a estrutura da cultura dominante. Tal se deu na sociedade brasileira, pois, apesar das muitas sobrevivências africanas e indígenas, foi a estrutura cultural ibérica, seu sistema de valores, códigos e símbolos que predominou no Brasil.

Em vista da configuração da população brasileira, fruto da mistura de indivíduos de origens étnicas as mais diversas, o debate em torno dos conceitos de raça e miscigenação deve ser frequente em sala de aula. Desde a elaboração dos Parâmetros Curriculares Nacionais, os PCNs, que a História das "minorias", a diversidade cultural e a multiplicidade de realidades regionais são temas privilegiados por muitos educadores. Isso porque, apesar do preconceito racial, a sociedade brasileira se considera mestiça, e, a partir do fim do século XX, diversas identidades minoritárias vêm tentando se afirmar, como negros, índios e descendentes de japoneses, a despeito da crítica cada vez maior que a ciência faz aos conceitos de raça e miscigenação. Por outro lado, existe ainda uma negação das origens mestiças por amplos setores populares que preferem se identificar como "brancos". São com essas diferentes realidades que o professor se defronta em sala de aula. Tais questões podem ser mais bem enfrentadas com o auxílio da discussão acerca dos conceitos de miscigenação, raça e identidade.

Ver também

Aculturação; Colonização; Cultura; Etnia; Imaginário; Índio; Negro; Raça; Tradição.

BHABHA, Homi. *O local da cultura*. Belo Horizonte: Ed. UFMG, 2003.

DEL PRIORE, Mary. *Mulheres no Brasil colonial*. 2. ed. São Paulo: Contexto, 2003.

FREYRE, Gilberto. *Casa-grande & Senzala*: formação da família brasileira sob o regime da economia patriarcal. Rio de Janeiro: Record, 1995.

GRUZINSKI, Serge. *O pensamento mestiço*. São Paulo: Companhia das Letras, 2001.

FUNARI, Pedro Paulo; NOELLI, Francisco Silva. *Pré-história do Brasil*. São Paulo: Contexto, 2002.

HOLANDA, Sérgio Buarque de. *Raízes do Brasil*. Rio de Janeiro: José Olympio, 1994.

MAESTRI, Mário. *Uma história do Brasil colônia*. 3. ed. São Paulo: Contexto, 2002.

MESGRAVIS, Laima; PINSKY, Carla Bassanezi. 2. ed. *O Brasil que os europeus encontraram*. São Paulo: Contexto, 2002.

PAIVA, Eduardo França. *Escravidão e universo cultural na colônia*: Minas Gerais, 1716-1789. Belo Horizonte: Ed. UFMG, 2001.

PINSKY, Jaime. *A escravidão no Brasil*. São Paulo: Contexto, 1993.

MITO

Os mitos de civilizações antigas exercem grande fascínio sobre o imaginário dos historiadores e do público leigo, o que leva a mitologia a ser uma temática bastante popular dentro e fora da academia, como demonstram as variadas publicações de coletâneas de mitos cujo alvo é o grande público. Coleções mais tradicionais de mitos egípcios, mesopotâmicos e em especial gregos são facilmente encontradas no mercado editorial brasileiro, ao lado hoje de coleções menos comuns como os mitos iorubás, vikings e mesmo maias. Um conjunto de mitos de determinada cultura é uma mitologia: assim podemos falar em mitologia grega, mitologia asteca etc. Mas, no entanto, *mitologia* também significa a disciplina específica que tem como objeto de estudo os mitos, sua natureza e significado. Nessa disciplina, encontramos nomes de grande importância para as ciências humanas, como Mircéa Eliade e Joseph Campbell. Mas apesar de pertencer a um campo tão prezado por historiadores e amantes da História, o conceito de mito é pouco conhecido e, na verdade, menos fácil de definir. O antropólogo Everardo Rocha chega mesmo a afirmar que não é possível definir mito.

Alguns historiadores tradicionais, como é o caso do estudioso da cultura clássica P. Commelin, afirmam que o mito é uma mentira. Outros, mais moderados, como

Page, medievalista estudioso da mitologia viking, afirmam que os mitos são fábulas, narrativas puramente fictícias, em cuja base encontramos o sobrenatural, os fenômenos da natureza ou os acontecimentos históricos alterados. Nesse caso, a mitologia é não mais do que uma compilação de contos, muito aproximada da literatura e da ficção. Mas os mitos são abordados de forma diferente por outras ciências humanas, como a Antropologia e a Psicanálise. Os historiadores que têm se preocupado em estudar os mitos de forma mais profunda que a simples coletânea de contos têm se voltado para essas disciplinas, assim como para o trabalho de mitólogos como Eliade. Um desses casos é o do medievalista Jeffrey Russel.

Em seu trabalho *O diabo: as percepções do mal da Antiguidade ao cristianismo primitivo*, Russel construiu uma interpretação do diabo como figura mitológica do Cristianismo. Baseado na Psicanálise, o autor defende que os mitos são produtos do inconsciente alterados pelo consciente, que raramente sabe o que se passa no inconsciente. A mitologia, assim, não é racional, é mais do que isso. Nessa abordagem, influenciada pelo antropólogo Lévi-Strauss, mito se diferencia totalmente de lenda e de fábula, não sendo considerado nem fantasia, nem ficção, mas um "disfarce" para o pensamento abstrato e a expressão de uma consciência humana mais profunda.

O grande impulso na pesquisa sobre o valor dos mitos foi dado pela obra de Freud, no início do século xx, e pela descoberta do inconsciente coletivo. A Psicanálise utilizou o mito como base para o estudo da mente humana. Já a Antropologia se voltou para o mito como fonte do conhecimento social. Para os antropólogos, o mito é uma narrativa, uma reflexão alegórica sobre a existência, e carrega uma mensagem implícita capaz de revelar o pensamento de uma sociedade.

Ao longo do tempo, várias linhas de interpretação dos mitos foram sendo esboçadas a partir da sua riqueza e multiplicidade de significados. Entre elas, as principais são: a naturalista, que considera os mitos uma tradução das forças da natureza; a historicista, que considera que o mito é uma representação de episódios verdadeiros do passado; a funcionalista, criada por Malinowski nos anos 1920, que afirma que o mito tem uma função social específica, religiosa, moral, ou de busca de conhecimento; a psicanalítica, que usa o mito como fonte de conhecimento da mente humana; e a estruturalista, de Lévi-Strauss, que busca no mito dados sobre as estruturas sociais. As linhas interpretativas psicanalíticas são tão influentes no estudo dos mitos quanto as antropológicas. Mas enquanto os antropólogos querem entender as estruturas sociais por trás dos mitos, os psicanalistas usam os mitos para estudar o inconsciente humano.

Os dois grandes nomes na interpretação psicanalítica dos mitos são Freud e Jung, não por coincidência também dois dos maiores pensadores da Psicanálise. Tanto os estudos dos sonhos de Freud quanto a teoria dos arquétipos de Jung admitem a natureza imutável e constante do inconsciente, o que permite a continuidade dos mitos. Os mitos, como os sonhos, seriam expressos pelo inconsciente: para Freud, pelo inconsciente individual, e para Jung, pelo inconsciente coletivo. Para Freud, o mito ajuda a exprimir as vivências humanas e a representar a influência do inconsciente na formação do consciente em cada indivíduo. Os mitos, como o clássico mito de Édipo, foram utilizados por Freud para compreender o desenvolvimento de cada indivíduo. Para ele, o mito exprime fases da vida pelas quais cada pessoa passa. Enquanto Freud estudava o inconsciente pessoal, Jung estudava o inconsciente coletivo, região da mente onde estão guardadas todas as experiências comuns da humanidade, o repositório de experiências humanas compartilhadas, segundo ele, por todos. Os mitos, para Jung, são uma das provas de que o inconsciente coletivo existe, pois muitos mitos e símbolos se repetem em diversas culturas sem nenhuma ligação. Um dos grandes exemplos de uma figura que se repete na mente humana ao longo do tempo, em diferentes sociedades sem influência mútua, é o culto ao Sol: presente no Egito e no Império Inca, entre outras antigas civilizações, ele continua existindo hoje, por exemplo, na frequência dos brasileiros às praias em busca de diversão e socialização. Para antropólogos como Everardo Rocha, essa frequência é quase um "culto", com significados sociais profundos.

Adentrando a Antropologia, deparamos com Malinowski e Lévi-Strauss. O primeiro via o mito de forma funcionalista, ou seja, afirmando que todo mito tem uma função na sociedade, uma finalidade. Assim, por exemplo, o mito poderia funcionar como forma de repassar os valores morais da sociedade. Já para o estruturalista Lévi-Strauss, o mito tem estreita relação com a linguagem e não pode ser lido como um texto comum, pois não mostra seu significado básico por meio de uma sequência de acontecimentos. Pelo contrário, muitas vezes a série de acontecimentos ao qual está vinculado o significado do mito está afastada de seu enredo. E para seu entendimento é preciso compreender a sociedade que o gerou assim como os outros mitos da mesma sociedade.

Na Antropologia, o campo clássico de estudo dos mitos são as chamadas "sociedades primitivas", ou seja, sociedades tribais contemporâneas da nossa sociedade industrial/pós-industrial. Normalmente sociedades indígenas na Oceania, África ou América. Já para a Psicanálise, os mitos mais estudados são os greco-latinos, os mitos clássicos como Édipo e Electra. Na História, por sua vez, a mitologia como compilação de mitos religiosos é encontrada no estudo das mais diferentes culturas, dos vikings aos astecas.

A universalidade do mito e sua grande importância para o pensamento humano é algo palpável no fato de que todas as sociedades elaboram mitos, quer sejam representações do inconsciente coletivo, das estruturas sociais, quer tenham função prática na sociedade. Intelectuais do fim do século xx, de ciências que tradicionalmente não se interessavam por tal tema, têm dado especial atenção aos chamados mitos contemporâneos. Um dos mais importantes desses pensadores é Umberto Eco, que estuda os mitos da sociedade ocidental na propaganda e no cinema, em personagens como James Bond.

Não podemos esquecer a importância dos mitos para a Filosofia. Segundo Auguste Comte, a Filosofia inclusive teria substituído a mitologia na explicação do mundo e do universo. A visão evolucionista de Comte acreditava que a mitologia era a forma mais primitiva de explicar o mundo, depois evoluindo para a Filosofia e para a ciência à medida que a própria civilização fosse evoluindo. Também os filósofos críticos da modernidade, como os frankfurtianos Adorno e Horkheimer, em meados do século xx, comentaram a relação entre mito e Filosofia. Esses pensadores acreditavam que o Iluminismo pretendeu livrar o homem da superstição e do medo, dissolvendo o mito, mas que, ao *desenfeitiçar* o mundo, teria incinerado sua própria consciência. Para eles, a explicação científica do Iluminismo teria dado fim à explicação mitológica, perdendo-se muito da natureza humana nesse processo.

O grande fascínio que a mitologia exerce sobre nossas mentes talvez seja uma prova de que a humanidade realmente precisa deles. O professor de História pode explorar esse fascínio em sala de aula, trabalhando com as mais diversas mitologias como forma de refletir sobre a diversidade cultural da humanidade. É bastante fácil encontrar coletâneas de mitos de diferentes povos no mercado editorial brasileiro. Um bom exercício talvez seja justamente trabalhar mitos de diferentes culturas de forma comparada. Mas lembrando que muitas dessas coletâneas encaram os mitos como fábulas. Além disso, já estamos constantemente trabalhando com mitos em sala de aula: Tiradentes, Zumbi etc. Esses "heróis históricos", relacionados com a própria construção da identidade brasileira, podem também ser interpretados como mitos. Essa situação é uma razão a mais para que o educador se aprofunde nas muitas formas de interpretação dos mitos antes de passá-los para os alunos.

VER TAMBÉM

> *Discurso; Folclore; História; Historiografia; Identidade; Imaginário; Mentalidades; Religião; Tradição.*

SUGESTÕES DE LEITURA

EDGAR, Andrew; SEDGWICK, Peter. *Teoria cultural de A a Z*: conceitos-chave para entender o mundo contemporâneo. São Paulo: Contexto, 2003.

ELIADE, Mircéa. *Mito e realidade*. São Paulo: Perspectiva, 2002.

FUNARI, Pedro Paulo. *Grécia e Roma*. São Paulo: Contexto, 2001.

McCALL, Henrietta. *Os mitos da Mesopotâmia*. São Paulo: Moraes, 1994.

MELLO, José Roberto. *O cotidiano no imaginário medieval.* São Paulo: Contexto, 1992.

PAGE, R. I. *Mitos nórdicos.* São Paulo: Centauro, 1999.

PINSKY, Jaime. *As primeiras civilizações.* São Paulo: Contexto, 2001.

PINSKY, Jaime (org.). *100 textos de história antiga.* 8. ed. São Paulo: Contexto, 2003.

_____. *O ensino de História e a criação do fato.* 11. ed. São Paulo: Contexto, 2004.

PINSKY, Jaime; PINSKY, Carla Bassanezi (orgs.). *Faces do fanatismo.* São Paulo: Contexto, 2004.

PRANDI, Reginaldo. *Mitologia dos orixás.* São Paulo: Companhia das Letras, 2000.

ROCHA, Everardo. *O que é mito.* São Paulo: Brasiliense, 1999.

RUSSEL, Jeffrey. *O diabo*: as percepções do mal da Antiguidade ao cristianismo primitivo: Rio de Janeiro: Campus, 1991.

MODERNIDADE

A ideia de modernidade surge, segundo Jacques Le Goff, *quando há um sentimento de ruptura com o passado.* Nesse sentido, um dos primeiros pensadores a utilizar a ideia de modernidade foi Charles Baudelaire, escritor francês da segunda metade do século XIX, autor de *As flores do mal*, que pensava a modernidade como as mudanças que iam se operando em seu presente, utilizando a palavra sobretudo para a observação dos costumes, da arte e da moda. Etimologicamente, entretanto, Andrew Edgar apresenta a modernidade como um termo derivado do latim *modernus* (significando *recentemente*), que desde o século V, com os escritos de Santo Agostinho, passou a ter diversos significados. Na origem, opunha-se ao passado pagão; a partir do século XVI, todavia, quando os eruditos revalorizaram a cultura pagã, ser moderno era se opor ao medieval e não ao antigo ou à Antiguidade. Os homens do século XVI julgavam estar vivendo em um mundo novo (*moderno*), embora o passado greco-romano devesse ser respeitado na construção desse novo mundo e do novo homem, liberto do "obscurantismo" medieval. Nesse sentido, a Era Moderna é de fato moderna, ao menos para os que nela viveram. Mas não se pode esquecer que o termo modernidade (*modernitas*) propriamente dito já aparece no século XII, referindo-se aos últimos cem anos então vividos e ainda presentes na memória dos contemporâneos. Apesar disso, modernidade é um conceito histórico que difere do sentido original da palavra e surgido com o Iluminismo, tendo seu ápice nos séculos XIX e XX.

Podemos definir a modernidade como um conjunto amplo de modificações nas estruturas sociais do Ocidente, a partir de um processo longo de racionalização da vida. Nesse sentido, como afirma Jacques Le Goff, modernidade é um conceito estritamente vinculado ao pensamento ocidental, sendo um processo de racionalização que atinge as esferas da economia, da política e da cultura. Segundo Sergio Paulo Rouanet, a racionalização econômica levou o Ocidente a dissolver as formas feudais e pré-capitalistas de produção e a elaborar uma mentalidade empresarial fundamentada no cálculo, na previsão, nas técnicas racionais de contabilidade e de administração e na forma de trabalho livre assalariado. Enfim, a racionalização econômica se materializa no Capitalismo, desde o século XVIII até nossos dias.

A racionalização política, por sua vez, apareceu com a substituição da autoridade descentralizada medieval pelo Estado moderno, com o sistema tributário centralizado, as forças militares permanentes, o monopólio da violência e da legislação pelo Estado e a administração burocrática racional. Com a passagem para o Estado liberal burguês, no século XVIII, a dominação política deixou de estar vinculada ao carisma, ao Direito Divino, ao costume, à tradição, e passou a ser legitimada em fundamentos racionais, em um contrato, em regras estabelecidas pelos cidadãos. No plano cultural, aos poucos ocorreu o *desencantamento* do mundo: o mundo moderno só poderia ser entendido pela razão, sem necessitar recorrer a mitos, a lendas, ao temor, à superstição. Ou seja, a ciência ganhou um poder de compreensão do mundo que deveria permitir ao homem escapar de visões mágicas (fantasmas, bruxas, seres imaginários), derrubando os altares e instalando o reino da Razão.

Outra mudança que caracterizou a modernidade foi a separação e a autonomia entre a ciência, a moral e a arte. Antes, essas esferas de valor estavam embutidas na religião. Mas a partir da Idade Moderna, e principalmente com a contemporaneidade, a ciência deixou de precisar do respaldo (e dos limites) da religião; o comportamento moral também foi separado da religião, e o Ocidente começou desde então a acreditar que uma pessoa, para ser boa, não precisaria necessariamente ser religiosa. Ela poderia ser racionalmente boa e instituir para si mesmo normas de conduta que norteariam sua relação com o mundo e com as outras pessoas. Por outro lado, um homem muito religioso (fanático e dogmático) poderia fazer mal em nome de sua fé. Por fim, a arte se desvinculou da religião e encontrou formas autônomas de criação e divulgação, primeiro com o mecenato e posteriormente com a formação do mercado consumidor de arte, permitindo que o artista possa viver de modo independente de sua relação com a religião e com o mecenas.

Reconhece-se, em geral, a Ilustração como o fenômeno responsável pelo início da modernidade. A Reforma Protestante iniciou o processo de secularização do mundo Ocidental, mas foram os pensadores do século XVIII que o laicizaram de vez. Na Reforma havia ainda o dogma do pecado original, os pavores e as incertezas da predestinação. O Iluminismo julgou não precisar mais da religião revelada, nem de Deus, para se portar no mundo. Esse projeto iluminista de modernização do mundo tinha duas vertentes, depois herdadas pelo liberalismo e pelo Socialismo: o aumento da *eficácia* e o aumento de *autonomia*. A primeira dimensão pregava a racionalização das ações dos homens e da relação entre estes e a natureza, que permitisse maior eficiência científica nas esferas de produção de bens e de administração política, o que seria possível com a técnica e a tecnologia. Em suma, essa dimensão instrumental e funcional garantiria um controle ilimitado do homem sobre a natureza e sobre outros homens. No entanto, a eficácia degenerou em dominação, e é atualmente muito criticada por ser responsável pelos estragos ecológicos que o planeta enfrenta, pela desumanização das relações sociais, pela violência e belicosidade entre as Nações, pelo tecnicismo frio da vida moderna, por ter colocado em risco de aniquilamento atômico toda a humanidade. Quando se fala em crise da modernidade, fala-se, sobretudo, na crise desse modelo da eficácia que foi, de fato, o projeto de modernidade que mais se efetivou desde o século XVIII até nossos dias, defendendo uma ciência e uma técnica que são, elas mesmas, dominação.

Sobre a dimensão da *autonomia*, a modernidade defendia, e continua a defender, acima de tudo, a libertação do Homem, sem distinção de sexo, cor, raça, credo ou opinião. Pregava que a razão devia emancipar a humanidade, que a sociedade civil devia ser livre e atuar sobre uma sólida opinião pública que geraria tanto o dissenso como o consenso. Essa seria a modernidade ideal proposta pelo Iluminismo. No entanto, a modernidade realmente posta em prática pelo Ocidente desde o século XIX, a chamada modernidade real gerada pelo liberalismo e pelo Socialismo, não foi capaz de emancipar o homem.

Os pensadores que defendem, como Sergio Paulo Rouanet, que o projeto iluminista de modernidade ainda não foi totalmente realizado, acreditam que a dimensão da *eficácia* conduziu a humanidade a um grande desenvolvimento material, ao passo que a dimensão da *autonomia* ficou no meio do caminho. Ou seja, o progresso material não foi acompanhado de maior liberdade, nem da emancipação do homem. E, aos poucos, como notou Edgar Morin, muito do que a modernidade iluminista projetou virou mito: a cultura de massa promoveu incontáveis imagens nas quais o amor, a felicidade, o bem-estar, o descanso, o lazer parecem possível a todos. A modernidade, assim, se tornou cultura de massas.

No âmbito da América Latina, as oligarquias agroexportadoras durante muito tempo construíram obstáculos ao processo de modernização em razão de seus interesses internos de dominação dos demais grupos sociais, apesar de ter sido essa mesma oligarquia que, no final do século XIX, se propôs a modernizar as cidades, os transportes, o urbanismo latino-americano. Apesar disso, a educação formal, considerada uma das principais ferramentas para a modernização de uma sociedade, permaneceu como privilégio de minorias. Néstor Canclini chega mesmo a sugerir que o continente só se modernizou no limiar da década de 1990. Seja como for, nem mesmo a modernidade instrumental, baseada na eficácia, se realizou plenamente em todos os países. Fora da América Latina, outras regiões têm problemas semelhantes: até podemos falar de um Egito "moderno", mas reconhecendo que muitos traços da cultura tradicional dos países muçulmanos resistiram ao avanço da modernização que lhes parecia, não sem razão, uma *ocidentalização* que serviria aos interesses dos países ocidentais. Já no Japão, a modernização, segundo Le Goff, foi *equilibrada*, com a adoção de técnicas ocidentais e a manutenção de valores próprios, ao passo que nos países muçulmanos ela foi *conflitual*, ou seja, atingiu apenas parte da população e gerou tensões com as tradições antigas, com a identidade cultural dessas Nações. Na África negra, por sua vez, o que existiu foi uma *modernização tateante*, com fracas e inadequadas tentativas de modernização promovidas pelas elites.

Falar em modernidade é pisar em um terreno de contradições, pois esse conceito é muitas vezes posto em oposição ao de tradição, que pode ser considerada de um ponto de vista saudosista ou como algo retrógrado. Por um lado, em determinadas circunstâncias, o discurso modernizador, em particular em sua vertente da *eficácia*, do progresso, torna-se apenas uma ilusão para muitas pessoas, ou aparece como algo destrutivo e opressor (o progresso técnico pode ser antiecológico e promover a desigualdade social). Mas, por outro, a tradição também pode conter elementos muito conservadores das relações de dominação entre pais e filhos, homens e mulheres, grupos dominantes e dominados etc., enquanto a modernidade, em sua vertente da *autonomia*, propõe a igualdade e a liberdade.

Assim, o professor de História tem em mãos um tema polêmico, atual e abrangente, que toca em nossas vidas diretamente. O desafio é como associar temas como cidadania, ética, ciência, política, democracia, felicidade, liberdade em sua relação com a modernidade entendida como um momento histórico que, para alguns autores ainda não acabou, mas também como um projeto universalista de libertação da humanidade. Podemos trabalhar com os alunos a modernidade real, presente nas instituições políticas que nos regem, na nossa vida pessoal, nos valores que defendemos, nas utopias que ainda pairam no ar, no ceticismo de muitos, no bombardeio de informações dos meios de comunicação de massa etc. Além disso, para discutir a modernidade há um leque bastante amplo de possibilidades de pesquisa: podemos trabalhar a ética, a ecologia, a industrialização, as tradições populares e a resistência cultural e o choque de culturas.

VER TAMBÉM

Cidadania; Ciência; Comunismo; Democracia; Escravidão; Ética; Feminismo; Iluminismo; Indústria Cultural; Industrialização; Liberalismo; Liberdade; Política; Pós-modernidade; Revolução Francesa; Tradição.

ANDREW, Edgar; SEDGWICK, Peter. *Teoria cultural de A a Z*: conceitos-chave para entender o mundo contemporâneo. São Paulo: Contexto, 2003.

BAUDELAIRE, Charles. *Sobre a modernidade*. São Paulo: Paz e Terra, 1997.

CANCLINI, Néstor García. *Culturas híbridas*: estratégias para entrar e sair da modernidade. São Paulo: Edusp, 2003.

GRESPAN, Jorge. *Revolução Francesa e Iluminismo*. São Paulo: Contexto, 2003.

KARNAL, Leandro. *Estados Unidos*: a formação da nação. 2. ed. São Paulo: Contexto, 2003.

LE GOFF, Jacques. *História e memória*. São Paulo: Ed. Unicamp, 1994.

MARQUES, Adhemar; BERUTTI, Flávio; FARIA, Ricardo. *História moderna através de textos*. 10. ed. São Paulo: Contexto, 2003.

PINSKY, Jaime; PINSKY, Carla Bassanezi (orgs.). *História da cidadania*. São Paulo: Contexto, 2003.

ROUANET, Sergio Paulo. *Mal-estar na modernidade*: ensaios. São Paulo: Companhia das Letras, 2001.

_____. *As razões do iluminismo*. São Paulo: Companhia das Letras, 2000.

MODO DE PRODUÇÃO

O processo histórico e as mudanças que nele ocorrem podem ser concebidos de várias formas, segundo a formulação de um determinado pensador. Modo de produção é uma dessas formulações do materialismo histórico que divide a história (sobretudo a história europeia) em épocas distintas e sucessivas. Para Marx, os modos de produção correspondem a estágios específicos das forças e relações de produção de dada formação social. O modo de produção, em linguagem menos teórica, seria o modo pelo qual determinada sociedade organiza sua vida econômica, o trabalho, as estruturas políticas e jurídicas e mesmo as manifestações culturais. Todos os aspectos da vida em sociedade (desde os aspectos materiais até os aspectos mentais) estariam determinados pelo modo de produção da vida material. Para o materialismo histórico, é a maneira concreta de uma sociedade organizar sua produção que dá forma a todo o edifício social nela existente.

Os modos de produção identificados por Marx correspondem, em linhas gerais, à história do mundo europeu, desde as comunidades primitivas até a última fase, o Comunismo. Andrew Edgar assim identifica as seis épocas históricas ou modos de produção concebidos por Marx: *comunismo primitivo; sociedade escravocrata antiga; Feudalismo; Capitalismo; Socialismo* e *Comunismo*. O funcionamento da economia, em cada um desses estágios, apresenta níveis de tecnologia e de relações de produção particulares. Há ainda um modo de produção que complica o quadro exposto: o modo de produção asiático, que não corresponde à sucessão linear esboçada para a história europeia. Nesse modo de produção não há a subordinação de escravos, servos ou assalariados a uma classe proprietária dos meios de produção, mas a subordinação coletiva de todos os trabalhadores ao Estado. É motivo de polêmica entre os estudiosos de Marx qual o lugar desse modo de produção, pois para os demais estágios a sucessão *necessária* de um a outro se dá de forma linear e, de certo modo, *coerente*. Embora o esquema marxista apresente um determinismo linear no que se refere à história europeia, Marx não esperava que tal esquema fosse o mesmo para outras regiões do mundo e, segundo Peter Burke, não esperava que a Índia ou mesmo a Rússia seguissem necessariamente o mesmo percurso do Ocidente.

Como Marx era contemporâneo do modo de produção capitalista, quando ele fala das etapas do Socialismo e do Comunismo está projetando o que considera o destino da humanidade. Para ele cada modo de produção apresenta uma determinada capacidade de produzir pelo aparelhamento técnico, pelos conhecimentos científicos e pela organização do trabalho (*forças produtivas* como máquinas, ferramentas e fontes de energia, habilidades físicas e intelectuais dos indivíduos); apresenta ainda determinadas *relações de produção*, isto é, relações sociais existentes entre a classe produtora e a classe proprietária, as quais têm a ver com a posse ou o controle dos meios de produção, com a divisão da renda, com o tipo de relação de trabalho e assim por diante. Ele entende que *em todo modo de produção*, as forças produtivas caminham mais rápido do que as transformações das relações de produção, dando origem a uma contradição entre a capacidade material de produzir e as relações entre as classes sociais, que tendem a ser estáveis. É assim que, de um modo de produção a outro, as transformações na esfera material terminam por forçar as relações de produção a mudar, deixando espaço para novas relações de produção e para o novo estágio de produção que principia. A Revolução Francesa, para Marx, é o exemplo clássico de como as forças materiais, propiciadas pela ascensão econômica da burguesia, determinam uma ruptura drástica para destruir as relações de produção feudais e com elas todo o edifício jurídico e político em que se assentavam, estabelecendo o novo modo de produção, no caso o capitalista.

O sentido da história, entendido como mudança social, o qual parece nítido para Marx, é esse: cada modo de produção, apesar de tentar se perpetuar, tende a criar os germes de seu próprio fim, e é essa contradição que propicia a mudança revolucionária que destrói o modo de produção. O esquema de mudança social, de transição entre os modos de produção, foi aplicado, sobretudo, à passagem do Feudalismo ao Capitalismo. Marx, homem de seu tempo, queria demonstrar como surgiu o modo de produção dominante no século XIX, como a burguesia foi capaz de destruir as relações feudais de produção baseadas em grande medida na servidão. Ao estudar mais detidamente essa transição que deu origem ao modo de produção burguês, assentado na acumulação primitiva de capitais (que se deu no próprio Feudalismo), no trabalho formalmente livre, na livre concorrência e na propriedade privada dos meios de produção, ele vislumbrou que a própria burguesia estava criando o seu túmulo: o proletariado. Ora, para ele, a burguesia não podia subsistir sem revolucionar constantemente as forças de produção, e ao fazer isso ela ampliava o abismo social e econômico que a separava de sua classe antagônica, os proletários. Essa contradição irá pôr fim, de modo revolucionário, ao Capitalismo, instituindo o Socialismo como modo de produção assentado no domínio do Estado e dos meios de produção pelos trabalhadores, mas que progressivamente desembocaria no Comunismo, em que o Estado deixaria de existir, uma vez que também as classes não mais existiriam. Esse seria o destino final da humanidade, o último modo de produção.

Muitos autores preferem trabalhar com o modelo marxista de infra-estrutura e superestrutura, ou base e superestrutura. O que isso significa? A base, ou infra-estrutura, corresponde às condições materiais de existência, à produção material, ou, como se define mais simplesmente, à esfera econômica, e seria a partir dela que se daria a mudança social, a história. Já a superestrutura, entendida como resultado da infra-estrutura, representa o arcabouço político, jurídico e ideológico em que se assenta a base, ou seja, o Estado, o Direito, as formas de pensamento, as artes, o saber científico. Sabe-se que essa distinção base/superestrutura é complicada, pois exige uma rigidez pouco visível na realidade. Exemplos simples mostram como é complicado separar as duas esferas: os conhecimentos científicos, apesar de fazerem parte da superestrutura, são muitas vezes inseparáveis do equipamento técnico, elemento da infraestrutura; mesmo as forças produtivas dependem das leis de propriedade assentadas no Direito, isto é, mais uma vez base e superestrutura estão intimamente relacionadas. Para o materialismo histórico, a mudança de um modo de produção a outro só seria completa quando a infraestrutura material tivesse alterado por completo a superestrutura.

A concepção de modo de produção, por ser demais esquemática e pensada particularmente para a realidade social e histórica da Europa, suscita algumas dificuldades de aplicação para a análise de outras realidades. É o caso do Brasil colonial, por exemplo. Ao longo do século XX houve estudiosos que acreditaram ver no Brasil colonial um modo de produção capitalista (embora periférico), outros um modo de produção feudal, e outros, ainda, mais originais, construíram um modelo interpretativo próprio, um *modo de produção escravista colonial*. De qualquer forma, a historiografia hoje admite que sociedades coloniais ou de culturas muito diferentes do Ocidente não se encaixam bem em modelos construídos para explicar a história da Europa, como é o caso do *modo de produção*. O conceito apresenta, pensa Peter Burke, graves limitações de perspectiva, em particular para o entendimento de sociedades ditas pré-industriais ou tradicionais. Seja como for, muitos livros didáticos ainda fazem uso do conceito de modo de produção para explicar, às vezes de modo um tanto eurocêntrico, a mudança de uma etapa histórica a outra, enquanto outros livros se esforçam por transmitir uma visão completamente distinta da história. Como afirmou Peter Burke, nenhum modelo (e o modo de produção é um modelo) satisfaz plenamente aos historiadores.

VER TAMBÉM

> *Burguesia; Capitalismo; Classe Social; Comunismo; Feudalismo; Ideologia; Marxismo; Revolução Francesa; Teoria.*

SUGESTÕES DE LEITURA

ARON, Raymond. *As etapas do pensamento sociológico.* São Paulo: Martins Fontes, 1999.

BURKE, Peter. *História e teoria social.* São Paulo: Ed. Unesp, 2002.

EDGAR, Andrew; SEDGWICK, Peter. *Teoria cultural de A a Z*: conceitos-chave para entender o mundo contemporâneo. São Paulo: Contexto, 2003.

FARIA, Ricardo Moura. *As revoluções do século xx.* 2. ed. São Paulo: Contexto, 2002.

HUGHES-WARRINGTON, Marnie. *50 grandes pensadores da História.* São Paulo: Contexto, 2002.

MARX, Karl. *O capital*: crítica da economia política. Rio de Janeiro: Civilização Brasileira, s. d.

PINSKY, Jaime. *As primeiras civilizações.* São Paulo: Contexto, 2001.

SANTIAGO, Theo (org.). *Do feudalismo ao capitalismo*: uma discussão histórica. 9. ed. São Paulo: Contexto, 2003.

MONOTEÍSMO

O *Dicionário das religiões*, editado por John R. Hinnels, define o monoteísmo como a crença em que há apenas um ser divino. Usualmente o termo é utilizado especificamente para indicar a crença no supremo Deus criador do Judaísmo, do Islamismo e do Cristianismo – as três maiores religiões monoteístas do mundo. No entanto, a doutrina cristã da Trindade é um monoteísmo modificado. Judeus e muçulmanos tendem a criticar a visão cristã exatamente nesse ponto. O Islamismo, particularmente, vê muitas vezes na Trindade dos cristãos uma espécie de triteísmo (crença em três deuses), em outros termos, um politeísmo.

De fato, das três grandes religiões que se assumem como monoteístas, a perspectiva mais heterodoxa no que se refere à unicidade divina é a cristã. A razão para essa heterodoxia está na própria origem da expansão do Cristianismo nos primeiros séculos da era cristã, ainda no Império Romano. Expandindo-se em um império onde o politeísmo predominava, a Igreja Católica precisou fazer concessões às crenças politeístas para crescer. Assim, em um esforço de síntese, muito do que era pagão foi modificado em cristão sob nova roupagem. E apesar da incompatibilidade das divindades pagãs em relação ao Cristianismo, ocorreu um processo de assimilação sutil de muitos aspectos essenciais das religiões de mistério pagãs, inclusive de numerosas das suas divindades, pelo catolicismo.

Devemos reconhecer, entretanto, que o monoteísmo é uma experiência subjetiva. Os cristãos se sentem monoteístas, apesar de seu *Deus uno* se manifestar nas três pessoas da Trindade, o Pai, o Filho e o Espírito Santo. Interessante perceber que essa mesma lógica cristã pode ser utilizada por um hinduísta. No século XX, de fato, os hinduístas afirmaram que, embora adorassem milhares de deuses, todos eram apenas manifestações, ou avatares, de uma única divindade, *Aum*, criador do universo.

O tema é complicado. Conceitualmente, é preciso distinguir o monoteísmo de conceitos afins, como o henoteísmo, intermediário entre o monoteísmo e o politeísmo. O henoteísmo, também nomeado de monolatria, é a concentração da atenção em um só deus, mas pertencendo o fiel a uma religião politeísta, em que vários deuses figuram na crença ou no mito. Ou seja, é o culto a um só deus, conquanto se admita a existência de outros deuses, que não são contestados. Um exemplo é o culto *Hare Krishna*, cujos fiéis adoram apenas a Krishna, uma das divindades máximas do Hinduísmo, que tem, no entanto, milhões de divindades. Nesse sentido, toda a multiplicidade de cultos do Hinduísmo poderia ser mais bem definida não como monoteísta, mas como henoteísta.

Muitos estudiosos costumam afirmar que a primeira experiência monoteísta da história ocorreu no Egito, no século XVI a.C., sob o reinado do faraó Amenhotep III. Por meio de virulentos ataques a outras divindades, em particular a Amon, esse faraó teria escolhido como deus único Aton, o disco solar, manancial da vida e seu sustento. Após essa escolha, o faraó passou a se chamar Akhenaton, o *Filho de Aton*. Para alguns estudiosos, nesse processo o politeísmo egípcio deu lugar ao monoteísmo. Outra abordagem, todavia, entende que a adoração exacerbada dirigida a Aton, considerando-o o "*deus único*", não era novidade no Egito. Hinos a Amon também o consideravam o "*Senhor Único*", e isso não implicava a exclusão de outros deuses. O mais forte argumento dessa abordagem, no entanto, é o que defende a existência de pelo menos dois deuses no Atonismo, pois se o faraó renomeado de Akhenaton adorava a Aton, único deus para ele, todos os súditos deveriam render adoração ao faraó, também considerado divino. Para o próprio faraó, só ele podia se dirigir ao deus-vivo, que seria o seu deus pessoal. Haveria, portanto, duas divindades: Aton e o próprio faraó.

Outra visão também recorrente é aquela que atribui ao monoteísmo egípcio a influência sobre o monoteísmo judaico – e, por consequência, sobre todo o monoteísmo cristão e muçulmano. Ao acreditarmos na narrativa dos relatos bíblicos e na sua posterior datação historiográfica, os hebreus estariam de fato no Egito em pleno fervilhar da revolução religiosa egípcia. Todavia, já há muitos questionamentos aos "dados" contidos na Bíblia, e há quem questione a longa presença hebraica no Egito e a própria existência de Moisés. Mas o argumento mais convincente desse grupo mais cético relaciona-se à descontinuidade entre a experiência religiosa egípcia e a hebraica. Para o pesquisador John Wilson, por exemplo, o culto a Aton foi a crença pessoal de um faraó que a geração seguinte considerou herética. E o fato desse culto ter sido inacessível aos egípcios em geral foi demonstrado pelo retorno fervoroso ao culto dos deuses antigos, logo depois da deposição de Akhenaton. Assim, mesmo havendo escravos hebreus no Egito desse período, eles não saberiam o que se passava na corte. Wilson questiona mesmo a própria possibilidade de concepções intelectuais, espirituais e éticas serem transmitidas de um povo a outro. Além do mais, há uma diferença crucial entre o suposto monoteísmo egípcio e os subsequentes: a falta absoluta de conteúdo ético do atonismo.

Seja como for, o monoteísmo tomou forma entre os membros do Judaísmo, do Cristianismo e do Islamismo. Não obstante essa filiação comum que aproxima essas religiões, a concepção de Deus de cada uma guarda algumas particularidades que merecem atenção.

Para os judeus, a pessoa divina é revestida de tal santidade que a simples pronúncia de seu nome é desaconselhada. A divindade, dessa forma, é suprema e inominável. Entre os muçulmanos, o inverso acontece: uma das formas de adoração mais comum é os fiéis pronunciarem o nome de seu Deus – Alá, termo resultante da junção das palavras *al-illah* ou "*o deus*" – quantas vezes for possível ou necessário. A própria tradição islâmica atribui a Alá 99 nomes que, se recitados apropriadamente, conduzirão o fiel ao reino dos céus. Na verdade, não são nomes, mas um conjunto de adjetivos da divindade. Michel Reeber esclarece sobre esse ponto, que, além dos 99 nomes revelados aos homens, há um centésimo que só o próprio Deus conhece. Já os cristãos, como apontado, não adotam o monoteísmo estrito e tiveram de elaborar consensos teológicos para assentar o monoteísmo em bases mais estáveis. Assim, cunharam a concepção de Deus Uno-Trino a partir dos concílios de Niceia, Constantinopla e Calcedônia, realizados entre 325 e 451 d.C. A concepção da unidade da Trindade se opôs a heresias como o arianismo, para quem o Pai era maior do que o Filho e o Filho maior que o

Espírito Santo, e o nestorianismo, que pregava a existência de uma natureza puramente humana para o Cristo. O Cristianismo atual considera que, dotadas de uma única natureza divina, inteira e indivisível, as três pessoas da Trindade se compenetram e agem sobre o mundo conforme uma única vontade.

Do que foi dito até o momento, podemos concluir que o monoteísmo apresenta particularidades interessantes. Ele não é visto da mesma maneira por cristãos, muçulmanos ou judeus. Podemos mesmo considerar que o monoteísmo em sua forma mais absoluta existe apenas em sua forma islâmica e judaica.

Cabe, a nós, professores de História tomarmos cuidado para não nos perdermos em sutilezas teológicas ou discussões ideológicas desnecessárias ao lidar com o tema do monoteísmo e das religiões que o advogam. É preciso ainda certo esforço para fugir ao aparente evolucionismo pregado pelo próprio monoteísmo de que ele é um progresso quando comparado ao politeísmo. Para não cometermos anacronismos grosseiros, nem postularmos a "*necessidade histórica*" do monoteísmo, devemos sempre buscar compreender tanto o monoteísmo quanto o politeísmo em seus contextos históricos, observando que povos e culturas diferentes percebem de maneiras diversas a divindade e a religiosidade.

Ver também

Cristianismo; Islamismo; Judaísmo; Politeísmo; Religião.

Sugestões de leitura

ABD'ALLAH, Ali. *Islam*: a síntese do monoteísmo. Recife: Centro Cultural Islâmico do Recife, 1989.

BAHBOUT, Scialom. *Judaísmo*: história, cultura, preceitos e festas. Rio de Janeiro: Globo, 2002.

CHALITTA, Mansur. *O Alcorão ao alcance de todos*. Rio de Janeiro: ACIGIS, s/d.

DEMANT, Peter. *O mundo muçulmano*. São Paulo: Contexto, 2003.

KHALLIDI, Tarif (org.). *O Jesus muçulmano*: provérbios e histórias na literatura islâmica. Rio de Janeiro: Imago, 2001.

KÜNG, Hans. *A Igreja Católica*. Rio de Janeiro: Objetiva, 2002.

PINSKY, Jaime. *As primeiras civilizações*. São Paulo: Contexto, 2001.

PINSKY, Jaime; PINSKY, Carla Bassanezi (orgs.). *História da cidadania*. São Paulo: Contexto, 2003.

SIAT, Jeannine. *Religiões monoteístas: uma brevíssima introdução*. Rio de Janeiro: Jorge Zahar, 2000.

Nação

Hoje, ao falarmos de Nação, normalmente estamos associando esse termo a um contexto político, oriundo da formação dos Estados nacionais na Europa Ocidental no início da Idade Moderna. Assim sendo, o conceito mais corrente de Nação é aquele em íntima afinidade com a ideia de Estado. Este, por sua vez, é o organismo político-administrativo que ocupa um território determinado, sendo dirigido por governo próprio. A Nação, em seu significado mais simples, é uma comunidade humana, estabelecida neste determinado território, com unidade étnica, histórica, linguística, religiosa e/ou econômica. O Estado seria, nesse sentido, o setor administrativo de uma Nação.

Apesar desse conceito de Estado nacional ser muito empregado em ciências humanas, essa não é a única definição histórica para o termo *Nação*. Uma segunda definição, muito utilizada por historiadores e antropólogos, é aquela relacionada à designação de povos ou etnias africanas trazidas para o Brasil durante o tráfico de escravos entre os séculos XVI e XIX. Já os contemporâneos da escravidão e do tráfico de escravos costumavam empregar a palavra *nação* para designar os grupos étnicos dos escravos no Brasil. No entanto, tal termo, ocidentalizante porque oriundo das monarquias europeias às quais pertenciam os senhores de escravos, era empregado de forma a caracterizar grupos que muitas vezes não existiam como povo ou etnia, a não ser na visão do colonizador. Um exemplo disso são duas das mais conhecidas *nações* de escravos no Brasil, a Cabinda e a Mina. Os escravos pertencentes a essas nações, apesar de terem origens étnicas bem diversas, não pertencendo aos mesmos povos, eram identificados de forma homogênea como cabindas ou minas simplesmente porque tinham sido traficados do porto de Cabinda, na atual Angola, e do porto de São Jorge da Mina, em Gana.

Para a historiadora Mary Karasch, a utilização do termo nação no que se refere aos escravos no Rio de Janeiro do século XIX queria dizer não apenas a tribo ou o reino ao qual pertenciam esses indivíduos antes do tráfico, mas também fazia referência a um novo grupo sociocultural criado na própria cidade do Rio de Janeiro. Assim, nesse sentido, a palavra *nação* ganhava um novo significado, o de definição de novas culturas afro-americanas.

No entanto, apesar da definição de nação como grupo social composto por escravos, a ideia de nação predominante no Ocidente até hoje é aquela eminentemente política. Construído para a realidade europeia, o conceito político de nação também foi empregado para aqueles territórios que se constituíram da colonização europeia, como a América. Nesse caso, as ideias de nação e Estado estão tão interligadas que deram origem a um outro conceito, o de Estado-nação. O Estado-nação é uma realidade política, o cenário em que a existência social se desenrola. Ele abarca a ideia de que determinada população de um território seja reconhecida como pertencente a um poder soberano, unificada por uma língua e uma cultura dominantes impostas a todos os habitantes do território e consideradas as únicas nacionais. Isso a despeito de existirem ou não outras línguas e outras culturas nas fronteiras da Nação. Tal realidade política surgiu no Ocidente com a formação das Nações europeias no início da Idade Moderna. Estas se caracterizavam pela crescente centralização de poder e fortalecimento do Estado e do soberano, em contrapartida à fragmentação de poder existente no sistema feudal. Uma centralização traduzida, do ponto de vista sociocultural, pelo nascimento de uma consciência nacional, ou seja, pelo nascimento da consciência desenvolvida pela população daqueles territórios de que ela possuía uma unidade cultural. Para que essa consciência se desenvolvesse, os Estados investiam na centralização linguística, elegendo uma língua nacional que todos deveriam necessariamente falar. Ao mesmo tempo, a Nação precisava se definir no campo internacional e fazer ser reconhecida sua individualidade. Isso só era possível com a afirmação de soberania, ou seja, a total independência da Nação diante de quaisquer poderes externos a ela.

Enquanto a ideia de Estado como unidade soberana surgiu na Idade Média Ocidental, a ideia de nação começou a se impor a partir do século XVIII no Ocidente e marcou toda a política moderna e contemporânea. O Estado-nação como conceito apareceu durante a Revolução Inglesa, em 1690, e se expandiu para fora do Ocidente durante a Idade Contemporânea, para todos os países que hoje são internacionalmente reconhecidos.

A Nação, assim como o Estado, são temas de estudo de muitos sociólogos e cientistas políticos. Desde pensadores absolutistas, como Thomas Hobbes, passando pelos iluministas e liberais, como Adam Smith e John Locke, até os fundadores das ciências sociais, como Max Weber, e intelectuais clássicos do século XX, como Norberto Bobbio.

Max Weber, em trabalhos hoje considerados clássicos, escritos no início do século XX, afirmou que não podemos definir nação apenas como uma comunidade linguística, ou como um sentimento de pertencer a uma unidade territorial, pois nem um nem outro desses aspectos são indispensáveis. Para ele, a ideia de nação é quase sempre uma construção elaborada por um grupo dominante que se atribui o papel de unir território e Estado a partir de sua cultura específica. Weber leva-nos a pensar, dessa forma, na artificialidade do conceito de nação, que nada tem de natural, mas é tão somente uma construção histórica e, em geral, uma imposição de determinadas elites regionais a diversos territórios ou povos submetidos.

Assim, ao analisarmos a ideia de nação, uma das características que mais nos chama a atenção é o caráter histórico dessa ideia. Ao nos perguntarmos o que é uma nação, logo nos defrontamos com o fato de que tal ideia nem sempre existiu nem existiu em todos os lugares, mas teve um começo e talvez tenha um final. É importante percebemos também o caráter impositivo dessa construção discursiva e política, ou seja, toda nação e todo Estado-nação são fundamentados em uma cultura específica de um grupo dominante que sob a justificativa de que seus valores são os verdadeiramente "nacionais", de que são os que melhor representam o Estado e o território ao qual pertencem, exclui todas as outras culturas também existentes em seu território. Tal vem acontecendo na história desde a própria origem do Estado nacional. Os exemplos são muitos: a Espanha, durante a Idade Moderna e quase todo o século XX, ao excluir as identidades de bascos, galegos e catalães de sua definição de identidade nacional, afirmando a hegemonia da cultura e do idioma castelhanos como os legítimos valores nacionais do país; Israel, hoje, ao negar aos palestinos uma série de direitos de cidadania; os Estados Unidos, durante o século XIX ao excluir indígenas e negros como membros da nação; o que se repete no Brasil nos séculos XIX e XX. Os exemplos são muitos ao longo da história.

A construção da nacionalidade, em sua artificialidade, frequentemente recorre a elementos da tradição, em que o passado é mitificado, criando heróis e momentos épicos que são apresentados como definitivos na formação do povo e da nação. Obras de Literatura e Música, e a construção de uma "História nacional", são algumas das formas de se construir uma nacionalidade. A identidade cultural é apresentada como natural e harmônica, quando nem sempre os valores desse povo tiveram tal coesão ou harmonia. No Brasil, por exemplo, obras de arte como os quadros de Pedro Américo e Victor Meireles e símbolos nacionais como o Hino à Bandeira e o Hino Nacional foram elaborados para serem representativos de um passado mítico e glorioso que teria criado a chamada unidade nacional. O discurso que afirma a existência dessa unidade pretende defender a homogeneidade cultural, que seria a existência de um mesmo "caráter nacional" por todo o território brasileiro, escamoteando, assim, as diferenças regionais. Da mesma forma, atualmente aspectos culturais específicos de cidades como o Rio de Janeiro e São Paulo são generalizados como cultura nacional e impostos como identidade a todo o território brasileiro.

Para professores e professoras, o conhecimento acerca dos significados inerentes aos termos nação, Estado e soberania, entre outros conceitos políticos, funciona como ferramenta de cidadania. Apenas conhecendo a origem e o sentido de tais termos, os alunos podem criticar seu significado, percebendo que as culturas das minorias em uma nação não são necessariamente estrangeiras ou exóticas, mas têm seu valor diminuído pela imposição do discurso de determinados grupos humanos. Tal estudo é essencial para a formação da consciência do cidadão, algo ainda muito debilitado no Brasil e cuja responsabilidade cai, na maioria das vezes, sobre os professores de História.

VER TAMBÉM

Absolutismo; Cidadania; Discurso; Estado; Etnia; Etnocentrismo; Identidade; Imperialismo; Massa/Multidão/Povo; Oligarquia; Política; Sociedade.

SUGESTÕES DE LEITURA

BARBOSA, Alexandre de Freitas. *O mundo globalizado*: política, sociedade e economia. 2. ed. São Paulo: Contexto, 2003.

BOBBIO, Norberto. *Estado, governo, sociedade*: para uma teoria geral da política. São Paulo: Paz e Terra, 1999.

_____. *A teoria das formas de governo*. Brasília: Ed. UnB, 1997.

CHATELET, François; DUHAMEL, Olivier; PISIER-KOUCHNER, Evelyne. *História das ideias políticas*. Rio de Janeiro: Jorge Zahar, 2000.

GRESPAN, Jorge. *Revolução Francesa e Iluminismo*. São Paulo: Contexto, 2003.

JUNQUEIRA, Mary A. *Estados Unidos*: a consolidação da nação. São Paulo: Contexto, 2001.

KARASCH, Mary. *A vida dos escravos no Rio de Janeiro 1808-1850*. São Paulo: Companhia das Letras, 2000.

KARNAL, Leandro. *Estados Unidos*: a formação da nação. 2. ed. São Paulo: Contexto, 2003.

MARQUES, Adhemar; BERUTTI, Flávio; FARIA, Ricardo. *História moderna através de textos*. 10. ed. São Paulo: Contexto, 2003.

MARTINS, Ana Luiza. *O despertar da República*. São Paulo: Contexto, 2001.

PINSKY, Jaime; PINSKY, Carla Bassanezi (orgs.). *História da cidadania*. São Paulo: Contexto, 2003.

WEBER, Max. *Economia e sociedade*. Brasília: Ed. UnB, 1994, 2v.

NEGRO

Apesar de usualmente não receber tal tratamento, o termo *negro* também é um conceito, uma construção discursiva com significados bem específicos em nossa sociedade. Essa palavra, que designa originalmente cor, tem no mundo ocidental uma conotação social ao se referir aos africanos e seus descendentes na América e na Europa. No Ocidente, tal conotação possui caráter pejorativo e preconceituoso, mas não deixa de ser uma construção histórica, oriunda da cristandade medieval e do

Iluminismo. Porém, os afrodescendentes, ao se assumirem como negros, estão construindo uma visão positiva de si mesmos, reelaborando sua identidade, em uma atitude de resistência cultural, diferente do sentido pejorativo que possa ter sido construído pelo *branco* etnocêntrico.

No Brasil, negro é o afrodescendente e historicamente está associado à instituição da escravidão. Esta, no entanto, é consideravelmente mais antiga e mais difundida que a colonização da América, e não esteve sempre associada aos africanos. A escravidão, em diferentes formas e modelos, existiu da Ásia Menor antiga à América pré-colombiana, sendo conhecida também na África e na Europa clássica. Foi na Grécia clássica que a escravidão se constituiu como modo de produção, sendo o Império Romano responsável por difundir essa instituição em larga escala no Ocidente. Nesse período, todavia, os escravos tinham as mais diversas origens: eslavos, germânicos, gregos, iberos, celtas, egípcios, líbios e númidas, por exemplo. A cor da pele não era um pré-requisito para ser escravo e, assim, a maior parte dos escravos romanos era realmente composta de povos de pele clara.

Foi a escravidão da Idade Moderna que se baseou totalmente no tráfico de escravos africanos, estabelecendo os negros africanos como sinônimos de escravos no Ocidente. Essa escolha nada teve a ver com a cor da pele das pessoas traficadas, mas com razões estratégicas. Durante a Idade Média na Europa, a escravidão não se extinguira de todo. Na Península Ibérica islâmica, por exemplo, muitas propriedades eram ainda cultivadas com mão de obra escrava. Mas, da mesma forma que o Império Romano obtinha seus escravos em suas fronteiras, razão pela qual em sua maior parte eles eram oriundos da Europa, os Estados islâmicos da Península Ibérica medieval também obtinham seus escravos nas fronteiras do Islã, o que incluía a África. Com o estabelecimento dos Estados nacionais de Espanha e Portugal na Idade Moderna, o Islã continuou a ser visto como adversário, e a África, como região islamizada, se encaixava no padrão do "outro", do estranho, do inimigo. A expansão marítima ibérica começou pela África islâmica, sendo uma continuidade das lutas entre cristãos e muçulmanos da Idade Média.

Muitos reinos africanos, por sua vez, Estados comerciais que há muito faziam comércio com o Islã e a Europa mediterrânea, tinham entre seus produtos de exportação o braço escravo, oriundo dos prisioneiros de guerra. Assim, quando a colonização da América precisou do investimento escravista, Portugal e Espanha se voltaram para aquele que era então o lugar mais óbvio para a aquisição de escravos, a África negra, pela tradição que já existia de comércio com a região.

Nesse sentido, dificilmente podemos falar que a razão primeira da escravidão africana se deveu à cor da pele de seus integrantes. No entanto, os séculos XVII, XVIII e XIX conheceram um tráfico de escravos sem precedentes no mundo. O fluxo de pessoas sequestradas na África e trazidas para a América era inédito e gigantesco. Logo, o africano passou a ser sinônimo de escravo na América e na Europa, e a associação entre a cor da pele escura e a escravidão passou a ser constante.

Mas por que a cor da pele do africano se tornou uma característica tão definidora e negativa para o Ocidente? Essa identificação negativa com a pele escura talvez se deva à dicotomia que existe na cultura ocidental entre a cor branca, que significa o bem, a beleza, a pureza, e a cor preta, que representa o mal, a morte, o medo. Para o pensamento cristão, o preto era a cor do demônio, atribuído a acontecimentos nefastos como a "peste negra" e a "magia negra". A cor negra tinha, assim, conotação sinistra para o Ocidente, que se combinou à condição de escravos dos africanos encontrados na América e na Europa para construir um conceito pejorativo acerca do negro como indivíduo.

Na América colonial, os africanos e afrodescendentes foram definidos genericamente como pretos, negros, sem uma séria diferenciação entre as diversas etnias das quais os escravos eram oriundos. O preconceito contra o escravo foi acrescido pelo imaginário pejorativo sobre a cor negra e logo se criou um preconceito acerca de todos os afrodescendentes caracterizados como negros, mesmo após a abolição da escravidão. Nesse período, em fins do século XIX, o Brasil queria se modernizar aos olhos da Europa. Para isso, não bastava acabar com a escravidão, mas era preciso se livrar do estigma de país mestiço, país negro. Um estigma ainda mais forte porque o evolucionismo, predominante nas Nações latino-americanas desde o início do século XIX, tinha gerado uma série de teorias racialistas, ou seja, teorias acerca da diferenciação dos seres humanos em várias raças. No fim do século XIX, período em que se deu a abolição da escravidão no Brasil, essas teorias racialistas se transformaram em teorias eugênicas, em filosofias que pregavam a superioridade de umas raças sobre outras. Tais teorias consideravam a raça negra inferior e usavam a ciência para comprovar argumentos de ordem puramente política.

A noção de negro no Brasil foi construída, assim, não apenas a partir da escravidão, mas também a partir das ideias discriminatórias das teorias que se consideravam científicas na passagem do século XIX para o XX. Quando falamos em negro, como conceito que engloba genericamente todos os afrodescendentes de pele escura, estamos usando um conceito recente, que não existia durante o período escravista do Brasil. Com a abolição, *negro* passou a ser um conceito que classificava pela cor, diferente do período escravista, em que se classificava pela origem ou condição jurídica. Caíram as diferenças étnicas, linguísticas e culturais, e todos os descendentes de africanos passaram a ser, então, genericamente considerados *negros*, e a cor da pele se tornou um distintivo social inferiorizante.

Nesse sentido, mesmo ao falarmos criticamente de preconceito racial estamos perpetuando dois conceitos, o de negro e o de raça. Isso se dá porque a expressão *preconceito racial* considera que *negro* é uma raça específica da humanidade. Hoje os cientistas, seja das ciências biológicas ou das ciências sociais, afirmam que a noção de raça é uma construção conceitual de pouca utilização, ou seja, raça não existe. Não há uma *raça negra*, nem no sentido biológico, nem do ponto de vista cultural e geográfico, pois os africanos não se designam como negros, mas a partir de suas etnias e identidades culturais próprias. Nesse sentido, o conceito de negro só existe do ponto de vista social, pois tanto a sociedade brasileira denomina um determinado grupo de seus membros como negros quanto muitos integrantes desse mesmo grupo se autoidentificam como negros, inclusive criando traços culturais que consideram próprios e falando de uma *cultura negra* brasileira específica, uma identidade negra específica, que conceituam como negritude.

No entanto, é muitas vezes problemático distinguirmos no Brasil uma cultura específica dos negros. Não podemos confundir negritude com a herança cultural africana, que fundamenta historicamente várias instituições culturais brasileiras. A negritude hoje não se alimenta só de heranças culturais africanas, assim como muito da cultura dos "brancos" possui fortes aspectos africanos. Além disso, a própria identificação do negro é algo difícil no Brasil. O que parece óbvio em um país como os Estados Unidos, onde não houve miscigenação significativa, e a identificação pela cor da pele separa claramente os descendentes de europeus dos descendentes de africanos, não é tão fácil em um país mestiço como o Brasil, onde a grande maioria dos próprios africanos trazidos para cá também se miscigenou. Assim, a identidade negra termina por pertencer àqueles afrodescendentes de todas as cores que se afirmam negros. E, dessa forma, ser negro no Brasil passa, então, por uma das duas coisas: ser designado como tal pela sociedade ou se autoidentificar como tal. Devido ao preconceito, durante todo o século xx o número de pessoas que se designavam negras sempre foi menor do que o número de pessoas designadas como tal pela sociedade. No entanto, nas últimas décadas do século xx um sentimento de afirmação, derivado do combate ao preconceito "racial", fez crescer o número de pessoas que se afirmam negras. Nesse sentido podemos observar que, apesar da rejeição científica ao conceito de raça derrubar a crença na existência de uma raça negra no mundo, no Brasil, como em outros lugares da América, negro passou a ser uma construção social, um conceito de muitos significados.

Para o professor de História, tal debate é imprescindível, pois a minoria negra no Brasil (a noção de minoria é aqui compreendida como aqueles grupos alijados do poder, sendo assim um termo que não tem conotação realmente numérica) é uma das que mais se autoafirma, além de ser uma das mais importantes do ponto de vista social e cultural e uma das que mais sofre com o preconceito e a exclusão social. E para o profissional de ensino, que tem um comprometimento com o fim da exclusão social e com a deferência pelas identidades minoritárias, o respeito pela crescente afirmação da negritude como identidade cultural passa pela compreensão histórica não apenas da escravidão, mas do próprio significado de "ser negro". Traçar em sala de aula a origem do conceito de negro é uma forma de perceber como a própria discriminação é sem sentido, é mais eficaz do que simplesmente dizer aos alunos que todos somos iguais, quando, na verdade, todo nosso arcabouço mental continua a considerar essa "raça" inferior. Avaliar todos os significados do conceito é, na verdade, perceber que não há fronteiras entre as cores e falar em *negro* no Brasil é uma construção tão artificial quanto falar de *branco*.

VER TAMBÉM

Candomblé; Colonização; Escravidão; Etnia; Etnocentrismo; Identidade; Índio; Miscigenação; Raça.

SUGESTÕES DE LEITURA

DAVIS, David Brown. *O problema da escravidão na cultura ocidental.* Rio de Janeiro: Civilização Brasileira, 2001.

MAESTRI, Mário. *Uma história do Brasil colônia.* 3. ed. São Paulo: Contexto, 2002.

_____. *Uma história do Brasil império.* 3. ed. São Paulo: Contexto, 2002.

MINTZ, Sidney; PRICE, Richard. *O nascimento da cultura afro-americana*: uma perspectiva antropológica. Rio de Janeiro: Pallas, 2003.

NEVES, Maria de Fátima Rodrigues das. *Documentos sobre a escravidão no Brasil.* 3. ed. São Paulo: Contexto, 2002.

PINSKY, Jaime. *A escravidão no Brasil.* São Paulo: Contexto, 1993.

_____. *12 faces do preconceito.* 7. ed. São Paulo: Contexto, 2004.

PINSKY, Jaime; PINSKY, Carla Bassanezi (orgs.). *História da cidadania.* São Paulo: Contexto, 2003.

_____; _____ (orgs.). *Faces do fanatismo.* São Paulo: Contexto, 2004.

SANTOS, Giselda Aparecida dos. *A invenção do ser negro*: um percurso das ideias que naturalizaram a inferioridade dos negros. São Paulo/Rio de Janeiro: Educ/Fapesp/Pallas, 2002.

SCHWARCZ, Lilia. *O espetáculo das raças.* São Paulo: Companhia das Letras, 1993.

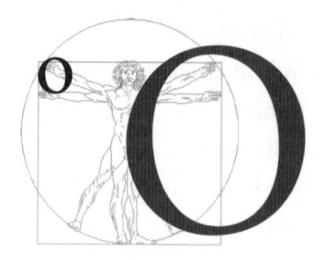

Oligarquia

A palavra *oligarquia* indica, em primeiro lugar, uma forma de governo. O termo vem do grego e significa *o governo de poucos*. Em sua obra *A República*, Platão definiu a oligarquia como uma forma de governo que se opunha ao bom governo. A oligarquia, era para Platão, o governo dos ricos, ávidos por poder e dinheiro. Mas, dessa definição, a palavra foi gradativamente ganhando conotação mais social e passou a designar também um grupo, uma elite detentora do poder político e econômico. E é com esse significado que vemos o conceito ser mais empregado em nossos dias.

Para Platão, a aristocracia seria a primeira experiência histórica de governo do Estado, na qual experiência e maturidade seriam requisitos. Depois viria a oligarquia, o governo de um pequeno grupo escolhido por sua riqueza, que governaria a partir da hostilidade, buscando multiplicar sua fortuna à custa do bem comum. A oligarquia se degradaria, por sua vez, na democracia, em que haveria igualdade entre os homens, mas também insegurança pública. O último estágio de degradação do Estado seria a tirania, na qual um tirano governaria se aproveitando da insatisfação dos ricos, da época da oligarquia e dos pobres da oligarquia e da democracia. Para ele, todos esses estágios seriam formas imperfeitas de governo. Ideal seria o governo de um rei-filófoso, fundamentado no exercício da razão.

Também Aristóteles definiu a oligarquia como uma das três formas de governo possíveis, com a monarquia – o governo de um – e a democracia – o governo de muitos. Já Maquiavel, no século XV, defendeu que o melhor tipo de governo era o misto, pois tanto a oligarquia e a tirania quanto a anarquia eram formas de degeneração do Estado. Assim, a ideia de oligarquia, desde Platão, tem significado negativo, indicando um governo de uns poucos, que sucumbem à corrupção e não servem ao bem geral.

Uma oligarquia é um grupo social, um grupo de elite, e, logo, o governo oligárquico é também um governo de elite. Assim, para a melhor entendimento do papel do conceito de oligarquia na história, temos de compreendê-lo em conexão com o conceito de elite. Tal noção vem da Sociologia, que a define como um conjunto de grupos sociais que dominam a sociedade por meio do poder econômico, cultural ou político. Para a História, as elites sempre estiveram em pauta de uma forma ou de outra, na figura dos grandes homens, por exemplo. Mas só a partir de meados do século xx, começaram a ser vistas como grupo social na definição sociológica e, como tal, estudadas em seus períodos históricos específicos.

No Brasil, há bastante tempo a historiografia tem se voltado para o estudo das elites em geral e das oligarquias especificamente. Alguns trabalhos clássicos foram escritos sobre o assunto, em especial para os séculos xix e xx. Esse é o caso da obra de José Murilo de Carvalho, que estuda a formação das elites políticas no Brasil imperial. Em uma das obras mais importantes da historiografia brasileira, *A construção da ordem*, Murilo de Carvalho busca resposta para por que a independência do Brasil manteve o novo Estado nacional unido, ao passo que as antigas colônias da América hispânica se fragmentaram em muitas Nações diferentes, se ambas as regiões tinham um passado de colonização comum? E para responder a essa questão, Carvalho elabora um estudo das elites políticas na passagem da colônia para o Império, pois, para ele, a decisão de constituir uma monarquia, e não uma República, no Brasil foi uma decisão política e se explica pela formação da elite política brasileira, bem diferenciada das elites políticas hispânicas. Segundo Carvalho, um grupo de elite se distingue tanto da massa quanto de outros grupos de elite, e também é definida pelo contexto histórico em que vive, o que nos impede de utilizá-lo como explicação única para as transformações sociais. Para o autor, a característica mais marcante da elite política que fez a independência do Brasil, e em contraste com as elites hispânicas, era sua homogeneidade ideológica, pois esse grupo era composto por indivíduos que, formados nas mesmas instituições (a Universidade de Coimbra, por exemplo), pensavam basicamente da mesma forma.

Para elaborar seu estudo, Murilo de Carvalho usou teóricos clássicos das ciências sociais, como Mosca e Pareto. Teóricos que estudaram as elites em sua vinculação com a sociedade. Uma elite dirigente, nessa perspectiva, só seria dominante na sociedade enquanto possuísse alguma forma de força social, nas palavras de Mosca, que lhe desse controle sobre a sociedade. Essa força social poderia ser dinheiro, terras, religião etc. Esses pensadores se preocupavam, em primeiro lugar, com a relação de influência e dependência mútua entre elites e estrutura social, não apenas afirmando que a elite domina a sociedade, mas que também é determinada por ela. A partir daí, Carvalho conclui que cada contexto histórico gera elites próprias. No caso do Ocidente, as elites políticas contemporâneas se formaram na constituição do Estado nacional na Europa moderna e estão vinculadas à formação das instituições nesse Estado nacional, como o parlamento, a burocracia. Como em cada Estado as instituições se formaram de maneira particular, as elites tiveram também consti-tuições próprias de cada contexto histórico.

Outra área de estudos clássicos sobre as elites brasileiras, e sobre a oligarquia propriamente dita, são os trabalhos sobre a República Velha e o coronelismo. Entre os estudos mais conhecidos sobre o tema estão a obra *Coronelismo, enxada e voto*, de Victor Nunes Leal, e os trabalhos de Maria Isaura Queiroz, *O coronelismo numa interpretação sociológica*, e, de Maria Lourdes Janotti, *O coronelismo: uma política de compromissos*.

Para Janotti, apesar da constituição de 1891 ter consolidado o federalismo no Brasil, o que deveria permitir a descentralização administrativa e a maior autonomia de Estados e municípios perante o governo central, esse princípio não foi muito bem-sucedido devido ao poder das oligarquias brasileiras. A República Velha é conhecida por ter sido dominada por uma política de compromissos entre diferentes oligarquias regionais, que faziam acordos para manter o poder. Essa política das oligarquias controlava principalmente os períodos eleitorais e distribuía o poder regionalmente de acordo com os grupos oligárquicos aliados.

O federalismo da constituição de 1891 tinha como meta derrubar a excessiva centralização de poder que havia imperado no Segundo Reinado e distribuir melhor o poder regionalmente. Mas isso só teria sucesso, diz Janotti, se as estruturas socioeconômicas tivessem sido alteradas, ou seja, se os senhores rurais que até então controlavam a política brasileira e que constituíam as oligarquias tivessem sido alijados do poder. Como isso não aconteceu, o Brasil continuou a ser predominantemente rural, e as oligarquias rurais continuaram no mando, apenas tendo agora que dividir espaço com novas oligarquias regionais, como a paulista, composta de banqueiros e comerciantes, além dos proprietários de terra.

Essa aliança entre diferentes oligarquias regionais constituiu a chamada *política dos governadores*, na qual as oligarquias controlavam determinados Estados e definiam o resultado das urnas por meio do clientelismo e do *voto de cabresto*. Quem compunha essas oligarquias rurais eram os famosos Coronéis, na maioria das vezes proprietários de latifúndios, e sempre importantes chefes políticos. O poder político desses coronéis vinha de sua enorme influência sobre a população de sua região. Lá ele controlava o resultado das eleições, pois os moradores votavam apenas em quem ele recomendava. Assim, o Coronel podia barganhar com os políticos no poder influência em troca de votos.

Em muitas regiões do Brasil, como o sertão nordestino, o poder das elites políticas locais ainda é grande na definição do resultado das eleições. Razão porque é vital importância que os professores de História conheçam e trabalhem com esses conceitos e contextos. Além disso, muitos são os trabalhos que abordam as oligarquias na América Latina e no Brasil, principalmente na fase da formação dos Estados nacionais. Mas poucos definem o termo. Outra razão pela qual devemos estar atentos a esses conceitos. Por outro lado, muitas vezes a historiografia está saturada de determinados vícios, como o que aponta o coronelismo como característica intrínseca do Nordeste e das regiões ruralizadas, esquecendo que as oligarquias estão presentes em diferentes sociedades, como nos mostra a própria definição do termo, bem como que a própria política de coronéis faz parte da tradição política do Estado brasileiro como um todo. Não devemos esquecer que os acordos políticos dos oligarcas rurais são feitos com os políticos urbanos também, além do fato de que muitas oligarquias históricas, como a paulista, têm fortes laços com a economia e a sociedade citadinas.

Assim, precisamos estar atentos para analisarmos de forma crítica os discursos que nos são passados pela própria historiografia, levando sempre essas discussões para a sala de aula, que permitam aos alunos perceberem que a História não é algo fechado e pré-construído a qual devem aceitar e aprender da forma que lhes é transmitida. Ao contrário, a História se constrói no momento em que a lemos e estudamos e os conceitos e contextos não estão todos definidos; eles trazem sempre contradições e questionamentos.

VER TAMBÉM

Burguesia; Cidadania; Classe Social; Democracia; Estado; Latifúndio/Propriedade; Massa/Multidão/Povo; Nação; Política; Sociedade.

SUGESTÕES DE LEITURA

CARVALHO, José Murilo de. *A construção da ordem e o teatro das sombras*. Rio de Janeiro: Civilização Brasileira, 2003.

EDGAR, Andrew; SEDGWICK, Peter. *Teoria cultural de A a Z*: conceitos-chave para entender o mundo contemporâneo. São Paulo: Contexto. 2003.

JANOTTI, Maria Lourdes. *O coronelismo*: uma política de compromissos. São Paulo: Brasiliense, 1987.

MAESTRI, Mário. *Uma história do Brasil império*. 3. ed. São Paulo: Contexto, 2002.

MARTINS, Ana Luiza. *O despertar da República*. São Paulo: Contexto, 2001.

MONDIN, Battista. *Curso de filosofia*: os filósofos do Ocidente. São Paulo: Paulinas, 1982, v. I.

PINSKY, Jaime (org.). *História da América através de textos*. São Paulo: Contexto, 1994.

ORIENTALISMO

Com o atual processo de globalização e a constituição de um sistema de valores que se impõe cada vez a mais lugares do mundo, torna-se muitas vezes necessário recorrermos às expressões *sociedade ocidental, cultura ocidental*, para nos referirmos a instituições e conceitos compartilhados por diferentes sociedades, o que também se dá com referência a conceitos históricos de períodos passados, que não apenas eram compartilhados pela Europa ocidental, como ainda influem no que chamamos de cultura ocidental atual. Tal situação nos leva inevitavelmente ao conceito de Ocidente, que, como querem alguns, como Samuel Hunttington, é uma civilização. Não é sem ressalvas que utilizamos tal conceito, criticado por muitos, ainda mais quando autores como Hunttington – consideravelmente etnocêntricos – o utilizam com um significado carregado de superioridade cultural.

De qualquer forma, o Ocidente existe, se não como civilização, ou seja, como realidade social e política concreta, ao menos como ideia, como discurso. Muitos são os que acreditam na existência de um Ocidente, e essa crença está baseada em uma série de características que se acredita que o Ocidente possui. Mas, para que exista um Ocidente, mesmo que na imaginação de seus integrantes, é preciso que exista também um Oriente.

O Oriente é um conceito, uma construção discursiva, uma ideia, elaborada pelo pensamento europeu desde a Idade Média, mas que ganhou forma com o imperialismo francês e inglês no século XIX. Dessa ideia de Oriente nasceu o orientalismo como campo de estudo que engloba um conjunto de conhecimentos e de disciplinas especializadas em estudar o Oriente. O Oriente (e o orientalismo, nesse sentido) é uma invenção do Ocidente, e não existe como civilização nem mesmo como região.

O grande responsável pela percepção de que os estudos orientalistas, e o próprio conceito de Oriente, são invenções ocidentais foi Edward Said, intelectual palestino, crítico literário, pensador do imperialismo e da imposição cultural do Ocidente sobre o Oriente. Sua obra clássica, *Orientalismo*, nos mostra como o imperialismo francês e inglês do século XIX construiu imagens sobre uma região ao mesmo tempo mítica e selvagem, que vigora até hoje, e definiu o que conhecemos como Oriente.

O que a Europa chama de Oriente era a região colonial adjacente à Europa, rica em civilizações que os europeus consideravam seu próprio passado. Era a região hoje identificada como Oriente Médio, o Egito e o mundo árabe.

Mas o que é o orientalismo? Said afirma que pode haver várias interpretações para essa palavra: orientalismo é uma designação acadêmica, ou seja, um conjunto de disciplinas que se propõe a estudar o Oriente. Mas o orientalismo também é uma forma de pensamento, uma tradição na qual se baseiam escritores e artistas, um complexo de determinadas ideias que se acreditam constituir o Oriente. E, em terceiro lugar, o orientalismo é uma forma de negociar com o Oriente, uma forma de dominação típica do imperialismo do século XIX. O orientalismo que Said estudou para o século XIX, mas que acreditava ter grande influência no pensamento ocidental do século XX, era em sua origem francês e inglês, cujo marco inicial foi a expedição de Napoleão ao Egito. Expedição conquistadora que não se ateve à conquista política e territorial, pois Napoleão quis também se apossar do passado, da história do Egito.

Algumas das principais coleções arqueológicas sobre as civilizações orientais antigas encontram-se hoje em grandes museus da Europa, como o Louvre e o Museu Britânico. Tais museus se tornaram grandiosos justamente durante o auge do imperialismo europeu no século XIX, e não foi coincidência o interesse dos conquistadores em escavar cidades na Mesopotâmia e no Egito, por exemplo. A Europa ocidental criou, então, uma cronologia para a História que justificava a si própria e sua dominação sobre o mundo (essa mesma periodização que ainda persiste em muitos livros didáticos adotados no Brasil) a qual dividiu a História em Pré-história, História Antiga, Medieval, Moderna e Contemporânea. Nessa periodização, as sociedades e as civilizações abordadas foram escolhidas entre aquelas que melhor representavam o passado da própria Europa ocidental e a formação de suas instituições, consideradas superiores. Nesse contexto, muitas outras foram desprezadas ou esquecidas, como as civilizações da África Negra, da América pré-colombiana e da Ásia. O antigo Crescente Fértil, o atual Oriente Médio, entretanto, permaneceu como berço da *civilização*, entendida como a Europa e suas potências imperialistas. Essa foi a razão pela qual tantas expedições conquistadoras no século XIX e início do XX buscavam tão desesperadamente artefatos arqueológicos no Oriente Médio: a Europa imperialista, na verdade, se apossou mesmo da História e do passado dessa região como seu, sem no entanto conectar esse passado "glorioso" aos povos que habitavam a região no século XIX.

Desde esse período, a relação entre o Oriente e o Ocidente passou a ser de dominação, e a construção da ideia de Oriente é uma ferramenta nessa dominação. O conceito de Oriente poucas vezes levou em conta a realidade histórica, política e social dos países que compunham essa região, mas criou em seu lugar um conjunto de imagens estereotipadas para representar o que considerava ser a cultura oriental – ou seja, a cultura do Oriente Médio e do mundo árabe: o Oriente era entendido como sensual com seus haréns, despótico, violento e primitivo.

O orientalismo oitocentista foi responsável tanto por obras eruditas sobre costumes árabes e egípcios quanto por uma enxurrada de literatura popular na França, Inglaterra e Alemanha sobre os estereótipos orientais. No início do século XX, a descoberta da tumba de Tutancamon no Egito, por exemplo, fascinou o público e gerou uma onda orientalista de moda, móveis etc. Várias versões d'*As mil e uma noites* também datam desse período, tanto a purista versão do erudito e explorador Richard Burton quanto a conservadora e pudica versão de Antoine Galland. O sucesso d'*As mil e uma noites* no século XIX se deveu à popularização do discurso orientalista que enfatizava o Oriente sensual e mágico. Mas escritores como Flaubert e Michelet, e muitos pintores, também se debruçaram sobre os estereótipos do Oriente.

O Oriente é um conjunto de ideias, visões, tipos humanos, representações, dominado por preconceitos, construídos pelo Ocidente como forma de se identificar como superior. Ao considerar o Oriente primitivo, violento, despótico, o Ocidente, ao mesmo tempo, está se considerando avançado, democrático, esclarecido. O Ocidente se constrói assim a partir da Europa, e sobre um discurso que identifica o Oriente como o Outro, como a oposição, como o que o Ocidente não deveria ser.

O principal no trabalho de Said, nesse sentido, é trazer à tona a ideia de que o Oriente é o espelho do Ocidente e de que o Ocidente construiu o Oriente como uma forma de construir também sua própria identidade. Assim, sem Oriente não há Ocidente, e o discurso sobre o Oriente se caracteriza como progressista e etnocêntrico.

O orientalismo do século XIX deixou grande herança nos séculos XX e XXI, a maior das quais foi o conceito de Ocidente. Pois se hoje o Oriente não é mais aquele bloco homogêneo e, ao falarmos de Oriente, estamos falando muitas vezes do Japão e da China (estes, o Oriente para os EUA desde o início do século XX), o Ocidente continua a ser uma realidade que se acredita superior ao restante do mundo. Além disso, o Oriente Médio e o Extremo Oriente são ainda estranhos para nós, ainda são o *outro*, principalmente o Islã.

Entender o Oriente e o Ocidente como construções históricas, como discursos, ajuda-nos a retirar desses conceitos os estereótipos neles inseridos. Além disso, a construção do Oriente pela Europa, primeiro como ideia e depois como realidade política baseada na conquista e na colonização, encontra paralelo na própria construção da América, que, para muitos autores, como Edmund O'Gorman, foi também uma invenção discursiva, uma construção imaginária, originária da junção de diversas expectativas e medos da Europa. Lembremos, ainda, que o chamado Oriente nunca foi passivo a essa construção e até hoje resiste à dominação cultural do Ocidente. Além disso, as grandes ondas migratórias de chineses, japoneses, árabes e turcos, entre outros grupos étnicos, para a América Latina, Europa e EUA, trouxeram novas visões sobre o Oriente para o próprio coração do Ocidente.

Trabalhar com a construção de ideias nunca é fácil, ainda mais no ensino fundamental e médio, mas é uma necessidade e uma realidade atual, em que muitas teorias estão cada vez mais explicando o mundo a partir do estudo dos discursos, do imaginário, das mentalidades. De qualquer forma, ainda que inapropriada por sua complexidade para o trabalho com o ensino fundamental, a obra de Said é hoje obrigatória para os professores de História, por trazer toda uma nova visão interpretativa, toda uma nova forma de ver e discutir as velhas formas de dominação.

E é possível adaptar seu conteúdo para a sala de aula, discutindo filmes que trazem o estereótipo do Oriente, tanto no caso do Oriente Médio com seus haréns, e agora com seus terroristas, quanto no caso do Extremo Oriente com seus samurais e suas gueixas.

VER TAMBÉM

Discurso; Globalização; Helenismo; Identidade; Imaginário; Imperialismo; Islã; Relativismo Cultural; Romantismo.

SUGESTÕES DE LEITURA

DEMANT, Peter. *O mundo muçulmano.* São Paulo: Contexto, 2003.

O'GORMAN, Edmundo. *A invenção da América.* São Paulo: Edusp, 1992.

PESTANA, Fábio. *No tempo das especiarias.* 2. ed. São Paulo: Contexto, 2004.

SAID, Edward. *Orientalismo*: o Oriente como invenção do Ocidente. São Paulo: Companhia das Letras, 1990.

_____. *Cultura e imperialismo.* São Paulo: Companhia das Letras, 1995.

TAHAN, Malba. Apresentação. *As mil e uma noites.* Rio de Janeiro: Ediouro, 2001. Versão de Antoine Galland.

Patrimônio Histórico

No início do século XXI, um dos campos de trabalho para os historiadores que mais crescem no Brasil é o de patrimônio histórico. No entanto, a maioria dos cursos de graduação em História não possui ainda em seu currículo disciplinas suficientes para contemplar tal crescimento. Em geral têm sido os cursos de especialização, assim como as graduações e os cursos técnicos de turismo, que respondem à demanda por profissionais que trabalhem com o patrimônio histórico e cultural brasileiro.

A noção de patrimônio histórico tradicionalmente se refere à herança composta por um complexo de bens históricos. Mas, apesar de ainda pouco conhecido mesmo pelos egressos dos cursos de História do Brasil, o fato é que os especialistas vêm continuamente substituindo o conceito de patrimônio histórico pela expressão patrimônio cultural. Essa noção, por sua vez, é mais ampla, abarcando não só a herança histórica mas também a ecológica de uma região. Assim, em última instância, podemos definir patrimônio cultural (incluindo nessa ideia a de patrimônio histórico) como o complexo de monumentos, conjuntos arquitetônicos, sítios históricos e parques nacionais de determinado país ou região que possui valor histórico e artístico e compõem um determinado entorno ambiental de valor patrimonial. Em sua origem, todavia, o patrimônio tem sentido jurídico bastante restrito, sendo entendido como um conjunto de bens suscetíveis de apreciação econômica.

A definição atual de patrimônio cultural se originou no documento elaborado pela *Convenção sobre Proteção do Patrimônio Mundial Cultural e Natural*, realizada em 1972 e promovida pela Organização das Nações Unidas para a Educação, Ciência e Cultura (Unesco). Tal documento detalhou o patrimônio cultural como monumentos, ou seja, as obras arquitetônicas, de esculturas ou de pinturas monumentais, assim como os elementos estruturais de caráter arqueológico que tenham valor universal do ponto de vista da História, da Arte e das ciências. Durante a *Convenção de Patrimônio Cultural*, a Unesco elaborou uma lista dos Patrimônios da Humanidade, cujo objetivo era chamar a atenção mundial para identificar as propriedades de valor cultural e natural universais. Os países que assinaram a

Convenção têm obrigação de proteger os locais designados como patrimônio da humanidade e, apesar dessa obrigação ser financeiramente custosa para eles, muitos dos quais não possuem recursos para implementar as demandas da Convenção, das 192 nações do mundo, 174 já ratificaram o acordo. O motivo desse interesse político é o fato de que o reconhecimento da Unesco acerca da preservação do patrimônio cultural traz para cada país não apenas prestígio internacional, mas desenvolvimento turístico. A Unesco reconhece sítios culturais, sítios naturais e sítios mistos, espalhados pelos cinco continentes.

Essa política mundial de preservação despertou o interesse crescente no patrimônio cultural na maioria dos países. Interesse que se reflete no Brasil, que tem dezesseis sítios de patrimônios da humanidade reconhecidos pela Unesco: das cidades históricas de Ouro Preto, Olinda e Salvador aos parques nacionais de Iguaçu e Pantanal.

É interessante observarmos que o conceito de patrimônio cultural não se restringe à produção material humana, mas abrange também a produção emocional e intelectual. Ou seja, tudo o que permite ao homem conhecer a si mesmo e ao mundo que o rodeia pode ser chamado de bem cultural. Nesse sentido, recentemente a Unesco reconheceu a arte gráfica e oral do povo wajãpis, tribo indígena do Amapá, como obra-prima do Patrimônio Oral e Intangível da Humanidade, fugindo assim ao padrão de que apenas o monumental vale a pena ser rememorado pela História. Existem, na verdade, quatro categorias de bens patrimoniais: os bens naturais, os bens materiais, os bens intelectuais (que são o conjunto do conhecimento humano) e os bens emocionais, em que são inseridas as manifestações folclóricas, religiosas e artísticas de cada povo.

A crescente importância do patrimônio cultural tem levado à produção de ampla literatura sobre o tema, inclusive no Brasil. Diversos estudos vêm sendo elaborados sobre os fundamentos e os significados do patrimônio cultural em diferentes sociedades. Além disso, no caso específico do Brasil, a *Revista do Patrimônio* (publicação periódica do antigo Serviço do Patrimônio Histórico e Artístico Nacional - SPHAN, hoje IPHAN), tem contribuído significativamente para o desenvolvimento dos estudos na área. Apesar de ser um periódico fundado em 1937, tal revista vem se renovando e incorporando novos temas e outras perspectivas de pesquisa sobre patrimônio, não apenas a estética e a histórica, mas também abordagens sociológicas e políticas.

A própria criação do SPHAN em 1937 demonstrou que já naquele momento havia preocupação do Estado brasileiro em evitar a perda dos fragmentos materiais do passado que chamamos de monumentos. Nesse período, a preocupação do Estado com essa preservação derivava de uma preocupação maior, a de criar uma identidade nacional, ou de recriá-la, visto que esse é um momento de mudança política, com o governo de Getúlio Vargas e o Estado Novo que se inquieta em construir novas formas de identidade nacional, mais modernas. Essa é a razão pela qual intelectuais modernistas como Mário de Andrade estavam conectados ao projeto. Surgiu daí o processo de *tombamento*, ou seja, de delimitação de determinados espaços como monumentos históricos, logo protegidos pela lei.

A participação de intelectuais e artista, como Mário de Andrade e Lúcio Costa, permitiu ao novo órgão entrar em sintonia com a interpretação modernista da cultura brasileira e incorporar uma noção mais abrangente de patrimônio, que abarcava obras de arte, fotografias, artefatos indígenas, distanciando-se da perspectiva monumentalista e sacralizadora do patrimônio. Procuravam, assim, democratizar o patrimônio nacional, oficializando como Patrimônio Histórico e Artístico Nacional a produção cultural dos contextos populares e das etnias afro-brasileira e indígena. No entanto, apesar de o Estado ter leis de proteção desde 1937, a sociedade brasileira pouco se interessou por elas ao longo do século XX. Só recentemente esse interesse começou a ser desperto, motivado principalmente pelo turismo cultural.

Na Constituição Brasileira de 1988, os termos de regulamentação do serviço do patrimônio cultural, atualmente centralizados no Instituto do Patrimônio Histórico e Artístico Nacional (IPHAN), determinam que tal serviço objetiva a promoção do tombamento e da conservação do patrimônio histórico e artístico nacional. O que nos leva a constatar que a ideia de patrimônio histórico ainda está muito associada à de monumento, pois é o conjunto de sítios históricos e monumentos o que normalmente corresponde à descrição de patrimônio histórico, sendo os alvos principais dos tombamentos previstos por lei. Só com a atual definição de patrimônio cultural foi que tal noção passou também a abranger heranças abstratas, e não apenas vestígios materiais.

Lembremos, entretanto, que a própria delimitação do que é monumento, do que é ou não patrimônio é seletiva, escolhe somente os pontos do passado que queremos lembrar e rejeita os outros. Assim, visto que a noção de monumento é seletiva e é a partir dela que se constitui o conceito de patrimônio, a própria ideia de patrimônio cultural não pode ser a mesma para todo o mundo, já que depende de diferentes contextos nacionais. Cada cultura tem sua noção de patrimônio, que molda seu tipo de ação estatal. E um dos grandes desafios da Unesco, nesse sentido, é conciliar as diversas interpretações do patrimônio e propor ações internacionais que reforcem os esforços de preservação.

Nessa perspectiva, para entendermos o significado de patrimônio histórico precisamos primeiro compreender o que é monumento. Para Jacques Le Goff, monumento é tudo o que pode evocar o passado e recordar, até mesmo o escrito. Para ele, a diferença entre monumento e documento não está no fato de o primeiro ser vestígio material e o outro, vestígio escrito, mas no fato de que o monumento é voluntariamente selecionado pela sociedade para lembrar o passado que ela escolheu lembrar. O documento, por sua vez, foi visto durante muito tempo pelos historiadores como registro do passado como um todo, ou pelo menos, não apenas daquele passado escolhido pela sociedade como o passado ideal. Le Goff foi mais além afirmando que todo documento tem sua dose de monumento, ou seja, não é imparcial. A crítica ao documento, assim, não é novidade, mas precisamos também fazer a crítica do monumento.

Atualmente, com a retomada da preocupação com o patrimônio cultural no Brasil, vemos um incremento do turismo cultural que valoriza igualmente manifestações folclóricas, sítios históricos e arqueológicos e reservas ambientais. Do ponto de vista do patrimônio histórico, no entanto, talvez pela pequena atuação de historiadores nesse campo de trabalho emergente, a crítica histórica tem sido pobre. Ou seja, a busca da sociedade por se interessar por seu passado ainda é baseada quase sempre em monumentos, em sobras de um passado que ela escolheu lembrar. Os turistas procuram, dessa forma, principalmente as "*idades de ouro*" do Brasil, os momentos gloriosos do passado, ou o que queremos considerar como tal: o Recife holandês, os franceses de São Luís, o bandeirantismo paulista, as cidades de ouro de Minas Gerais. No entanto, tal olhar muitas vezes é acrítico, pois busca apenas o pitoresco e não se preocupa com os problemas estruturais, com a história que moldou cada período, com a razão de ser daqueles monumentos. Cabe a nós, historiadores, mudar esse olhar e aproveitar o interesse pelo patrimônio cultural para desenvolver verdadeiras divulgações históricas em torno de cada um desses sítios. Cabe a nós ultrapassar a própria monumentalidade e começar a transformar aqueles recortes do passado em pontes para o conhecimento crítico da História. Além disso, precisamos nos perguntar constantemente se a comunidade tem, de fato, alguma identificação com aquele passado, "glorioso" ou não, que está sendo evocado pelo patrimônio, sempre nos preocupando também em estabelecer formas de trabalhar a relação cidadania e educação patrimonial, pois não há como valorizar o passado sem a tomada de consciência social, assim como não há conscientização cidadã sem o conhecimento da História.

VER TAMBÉM

Antiguidade; Arte; Arqueologia; Barroco; Cultura; Folclore; Fonte Histórica; Iconografia; Indústria Cultural; Interdisciplinaridade; Memória; Mito; Tradição.

SUGESTÕES DE LEITURA

ATAÍDES, J. M. de; MACHADO. L. A.; SOUZA, M. A. T. de. *Cuidando do patrimônio cultural*. Goiânia: Ed. UCG, 1997.

BITTENCOURT, Circe. *O saber histórico na sala de aula*. 6. ed. São Paulo: Contexto, 2004.

Bo, J. B. L. *Proteção do patrimônio na Unesco*: ações e significados. Brasília: Unesco, 2003.

Fonseca, M. C. L. *O patrimônio em processo*: trajetória da política de preservação no Brasil. Rio de Janeiro: Ed. ufrj, 1997.

Funari, Pedro Paulo. *Grécia e Roma*. São Paulo: Contexto, 2001.

_____. *Arqueologia*. São Paulo: Contexto, 2003.

Karnal, Leandro (org.). *História na sala de aula*: conceitos, práticas e propostas. São Paulo: Contexto, 2003.

Le Goff, Jacques. *História e memória*. Campinas: Ed. Unicamp, 1994.

Pinsky, Jaime. *As primeiras civilizações*. São Paulo: Contexto, 2001.

Pinsky, Jaime (org.). *O ensino de História e a criação do fato*. 11. ed. São Paulo: Contexto, 2004.

_____; Funari, Pedro Paulo (orgs.). *Turismo e patrimônio cultural*. 4. ed. São Paulo: Contexto, 2005.

Pirataria

A pirataria é mais conhecida dos jovens e do público leigo pela ficção e não pela História. Foram os filmes e os romances de aventura que tornaram célebres esses tipos sociais, quase sempre retratados como foras da lei gananciosos, caricatos e pitorescos. Esse estereótipo, que o cinema hoje reproduz, foi difundido a partir do final do século xix pelo escritor escocês Robert Louis Stevenson, em sua obra *A ilha do tesouro*, que propagou a ideia de tesouros piratas escondidos e enterrados nas ilhas do Mar do Caribe.

Mas a pirataria é um tema histórico sério, tanto mais porque no Brasil ainda não se tornou um objeto reconhecido de pesquisas. Alguns piratas que assolaram as costas da América portuguesa colonial são conhecidos dos historiadores brasileiros, como é o caso do pirata francês René Duguay-Trouin, que em 1711 manteve a cidade do Rio de Janeiro como refém em troca de resgate. Mas o estudo da pirataria padece da fama que o estereótipo do pirata com papagaio ao ombro angariou em nossa cultura. E, no entanto, a pirataria é muito antiga e continua a existir até hoje, na verdade.

Pirata é o navegador que vive da pilhagem de embarcações comerciais e cidades costeiras. É um criminoso, perseguido muitas vezes em escala internacional. Os piratas surgiram em todos os reinos e Nações que, ao longo da história, sobreviveram do comércio marítimo. Do Japão feudal ao Império Romano, é possível encontrarmos exemplos desses bandidos marítimos. Mas nossa referência cultural de pirataria quase sempre se remete a piratas e corsários dos séculos XVI, XVII e XVIII nas costas americanas. A pirataria da Idade Moderna se desenvolveu de modo institucional quando Nações como a Inglaterra e a França resolveram assaltar os comboios de galeões espanhóis carregados de ouro e prata que partiam das costas americanas para a Europa. Os piratas da Idade Moderna surgiram, assim, do grande fluxo de metais preciosos transportados entre a América e a Europa pelos espanhóis. Metais saqueados, por sua vez, das populações indígenas submetidas aos conquistadores desde o século XVI.

Inicialmente, os piratas, ou flibusteiros como eram também conhecidos, agiam por conta própria em particular no Caribe e eram de diversas nacionalidades. Mas com o fracasso da França e da Inglaterra na busca por minas de ouro e prata em suas próprias colônias, tais reinos começaram a investir em uma pirataria financiada pelo Estado. Nasceram, assim, os corsários, piratas reconhecidos por um Estado e autorizados a pilhar os navios das Nações rivais. Nesse caso, o butim, o resultado do assalto aos navios, seria dividido entre o corsário e o Estado contratante.

É preciso enfatizar a diferença entre o corsário e o pirata comum, o flibusteiro ou bucaneiro, como eram chamados no Caribe. O pirata era um criminoso também em sua própria Nação, perseguido pela Marinha, o que resultava muitas vezes de não poderem mais habitar sua terra natal. Essa situação levou a que muitas das numerosas pequenas ilhas no Mar do Caribe fossem, entre os séculos XVI e XVIII, habitadas por grupos de piratas expatriados. Por outro lado, o corsário era considerado um vassalo fiel do reino a que servia. Vivia em sua própria pátria, possuindo propriedades e, não raro, era elevado ao *status* de fidalgo ou cavaleiro. Um dos exemplos mais conhecidos desse último caso foi *Sir* Francis Drake, corsário da Inglaterra no reinado de Elizabeth I, que recebeu da própria rainha o título de *Sir*, de cavaleiro do reino, posição muito cobiçada. Francis Drake foi um dos corsários mais famosos de seu tempo, empenhado em atacar e saquear os comboios da Espanha, e um dos piratas mais famosos da história do Ocidente.

Mas a pirataria da Idade Moderna não assolou apenas as costas do Império Espanhol, pois também não eram incomuns as incursões ao território colonial português da América. O caso do Rio de Janeiro em 1711 não foi único. Desde o século XVI o território do que hoje é a costa brasileira conheceu incursões de coleta de pau-brasil tanto de portugueses quanto de franceses em escala semelhante. Com o início da colonização portuguesa, os franceses foram cada vez mais afastados da costa pelos colonos. Ainda assim, fizeram duas tentativas de instalar suas próprias colônias na América do Sul, as conhecidas França Antártica, no Rio de Janeiro do século XVI, e a França Equinocial no Maranhão do XVII. Ambas as tentativas fracassaram diante do conflito com os colonos portugueses, que já então estavam se estabelecendo no território. Mas diante das tentativas coloniais fracassadas, a França passou a investir no corso. Documentos do XVII, e mesmo do século XVIII, mostram que os ataques de piratas aos navios portugueses na costa brasileira eram uma constante, não apenas no Rio de Janeiro, mas também na costa oriental das capitanias que hoje compõem a região Nordeste.

Assim, ainda pouco estudada no Brasil, a pirataria fazia parte da vida colonial. Do ponto de vista das condições de vida dos piratas, o estereótipo de homem corajoso, que abandona a sociedade e as Nações em troca de liberdade, quase nunca equivale à realidade. Eram homens violentos, que não hesitavam em estuprar e assassinar, que tinham como única motivação a pilhagem. Em geral, gastavam tudo o que roubavam muito rapidamente, fato que derruba as lendas de tesouros enterrados nas ilhas do Caribe.

O declínio da pirataria moderna aconteceu no século XVIII, quando a Inglaterra em fase de industrialização deixou de investir no corso para investir no comércio de seus produtos industrializados. Nesse momento, a própria Inglaterra passou a perseguir os piratas internacionalmente, pois para as novas diretrizes econômicas, o comércio marítimo entre as Nações precisava ser uma prática regular e segura.

A pirataria marítima ainda existe atualmente, sequestrando navios e iates, composta por criminosos de todas as nacionalidades e perseguida também internacionalmente. Mas há muito perdeu o fascínio que envolvia seus antecessores da Idade Moderna. Hoje, outros tipos de pirataria chamam a atenção da mídia: sejam os *hackers*, piratas da internet que não apenas espalham vírus na rede de informações mundial, como roubam informações; ou ainda a pirataria biológica, da qual o Brasil é uma das maiores vítimas, em que empresas farmacêuticas multimilionárias estabelecidas na Europa e nos Estados Unidos registram direitos e patentes pela utilização de plantas medicinais e remédios tradicionais há muito conhecidos no Brasil. Essa pirataria biológica afeta em especial a Amazônia, apresentando-se hoje como verdadeira pilhagem de recursos naturais transformados em medicamentos e industrializados por essas empresas, sem que o Brasil ou as populações ribeirinhas da Amazônia, proprietárias tradicionais desse conhecimento, sejam beneficiados com parte dos lucros.

A pirataria é um tema que precisa ser retomado no Brasil por várias razões. A primeira é que tal temática faz parte das discussões sobre cidadania e soberania que o professor de História pode levantar com seus alunos. Afinal de contas, a pirataria biológica atinge principalmente essas duas noções. A segunda, a própria pirataria moderna, a mais conhecida, também foi uma constante no Brasil colonial. Trabalhar com pirataria em sala de aula é derrubar estereótipos muito fortes na imaginação juvenil ocidental, o do pirata herói, perseguido pelo Estado estúpido e ditatorial. E, talvez, mais importante do que isso, trabalhar com a violência cotidiana na História, combatendo o endeusamento e a heroicização da violência, uma constante hoje. Trabalhar com a pirataria em sala de aula é desconstruir mitos, um em especial muito caro aos jovens atuais: aquele que afirma que a violência é sinônimo de heroísmo e liberdade.

VER TAMBÉM

Cidadania; Colonização; Descobrimento; Discurso; Liberdade; Mito; Nação; Violência.

SUGESTÕES DE LEITURA

BUENO, Eduardo. *Náufragos, traficantes e degredados*: as primeiras expedições ao Brasil, 1500-1531. Rio de Janeiro: Objetiva, 1998.

JOHNSON, Charles. *Piratas*: uma história geral dos roubos e crimes de piratas famosos. São Paulo: Artes e Ofícios, 2004.

MAXWELL, Kenneth. *Chocolate, piratas e outros malandros*. São Paulo: Paz e Terra, 1999.

PESTANA, Fábio. *No tempo das especiarias*. 2. ed. São Paulo: Contexto, 2004.

SAN MARTIN, Eduardo. *Terra à vista*: história de náufragos na era dos descobrimentos. São Paulo: Artes e Ofícios, 1998.

SCOTT, Andrew. *Piratas da célula*. Lisboa: Edições 70, 1989.

POLITEÍSMO

Tratar do politeísmo hoje, sobretudo para o Ocidente majoritariamente cristão ou agnóstico, pode constituir interessante oportunidade para discutir a diversidade cultural e as diversas formas como os povos lidaram com o espiritual, com o desconhecido, e transmitiram significados a fenômenos cuja explicação lhes escapava. Por sua atualidade – milhões de pessoas no mundo são politeístas –, o politeísmo adquire *status* de tema fundamental no contexto em que a globalização tem a pretensão, talvez ilusória, de homogeneização cultural.

Podemos definir politeísmo como a crença religiosa em uma pluralidade de deuses ou a adoração de mais de um deus. A palavra *deus* tinha, entre os antigos, acepção muito ampla. Ela não indicava, como presentemente, uma personificação do Senhor da Natureza. Era uma qualificação genérica, que se dava a todo ser existente fora das condições da humanidade. Entre os vários fatores responsáveis pela criação e pela multiplicação dos deuses, devemos salientar a personificação das forças da natureza (mitologia astral, deuses telúricos e subterrâneos, deuses da fecundidade) e sua consequente elevação ao reino da divindade; a divinização de antepassados e heróis; e a centralização política dos grandes Estados, provocando a fusão e a unificação de culturas e crenças.

O politeísmo expressou-se, ao longo dos tempos, segundo a cultura de cada povo, em três principais sistemas: a idolatria, adoração de muitos deuses personificados por ídolos; o sabeísmo, culto dos astros e do fogo sem intermédio de emblemas representativos, que deriva seu nome de Sabá, reino do sul da península arábica, que influenciou membros de várias seitas religiosas no Islamismo antigo; e o fetichismo, adoração de tudo quanto impressiona a imaginação e a que se atribui poder. Não é incomum encontrar essas três formas de politeísmo estreitamente unidas.

As religiões politeístas adoram vários deuses, semideuses ou heróis, formando mitologias ricas em lendas. Sua cosmogonia e teogonia se assemelham bastante, e muitas delas eram dadas a hábitos de sacrificar animais ou pessoas a fim de obter boas graças das divindades. As características físicas, morais e espirituais dos deuses eram semelhantes às dos homens, só que em grau mais elevado.

Para precisar melhor o conceito, convém diferenciar paganismo de politeísmo. Tais termos comumente são usados como sinônimos. Em sua essência, paganismo e politeísmo indicam a mesma ideia, mas são conceitos históricos diferentes. Quando Constantino consagrou o Cristianismo como a nova religião do Império Romano, os não cristãos foram chamados de pagãos, generalizando-se tanto os politeístas propriamente ditos como os monoteístas não cristãos. O paganismo, por seu politeísmo, passou então a ser considerado pelos cristãos algo pecaminoso, fruto da ignorância da humanidade. Os antigos cultos pagãos foram virtualmente apagados pela Igreja de Roma usando uma combinação de atuação social, propaganda e violência. Em torno do ano de 1484, a Igreja Católica iniciou um processo massivo de execução de milhares de pessoas na Europa suspeitas de bruxaria, muitas das quais eram praticantes de alguma forma de religião politeísta antiga.

Na Antiguidade, até o surgimento do Judaísmo, a maioria das religiões era politeísta, com tendência mais ou menos acentuada para o antropomorfismo. As religiões da maioria dos povos antigos eram feiticistas na sua origem: egípcios, assírios, fenícios, persas, cartagineses, gregos, romanos, gauleses, germanos. Fora do Ocidente, o politeísmo estava também por toda parte e em diferentes períodos históricos: os orixás iorubanos, os inkices bantu, na África; os milhões de divindades hindus; e os muitos panteões na América pré-colombiana. E, apesar do predomínio do monoteísmo no mundo contemporâneo, o politeísmo não desapareceu, como o hinduísmo e o candomblé podem bem mostrar.

Durante muito tempo, no entanto, a ciência teve uma visão preconceituosa do politeísmo, fundamentada em um conceito evolucionista, que tendia a associá-lo a um suposto período de infância da humanidade. Assim, o politeísmo seria fruto da mentalidade do homem primitivo, semelhante à de uma criança, que emprestava uma alma e uma personalidade ativa a cada um dos objetos que o rodeavam. Tal foi a visão elaborada por Edward Burnett Tylor, em 1871. Ele defendia que em algumas *raças superiores*, consideradas civilizadas, o deus supremo se teria tornado deus único. Esse tipo de estudo antropológico errou ao pensar o politeísmo como inferior ao monoteísmo. Os estudiosos concordam hoje que as práticas e crenças outrora chamadas de idolatria são expressões significativas da resposta humana à complexidade do mundo e ao poder ou poderes sobrenaturais.

Costumeiramente, ligamos o conceito de civilização moderna ao monoteísmo, esquecendo que essa crença não contempla toda a humanidade, bem como que mais da metade da humanidade ainda acredita na multiplicidade de deuses. Entre todas as religiões politeístas, a mais importante e duradoura tem sido o Hinduísmo – termo usado pelos europeus para designar às práticas religiosas dos hindus, a *"religião eterna"*, Sanatana-Dharma. A extensão da crença e da prática abrangida por esse termo é muito grande, pois vai desde os cultos das deusas das aldeias, como o de Manasa, que protege contra as cobras (Durga), até os gurus modernos e as doutrinas filosóficas clássicas, como Sankhara. Comum à maioria das escolas filosóficas hindus, todavia, é a crença em Moksha, ou seja, na "libertação" humana da roda de repetidos nascimentos e mortes, assim como na reencarnação.

A "religião eterna" surgiu historicamente com a invasão dos árias às antigas cidades do Vale do Indo, cerca de 1500 a.C. A fusão dessas duas culturas criou a estrutura social de castas, existente até hoje, das quais os brâmanes, senhores das leis, são a mais elevada e trouxe os textos sagrados escritos em sânscrito para a Índia, o Bagavagita e o Mahabarata. Hoje, a Sanatana-Dharma compreende um conjunto de cultos e lendas regionais, incorporados à tradição hindu e relacionados com a cultura bramanista clássica em um processo conhecido como "sanscritização", processo que outorga nomes sanscríticos a divindades e práticas aldeãs. Nesse processo, os aldeãos reconhecem o elevado *status* da casta dos brâmanes e da autoridade dos textos sagrados, tradicionalmente guardados por eles: os Vedas e os Puranas. Um processo complementar, que pode ser descrito como "dravidização", foi a absorção gradativa, pelos arianos invasores de língua indo-europeia, de elementos culturais do sul da Índia. A palavra *drávida* se refere aos povos cujos idiomas são o tamul, o téludo, o canarês, o malaiala e o túluva, povos que habitavam a região antes da chegada dos árias. Os cultos desses povos contribuíram provavelmente para os cultos hindus agora encontrados no norte da Índia, como o de Krishna.

Sem renegar as ligações com suas concepções védicas originais, o Hinduísmo evoluiu para uma síntese em que a vida religiosa se harmoniza com a Filosofia, a moral individual e a vida social. Embora o Hinduísmo acredite em milhões de deuses (330 milhões, para ser exato), na prática há certos deuses favoritos que se têm tornado o ponto focal das várias seitas. No cume do panteão hindu encontra-se a Trimúrti, tríade formada pelas divindades Brahma, Vishnu e Shiva. Brahma é o Criador; Vishnu, o Preservador; e Shiva, o Destruidor. A mitologia hindu atribui a tarefa de criar o universo material a um ser, fonte ou essência suprema – Brâmine, identificado pelas sílabas sagradas *AUM* ou *OM*. Todos os três membros da Trimúrti são considerados partes desse "Ser", e todos os demais deuses são suas diferentes manifestações. Assim, qualquer que seja o deus que é adorado como supremo, pensa-se que essa deidade seja um todo-abrangente. Dessa forma, mesmo venerando abertamente milhões de deuses, a maioria dos hindus reconhece apenas a existência de um único deus verdadeiro, que assume muitas formas: homem, mulher, animal. Por conseguinte, teólogos hindus frisam de pronto que o hinduísmo é realmente monoteísta, não politeísta, ao passo que os estudiosos consideram-no um culto henoteísta.

A concepção de deus uno apresenta-se, para muitas pessoas, como de difícil assimilação, da mesma forma que as infinitas manifestações divinas do politeísmo é pouco compreensível para aqueles que se consideram monoteístas. A visão preconcebida e intolerante diante de manifestações de crenças e princípios espirituais em nada ajuda à compreensão dos valores humanos. Mas, infelizmente, precisamos conviver com a intolerância de muitos educadores para com as religiões politeístas que fazem parte de nosso cotidiano. É tarefa indiscutível de professores de História esclarecer os diferentes caminhos possíveis tomados pela humanidade, sem inferiorizar nenhum deles. Mas antes de esclarecermos outros, precisamos nós mesmos conhecer o assunto do qual pretendemos falar. Interessante estratégia para a sala de aula é fazer a relação passado/presente das formas de religiosidade ao longo do tempo, discutindo a diversidade cultural e os contextos específicos que afetam a adoção deste ou daquele princípio religioso, mostrando que o monoteísmo não é o estágio superior da evolução religiosa humana e que nem mesmo hoje é absoluto. É preciso respeitar as opções de inúmeras pessoas que atualmente têm se voltado para diferentes religiões, tentando fugir do vazio espiritual de suas vidas no âmbito do consumismo desenfreado, da desumanização das relações humanas e da instrumentalização dos recursos ambientais. E no Brasil, hoje, muitas dessas pessoas têm se voltado para uma religião politeísta cuja origem se entrelaça com a própria origem do Brasil: o Candomblé.

VER TAMBÉM

Candomblé; Cristianismo; Islã; Judaísmo; Mito; Monoteísmo; Relativismo Cultural; Religião.

SUGESTÕES DE LEITURA

CAMPBELL, James. *As máscaras de Deus*: mitologia primitiva. São Paulo: Palas Athena, 1992.

FUNARI, Pedro Paulo. *Grécia e Roma*. São Paulo: Contexto, 2001.

GOSVAMI, Satsvarupa Dasa. *Introdução à filosofia védica*: a tradição fala por si mesma. São Paulo: Bhaktivedanta Book Trust, 1986.

HINNELS, John R. (ed.). *Dicionário das religiões*. São Paulo: Círculo do Livro, 1990.

PINSKY, Jaime. *As primeiras civilizações*. São Paulo: Contexto, 2001.

PINSKY, Jaime (org.). *100 textos de história antiga*. 8. ed. São Paulo: Contexto, 2003.

REEBER, Michel. *Religiões*: mais de 400 termos, conceitos e ideias. Rio de Janeiro: Ediouro, 2002.

POLÍTICA

A palavra *política* não pode ser entendida separada da ideia de "poder". O poder, por sua vez, às vezes é confundido com o Estado, instituição normatizadora da vida em sociedade. Entretanto, o poder não é unicamente o Estado, pois está disseminado por toda a sociedade. E também a atividade política não se dá exclusivamente *no* Estado. Partindo dessas considerações, para definirmos a política vamos primeiro observar o que as ciências sociais e humanas entendem por *poder*.

Os teóricos definem o poder como uma relação. Para Max Weber, o poder é uma relação assimétrica entre pelo menos dois atores, quando o primeiro tem a capacidade de forçar o segundo a fazer algo que este não faria voluntariamente e que só o faz conforme as sugestões e determinações do primeiro. A relação de poder, todavia, não gera necessariamente conflito, podendo haver negociação entre as partes. Essas relações de poder mostram-se em todo lugar, em todo o corpo social, segundo Michel Foucault. Há relação de poder entre pais e filhos, alunos e professores, governantes e governados, dirigentes de partido e seus filiados, patrões e empregados, líderes de associações sindicais e seus membros, e assim por diante. A verdade é que tais relações são, no mais das vezes, sutis, móveis, dispersas e de difícil caracterização.

O poder que, historicamente, o mundo masculino exerce sobre as mulheres é algo tão arraigado na consciência das pessoas, tanto de homens quanto de mulheres, que passa despercebido na maioria das vezes. Apenas nas últimas décadas do século xx foi que as mulheres perceberam que havia grande desigualdade de poder entre elas e os homens, uma desigualdade nas relações entre os gêneros. Nesse momento perceberam que a política dizia respeito também a aspectos cotidianos, ligados ao corpo, à sexualidade, à reprodução, ao mercado de trabalho etc., não envolvendo apenas os aspectos de luta partidária ou luta de classes, por exemplo.

Poder também não é somente repressão. É tanto repressão quanto persuasão e busca de legitimidade. A força, já havia notado Rousseau, não faz o direito. Nenhum governo, dizia ele, que se baseie unicamente na força subsiste por muito tempo se não fizer dessa força um direito, ou seja, se não a legitimar perante os indivíduos sobre os quais ela se exerce. O Estado usa frequentemente a força na forma da repressão policial, das Forças Armadas etc., mas usa também o discurso, para justificar seus atos como a síntese dos anseios de todos os grupos sociais que o compõem. Um exemplo do emprego duplo de repressão e discurso de persuasão pelo Estado pode ser visto no nazismo, que tanto usou mecanismos de repressão como sofisticados meios de propaganda ideológica para convencer as massas a aderirem ao Estado forte.

O termo *política*, por sua vez, foi cunhado na atividade social desenvolvida pelos homens adultos da *polis* grega. Toda a vida social grega estava assentada na atividade política. Aristóteles, na Grécia antiga, tinha uma visão bastante otimista da política: ele a pensou como a ciência que estuda o *sumo bem*, e como a finalidade da política é o *bem humano*, ela devia abranger todas as outras ciências. Essa finalidade poderia ser alcançada e preservada tanto para o indivíduo como para o Estado, mas seria preferível atingi-la para o Estado como um todo, por este englobar mais indivíduos. Pensava Aristóteles que a prática política e a virtude caminhavam juntas. Segundo ele, o homem verdadeiramente político gozava da reputação de haver estudado a virtude "*acima de todas as coisas*". No contexto de Aristóteles, a política era uma atividade ética que tinha a função pedagógica de transformar os homens em cidadãos.

Se, na Grécia clássica a política era entendida como uma experiência que se refletia na vida pessoal harmonizada aos interesses coletivos, confundindo-se muitas vezes com o conceito de ética, hoje o sentido da política é bem diverso. A política, entre os gregos, tinha o sentido de atividade pedagógica, a chamada *Paideia*. Hoje, o caráter mais evidente do conceito atual de política diz respeito, por um lado, à gestão dos negócios públicos e, por outro, às ações da sociedade civil a fim de ter suas reivindicações atendidas. Política, desde Maquiavel (1513), considerado o fundador da Ciência Política, tem a ver com estratégias, ações racionais e objetivos a conquistar.

Na época de Maquiavel, os objetivos descritos em *O príncipe* podem ser assim resumidos: como conquistar e manter o poder sobre os principados. O livro é um compêndio de estratégias políticas, de aconselhamentos aos soberanos.

O texto de Maquiavel não traz a definição moderna de política, que só seria cunhada a partir do século XVIII. Maquiavel enfatizou um conceito de política ligado ao Estado, deixando de lado as classes sociais e suas contradições. No século XIX, Karl Marx resolveu pensar a política a partir das classes sociais e de suas contradições. No século XX, o conceito de política atingiu até mesmo o cotidiano. Hoje, fala-se em politização do cotidiano, ações de protesto, lutas sociais que se dão em esferas *não institucionais*. Ou seja, o sentido do que é ou não político muda com o tempo e também com os interesses dos grupos sociais. Nos dias atuais, política pode ser uma ação organizada para atingir demandas sociais (educação, saúde, segurança, condições de trabalho etc.), mas durante a *Guerra Fria* o conceito de atividade política estava intimamente ligado ao de revolução, de ação transformadora das estruturas sociais vigentes e da implementação de uma nova sociedade. Nas últimas décadas do século XX, os partidos deixaram de ser o lugar privilegiado da luta política, embora ainda sejam espaços importantes. Hoje, organizações não governamentais (ONGs), associações de moradores, associações profissionais, organizações feministas, grupos ambientalistas e de defesa dos animais, entre outros, compõem um leque amplo de espaços onde manifestações propriamente políticas podem ter lugar. Essa ampliação dos espaços reivindicativos na sociedade civil pode ser entendida de duas formas: por um lado, indica um avanço da politização de amplos setores sociais; por outro, é um sintoma da descentralização das ambições políticas, que se tornaram cada vez mais pulverizadas.

Os Estados capitalistas modernos vêm exercendo, desde a Idade Moderna, práticas políticas de dominação sobre outros Estados ou regiões. Entendida dessa forma, a política pode tomar a forma de embates entre Estados. Os usos da tecnologia, dos sistemas sofisticados de inteligência, dos técnicos em geral, são indicativos de como os avanços científicos foram instrumentalizados para reafirmar espaços de poder entre os povos. A política carrega, desde suas primeiras formulações, tanto o sentido nobre da luta pelo bem comum, do trabalho por organizar a comunidade, quanto o sentido negativo de lutas mesquinhas, conspirações, corrupção, forças subterrâneas, conchavos. Um sentido apela para o ideal, o outro, para a prática real.

Seja como for, em um momento em que predomina um relativismo exacerbado, e o discurso do "fim das ideologias", faz-se cada vez mais necessário repensarmos o sentido do político, do trabalho pelo bem-estar social, por valores nobres, buscando revitalizar uma cultura política que sinalize formas mais humanas de relações sociais. O intelectual não pode se furtar à ação política, esconder-se em teorias pretensamente neutras. Não que todos os educadores precisem atuar necessariamente nas instâncias político-partidárias. Mas é função do intelectual, dos profissionais de ensino, a proposição de caminhos à sociedade, de discursos compatíveis com as questões atuais. Ao professor de História cabe o fundamental papel de instituir uma cultura política às novas gerações. Para isso, precisamos compreender que as relações de poder estão em todo lugar da sociedade e procurar contornar o desgaste que a imagem da política (atrelada à do político profissional) sofreu na história recente do Brasil.

VER TAMBÉM

Cidadania; Classe Social; Cotidiano; Democracia; Discurso; Ditadura; Estado; Ética; Feminismo; Gênero; Ideologia; Marxismo; Revolução; Sociedade.

SUGESTÕES DE LEITURA

BOBBIO, Norberto; MATTEUCCI, Nicola; PASQUINO, Gianfranco. Dicionário de política. Brasília: Ed. UnB/Linha Gráfica, 1991.

CASALECCHI, José Ênio. O Brasil de 1945 ao golpe militar. São Paulo: Contexto, 2002.

DEMANT, Peter. O mundo muçulmano. São Paulo: Contexto, 2003.

FOUCAULT, Michel. Microfísica do poder. Rio de Janeiro: Graal, 1999.

FUNARI, Pedro Paulo. Grécia e Roma. São Paulo: Contexto, 2001.

MAAR, Wolfgang Leo. O que é política. São Paulo: Brasiliense, 1994.

MAQUIAVEL, Nicolau. O príncipe. Rio de Janeiro: Paz e Terra, 1996.

MARTINS, Ana Luiza. O despertar da República. São Paulo: Contexto, 2001.

PINSKY, Jaime; PINSKY, Carla Bassanezi (orgs.). História da cidadania. São Paulo: Contexto, 2003.

_____; _____(orgs.). Faces do fanatismo. São Paulo: Contexto, 2004.

ROUSSEAU, Jean-Jacques. O contrato social. São Paulo: Martins Fontes, 1996.

PÓS-MODERNIDADE

Antes de tudo, precisamos frisar que o requisito fundamental para o entendimento da pós-modernidade é a compreensão da modernidade. Assim, propomos que antes da leitura deste verbete o leitor se dirija ao verbete sobre modernidade, pois ambos os conceitos são complementares de tal forma que a pós-modernidade não pode ser explicada sem a frequente menção às características modernas. Inclusive, a única definição consensual de pós-modernidade que parece haver na multiplicidade de ideias e conceitos discordantes presentes nesse "movimento" é aquela que explica a pós-modernidade como a contestação da modernidade.

O termo *pós-modernidade* hoje é tão amplamente utilizado que, para alguns, tudo o que se produziu nos últimos trinta anos é pós-moderno. Outros consideram que isso é um exagero. Há grande multiplicidade de conceitos sobre a pós-modernidade, muitas vezes contraditórios, mas podemos encontrar algumas definições pragmáticas. Jair Ferreira dos Santos, por exemplo, define pós-modernidade como o conjunto de mudanças das sociedades *avançadas* ocorridas nas Artes e ciências desde 1950, quando para alguns o modernismo teria se encerrado. Já para pensadores como Sergio Paulo Rouanet, a modernidade não se encerrou realmente. Há mesmo quem defenda que ela surgiu em 1870 ou, como o historiador Arnold Toynbee, depois da Segunda Guerra Mundial. Toynbee já usava o termo para se referir à perda de valores do Ocidente. Mas enquanto nas Artes os pós-modernos identificam o início de seu movimento em 1972, com a derrubada do edifício Pruitt-Igoe em Saint Louis, nos Estados Unidos, símbolo da decadência dos parâmetros modernistas na arquitetura, na Filosofia e nas ciências humanas muitos localizam seu surgimento a partir da década de 1960, na França, com a influência do estruturalismo linguístico sobre outras ciências e com a obra de pensadores considerados os "pais" do pós-modernismo, como Jean Baudrillard, Michel Foucault, Derrida e Deleuze. Para o historiador marxista Perry Anderson, no entanto, a pós-modernidade nasceu na década de 1930, no modernismo artístico surgido na década de 1920. Tudo isso nos mostra, no mínimo, a falta de consenso na definição desse conceito.

A pós-modernidade é assunto multidisciplinar: artistas, cientistas, filósofos, entre outros, refletem sobre esse tema. Mas para alguns desses pensadores o termo exprime coisas tão diferentes que explica, na verdade, muito pouco. No entanto, mesmo seus mais ferrenhos críticos parecem concordar com a existência de algumas características presentes em todos os discursos que se dizem pós-modernos. A principal delas é a crítica aos valores da sociedade ocidental, oriundos do Iluminismo, do racionalismo e da Revolução Industrial.

Para Jair Santos, a pós-modernidade nasceu com seu equivalente artístico, o pós-modernismo da arte pop em 1960, e se desenvolveu com a Filosofia e a crítica aos valores ocidentais em 1970. O pensamento pós-moderno seria, assim, típico das sociedades pós-industriais baseadas na informação, como os EUA, o Japão e a Europa ocidental, e se caracterizaria, entre outras coisas, pela sociedade de consumo e a valorização mais dos aspectos simbólicos da vida do que da realidade. E, nesse contexto, a mídia e os meios de comunicação têm importante papel.

Essa interpretação da pós-modernidade tem sua origem na Linguística, na Semiótica e na Teoria da Comunicação, disciplinas que se preocupam com o estudo do signo, ou seja, do símbolo, e sua relação com a realidade. Para Jair Santos, a pós-modernidade é a recriação do mundo por meio de signos. Nela a realidade perde sua substância, um fenômeno conhecido como a desreferenciação e a dessubstanciação do real, em que a realidade perde o sentido e a linguagem toma seu espaço. Um exemplo desse fenômeno é a propaganda, que na sociedade pós-industrial toma o lugar da coisa real. Nessa definição, a pós-modernidade é uma mistura eclética de coisas bastante diversas, fruto da sociedade consumidora de serviços, despolitizada e individualista.

Mas como muitas são as abordagens pós-modernas, essa perda do sentido da realidade não se encontra em todas. Para o teórico da cultura Homi Bhabha, por exemplo, se a pós-modernidade for apenas a crítica da modernidade – esta entendida como o discurso racional iluminista –, ela é inútil. Para Bhabha, a crítica pós-moderna precisa ultrapassar a simples desconstrução dos valores da modernidade e incorporar novas formas de saber, como o fim das ideias etnocêntricas e a possibilidade de se escutar outras vozes e histórias, principalmente dos grupos minoritários.

Bhabha valoriza, assim, o pós-colonialismo, que discorda das ideias modernas que legitimavam as desigualdades entre raças e Nações. Os pensadores pós-colonialistas procuram valorizar as diferenças culturais e criticam o colonialismo do Ocidente. Bhabha tenta rever o pós-moderno a partir do pós-colonialismo, sem pregar o fracasso do pensamento racional como um todo, mas movido pelas histórias das margens da modernidade.

Existem, dessa forma, muitos tipos de pensadores pós-modernos, desde os que tentam, como Bhabha, fazer uma revisão racional dos preceitos da modernidade, mas incorporando novas visões de mundo de fora do Ocidente, até aqueles, como Michel Paty, que afirmam que tudo que existe na vida é a forma como ela é comunicada. Ou seja, que a realidade é apenas discurso. Por outro lado, não são poucos os críticos da pós-modernidade: pensadores que discordam que o atual momento histórico tenha superado a modernidade. Entre esses está o filósofo Sergio Paulo Rouanet.

Para Rouanet, os pós-modernos afirmam que a modernidade não existe mais e estão baseados nos seguintes argumentos: a industrialização foi substituída pelo setor terciário no domínio da economia; a política dos partidos e do Estado também pereceu, estando hoje o poder em todo lugar, em particular com grupos minoritários; culturalmente a modernidade decaiu nas ciências, na Arte e na Filosofia. Nas ciências, que era baseada em discursos que pregavam o progresso social pelo conhecimento, hoje é pragmática, não mais acreditando nas utopias. Na Arte, extinguiram-se as fronteiras entre o popular e o erudito e a busca pela inovação. Essas seriam as principais características, segundo Rouanet, que os pensadores pós-modernos atribuem à pós-modernidade. Mas, para ele, todas essas ditas tendências pós-modernas já existiam na modernidade: A sociedade pós-industrial que teria tornado a indústria secundária já estava embrionária no próprio desenvolvimento do Capitalismo. Além disso, se o setor industrial diminuiu, o sistema industrial aumentou com o desenvolvimento da tecnologia. Já do ponto de vista político, o aparecimento de movimentos fora dos partidos e do Estado é também um dos fundamentos do liberalismo. Com relação à ciência, mudam as teorias, mas as regras para seu entendimento ainda são as mesmas do tempo de Galileu.

No entanto, Rouanet admite que há uma consciência da pós-modernidade, pois muitos querem abandonar a modernidade, considerando-a uma construção deformada, destrutiva. De acordo com ele, entretanto, a única forma de combater as características negativas da modernidade é com a própria modernidade, pois só ela permite a crítica racional ao que quer que seja, inclusive a si própria.

Rouanet enfatiza o fato de que não há um único conjunto de ideias na definição da pós-modernidade. Para uns a pós-modernidade só diz respeito às Artes, para outros abarca toda a esfera cultural, e para outros, a economia, a política e a sociedade. Enquanto uns acreditam que ela é bastante recente, outros defendem seu surgimento nos anos de 1950. Em algumas definições ela é um salto para frente, em outras é fuga para o passado. Para ele, essa multiplicidade não obedece às regras básicas nem da lógica nem da identidade, na qual uma coisa não pode ser ao mesmo tempo tudo e seu contrário. Mas, por outro lado, essa indefinição é um sintoma de que a pós-modernidade é um estado de espírito e não uma realidade. O único consenso nessas definições de pós-modernidade é a afirmação de que a modernidade envelheceu.

Já o cientista político Michel Zaidan considera que a pós-modernidade tem grande influência sobre as concepções irracionalistas da História, influenciadas por Michel Foucault ou Walter Benjamin, ou ainda pela Nova História francesa. Essa produção seria irracionalista por não acreditar que se pode explicar a realidade e permanecer estudando apenas os discursos produzidos na História. Para a historiografia pós-moderna, dessa forma, não haveria realidade, tudo seria simulação da realidade, imagem e representação. Todo o conhecimento histórico é resumido a ser um texto sobre outro texto, e nunca sobre a realidade. O próprio conceito de História muda, tornando-se um "discurso verossímil" e não uma ciência. Há o perigo do relativismo absoluto, no qual não há realidade, tudo é versão, tudo é verdade.

Com a grande visibilidade dos discursos sobre pós-modernidade em diferentes campos do conhecimento, dificilmente o professor de História pode escapar de se defrontar com esse problema atual: o que é a pós-modernidade? Como não há uma resposta fácil para essa questão, é importante que o educador busque as diferentes formas nas quais aparece esse discurso pós-moderno, inclusive a crítica à existência de uma pós-modernidade. Mas mesmo os críticos admitem que existe pelo menos uma vontade de que a modernidade tenha acabado. Essa vontade teria gerado grande produção artística e filosófica. O professor hoje depara com estudantes que nasceram e são criados sob o constante bombardeio de discursos e produções que apresentam uma linguagem pós-moderna. O sucesso mundial da trilogia cinematográfica *Matrix*, por exemplo (grande representante do pensamento pós-moderno que se quer eclético e ao mesmo tempo é construído pela mídia), se deu sobretudo sobre os jovens. As histórias em quadrinhos deixaram de ser um entretenimento juvenil para produzir também obras de arte para adultos, em um estilo de linguagem dos mais representativos da Arte pós-moderna. Assim, ainda que não esteja familiarizado com a obra de Lyotard ou Saussure, o professor está constantemente em contato com diversas linguagens pós-modernas, razão pela qual se faz necessário que ele reflita sobre elas, para melhor trabalhar com determinadas linguagens em sala de aula, desde a já usual linguagem cinematográfica até as histórias em quadrinhos.

VER TAMBÉM

Arte; Discurso; Identidade; Iluminismo; Imaginário; Indústria Cultural; Interdisciplinaridade; Modernidade; Relativismo Cultural; Teoria.

SUGESTÕES DE LEITURA

BHABHA, Homi. *O local da cultura.* Belo Horizonte: Ed. UFMG, 2003.

COLLINSON, Diané. *50 grandes filósofos*: da Grécia antiga ao século XX. 2. ed. São Paulo: Contexto, 2004.

EDGAR, Andrew; SEDGWICK, Peter. *Teoria cultural de A a Z*: conceitos-chave para entender o mundo contemporâneo. São Paulo: Contexto, 2003.

McCLOUD, Scott. *Desvendando os quadrinhos.* São Paulo: Makron Books, 1995.

ROUANET, Sergio Paulo. *As razões do Iluminismo.* São Paulo: Companhia das Letras, 2000.

SANTOS, Jair Ferreira dos. *O que é pós-moderno.* São Paulo: Brasiliense, 2000.

ZAIDAN FILHO, Michel. *A crise da razão histórica.* Campinas: Papirus, 1989.

PRÉ-HISTÓRIA

A Pré-história, ao ser abordada pelos livros didáticos, em geral é tratada como a antessala da História, sua introdução, e não como parte dela. Isso se deve a seu próprio conceito e a como ele é interpretado normalmente, pois a Pré-história é definida como o campo de estudos do passado mais remoto da humanidade, desde seu surgimento até o aparecimento da escrita. Mais especificamente, até o surgimento da escrita no Egito e na Mesopotâmia, cerca de 3000 a 2000 a.C.

Esse conceito, elaborado no século XIX, tem, no entanto, dois sérios problemas. O primeiro é o fato de que a escrita não surgiu em todos os lugares ao mesmo tempo, o que torna essa divisão temporal bastante arbitrária. O segundo é o etnocentrismo resultante do ato de considerar apenas a escrita, um elemento cultural restrito a determinadas culturas, como o fator determinante de quem se situa na história e de quem se situa fora dela. A ideia de que as sociedades ágrafas, ou seja, sociedades sem escrita, não teriam história nasceu com a vertente positivista da historiografia ocidental no século XIX, que enfatizava sobretudo a importância do documento escrito na produção de conhecimento. Mas desde o momento que as ciências humanas, no século XX, começaram a reconhecer que a história é algo inerente a toda a humanidade, a ideia de que as sociedades sem escrita estão fora da história passou a ser intensamente criticada por historiadores e antropólogos. E mesmo os pré-historiadores, atualmente, não se sentem satisfeitos com esse significado etnocêntrico subjacente à palavra *Pré-história*. Isso, no entanto, contribuiu para o problema de definição da Pré-história, e o termo continua a ser utilizado com seu significado original, aparentemente por falta de conceito melhor, ainda estabelecendo o surgimento da escrita na Antiguidade Oriental como o início da História.

Pré-história, no entanto, não é apenas uma periodização da História. Ela se tornou, durante o decorrer do século XX, uma disciplina histórica com metodologia própria, definida muitas vezes como ciência autônoma. Para alguns, a Pré-história é uma ciência em formação, que compartilha os temas da História e os métodos da Arqueologia. A maioria dos autores, assim, aborda a Pré-história como disciplina complementar à História, com a qual divide o objetivo de estudar o desenvolvimento humano ao longo do tempo. A especificidade da Pré-história, nesse sentido, estaria em estudar antigas culturas sem escrita, e em empregar um método de investigação que usa, como documento, os vestígios materiais de sociedades passadas.

Pré-historiadores como Leroi-Gourhan afirmaram, inclusive, que poucas disciplinas possibilitam uma abordagem tão fácil quanto a Pré-história, cujo objeto de estudo, os artefatos de povos antigos, estão abandonados aos milhões pelo chão nos chamados sítios pré-históricos. Locais onde, segundo ele, é preciso apenas cavar para descobrir os vestígios de culturas desaparecidas. Apesar dessa afirmação, foi o próprio Leroi-Gourhan quem defendeu que, para o bom entendimento desses vestígios escavados, é preciso que o pré-historiador utilize outras ciências. A Pré-história, assim, caracterizar-se-ia por ser uma ciência necessariamente interdisciplinar, pois precisa, em seu cotidiano, empregar métodos e dados da Geologia, da Paleontologia e da Geografia, sem falar da História e da Arqueologia.

O trabalho do pré-historiador, por sua vez, consiste basicamente em reconstruir culturas há muito desaparecidas. Quando trabalha com culturas e povos muito antigos, o pré-historiador em geral utiliza os métodos da Geologia e da Paleontologia, esta associada à Genética, para conseguir seus resultados. Isso porque, para períodos de tempo muito remotos, em que o clima e mesmo a constituição física humana eram diferentes, é preciso recorrer aos estudos das camadas da terra, que indicam as mudanças climáticas no tempo, e da estrutura biológica e genética de ossadas humanas, para perceber as mudanças que o ser humano sofreu desde os hominídeos até a humanidade moderna.

Já para períodos mais recentes, nos quais a geografia e a constituição biológica dos grupos humanos são as mesmas que as atuais, as ciências utilizadas são outras, principalmente a Linguística, a Antropologia e a Etnologia, que estudam costumes e línguas de grupos contemporâneos considerados primitivos, no intuito de encontrar paralelos com povos pré-históricos.

Existem, ainda, outros problemas atrelados ao conceito de Pré-história. Um dos mais significativos é o fato de que, hoje, com a ampliação da noção do que pode ser objeto de estudo do historiador, a História também estuda povos sem escrita, como as populações nativas da América antes da conquista europeia. Até o próprio conceito de documento histórico se expandiu, incluindo também os vestígios pré-históricos. Se, por um lado, essa situação permite uma compreensão muito mais universal da história, por outro, dificulta ainda mais a delimitação do campo de estudos do pré-historiador.

A Pré-história é uma disciplina emergente no Brasil. Ao estudar povos sem escrita, observando seus costumes e suas culturas, professores têm um bom instrumento para combater o etnocentrismo em sala de aula. Mas é necessário ter cuidado para não encarar a Pré-história simplesmente como um período distante e obscuro da humanidade, ou como um período que antecede a História. É preciso perceber a história humana como um longo processo, reconhecendo nos atos e nos comportamentos dos homens pré-históricos muito do que somos hoje. Podemos trabalhar os homens pré-históricos como seres que possuíam imaginação e sentimentos (visíveis já nos rituais fúnebres neanderthais, por exemplo), o que permite que nossos alunos possam se identificar como da mesma espécie que esses homens antigos. Também podemos trabalhar a Pré-história como um momento privilegiado da relação entre os humanos e o meio natural, estudando assim a Ecologia na história. Estudar a história antes da escrita pode ser, portanto, uma forma de iniciar os alunos em outros tipos de relação do homem com a natureza e com seus semelhantes.

Ver também

Antiguidade; Arqueologia; Etnocentrismo; Evolução; Fonte Histórica; História; Índio; Interdisciplinaridade; Tribo; Tecnologia.

Sugestões de leitura

Brézillon, Michel. *Dicionário de Pré-história*. Lisboa: Edições 70, s. d.

Funari, Pedro Paulo. *Arqueologia*. São Paulo: Contexto, 2003.

_____; Noelli, Francisco Silva. *Pré-história do Brasil*. São Paulo: Contexto, 2002.

Leroi-Gourhan, André. *Os caçadores da Pré-história*. Lisboa: Edições 70, 1983.

_____. Os caminhos da História antes da escrita. In: Le Goff, Jaques; Nora, Pierre. *História*: novos problemas. Rio de Janeiro: Francisco Alves, 1976.

Martin, Gabriela. *Pré-história do Nordeste do Brasil*. Recife: Universitária da ufpe, 1997.

Trigger, Bruce G. *Além da História*: os métodos da Pré-história. São Paulo: epu, 1973.

RAÇA

Há atualmente duas discussões em torno do conceito de raça no Brasil: a discussão acadêmica, que cada vez mais tende a considerar a inexistência de diferenças raciais, esvaziando a ideia de raça como conceito; e o imaginário social, para o qual raça é uma realidade, ainda que o discurso dominante nesse imaginário seja o da miscigenação. Se a ciência hoje tende a afirmar que só existe uma única raça humana, o conceito de diferenças raciais está tão arraigado na sociedade brasileira que talvez ainda demore bastante tempo para que essa nova crença científica seja incorporada ao senso comum. Qual a razão para isso? O que é raça, afinal?

Atingindo seu apogeu como conceito científico no século XIX, a noção de raça diz respeito a certo conjunto de atributos biológicos comuns a um determinado grupo humano. O termo *raça* não era exatamente uma palavra nova nas línguas europeias no século XIX. A palavra, na Idade Moderna, com outros significados, era conhecida no mundo europeu, e dizer que se pertencia a uma raça era afirmar o pertencimento a uma linhagem. Durante esse período, foi criada a tese monogenista, que afirma a existência de uma única raça humana descendente de Abraão, e praticamente não havia ainda a ideia de inferioridade racial. Isso não significa, no entanto, que não houvesse etnocentrismo e discriminação com base em características físicas. Além disso, os judeus, por exemplo, eram perseguidos na Europa desde o fim do Império Romano, sobretudo por considerações religiosas e culturais que chamaríamos hoje de étnicas.

A origem do pensamento que entende a humanidade a partir de raças diferentes está no século XVI e na formação dos Estados nacionais europeus, que começaram a enfatizar as diferenças linguísticas e históricas internas. Mas para a autora Gislene Santos, foram os iluministas que cunharam as primeiras doutrinas racialistas, ou seja, as primeiras doutrinas para o estudo das diferentes raças humanas, dando origem no século XVIII a outra hipótese racial, a poligenista, que defendia a existência de diversas raças humanas. A autora distingue o racialismo, a crença em raças humanas, do racismo, o preconceito contra raças consideradas inferiores. E no século XVIII o racialismo não era ainda racismo, pois as diferenças biológicas ainda não eram consideradas definitivas para a evolução humana. O objetivo dos iluministas era encontrar um sistema de valores universal, que pudesse ser estabelecido para todas as raças. Também segundo Maria Alzira Brum Lemos, foi na França do século XVIII que surgiram as tradições de pensamento que influenciaram a definição de raça como um sistema de classificação humana. Entre essas tradições estava a História Natural, que daria origem, no século XIX, à Antropologia Física, ciência responsável pelas teorias racialistas.

O racialismo, com os iluministas, definia raça como um grupo humano cujos membros possuíam características físicas comuns. Tal teoria voltou-se para a crença de que a raça não era apenas definida física, mas moralmente, bem como que as diferenças físicas acarretavam diferenças mentais hereditárias. Assim, a distinção do mundo em raças correspondia à divisão do mundo em culturas, e o comportamento do indivíduo era definido pelo grupo racial ao qual ele pertencia. Além disso, um sistema de valores universal classificaria as raças em superiores e inferiores.

Se até 1800, segundo Michel Banton, raça significava o pertencer a uma linhagem, a partir dessa data, com a influência da História Natural e da doutrina racialista do século XVII, raça começou a designar os tipos humanos e suas diferenças biológicas, e só poderia ser entendida a partir da Fisiologia. Era a extensão da classificação do reino animal para os estudos sobre os seres humanos. E foi a Antropologia Física a primeira ciência a estudar a variedade de raças e de seres humanos, levando ao surgimento de uma disciplina especializada na determinação das diferenças biológicas entre as raças, a Frenologia. Criada ainda no final do século XVIII, a Frenologia teve grande desenvolvimento no século seguinte, influenciando muitos pensadores sociais, entre os quais o criador do positivismo, Auguste Comte. Tal disciplina – hoje totalmente desacreditada – pretendia estabelecer as características psicológicas de cada raça com base nas medidas e no tamanho do cérebro. Ela influenciou as teorias eugênicas sobre raças superiores nos séculos XIX e XX, assim como a Medicina e a Criminologia, que tiveram na obra do italiano Lombroso sua maior influência. Lombroso, criador da Antropologia Criminal, defendia que a criminalidade era uma questão biológica e hereditária, e poderia ser identificada pela utilização da Frenologia.

Em meados do século XIX, o conceito de raça migrou das ciências naturais e alcançou as ciências sociais e humanas. Com a publicação da obra de Charles Darwin, em 1859, e o desenvolvimento da teoria evolucionista a partir daí, o racialismo ganhou novas perspectivas, com o chamado darwinismo social, que lastreada na teoria da evolução e na seleção natural afirmava não só a diferença de raças humanas, mas a superioridade de umas sobre as outras e, ainda, que a tendência das raças superiores era submeter e substituir as outras. A partir da Frenologia e do darwinismo social (muitas vezes chamado de spencerismo, pois a transposição dos argumentos darwinistas para o campo do social não se deveu ao próprio Darwin, mas a Spencer), desenvolveu-se a eugenia, que enaltecia a pureza das raças, a existência de raças superiores e desacreditava a miscigenação. Tais teorias foram a base científica do racismo.

Enquanto o racialismo é o estudo das diferentes raças humanas, o racismo é a aplicação prática dessas teorias, que acredita em raças superiores e cria mecanismos sociais e políticos para reprimir as raças consideradas inferiores. Os pensadores racialistas eugênicos não toleravam a diferença racial e defendiam que a diferença qualitativa entre as raças superava as teorias igualitaristas que pregavam a igualdade entre todos os homens. Para eles, cada raça tinha um lugar determinado no mundo, definido pelo grau de importância na escala evolutiva. E a raça superior, eleita pela seleção natural para ordenar o mundo, era a caucasoide, ou seja, a raça branca. Lembremos, no entanto, que há uma diferença entre cor e raça, pois, por exemplo, para os eugenistas, apesar de terem a mesma cor branca, os germânicos seriam superiores aos judeus e aos eslavos.

Não estamos aqui afirmando, todavia, que a discriminação social com base em diferenças físicas não existisse anteriormente, mas o preconceito contra os negros nas Américas, por exemplo, foi, durante a escravidão moderna, baseada sobretudo em questões jurídicas, valores sociais, além da diferenciação de cor, e não em diferenças raciais, biológicas e cientificamente estabelecidas, apesar da escravidão moderna ser, segundo Brion Davis, mais explicitamente racial do que a antiga. Mas foi com a ascensão dos estudos racialistas, que cada vez mais a discriminação contra judeus e negros, por exemplo, foi feita com base na pretensa inferioridade racial desses grupos.

Durante o século XX, o preconceito racial cresceu fora dos meios acadêmicos, dando origem a perseguições, como a levada a cabo pelo partido nazista na Alemanha do entre-guerras, e à restrição dos direitos dos negros no sul dos Estados Unidos até a década de 1960. Na segunda metade do século XX, apesar do racismo ser condenado na maior parte do mundo, inclusive no Brasil, onde é ilegal e criminoso, ele continua a existir socialmente com grande força. E se o racismo existe é porque a sociedade que o abriga admite a existência de raças. Assim, apesar de condenarmos o preconceito racial, nossa cultura continua a acreditar nas teorias racialistas que deram origem a ele.

A Biologia, no entanto, foi a primeira ciência a desconstruir a teoria racialista que tinha ajudado a elaborar no XIX. A partir do fim do século XX, os biólogos cada vez mais aderiram à hipótese de que não existem raças na espécie humana. Geneticistas de todo o mundo têm derrubado a crença de que se pode definir geneticamente as diferenças raciais na humanidade. Mas as ciências sociais demoraram mais para contestar esse conceito. Historiadores nos EUA, por exemplo, onde a crença na existência de raças ainda é predominante, continuam a utilizar o termo. É o caso do historiador afro-americano John Hope Franklin, um dos principais responsáveis pelo desenvolvimento de um discurso histórico afro-americano nos EUA do século XX.

Também a Antropologia, apesar de cada vez mais se voltar para a definição de etnia, continua a explorar as possibilidades do estudo do conceito de raça, apesar de tê-lo transformado consideravelmente. É o que podemos ver nos estudos sobre raça no Brasil, desenvolvidos a partir da década de 1990, que pretendem entender o funcionamento do racismo e de como a sociedade brasileira percebe a questão racial. Nesse sentido, para Yvone Maggie e Claudia Rezende, a imagem de harmonia racial brasileira, promovida a partir da década de 1930 por antropólogos como Gilberto Freyre, começou a ser contestada em 1950, quando a questão de classe passou a ser prioritária. Mas na década de 1970, muitos antropólogos retomaram o conceito de raça para mostrar que ele determinava em muitos pontos a desigualdade social no Brasil. Atualmente, pesquisas realizadas por antropólogos como Maggie, Rezende e Peter Fry têm entendido raça não mais como um conceito biológico, mas como uma construção histórica e discursiva. Ou seja, raça existe como discurso social e não como realidade fisiológica. Essa percepção nos leva a afirmar que a raça existe apenas em sociedade, como um qualificativo de desigualdade social ou de identidade cultural. Assim, apesar de a Biologia hoje contestar de modo veemente a existência de uma *raça negra*, tanto a sociedade brasileira acredita que tal raça existe quanto os próprios indivíduos considerados negros se julgam como tais, assumindo a crença na raça como uma forma de se identificar como grupo social e cultural. O conceito de raça, assim, se aproxima muito hoje do de etnia. Com a diferença de que enquanto etnia é uma construção conceitual dos acadêmicos, raça é um termo plenamente assumido pelo senso comum.

Seria assim o racismo um anacronismo? Pois, se do ponto de vista científico a raça é hoje uma noção inexistente, o racismo é um preconceito baseado em uma diferenciação que não existe. E se não existem raças, como pode existir discriminação racial? Apesar disso, ainda hoje esse preconceito é uma realidade, transformado em preconceito de cor, também consideravelmente abstrato, pois, apesar do discurso dominante no Brasil, é extremamente difícil definir a cor da maior parte da população. O que nos leva a um segundo problema, o da miscigenação. Pois, se não existem raças, como pode existir misturas de raças? Para nós professores, uma ferramenta extremamente poderosa para o combate ao preconceito de cor que se apresenta no Brasil como racial é o trabalho em sala de aula com essa ampla discussão em torno do conceito de raça, pois ela nos leva a perceber o absurdo da inferiorização de seres humanos com base na questão biológica, uma vez que somos todos fisiologicamente exatamente iguais.

Ver também

Cidadania; Ciência; Etnia; Etnocentrismo; Evolução; Identidade; Índio; Miscigenação; Negro.

Sugestões de leitura

Cavalleiro, Eliane. *Do silêncio do lar ao silêncio escolar*. 3. ed. São Paulo: Contexto, 2003.

Franklin, John Hope. *Raça e História*: ensaios selecionados. Rio de Janeiro: Rocco, 1999.

Lévi-Strauss, Claude. *Raça e História*. Lisboa: Presença, 1952.

Maggie, Yvonne; Rezende, Claudia Barcellos. *Raça como retórica*: a construção da diferença. Rio de Janeiro: Civilização Brasileira, 2001.

Pinsky, Jaime. *A escravidão no Brasil*. São Paulo: Contexto, 1993.

_____. *12 faces do preconceito*. 7. ed. São Paulo: Contexto, 2004.

Pinsky, Jaime; Pinsky, Carla Bassanezi (orgs.). *Faces do fanatismo*. São Paulo: Contexto, 2004.

Santos, Gislene Aparecida dos. *A invenção do ser negro*: um percurso das ideias que naturalizaram a inferioridade dos negros. São Paulo/Rio de Janeiro: Educ/Fapesp/Pallas, 2002.

Schwarcz, Lilia Moritz. *O espetáculo das raças*: cientistas, instituições e questão racial no Brasil – 1870-1930. São Paulo: Companhia das Letras, 1993.

Relativismo Cultural

A expressão *relativismo cultural* faz referência a uma abordagem metodológica, uma forma de interpretar dados culturais usual na História e em outras ciências humanas, mas principalmente na Antropologia. Na verdade, para alguns autores a relativização se tornou sinônimo mesmo da Antropologia. E não é à toa que um famoso manual de Antropologia brasileiro, escrito por Roberto DaMatta, chama-se *Relativizando*.

Andrew e Sedgwick, em obra de referência recentemente lançada no Brasil, definem o relativismo cultural como a visão que interpreta moralidade, práticas e crenças funcionando de forma diferente em culturas distintas e, logo, não podendo ser julgados quanto a seu valor segundo um ponto de vista de outra cultura. Já Robert Foley, antropólogo físico preocupado com a evolução humana, define o relativismo cultural como a visão atual que nega a existência de um conhecimento objetivo, acreditando apenas em um mundo de palavras e textos de criação humana. Nessa perspectiva, a experiência humana, incluindo o conhecimento, só pode ser alcançada por meio do mundo linguístico do pensamento e da comunicação. O mundo que experimentamos seria, dessa forma, apenas uma construção dos sentidos. Mesmo os mais moderados dessa corrente, de acordo com Foley, acreditam que, ainda que haja um mundo real, nunca o podemos observar e experimentar objetivamente.

Vemos assim que existem maneiras diferentes de pensar o relativismo cultural: na primeira, ele aparece como uma prática contra o etnocentrismo; na segunda, como a desconstrução da realidade, uma visão em que a realidade não existe. A primeira visão é a mais usual na Antropologia Cultural e a segunda, que advém da Linguística, fundamenta a visão dos pós-modernos mais radicais.

O relativismo cultural surgiu na Antropologia, levando os antropólogos a estudar quais as soluções que sociedades diferentes oferecem para as mesmas questões existenciais, nas palavras de Everardo Rocha. Essa concepção metodológica surgiu como alternativa ao evolucionismo que imperou na Antropologia e em outras ciências durante o século XIX, a qual propunha uma visão progressista e etnocêntrica, na qual a sociedade ocidental era apresentada como a única civilização avançada, e todas as outras formas de cultura tidas apenas como estágios na escala para a ascensão evolutiva da humanidade. A visão evolucionista tomava, assim, a civilização ocidental como parâmetro e julgava as outras sociedades, culturas e civilizações sob os padrões do Ocidente. O relativismo veio contestar essa visão, aparecendo de início na passagem do século XIX para o XX, e sugerindo, em linhas gerais, que sociedades diferentes têm concepções de existência também diferentes, todas igualmente válidas. Ou seja, a espécie humana dá respostas distintas para os problemas que encontra, sem que possamos julgar a validade de cada concepção a partir de padrões de outra cultura.

Um dos primeiros pensadores a dar ênfase a uma visão relativista foi Franz Boas, fundando o *difusionismo*, também conhecido como "escola americana", e revolucionando a Antropologia com a introdução da relativização do conceito de cultura. Criticando a visão evolucionista, Boas defendia que cada cultura tinha suas particularidades, produzidas de condições históricas e geográficas específicas. Segundo Everardo Rocha, essa passagem do etnocentrismo para a relativização definiu alguns pontos básicos da Antropologia, utilizados até hoje por diferentes correntes. Entre eles está a concepção de que não existe apenas uma história. Em segundo lugar, a concepção de que existem culturas múltiplas e de que não é possível julgá-las segundo uma hierarquia construída por outra cultura, como a ocidental. Boas, apesar de inovador, não foi o único a investir nessa relativização. Entre os séculos XIX e XX surgiram outros nomes que deram impulso à relativização, como

Durkheim, Malinowski, Radcliffe-Brown e, posteriormente, Lévi-Strauss. Todos eles grandes renovadores da Antropologia e com grande influência sobre outras disciplinas sociais, inclusive a História e a produção historiográfica do século xx.

Do ponto de vista da História, a primeira contribuição do relativismo cultural foi sua crença de que não há uma única história, e esta não avança em uma única direção, a do Ocidente "civilizado". O relativismo cultural contribuiu, assim, para desconstruir o etnocentrismo da historiografia ocidental, abrindo espaço para a valorização das histórias dos povos conquistados, que até então não tinham espaço na historiografia tradicional. Com a crescente influência da Antropologia sobre a História a partir do último quartel do século xx, e com o crescimento da pós-modernidade nas ciências humanas no mesmo período, a relativização cresceu consideravelmente entre os historiadores.

O relativismo cultural surgiu na historiografia no período entre-guerras. A onda de ceticismo que recaiu sobre muitos pensadores, com as destruições causadas pelas guerras na Europa, levou-os a criticarem a objetividade e o conceito de *verdade* em História. Entre esses estavam historiadores como Collingwood, considerado um presentista. Para ele, o pensamento histórico é uma atividade de imaginação e nenhum testemunho é válido para todos os momentos, além disso, a interpretação das fontes varia de acordo com o historiador e seu contexto específico. Depois dele aparecem outros presentistas como Henri Marrou, Raymond Aron e Paul Veyne, todos considerados relativistas, apesar das diferentes abordagens que apresentam.

O historiador presentista é um relativista porque acredita que um dos elementos principais no trabalho de interpretação das fontes é o próprio cotidiano do historiador. Assim, a verdade extraída das fontes seria relativa, pois cada historiador leria uma verdade distinta segundo sua ideologia, seus conteúdos afetivos pessoais e seu momento histórico específico. Há também aqueles relativistas moderados, como Adam Shaft, que afirmam que mesmo que a verdade atingida pela História seja sempre parcial, o historiador deve insistir na busca da *verdade*, pois o conhecimento histórico progride pelo simples processo de acumular muitas verdades parciais.

Mas, se o relativismo na Antropologia trouxe uma crítica ao etnocentrismo bem-vinda também na História, as mais recentes correntes metodológicas relativistas, vinculadas à pós-modernidade, trazem muitas polêmicas para as ciências humanas. A inserção da Linguística no trabalho historiográfico deu ênfase à ideia de que o mundo que os pesquisadores poderiam alcançar pelas suas análises não é real, mas aquele criado pelos sentidos humanos, pela linguagem, e, logo, um mundo muito relativo. Assim, todo conhecimento produzido se tornaria específico de determinada cultura, e de determinada percepção de mundo, chegando mesmo alguns a afirmar que não há uma realidade concreta, um "mundo real". Essa concepção, no entanto, não é aceita por todos os pensadores relativistas, que fazem parte de diferentes correntes. É ainda o antropólogo Everardo Rocha quem nos alerta para o risco do relativismo cultural: cair no reducionismo, ou seja, procurar explicar tudo com base apenas nessa única visão de mundo, afirmando que apenas um fator define a cultura ou, no nosso caso, a História.

Sergio Paulo Rouanet é um dos pensadores mais críticos da pós-modernidade no Brasil, e também do relativismo cultural radical, que ele define como *historismo*. Para ele, essa visão de relativização absoluta, que afirma que não há um real, é uma rejeição a tudo que possa haver de universal à espécie humana. E, apesar de que ao longo do tempo essa rejeição já se fez sentir de diversas formas, como o nacionalismo exacerbado do século XIX, atualmente o historismo pós-moderno seria uma rejeição ao universal com base etnológica derivada do relativismo cultural antropológico, e de sua premissa de que diferentes culturas têm sua funcionalidade própria e igualmente válida e não podem ser julgadas por outras culturas. Não que Rouanet critique o relativismo cultural antropológico como um todo. Ele afirma, inclusive, que Boas e os outros fundadores da Antropologia, apesar de sua defesa dos particularismos culturais, nunca negaram a existência de uma unidade no gênero humano. Mas, por outro lado, muitos são hoje aqueles que usam as premissas do relativismo cultural para negar a existência de algo em comum a todo o gênero humano.

Tanto para Rouanet quanto para Edgar e Sedgwick, esse relativismo cultural pós-moderno é conservador e comprometido com o liberalismo, e não com a cultura dos marginalizados, como é apresentado muitas vezes. Para Rouanet, ao negar o universal, o relativismo deixa de pregar o igualitarismo entre a humanidade; já para Edgar e Sedgwick, ao se ligar ao liberalismo, ele na verdade está se comprometendo mais com o imperialismo cultural do que com a valorização de culturas marginais.

Notamos, assim, uma multiplicidade de visões sobre o relativismo cultural: ele tanto pode trazer contribuições, ao nos levar a valorizar e respeitar culturas distintas da nossa, e nesse sentido pode ser um importante instrumento para o professor, quanto pode negar a realidade, afirmando que tudo é linguagem e representação, e ocultando as relações econômicas e sociais de dominação. No relativismo cultural radical, dificilmente podemos falar em ética ou em valores que pertencem ao gênero humano. Mas essa abordagem configura um avanço inegável na interpretação cultural e no respeito à pluralidade de culturas. No currículo escolar de História podemos encontrar numerosos tópicos em que é possível aplicar o conceito de relativismo cultural: as colonizações da América, da África e da Ásia; a relação das civilizações grega e romana com os demais povos da Antiguidade (muitas vezes tratados genericamente como "bárbaros"); e o avanço do nazismo e do discurso ideológico da "cultura superior ariana", entre outros. Estaremos, assim, respondendo à exigência atual de que a História trabalhe com a diversidade cultural no ensino Fundamental e Médio.

Ver também

Cultura; Discurso; Ética; Etnocentrismo; Evolução; História; Interdisciplinaridade; Mentalidades; Pós-modernidade; Romantismo; Tempo.

Sugestões de leitura

Bourdé, Guy; Martin, Hervé. *As escolas históricas.* Sintra/Portugal: Publicações Europa-América, 1990.

Edgar, Andrew; Sedgwick, Peter. *Teoria cultural de A a Z*: conceitos-chave para entender o mundo contemporâneo. São Paulo: Contexto, 2003.

Foley, Robert. *Humanos antes da humanidade.* Lisboa: Teorema, 2001.

Hughes-Warrington, Marnie. *50 grandes pensadores da História.* São Paulo: Contexto, 2002.

Mesgravis, Laima; Pinsky, Carla Bassanezi. 2. ed. *O Brasil que os europeus encontraram.* São Paulo: Contexto, 2002.

Pinsky, Jaime. *As primeiras civilizações.* São Paulo: Contexto, 2001.

Rocha, Everardo. *O que é etnocentrismo.* São Paulo: Brasiliense, 1994.

Rouanet, Sergio Paulo. *Mal-estar na modernidade.* São Paulo: Companhia das Letras, 1993.

Silva, Rogério Forastieri da. *História da historiografia*: capítulo para uma história das histórias da historiografia. Bauru: Edusc, 2001.

Religião

Toda sociedade humana ao longo da história parece ter possuído religião. Apesar disso, para alguns autores, o conceito de religião foi construído no Ocidente: se, por um lado, a religiosidade encontrada já nos neanderthais e visível em suas cerimônias fúnebres é um dos aspectos definidores do ser humano, por outro, foi no Ocidente que a distinção entre religião e os outros aspectos da vida social foi realizada. A palavra religião vem de *religio*, termo latino que originalmente se referia a qualquer conjunto de regras e interdições. Religião, pois, é uma categoria de análise histórica e social que pode ser definida como um conjunto de crenças, preceitos e valores que compõem artigo de fé de determinado grupo em um contexto histórico e cultural específico, lembrando que a religião é sempre coletiva.

Se já podemos ver religião entre os primeiros seres humanos, isso se deve a sua característica de esforço para explicar o mundo e o universo. Toda sociedade ao longo da história se preocupou com suas origens, com a própria origem da espécie e com os mistérios da morte. Os conjuntos de crenças que chamamos de religião foram as primeiras tentativas, válidas até hoje em diferentes culturas, para responder a essas questões. Tais crenças, originalmente, davam sentido e ordem a um mundo desconhecido e identificado com o caos, algo sempre temido pelas culturas da Antiguidade, como a Mesopotâmia e a Grécia Clássica.

Esses conjuntos de crenças que se apresentam como religiões podem assumir diferentes aspectos conforme a cultura que os constrói. Em alguns casos, baseiam-se no desenvolvimento dos valores e códigos de conduta, sem creditar a criação e os valores a entidades superiores, como é o caso da religião tupi-guarani, considerada por Hélène Clastres a própria negação da Teologia, visto a ausência total de divindades. No entanto, na maioria das vezes, as religiões defendem a existência de seres superiores, entidades sobrenaturais, com poderes sobre o destino humano. Tais seres superiores são os deuses.

Mas a variedade da religiosidade humana inclui mesmo a descrença na própria religião. Assim, é possível classificarmos indivíduos e sociedades naqueles que creem em religiões e naqueles que não creem. Nesse segundo caso estão ateus e agnósticos. Os ateus são aqueles que rejeitam a existência de divindades, sendo que alguns estudiosos defendem mesmo a existência de religiões ateias, que não consideram a existência de divindades. Exemplos seriam o Budismo, o Confucionismo, o Taoísmo, além da já mencionada religião tupi-guarani.

O agnosticismo, por sua vez, nega tanto o deísmo como o ateísmo, pois não considera que seja possível discutir e muito menos resolver a questão da existência ou não de poderes superiores. O agnosticismo se recusa a discutir a existência da religião como característica intrínseca à humanidade, assim como a possibilidade da existência de divindades. Para ele, na verdade, assim como é impossível provar a existência de Deus, é igualmente impossível provar Sua inexistência. Para os agnósticos, a discussão em torno da existência de divindades é, no mínimo, fútil e inútil, pois jamais vamos poder chegar a um resultado. Mas ateísmo e agnosticismo são conceitos complexos e muitas vezes pouco definidos. É comum, inclusive, a definição de agnóstico como aquele que não pertence a nenhuma religião, mas crê na existência de alguma entidade sobrenatural. Esses seriam os deístas. Sinteticamente, é possível afirmar, de forma simplista, que o ateu não acredita em deuses e o agnóstico enfatiza a dúvida.

Colocando agora a questão do ponto de vista dos que aceitam a religião, podemos fazer outra separação em dois grandes blocos, as religiões deístas, com divindades, e as religiões "ateias", ou seja, sem divindades. No segundo caso estão religiões de cunho antropocentrista, cuja função é ditar valores morais, buscar a perfeição ou o paraíso, mas por meio da própria humanidade e não da adoração de entidades superiores. No Budismo, por exemplo, a busca se centra na elevação espiritual. Por meio de uma série de preceitos e práticas ascéticas, o fiel budista almeja alcançar a perfeição humana, o Nirvana. Este não é o paraíso oferecido por divindades àqueles que seguem suas normas fielmente; pelo contrário, o Nirvana é o estágio mais elevado da própria humanidade, alcançado pelos que se dedicam a desenvolver certas potencialidades humanas ligadas ao espírito.

Já a extinta religião tupi-guarani, por sua vez, acreditava em paraíso. Mas este, todavia, não era criado e nem de responsabilidade de divindades: estava na terra, e poderia ser alcançado tanto pelos vivos quanto pelos mortos. Não existiam preceitos nem ritos específicos nessa religião, e o culto, quando presente, era voltado para a própria humanidade na figura dos antepassados. Mas, em geral, até mesmo esse culto era secundário, sendo o principal elemento religioso a busca da *terra sem mal*, o paraíso terreno.

Assim, podemos observar por esses exemplos que a religiosidade humana prescinde mesmo da divindade, muitas vezes se voltando para a própria glorificação do humano. Hoje, no entanto, as religiões com mais adeptos no mundo são as deístas, aquelas que acreditam na existência de divindades. Nesse caso também é possível fazer uma subdivisão entre as mono e as politeístas. Enquanto as primeiras defendem a existência de uma única divindade, as politeístas adoram um panteão, um conjunto de muitos deuses e deusas. As maiores religiões do mundo hoje são as monoteístas. E apesar do Judaísmo ter menos de 20 milhões de adeptos, com o Cristianismo e o Islã, abarca a metade da humanidade. Entre as politeístas, por sua vez, o Hinduísmo é a mais significativa. No entanto, a definição de religiões poli e monoteístas pode não ser tão simples como pensávamos. Primeiro, para muitos monoteístas não cristãos o próprio Cristianismo com a crença na Santíssima Trindade não é monoteísta, pois adoraria *três* divindades. Segundo lugar, visto que o Cristianismo afirma a unidade da divindade na Trindade, também o Hinduísmo, no qual todas as divindades terminam sendo reafirmações da divindade criadora, seria monoteísta e não politeísta. Entre os dois extremos está a definição de religião henoteísta, em que o politeísmo pode dar lugar a uma adoração monoteísta quando determinado grupo de fiéis escolhe adorar apenas uma divindade do panteão. Um exemplo seria o culto a Hare Krishna, originário do Hinduísmo, cuja adoração está centrada apenas em Krishna, *avatar* de Vishnu, uma das três divindades principais do panteão hindu.

Atualmente, as duas maiores religiões em números de praticantes são o Islã e o Cristianismo. A terceira, o Hinduísmo, por sua vez, é politeísta. A maioria das civilizações, até o surgimento e a expansão do Cristianismo e do Islamismo, eram politeístas, desde a Grécia clássica passando pelos maias na América Central até as cidades-estados iorubás na África ocidental. A marca de uma religião politeísta é seu panteão diversificado, em que a cada divindade são atribuídas determinadas características. Hoje o Hinduísmo, religião oficial da Índia, é a principal religião politeísta do mundo. No entanto, alguns consideram mais correto falar do Hinduísmo como um conjunto de religiões que partilham elementos em comum, mas sem uma teologia única. Muitos praticantes do Hinduísmo, inclusive, se ressentem desse termo, que tem mais uma característica geográfica que religiosa. O termo mais apropriado, para os indianos mais tradicionalistas, é Sanatana-Dharma, "*religião eterna*". Como o Judaísmo, o Hinduísmo também gerou várias religiões importantes, como o Budismo e o Sikhismo.

O Budismo poderia se encaixar naquela definição de uma religião *ateia*, visto que não se baseia no culto às divindades. Surgida da filosofia pregada por *Buda, o Iluminado*, ou Siddartha Gautama, no século VI a.C., expandiu-se pela Ásia, hoje com 300 milhões de devotos em todo o mundo. O principal líder espiritual do budismo é o Dalai Lama, considerado, pela corrente tibetana do Budismo, a reencarnação de Buda. E, apesar de seu crescimento no Ocidente, nessa região ainda é uma religião sobre a qual são elaborados muitos mal-entendidos, principalmente devido ao crescimento do esoterismo, que reivindica, em geral, de modo indevido, ligações com a pregação budista. A base deste é a crença em uma insatisfação inerente ao homem, que, no entanto, pode ser transcendida para se obter a perfeição.

A variedade de religiões na história engloba ainda experiências tão diversas como o Candomblé, o Xintoísmo e o Espiritismo. O Espiritismo, ou Kardecismo, surgido no final do século XIX na Europa com a doutrina de Allan Kardec, é uma religião espiritualista, ou seja, enfatiza a alma, acreditando que esta sobrevive à morte física do corpo. O Espiritismo mescla Cristianismo e influências hinduístas, como a crença fundamental na reencarnação, tendo como uma de suas características marcantes a apropriação de uma linguagem científica, reivindicando para si uma característica de cientificidade.

O Candomblé, por sua vez, é uma religião politeísta, que apesar de baseada no culto aos orixás, deuses africanos de povos como os iorubás, da atual Nigéria e Benin, nasceu no Brasil criada pelos escravos com base em cultos africanos, mas com elementos próprios, muitas vezes miscigenados. No entanto, a ligação do Candomblé com a religião africana dos orixás é bastante visível no fato de que em outros lugares da América podemos encontrar religiões com tradições similares, como a Santería cubana, por exemplo, também elaborada por escravos africanos.

Já o Xintoísmo, ou Xintó, religião tradicional do Japão, assim como a religião tupi-guarani e outras religiões "ateias", pouco credita à teologia, preferindo se dedicar a encorajar respeito e gratidão aos ancestrais, além de enfatizar aspectos morais e sociais. Também como a religião tupi-guarani, o Xintoísmo não tem nem mesmo um termo específico para o conceito ocidental de Deus. Uma das suas mais marcantes e particulares características, no entanto, é seu caráter intrinsecamente nacional, estando tão ligado à cultura japonesa que praticamente não se propagou para outras regiões.

A discussão sobre a diversidade religiosa e os múltiplos significados da religião é ampla, e, depois de ter sido relegada por muito tempo como tema de pouco interesse para a ciência, a crise da modernidade no Ocidente trouxe de volta um interesse saudável em rever a religiosidade humana como parte integrante do que define mesmo o ser humano. A retomada da religião pode ser sentida na sala de aula, nas propostas curriculares de pedagogos. Cabe ao professor de História participar desse processo de revalorização da religiosidade, explicando historicamente a grande diversidade de crenças. No entanto, devemos tomar muito cuidado para não confundirmos valorização da religiosidade, como importante componente da identidade humana, com a imposição de crenças particulares específicas. Para o historiador, o respeito à liberdade de crenças, ainda que seja o respeito ao direito de não possuir nenhuma religião, é fundamental, e o professor precisa sempre ter esses preceitos em mente ao discutir temas correlatos.

Ver também

Candomblé; Cristianismo; Fundamentalismo; Identidade; Inquisição; Islã; Judaísmo; Monoteísmo; Politeísmo.

Sugestões de leitura

CAMPBELL, James. As máscaras de Deus: mitologia primitiva. São Paulo: Palas Athena, 1992.

CLASTRES, Hélène. Terra sem mal: o profetismo tupi-guarani. São Paulo: Brasiliense, 1978.

DEL PRIORE, Mary (org.). História das mulheres no Brasil. 6. ed. São Paulo: Contexto, 2002.

EDGAR, Andrew; SEDGWICK, Peter. Teoria cultural de A a Z: conceitos-chave para entender o mundo contemporâneo. São Paulo: Contexto, 2003.

HINNELS, John R. (ed.). Dicionário das religiões. São Paulo: Círculo do Livro, 1990.

PINSKY, Jaime. As primeiras civilizações. São Paulo: Contexto, 2001.

PINSKY, Jaime; PINSKY, Carla Bassanezi (orgs.). Faces do fanatismo. São Paulo: Contexto, 2004.

REEBER, Michel. Religiões: mais de 400 termos, conceitos e ideias. Rio de Janeiro: Ediouro, 2002.

SILVA, Eliane Moura da. Religião: estudos de religião para um novo milênio. In: KARNAL, Leandro (org.). História na sala de aula: conceitos, práticas e propostas. São Paulo: Contexto, 2003.

RENASCIMENTO

Tema constante nos currículos de História, o Renascimento é um daqueles assuntos que por ser muito conhecido muitas vezes é mal compreendido. Ligado a outros importantes conceitos como Humanismo e Reforma, o Renascimento é um momento histórico que produziu significativa influência na formação do que chamamos de mundo ocidental.

A palavra Renascimento surgiu já durante o século XV, mas de início seu sentido era religioso, significando a revitalização da alma por meio dos sacramentos. Só no século XVI o termo foi empregado com seu sentido mais corrente, para se referir às mudanças de consciência e nas formas de expressão artísticas do período. No entanto, desde o século XV que os indivíduos envolvidos no fenômeno já tomavam consciência dessas mudanças culturais. Renascimento, dessa forma, significa o momento histórico que se inicia e tem seu apogeu nas cidades italianas do século XV, de renovação das expressões artísticas ligada às mudanças de mentalidade do período, com a ascensão da burguesia. Ele está em conexão com o Humanismo, ou seja, com a retomada dos estudos sobre a Antiguidade clássica, apesar de hoje a maioria dos autores não considerar mais o Humanismo a filosofia acadêmica do Renascimento.

O significado mais difundido de Renascimento, como o rejuvenescimento cultural a partir das formas de expressão da Antiguidade clássica, já era usado por seus contemporâneos, como Marcílio Ficino no século XVI. A historiografia tradicional, principalmente do século XIX, costumava olhar para o Renascimento como um momento de ruptura com a Idade Média, considerada então a Idade das Trevas. O Renascimento, portanto, seria a volta aos valores da Arte mais pura e avançada, a Arte greco-romana. Essa concepção tradicional estava baseada no discurso proferido pelos próprios renascentistas. Segundo Will Durant, os italianos chamaram de Renascimento o que consideravam a ressurreição do espírito clássico depois de mil anos de trevas.

Atualmente, essa visão é bastante contestada. A Renascença não é mais vista como uma ruptura com a Idade Média, nem essa é mais pensada em termos de Idade das Trevas. Na verdade, os principais estudiosos do período, como Jacob Burckhardt e Jean Delumeau, consideram que o movimento de reavivamento do pensamento e da Arte que deu origem ao Renascimento começou com a revitalização da vida urbana europeia já no século XII.

O contexto histórico do Renascimento está associado à crise do Feudalismo e ao surgimento do Capitalismo na Europa ocidental no século XIV. Essa crise histórica se manifestou tanto nos campos econômicos, políticos e sociais quanto nos intelectual e cultural. O Renascimento, o Humanismo e a Reforma foram expressões dessa crise, da necessidade que os grupos sociais então em ascensão tinham para explicar seu papel no Universo sem recorrer às explicações católicas e feudais, representantes de uma ordem que contestavam.

O Renascimento, assim, foi a expressão das novas concepções de mundo que começavam a aparecer entre os ascendentes burgueses urbanos, razão pela qual a Itália, rica, comercial e urbanizada, foi o ponto de partida e o ápice desse movimento. Para a mudança mental e artística era necessário dinheiro, pois os grandes artistas da Renascença trabalhavam principalmente sob encomenda. Na Itália, o secularismo da classe média começava a contestar as extravagâncias de um clero muito mundano, e influenciou as transformações mentais, aliada à capitalização de banqueiros, comerciantes, burgueses e da própria Igreja, enriquecidos com o próspero comércio com o Oriente.

De acordo com Durant, o norte da Itália foi o berço do movimento devido a uma série de características próprias. Primeiro, lá a influência do Império Romano nunca foi destruída por completo, o latim ainda estava vivo, e a própria arquitetura conservava características clássicas. Além do mais, essa região era a mais urbana e industrializada da Europa, e não conheceu um Feudalismo nos moldes clássicos. Também a tradição de intercâmbio comercial com outros povos tivera significativa influência no comportamento dos italianos do norte, no sentido de impedir a construção de dogmas muito rígidos. Dessa região, Florença se destacou como a principal cidade do Renascimento, por ser a cidade mais rica da Itália no século XIV e pela constante luta de facções em seu interior. Essa luta, na Itália como um todo, se traduzia muitas vezes em uma disputa diplomática em que o financiamento de obras de arte garantia prestígio aos envolvidos.

Nessa Itália rica e descentralizada dos séculos XIV e XV, alguns grandes poderes políticos se formaram, entre eles as cidades de Milão, Veneza, Florença, Nápoles e Roma. Na disputa por influência, a diplomacia valia muitas vezes mais do que o conflito aberto. E na diplomacia tornou-se critério de avaliação de poder o fato de que esses centros eram também importantes polos artísticos. Assim, a exibição de riqueza e de poder passava também pela ostentação artística, pelo financiamento de grandes obras de arte, fosse nas artes plásticas, na arquitetura ou mesmo na literatura. Grandes nomes do período como Michelangelo e Rafael, e algumas das obras mais famosas do Renascimento, como a Capela Sistina, foram financiados por essa disputa de poder e influência.

Mas se atualmente a abordagem mais comum do Renascimento é aquela que afirma que este é uma continuidade da Idade Média, e não uma ruptura, existem historiadores que contestam essa afirmação. Um desses é Eugenio Garin, para quem aqueles que defendem a continuidade entre as mudanças culturais da Idade Moderna e a Idade Média estão escamoteando as grandes contribuições dos séculos XV e XVI. Pois, para ele, a Idade Média oferecia pouca inspiração para o Renascimento, ao contrário da Antiguidade. Garin, no entanto, é hoje uma opinião minoritária, uma vez que estudos feitos pela historiografia francesa sobre a cultura medieval levaram grande parte dos estudiosos do Renascimento a admitirem as ligações do movimento com formas de expressão e preocupações já vigentes na Idade Média, o que, no entanto, não tira o caráter de inovação da Renascença.

As discordâncias sobre o Renascimento são comuns, visto que ele é objeto de estudo privilegiado por numerosas correntes de pensamento historiográfico, constituindo-se em um dos mitos fundadores do Ocidente. As mudanças metodológicas na historiografia, no século xx, foram responsáveis também por mudanças de abordagem nos estudos do Renascimento. Hoje, uma das obras-chave para a compreensão do período é *O Renascimento italiano,* de Peter Burke, que observa o movimento de uma ótica ao mesmo tempo social e cultural, tentando mediar as conclusões de outros grandes pensadores do Renascimento, como Jacob Burckhardt. Coerente com as preocupações da História Social, Burke defende que o Renascimento não pode ser entendido se observarmos apenas as obras e seus autores do ponto de vista individual, pois os interesses do artista eram definidos por sua cultura, pelo momento em que viviam. Ele afirma ainda que, apesar dos renascentistas afirmarem estar rompendo com o passado medieval e recuperando o passado clássico, na verdade, sua obra é uma mistura dos dois passados, fazendo, assim, uma mediação entre as teses da ruptura e da continuidade com a Idade Média.

As abordagens sobre o Renascimento são múltiplas e oferecem muitos pontos interessantes para reflexão não só sobre o período, mas também sobre a formação do Ocidente e sobre a própria produção da História. Comumente colocado em ordem cronológica na Idade Moderna, esse movimento é considerado um dos momentos fundadores da própria modernidade. Mas as concepções que o mostram como continuidade da Idade Média desconstroem parte dessa visão rígida de Renascimento associado à modernidade, e mesmo da própria modernidade como fruto desse período.

Apesar de ser difícil fugir ao eurocentrismo da História ocidental abordando temas como o Renascimento, por mais que almejemos uma História cada vez menos centrada na evolução europeia, não podemos fugir ao fato de que a América foi criada a partir desse mundo moderno, inventada a partir dele, assim como que o próprio pensamento renascentista teve grande relação com essa invenção. Isso não quer dizer, todavia, que os professores devam se contentar com o que diz o livro didático. Nunca é demais ressaltar a importância do trabalho com as fontes. E no caso do Renascimento, essas fontes são de fácil acesso para a maioria dos professores, mesmo fora dos grandes centros brasileiros. Obras dos chamados grandes mestres da literatura, como Dante, Shaskeapeare e Rabelais, são facilmente encontradas em edições populares. Não esqueçamos também das artes plásticas, cujas obras principais também estão reproduzidas em diversas mídias e disponibilizadas na internet. Mas, como nos lembra Leandro Karnal, é importante que o professor leia também os grandes clássicos da historiografia sobre o assunto, como Burckhardt.

VER TAMBÉM

Antiguidade; Arte; Barroco; Burguesia; Humanismo; Iconografia; Mercantilismo; Modernidade.

SUGESTÕES DE LEITURA

BURCKHARDT, Jacob. *A civilização da Renascença italiana*. Lisboa: Presença, s. d.

BURKE, Peter. *O Renascimento italiano*: cultura e sociedade na Itália. São Paulo: Nova Alexandria, 1999.

DELUMEAU, Jean. *A civilização do Renascimento*. Lisboa: Estampa, 1984, 2v.

DURANT, Will. *A Renascença*: a história da civilização. Rio de Janeiro/São Paulo: Record, 2002, v. v.

KARNAL, Leandro (org.). *História na sala de aula*: conceitos, práticas e propostas. São Paulo: Contexto, 2003.

MARQUES, Adhemar; BERUTTI, Flávio; FARIA, Ricardo. *História moderna através de textos*. São Paulo: Contexto, 1997.

REVOLUÇÃO

Palavra muito utilizada pela historiografia, revolução é uma das poucas categorias das Ciências Sociais cujo significado não é controvertido. O problema, quando existe, está no emprego político do termo, pois revolução é às vezes utilizada com o sentido de golpe ou reforma. Primeiro, vamos definir uma revolução como um processo de mudança das estruturas sociais. A palavra surgiu durante o Renascimento como referência ao movimento dos corpos celestes, ganhando um significado político apenas no século XVII, com a Revolução Inglesa. Nesse período, revolução significava retorno à ordem política anterior que tinha sido alterada por turbulências. Assim, naquele momento, a Revolução Inglesa não foi entendida como a guerra civil e a ascensão de Cromwell, mas a volta à monarquia. Somente com a Revolução Francesa o termo ganhou o significado que tem hoje: o de uma mudança estrutural, convulsiva e insurrecional.

Hector Bruit define uma revolução como um fenômeno político-social de mudança radical na estrutura social; um confronto entre a classe que detém o poder do Estado e as classes que se acham excluídas desse poder. Revolução é, assim, um confronto de classes.

O autor apresenta ainda algumas das características mais marcantes de uma revolução: a rapidez com que as mudanças são processadas durante esse fenômeno e a violência com que são feitas. Nesse sentido, uma revolução é sempre traumática porque tira a sociedade de sua inércia, movimentando a estrutura social. Logo, toda revolução é vista negativamente por seus contemporâneos.

Bruit trabalha com um tipo específico de revolução, aquela com base social e política. Mas o termo pode ser aplicado a diferentes áreas da vida humana: revolução política, revolução cultural, revolução tecnológica. Assim como a contextos históricos, como Revolução Francesa, Revolução Industrial. Revolução, como categoria de análise, significa todo e qualquer fenômeno que transforma radicalmente as estruturas de uma sociedade; quaisquer estruturas, e não apenas estruturas políticas, econômicas e sociais. Na perspectiva política, a historiografia costuma classificar dois tipos principais de revolução: as revoluções burguesas e as revoluções proletárias. Os principais modelos são, respectivamente, a Revolução Francesa e a Revolução Russa.

A revolução burguesa, diz Modesto Florenzano, é um conceito adotado para definir os fenômenos históricos protagonizados pela burguesia ou aqueles dos quais ela foi beneficiada. Esse conceito está contextualizado no momento histórico do nascimento do Capitalismo e de transformação da sociedade feudal em sociedade burguesa, entre 1770 e 1850. Apesar da revolução burguesa clássica ser a Revolução Francesa, as alterações políticas na Inglaterra entre 1640 e 1660 também são assim descritas. Florenzano define ainda classe revolucionária: uma classe capaz de pôr em prática um novo projeto social e de estabelecer uma nova sociedade. Florenzano, como Bruit, considera que a revolução é um movimento de classe. Assim, para que haja uma revolução é preciso primeiro que haja um conflito social, uma situação de crise revolucionária. Sua tese é a de que a burguesia quase nunca foi uma classe revolucionária, aparecendo quase sempre como reformista, não tendo iniciado nem a Revolução Inglesa, nem a Francesa, nem liderado os principais momentos dessas revoluções. Mas, sem dúvida, foi ela quem se beneficiou desses movimentos. Para o autor, as revoluções burguesas foram mais consequência das forças desencadeadas pela Revolução Industrial do que dos esforços revolucionários da burguesia.

Talvez a mais influente definição de revolução tenha sido a de Karl Marx e Friedrich Engels. Cunhada em meados do século XIX, a ideia de revolução do materialismo histórico influenciou não apenas os estudiosos, mas também os revolucionários, impulsionando diversos movimentos políticos, inclusive a Revolução Russa. Marx e Engels construíram o conceito de revolução pensando na revolução proletária que deveria acontecer, a seu ver, inevitavelmente no Capitalismo. Para eles, uma das exigências para a revolução proletária era que antes dela a revolução burguesa fosse feita. Assim, não definiram só a revolução socialista, mas a revolução burguesa. Para eles, a Revolução Francesa foi o paradigma das revoluções burguesas: um movimento social desenvolvido por uma burguesia revolucionária aliada a grupos populares que derrubou as estruturas feudais. A revolução burguesa abriu espaço para o Capitalismo; este, por sua vez, levaria à revolução socialista, desencadeada por uma nova classe revolucionária, o proletariado, agora que a burguesia era a classe dominante. Essa tese influenciou pensadores durante todo o século XX: de revolucionários como Lenin a sociólogos como Florestan Fernandes.

Mas na América Latina, onde o desenvolvimento capitalista se deu de forma diferente da Europa, é difícil aplicar esses conceitos de revolução burguesa e revolução proletária. Alguns autores falam de revoluções camponesas, considerando esse termo mais apropriado para a América Latina. Porém, nessa região, o imperialismo gerou em especial revoluções caracteristicamente anti-imperialistas no século XX, não burguesas ou proletárias. É Hector Bruit quem, ao se debruçar sobre as revoluções mexicana, cubana e nicaraguense, defende que as revoluções latino-americanas tiveram cunho mais nacionalista do que de classes. Mas ele ainda classifica a revolução mexicana como burguesa e a cubana e a nicaraguense como proletárias, observando sobretudo o resultado das revoluções. Não podemos esquecer, porém, que enquanto esses movimentos estiveram ativos, setores da burguesia participaram da revolução cubana, e os movimentos de massa foram fundamentais no México.

Importante noção atrelada ao conceito de revolução é a de contrarrevolução. Florestan Fernandes nos diz que uma contrarrevolução é uma realidade histórica contrária à revolução. É aquilo que impede uma revolução. Atualmente, autores como Clóvis Rossi chamaram o golpe de 1964 de falsa contrarrevolução. Para esse autor, os golpes militares na América Latina da segunda metade do século XX foram fundamentados em uma filosofia que se dizia contrarrevolucionária, pregando a tomada do poder por grupos de direita que procuravam impedir uma revolução socialista. E, no entanto, nem no Brasil, nem na Argentina, nem no Uruguai, por exemplo, havia uma revolução socialista em andamento, e os golpes militares foram desfechados mesmo apenas contra a democracia.

Durante a própria vigência desses governos militares, os golpes de Estado que lhes deram origem eram chamados de revoluções. Para Florestan Fernandes, o uso da palavra *revolução* como sinônimo de golpe de Estado (principalmente no que dizia respeito ao governo militar brasileiro e à tomada de poder em 1964) tem um profundo caráter ideológico. Fernandes concorda que a definição de revolução oferece pouca controvérsia: revolução é um fenômeno social e político de mudanças rápidas e drásticas nas estruturas sociais, em que a ordem social vigente é subvertida. Mas o uso das palavras sempre se remete às relações de dominação assim, empregar revolução em vez de golpe de Estado para nomear um acontecimento que não transformou as estruturas sociais é uma forma de escamotear a realidade histórica.

Também precisamos distinguir revolução de revolta. As revoltas são manifestações populares de insatisfação, em geral de caráter mais efêmero, um protesto contra os aumentos de preços, por exemplo. São muitas vezes espontâneas e sem organização sistemática e, de modo diferente das revoluções, não chegam a alterar as estruturas sociais.

Se a historiografia trabalha de forma mais prolífica com o conceito político de revolução, o que inclui as mudanças econômicas e sociais além de culturais, existe todo um campo de estudo para as mudanças da técnica, o campo das revoluções tecnológicas. Teóricos como Mandel definiram a revolução tecnológica como o processo de mudanças radicais e qualitativas na base técnica sobre a qual se assenta o sistema produtivo de uma sociedade. Os autores divergem sobre quantas e quais foram as revoluções tecnológicas ao longo da história, mas quase todos concordam com pelo menos uma, a Revolução Industrial. O conceito de Revolução Industrial, inclusive, é questionável, pois para muitos é uma simples evolução da técnica. Para aqueles como Francisco Iglésias que aceitam a definição de revolução, esse fenômeno dos séculos XVIII e XIX é uma revolução em especial porque passa da manufatura para a maquinofatura, ou seja, se até então os homens utilizavam ferramentas para auxiliar a força humana, agora usavam a força da natureza nas máquinas. Também substituíam a descoberta de técnicas, o que seria puro acaso, pela invenção, típica dos estados mais "avançados" da civilização. Também Eric Hobsbawm fala de Revolução Industrial como o processo em que o poder produtivo humano teria alcançado níveis totalmente novos. Segundo ele, existiu uma *Era das revoluções*, o período entre 1789 e 1848, ou seja, entre a Revolução Francesa e a Revolução de 1848, momento de desenvolvimento da Revolução Industrial e de muitas transformações da vida social da Europa ocidental. Na verdade, ele fala de uma grande revolução que teria tomado todo esse período e que teria mudado o rumo da história humana, com a ascensão da indústria capitalista e da sociedade burguesa.

Alguns autores datam o surgimento da noção revolução na história. É o caso de Henri Mendras, que, estudando as sociedades camponesas, afirma que a revolução como fenômeno só surgiu em 1789, e antes disso as sociedades camponesas nunca haviam feito uma revolução. Revoltas, levantes e sedições sim, mas revolução nunca. Para Mendras, na Revolução Francesa, pela primeira vez, os camponeses se uniram a outros grupos, estes urbanos, e tiveram facções dirigentes capazes de empreender uma transformação radical no sistema de poder vigente.

Essas considerações nos levam a observar que todos esses autores usam o mesmo conceito de revolução, o de transformação radical nas estruturas sociais. Se não há dissenso sobre a ideia de revolução, devemos nos preocupar com a utilização da palavra. Toda palavra tem seu significado e sua função específica na sociedade; assim, toda palavra tem um uso político. Por isso devemos ser precisos com os conceitos e falar de golpe de Estado quando houver um e de revolução quando for o caso. O emprego de um conceito por outro – como nesse caso citado – nunca é sem consequências. Uma revolução é uma alteração profunda na sociedade, e quando afirmamos que o golpe de Estado de 1964 foi uma revolução, estamos defendendo que ele trouxe alterações sociais profundas, fato que não aconteceu.

VER TAMBÉM

Burguesia; Ditadura; Estado; Golpe de Estado; Ideologia; Marxismo; Massa/ Multidão/Povo; Revolução Francesa; Revolução Industrial; Tecnologia; Violência.

SUGESTÕES DE LEITURA

BRUIT, Hector. *Revoluções na América Latina.* São Paulo: Atual, 1988.

FARIA, Ricardo Moura. *As revoluções do século xx.* 2. ed. São Paulo: Contexto, 2002.

FERNANDES, Florestan. *O que é revolução.* São Paulo: Brasiliense, 1984.

FLORENZANO, Modesto. *As revoluções burguesas.* São Paulo: Brasiliense, 1998.

GRESPAN, Jorge. *Revolução Francesa e Iluminismo.* São Paulo: Contexto, 2003.

HOBSBAWM, Eric. *A era das revoluções:* 1789-1848. São Paulo: Paz e Terra, 1997.

IGLÉSIAS, Francisco. *A revolução industrial.* São Paulo: Brasiliense, 1981.

MARQUES, Adhemar; BERUTTI, Flávio; FARIA, Ricardo. *História contemporânea através de textos.* 10. ed. São Paulo: Contexto, 2003.

MENDRAS, Henri. *Sociedades camponesas.* Rio de Janeiro: Zahar, 1978.

PINSKY, Jaime; PINSKY, Carla Bassanezi (orgs.). *História da cidadania.* São Paulo: Contexto, 2003.

_____; _____(orgs.). *Faces do fanatismo.* São Paulo: Contexto, 2004.

ROSSI, Clóvis. *A contrarrevolução na América Latina.* São Paulo: Atual, 1994.

REVOLUÇÃO FRANCESA

Talvez nenhum outro episódio histórico tenha sido tão debatido quanto a Revolução Francesa. Os estudos produzidos sobre o tema contam-se às centenas. Conhece-se sua trama política até nos detalhes. Aparentemente, pouco se teria a discutir ainda sobre o tema, e, no entanto, não é isso que ocorre. A Revolução Francesa é um desses acontecimentos que suscitam paixões, estimulando debates e polêmicas. Não podia ser de outro modo: trata-se de um fato político da maior relevância para toda uma época. No geral, a Revolução Francesa é reconhecida como o nascimento da democracia moderna, pois enquanto a sociedade do Antigo Regime se fundamentava na desigualdade entre os homens, surgiu pela primeira vez na história uma revolução que tinha como bandeira a igualdade, a soberania do povo, a liberdade, a ideia de Direitos do Homem. Segundo François Furet e Mona Ozouf, essa ruptura já exprime a natureza ao mesmo tempo política e filosófica do movimento. E não é por acaso que a Revolução Francesa é considerada o marco da transição da Idade Moderna para a Idade Contemporânea.

Conceituar a Revolução Francesa é mais difícil do que parece, mesmo porque muitas definições são construídas por diferentes visões historiográficas. A definição clássica, de fundamentação marxista, é uma das mais utilizadas. Segundo ela, a Revolução Francesa foi uma revolução política da burguesia. E essa classe, economicamente pujante no século XVIII, mas politicamente excluída no Antigo Regime, teria assumido o poder político formal pela revolução e, por meio dela, construído uma nova sociedade baseada na ideologia liberal. Nesse sentido, a Revolução Francesa teria posto fim às estruturas do Absolutismo e do Feudalismo e inaugurado a nova ordem capitalista. Essa definição apóia a tese marxista de que a burguesia havia feito a sua revolução, e o passo seguinte seria o proletariado fazer também a sua.

Muitos autores que estudam a Revolução Francesa reconhecem que havia um descompasso entre as instituições arcaicas do Antigo Regime e as novas forças sociais ascendentes. Essa, por exemplo, é a posição de Eric Hobsbawm, para quem a Revolução Francesa não foi apenas mais um evento que abalou as estruturas do Antigo Regime, mas um fato de consequências mais fundamentais para a contemporaneidade do que qualquer outro, visto que foi *uma revolução social de massa*. Para esse historiador, se a Revolução Industrial inglesa moldou a economia do mundo no século XIX, foi a França, por sua vez, a Nação que deu às transformações econômico-sociais do período uma linguagem política, com o liberalismo e a democracia. O próprio conceito de nacionalismo é resultado da Revolução Francesa. Também Marx enfatizou a especificidade desse fato histórico: sua velocidade, violência e abrangência. Para esses pensadores, a Revolução Francesa não foi uma revolução comum, mas uma revolução que sacudiu as instituições vigentes e propôs novas instituições e valores ao mundo. Além disso, o discurso da Revolução Francesa teve caráter universal, tocando nos anseios de todos os povos oprimidos e falando em nome deles por liberdade, igualdade e fraternidade. Isso não significa dizer que a burguesia não tivesse projetos particulares, pois ela foi, de fato, a real beneficiária desses novos valores, e não queria ir muito longe no processo de radicalização. Mas toda revolução genuína, como diz Hobsbawm, tende a ser ecumênica, e a Revolução Francesa é genuinamente uma revolução.

Outro eminente historiador da Revolução Francesa é Albert Soboul. Também de formação marxista, Soboul inicialmente interpretou a Revolução Francesa como burguesa, mas de grande apoio popular, sobretudo dos camponeses. Ao longo de seu amadurecimento intelectual, passou a caracterizar a Revolução Francesa como uma *revolução campônio-burguesa*, chegando mesmo a usar a expressão *revolução camponesa* para se referir ao evento. Soboul percebeu a importância das massas camponesas nesse fato histórico e o fato de que sem elas o Feudalismo não teria sido abolido. Tal afirmação hoje parece ser um consenso entre os pesquisadores. Para ele, foi *a revolução camponesa* que impôs uma revolução burguesa no campo, abrindo assim caminho para o Capitalismo.

Apesar de enfatizar a presença dos camponeses no evento, a interpretação de Soboul pode ser descrita como "clássica", porque remonta aos estudos de outro historiador marxista francês, George Lefebvre, para quem a Revolução Francesa era burguesa – Lefebvre expôs sua tese na década de 1920. Soboul, com uma interpretação socioeconômica, retomou e ampliou a tradicional visão de Lefebvre. Contra essa interpretação clássica, surgiram vários especialistas chamados de *revisionistas*, muitos dos quais de origem anglo-saxã. Os argumentos dos autores revisionistas podem ser assim expostos: a transformação social e econômica ocorrida no século XVIII não acirrou o conflito entre nobreza e burguesia, pois cada um desses grupos era composto por elementos tão heterogêneos, em termos de riqueza, posição social e perspectivas, que sequer chegavam a constituir classes. Na verdade, o que teria havido foi uma fusão dos escalões superiores da burguesia e da nobreza, criando-se uma classe de "notáveis", propensa à ideologia iluminista e coesa em pontos essenciais. Por que, então, houve a revolução? Os revisionistas negam que ela resultou da luta de classes entre nobreza e burguesia e entendem que o Antigo Regime ruiu pela confluência de duas crises distintas ocorridas no final da década de 1780: a crise política oriunda da bancarrota financeira da monarquia e a crise econômica agravada pelas más colheitas. Para os revisionistas, a crise se tornou revolução. Em outros termos, como havia nobres empreendedores e abastados, muitos deles eram adeptos e também beneficiários das mudanças em curso: a França resultante seria menos uma França burguesa em sentido estrito que uma França pelos e para os notáveis. Nesse ponto, autores marxistas concordam que a burguesia só veio objetivamente a se estabelecer de modo hegemônico no poder na chamada Terceira República, depois de 1871, mas em pontos fundamentais as duas visões, a revisionista e a clássica, são inconciliáveis.

Outro ponto de discordância entre as duas interpretações é a influência do Iluminismo nos acontecimentos da revolução. Na interpretação clássica, o Iluminismo é *a ideologia da burguesia*. O Iluminismo, para os marxistas, tem relação inequívoca com a Revolução Francesa. Ele configura um *estágio historicamente importante no desenvolvimento do pensamento burguês ocidental*, sendo que as principais categorias mentais da sociedade burguesa estavam presentes no pensamento iluminista: o individualismo, a ideia de contrato, a igualdade, a universalidade, a tolerância, a liberdade e a propriedade. Haveria, portanto, estreita correlação entre a revolução burguesa ocorrida na França e o ideário iluminista. Todavia, a associação rápida entre *ideologia burguesa* e *ideologia iluminista* perde de vista, segundo os revisionistas, a heterogeneidade social e ideológica dos próprios pensadores do Iluminismo. Além disso, argumentam eles, muitas parcelas da burguesia eram hostis ao Iluminismo, ao passo que muitos nobres assumiam as ideias liberais então em voga nos salões e nas academias. Não se poderia, portanto, fazer, como alguns marxistas, generalizações do tipo: toda a burguesia é iluminista, ou a nobreza é avessa ao Iluminismo. Segundo os revisionistas, as principais *luzes* haviam sido absorvidas pela alta sociedade do Antigo Regime. A favor desse argumento está a constatação de que muitos pensadores iluministas eram nobres, e não burgueses, e muitos leitores desses pensadores eram também nobres. Muitos filósofos faziam mais críticas à religião revelada, associada ao fanatismo, do que à nobreza da qual faziam parte. Seja como for, as duas interpretações parecem concordar que o ambiente era bastante propício a que as ideias iluministas se disseminassem e ganhassem força, chegando a influenciar a revolução, e configurando uma das forças que desestabilizaram o Antigo Regime, como acredita T. C. W. Blanning.

A Revolução Francesa não foi uma revolução planejada e organizada. Os fenômenos se sucederam, surgiram personagens na cena política, intervenções estrangeiras, soluções para o prosseguimento do processo revolucionário, para a estabilidade, e assim por diante. Não havia *um* líder, como não havia também uma filosofia única que inspirava o movimento. Diferentemente de muitas outras revoluções, ela não buscava realizar um retorno a um passado ideal, o resgate de liberdades perdidas para o novo. Como notaram Furet e Ozouf, ela é uma *promessa* sem fronteiras, aberta para um *futuro ilimitado*.

Assim, a leitura da Revolução Francesa deve estar atenta ao seguinte ponto: uma coisa é a Revolução em si, cheia de cenas às vezes horríveis, cheia de eventos que deixam escapar ambições puramente particulares; outra coisa é o despontar de uma linguagem universal, de uma promessa que pode ser retomada por outras revoluções. Muitos de seus ideais, universais na retórica do momento, tiveram de ser conquistados ou ampliados por lutas posteriores. O professor de História, para melhor discussão do tema, não pode deixar de projetar a Revolução Francesa para a contemporaneidade, período que em grande medida ela criou. Além disso, o fato histórico Revolução Francesa é uma fonte inesgotável de temas: é possível, a partir dele, abrir espaço no conteúdo programático para discutir democracia, direitos humanos, cidadania, nação, soberania, liberdade, terror etc.

VER TAMBÉM

Absolutismo; Burguesia; Cidadania; Democracia; Feminismo; Iluminismo; Liberalismo; Liberdade; Marxismo; Massa/Multidão/Povo; Modernidade; Nação; Revolução.

SUGESTÕES DE LEITURA

BLANNING, T. C. W. *Aristocratas* versus *burgueses?*: a Revolução Francesa. São Paulo: Ática, 1991.

FLORENZANO, Modesto. *As revoluções burguesas.* São Paulo: Brasiliense, 1998.

FURET, François; OZOUF, Mona. *Dicionário crítico da Revolução Francesa.* Rio de Janeiro: Nova Fronteira, 1989.

GRESPAN, Jorge. *Revolução Francesa e Iluminismo.* São Paulo: Contexto, 2003.

HOBSBAWM, Eric. *A era das revoluções:* Europa 1789-1848. Rio de Janeiro: Paz e Terra, 1997.

MARQUES, Adhemar; BERUTTI, Flávio; FARIA, Ricardo. *História contemporânea através de textos.* São Paulo: Contexto, 2000.

PINSKY, Jaime; PINSKY, Carla Bassanezi (orgs.). *História da cidadania.* São Paulo: Contexto, 2003.

SOBOUL, Albert. *A Revolução Francesa.* Edição comemorativa do bicentenário da Revolução Francesa, 1789-1989. Rio de Janeiro: Bertrand Brasil, 1989.

REVOLUÇÃO INDUSTRIAL

O conceito de Revolução Industrial designa um fenômeno histórico acontecido em tempo e lugar determinados: intensas transformações nas técnicas produtivas, realizadas na Inglaterra e parte da Escócia no século XVIII. Alguns autores apontam a existência de uma segunda, terceira e até quarta Revoluções Industriais, acontecidas a partir do século XIX e caracterizadas também por grandes transformações na tecnologia de produção. Entretanto, o pioneirismo da Inglaterra e a força do conceito clássico de Revolução Industrial são pontos pouco contestados pelos historiadores e economistas em geral. A chamada Primeira Revolução Industrial é definida pelos economistas como o ponto de *partida para o crescimento autossustentável da produção.* Para o historiador Eric Hobsbawm, o termo revolução deve ser aplicável ao fenômeno, pois de fato houve uma *explosão* na capacidade humana de produzir mercadorias e serviços por volta da década de 1780, quando, pela primeira vez na história, essa capacidade se multiplicou de modo ilimitado.

Mas é ainda Hobsbawm quem afirma que essa revolução, que fez da Inglaterra durante quase um século a "oficina do mundo", não foi um episódio que teve princípio e fim. A mudança revolucionária não se "completou" e continua até o tempo atual. Assim, não é possível datar com precisão a origem da Revolução Industrial. O autor chega a declarar, entusiasticamente, que essa revolução no poder humano de produzir de modo ilimitado foi o fenômeno histórico mais importante depois da invenção da agricultura e das cidades.

As indústrias e muitos avanços técnicos sempre existiram ao longo da história, mas nunca a ponto de revolucionar as forças produtivas do homem. Segundo Francisco Iglésias, se definirmos indústria como o preparo da matéria-prima para uso, a atividade industrial sempre existiu. O que diferencia, então, as fábricas inglesas do século XVIII e XIX das formas anteriores de "indústria", em geral descritas como atividades de artesanato e manufatura? A indústria moderna, para existir, precisa de alguns pré-requisitos: a utilização de utensílios e máquinas que substituem o trabalho pesado do homem; o aumento do número de pessoas empregadas nas fábricas; a automação das etapas de produção; a divisão e especialização do trabalho, entre outras coisas. Outras diferenças entre esse tipo de fábrica moderna e o artesanato e a manufatura são bem evidentes. Primeiro, a fábrica produz muito mais com menor custo, tendo em vista um mercado consumidor indeterminado, muitas vezes de nível mundial. Por sua vez, o artesanato e a manufatura produzem para um mercado local, composto por um grupo restrito de pessoas conhecidas e próximas. Após a Revolução Industrial, a produção passou a ser em larga escala, literalmente "a todo o vapor", para mencionar a importância do vapor na geração de energia das fábricas nos séculos XVIII e parte do XIX. Associando o conceito de indústria moderna ao de Revolução Industrial, encontramos a formação e expansão de um sistema fabril mecanizado que produzia em grandes quantidades, ou seja, em larga escala e em série, e a custos rapidamente decrescentes, a ponto de criar seu próprio mercado consumidor, conforme indica Eric Hobsbawm.

O investimento de capitais nas nascentes fábricas inglesas de finais do século XVIII e grande parte do XIX só foi possível graças à existência do comércio colonial ultramarino inglês, que prometia grande e rápida expansão dos mercados, encorajando os empresários a adotarem as inovações técnicas e a montarem estabelecimentos fabris. Capital não era problema: grandes comerciantes e financistas enriquecidos com o comércio ultramarino, e mesmo aristocratas, quando não investiam diretamente nas fábricas, emprestavam a elementos das classes médias, ávidos pelos rendimentos que a indústria lhes propiciaria. A mão de obra também existia em abundância depois de séculos de expropriação do campesinato pelos Decretos das Cercas (*Enclosure Acts*). Os camponeses, que praticamente desapareceram dos campos ingleses no século XVIII, transformaram-se nos proletários das nascentes indústrias. A esses, iriam se juntar artesãos falidos pela concorrência industrial e imigrantes judeus e principalmente irlandeses. Famintos, expropriados, coagidos pela pressão social e econômica, esses grupos se submeteram ao trabalho industrial recebendo os baixíssimos salários e trabalhando as longas jornadas imortalizadas pela literatura do período. Os avanços técnicos introduzidos na agricultura inglesa permitiam que as propriedades, agora pensadas por arrendatários e proprietários capitalistas, produzissem para alimentar as massas urbanizadas e proletarizadas, sem a necessidade de empregar grande mão de obra rural. O quadro mental também havia mudado em favor do industrialismo. A ciência ganhava um sentido cada vez mais pragmático, associando-se à técnica e atuando na valorização das atividades mecânicas, durante longo tempo desprezadas.

Quem pensa em Revolução Industrial, pensa em algodão. Essa foi a matéria-prima da Revolução. Melhoramentos contínuos nas técnicas de fiação e tecelagem eram recompensados generosamente pela exportação destinada ao comércio colonial. O algodão fez as primeiras fortunas da Revolução Industrial, e foi sua transformação industrial que, durante décadas, contribuiu para os índices positivos da balança comercial da Inglaterra. Foi o produto símbolo do progresso industrial em sua primeira fase: praticamente o mundo inteiro consumia os tecidos ingleses no século XIX. Instalar um "engenho" ou fábrica de algodão não era muito caro e os rendimentos pareciam infinitos.

Já o símbolo da Revolução Industrial em sua segunda fase foi a ferrovia. A partir de finais da década de 1840, o excesso de capitais da burguesia britânica era empregado na instalação de ferrovias em diversas regiões do mundo. Os industriais cujos negócios eram vinculados à metalurgia conseguiam, assim, um mercado para seus produtos. Os chamados bens de capital, particularmente máquinas, eram, pela primeira vez na história, destinados à fabricação de outras máquinas. Isso não teria sido possível sem as ferrovias, que garantiram um mercado vasto para as indústrias nascentes de bens de capital. Mas alguns autores, em vez de falar em segunda Revolução Industrial, defendem que esse uso de máquinas para a elaboração de outros equipamentos foi a primeira Revolução Tecnológica. Essa tese é de Ernest Mandel, que afirma que só houve *uma* Revolução Industrial propriamente dita, que se desdobrou em revoluções no campo da tecnologia. Em linhas gerais, Mandel considera que desde meados do XVIII, houve a Revolução Industrial e três Revoluções Tecnológicas. A primeira, nos anos finais da década de 1840, forneceu a base para uma produção automatizada; a segunda, ocorrida por volta da última década do século XIX e início do século XX, inaugurou o uso da energia elétrica, dos motores à combustão, e iniciou a produção para um mercado de massa; já a terceira Revolução Tecnológica começou após a Segunda Guerra Mundial, quando surgiram os processos automatizados cuja base é a eletrônica (uso de computadores, robôs industriais, energia nuclear etc.).

A influência da Revolução Industrial, em particular no Ocidente, ultrapassou a esfera da produção e da economia, mudando, por exemplo, as noções tradicionais de tempo, ritmo e velocidade. A Revolução Industrial e as revoluções tecnológicas subsequentes forneceram algumas das bases para o mundo contemporâneo. A economia do mundo, no século XIX, como notou Hobsbawm, foi formada sobretudo sob a influência britânica. A América, o Oriente e algumas Nações africanas também buscaram a via da industrialização. Contudo, o contexto histórico da Revolução Industrial inglesa foi único, o que impede que os passos iniciais da Inglaterra setecentista no caminho da industrialização possam ser copiados com sucesso por outras Nações. Além disso, não há porque seguir os passos da Inglaterra, que, apesar de bem-sucedidos, foram no geral improvisados.

Aprofundar em sala de aula o tema requer pensar a Revolução Industrial em seus antecedentes e em sua repercussão histórica. Existe toda uma literatura sobre a vida moderna após esse fenômeno que pode ajudar o professor a conhecer melhor esse momento: os romances de Charles Dickens, de Victor Hugo, de Émile Zola, entre outros, ensinam muito sobre aspectos da desumanização promovidos pela vida industrial. Alguns desses romancistas tiveram suas obras transpostas para a linguagem cinematográfica, revelando imagens fortes do cotidiano da moderna civilização industrial. Trabalhar com essa literatura nos ajuda a evitar pensar a Revolução Industrial apenas pelo prisma dos avanços técnicos, pois envolvidos nesse processo estavam seres humanos atrelados ao industrialismo moderno. Muitos deram suas vidas, muitos protestaram. Houve momentos de otimismo exacerbado e momentos de pessimismo e crise. É preciso sensibilidade para entender o mundo pós-Revolução Industrial.

VER TAMBÉM

Burguesia; Capitalismo; Imperialismo; Indústria Cultural; Industrialização; Liberalismo; Modernidade; Modo de Produção; Revolução; Tecnologia; Trabalho.

SUGESTÕES E LEITURA

BARBOSA, Alexandre de Freitas. *O mundo globalizado*: política, sociedade e economia. 2. ed. São Paulo: Contexto, 2003.

HOBSBAWM, Eric J. *A era das revoluções*: Europa: 1789-1848. 10. ed. Rio de Janeiro: Paz e Terra, 1997.

IGLÉSIAS, Francisco. *A Revolução Industrial*. São Paulo: Brasiliense, 1981.

MARQUES, Adhemar; BERUTTI, Flávio; FARIA, Ricardo. *História contemporânea através de textos*. São Paulo: Contexto, 2000.

MARX, Karl. *O capital*: crítica da economia política. Rio de Janeiro: Civilização Brasileira, s. d.

PINSKY, Jaime; PINSKY, Carla Bassanezi (orgs.). *História da cidadania*. São Paulo: Contexto, 2003.

SEGRILLO, Angelo. *O declínio da URSS*: um estudo das causas. Rio de Janeiro: Record, 2000.

ZOLA, Émile. *Germinal*. São Paulo: Companhia das Letras, 2001.

ROMANTISMO

A História é um campo de conhecimento que muitas vezes abarca conceitos, métodos e objetos de outras áreas e ciências. Isso acontece frequentemente com a Literatura, disciplina muito próxima, que inclusive nasceu com a História. Nessa relação interdisciplinar entre História e Literatura, encontramos temas de extrema importância para ambas, como é o caso do Romantismo.

O Romantismo é mais conhecido dos profissionais de ensino no Brasil como um movimento literário, responsável pela fundação da literatura nacionalista no final do século XIX, que teve por elementos principais a ênfase no passado, na natureza e o indianismo. Mas muitos estudiosos acham difícil definir o Romantismo. Essa é a opinião, por exemplo, de Alfredo Bosi, um dos maiores especialistas em teoria literária do Brasil e um pensador que vem fazendo um importante trabalho de reflexão interdisciplinar entre História e Literatura, para quem a dificuldade em definir o Romantismo faz que muitos apenas listem as características, os temas e os motivos do movimento literário como se somente isso fosse suficiente para conceituá-lo e compreendê-lo a fundo.

Ernst Fischer define o Romantismo como um movimento de protesto contra a ascensão do mundo burguês e da sociedade capitalista no século XIX. Para ele, esse movimento foi uma tentativa de resgatar ilusões perdidas – por isso a volta a um passado considerado glorioso – e se dividia em progressistas e reacionários. Em comum todos tinham a antipatia pelo Capitalismo, mas a diferença era que os progressistas criticavam a sociedade burguesa de uma perspectiva da plebe e os reacionários, de uma visão da nobreza.

Michael Löwy e Robert Sayre, por sua vez, consideram que o Romantismo foi mais do que um movimento literário, que se constituiu em uma visão de mundo. Poderíamos definir, dessa forma, o Romantismo como uma estrutura mental que abrangeu a política, a Arte, a Teologia, a Sociologia, a História, a Economia, enfim, todas as formas de pensamento de determinados grupos sociais, após a ascensão da sociedade capitalista burguesa no século XIX. Os grupos sociais insatisfeitos com essas mudanças sociais eram tanto a nobreza quanto a pequena burguesia, que não conseguia ascender. Nesse sentido, foram românticos desde os escritores consagrados pela crítica ocidental como Balzac, Byron e Goethe, até economistas como Edmundo Burke, filósofos como Proudhon e mesmo sociólogos como Max Weber. Para Löwy e Sayre, todos tinham em comum a visão pessimista acerca do mundo capitalista.

Löwy e Sayre também enfatizam a complexidade do Romantismo, mostrando principalmente suas contradições: para eles, o Romantismo é complexo e desafia a análise científica porque é, ao mesmo tempo, reacionário e revolucionário, realista e fantástico. E, além disso, o movimento não possui coerência interna. Citam Balzac como exemplo das contradições: um escritor romântico que foi ao mesmo tempo pessimista, anticapitalista e reacionário. Defendem que é preciso criar um novo conceito para discutir a obra de Balzac, e esse conceito seria o irrealismo crítico, que permitiria analisar a mistura que muitas obras românticas fazem de pessimismo e realismo com o fantástico e até o surrealista. O conceito de irrealismo crítico possibilitaria, assim, analisar tanto o universo imaginário quanto a realidade cinzenta que existem ao mesmo tempo nas obras românticas. Sem esquecer que essa realidade cinzenta retratada é uma crítica ao Capitalismo e à desumanidade da sociedade burguesa.

Historicamente, o Romantismo teve início ainda no século XVIII, com nomes como Rousseau na França, Goethe na Alemanha e Richardson na Inglaterra. Mas teve seu auge no século XIX. Pensadores tão diversos como os irmãos Grimm (compiladores de famosos contos de fadas como *João e Maria*) e Max Weber são classificados por Löwy e Sayre como românticos por acreditarem que sua sociedade passava por um período de desencantamento. Para Weber, o Capitalismo era o desencantamento do mundo. Os irmãos Grimm, por sua vez, representam uma revolta contra esse desencantamento. O Romantismo nessa perspectiva defendia um reencantamento do mundo, revoltando-se contra a realidade concreta e fria e usando a imaginação como instrumento para essa revolta.

Já Maximo Gorki, um dos maiores literatos russos do século XIX, apesar de hoje considerado um dos pais do realismo socialista, dava grande importância ao Romantismo e se preocupou em defini-lo como uma das tendências universais da Literatura. Para ele, a literatura tem duas tendências básicas, o Romantismo e o Realismo. Enquanto este seria a representação real e sem adornos das condições de vida do povo, o Romantismo poderia ou conciliar o povo com a realidade fria, colorindo essa realidade, mascarando-a, ou separá-lo da realidade, levando-o a preocupações com o mundo das ideias, e com temas como o amor e a morte. Gorki também acreditava que era muito difícil definir o Romantismo. Para ele, os grandes escritores eram aqueles que misturavam Romantismo e Realismo em suas obras, como Balzac e os escritores russos Gogol e Tchekov. Gorki termina por defender a inevitabilidade do Romantismo na Literatura, pois, para ele, um Romantismo ativo fortaleceria o desejo de viver das pessoas, rebelando-as contra a tirania.

No caso do Brasil, o Romantismo tem grande significação cultural, não apenas por ser uma das primeiras tendências da literatura nacional, mas por ter também ajudado a fortalecer o próprio conceito de nacionalidade na Nação recém-formada. Nos anos de 1820 e 1830, apareceu entre os intelectuais brasileiros o desejo de autonomia cultural, uma vez que a autonomia política já havia sido conquistada. A unidade nacional foi conquistada durante o período regencial a duras penas, com a repressão a diversas revoltas regionais. O Segundo Reinado representou o desejo de unidade, traduzido no nacionalismo crescente. Mas para que o sentimento de nacionalismo fosse fomentado entre a população, era preciso primeiro que fosse criada a nacionalidade, ou seja, um conjunto de características próprias do Brasil, que o distinguisse dos outros países e representasse a Nação como um todo. Para que essa nacionalidade fosse criada, o Império investiu na produção cultural, que poderia criar e divulgar os novos sentimentos. Dom Pedro II trouxe assim a Missão Artística Francesa, composta de artistas plásticos que deveriam ensinar e retratar as características nacionais brasileiras, criando uma Arte autônoma e apagando o passado colonial. Foi fundado também o Instituto Histórico e Geográfico Brasileiro, instituição que tinha como objetivo recuperar o "autêntico" passado brasileiro. Mas restava sempre o problema de que o passado brasileiro era colonial, e para construir a nacionalidade seria preciso se voltar para instituições portuguesas, o que era então inadmissível. Foi nesse contexto que o Romantismo forneceu os temas e as ferramentas para a construção do sentimento nacional no Brasil.

Apesar de o Romantismo brasileiro ter começado oficialmente em 1836 com a publicação de *Suspiros poéticos e saudades*, de Gonçalves de Magalhães, já desde 1826 que os intelectuais vinham propondo fórmulas para a elaboração de uma literatura nacional. Um dos primeiros a se engajarem nesse projeto foi o francês radicado no Brasil Ferdinand Denis, para quem a Literatura de um país deveria ter sua fisionomia e assim se relacionar com a natureza e a sociedade dele. Denis sugeriu que os escritores brasileiros se concentrassem na natureza e no índio como elemento de ligação entre essa natureza e a nação. O índio começou a aparecer então como o autêntico habitante do Brasil, representando um passado pré-colonial, que os intelectuais queriam valorizar em detrimento de um passado colonial.

Os escritos literários do Romantismo apareciam como textos complementares aos estudos históricos do Instituto Histórico e Geográfico Brasileiro. Cabia aos historiadores levantar o passado autêntico, e aos escritores, popularizá-lo, inclusive preenchendo as lacunas com a imaginação literária, atendendo sempre à necessidade de transmitir ao povo sentimentos de amor e empatia pela Nação. Nesse sentido, o gênero que melhor se adaptou à nova sensibilidade das classes urbanas letradas foi o romance. Por sua linguagem simples e acessível, o romance logo caiu no gosto do público brasileiro. O primeiro romance romântico a ser um grande êxito de público foi *A moreninha*, de Joaquim Manuel de Macedo, publicado em 1844. O romance se encaixou muito bem no perfil exigido à literatura da época, porque nesse gênero o leitor era levado a julgar o enredo pela ótica do narrador, que transmitia suas ideias de forma clara, na linguagem cotidiana desses leitores.

O grande nome do Romantismo no Brasil foi, sem dúvida, José de Alencar. Autor de obras clássicas do indianismo como *O guarani*, *Iracema* e *Ubirajara*, além de romances urbanos, como *A pata da gazela*, *Cinco minutos*, *Lucíola*, Alencar é hoje uma referência obrigatória no ensino Médio. Mas poucos são os professores que analisam suas vinculações políticas com o projeto de formação da nacionalidade brasileira. Alencar foi influenciado pela obra de românticos europeus como *Sir* Walter Scott, autor de *Ivanhoé*, e Alexandre Dumas, de *Os três mosqueteiros*, que usavam a fórmula do romance histórico, recheado de heroísmo, amor, perfídia, e agradava bastante ao público. Mas sua obra foi formulada com base em uma visão muito bem definida do papel da literatura na formação da nacionalidade. Para Alencar, não bastava que o escritor usasse dados recolhidos dos historiadores, completando as lacunas com sua imaginação. Ele acreditava que sua obra indianista (que afirmava se basear nas tradições orais recolhidas em sua terra, o Ceará) tinha mais valor histórico que as pesquisas dos historiadores. Assim, a ficção era entendida como mais verdadeira que os cronistas, visão que se aproximava da formulação do Romantismo europeu, que queria reencantar o mundo, e se afastava dos historiadores da época, para os quais o documento escrito era a verdade absoluta. Além disso, a obra de Alencar é romântica por seus temas, pela ênfase dada às descrições da natureza, à língua nacional (que ele afirmava ser diferente do português de Portugal) e pela busca de um passado glorioso, que, na maior parte das vezes, era uma tradição inventada, como no caso de Walter Scott, que também queria resgatar um passado em que a nobreza era heroica.

Para o trabalho em sala de aula, o Romantismo é um tema de enormes possibilidades. É possível realizar um trabalho em conjunto com o professor de Literatura, abordando as características históricas e artísticas dos escritores do Romantismo. Em especial, a obra de José de Alencar oferece muitas perspectivas de trabalho, até pela inserção desse autor no currículo de muitas escolas, como leitura obrigatória para a disciplina de Português e Literatura. O professor de História pode usar isso a seu favor e discutir os aspectos políticos e históricos da obra de Alencar e sua vinculação com a construção de um sentimento de nacionalidade. Também é interessante trabalhar outros românticos, como Alexandre Dumas ou Walter Scott. Além da grande importância de sua obra, livros como *Ivanhoé* e *Os três mosqueteiros*, pela grande carga de ação e aventura que trazem, ainda falam bastante a nossa linguagem atual, e são de fácil aceitação pelos jovens. Tais obras, inclusive, têm contínua presença no cinema ocidental. É preciso ter cuidado, no entanto, se optarmos por trabalhar com algumas dessa obras cinematográficas, pois a maioria não é fiel aos textos originais. A melhor estratégia, nesse sentido, é fazer um estudo comparado entre o Romantismo de diferentes autores, como Alencar e Scott. Outra possibilidade interessante é analisar a obra dos irmãos Grimm, responsáveis pelos contos de fadas que já se incorporaram ao imaginário do Ocidente, comparando-a com as versões medievais dos mesmos contos, trazidas a nós por Robert Darnton, o que nos permite perceber as alterações impostas aos contos pelo gosto do Romantismo.

VER TAMBÉM

Antiguidade; Arte; Fonte Histórica; História; Índio; Interdisciplinaridade; Mito; Nação; Tradição.

SUGESTÕES DE LEITURA

ALENCAR, José de. *O guarani.* São Paulo: Martin Claret, 2002.

BOSI, Alfredo. *História concisa da literatura brasileira.* São Paulo: Cultrix, 1994.

CANDIDO, Antonio. *O romantismo no Brasil.* São Paulo: Humanitas/FFLCH-USP, 2002.

DARNTON, Robert. *O Grande Massacre de Gatos:* e outros episódios da História cultural francesa. Rio de Janeiro: Graal, 1986.

DUMAS, Alexandre. *Os três mosqueteiros.* São Paulo: Nova Cultural, 2003.

EDGAR, Andrew; SEDGWICK, Peter. *Teoria cultural de A a Z:* conceitos-chave para entender o mundo contemporâneo. São Paulo: Contexto, 2003.

GORKI, Maximo. *Como aprendi a escrever.* Porto Alegre: Mercado Aberto, 1998.

JOBIM, José Luis (org.). *Introdução ao romantismo.* Rio de Janeiro: Ed. UERJ, 1999.

LÖWY, Michael; SAYRE, Robert. *Romantismo e política.* Rio de Janeiro: Paz e Terra, 1993.

SCOTT, Walter. *Ivanhoé. São Paulo: Nova Cultural, 2003.*

Servidão

A servidão foi o tipo de relação social predominante no Feudalismo, estabelecida entre os servos e os senhores medievais, resultante não apenas da desagregação do Império Romano como das sociedades dos povos ditos "bárbaros". É preciso ressaltar de antemão, como fez Georges Duby, que nem a sociedade romana nem a germânica eram sociedades igualitárias. Portanto, não era de se esperar que a fusão dessas duas culturas originasse uma Idade Média livre de alguma forma de desigualdade. Essa forma de relação social – embora, sem dúvida, bastante desigual – era caracterizada, em linhas gerais, pelos laços de dependência mútua: ao servo, o senhor devia "proteção"; ao senhor, o servo devia obediência, trabalho e tributos. Essa ordem social, assim fixada, era aprovada pela ideologia católica então vigente, que dividia a sociedade em três ordens: os que oravam (*oratores*) pela salvação de todos; os que lutavam (*bellatores*) para a proteção do povo; e os que trabalhavam (*laboratores*) para alimentar os homens da religião e os da guerra. Cabia aos trabalhadores, camponeses em condição de servidão, a manutenção das duas primeiras ordens, que por eles oravam e guerreavam, em troca da "proteção" espiritual e terrena recebidas. Essa definição não corresponde à diversidade de estruturas sociais, além disso equivalem apenas ao Feudalismo dito clássico – aquele situado ao norte da França entre os séculos XI e XIII. De modo geral, entretanto, é essa definição que vigora na maioria dos livros didáticos.

Servidão e vassalagem foram as relações sociais predominantes na sociedade feudal. Ambas as relações nos ensinam algo fundamental sobre essa formação social: ela não pode ser compreendida sem o princípio da dependência entre os homens. Ninguém era verdadeiramente independente ("livre") no mundo feudal. As relações de servidão, suserania e vassalagem ligavam todos os membros da sociedade em uma rede infinita de hierarquias e dependências. Nenhum homem feudal era livre no sentido que o século XVIII, por exemplo, vai dar ao termo. Na Idade Média, a ideia de que os "homens nascem livres" (igualdade natural) não fazia sentido. Todas as pessoas estavam comprometidas com uma rede de obrigações que permeava o tecido social. Isso não diminui o fato de que, na base da pirâmide social, estavam os camponeses de condição servil, os mais dependentes e submissos nesse tecido hierárquico.

Ao contrário do que parece, a servidão não é um tipo de relação social que substitui a escravidão de modo linear. Em outras palavras, a humanidade não *progrediu* do trabalho escravo (Antiguidade) à servidão (Idade Média), e da servidão ao trabalho livre (característico do período de formação e consolidação da sociedade burguesa, nas Eras Moderna e Contemporânea). Em primeiro lugar, a condição do servo era muito próxima da do escravo em termos de *status* e tipo de trabalho. Em segundo, escravidão e servidão coexistiram e se sobrepuseram na Idade Média; até mesmo os juristas medievais frequentemente confundiam as duas condições, traduzindo as palavras *servitus* e *servus*, do Código de Justiniano, como servidão e servo, ou seja, igualando o servo à condição do escravo (que em latim era designado pelo termo *servus*). Segundo Brion Davis, muitos aspectos da lei romana quanto à definição jurídica do escravo foram retomados para definir o servo: o servo francês era definido como propriedade móvel, e só poderia testemunhar em tribunal contra um outro servo; também só poderia se casar com servo de outro senhor com permissão de seu senhor; no século XIII, com exceção da Borgonha, os tribunais franceses também determinaram a regra romana de *partus sequitur ventrem* (*o parto segue o ventre*, isto é, os filhos seguiam a condição das mães já pelo nascimento) para os servos. Todos esses instrumentos legais, como se percebe, eram definidores da condição de escravo na Roma antiga, e continuaram no mundo feudal. É bom lembrar que, nas fazendas romanas, os *coloni* (colonos presos ao solo, com pouca liberdade de movimento) com frequência trabalhavam lado a lado com os escravos, e era difícil separar ambos. O fato é que, aos poucos, na chamada Alta Idade Média, foram se estreitando cada vez mais as diferenças entre os colonos e os escravos, de modo que a servidão resulta dessa aproximação de *status*: aos poucos não houve mais colonos ou escravos propriamente ditos, apenas servos, presos à terra e cuja condição era passada hereditariamente.

Com o passar do tempo, nota o medievalista Georges Duby, a liberdade dos camponeses das províncias romanizadas foi ainda mais minada, agravando a exploração econômica que já sofriam. Os *coloni*, apenas formalmente livres, cultivavam terras pertencentes a outros e eram na realidade prisioneiros de uma vasta gama de obrigações. De modo geral, na Idade Média, as antigas obrigações militares foram convertidas na obrigação de fornecer alimentos aos exércitos profissionais. O serviço militar era uma característica essencial da liberdade tanto nas sociedades romanas e germânicas quanto na medieval, diz Duby. Mas os camponeses, para sobreviver, tiveram de oferecer uma forma de "serviço" (o *obsequium*) considerada na época degradante, o fornecimento de alimentos às tropas. A miséria dos camponeses livres e não livres foi se tornando praticamente a mesma, e os impostos que incidiam sobre eles tornavam-se pesados à medida que necessitavam da "proteção" de alguma figura poderosa. Servilização e dependência senhorial foram fenômenos complementares que ajudaram a definir tanto a condição do servo como do senhor. A terra é o elemento fundamental de poder no Feudalismo. Desprovido da propriedade da terra, o camponês se torna dependente, cultivando a terra pertencente ao senhor e usando moinhos e outras instalações senhoriais a alto custo. Proprietário da terra e das armas (ou da terra e do poder espiritual, no caso da Igreja), o senhor está investido de um poder e de uma autoridade que lhe permitem extorquir o servo, mas não escravizá-lo totalmente. Este não pode ser retirado das terras, o que constitui tanto uma obrigação quanto um direito.

De fato, mesmo sem a escravidão ser extinta totalmente, é preciso reconhecer que, em geral, a instituição da servidão foi predominando ao longo da Idade Média. A servidão, na Península Ibérica, todavia, em virtude da disponibilidade de escravos muçulmanos oriundos das guerras constantes entre mouros e cristãos, não se consolidou nem na Espanha nem em Portugal. Nesse último país, como nota Perry Anderson, a servidão da gleba já estava desaparecendo no século XIII. Assim, sociedades distintas apresentam também graus diferentes de servilização do campesinato. Entretanto, a definição apresentada nesse texto pode se aplicar ao conjunto das formações sociais, mas é preciso alguma adaptação aos contextos específicos. O modelo francês é o mais completamente feudal, e os demais apresentam traços feudais, mas não são cópias exatas da França feudal.

O professor de História deve estar atento às diversas formas institucionais e sociais das relações de trabalho ao longo do processo histórico. O trabalho, na análise da servidão, da escravidão e do trabalho dito "livre", pode e deve constituir um eixo temático fundamental em que pesquisas e seminários podem ter lugar. Quais foram os argumentos dos poderosos para fazer a humanidade trabalhar para eles em cada momento histórico? O que fez e faz que amplas parcelas da população mundial aceitem trabalhar para o sustento de tão poucos? Em cada período histórico considerado, coexistiram mais de um tipo de regime de trabalho? Essas são algumas das questões que o eixo temático "Trabalho" pode buscar responder. O presente deve ser o ponto de partida, uma vez que o trabalho (ou a falta dele) continua a ser uma realidade que abrange o universo social de alunos e professores.

VER TAMBÉM

Escravidão; Feudalismo; Latifúndio/Propriedade; Liberdade; Massa/Multidão/ Povo; Trabalho.

SUGESTÕES DE LEITURA

ANDERSON, Perry. *Passagens da Antiguidade ao Feudalismo.* Porto: Afrontamento, 1989.

BLOCH, Marc. *A sociedade feudal.* Lisboa: Edições 70, s. d.

Duby, Georges. *Guerreiros e camponeses*: os primórdios do crescimento econômico europeu. Lisboa: Estampa, 1980.

Franco Jr., Hilário. *A Idade Média*: nascimento do Ocidente. São Paulo: Brasiliense, 2001.

Sociedade

Sociedade é um conceito que se confunde com a própria história da Sociologia. Foi essa ciência que, em sua formação na segunda metade do século XIX, reivindicou para si a sociedade como seu objeto específico de estudo. Desde então, surgiu uma infinidade de definições teóricas que permitiram não apenas análises distintas da sociedade, como ações político-ideológicas específicas. No sentido moderno, como propõe Peter Sedgwick, sociedade é uma combinação de instituições, modos de relação, formas de organização, normas etc., que constitui um todo inter-relacionado no qual vive determinada população humana.

Alguns problemas emergem nas ciências sociais e humanas na análise das sociedades: o que torna uma sociedade distinta das outras? Quais são os elementos que alteram a estrutura de uma sociedade de modo a dizermos que uma nova forma social tomou o lugar da antiga? E, para o historiador, qual a relação entre o conceito de sociedade e a *História Social*, também conhecida com *História das Sociedades*?

A maior parte das definições sociológicas tende a ver a sociedade como uma população relativamente independente, autossuficiente, que se caracteriza por ter organização interna, territorialidade e cultura distinta, que recruta seus membros por reprodução sexual. A autossuficiência é questionável, sobretudo quando se sabe que as sociedades são influenciadas externamente. Exatamente pela complexidade a ela inerente, alguns autores pensam a sociedade como um sistema social composto por diversas instituições que se inter-relacionam. Embora o conceito proposto pelos estudiosos seja uma formulação um tanto abstrata, todos parecem reconhecer um certo pano de fundo histórico para o conceito: a própria existência da sociedade, sua reprodução e perpetuação, envolvem considerações históricas, na medida em que para existir uma sociedade é preciso que ela exista durante um período maior do que a vida de um indivíduo. Além disso, os autores parecem reconhecer também que as sociedades criam certos mecanismos de autoperpetuação que asseguram sua continuidade no tempo: reprodução sexual, diferenciação de papéis sociais (cabendo aos indivíduos papéis específicos), comunicação, concepção comum do mundo e dos objetivos da sociedade, normas que regulam a vida, formas de socialização e de controle dos comportamentos tidos como *desviantes*. Castoriadis, que em grande medida discorda das teorias propostas seja pelo funcionalismo, pelo estruturalismo ou pelo marxismo, afirma que toda sociedade é *sempre* histórica, na medida em que ela é uma forma particular de organização. Mas os problemas que ele coloca (o que mantém as sociedades coesas? e o que faz surgir novas formas sociais?) são problemas já apresentados pelas teorias sociais predecessoras.

Apesar de alguns consensos gerais, a regra é haver abordagens distintas. Os tipos de discordâncias mais comuns giram em torno dos seguintes temas: a relação indivíduo/sociedade; a fragilidade ou a solidez das estruturas sociais; as formas pelas quais se operam as mudanças sociais; e ainda os usos ideológicos do conceito.

Se a sociedade for compreendida como um organismo, como muitos sociólogos funcionalistas a pensavam, então a ênfase recairá sobre a organização e a interdependência de suas partes constituintes. Durkheim, por exemplo, embora insistisse que a realidade social é independente do indivíduo (este seria criado pelo meio social), reconhecia que a coerência da sociedade estava baseada na interdependência das atividades e na *regulação moral* criada pela interação. Para ele, que discordava dos pensadores liberais clássicos, como Locke, Mill, Rawls, a sociedade não era um agregado de indivíduos isolados, um mero agregado das vontades individuais. Tanto o funcionalismo de Durkheim como a visão dos estruturalistas compreendiam a sociedade como possuidora de uma natureza organizada de modo independente dos indivíduos que a compunham. Durkheim, particularmente, pensava a estrutura social composta por instituições que exerceriam funções necessárias à sobrevivência e estabilidade do todo, ou seja, da sociedade. Muitos autores contestam essa visão, por considerá-la ideologicamente muito conservadora. Em um outro extremo, outras teorias, de enfoque sociopsicológico, ressaltam as habilidades e competências dos agentes sociais para criar e administrar o mundo social em que vivem; isto é, o indivíduo não teria sua ação determinada pela estrutura social. Essa interpretação, por sua vez, tende a ser associada à ideologia do liberalismo moderno, pela ênfase que confere ao indivíduo diante das instituições sociais.

Na visão marxista, os indivíduos também não são vistos como elementos isolados. Marx afirma que a sociedade existe nas *relações concretas* entre os grupos sociais, e o cimento da sociedade se encontra nas relações econômicas entre os homens. Ele parte do pressuposto de que os homens se organizam em sociedade para prover suas necessidades materiais, e por isso ingressam nas relações de produção que, quando estáveis, constituem estruturas econômicas. Tanto Marx como Comte e Durkheim preocupavam-se em identificar o que mantém a coesão de uma sociedade. Comte via na família a unidade social, enquanto Durkheim entendia a sociedade como uma entidade unida organicamente por relações e interdependências que forjavam uma consciência e uma ordem moral coletivas. Pensando o mesmo problema,

Castoriadis propõe que o que mantém a sociedade como unidade é o conjunto de suas instituições particulares (normas, valores, linguagem, instrumentos, procedimentos e métodos de fazer frente às coisas e de fazer coisas, e o indivíduo). Para se instituir, a sociedade pode usar a força e as sanções, mas sobretudo a adesão, o apoio, o consenso, a legitimidade, a crença, de modo a fabricar o *indivíduo social*, que termina por incorporar não apenas as instituições como os mecanismos de perpetuação que elas criam. A unidade e a coesão interna seriam garantidas, pensa Castoriadis, porque os membros dessa sociedade específica fariam parte de um mesmo sistema de interpretação do mundo, ou seja, de um mesmo imaginário.

Quanto ao problema relativo à mudança da estrutura social para uma nova formação social, as explicações são bem divergentes. Para alguns autores, a estrutura social possui apenas um equilíbrio precário, estando sujeita a processos de desestruturação e reestruturação. Bottomore aponta algumas situações que tendem a modificar a estrutura social: o surgimento de novos membros (por nascimento, migração, conquista); as gerações mais jovens, com nova visão de mundo, podem interpretar a seu modo os papéis sociais antigos e reestruturar a sociedade; o crescimento ou declínio do conhecimento, que faz surgir novos grupos sociais com novos valores e interesses; e o desenvolvimento da divisão de trabalho e da correspondente diferenciação social. Todas essas situações podem ser percebidas historicamente em muitos exemplos. Para esse autor, a estrutura social tanto muda apenas parcialmente e de modo gradual como pode mudar totalmente e de modo rápido. Mas a distinção entre um processo e outro não é fácil de perceber. Para Marx, são as contradições geradas pela formação social anterior que abrem caminho para a mudança: no caso da sociedade capitalista, a contradição de classe (que opõe antagonicamente a classe capitalista e a classe trabalhadora) e a contradição entre as forças produtoras e as relações de produção seriam as razões para se acreditar no fim da sociedade capitalista. Castoriadis pensa a mudança de uma forma de sociedade a outra de modo diferente: novas formas sócio-históricas só podem surgir pela *criação*. Seria preciso criar um indivíduo *autônomo*, que questione e julgue a instituição da sociedade como um todo, sua representação do mundo, suas leis, de modo que a autonomia do indivíduo resulte em uma sociedade auto-instituída, e não instituída de fora dele. Castoriadis dá a entender que só em uma sociedade plenamente democrática esse indivíduo seria criado.

Uma última questão diz respeito à História Social. Para Hobsbawm, a História Social só tem sentido se pensada como História da sociedade. Ela não seria uma História especificamente econômica, política ou cultural, por exemplo. Ela deverá ser ampla o suficiente para pensar a sociedade em seu todo, o que inclui de modo necessário entender sua economia, política e cultura específicas. Pensar e fazer a História Social implica, assim, uma atitude interdisciplinar.

De maneira geral, o autor defende que a História Social é *História* acima de tudo, e não uma Sociologia do passado. De todo modo, é bom lembrar que precisamos dialogar com outras disciplinas (em particular com a Sociologia) para compreender e interpretar melhor as sociedades. Em sala de aula, discutir o que é de fato uma sociedade e como esta pode vir a se transformar em formação social é, acima de tudo, fazer história, discutir, debater, analisar o presente, provocar, projetar. Adolescentes, ansiosos por respostas prontas, precisam ser envolvidos gradativamente em problemas que nem os especialistas, nem os chamados políticos profissionais e suas fórmulas sabem (ou desejam) resolver.

VER TAMBÉM

Capitalismo; Cidadania; Classe Social; Comunismo; Cultura; Democracia; Estado; Etnia; História; Imaginário; Luta de Classes; Nação; Política; Religião.

SUGESTÕES DE LEITURA

ANDREW, Edgar; SEDGWICK, Peter. *Teoria cultural de A a Z*: conceitos-chave para entender o mundo contemporâneo. São Paulo: Contexto, 2003.

BLAU, Peter. *Introdução ao estudo da estrutura social.* Rio de Janeiro: Jorge Zahar, 1977.

CASTORIADIS, Cornelius. *As encruzilhadas do labirinto.* Rio de Janeiro: Paz e Terra, 1987, v. 2 – Os Domínios do Homem.

HOBSBAWM, Eric. *Sobre história.* São Paulo: Companhia das Letras, 1998.

HUGHES-WARRINGTON, Marnie. *50 grandes pensadores da História.* São Paulo: Contexto, 2002.

TECNOLOGIA

Como as ciências humanas em geral trabalham com temas ligados ao nosso cotidiano, é comum que às vezes deixemos passar os significados inerentes a alguns conceitos históricos e sociológicos por considerá-los senso comum. É o que muitas vezes acontece com a noção de tecnologia, geralmente associada ao conceito de técnica, sendo as duas palavras consideradas sinônimas, quando, na verdade, são termos distintos. Além disso, tais conceitos estão muito associados em nosso imaginário ao maquinicismo, à robótica, à informática, ou seja, àquelas atividades de produção de bens materiais que consideramos *de ponta*, altamente desenvolvidas. Mas as noções de técnica e tecnologia vão muito longe no passado e são também frequentemente associadas à ciência e ao termo *indústria*.

Definindo indústria por meio da Arqueologia, podemos considerá-la toda produção de ferramentas de quaisquer tipos, e não apenas a produção massificada, em larga escala, de bens materiais, característica da Idade Contemporânea no Ocidente. Considerando esse sentido mais abrangente de indústria, vemos que ela surgiu com os primeiros hominídeos. Tais conceitos têm papel importante na definição da própria humanidade, pois, para alguns autores, o *homem* se significa como tal a partir da produção de cultura, que em sua vertente material se apresenta como técnica, indústria e tecnologia.

Desde a década de 1940 que os estudiosos começaram a definir tecnologia, de forma simples, como a maneira pela qual as pessoas fazem as coisas. Na verdade, tecnologia é um conjunto de conhecimentos específicos, acumulados ao longo da história, sobre as diversas maneiras de se utilizar os ambientes físicos e seus recursos materiais em benefício da humanidade. Segundo essa definição, tecnologia abrange desde o conhecimento de como plantar e colher, passando pela fabricação de ferramentas, de pedra lascada ou aço inoxidável, até a construção de grandes represas e satélites. Os pesquisadores que concordam com ela, como R. Forbes, consideram que a tecnologia é tão antiga quanto a própria humanidade. Os primeiros hominídeos, assim, só teriam se tornado seres humanos no momento em que passaram a dominar a técnica. Nessa perspectiva, a própria história começaria com a tecnologia.

Mas qual a diferença entre tecnologia, técnica e ciência? A diferença principal entre tecnologia e ciência é que, enquanto a tecnologia é um conjunto de conhecimentos práticos sobre como utilizar os recursos materiais a favor da humanidade, a ciência seria uma série de conhecimentos teóricos e abstratos para o mesmo fim. A técnica, por sua vez, é o esforço prático de dominar e utilizar os recursos materiais, apresentando-se como o conjunto de instrumentos e hábitos que tornam viável a produção, e também os instrumentos de trabalho. Ou seja, técnica é a prática, ao passo que tecnologia é o conjunto de conhecimentos que fornece as bases para a realização dessa prática, e a ciência é a teorização abstrata em torno da essência das coisas.

Embora, em geral, o estudo da tecnologia pareça distante do grande público, do ponto de vista da História isso é enganoso, pois toda a História tradicional do Ocidente foi construída, a partir do século XIX, com base na utilização da tecnologia como parâmetro de periodização e de classificação das sociedades. A partir do final do século XVIII, momento que na Europa Ocidental corresponde ao Iluminismo, princípios como a razão e o progresso passaram a ser os princípios norteadores no Ocidente. Quando, a partir do século XIX, a Revolução Industrial começou a transformar a economia, a sociedade e a cultura no mundo, ela se baseou fundamentalmente nesses princípios de progresso e razão, que, associados à necessidade de novidades técnicas para impulsionar a indústria, deram origem à formação de um novo paradigma para o Ocidente, o tecnicismo, que estabelecia o desenvolvimento tecnológico como parâmetro a ser seguido por toda sociedade.

Tal processo histórico teve contrapartida na produção intelectual do Ocidente, cujo resultado na historiografia e ciências sociais, por exemplo, foi a glorificação da tecnologia como parâmetro para se classificar as sociedades. A partir daí, a historiografia tradicional, fosse positivista, fosse materialista histórica, começou a construir periodizações e classificações sociais usando a tecnologia como critério. Por exemplo, a conhecida classificação de períodos históricos em Paleolítico, Neolítico, Idade dos Metais, utiliza exatamente a tecnologia como padrão, pois separa os períodos históricos de acordo com a forma pela qual as pessoas usavam as ferramentas e de como as construíam, se de pedra lascada, polida ou de metais. Tal tipologia é progressista, pois considera, por um lado, que o domínio da tecnologia evolui ao longo da história da humanidade – que se desenvolve e muda para melhor – e, por outro, que a sociedade que a domina também progride.

Um autor clássico a trabalhar com a tecnologia como parâmetro para a História foi o arqueólogo Gordon Childe. Para ele, tecnologia é o estudo das atividades dirigidas para a satisfação das necessidades humanas, as quais produzem alteração no mundo material. É o conjunto de conhecimentos e instrumentos possuídos por determinada sociedade para se articular no ambiente. Na década de 1930, Childe criou o termo Revolução Neolítica, por meio do qual estudou o que considerou o progresso de sociedades primitivas e sua transformação em civilizações. Para ele, a Revolução Neolítica foi o processo que culminou no domínio da agricultura e no assentamento da humanidade em cidades, que aconteceu primeiro no Crescente Fértil, ou seja, na região entre o Egito e a Mesopotâmia na Antiguidade oriental. Essa revolução tecnológica teria desencadeado uma série de acontecimentos que favoreceram o desenvolvimento social, econômico e cultural do homem. A tese de Childe pode ser classificada como uma visão progressista e, no século xx, ganhou *status* de visão tradicional acerca do desenvolvimento humano, sendo também bastante criticada.

Mas outras vertentes historiográficas também utilizaram, durante o século xx, a tecnologia como parâmetro histórico. O materialismo histórico, corrente filosófica também derivada do Iluminismo, é igualmente progressista e, apesar de criticar a filosofia burguesa que fundamentou a Revolução Industrial, não deixou de empregar também a tecnologia como mediador histórico. Karl Marx, inclusive, deu grande importância ao estudo da tecnologia na história. Para ele, se a tecnologia é o modo de proceder do homem para com a natureza, ela pode revelar para o pesquisador o processo de produção da vida material e ajudar a elucidar as condições da vida social e as concepções mentais que dela decorrem. Assim, o materialismo histórico deu impulso ao estudo da tecnologia como ferramenta para a compreensão da História econômica e social.

Mas com a aproximação do final do século xx, diversas críticas foram sendo elaboradas à concepção tecnológica da História, inclusive por historiadores materialistas, como é o caso de Zhúkov, para quem as tentativas de periodizar a História segundo indicadores tecnológicos esconde o próprio homem e seu sistema de relações sociais. Para ele, tal concepção reduz o curso do processo histórico apenas ao desenvolvimento da tecnologia, sem analisar as relações sociais dominantes. E, para Zhúkov, é impossível reduzir a história humana tão somente à história de máquinas e instrumentos.

Outras correntes, como a do arqueólogo André Leroi-Gourhan, também levantaram pesadas críticas à periodização tecnicista da História. Para ele, a tecnologia deve ser vista sob um ângulo ecológico, como resultado da interação entre homem e meio ambiente. Nesse sentido, todos os membros da humanidade sentem a mesma necessidade de se adaptar a seu meio ambiente, e é dessa necessidade que surge um conjunto específico de técnicas, ou seja, a tecnologia característica de cada sociedade. E como necessidades diferentes aparecem em regiões e em épocas diferentes, não é possível distinguirmos tecnologias superiores e inferiores, pois todas são específicas de determinada sociedade e de determinado meio ambiente. Visto dessa maneira, o desenvolvimento tecnológico não pode ser o único parâmetro para escalonar períodos históricos.

Seguindo a visão de Leroi-Gourhan, percebemos que, se podemos utilizar o surgimento de novas técnicas para estudar as sociedades e suas transformações, não podemos, todavia, nos fixar apenas nessas técnicas nem tampouco adotar a tecnologia de uma sociedade para julgar as outras. Tal parâmetro, comum ainda hoje na História, é etnocêntrico, e tende a julgar todos os povos pela cultura do Ocidente. Lembremos, entretanto, que as necessidades ambientais que levaram o Egito e a Mesopotâmia a desenvolver o urbanismo e o monumentalismo grandioso não existiram, por exemplo, entre as tribos tupis na Mata Atlântica brasileira milênios depois, razão pela qual essas tribos não sentiram necessidade de elaborar um urbanismo na mesma escala. Assim, não podemos julgar os primeiros mais adiantados do que os segundos com base na adaptação a ambientes e necessidades diferentes.

A tecnologia tem hoje um significado altamente definidor no Ocidente. Por meio dela ainda definimos quem é desenvolvido e quem não é. Tal significado, originado da ascensão do progresso e do racionalismo no fim do século XVIII e da vitória da Revolução Industrial sobre o mundo, criou um culto à tecnologia, de tal forma que mesmo na História definimos povos e Estados pelo critério de quem possui tal ou qual tecnologia. Mas tal visão leva a um preconceito para com aquelas sociedades que consideramos inferiores porque não possuem a mesma tecnologia que a nossa, não importando se elas precisam ou não dessa tecnologia. Para a sala de aula, desconstruir o culto à tecnologia se torna uma necessidade para reconstruirmos o conceito de cidadania e de identidade de minorias, como as populações indígenas, consideradas inferiores ainda hoje pela classificação tecnológica da História. A desconstrução de tal culto permite também uma revisão da própria ciência histórica e de seus conceitos e preconceitos.

VER TAMBÉM

Arte; Arqueologia; Cidade; Civilização; Cultura; Etnocentrismo; Evolução; Iluminismo; Industrialização; Modernidade; Pós-modernidade; Pré-história; Relativismo Cultural; Revolução Industrial.

SUGESTÕES DE LEITURA

BARBOSA, Alexandre de Freitas. *O mundo globalizado*: política, sociedade e economia. 2. ed. São Paulo: Contexto, 2003.

CHILDE, Gordon. *A evolução cultural do homem*. Rio de Janeiro: Jorge Zahar, 1975.

GAMA, R. *A tecnologia e o trabalho na História*. São Paulo: Edusp, 1981.

HILLER, E. *Humanismo e técnica*. São Paulo: EPU, 1973.

LEROI-GOURHAN, André. *Evolução e técnica*. Porto: Edições 70, 1984.

PINSKY, Jaime. *As primeiras civilizações*. São Paulo: Contexto, 2001.

SHAPIRO, H. *Homem, cultura e sociedade*. São Paulo: Martins Fontes, 1982.

TEMPO

A História – todos nós estamos acostumados com essa definição – é o estudo das atividades e produções humanas, ou seja, da cultura, ao longo do tempo. Assim, no próprio conceito de História está inserido o conceito de tempo, o que nos mostra sua importância. No entanto, tempo é uma daquelas noções que perpassam nosso dia a dia e às quais damos pouca atenção, a despeito de sabermos de sua importância. Na verdade, a palavra tempo pode designar, em português, coisas diferentes, desde o clima ao tempo histórico, o tempo cultural.

O tempo, como produção humana, é uma ferramenta da História, visível em instrumentos como o calendário e a cronologia. Cronologia é a forma de representar os acontecimentos históricos no tempo, o que exige um calendário e uma noção de contagem do tempo. Todas as civilizações possuem uma data que convencionam como o início do tempo e, logo, o início da história. Assim, contando a partir dessa data – que representa normalmente o início do mundo – demarcam os anos e os séculos, situando cada acontecimento. Nessa perspectiva, o calendário, o ano, o século e a cronologia são invenções da mais alta importância para a História como a entendemos hoje. Juntas compõem o tempo cronológico, medição adotada pelos historiadores. E, no entanto, cada cultura tem uma maneira específica de ver o tempo, muitas delas inclusive prescindindo do calendário. Dessa forma, nem todo tempo histórico é tempo cronológico, pois uma sociedade pode não registrar seus acontecimentos em uma cronologia, não possuindo uma organização de anos e séculos, sem que isso faça com que ela deixe de ter história. Nesse sentido, a História é a experiência humana pensada no decorrer do tempo, mesmo sem cronologia.

Todas as culturas humanas indagam acerca da natureza do tempo. E não só a História, mas a Arte, a religião e a ciência têm frequentemente se inquietado sobre essa natureza. Duas são as principais percepções filosóficas sobre o tempo: o tempo cíclico e o tempo linear. O tempo cíclico é aquele em que o fim é sempre um novo começo. Por exemplo, na cultura hindu, na qual a reencarnação é uma crença religiosa, o tempo é cíclico, pois a morte significa uma nova vida. Também na cosmologia asteca – assim como no calendário da maioria dos povos da Mesoamérica antiga – o tempo cíclico significava que o mundo não tinha começo nem fim. O mundo era gerado, vivenciava toda uma era, um sol, e depois perecia, apenas para ser gerado novamente, vivenciar um novo sol, e depois perecer mais uma vez. E assim sucessivamente. Quando de sua destruição como civilização pela conquista europeia no século XVI, os astecas acreditavam viver então o quinto sol, na quinta Era da história da humanidade. Nessa visão de mundo, não há um início para a história, mas vários.

A percepção histórica do tempo linear, por sua vez, é aquela que acredita em um único início para o mundo, o universo e a história, e em um único final. Essa, por exemplo, é a crença judaico-cristã que influenciou consideravelmente o pensamento ocidental, sendo a percepção do tempo linear a predominante no Ocidente. Há muitas variações da crença no tempo linear: a variação religiosa afirma que o mundo foi criado por Deus do nada, evolui de modo constante e culminará na destruição total, na volta para o nada. Assim, criado por Deus, o universo tem toda sua história dirigida para o fim, também determinado por Deus, onde Este irá separar os bem-aventurados dos que não merecem o Paraíso. Outra variante é a visão progressista nascida durante o Iluminismo, na qual a história teria seu começo nas sociedades primitivas, evoluindo sempre até atingir as sociedades mais desenvolvidas. Nessa visão, o tempo linear também levaria até um paraíso, mas um paraíso social. Essa crença influenciou visões como a comunista, que defendia uma evolução desde a sociedade primitiva até o mais perfeito tipo de sociedade, a comunista. Além disso, ela ainda é predominante em nosso dia a dia, quando consideramos que nosso próprio período é, sem dúvida, melhor do que os que o antecederam.

A grande diferença entre o tempo linear e o tempo cíclico é que, enquanto para o primeiro a história tem começo, meio e fim, para o segundo ela está sempre recomeçando. Mas, no nosso cotidiano também temos uma percepção dual do tempo: o tempo linear é aquele que marca a passagem do tempo em nossa vida e determina o envelhecimento do qual todos estamos cientes. No entanto, diariamente vivenciamos o tempo circular, a rotina, a repetição de atividades dia após dia, o que nos traz uma noção de continuidade, de experiência que se repete.

Na História, o tempo aparece de formas muito diversas. Fernand Braudel, por exemplo, trouxe para a pesquisa histórica a distinção entre o tempo de curta duração e de longa duração, distinção muito influente na produção historiográfica atual. A curta duração seria o tempo dos acontecimentos, da política, do que muda com muita rapidez. Já a longa duração seria o tempo das estruturas, da economia e da mentalidade, do que muda com muita lentidão, que tem mudança tão lenta que aqueles que a vivenciam em geral não a percebem. Outra importante reflexão histórica sobre o tempo é a pesquisa sobre a História dos calendários. A maioria das civilizações possuiu calendários: sumérios, egípcios, chineses, maias, astecas. O calendário é um sistema de medida do tempo baseado nos astros, tendo como menor unidade o dia. Sua primeira utilização foi para a agricultura. Por meio da observação dos astros, a maioria dos povos agricultores, organizados em Estados ou não, demarcava o período das semeaduras, colheitas, o período das chuvas etc. Para Jacques Le Goff, o calendário é tanto um objeto religioso, científico e cultural quanto um objeto social. E muitas vezes foi também um objeto de manipulação de poder: quem detinha o conhecimento do calendário, detinha o controle da agricultura, logo dos camponeses. Um dos melhores exemplos desse uso pode ser visto na sociedade maia clássica. Aí os sacerdotes dominavam o calendário mais exato dentre todos os elaborados na história – com exceção do atual – e utilizavam esse conhecimento para prever as melhores épocas para o plantio, de acordo com as estações das chuvas e os acontecimentos celestes, determinando o curso da vida social. Todos, camponeses e reis, dependiam dos sacerdotes, que tiveram um enorme poder nessa sociedade.

Em nossa cultura, como vimos, estamos acostumados à linearidade do tempo histórico. E, nesse sentido, tempo, História e evolução são conceitos correlatos. Além disso, a experiência do tempo é muitas vezes individual. Na História, a História Oral e os pesquisadores da memória têm se voltado para essa constatação, buscando compreender, por exemplo, como os indivíduos das classes iletradas em culturas alfabetizadas percebem o tempo de forma diferente do tempo oficial ditado por sua sociedade. As ciências exatas também se preocupam com a possibilidade de um tempo absoluto, que se sobreponha a todas essas diferentes percepções culturais e mesmo individuais. O matemático inglês G. J. Whitrow tem se dedicado a responder a essas inquietações. Para ele, não há um tempo absoluto e todas as medidas de tempo feitas em sociedade são convenções. Assim, o tempo social, histórico, não tem nenhuma ligação com o tempo do universo. Whitrow vai mais longe e afirma que não há nenhuma prova científica de que a espécie humana tenha um sentido especial para o tempo. Não nascemos com uma consciência temporal, e nossa experiência do tempo é sempre do presente. Para esse autor, a consciência do tempo depende de nosso grau de interesse: assim, se o que estamos fazendo nos interessa, o tempo parece curto, e vice-versa. Essa é a razão pela qual cada pessoa vivencia percepções diferentes de tempo. Não queremos dizer com isso que o tempo não existe e é sempre relativo. Pelo contrário, o processo de envelhecimento característico da natureza é uma das formas de percebermos que há um tempo que podemos chamar de natural. Mas esse não é o tempo histórico, e muito menos o individual. A despeito da existência de um tempo natural ou universal, as sociedades e os indivíduos constroem interpretações bem próprias do tempo.

A constante referência ao tempo na vivência humana e sua importância na História têm feito com que a reflexão historiográfica se volte cada vez mais para ele. No Brasil, os livros didáticos também vêm trazendo essa reflexão. Sugerimos que o professor de História, no entanto, não se atenha apenas ao texto dos livros didáticos. É importante perceber a multiplicidade histórica do tempo para poder levar os alunos a compreender que a experiência histórica é algo muito diverso, assim como as noções que temos como universais raramente o são. Uma boa ferramenta para o professor é conhecer as obras de literatura que têm o tempo como tema. O escritor argentino Jorge Luis Borges, por exemplo, é uma boa dica, pois, inserido na mentalidade ocidental, Borges procurou em muitos de seus trabalhos entender como as pessoas de outras culturas pensavam o tempo circular e a imortalidade, que é uma forma própria de interpretar o tempo. Para o trabalho em sala de aula, é possível trabalhar também com a ideia de "máquina do tempo", recorrente no imaginário ocidental, provavelmente conhecida da maioria dos jovens nas cidades brasileiras. As muitas histórias sobre máquinas do tempo, frequentes na cultura pop, remetem a uma preocupação antiga da humanidade: a impossibilidade de controlar a passagem do tempo.

VER TAMBÉM

Ciência; Evolução; História; História Oral; Interdisciplinaridade; Memória; Mentalidades; Mito.

SUGESTÕES DE LEITURA

BORGES, Jorge Luis. *Ficções.* São Paulo: Globo, 2000.

_____. *O aleph.* São Paulo: Globo, 1986.

CHIQUETTO, Marcos. *Breve história da medida do tempo.* São Paulo: Scipione, 1996.

HUGHES-WARRINGTON, Marnie. *50 grandes pensadores da História.* São Paulo: Contexto, 2002.

LE GOFF, Jacques. *História e memória.* Campinas: Ed. Unicamp, 1994.

TURAZZI, Maria Inez; GABRIEL, Carmen Teresa. *Tempo e história.* São Paulo: Moderna, 2000.

WELLS, H. G. *A máquina do tempo.* Lisboa: Europa-América, 1992.

WHITROW, G. J. *O tempo na história*: concepções do tempo da Pré-história aos nossos dias. Rio de Janeiro: Jorge Zahar, 1993.

TEORIA

Entendemos teoria como um ato crítico de pensamento sobre a realidade, um ato que envolve não apenas a capacidade de abstração (pensamento), como também os sonhos, os projetos, as paixões humanas. Um ato que é, antes de tudo, humano, porque só o homem pode refletir sobre e transformar suas práticas; um ato que guarda profundas e estreitas relações com a *prática*, com a *ação*.

A mais simples definição de teoria diz que ela é um conjunto organizado de princípios e regras para explicar uma série de fatos, na verdade, para explicar o mundo. Na ciência, seria um conjunto de leis científicas. Existem teorias em praticamente todas as áreas de conhecimento, apesar de serem mais usuais nas ciências biológicas e exatas. Nas ciências humanas, as disciplinas que mais buscam formular teorias são a Economia, a Sociologia, a Antropologia e a Linguística.

Uma primeira questão a ser percebida ao definirmos teoria é sua relação com a prática política. Há a concorrência entre duas visões opostas dessa relação: a primeira afirma que política e teoria são campos contrários. Por exemplo, quando a chamada História das Mulheres, que começou como uma atividade política engajada com o movimento feminista, foi se aprofundando teoricamente ao longo dos anos 1980, muitos afirmaram que o engajamento feminista iria declinar e virar "coisa da academia", ou seja, de universidades e centros de pesquisa.

A segunda vertente, que se difundiu com o marxismo, presente no materialismo dialético, afirma que a teoria que não se encontra enraizada na prática não é teoria. Daí que é da relação teoria/prática (relação dialética) que resulta uma síntese, a práxis, que pode ser definida como a ação social, comprometida com determinada visão de mundo, determinada ideologia. Nessa visão, teoria e prática convergem para a práxis, entendida como a *ação humana consciente*, fruto de uma reflexão, de uma percepção de que os atos são históricos, de que eles correspondem à situação social e histórica do sujeito no mundo. Ao atingir o estágio da práxis, o homem não menospreza nem a prática nem a teoria, pois sua prática e sua teoria praticamente se misturam: o seu ato é teórico e sua teoria é prática.

No entanto, não se conhece teoria que explique satisfatoriamente a totalidade da experiência humana. A grande dificuldade, nesse ponto, resulta do fato de que as ciências humanas, como um todo, lidam com um objeto bastante complicado, o homem, e a História ainda tem o agravante de lidar com o homem *no tempo*. Assim, os historiadores atualmente são mais comedidos em formular teorias, embora não dispensem conceitos e modelos explicativos na análise. Se durante o auge do materialismo histórico como concepção de história muitos historiadores se preocupavam com o estabelecimento de modelos que estruturassem as explicações da História, com a ascensão da Nova História, e depois com a pós-modernidade, no último quartel do século XX, a História foi se tornando cada vez menos teórica, ou seja, cada vez menos preocupada com as explicações preestabelecidas para a análise de diferentes sociedades no tempo.

Hoje, as teorias da História, as grandes linhas interpretativas do processo histórico, caíram em descrédito, o que se explica sobretudo pelo fato de a História não ser uma disciplina muito fácil de se teorizar: se as ações humanas, os acontecimentos e processos históricos tivessem certa margem de repetição (fossem *típicos*, ou seja, fossem semelhantes entre si de modo que o tempo e o espaço não afetassem sua dinâmica), até que haveria maior chance de construção de uma teoria geral que explicasse *todo o movimento histórico*. Como isso não acontece, fica difícil propor uma teoria que explique o *sentido da história*. O que ocorre é que essa complexa disciplina não é uma ciência como outra qualquer (para muitos, nem ciência ela é), ela lida com fatos singulares (irrepetíveis), que dão margem a muitas interpretações. E, no entanto, por mais que muitos historiadores atuais privilegiem a prática empírica da pesquisa e deem ênfase à metodologia, dispensando a teoria, não deixam de buscar explicações e, de certo modo, por trás de suas operações "práticas", está sempre alguma concepção teórica, sobre o que é o fazer/escrever da História. Portanto, uma conclusão se impõe: por mais que nos imaginemos livres em nossas práticas (ensino e/ou pesquisa), não escapamos assim tão facilmente nem das ideologias nem da teoria.

De modo geral, as teorizações sociais são mais bem-sucedidas para explicar o presente do que o passado. Críticos do marxismo, como Castoriadis, afirmam que a teoria marxista é muito mais aplicável ao entendimento do período da História em que o Capitalismo impera do que a períodos anteriores, em que nem sempre a economia constituiu o principal sentido das ações das pessoas.

Existe uma separação entre teoria social e História, como apontou Peter Burke, que se baseia no fato de que os sociólogos julgam compreender as estruturas sociais, as generalidades, ao passo os historiadores julgam que o essencial é compreender o que é específico em dada sociedade. Para tais historiadores, as teorias ou generalizações dos sociólogos não são úteis para contemplar a diversidade das sociedades humanas; por sua vez, os sociólogos afirmam que os historiadores são meros colecionadores de fatos do passado, sem competência (porque sem base teórica) para compreender as sociedades como um todo. Atualmente, com a interdisciplinaridade, está havendo uma tentativa de reaproximação entre os historiadores e os teóricos sociais. O historiador usa conceitos e tipologias tomados de empréstimo aos teóricos, e estes, por sua vez, terminam por dar uma dimensão histórica a suas teorizações. Mesmo que as "grandes teorias da História" tenham caído em desuso, isso não contradiz o fato de que os historiadores, de modo geral, estão cada vez mais se preocupando com a fundamentação teórica de seus trabalhos. E isso é algo muito positivo. Historiadores sociais e da cultura, por exemplo, aproximam-se com cada vez mais competência das demais áreas das ciências humanas, como a Sociologia, a Antropologia, a Literatura, e o resultado disso é o maior número de trabalhos com qualidade analítica.

Um historiador que não se preocupa com conceitos e modelos explicativos, a maioria dos quais resultam de teorias, provavelmente não costuma pensar muito a respeito das ações humanas, limitando-se a narrá-las, sem explicá-las ou compreendê-las. Isso não significa que o historiador deva ficar atado a esta ou àquela teoria, a este ou àquele modelo explicativo como uma receita que serve para tudo. A matéria da História – as ações humanas no tempo, como afirmou Marc Bloch – não é passível de se encaixar perfeitamente em nenhuma teoria. Mas quando falamos em *mais valia*, em *modo de produção, mentalidades, burguesia, feudalismo, capitalismo, modernidade, imaginário* etc., estamos lidando com conceitos derivados de modelos de explicação das sociedades elaborados em concepções teóricas. Daí que o conhecimento teórico é fundamental para a compreensão e a explicação da História, seja em sala de aula, seja no campo da pesquisa.

No que diz respeito à sala de aula, no âmbito do ensino Fundamental e Médio, a teoria também se torna fundamental para restabelecer um certo sentido de *profundidade* ao processo de ensino-aprendizagem. Todos os livros didáticos se baseiam em alguma forma de explicação do mundo e da História, em concepções históricas que não deixam de ter um fundamento teórico subjacente. Lidar com recursos didáticos diversificados (filmes, documentários, textos, documentos, fotografias, imagens de revistas, jornais etc.) também requer algum nível de habilidade teórico-crítica para uma leitura produtiva do recurso. Também a leitura e a interpretação de textos exigem algum princípio de elaboração teórica por parte de alunos. Embora nenhuma teoria explique tudo, elas nos ajudam tanto a interpretar as sociedades e a História quanto a propor ações práticas diante de nossa relação com o mundo e com as outras pessoas. Teorizar é, em si, um ato de inquietação.

Ver também

Arqueologia; Ciência; Cotidiano; Ética; Gênero; História; Historiografia; Ideologia; Interdisciplinaridade; Marxismo; Mentalidade; Modo de Produção; Política; Tecnologia.

Sugestões de leitura

Burguière, André (org.). *Dicionário das ciências históricas*. Rio de Janeiro: Imago, 1993.

Burke, Peter. *História e teoria social*. São Paulo: Ed. Unesp, 2002.

_____. *A escrita da história*: novas perspectivas. São Paulo: Ed. Unesp, 1992.

Edgar, Andrew; Sedgwick, Peter. *Teoria cultural de A a Z*: conceitos-chave para entender o mundo contemporâneo. São Paulo: Contexto, 2003.

Hughes-Warrington, Marnie. *50 grandes pensadores da História*. São Paulo: Contexto, 2002.

Karnal, Leandro (org.). *História na sala de aula*: conceitos, práticas e propostas. São Paulo: Contexto, 2003.

Pereira, Otaviano. *O que é teoria*. São Paulo: Brasiliense, 1988.

Terrorismo

Tema pungente nos dias atuais, o terrorismo não pode deixar de ser discutido no meio escolar, sob pena mesmo de deixarmos à imprensa e à sua banalização do mal a tarefa ambígua de "demonstrar" às pessoas o que é o terrorismo e o que ele significa na contemporaneidade. A relação do terror com a imprensa, a ação repressiva que recai sobre os que praticam o terror, a organização dos grupos terroristas e suas motivações, entre outros, são temas complexos que carecem de um mínimo de senso crítico para se alcançar o entendimento da História Contemporânea.

O terrorismo é a ação armada contra civis; é a violência usada para fins políticos, não contra as forças repressivas de um Estado, mas contra seus cidadãos. Uma classificação atual distingue o terrorismo em pelo menos quatro categorias: terrorismo revolucionário; terrorismo nacionalista; terrorismo de Estado; e terrorismo de organizações criminosas. O terrorismo de cunho revolucionário pode englobar grupos como as Brigadas Vermelhas e o Ordine Nuovo, que atuaram na Itália durante o século xx; a Fração Exército Vermelho, da Alemanha; Ação Direta, na França; o Sendero Luminoso, no Peru. Esses grupos pregam o uso da ação terrorista como ferramenta para a instalação de uma revolução. Já o terrorismo nacionalista é aquele praticado por grupos que pretendem fundar um Estado-nação com a separação de uma região de um Estado preexistente, como o Setembro Negro palestino, o grupo basco Eta e o irlandês IRA, entre outros. O terrorismo de Estado, por sua vez, como o próprio nome diz, é aquele praticado por Estados nacionais, como o promovido pela Líbia na segunda metade do século xx. Por fim, o terrorismo criminoso se refere a grupos criminosos, como a Máfia, a Camorra, o Cartel de Medellín, entre outros.

Muitos estudiosos remontam o terrorismo ao século I d.C., quando, entre os zelotes, judeus contrários ao domínio romano na Palestina, surgiu um grupo radical denominado sicários ou "*homens com punhal*", que atacava cidadãos, judeus ou não, tidos como simpatizantes da causa romana. A História registra ainda a existência de uma seita muçulmana que, no final do século XI d.C, dedicava-se a exterminar seus opositores no Oriente Médio, seita inclusive da qual teria se originado a palavra *assassino*. Ambos esses grupos, no entanto, pertencem a contextos históricos diferenciados e pouco têm a ver com o *terror* contemporâneo.

As raízes do terrorismo moderno se encontram mesmo no século XIX europeu, quando grupos anarquistas e niilistas hostilizavam o Estado, alguns iniciando luta armada contra essa instituição, na tentativa de constituir uma sociedade sem Estado. A ação revolucionária anarquista, quando seguia a trilha da violência armada, visava a atingir sobretudo líderes de Estado, e não cidadãos comuns. O terrorismo desenvolvido por alguns grupos anarquistas tinha, portanto, caráter revolucionário e estratégico na luta contra a ordem vigente. A liberdade era uma das bandeiras de luta. Em sua luta contra os elementos conservadores da sociedade russa, por exemplo, os niilistas justificavam a violência acreditando que a eliminação da ignorância e da opressão asseguraria a liberdade humana. O governo russo de Alexandre II reprimiu severamente os revolucionários, que se vingaram assassinando o imperador em 1881.

Mas o czar russo foi apenas uma das vítimas do terrorismo oitocentista, que teve seu auge nas quatro décadas anteriores à Primeira Guerra Mundial. Em 1878 houve dois atentados à vida do kaiser alemão; em 1893, explosivos foram jogados na Câmara dos Deputados da França e, em 1894, o presidente francês foi esfaqueado e morreu por causa dos ferimentos; em 1898, a imperatriz Elizabeth (Sissi) da Áustria foi assassinada e três anos depois foi a vez do presidente norte-americano Mckinley. Apenas no ano de 1892, houve mais de mil ataques de explosivos na Europa e quase quinhentos nos EUA.

Entretanto, foi o século XX que conheceu a grande expansão do número de grupos que optaram pelo terrorismo como arma de luta: guerrilheiros urbanos marxistas, maoístas, trotskistas, castristas em toda a América Latina; separatistas bascos na Espanha; tâmis no Sri Lanka; corsos na França; quebequenses no Canadá; curdos na Turquia e no Iraque; sikhs no norte da Índia; muçulmanos na Caxemira, na Chechênia, na Palestina e nas Filipinas; a Supremacia Branca nos Estados Unidos, grupo de organizações paramilitares racistas de extrema direita. Um dos seguidores dessa organização é Timothy James McVeigh, responsável pelo atentado de Oklahoma na década de 1990, no qual morreram 168 pessoas.

No século XX, o terrorismo não se expandiu apenas quanto ao número de grupos, mas também em termos de raio de atuação. Conexões internacionais sofisticadas, uso de tecnologia bélica de alto poder destrutivo, redes de comunicação como a internet, tudo isso mostra o quanto o *terror* tomou uma face que dialoga cada vez mais com a tecnologia de ponta. Seus fins podem ser "*antigos*", a mídia pode até taxar alguns grupos, como a Al-Qaeda, de fundamentalistas retrógrados, mas é inegável que a modernidade técnica é instrumentalizada por eles com eficiência cada vez mais letal. Antes, com poucas exceções, os grupos extremistas conduziam suas campanhas de violência em seus próprios territórios e contra inimigos declarados. Mas desde a segunda metade do século XX já não há mais fronteiras para atingir as metas políticas, e os países mais vulneráveis são, em geral, aqueles onde tradicionalmente todos que chegavam tinham liberdade de movimento. Os terroristas, agora, são os moradores típicos do que o teórico Marshall MacLuhan designou "*aldeia global*".

Para a maior visualização do terrorismo mundial, a mídia exerce um papel fundamental. Mas é evidente que também cria um sensacionalismo em torno dos terroristas. Há até quem acredite que a atenção exacerbada dada pela mídia aos atentados auxilia os grupos radicais na propaganda do *terror*. Por sua vez, o sensacionalismo se torna uma arma também na propaganda antiterror, veiculada por grupos e Estados atingidos pelo terrorismo. Dessa forma, a mídia ajuda a justificar a legalidade e a necessidade de ações antiterroristas que, muitas vezes, levam adiante banhos de sangue e violações aos direitos humanos que atingem mais a população civil do que os próprios terroristas.

O poder da mídia, entretanto, não gera o *terror*. Muitas campanhas terroristas têm raízes históricas profundas e são inspiradas em situações reais de dominação imperialista. É o caso, por exemplo, do terrorismo contra a colonização europeia. No Quênia, a rebelião Mau Mau, iniciada em 1952, durou três anos e foi responsável por ações violentas contra europeus e africanos considerados desleais. E, embora sua derrota tenha culminado na morte de 11 mil rebeldes, a ação do grupo impulsionou a independência do Quênia. Cem europeus foram mortos nessa rebelião. A independência do Chipre perante a Grã-Bretanha também foi resultante da ação terrorista cipriota por meio da organização Eoka. Outro conflito de raízes profundas é o que se trava entre o setor extremista da Organização pela Libertação da Palestina e o Estado de Israel. A OLP, corporação política fundada em 1964, foi uma tentativa de unir os diversos grupos árabes palestinos para se opor à presença israelense no antigo território da Palestina. O grupo não é necessariamente terrorista. Mas a década de 1980 assistiu a uma radicalização dos conflitos na região, e surgiram revoltosos que optaram pelo terror contra Israel: é o caso da Frente Popular para a Libertação da Palestina e do Setembro Negro. Por sua vez, sentindo-se vítimas dessas ações terroristas, o Estado de Israel reage com o terrorismo de Estado, dificultando o diálogo entre as partes. O fundamentalismo judaico e a sanha dos palestinos em criar um Estado na Palestina são ingredientes de um conflito de longa duração.

Ao falar em terrorismo de Estado, podemos abordar duas vertentes do *terror*: a primeira é o terrorismo de Estado, praticado contra sua própria população, como no modelo clássico totalitário; a segunda, os alvos são os civis, na maioria das vezes considerados estrangeiros, como ocorre no modelo norte-americano. O modelo clássico totalitário ocorreu em particular no século XX. O regime nazista na Alemanha exerceu uma política de terror, perseguição e morte aos judeus; o regime stalinista, por sua vez, fez uso da força do Estado centralizado para minar qualquer dissidência por menor que fosse, por meio de prisões e milhões de assassinatos; por fim, as ditaduras latino-americanas do Chile, Brasil e Argentina, por exemplo, e a ditadura de Pol Pot no Camboja, também exerceram o terrorismo de Estado com perseguições, extermínios, torturas e deportações. Não seria errôneo dizer que os EUA e Israel do século XXI praticam terrorismo de Estado. A ideia de George W. Bush de guerra preventiva e as frequentes ações militares israelenses contra os palestinos são formas de terrorismo de Estado que, sob a desculpa do combate a grupos terroristas, espalham a morte por meio de tecnologias do *terror* para alcançar ou consolidar espaços geopolíticos.

Devemos nos perguntar, antes de tudo, por que o terrorismo existe, quais as razões do ódio político e quais projetos existem por parte daqueles que matam e morrem. O professor de História deve ter a coragem de discutir o terrorismo para além do sensacionalismo da mídia. Perceber o duro jogo de poder que é travado entre as forças em conflito é, antes de tudo, implodir a noção simplista, e muitas vezes bastante conveniente, de que há no mundo uma luta do bem contra o mal. Outra questão a ser observada: há o *terror* como prática e há ainda o discurso sobre o *terror*, que temos de analisar para não cair no senso comum.

Ver também

Discurso; Estado; Fascismo; Fundamentalismo; Globalização; Imperialismo; Islã; Militarismo; Nação; Orientalismo; Violência.

Sugestões de leitura

Arendt, Hannah. *Origens do totalitarismo*: antissemitismo, imperialismo, totalitarismo. São Paulo: Companhia das Letras, 1989.

Barbosa, Alexandre de Freitas. *O mundo globalizado*: política, sociedade e economia. 2. ed. São Paulo: Contexto, 2003.

Carr, Caleb. *Assustadora história do terrorismo*. Rio de Janeiro: Prestígio, 2003.

Chomsky, Noam. *11 de Setembro*. Rio de Janeiro: Bertrand Brasil, 2002.

Demant, Peter. *O mundo muçulmano*. São Paulo: Contexto, 2003.

Melo Neto, Francisco Paulo de. *Marketing do terror*. São Paulo: Contexto, 2002.

Pinsky, Jaime; Pinsky, Carla Bassanezi (orgs.). *Faces do fanatismo*. São Paulo: Contexto, 2004.

Rashid, Ahmed. *Jihad*: a ascensão do islamismo militante na Ásia Central. São Paulo: Cosac & Naify, 2003.

Ricardo, Sílvia; Sutti, Paulo. *As diversas faces do terrorismo*. São Paulo: Harbra, 2002.

Trabalho

Apesar de frequentemente ser o centro das discussões teóricas nas ciências sociais, poucos historiadores, no entanto, dão ao conceito de trabalho a devida atenção. Mas a noção de trabalho, como toda ideia humana, muda de definição ao longo do tempo.

Em sua definição mais comum, trabalho é toda ação de transformação da matéria natural em cultura, ou seja, toda transformação executada por ação humana. Mas o trabalho tem significados diferentes de acordo com a cultura que o vivencia e, em muitos casos, o que é considerado trabalho em uma não é na outra. Em muitas línguas europeias, há inclusive uma distinção entre o trabalho que dá reconhecimento social, uma *obra*, e o trabalho repetitivo, o *trabalho*. Tal diferenciação, no entanto, não existe em português.

O trabalho, dizem os filósofos, está associado ao esforço para se atingir um fim, esforço esse físico e espiritual. O Ocidente criou outra diferenciação, a do trabalho braçal e a do trabalho intelectual, sendo este último considerado, em diferentes períodos históricos, superior ao braçal. Para a filósofa Suzana Albornoz, no entanto, essa distinção é em si mesma preconceituosa, pois o trabalhador que executa tarefas manuais não deixa nunca de usar a criatividade e outras exigências do trabalho considerado intelectual. O trabalho é tanto o esforço quanto o resultado desse esforço.

Ao se debruçar sobre a Grécia antiga, por exemplo, os historiadores franceses Jean-Pierre Vernant e Pierre Vidal-Naquet procuraram os significados do trabalho naquela sociedade. Para Vernant, trabalho é um tipo de comportamento, uma forma particular de atividade humana e, como tal, mutável no decorrer da história. É um fato humano que pode ser entendido de diferentes ângulos possíveis: pela análise técnica, econômica, social e psicológica. E enquanto a nossa sociedade percebe o trabalho de forma unificada, como um tipo de comportamento, na Grécia antiga as pessoas não percebiam as atividades produtivas ligadas umas as outras, ou seja, não havia noção de trabalho como a entendemos hoje, em que todas as atividades produtivas estão integradas, percebendo que têm em comum umas com as outras um mesmo tipo de comportamento, o trabalho. Na agricultura grega, o esforço humano não era entendido como forma de transformar a natureza, mas de se adequar a ela. Mais importante, para Vernant, os gregos não davam valor social a seu esforço, seu ofício. Para eles, cada profissão correspondia a uma qualidade humana, e era quase uma continuidade da natureza.

A sociedade contemporânea entende o trabalho como uma categoria única, um tipo unificado de conduta: é uma atividade regulamentada que visa a produzir valores úteis ao grupo. A sociedade de mercado, em que todos os valores úteis são os criados para o mercado, unifica a percepção de todas as tarefas produtivas como trabalho. Todos entendem suas atividades particulares nessa categoria geral. Em uma economia plenamente comercial, segundo Vernant, todas as atividades produtivas são colocadas lado a lado de forma homogênea, criando assim o conceito atual de trabalho.

Na Antiguidade, por outro lado, cada tarefa se definia a partir de seu produto particular, e não havia uma percepção geral de que toda a produção de alguma coisa era um esforço humano criador de valor social. Assim, na Grécia antiga não existia o trabalho como função humana que abarca todas as atividades. Inclusive, a agricultura não era nem mesmo encarada como uma atividade profissional, aparentando-se mais, no ver de Xenofonte, à atividade guerreira.

A História tem dado atenção ao trabalho em muitos e variados ângulos: a partir da História Econômica, da História Social, da História das Técnicas e até mesmo da História das Ideias. E não é a única disciplina a ter o trabalho como objeto: a Antropologia, o Direito e a Filosofia também o abordam. Desde o Iluminismo que os filósofos já pensavam o trabalho, e os socialistas do século XIX, de Saint-Simon a Proudhon, procuraram dar uma atenção especial ao trabalho. Para Marx, a história era o desenvolvimento das relações entre doadores e tomadores de trabalho. Ele ainda criticava o fato de os filósofos se limitarem à busca da interpretação do mundo, quando o que importava era transformá-lo. Nesse sentido, trabalhar sobre ele.

Hoje o historiador que estuda o trabalho se preocupa entre outras coisas com os mecanismos da produção e das trocas. Georges Friedmann, na década de 1960, definiu o trabalho como o conjunto de ações com finalidade prática que o homem exerce sobre a matéria, com a ajuda das mãos, do cérebro, de ferramentas ou de máquinas, ações essas que modificam não só a matéria mas também o homem. Mas o próprio Friedmann afirmava que devemos desconfiar das definições metafísicas e muito generalizantes do trabalho. Para entender o trabalho precisamos buscar sua variedade na história e nas sociedades, procurando principalmente entender como o trabalho é vivido e sentido pelos que o executam. Uma pergunta a se levantar, nesse sentido, é se o trabalho é sempre, em todas as sociedades, sentido como sujeição.

No contexto do mundo industrial, e diríamos pós-industrial, o trabalho é uma categoria que representa um esforço coletivo e socialmente organizado, o que contrasta com sociedades como a Grécia antiga. Nesse contexto do mundo globalizado, apesar da nova divisão mundial de trabalho homogeneizar as relações de produção em lugares tão díspares quanto o Brasil, a França e Taiwan, cada cultura ainda vê o trabalho de forma diferente: Na maior parte do Brasil, influenciado pela tradição da Reforma Católica na Idade Moderna, para a qual o trabalho era um castigo imposto ao homem por Deus, trabalhar é uma atividade necessária, mas vista como imposição. No Japão, no entanto, onde a cultura da honra e da tradição ainda se sobrepõe às inovações da cultura globalizada, o trabalho é algo sagrado e deve ser encarado como honra.

É comum que tentemos levar nossa noção de trabalho para a interpretação de outras culturas. Nesse sentido, um caso muito comum é a consideração de que os tupis da costa brasileira, durante os primeiros tempos da conquista, eram povos que não estavam acostumados ao trabalho, que não gostavam de trabalhar, mito esse que persiste em muitas explicações acerca da escravidão no Brasil. A realidade, no entanto, é que os tupis, como qualquer sociedade humana, tinham sua própria noção de trabalho, sua divisão social de trabalho, inclusive; e em sua visão – masculina, devemos acrescentar – o esforço posto no trabalho era medido e determinado e não precisava ser aumentado. Ou seja, o trabalho não era visto como o centro da vida social. Não que fosse desprezado, só não era supervalorizado. As tarefas produtivas tinham seu espaço e seu lugar específico, mas não determinavam o conjunto da vida. De qualquer forma, a visão masculina é diferente da feminina. Na sociedade tupi, o trabalho era definido por sexo, e as atividades produtivas recaíam especialmente sobre as mulheres. Uma visão tradicional vê nisso apenas a exploração patriarcal, mas novas interpretações, como a de João Azevedo Fernandes, relatam que eram as mulheres que dominavam as técnicas de produção da agricultura, da cerâmica e de quase todas as atividades culturais, em contraste com a supremacia "natural" masculina, e esse domínio era reconhecido e valorizado.

Já para as sociedades industriais, Karl Marx construiu um conceito de trabalho que até hoje pode ser utilizado, o de trabalho alienado. O trabalho alienado é característico das linhas de montagem, da grande produção em massa, de qualquer forma de produção em que o trabalhador não seja responsável pela produção integral, em que ele não possua mais o conhecimento para produzir o produto de forma total. Nesse sentido, o trabalhador produz apenas uma parte, uma peça do produto, sempre em atividades repetitivas e sem sentido, pois, de modo diferente do artesão, ele não vê o resultado de seu trabalho no produto terminado. O trabalho é alienado também porque o trabalhador não possui os meios de produção. Ele vende sua força de trabalho, sendo assim alienado dela. O trabalho alienado é uma característica do Capitalismo e de sua organização da produção. É uma resultante do aprimoramento da produção, da velocidade com a qual o mercado exige os bens de consumo.

Muito se tem falado acerca do trabalho alienado e de sua influência na sociedade atual, inclusive interligando-o à massificação da cultura, ao desenvolvimento da cultura de massa "alienada". Um dos campos clássicos de estudo da História do trabalho é a História da classe operária, área bastante influenciada pelo materialismo histórico. Hoje um tema secundarizado, já rendeu importantes obras de historiadores que não se prendem aos modismos da História, como Eric Hobsbawm. De qualquer forma, com a globalização, outras formas de trabalho parecem evidentes para as ciências sociais, deixando de lado um pouco o trabalho industrial, que não é mais preponderante no Ocidente. Estudos sociológicos têm dado cada vez mais ênfase à chamada jornada dupla de trabalho das mulheres nas grandes sociedades pós-industriais. Nela, a mulher, além de possuir um emprego fora de casa, deve também arcar com as tarefas domésticas, o que não é considerado trabalho por sociedades como a brasileira. Podemos ver o conceito de trabalho em nossa sociedade na definição do IBGE, para quem trabalho são todas as ocupações remuneradas em dinheiro, mercadoria ou benefício, desenvolvidas na produção de bens e serviços, assim como qualquer ocupação remunerada no serviço doméstico e qualquer ocupação não remunerada na produção de bens e serviços desenvolvidas em pelo menos uma hora por semana. Essa definição, apesar de bastante ampla e de incluir as empregadas domésticas, exclui as donas de casa, que continuam a ser consideradas, no Brasil, economicamente inativas.

Uma importante reflexão que os professores podem levantar em sala de aula em torno do trabalho é sua multiplicidade histórica: primeiro, trabalho não é emprego. Não é porque alguém – como uma dona de casa, por exemplo – não tem um emprego que ela não trabalha. Segundo, o trabalho é mutável, na forma como as pessoas o veem ao longo do tempo. Assim, não apenas entendemos o objetivo do trabalho de forma diferente de um japonês, como também definimos trabalho de forma diferente de um grego do tempo de Péricles. O risco do anacronismo na análise histórica de trabalho é grande. Precisamos estar atentos a essas questões em sala de aula e acabar de vez, por exemplo, com a visão de que os índios eram preguiçosos, não gostavam de trabalhar e, logo, *não serviam para a escravidão*. Além disso, importante contribuição para a construção da cidadania brasileira é a valorização do trabalho doméstico, do trabalho feminino e o reconhecimento de que a maioria das mulheres realiza uma jornada dupla de trabalho. Enquanto o trabalho doméstico não for considerado trabalho no Brasil, a maioria das mulheres brasileiras, principalmente as de baixa renda, continuará a trabalhar duplamente sem reconhecimento profissional ou social.

VER TAMBÉM

Cidadania; Classe Social; Escravidão; Família; Gênero; Globalização; Indústria Cultural; Industrialização; Latifúndio/Propriedade; Modo de Produção; Servidão; Tecnologia.

SUGESTÕES DE LEITURA

ALBORNOZ, Suzana. *O que é trabalho.* São Paulo: Brasiliense, 2002.

BURGUIÈRE, André (org.). *Dicionário das ciências históricas.* Rio de Janeiro: Imago, 1993.

DEL PRIORE, Mary (org.). *História das mulheres no Brasil.* 6. ed. São Paulo: Contexto, 2002.

_____. *História das crianças no Brasil.* 4. ed. São Paulo: Contexto, 2004.

EDGAR, Andrew; SEDGWICK, Peter. *Teoria cultural de A a Z*: conceitos-chave para entender o mundo contemporâneo. São Paulo: Contexto, 2003.

HOBSBAWM, Eric J. *Mundos do trabalho*: novos estudos sobre história operária. São Paulo: Paz e Terra, 1987.

LUCA, Tania Regina de. *Indústria e trabalho na História do Brasil*. São Paulo: Contexto, 2001.

_____. Trabalhadores: direitos sociais no Brasil. In: PINSKY, Jaime; PINSKY, Carla Bassanezi (orgs.). *História da cidadania*. São Paulo: Contexto, 2003.

PINSKY, Carla Bassanezi; PEDRO, Joana Maria. Mulheres: igualdade e especificidade. In: PINSKY, Jaime; PINSKY, Carla Bassanezi (orgs.). *História da cidadania*. São Paulo: Contexto, 2003.

PINSKY, Jaime. *A escravidão no Brasil*. São Paulo: Contexto, 1993.

ROCHA, Maria Isabel Baltar da (org.). *Trabalho e gênero*: mudanças, permanências e desafios. São Paulo: Ed. 34, 2000.

SINGER, Paul. Direitos sociais: cidadania para todos. In: PINSKY, Jaime; PINSKY, Carla Bassanezi (orgs.). *História da cidadania*. São Paulo: Contexto, 2003.

VERNANT, Jean-Pierre; NAQUET, Pierre-Vidal. *Trabalho e escravidão na Grécia antiga*. Campinas: Papirus, 1989.

TRADIÇÃO

A palavra tradição teve originalmente um significado religioso: doutrina ou prática transmitida de século para século, pelo exemplo ou pela palavra. Mas o sentido se expandiu, significando elementos culturais presentes nos costumes, nas Artes, nos fazeres que são herança do passado. Em sua definição mais simples, tradição é um produto do passado que continua a ser aceito e atuante no presente. É um conjunto de práticas e valores enraizado nos costumes de uma sociedade. Esse conceito tem profundas ligações com outros como cultura e folclore. E, em geral, é matéria de estudo das ciências sociais, sendo objeto de pensadores clássicos da Sociologia como Max Weber.

A tradição tem, na perspectiva sociológica, a função de preservar para a sociedade costumes e práticas que já demonstraram ser eficazes no passado. Para Weber, os comportamentos tradicionais são formas puras de ação social, ou seja, são atitudes que os indivíduos tomam em sociedade e são orientadas pelo hábito, pela noção de que sempre foi assim. Nessa forma de ação, o indivíduo não pensa nas razões de seu comportamento. O comportamento tradicional seria, então, uma forma de dominação legítima, uma maneira de se influenciar o comportamento de outros homens sem o uso da força.

Uma visão clássica da tradição nas ciências sociais acredita que ela teria dificuldades em acompanhar as mudanças e, à medida que o liberalismo e o individualismo foram ganhando espaço no Ocidente, os comportamentos tradicionais teriam perdido espaço. As tradições, nesse sentido, teriam se enfraquecido com a industrialização e o nascimento das sociedades industriais, dando lugar a uma rotina cada vez mais preenchida pela ciência e pela técnica.

Mas as tradições evoluem e se transformam com as novas necessidades de cada sociedade, funcionando inclusive para impedir que ela se dissolva. Segundo Dominique Wolton, a tradição não é mais vista pelas ciências sociais como uma coisa arcaica, mas como aprendizagem, reapropriação. Para ele, na medida que as sociedades se modernizam, a tradição aparece para suportar a mudança social, pois nenhuma sociedade muda radicalmente, sendo que cada fase de mudança possui também estabilidade.

Outra perspectiva comum é a relação feita entre tradição e modernidade. Para Boudon e Bourricard, é corriqueira a oposição entre sociedades tradicionais e sociedades industriais. O problema dessa oposição é que ela não traz uma definição clara de quais são as características de uma sociedade tradicional. Na verdade, ela engloba sociedades tão diferentes quanto o Sacro Império Romano Germânico e a Babilônia, em contextos históricos totalmente diversos. E, assim, a definição de sociedades tradicionais termina por se basear não nas características que elas compartilham, mas nos elementos que elas não possuem, e existem nas sociedades modernas, como a escrita, a divisão de trabalho com ênfase na produção, as trocas interpessoais. Para esses autores, em vista desses problemas é muito mais interessante hoje o uso do conceito de tradição do que de sociedades tradicionais, pois tradição é algo que pode existir em todas as sociedades, inclusive nas industriais.

A tradição como tema de estudos tem também ganhado espaço na História. Eric Hobsbawm, por exemplo, estudando o mundo contemporâneo, utiliza o conceito de *tradições inventadas* para denominar o conjunto de práticas, de natureza ritual ou simbólica, regulado por regras aceitas por todos, que tem como objetivo desenvolver na mente e na cultura determinados valores e normas de comportamento, por meio de uma relação com o passado feita pela repetição constante dessas práticas.

Para Hobsbawn, uma das características das tradições inventadas é que elas estabelecem uma continuidade artificial com o passado, pela repetição quase obrigatória de um rito. As tradições têm como função legitimar determinados valores pela repetição de ritos antigos (ou de ritos definidos como antigos, no caso das tradições inventadas), que dariam uma origem histórica a determinados valores que devem ser aceitos por todos e se opõem a costumes novos.

Hobsbawm defende que um dos aspectos mais fortes da tradição é sua característica invariável, ou seja, seria um conjunto de práticas fixas que, por serem sempre repetidas de uma mesma forma, remeteriam ao passado, real ou imaginado. Mas muitas pesquisas antropológicas recentes, assim como trabalhos sobre o folclore, contestam o caráter fixo das tradições. Para essas, a cultura popular nas tradições e manifestações folclóricas se renova constantemente por meio da criação anônima. No caso de Hobsbawm, ele estuda tradições inventadas pelas sociedades industriais, que, após a Revolução Industrial, tiveram de criar novas rotinas e novas convenções. São rituais e eventos que, segundo ele, são muitas vezes criados por um só personagem, no caso das tradições inventadas. É o caso do escotismo, o corpo dos escoteiros, instituição internacional criada por Baden Powell, em 1909, com o objetivo de aperfeiçoar física e moralmente os jovens. O escotismo está repleto de tradições inventadas, na forma de rituais e normas de comportamento, constantemente repetidos e ensinados aos novos membros. Também a realeza britânica possui muitas tradições mencionadas por Hobsbawm, algumas inventadas e outras autênticas, sempre repetidas, como a cerimônia de coroação ou de sepultamento da realeza na abadia de Westminster, como para reafirmar a Antiguidade e a legitimidade da monarquia. Nesse sentido, tradição também tem uma ligação muito forte com o conceito de Antiguidade como um período de grandes homens, uma *Idade de ouro*.

Sociólogos como Tom Bottomore e William Duthwaite, por sua vez, acreditam que o termo tradição deve ser empregado para as esferas mais importantes da vida humana, como a religião, o parentesco, a comunidade etc., deixando as esferas menores de ritos e costumes cotidianos com o conceito de folclore. Defendem, além disso, que as tradições não são necessariamente estáticas ou imóveis. Para eles, migrações e mesmo revoluções, que são fenômenos geradores de mudança por excelência, algumas vezes estão baseados no desejo de disseminar tradições ou de protegê-las. Eles dão como exemplo a Reforma Protestante, fenômeno que gerou muitas mudanças sociais e culturais, mas que teve como base um desejo de retornar às tradições do Cristianismo primitivo. Por outro lado, poderíamos acrescentar que a colonização da América espanhola vivenciou também tentativas da Coroa, da Igreja e de determinados grupos sociais de transferir para as colônias tradições e costumes antigos na própria Espanha, como o Catolicismo e a cultura da fidalguia.

Outro exemplo do trabalho histórico com a tradição é o estudo do pensamento ibérico barroco e moderno, por Rubem Barboza Filho, que por meio da tradição procura entender a constituição das identidades da América Ibérica. Barboza Filho observa a influência da tradição na formação do caráter moderno da Ibéria. Pensa tradição como um elemento vivo e atuante, que aparece na vida social do presente. Afirma que o conceito de tradição foi muito utilizado pelos pensadores ibéricos, como Unamuno, na passagem do século XIX para o XX, como uma forma de crítica à modernidade, de projeto alternativo à modernização da Europa que não incluía a Espanha. Muitos intelectuais espanhóis de então defendiam a revalorização das tradições ibéricas como forma de, mediante elementos culturais puramente espanhóis, tornar possível superar a decadência na qual o país se encontrava. Os elementos que Unamuno caracterizou como tradicionais na cultura espanhola foram a fé, a paixão, a mística. Elementos opostos à modernidade, por sua vez definida pela ciência e técnica. Personagens como El Cid e Dom Quixote, a tradição cultural do Século do Ouro (o século XVI na Espanha, auge do império espanhol), da Arte barroca, da Inquisição e do poderio do Catolicismo e da monarquia foram recuperados na passagem do século XIX para o XX como elementos de tradição úteis para a construção de uma identidade própria e conservadora da Espanha, diante da expansão da modernidade ocidental.

Vemos, assim, que tradição possui muitos significados: pode estar atrelada ao conservadorismo e ao resgate de períodos passados considerados gloriosos; pode ser inventada para legitimar novas práticas apresentadas como antigas. Muitas vezes é pensada como imóvel, mas hoje cada vez mais estudiosos percebem suas ligações com as mudanças. Está ligada ao folclore, à cultura popular e à formação de identidades. Assim, é um tema muito prolífico, que dá margem a discussões variadas. No Brasil, onde a cultura popular está sendo recuperada cada vez de forma mais intensa e onde também surge um forte movimento de revalorização das tradições e do folclore, é importante que os professores de História entendam os sentidos dessas noções, assim como suas diferenças: enquanto a tradição está atrelada a costumes, ritos e valores mais abrangentes, o folclore trabalha principalmente com as tradições da cultura popular.

Ver também

Antiguidade; Barroco; Cultura; Discurso; Folclore; Identidade; Imaginário; Indústria Cultural; Memória; Mito; Modernidade; Orientalismo; Patrimônio Histórico; Tecnologia.

Sugestões de leitura

Barboza Filho, Rubem. Tradição e artifício: iberismo e barroco na formação americana. Belo Horizonte/Rio de Janeiro: Ed. UFMG/Ed. IUPERJ, 2000.

Boudon, Raymond; Bourricaud, François. Dicionário crítico de sociologia. São Paulo: Ática, 1993.

Duthwaite, William; Bottomore, Tom. Dicionário do pensamento social do século XX. Rio de Janeiro: Jorge Zahar, 1996.

Hobsbawm, Eric; Ranger, Terence (orgs.). A invenção das tradições. São Paulo: Paz e Terra, 2002.

TRIBO

O conceito de tribo é hoje amplamente difundido entre o senso comum e os profissionais de educação, em especial como referência à organização social dos povos indígenas brasileiros. Mas, em geral, tal ideia é cercada por uma carga de etnocentrismo, sendo considerada uma organização *"primitiva"*, de povos subdesenvolvidos historicamente, o que está longe de corresponder ao estágio atual do conhecimento histórico e antropológico sobre os povos nativos americanos.

A ideia de tribo surgiu nas ciências sociais com o trabalho de antropólogos e pré-historiadores nas décadas de 1960 e 1970. A principal obra a fazer referência ao conceito foi o livro *Pré-história do Novo Mundo*, de William Sanders e Joseph Marino, que, baseado na tese de Elman Service, construiu um modelo dos estágios culturais pelos quais passaria a humanidade ao longo da história. Conhecido como *classificação de Service*, esse modelo organiza as *"sociedades primitivas"* em quatro categorias: bando, tribo, chefia e Estado antigo.

Para Sanders e Marino, um estágio cultural seria um corte temporal na história no qual determinadas características culturais apareceriam. Para eles, tais estágios seriam "degraus" e a humanidade teria de passar por todos eles para poder se desenvolver. Essa tese é extremamente progressista e etnocêntrica, pois acredita que todos os povos devem evoluir do primitivo para o mais "alto" estágio cultural possível, a civilização, que corresponderia à Europa ocidental contemporânea.

No entanto, se observarmos a tese de Service por outro ângulo, rejeitando seu evolucionismo, deixando de lado a hipótese de que, começando em bando e programando para tribos e chefias, todo povo chegaria ao estágio mais elevado de Estado, esse modelo pode trazer muitos pontos positivos para o estudo da História da América.

Em primeiro lugar, foi um modelo construído pensando no continente americano. Por muito tempo, antropólogos e pré-historiadores na América tiveram de utilizar as periodizações elaboradas para a Europa, como Paleolítico, Neolítico, Idade dos Metais. Mas os americanistas logo perceberam que as diferenças entre a América e o Velho Mundo eram grandes demais para que as classificações europeias fossem empregadas com sucesso na Pré-história do continente americano. E se a classificação de Service é hoje, por um lado, bastante criticada por seu evolucionismo, por outro, ainda não há consenso sobre que modelo de classificação de sociedades deve ser empregado na América.

Um segundo ponto positivo no conceito de tribo é o fato de que, ao passo que o modelo do Paleolítico/Neolítico se baseia apenas na tecnologia para periodizar a história humana, o modelo de Service prefere observar a organização social e sua diversidade de formas como base para a construção de uma tipologia de sociedades.

Assim, enquanto um modelo explicativo elaborado especificamente para as peculiaridades das culturas americanas e isento da carga etnocêntrica não for construído, podemos optar por adotar uma adaptação do modelo de Service à realidade pré-histórica do chamado Novo Mundo.

Segundo Sanders e Marino, uma tribo é uma sociedade de agricultores sedentários, de no máximo alguns milhares de pessoas, que possui vários clãs e não apenas uma única linhagem de parentesco. Apesar de haver diferenciação de *status* entre seus membros, não tem nem uma estratificação social nem um chefe com poder de mando. Distingue-se tanto dos bandos e chefias quanto dos Estados. Os bandos são a mais simples forma de organização social, envolvendo, em geral, comunidades pequenas de caçadores e coletores, relacionadas pelo parentesco. Tal sociedade não possui nenhum tipo de diferenciação social a não ser sexual. Os esquimós são exemplos atuais de sociedade organizada em bando. Uma chefia, por sua vez, possui as características gerais da tribo, mas com uma hierarquização social incipiente percebida na existência de artesãos especializados, na apropriação de excedente de produção pelo chefe e em um poder de mando centralizado. Já o Estado é a sociedade com ampla estratificação social, desigualdade de classes, burocracia, classes privilegiadas e apropriação do excedente por essas classes.

Percebemos, assim, que, se deixarmos de lado a visão evolucionista, essa tipologia de sociedades se torna útil para classificar diferentes grupos humanos ao longo da história, lembrando que os quatro tipos podem coexistir ao mesmo tempo em determinada área cultural, como a América Central pré-colombiana, por exemplo.

Apesar de toda a discussão gerada, a ideia de tribo aparece em vários autores, que elaboram suas definições para o termo, como Júlio César Melatti. Para esse antropólogo, em geral, as sociedades indígenas do Brasil assumem a forma de tribo, considerada um grupo de indivíduos que ocupam área contígua, falam uma mesma língua e têm os mesmos costumes. E, além disso, possuem uma unidade de origem e um sentimento de unidade que os identifica como pertencentes a uma tribo específica, em oposição a outras.

Podemos observar que a definição de tribo elaborada por Melatti se assemelha muito ao conceito de etnia. E, de fato, atualmente as controvérsias em torno do conceito de tribo, e o pequeno conhecimento sobre as sociedades indígenas brasileiras, levam os pesquisadores muitas vezes a preferirem a utilização de outros termos e expressões, como *grupo tribal*. Isso se dá pela dificuldade em se saber se determinada população constitui uma tribo ou diversas. Além disso, a associação entre a ideia de tribo e as populações indígenas no Brasil, a grande diversidade cultural e a falta de homogeneização social entre essas populações levam os estudiosos cada vez mais a preferirem construir definições próprias para cada etnia estudada, observando as características particulares de cada sociedade indígena e evitando o emprego de modelos de classificação de sociedades, que generalizam uma só realidade social para todos os diferentes povos indígenas.

A discussão em torno do conceito de tribo é, assim, algo de grande relevância para o profissional de ensino, em particular nesse momento em que o estudo das minorias na sociedade brasileira é emergente. Para que possamos realizar um bom trabalho com a construção das identidades minoritárias e do respeito a elas, precisamos estar bem preparados, constantemente acompanhando as discussões acadêmicas que cada vez mais se preocupam em desconstruir visões etnocêntricas da História. O conceito de tribo é ainda muitas vezes comparado ao de Estado, normalmente sendo considerado uma organização social inferior a este último. E, todavia, todo Estado nasce e se desenvolve a partir da desigualdade social generalizada, quando um determinado grupo de pessoas se apropria da produção e do trabalho da maioria da população, criando uma hierarquia entre ricos e pobres. Tal não existe na tribo, o que pode nos levar a reconsiderar nossos preconceitos acerca da superioridade de uns em face da inferioridade de outros.

VER TAMBÉM

Arqueologia; Civilização; Estado; Etnia; Etnocentrismo; Evolução; Identidade; Índio; Interdisciplinaridade; Pré-história; Sociedade; Tecnologia.

SUGESTÕES DE LEITURA

CUNHA, Manuela Carneiro da (org.). *História dos índios no Brasil.* São Paulo: Companhia das Letras, 1998.

FUNARI, Pedro Paulo; NOELLI, Francisco Silva. *Pré-história do Brasil.* São Paulo: Contexto, 2002.

MARTIN, Gabriela. *Pré-história do Nordeste do Brasil.* Recife: Universitária UFPE.

MELATTI, Júlio César. *Índios do Brasil.* Brasília/São Paulo: Ed. UnB/Hucitec, 1993.

MESGRAVIS, Laima; PINSKY, Carla Bassanezi. 2. ed. *O Brasil que os europeus encontraram.* São Paulo: Contexto, 2002.

PROUS, André. *Arqueologia brasileira.* Brasília: Ed. UnB, 1992.

SANDERS, William; MARINO, Joseph. *Pré-história do Novo Mundo:* arqueologia do índio Americano. Rio de Janeiro: Jorge Zahar, 1971.

SERVICE, Elman. *Os caçadores. Rio de Janeiro: Jorge Zahar, 1971.*

Violência

A violência é um fenômeno social presente no cotidiano de todas as sociedades sob várias formas. Em geral, ao nos referirmos à violência, estamos falando da agressão física. Mas violência é uma categoria com amplos significados. Hoje, esse termo denota, além da agressão física, diversos tipos de imposição sobre a vida civil, como a repressão política, familiar ou de gênero, ou a censura da fala e do pensamento de determinados indivíduos e, ainda, o desgaste causado pelas condições de trabalho e condições econômicas. Dessa forma, podemos definir violência como qualquer relação de força que um indivíduo impõe a outro.

Consideremos o surgimento das desigualdades econômicas na história: a vida em sociedade sempre foi violenta porque, para sobreviver em ambientes hostis, o ser humano precisou produzir violência em escala inédita no reino animal. Por outro lado, nas sociedades complexas, a violência deixou de ser uma ferramenta de sobrevivência e passou a ser um instrumento da organização da vida comunitária. Ou seja, foi usada para criar uma desigualdade social sem a qual, acreditam alguns teóricos, a sociedade não se desenvolveria nem se complexificaria. Essa desigualdade social é o fenômeno em que alguns indivíduos ou grupos desfrutam de bens ou valores exclusivos e negados à maioria da população de sua sociedade. Tal desigualdade aparece em condições históricas específicas, constituindo-se como um tipo de violência fundamental para a constituição de civilizações. Por outro lado, as sociedades tribais ditas "primitivas" não possuem tal tipo de desigualdade, ou seja, nas tribos a violência da apropriação dos bens por uma minoria é desconhecida. Nessas sociedades, todavia, a violência ganha um caráter físico muito mais acentuado, tanto na grande importância cultural que a guerra tem – os tupis são um exemplo clássico – quanto na instituição de rituais de iniciação à vida social, que, segundo o antropólogo Pierre Clastres, são verdadeiros rituais de tortura.

Nesse sentido, podemos observar que a violência é um fenômeno inerente a todas as sociedades humanas, apesar de ganhar contornos próprios em cada uma.

Como temática, a violência sempre esteve presente na reflexão filosófica, assim como na produção histórica. Na Filosofia, Thomas Hobbes, no século XVII, observava a vida em sociedade como uma resposta à natureza violenta do homem. Para ele, o ser humano era uma criatura naturalmente violenta – "O homem é o lobo do homem" – e precisava do controle do Estado na figura de um soberano forte para que a natural violência do individualismo não arruinasse a vida em sociedade. A tese de Hobbes serviu para justificar o Absolutismo, mas teve também grande influência sobre a Filosofia ocidental posterior a ele. O pensamento de Karl Marx no século XIX, por exemplo, tem algumas similitudes com o de Hobbes nessa questão. Só que para Marx, a violência do ser humano não é uma característica natural, mas social, ditada pela desigualdade no acesso aos meios de produção.

De qualquer forma, visto que a sociedade tem como base a cooperação entre os indivíduos, a violência, o conflito, que é o contrário da cooperação, torna-se o limite da vida em sociedade. Limite após o qual a comunidade deixa de existir. Na sociedade a violência tanto pode ser resultado do descontrole individual, em que o indivíduo foge às regras sociais, como pode ser um instrumento de poder para submeter os mais fracos. Para os sociólogos, uma forma característica de violência social é a chamada violência-anomia, sendo anomia a situação em que o sistema de valores de uma sociedade perde sua força, e esse sistema passa a ser desrespeitado por seus membros. Assim, o que caracteriza a violência-anomia são as atitudes agressivas de determinados grupos em uma sociedade em que as normas e a lei não estão em vigência. Isso pode levar à dissolução da sociedade. Tal situação pode ser amplamente vista na América Latina, onde, na Colômbia, por exemplo, a concorrência de Estado, traficantes e guerrilhas cria em algumas regiões uma situação de caos social, em que a lei e as regras sociais não têm valor.

Já na historiografia, a violência é um dos temas mais antigos, abordada desde a Antiguidade, tanto nas descrições de guerras quanto na História do poder. Além disso, toda a História Política é um manancial de representações de violência, ainda que seus historiadores não reconhecessem isso. Atualmente, a violência é tema de estudos os mais diversos, desde a criminalidade até o cotidiano, passando pelas abordagens das relações de gênero. A presença da violência ao longo da história humana é bastante visível na enorme quantidade de conflitos que geram rupturas na vida social. Conflitos esses, revoluções, revoltas, guerras, que sempre foram temática privilegiada pelos historiadores.

A partir do final do século XX, a violência começou a ganhar novos contornos na historiografia. Na obra de Michel Foucault *Vigiar e punir*, por exemplo, a violência é vista em sua forma de punição legal à criminalidade na Europa Moderna. Observando os sistemas punitivos dessa região, Foucault percebe que o que de início era violência física passou ao longo do tempo a se constituir em um disciplinamento do comportamento e dos corpos sem recorrer à agressão física. Assim, se na Idade Média a punição normal para os crimes mais variados era o suplício público, a tortura pública que fazia dos criminosos um aviso, no final da Idade Moderna os suplícios – considerados então contraproducentes – foram substituídos pelas prisões, onde os criminosos eram controlados tanto no corpo quanto no comportamento. Foucault fez, assim, da violência uma fonte para a compreensão das mudanças nas estratégias de controle social de determinadas sociedades, vendo a função política dos castigos e sua mudança ao longo da história.

Na historiografia brasileira, por sua vez, um dos campos que mais têm privilegiado a violência como tema são os estudos da História da escravidão. E não poderia ser diferente, uma vez que a escravidão tem sempre a possibilidade do castigo, do conflito entre senhor e escravo, do uso da força por ambas as partes. O trabalho de Silvia Hunold Lara, *Campos da violência*, é exemplo de obra que se propõe a estudar o castigo corporal no contexto da sociedade escravista, assim como as relações sociais entre escravos e senhores daí resultantes. Para a autora, o castigo tinha função privilegiada na manutenção da submissão dos escravos. Ou seja, o castigo corporal era um poderoso instrumento de controle social gerenciado pelos senhores. A violência física, assim, era uma forma de disciplinar o trabalhador a partir do controle de seu corpo. Tal violência andava lado a lado com uma violência cultural na doutrinação religiosa, que servia, por sua vez, para o controle do espírito.

Para o professor de História, hoje, a violência é tema inevitável, tanto por sua ocorrência em todos os períodos históricos quanto pela presença muito comentada em nossa sociedade. Mas muitas vezes é difícil identificarmos a violência na História. Se os castigos corporais da escravidão e o holocausto judeu na Segunda Guerra Mundial são temas em que a violência é facilmente percebida, a imposição de valores de um povo sobre outro nos processos de colonização, o patriarcalismo da maioria das sociedades e a própria desigualdade econômica são fenômenos violentos que passam muitas vezes despercebidos. Precisamos enfatizar o caráter violento do processo histórico, levando os estudantes a perceber a violência no cotidiano para além da criminalidade, que em si é apenas um aspecto da violência econômica de nossa sociedade. O professor de História deve criticar a banalização da violência, o sensacionalismo da mídia e o próprio discurso, ingênuo, da classe média. Trata-se de um discurso que, no geral, não aprofunda os componentes sociais e econômicos da violência. O professor pode ainda trabalhar a violência em sua relação com os regimes ditatoriais, que usam da tortura física e psicológica, entre outras diversas formas de repressão, e com o etnocentrismo, que pode ser causador de numerosas formas de violência.

VER TAMBÉM

Aculturação; Ditadura; Escravidão; Etnocentrismo; Fascismo; Fundamentalismo; Gênero; Golpe de Estado; Imperialismo; Indústria Cultural; Inquisição; Latifúndio/ Propriedade; Militarismo; Raça; Terrorismo; Tribo; Revolução.

Sugestões de Leitura

BOUDON, Raymond; BOURRICARD, François. *Dicionário crítico de sociologia.* São Paulo: Ática, 1993.

BURGUIÈRE, André (org.). *Dicionário das ciências históricas.* Rio de Janeiro: Imago, 1993.

COGGIOLA, Osvaldo. *Governos militares na América Latina.* São Paulo: Contexto, 2001.

DEL PRIORE, Mary (org.). *História das mulheres no Brasil.* 6. ed. São Paulo: Contexto, 2002.

FOUCAULT, Michel. *Vigiar e punir:* história da violência nas prisões. Petrópolis: Vozes, 1997.

LARA, Silvia Hunold. *Campos da violência:* escravos e senhores na capitania do Rio de Janeiro – 1750-1808. Rio de Janeiro: Paz e Terra, 1988.

ODÁLIA, Nilo. *O que é violência.* São Paulo: Brasiliense, 1991.

PINSKY, Jaime. *A escravidão no Brasil.* São Paulo: Contexto, 1993.

PINSKY, Jaime (org.). *História da América através de textos.* São Paulo: Contexto, 1994.

PINSKY, Jaime; PINSKY, Carla Bassanezi (orgs.). *História da cidadania.* São Paulo: Contexto, 2003.

_____; _____(orgs.). *Faces do fanatismo.* São Paulo: Contexto, 2004.

BIBLIOGRAFIA

ABBAGNANO, Nicola. *Dicionário de filosofia*. São Paulo: Martins Fontes, 1998.

ABD'ALLAH, Ali. *Islam*: a síntese do monoteísmo. Recife: Centro Cultural Islâmico do Recife, 1989.

ABDALATI, Hammudah. *O Islam em foco*. São Paulo: Centro de Divulgação do Islam para a América Latina, 1989.

ABREU, Capistrano de. *Capítulos de história colonial*. São Paulo: Itatiaia, 1988.

ADORNO, Theodor. *Textos escolhidos*. São Paulo: Nova Cultural, 1999. (Coleção Os Pensadores).

ALBORNOZ, Suzana. *O que é trabalho*. São Paulo: Brasiliense, 2002.

ALENCAR, José de. *Iracema*. São Paulo: Martin Claret, 2002.

_____. *O Guarani*. São Paulo: Martin Claret, 2002.

_____. *Ubirajara*. São Paulo: Martin Claret, 2002.

AL-JABRI, Mohammed Abed. *Introdução à crítica da razão árabe*. São Paulo: Ed. Unesp, 1999.

ALVES, Branca Moreira; PITANGUY, Jacqueline. *O que é feminismo*. São Paulo: Brasiliense, 1991.

ALVES, Rubem. *Filosofia da ciência*: introdução ao jogo e a suas regras. São Paulo: Loyola, 2003.

AMARAL, Rita. *Xirê!*: o modo de crer e de viver no candomblé. Rio de Janeiro/São Paulo: Pallas Athena/Educ, 2002.

ANDERSON, Perry. *Linhagens do Estado absolutista*. São Paulo: Brasiliense, 1985.

_____. *Passagens da Antiguidade ao Feudalismo*. Porto: Afrontamento, 1989.

ANDRADE, Manuel Correia de. *Lutas camponesas no Nordeste*. São Paulo: Ática, 2000.

_____. *A trajetória do Brasil*: de 1500 a 2000. São Paulo: Contexto, 2000.

_____. *Imperialismo e fragmentação do espaço*. 6. ed. São Paulo: Contexto, 2002.

ANDRADE, Mário de. *Música do Brasil*. Curitiba: Guairá, 1941.

ANDRADE FILHO, Ruy. *Os muçulmanos na Península Ibérica*. São Paulo: Contexto, 1997.

ANGOLD, Michael. *Bizâncio*: a ponte da Antiguidade para a Idade Média. Rio de Janeiro: Imago, 2002.

ARENDT, Hannah. *Origens do totalitarismo*: antissemitismo, imperialismo, totalitarismo. São Paulo: Companhia das Letras, 1989.

ARGAN, Giulio Carlo. *História da arte como história da cidade*. São Paulo: Martins Fontes, 1998.

ARIÈS, Philippe. *História social da criança e da família*. Rio de Janeiro: LTC, 1978.

ARISTÓTELES. *Ética a Nicômaco*. São Paulo: Abril Cultural, 1973.

ARMSTRONG, Karen. *Maomé*: uma biografia do profeta. São Paulo: Companhia das Letras, 2002.

ARON, Raymond. *As etapas do pensamento sociológico*. 5. ed. São Paulo: Martins Fontes, 1999.

ATAÍDES, J. M. de; MACHADO, L. A.; SOUZA, M. A. T. de. *Cuidando do patrimônio cultural*. Goiânia: Ed. UCG, 1997.

ATTIE FILHO, Miguel. *Falsafa*: a filosofia entre os árabes. São Paulo: Palas Athena, 2002.

ÁVILA, Affonso. *O lúdico e as projeções do mundo barroco*: uma linguagem a dos cortes, uma consciência a dos luces. São Paulo: Perspectiva, 1994.

AZEVEDO, Francisca Nogueira; MONTEIRO, Jonh Manuel (orgs.). *Confronto de culturas*: conquista, resistência, transformação – América 500 anos. Rio de Janeiro/São Paulo: Expressão e Cultura/Edusp, 1997.

BACON, Francis. *Novum Organum ou verdadeiras indicações acerca da interpretação da natureza*: Nova Atlântida. São Paulo: Abril Cultural, 1973. (Coleção Os Pensadores).

BAHBOUT, Scialom. *Judaísmo*: História, cultura, preceitos e festas. Rio de Janeiro: Globo, 2002.

BANCAL, Jean. *Proudhon*: pluralismo e autogestão. Brasília: Novos Tempos, 1984.

BARBOSA, Alexandre de Freitas. *O mundo globalizado*: política, sociedade e economia. 2. ed. São Paulo: Contexto, 2003.

BARBOZA FILHO, Rubem. *Tradição e artifício*: iberismo e barroco na formação americana. Belo Horizonte/Rio de Janeiro: Ed. UFMG/Ed. IUPERJ, 2000.

BASTIDE, Roger. *O candomblé da Bahia*. São Paulo: Companhia das Letras, 2001.

BAUDELAIRE, Charles. *Sobre a modernidade*. São Paulo: Paz e Terra, 1997.

BEARD, Mary; HENDERSON, John. *Antiguidade clássica*: uma brevíssima introdução. Rio de Janeiro: Jorge Zahar, 1998.

BELLAMY, Richard. *Liberalismo e sociedade moderna*. São Paulo: Ed. Unesp, 1994.

BENJAMIN, Walter; et al. *Textos escolhidos*. São Paulo: Abril Cultural, 1980. (Coleção Os Pensadores).

BERLIN, Isaiah. *O sentido de realidade*: estudo das ideias e de sua história. Rio de Janeiro: Civilização Brasileira, 1999.

BERNAND, Carmen (org.). *Descubrimiento, conquista y colonización de América a quinientos años*. México: Fondo de Cultura Económica, 1998.

BERNARDO, B. *Introdução aos estudos etnoantropológicos*. Lisboa: Edições 70, 1974.

BERTAN, José Neure. *Propriedade privada & função social*. Curitiba: Juruá, 2004.

BETHENCOURT, Francisco. *História das inquisições*. São Paulo: Companhia das Letras, 2000.

BHABHA, Homi. *O local da cultura*. Belo Horizonte: Ed. UFMG, 2003.

BITTENCOURT, Circe. *O saber histórico na sala de aula*. 6. ed. São Paulo: Contexto, 2004.

BLANNING, T. C. W. *Aristocratas versus burgueses?*: a Revolução Francesa. São Paulo: Ática, 1991.

BLOCH, Marc. *A sociedade feudal*. Lisboa: Edições 70, s.d.

BO, J. B. L. *Proteção do patrimônio na Unesco*: ações e significados. Brasília: Unesco, 2003.

BOBBIO, Norberto. *Liberalismo e democracia*. São Paulo: Brasiliense, 1995.

_____. *A teoria das formas de governo*. Brasília: Ed. UnB, 1997.

_____. *Estado, governo, sociedade*: para uma teoria geral da política. São Paulo: Paz e Terra, 1999.

_____; MATTEUCCI, Nicola; PASQUINO, Gianfranco. *Dicionário de política*. Brasília: Ed.UnB/Linha Gráfica, 1991.

BORGES, Jorge Luis. *O aleph*. São Paulo: Globo, 1986.

_____. *Ficções*. São Paulo: Globo, 2001.

BORGES, Vavy Pacheco. *O que é História*. São Paulo: Brasiliense, 1981.

BOSI, Alfredo. *História concisa da literatura brasileira*. São Paulo: Cultrix, 1994.

_____. *Dialética da colonização*. São Paulo: Companhia das Letras, 1996.

BOTTOMORE, Tom. Estrutura e História. In: BLAU, Peter. *Introdução ao estudo da estrutura social*. Rio de Janeiro: Jorge Zahar, 1977.

BOTTOMORE, Tom (ed.). *Dicionário do pensamento marxista*. Rio de Janeiro: Jorge Zahar, 1988.

BOTTOMORE, Tom; DUTHWAITE, William (eds.). *Dicionário do pensamento social do século xx.* Rio de Janeiro: Jorge Zahar, 1996.

BOUDON, Raymond; BOURRICAUD, François. *Dicionário crítico de sociologia.* São Paulo: Ática, 1993.

BOURDÉ, Guy; MARTIN, Hervé. *As escolas históricas.* Lisboa: Europa-América, 1990.

BOURDIEU, Pierre. *A dominação masculina.* Trad. Maria Helena Kühner. Rio de Janeiro: Bertrand Brasil, 1999.

BOUTIER, Jean; JULIA, Dominique (orgs.). *Passados recompostos*: campos e canteiros da História. Rio de Janeiro/São Paulo: Ed. UFRJ/Ed. FGV, 1998.

BRANDÃO, Carlos Rodrigues. *Somos as águas puras.* Campinas: Papirus, 1994.

BRAUDEL, Fernand. *O Mediterrâneo e o mundo mediterrânico na época de Filipe II.* São Paulo: Martins Fontes, 1983.

_____. *Gramática das civilizações.* São Paulo: Martins Fontes, 1989.

BRÉZILLON, Michel. *Dicionário de Pré-história.* Lisboa: Edições 70, s.d.

BRIGAGÃO, Clóvis. *A militarização da sociedade.* Rio de Janeiro: Jorge Zahar, 1985.

BRUIT, Hector. *Revoluções na América Latina.* São Paulo: Atual, 1988.

BUENO, Eduardo. *Náufragos, traficantes e degredados*: as primeiras expedições ao Brasil, 1500-1531. Rio de Janeiro: Objetiva, 1998.

BURCKHARDT, Jacob. *A civilização da Renascença italiana.* Lisboa: Presença, s.d.

BURGUIÈRE, André (org.). *Dicionário das ciências históricas.* São Paulo: Imago, 1993.

BURKE, Peter (org.). *A Escola dos Annales 1929-1989*: a Revolução Francesa na historiografia. São Paulo: Ed. Unesp, 1991.

_____. *A escrita da História*: novas perspectivas. São Paulo: Ed. Unesp, 1992.

_____. *História e teoria social.* São Paulo: Ed. Unesp, 2002.

_____. *O Renascimento italiano*: cultura e sociedade na Itália. São Paulo: Nova Alexandria, s.d.

BURRIN, Philippe. *Hitler e os judeus*: gênese de um genocídio. Porto Alegre: L&PM, 1990.

CACCIATORE, Olga. *Dicionário de cultos afro-brasileiros.* São Paulo: Forense Universitária, 1988.

CAMPBELL, James. *As máscaras de Deus*: mitologia primitiva. São Paulo: Palas Athena, 1992.

CANCLINI, Néstor García. *Culturas híbridas*: estratégias para entrar e sair da modernidade. São Paulo: Edusp, 2003.

CANDIDO, Antonio. *O romantismo no Brasil*. São Paulo: Humanitas/FFLCH-USP, 2002.

CAPELATO, Maria Helena. *Multidões em cena*: propaganda política no varguismo e no peronismo. São Paulo/Campinas: Fapesp/Papirus, 1998.

CAPRA, Fritjof. *O ponto de mutação*. São Paulo: Cultrix, 1982.

CARDOSO, Ciro Flamarion. *Uma introdução à História*. São Paulo: Brasiliense, 1992.

_____. *América pré-colombiana*. São Paulo: Brasiliense, 1996.

_____; BRIGNOLI, Hector. *Os métodos da História*. Rio de Janeiro: Graal, 1979.

_____; VAINFAS, Ronaldo. *Domínios da História*: ensaios sobre teoria e metodologia. Rio de Janeiro: Campus, 1997.

CARLOS, Ana Fani A. *A cidade*. 8. ed. São Paulo: Contexto, 2005.

CARR, Caleb. *Assustadora história do terrorismo*. Rio de Janeiro: Prestígio, 2003.

CARR, E. H. *Que é História*. Rio de Janeiro: Paz e Terra, 1982.

CARVALHO, José Murilo de. *Cidadania no Brasil*: o longo caminho. Rio de Janeiro: Civilização Brasileira, 2001.

_____. *A construção da ordem e o teatro das sombras*. Rio de Janeiro: Civilização Brasileira, 2003.

CARVALHO, Marcus J. M. de. *Liberdade*: rotinas e rupturas do escravismo no Recife, 1822-1850. Recife: Universitária da UFPE, 1998.

CASALECCHI, José Ênio. *O Brasil de 1945 ao golpe militar*. São Paulo: Contexto, 2002.

CASCUDO, Luís da Câmara. *Dicionário do folclore brasileiro*. São Paulo: Global, 1998.

_____. *Mouros, franceses e judeus*: três presenças no Brasil. São Paulo: Global, 2001.

CASTELLS, Manuel. *A era da informação*. São Paulo: Paz e Terra, 1999, 3v.

CASTORIADIS, Cornelius. *As encruzilhadas do labirinto*: os domínios do homem. Rio de Janeiro: Paz e Terra, 1987, v. 2.

CATANI, Afrânio Mendes. *O que é capitalismo*. São Paulo: Brasiliense, 1999.

_____. *O que é imperialismo*. São Paulo: Brasiliense, 1981.

CAULFIELD, Sueann. *Em defesa da honra*: moralidade, modernidade e nação no Rio de Janeiro (1918-1940). Campinas: Ed. Unicamp/Centro de Pesquisa em História Social da Cultura, 2000.

CAVALLEIRO, Eliane. *Do silêncio do lar ao silêncio escolar*. 3. ed. São Paulo: Contexto, 2003.

CERAM, C. W. *Deuses, túmulos e sábios*: o romance da arqueologia. São Paulo: Melhoramentos, 1972.

CERTEAU, Michel de. *A invenção do cotidiano*. Petrópolis: Vozes, 2002, 2v.

CHALHOUB, Sidney. *Visões da liberdade*: uma história das últimas décadas da escravidão na corte. São Paulo: Companhia das Letras, 1998.

_____. *Cidade febril*: cortiços e epidemias na Corte imperial. São Paulo: Companhia das Letras, 1999.

CHALITTA, Mansur. *O Alcorão ao alcance de todos*. Rio de Janeiro: ACIGI, s.d.

CHARAUDEAU, Patrick; MAINGUENEAU. *Dicionário de análise do discurso*. São Paulo: Contexto, 2004.

CHARTIER, Roger. *A história cultural*: entre práticas e representações. Rio de Janeiro: Difel/Bertrand Brasil, 1988.

CHATELET, François; DUHAMEL, Olivier; PISIER-KOUCHNER, Evelyne. *História das ideias políticas*. Rio de Janeiro: Jorge Zahar, 2000.

CHAUI, Marilena. *O que é ideologia*. São Paulo: Brasiliense, 2001.

CHAUNNU, Pierre. *O tempo das reformas (1250-1550)*. Lisboa: Edições 70, s.d., 2v.

CHIAVENATO, Júlio José. *Inconfidência mineira:* as várias faces. 9. ed. São Paulo: Contexto, 2000.

CHILDE, Gordon. *A evolução cultural do homem*. Rio de Janeiro: Zahar, 1975.

CHIQUETTO, Marcos. *Breve história da medida do tempo*. São Paulo: Scipione, 1996.

CHOMSKY, Noam. *11 de Setembro*. Rio de Janeiro: Bertrand Brasil, 2002.

CLASTRES, Hélène. *Terra sem mal*: o profetismo tupi-guarani. São Paulo: Brasiliense, 1978.

CLASTRES, Pierre. *A sociedade contra o Estado*: investigações de Antropologia Política. Porto: Afrontamento, 1979.

COE, Michael. *Os maias*. Lisboa: Verbo, 1971.

COELHO, Teixeira. *O que é indústria cultural*. São Paulo: Brasiliense, 2003.

COGGIOLA, Osvaldo. *Governos militares na América Latina*. São Paulo: Contexto, 2001.

COLLINSON, Diané. *50 grandes filósofos*: da Grécia antiga ao século XX. 2. ed. São Paulo: Contexto, 2004.

CORVISIER, André. *História moderna*. Rio de Janeiro: Bertrand Brasil, 1995.

COUTINHO, Carlos Nelson. *Democracia e socialismo*: questões de princípio & contexto brasileiro. São Paulo: Cortez, 1992.

CUNHA, Manuela Carneiro da (org.). *História dos índios no Brasil*. São Paulo: Companhia das Letras, 1998.

DABAT, Christine Rufino. A escolha dos ancestrais ou notas sobre o curioso itinerário geográfico da história oficial. *Revista de Geografia*, n. 1, v. 9. Recife, UFPE/Dep. de Ciências Geográficas, 1993.

DAMATTA, Roberto. *Relativizando*: uma introdução à Antropologia Social. Rio de Janeiro: Rocco, 1987.

_____. *O que faz o Brasil, Brasil?* Rio de Janeiro: Rocco, 1997.

DARNTON, Robert. *O Grande Massacre dos Gatos*: e outros episódios da História cultural francesa. Rio de Janeiro: Graal, 1986.

DAVIS, David Brown. *O problema da escravidão na cultura ocidental*. Rio de Janeiro: Civilização Brasileira, 2001.

DE DECCA, Edgar Salvadori; LEMAIRE, Ria (orgs.). *Pelas margens*: outros caminhos da História e da Literatura. Campinas/Porto Alegre: Ed. Unicamp/ Ed. UFRGS, 2000.

DE FELICE, Renzo. *Explicar o fascismo*. Lisboa: Edições 70, 1978.

DEAN, Warren; CAJADO, Octávio. *A industrialização de São Paulo, 1880-1945*. Rio de Janeiro: Bertrand Brasil, 1991.

DEL PRIORE, Mary. *Mulheres no Brasil colonial*. 2. ed. São Paulo: Contexto, 2003.

_____. *Histórias do cotidiano*. São Paulo: Contexto, 2001.

DEL PRIORE, Mary (org.). *História das mulheres no Brasil*. 6. ed. São Paulo: Contexto, 2002.

_____. *História das crianças no Brasil*. 4. ed. São Paulo: Contexto, 2004.

DELUMEAU, Jean. *A civilização do Renascimento*. Lisboa: Estampa, 1984, 2v.

DEMANT, Peter. *O mundo muçulmano*. São Paulo: Contexto, 2003.

DENUNCIAÇÕES e Confissões de Pernambuco 1593-1595 – Primeira Visitação do Santo Ofício Às Partes do Brasil. Recife: Fundarpe, 1984.

DEYON, Pierre. *O mercantilismo*. São Paulo: Perspectiva, 1973.

DIAS, Maria Odila da Silva. *Quotidiano e poder em São Paulo no século XIX*: Ana Gertrudes de Jesus. São Paulo: Brasiliense, 1984.

DONGHI, Túlio Halperin. *História da América Latina*. Rio de Janeiro: Paz e Terra, 1975.

DUBY, Georges. *Guerreiros e camponeses*: os primórdios do crescimento econômico europeu. Lisboa: Estampa, 1980.

_____ et al. *História e Nova História*. Lisboa: Teorema, 1989.

DUMAS, Alexandre. *Os três mosqueteiros*. São Paulo: Nova Cultural, 2003.

DURANT, Gilbert. *O imaginário*: ensaio acerca das ciências e da filosofia da imagem. Rio de Janeiro: Difel, 2001.

DURANT, Will. *A história da filosofia*. São Paulo: Nova Cultural, 1996. (Coleção Os Pensadores).

_____. *A Renascença*. Rio de Janeiro/São Paulo: Record, 2002, v. V – A história da civilização.

DUTHWAITE, William; BOTTOMORE, Tom. *Dicionário do pensamento social do século XX*. Rio de Janeiro: Jorge Zahar, 1996.

EDGAR, Andrew; SEDGWICK, Peter. *Teoria cultural de A a Z*: conceitos-chave para entender o mundo contemporâneo. São Paulo: Contexto, 2003.

ELIADE, Mircéa. *Mito e realidade*. São Paulo: Perspectiva, 2002.

ENGELS, Friedrich. *A origem da família, da propriedade privada e do Estado*. Rio de Janeiro: Bertrand Brasil, 2000.

ESCOSTEGUY, Ana Carolina. *Cartografias dos estudos culturais*: uma versão latino-americana. Belo Horizonte: Autêntica, 2001.

ESTUDO Perspicaz das Escrituras. São Paulo: Sociedade Torre de Vigia de Bíblias e Tratados, 1992.

FALCON, Francisco. *Mercantilismo e transição*. São Paulo: Brasiliense, 1990.

FAORO, Raymundo. *Os donos do poder*: formação do patronato político brasileiro. Porto Alegre: Globo, 1996, v. 1.

FARIA, Jacir de Freitas (org.). *História de Israel e as pesquisas mais recentes*. Petrópolis: Vozes, 2003.

FARIA, Ricardo Moura. *As revoluções do século XX*. 2. ed. São Paulo: Contexto, 2002.

_____; LIZ, Mônica Miranda. *Da Guerra Fria à nova ordem mundial*. São Paulo: Contexto, 2003.

FARIA, Sheila de Castro. *A colônia em movimento*: fortuna e família no cotidiano Colonial. Rio de Janeiro: Nova Fronteira, 1998.

FAUSTO, Carlos. *Os índios antes do Brasil*. Rio de Janeiro: Jorge Zahar, 2000.

FAZENDA, Ivani (org.). *Práticas interdisciplinares na escola*. São Paulo: Cortez, 2001.

FEBVRE, Lucien. *Martinho Lutero*: um destino. Lisboa: Bertrand, 1976.

FERLINI, Vera Lúcia Amaral. *Terra, trabalho e poder*: o mundo dos engenhos no Nordeste colonial. São Paulo: Brasiliense/CNPq, 1988.

FERNANDES, Florestan. *O que é revolução*. São Paulo: Brasiliense, 1984.

FERNANDES, João Azevedo. *De Cunha à Mameluca*: a mulher tupinambá e o nascimento do Brasil. João Pessoa: Ed.UFPB, 2003.

FERNANDEZ-ARMESTO, Felipe; WILSON, Derek. *Reforma*: o cristianismo e o mundo (1500-2000). Rio de Janeiro: Record, 1997.

FERREIRA Mário; NUMERIANO, Roberto. *O que é golpe de Estado*. São Paulo: Brasiliense, 1993.

FERREIRA, Marieta de Moraes; FERNANDES, Tânia Maria; ALBERTI, Verena (orgs.). *História Oral*: desafios para o século XXI. Rio de Janeiro: Fiocruz/Casa de Oswaldo Cruz/ CPDOC – Fundação Getúlio Vargas, 2000.

FERRO, Marc. *Cinema e história*. São Paulo: Paz e Terra, 1992.

_____. *História das colonizações*: das conquistas às independências, séculos XIII a XX. São Paulo: Companhia das Letras, 1996.

FLORENZANO, Modesto. *As revoluções burguesas*. São Paulo: Brasiliense, 1998.

FOLCLORE – O Pensar, Sentir e Agir do Povo. Continente Multicultural. Recife, agosto de 2004, CEPE.

FOLEY, Robert. *Humanos antes da humanidade*. Lisboa: Teorema, 2001.

FONSECA, M. C. L. *O patrimônio em processo*: trajetória da política de preservação no Brasil. Rio de Janeiro: Ed. UFRJ, 1997.

FORTES, L. R. Salinas. *O Iluminismo e os reis filósofos*. São Paulo: Brasiliense, 1981.

FOUCAULT, Michel. *Vigiar e punir*: história da violência nas prisões. Petrópolis: Vozes, 1997.

_____. *Microfísica do poder*. Rio de Janeiro: Graal, 1999.

FRAGOSO, João; GOUVEIA, Maria de Fátima (orgs.). *Antigo regime nos trópicos*: a dinâmica imperial portuguesa (séculos XVI-XVIII). Rio de Janeiro: Civilização Brasileira, 2001.

FRANÇA, Eduardo D'Oliveira. *Portugal na época da restauração*. São Paulo: Hucitec, 1997.

FRANCO JR., Hilário. *A Idade Média*: nascimento do Ocidente. São Paulo: Brasiliense, 2001.

FRANKLIN, John Hope. *Raça e História*: ensaios selecionados. Rio de Janeiro: Rocco, 1999.

FREITAS, Marcos Cezar (org.). *Historiografia brasileira em perspectiva*. 5. ed. São Paulo: Contexto, 2003.

FREYRE, Gilberto. *Casa-grande & Senzala*: formação da família brasileira sob o regime da economia patriarcal. Rio de Janeiro: Record, 1995.

FUNARI, Pedro Paulo. *Grécia e Roma*. São Paulo: Contexto, 2001.

_____. *Arqueologia*. São Paulo: Contexto, 2003.

_____; NOELLI, Francisco Silva. *Pré-história do Brasil.* São Paulo: Contexto, 2002.

FURET, François; OZOUF, Mona. *Dicionário crítico da Revolução Francesa.* Rio de Janeiro: Nova Fronteira, 1989.

GALLAND, Antoine (versão). *As mil e uma noites.* Rio de Janeiro: Ediouro, 2001, 2v.

GAMA, R. *A tecnologia e o trabalho na História.* São Paulo: Edusp, 1981.

GARDINER, Patrick. *Teorias da História.* Lisboa: Fundação Calouste Gulbenkian, 1995.

GARIN, Eugenio. *Ciência e vida civil no Renascimento italiano.* São Paulo: Ed. Unesp, 1996.

GINZBURG, Carlo. *Mitos, emblemas e sinais:* morfologia e história. São Paulo: Companhia das Letras, 1989.

GOMES, Flávio dos Santos. *Histórias de quilombolas:* mocambos e comunidades de senzalas no Rio de Janeiro – século XIX. Rio de Janeiro: Arquivo Nacional, 1995.

GOODSPEED, Donald. *Conspiração e golpes de estado.* Rio de Janeiro: Saga, 1966.

GORKI, Maximo. *Como aprendi a escrever.* Porto Alegre: Mercado Aberto, 1998.

GOSVAMI, Satsvarupa Dasa. *Introdução à filosofia védica:* a tradição fala por si mesma. São Paulo: Bhaktivedanta Book Trust, 1986.

GRAY, John. *Voltaire:* Voltaire e o Iluminismo. São Paulo: Ed. Unesp, 1999.

GRESPAN, Jorge. *Revolução Francesa e Iluminismo.* São Paulo: Contexto, 2003.

GRUZINSKI, Serge. *O pensamento mestiço.* São Paulo: Companhia das Letras, 2001.

HAHNER, June E. *Emancipação do sexo feminino:* a luta pelos direitos da mulher no Brasil, 1850-1940. Florianópolis/Santa Cruz do Sul: Ed. Mulheres/Edunisc, 2003.

HALEY, Alex. *Raízes.* Lisboa: Livros do Brasil, 1982, 2v.

HARDT, Michael; NEGRI, Antonio. *Império.* Rio de Janeiro: Record, 2001.

HAUSER, Arnold. *História social da arte e da literatura.* São Paulo: Martins Fontes, 1998.

HEILBRONE, Robert L. *História do pensamento econômico.* São Paulo: Nova Cultural, 1996.

HELLER, Agnes. *O homem do Renascimento.* Lisboa: Presença, 1982.

_____. *O cotidiano e a história.* São Paulo: Paz e Terra, 1992.

HENRY, John. *A revolução científica e as origens da ciência moderna.* Rio de Janeiro: Jorge Zahar, 1998.

HERMET, Guy. *Totalitarismos.* México: Fondo de Cultura Económica, 1991.

HILL, Christopher. *O eleito de Deus:* Oliver Cromwell e a Revolução Inglesa. São Paulo: Companhia das Letras, 1988.

HILLER, E. *Humanismo e técnica.* São Paulo: EPU, 1973.

Hinnels, John R. (ed.). *Dicionário das religiões*. São Paulo: Círculo do Livro, 1990.

Hobbes, Thomas. *O Leviatã*: ou matéria, forma e poder de um Estado eclesiástico e civil. São Paulo: Martin Claret, 2003.

Hobsbawm, Eric J. *Mundos do trabalho*: novos estudos sobre história operária. São Paulo: Paz e Terra, 1987.

_____. *A era dos impérios, 1875-1914*. Rio de Janeiro: Paz e Terra, 1988.

_____. *A era do capital, 1848-1875*. Rio de Janeiro: Paz e Terra, 1996.

_____. *A era das revoluções*: Europa, 1789-1848. Rio de Janeiro: Paz e Terra, 1997.

_____. *A era dos extremos*: o breve século xx, 1914-1991. Rio de Janeiro: Companhia das Letras, 1998.

_____. *O novo século*. São Paulo: Companhia das Letras, 2000.

_____. *Sobre História*. São Paulo: Companhia das Letras, 1998.

_____; Ranger, Terence (orgs.). *A invenção das tradições*. Rio de Janeiro: Paz e Terra, 2002.

Holanda, Sérgio Buarque de. *Raízes do Brasil*. Rio de Janeiro: José Olympio, 1994.

Hourani, Albert. *Uma história dos povos árabes*. São Paulo: Companhia das Letras, 1994.

Hughes-Warrington, Marnie. *50 grandes pensadores da história*. São Paulo: Contexto, 2002.

Hunt, Lynn (org.). *A nova História cultural*. São Paulo: Martins Fontes, 2001.

Huntington, Samuel P. *O choque de civilizações*: e a recomposição da ordem mundial. Rio de Janeiro: Objetiva, 2003.

Iglésias, Francisco. *A Revolução Industrial*. São Paulo: Brasiliense, 1981.

_____. *A industrialização brasileira*. São Paulo: Brasiliense, 1994.

Janotti, Maria Lourdes. *Coronelismo*: uma política de compromisso. São Paulo: Brasiliense, 1987.

Jenkins, Keith. *A história repensada*. 2. ed. São Paulo: Contexto, 2004.

Jobim, José Luis (org.). *Introdução ao romantismo*. Rio de Janeiro: Ed. uerj, 1999.

Johnson, Charles. *Piratas*: uma história geral dos roubos e crimes de piratas famosos. São Paulo: Artes e Ofícios, 2003.

Junqueira, Mary A. *Estados Unidos*: a consolidação da nação. São Paulo: Contexto, 2001.

KARASCH, Mary. *A vida dos escravos no Rio de Janeiro, 1808-1850*. São Paulo: Companhia das Letras, 2000.

KARNAL, Leandro. *Estados Unidos*: a formação da nação. 2. ed. São Paulo: Contexto, 2003.

KARNAL, Leandro (org.). *História na sala de aula*: conceitos, práticas e propostas. São Paulo: Contexto, 2003.

KEEGAN, John. *Uma história da guerra*. São Paulo: Companhia das Letras, 1995.

KHALIDI, Tarif (org.). *O Jesus muçulmano*: provérbios e histórias na literatura islâmica. Rio de Janeiro: Imago, 2001.

KI-ZERBO, J. (coord.). *História geral da África*. São Paulo: Ática, 1982, v. I – Metodologia e Pré-história da África.

KOSSOY, Boris. *A fotografia como fonte histórica*: uma introdução à pesquisa e interpretação das imagens do passado. São Paulo: Museu da Indústria, Comércio e Tecnologia de São Paulo, 1980.

KUCINSKY, Bernardo. *O fim da ditadura militar*. São Paulo: Contexto, 2001.

KÜNG, Hans. *A Igreja Católica*. Rio de Janeiro: Objetiva, 2002.

KURT, Robert. O ímpeto suicida do capitalismo. *Folha de S. Paulo*. São Paulo, 30 set. 2001. Caderno Mais!

LANE, Silvia T. Maurer. *O que é psicologia social*. São Paulo: Brasiliense, 1991.

LAPLATINE, François; TRINDADE, Liana. *O que é imaginário*. São Paulo: Brasiliense, 2003.

LARA, Silvia Hunold. *Campos da violência*: escravos e senhores na capitania do Rio de Janeiro, 1750-1808. Rio de Janeiro: Paz e Terra, 1988.

LARAIA, Roque de Barros. *Cultura*: um conceito antropológico. Rio de Janeiro: Jorge Zahar, 2003.

LE GOFF, Jacques. *História e memória*. Campinas: Ed. Unicamp, 1994.

LE GOFF, Jacques (org.). *A História nova*. São Paulo: Martins Fontes, 2001.

LEÓN-PORTILLA, Miguel. *A conquista da América vista pelos índios*: relatos astecas, maias e incas. Petrópolis: Vozes, 1991.

LEROI-GOURHAN, André. *Evolução e técnica*. Porto: Edições 70, 1984.

_____. Os caminhos da história antes da escrita. In: LE GOFF, Jacques; NORA, Pierre. *História*: novos problemas. Rio de Janeiro: Francisco Alves, 1976.

_____. *Os caçadores da Pré-história*. Lisboa: Edições 70, 1983.

LÉVÊQUE, P. *O mundo helenístico*. Lisboa: Edições 70, 1987.

LÉVI-STRAUSS, Claude. *Raça e História*. Lisboa: Presença, 1952.

LEWIS, Bernard. *Os árabes na História*. Lisboa: Estampa, 1998.

LEWIS, O.; MAES, E. Bases para una nueva definición práctica del índio. *América Indígena*, n. 2, v. 5, México, 1945, pp. 107-18.

LIMA, Celso Piedemonte. *Evolução biológica*: controvérsias. São Paulo: Ática, 1988.

LIMA, Marcos Costa (org.). *O lugar da América do Sul na Nova Ordem Mundial*. São Paulo: Cortez, 2001.

LOPES, Luis Roberto. *História da inquisição*. Porto Alegre: Mercado Aberto, 1993.

LOURENÇO, M. S. Gênese e vocabulário da filosofia da cultura de Wittgenstein. *Fórum de Linguagem, Lógica e Mente. Universidade de Lisboa*. Disponível em: <www.terravista.pt/Nazaré/1687>.

LOWENTHAL, David. *Como conhecemos o passado*. São Paulo: Educ, 1998. Projeto História 17. Trabalhos da Memória.

LÖWY, Michael; SAYRE, Robert. *Romantismo e política*. Rio de Janeiro: Paz e Terra, 1993.

LUCA, Tania Regina de. *Indústria e trabalho na História do Brasil*. São Paulo: Contexto, 2001.

LUCAS, Fábio. No rastro do Pós-modernismo. *Continente Multicultural*. Recife, CEPE, jun. de 2004.

LUTTWAK, Edward. *Golpe de estado*: um manual prático. Rio de Janeiro: Paz e Terra, 1991.

MAAR, Wolfgang Leo. *O que é política*. São Paulo: Brasiliense, 1994.

MACEDO, José Rivair. *A mulher na Idade Média*. 5. ed. São Paulo: Contexto, 2002.

MACEDO, Ubiratan Borges de. *A ideia de liberdade no século XIX*: o caso brasileiro. Rio de Janeiro: Expressão e Cultura, 1997.

MAESTRI, Mário. *Uma história do Brasil colônia*. 3. ed. São Paulo: Contexto, 2002.

_____. *Uma história do Brasil império*. 3. ed. São Paulo: Contexto, 2002.

MAGGIE, Yvonne; REZENDE, Claudia Barcellos. *Raça como retórica*: a construção da diferença. Rio de Janeiro: Civilização Brasileira, 2001.

MAINGUENEAU, Dominique. *Termos-chave da análise do discurso*. Belo Horizonte: Ed. UFMG, 2000.

MALAGODI, Edgard. *O que é materialismo dialético*. São Paulo: Brasiliense, 1988.

MALAPARTE, Curzio. *Técnica do Golpe de Estado*. Lisboa: Europa-América, 1983.

MANZINI-COVRE, Maria de Lourdes. *O que é cidadania*. São Paulo: Brasiliense, 2003.

MAQUIAVEL, Nicolau. *O príncipe*. São Paulo: Paz e Terra, 1996.

MARAVALL, José Antonio. *A cultura do barroco*: análise de uma estrutura histórica. São Paulo: Edusp/Imprensa Oficial, 1997.

MARCUSE, Herbert. *Tecnologia, guerra e fascismo*. São Paulo: Ed. Unesp, 1999.

MAROTTA, Cláudia Otoni de Almeida. *O que é História das mentalidades*. São Paulo: Brasiliense, 1991.

MARQUES, Adhemar; BERUTTI, Flávio; FARIA, Ricardo. *História contemporânea através de textos*. 10. ed. São Paulo: Contexto, 2003.

_____. *História moderna através de textos*. 10. ed. São Paulo: Contexto, 2003.

_____. *História do tempo presente*. São Paulo: Contexto, 2003.

MARROU, Henri. *História da educação na Antiguidade*. São Paulo: Pedagógica e Universitária, 1990.

MARTIN, Gabriela. A Pré-História no Século do Descobrimento. *Revista de Arqueologia*, v. 7, SAB – Sociedade Brasileira de Arqueologia, 1993, pp. 1-10.

_____. *Pré-história do Nordeste do Brasil*. Recife: Universitária UFPE, 1997.

MARTINS, Ana Luiza. *O despertar da República*. São Paulo: Contexto, 2001.

MARX, Karl. *O capital*: crítica da economia política. Rio de Janeiro: Civilização Brasileira, s.d.

_____; ENGELS, Friedrich. *A ideologia alemã*. São Paulo: Ciências Humanas, 1982.

_____. *O manifesto comunista*. Rio de Janeiro: Paz e Terra, 1997.

MATOS, Maria Izilda Santos de. *Cotidiano e cultura*: história, cidade e trabalho. Bauru: Edusc, 2002.

MATTOSO, Glauco. *O que é tortura*. São Paulo: Brasiliense, 1986.

MAXWELL, Kenneth. *Chocolate, piratas e outros malandros*. São Paulo: Paz e Terra, 1999.

McCALL, Henrietta. *Os mitos da Mesopotâmia*. São Paulo: Moraes, 1994.

McCLOUD, Scott. *Desvendando os quadrinhos*. São Paulo: Makron Books, 1995.

MEGALE, Nizza. *Folclore brasileiro*. Petrópolis: Vozes, 2001.

MEIHY, José Carlos Sebe. *Canto de morte kaiowa*: História oral de vida. São Paulo: Loyola, 1991.

MEILLASSOUX, Claude. *Antropologia da escravidão*: o ventre de ferro e dinheiro. Trad. Lucy Magalhães. Rio de Janeiro: Jorge Zahar, 1995.

MELATTI, Júlio César. *Índios do Brasil*. Brasília/São Paulo: Ed. UnB/Hucitec, 1993.

MELLO, José Antônio Gonçalves de. *Gente da nação*: cristãos-novos e judeus em Pernambuco, 1542-1654. Recife: Massangana, 1990.

MENDRAS, Henri. *Sociedades camponesas*. Rio de Janeiro: Zahar, 1978.

MESGRAVIS, Laima; PINSKY, Carla Bassanezi. *O Brasil que os europeus encontraram*. 2. ed. São Paulo: Contexto, 2002.

MESQUITA, Zilá; BRANDÃO, Carlos Rodrigues (orgs.). *Territórios do cotidiano*: uma introdução a novos olhares e experiências. Porto Alegre/Santa Cruz do Sul: Ed. UFRGS/Ed. Unisc, 1995.

MINTZ, Sidney; PRICE, Richard. *O nascimento da cultura afro-americana*: uma perspectiva antropológica. Rio de Janeiro: Pallas, 2003.

MOMIGLIANO, Arnaldo. *Os limites da helenização*: a interação cultural das civilizações grega, romana, céltica, judaica e persa. Rio de Janeiro: Jorge Zahar, 1991.

MONDIN, Battista. *Curso de filosofia*: os filósofos do Ocidente. São Paulo: Paulinas, 1987, v. 3.

MONIOT, Henri. A Arqueologia. In: LE GOFF, Jaques; NORA, Pierre. *História*: novas abordagens. Rio de Janeiro: Francisco Alves, 1976.

MONTENEGRO, Antonio Torres. *História oral e memória*: a cultura popular revisitada. São Paulo: Contexto, 2001.

MORAES, Antonio Carlos Robert. *Bases da formação territorial do Brasil*: o território colonial do Brasil no "longo" século XVI. São Paulo: Hucitec, 2000.

MORAES, Maria Cândida. *O paradigma educacional emergente*. São Paulo: Papirus, 1997.

MORAES, Reginaldo Correa de. *Hayek e a teoria política do neoliberalismo Econômico (1)*. Textos Didáticos – IFCH/Unicamp, n. 36, Campinas, 1999.

MORIN, Edgar. *Cultura de massas no século XX*. Rio de Janeiro: Forense Universitária, 1997, 2v.

MORSE, Richard. *O espelho de Próspero*: cultura e ideia nas Américas. São Paulo: Companhia das Letras, 1988.

MOTT, Luis. *O sexo proibido*: virgens, gays e lésbicas nas garras da Inquisição. Campinas: Papirus, 1988.

MUNDURUKU, Daniel. *As serpentes que roubaram a noite e outros mitos*. São Paulo: Peirópolis, 2003.

_____. *Coisas de índios*. São Paulo: Callis, 2003.

MUNFORD, Lewis. *A cidade na história*: suas origens, transformações e perspectivas. São Paulo: Martins Fontes, 1998.

NAPOLITANO, Marcos. *Como usar televisão na sala de aula*. 5. ed. São Paulo: Contexto, 2003.

_____. *Como usar o cinema na sala de aula.* 2. ed. São Paulo: Contexto, 2004.

_____. *Cultura brasileira*: utopia e massificação. 2. ed. São Paulo: Contexto, 2004.

Neves, Maria de Fátima Rodrigues das. *Documentos sobre a escravidão no Brasil.* São Paulo: Contexto, 1996.

Nietzsche, Friedrich. *O anticristo.* São Paulo: Martin Claret, 2000.

_____. *Para além do bem e do mal*: prelúdio a uma filosofia do futuro. São Paulo: Martin Claret, 2002.

Novais, Fernando. *Portugal e Brasil na crise do antigo sistema colonial (1777-1808).* São Paulo: Hucitec, 1981.

Novinsky, Anita. *A inquisição.* São Paulo: Brasiliense, 1986.

O Alcorão. Trad. Mansour Chalitta. Rio de Janeiro: ACIGI.

O Renascimento: o mundo das artes. Enciclopédia de Artes Plásticas em Todos os Tempos. Rio de Janeiro: Expressão e Cultura, 1979.

O'Gorman, Edmundo. *A invenção da América.* São Paulo: Edusp, 1992.

O'Neill, Tom. Joias do Planeta – os 730 locais na lista do Patrimônio da Humanidade devem ser celebrados como os tesouros eternos da Terra. *National Geographic Brasil.* Rio de Janeiro, abr./nov. 2002.

Odália, Nilo. *O que é violência.* São Paulo: Brasiliense, 1991.

Oliveira, Manfredo Araújo de. *Ética e práxis histórica.* São Paulo: Ática, 1995.

Oliveira, Waldir Freitas. *A Antiguidade tardia.* São Paulo: Ática, 1990.

Orlandi, Eni Pulcinelli. *Análise do discurso*: princípios e procedimentos. São Paulo: Pontes, 1999.

_____. *Terra à vista*: discurso do confronto: velho e novo mundo. São Paulo/Campinas: Cortez/Ed. Unicamp, 1990.

_____. *Interpretação*: autoria, leitura e efeitos do trabalho simbólico. Petrópolis: Vozes, 1996.

Osborne, Harold. *Estética e teoria da arte.* São Paulo: Cultrix, 1993.

Page, R. I. *Mitos nórdicos.* São Paulo: Centauro, 1999.

Paiva, Eduardo França. *Escravidão e universo cultural na colônia*: Minas Gerais, 1716-1789. Belo Horizonte: Ed. UFMG, 2001.

_____. *História e imagens.* Belo Horizonte: Autêntica, 2002.

Pancera, Mário. *São Pedro*: a vida, as esperanças, as lutas e as tragédias dos primeiros cristãos. Petrópolis: Vozes, 1993.

PELTO, Pertti. *Iniciação ao estudo da antropologia*. Rio de Janeiro: Zahar, 1967.

PEREIRA, Maria Helena R. *Estudos de história da cultura clássica*. Lisboa: Fundação Calouste Gulbenkian, 1993, v. I – Cultura Grega.

PERROT, Michelle. *Os excluídos da História*: operários, mulheres, prisioneiros. São Paulo: Paz e Terra, 1988.

PESTANA, Fábio. *No tempo das especiarias*. 2. ed. São Paulo: Contexto, 2004.

PIERONE, Geraldo. *Os excluídos do Reino*: a inquisição portuguesa e o degredo para o Brasil Colônia. Brasília/São Paulo: Ed. UnB/Imprensa Oficial do Estado, 2000.

PINSKY, Carla Bassanezi. *Pássaros da liberdade*. São Paulo: Contexto, 2000.

PINSKY, Jaime. *A escravidão no Brasil*. São Paulo: Contexto, 1993.

_____. *As primeiras civilizações*. São Paulo: Contexto, 2001.

_____. *12 faces do preconceito*. 7. ed. São Paulo: Contexto, 2004.

PINSKY, Jaime (org.). *História da América através de textos*. São Paulo: Contexto, 1994.

_____. *100 textos de história antiga*. 8. ed. São Paulo: Contexto, 2003.

_____. *Práticas de cidadania*. São Paulo: Contexto, 2004.

_____. *O ensino de História e a criação do fato*. 11. ed. São Paulo: Contexto, 2004.

_____; FUNARI, Pedro Paulo (orgs.). 4. ed. *Turismo e patrimônio cultural*. São Paulo: Contexto, 2005.

_____; PINSKY, Carla Bassanezi (orgs.). *História da cidadania*. São Paulo: Contexto, 2003.

_____; _____. (orgs.). *Faces do fanatismo*. São Paulo: Contexto, 2004.

PIRES, Janote. *O descobrimento do Brasil*. Recife: Ed. UFPE, 2000.

PIRES, Maria Idalina da Cruz. *A guerra dos bárbaros*: resistência e conflito no Nordeste Colonial. Recife: Universitária UFPE, 2002.

POLZONOFF JR. Paulo. Pós-Modernismo: nascimento e morte. *Continente Multicultural*. Recife, CEPE, jun. 2004.

_____. Polêmica mina de ouro. *Continente Multicultural*, n. 44, ano IV, ago. 2004, pp. 68-75.

POUTIGNAT, Philippe; STREIFF-FENART, Jocelyne. *Teorias da etnicidade*: seguido de grupos étnicos e suas fronteiros de Fredrik Barth. São Paulo: Ed. Unesp, 1998.

PRADO, Maria Lígia. *Formação das nações latino-americanas*. São Paulo: Atual, 1994.

PRANDI, Reginaldo. *Mitologia dos orixás*. São Paulo: Companhia das Letras, 2001.

PRODANOV, Cléber. *O mercantilismo e a América*. São Paulo: Contexto, 1998.

PROJETO HISTÓRIA 22 – Revista do Programa de Estudos Pós-Graduados em História. PUC-SP. São Paulo: Educ, 2001.

PROUS, André. *Arqueologia brasileira*. Brasília: Ed. UnB, 1992.

RAMA, Angela; VERGUEIRO, Waldomiro. *Como usar as histórias em quadrinhos na sala de aula*. São Paulo: Contexto, 2004.

RASHID, Ahmed. *Jihad*: a ascensão do islamismo militante na Ásia Central. São Paulo: Cosac & Naify, 2003.

REEBER, Michel. *Religiões*: mais de 400 termos, conceitos e ideias. Rio de Janeiro: Ediouro, 2002.

REICH, Wilhelm. *Psicologia de massas do fascismo*. São Paulo: Martins Fontes, 1972.

REIS, João José; SILVA, Eduardo. *Negociação e conflito*: a resistência negra no Brasil escravista. São Paulo: Companhia das Letras, 1999.

RIBEIRO, Darcy. Cultura e línguas indígenas no Brasil. *Educação e ciências sociais*, n. 6, v. 2, Rio de Janeiro, 1956.

_____. *Os índios e a civilização*: a integração das populações indígenas no Brasil moderno. São Paulo: Companhia das Letras, 1996.

RIBEIRO, Renato Janine. *A etiqueta no Antigo Regime*: do sangue à doce vida. São Paulo: Brasiliense, 1983.

RIBEIRO, René. *Cultos afro-brasileiros do Recife*: um estudo de ajustamento social. Recife: Boletim do Instituto Joaquim Nabuco, 1952.

RICARDO, Sílvia; SUTTI, Paulo. *As diversas faces do terrorismo*. São Paulo: Harbra, 2002.

RICHARDS, Jeffrey. *Sexo, desvio e danação*: as minorias na Idade Média. Rio de Janeiro: Jorge Zahar, 1993.

RIVET, Paul. *As origens do homem americano*. São Paulo: Instituto Progresso, 1948.

ROCHA, Everardo. *O que é etnocentrismo*. São Paulo: Brasiliense, 1994.

_____. *O que é mito*. São Paulo: Brasiliense, 1999.

ROCHA, Maria Isabel Baltar da (org.). *Trabalho e gênero*: mudanças, permanências e desafios. São Paulo: Ed. 34, 2000.

RODRIGUES, José Honório. *História da História do Brasil*. São Paulo: Companhia Editora Nacional, 1979.

ROGERSON, John. *Bíblia*: os caminhos de Deus. Madri: Del Prado, 1996.

ROGNO, Frédéric. *Os primitivos, nossos contemporâneos*. Campinas: Papirus, 1991.

RONAN, Colin A. *História ilustrada da ciência*. Rio de Janeiro: Jorge Zahar, 1987, 3v.

ROSENFIELD, Denis L. *O que é democracia*. São Paulo: Brasiliense, 1994.

ROSSI, Clóvis. *O militarismo na América Latina*. São Paulo: Brasiliense, 1987.

_____. *A contrarrevolução na América Latina*. São Paulo: Atual, 1994.

ROSSI, Paolo. *Os sinais do tempo*: História da terra e história das Nações de Hooke a Vico. São Paulo: Companhia das Letras, 1992.

ROSTOVTZEFF, M. *História da Grécia*. Rio de Janeiro: Guanabara, 1986.

ROTTERDAM, Erasmo de. *O elogio da loucura*. Rio de Janeiro: Ediouro, s.d.

ROUANET, Sergio Paulo. *As razões do Iluminismo*. São Paulo: Companhia das Letras, 1987.

_____. *Mal-estar na modernidade*: ensaios. São Paulo: Companhia das Letras, 2001.

_____. Os três fundamentalismos. *Folha de S.Paulo*. São Paulo, 21 out. 2001. Caderno Mais!

ROUSSEAU, Jean-Jacques. *O contrato social*. São Paulo: Martins Fontes, 1996.

RUCQUOI, Adeline. *História medieval da Península Ibérica*. Lisboa: Estampa, 1998.

RUDÉ, George. *A multidão na História*: estudo dos movimentos populares na França e Inglaterra, 1730-1848. Rio de Janeiro: Campus, 1991.

_____. *A Europa no século XVIII*. Lisboa: Gradiva, 1988.

RUSSEL, Jeffrey. *O diabo*: as percepções do mal da Antiguidade ao cristianismo primitivo. Rio de Janeiro: Campus, 1991.

SAID, Edward. *Orientalismo*: o Oriente como invenção do Ocidente. São Paulo: Companhia das Letras, 1990.

_____. *Cultura e imperialismo*. São Paulo: Companhia das Letras, 1995.

SALDANHA, Nelson. *Ética e história*. Rio de Janeiro: Renovar, 1998.

SAMARA, Eni de Mesquita; SOIHET, Rachel; MATOS, Maria Izilda S. de (orgs.). *Gênero em debate*: trajetórias e perspectivas na historiografia contemporânea. São Paulo: Educ, 1997.

_____. *A família brasileira*. São Paulo: Brasiliense, 1998.

SAN MARTIN, Eduardo. *Terra à vista*: história de náufragos na era dos descobrimentos. São Paulo: Artes e Ofícios, 1998.

SANDERS, William; MARINO, Joseph. *Pré-história do Novo Mundo*: Arqueologia do índio americano. Rio de Janeiro: Zahar, 1971.

SANTIAGO, Theo (org.). *Do feudalismo ao capitalismo*: uma discussão histórica. 9. ed. São Paulo: Contexto, 2003.

SANTOS, Giselda Aparecida dos. *A invenção do ser negro*: um percurso das ideias que naturalizaram a inferioridade dos negros. São Paulo/Rio de Janeiro: Educ/Fapesp/Pallas, 2002.

Santos, Jair Ferreira dos. *O que é pós-moderno*. São Paulo: Brasiliense, 2000.

Santos, Milton. *Por uma outra globalização*: do pensamento único à consciência universal. Rio de Janeiro: Record, 2003.

Sasson, Donald. *Cem anos de socialismo*: a esquerda europeia ocidental no século xx. São Paulo: Contexto, 2001.

Schwarcz, Lilia Moritz. *O espetáculo das raças*: cientistas, instituições e questão racial no Brasil 1870-1930. São Paulo: Companhia das Letras, 1993.

_____. *As barbas do imperador*: D. Pedro ii, um monarca nos Trópicos. São Paulo: Companhia das Letras, 1998.

_____; Gomes, Nilma (orgs.). *Antropologia e História*: debate em Região de Fronteira. Belo Horizonte: Autêntica, 2000.

Scott, Andrew. *Piratas da Célula*. Lisboa: Edições 70, 1989.

Scott, Joan. Gênero: uma categoria útil de análise histórica. Trad. Guacira Lopes Louro. *Educação & Realidade*. Prefeitura da Cidade do Recife: jul./dez. 1995, pp. 71-99.

Scott, Parry; Zarur, George (orgs.). *Identidade, fragmentação e diversidade na América Latina*. Recife: Universitária ufpe, 2003.

Scott, Walter. *Ivanhoé*. São Paulo: Nova Cultural, 2003.

Segatto, José Antônio. *Revolução e História*: Gramsci e o Brasil. Disponível em: <www.artnet.com.br/gramsci>.

Segrillo, Antonio. *O delínio da urss*: um estudo das causas. Rio de Janeiro/São Paulo: Record, 2000.

Service, Elman. *Os caçadores*. Rio de Janeiro: Zahar, 1971.

Shapiro, H. *Homem, cultura e sociedade*. São Paulo: Martins Fontes, 1982.

Siat, Jeannine. *Religiões monoteístas*: uma brevíssima introdução. Rio de Janeiro: Jorge Zahar, 2000.

Silva, Alberto da Costa e (org.). *Lendas do índio brasileiro*. Rio de Janeiro: Ediouro, 2001.

Silva, Francisco Carlos Teixeira da; Medeiros, Sabrina Evangelista; Vianna, Alexander Martins (orgs.). *Dicionário crítico do pensamento da direita*: instituições e personagens. Rio de Janeiro: Faperj/Mauad, 2000.

Silva, José Graziano da. *O que é questão agrária*. São Paulo: Brasiliense, 2001.

Silva, Kalina Vanderlei. *O miserável soldo e a boa ordem da sociedade colonial*: militarização e marginalidade na capitania de Pernambuco nos séculos xvii e xviii. Recife: Fundação de Cultura Cidade do Recife, 2001.

_____. '*Nas solidões vastas e assustadoras*': os pobres do açúcar na conquista do sertão de Pernambuco nos séculos XVII e XVIII. Recife, 2003. Tese (Doutorado em História) – UFPE.

SILVA, Maciel Henrique. *Pretas de honra*: trabalho, cotidiano e representações de vendeiras e criadas no Recife do século XIX (1840-1870). Recife, 2004. Dissertação (Mestrado em História) – UFPE.

SILVA, Maria Beatriz Nizza da. *História da família no Brasil colonial*. Rio de Janeiro: Nova Fronteira, 1998.

SILVA, Rogério Forastieri da. *História da historiografia*: capítulo para uma História das histórias da historiografia. Bauru: Edusc, 2001.

SILVA, Tomaz Tadeu; HALL, Stuart; WOODWARD, Kathryn. *Identidade e diferença*: a perspectiva dos estudos culturais. Petrópolis: Vozes, 2004.

SINGER, Paul. *O Brasil na crise*: perigos e oportunidades. São Paulo: Contexto, 1999.

SINGER, Peter. *Ética prática*. São Paulo: Martins Fontes, 1998.

SKOBLE, Aeon; CONARD; Mark; IRWIN, William (orgs.). *Os Simpsons e a filosofia*. São Paulo: Madras, 2004.

SLENES, Robert W. *Na senzala, uma flor*: esperanças e recordações na formação da família escrava, Brasil, Sudeste, século XIX. Rio de Janeiro: Nova Fronteira, 1999.

SOBOUL, Albert. *A Revolução Francesa*. Edição Comemorativa do Bicentenário da Revolução Francesa, 1789-1989. Rio de Janeiro: Bertrand Brasil, 1989.

SOLER, Luis. *Origens do folclore árabe no sertão nordestino*. Florianópolis: Ed. UFSC, 1995.

SOUZA, Laura de Mello e. *O diabo e a terra de Santa Cruz*. São Paulo: Companhia das Letras, 1986.

SPÓSITO, Maria Encarnação Beltrão. *Capitalismo e urbanização*. São Paulo: Contexto, 2001.

STEIN, Stanley; STEIN, Bárbara. *A herança colonial da América Latina*. Rio de Janeiro: Paz e Terra, 1997.

STRATHERN, Paul. *Rousseau em 90 minutos*. Rio de Janeiro: Jorge Zahar, 2004.

SUASSUNA, Ariano. *Iniciação à estética*. Recife: Universitária UFPE, 1992.

TAHAN, Malba. Apresentação. *As mil e uma noites*. Versão de Antoine Galland. Rio de Janeiro: Ediouro, 2001.

TARNAS, Richard. *A epopeia do pensamento ocidental*: para compreender as ideias que moldaram nossa visão de mundo. Rio de Janeiro: Bertrand Brasil, 1999.

TCHAKHOTINE, Serge. *A mistificação das massas pela propaganda política*. Rio de Janeiro: Civilização Brasileira, 1967.

THEODORO, Janice. *América barroca*. São Paulo: Nova Fronteira/Edusp, 1992.

THOREAU, Henry David. *Desobediência civil*. Porto Alegre: L&PM, 1999.

TINHORÃO, José Ramos. *As festas no Brasil colonial*. São Paulo: Ed. 34, 2000.

TODOROV, Tzvetan. *A conquista da América*: a questão do outro. São Paulo: Martins Fontes, 1999.

TOYNBEE, Arnold. *Helenismo*: história de uma civilização. Rio de Janeiro: Zahar, 1975.

_____. *Um estudo da História*. Brasília/São Paulo: Ed. UnB/Martins Fontes, 1987.

TRASK, R. L. *Dicionário de linguagem e linguística*. Trad. e adap. Rodolfo Ilari. São Paulo: Contexto, 2004.

TREVISAN, Leonardo. *O pensamento militar brasileiro*. São Paulo: Global, 1985.

TRIADÓ, Juan-Ramón. *Saber ver a arte barroca*. São Paulo: Martins Fontes, 1991.

TRIGGER, Bruce G. *Além da História*: os métodos da Pré-história. São Paulo: EPU, 1973.

TURAZZI, Maria Inez; GABRIEL, Carmen Teresa. *Tempo e história*. São Paulo: Moderna, 2000.

VAINFAS, Ronaldo. A problemática das mentaliades e a inquisição no Brasil colonial. *Estudos Históricos*. Rio de Janeiro, n. 1, 1988, pp. 167-73.

_____. *O trópico dos pecados*: moral, sexualidade e inquisição no Brasil Colonial. Rio de Janeiro: Nova Fronteira, 1997.

VAINFAS, Ronaldo (org.). *Confissões da Bahia*: Santo Ofício da Inquisição de Lisboa. São Paulo: Companhia das Letras, 1997.

VAINFAS, Ronaldo (dir.). *Dicionário do Brasil colonial*. São Paulo: Objetiva, 2000.

VENTURI, Franco. *Utopia e reforma no Iluminismo*. Bauru: Edusc, 2003.

VERNANT, Jean-Pierre; NAQUET, Pierre-Vidal. *Trabalho e escravidão na Grécia antiga*. Campinas: Papirus, 1989.

VEYNE, Paul. *Como se escreve a História e Foucault revoluciona a história*. Brasília: Ed. UnB, 1998.

VIEIRA, Maria do Pilar de Araújo; PEIXOTO, Maria do Rosário da Cunha; KHOURY, Yara Maria Aun. *A pesquisa em História*. São Paulo: Ática, 1989.

VILLARI, Rosario (dir.). *O homem barroco*. Lisboa: Presença, 1995.

VOLTAIRE. *Dicionário filosófico*. São Paulo: Martin Claret, 2003.

WATCHEL, Nathan. Aculturação. In: LE GOFF, Jacques; NORA, Pierre. *História*: novos problemas. Rio de Janeiro: Francisco Alves, 1995.

WEBER, Max. *Estudos de sociologia*. Rio de Janeiro: Zahar, 1974.

_____. *Economia e sociedade*. Brasília: Ed. UnB, 1994, 2v.

_____. *A ética protestante e o espírito do capitalismo*. São Paulo: Pioneira, 1997.

_____. *Economía y sociedad*: esbozo de sociología comprensiva. México: Fondo de Cultura Económica, 2002.

WEIGLEY, Russel (org.). *Novas dimensões da história militar*. Rio de Janeiro: Biblioteca do Exército, 1982.

WELLS, H. G. *A máquina do tempo*. Lisboa: Europa-América, 1992.

WHITROW, G. J. *O tempo na História*: concepções do tempo da Pré-história aos nossos dias. Rio de Janeiro: Jorge Zahar, 1993.

WÖLFFLIN, Heinrich. *Conceitos fundamentais da História da Arte*. São Paulo: Martins Fontes, 1996.

WOLTON, Dominique. *Pensar a comunicação*. Rio de Janeio: Difel, 1999.

WOOLF, Virginia. *Kew gardens*: o *status* intelectual da mulher; um toque feminino na ficção; profissões para mulheres. São Paulo: Paz e Terra, 1997.

ZAIDAN FILHO, Michel. *A crise da razão histórica*. Campinas: Papirus, 1989.

ZOLA, Émile. *Germinal*. São Paulo: Companhia das Letras, 2000.

OS AUTORES

Kalina Vanderlei Silva
Professora-adjunta da Universidade de Pernambuco e doutora em História pela UFPE. Coordenadora do Grupo de Estudos História Sociocultural da América Latina – UPE (Universidade de Pernambuco).

Maciel Henrique Silva
Professor do Centro Federal de Educação Tecnológica de Pernambuco – CEFET-PE e doutor em História pela UFPE. Pesquisador do Grupo de Estudos História Sociocultural da América Latina – UPE (Universidade de Pernambuco).

GRÁFICA PAYM
Tel. (011) 4392-3344
paym@terra.com.br